NEXT EXIT

Jim Kitty Publishing

Copyright

This book is the sole property of Jim Kitty Publishing. All rights are reserved. No part of this work may be reproduced or transmitted in any form or by any means, electronic or mechanical, including photocopying, recording or by any information storage or retrieval system, without the written permission of the copyright owner.

Introduction

In many ways, the Next Exit directory is actually better then GPS.

Wherever your travel in the United States the Next Exit directory will be your essential travel compainion. Knowing where every exit is and more importantly where every rest stop is located is invaluable.

Each interstate is listed in mile-marker sequence. Gas, food, lodging, campgrounds and other services are denoted for each exit. With a quick glance you can easily determine which services are available ahead of you at anytime.

If you decide that it's time to find a hotel for the night, the directory also provides select hotel/motel names and phone numbers at many of the exits.

There are a number of acronyms used through out the directory. See the "Glossary of Acronyms" at the back of the book for a complete list of all acronymns and their meanings.

Table of Contents

Interstate…page#

I-4……5	I-35…106	I-68…200	I-83…300
I-5……7	I-37…128	I-69…202	I-84…302
I-8…..26	I-39…130	I-70…205	I-85…310
I-10…29	I-40…131	I-71…224	I-87…320
I-12…53	I-43…153	I-72…230	I-88…322
I-15…54	I-44…155	I-74…231	I-89…323
I-16…65	I-45…161	I-75…235	I-90…325
I-17…66	I-49…165	I-76…251	I-91…346
I-19…69	I-55…167	I-77…255	I-93…349
I-20…69	I-57…176	I-78…262	I-94…352
I-24…86	I-59…178	I-79…264	I-95…368
I-25…89	I-64…181	I-80…267	I-96…394
I-27…98	I-65…191	I-81…291	I-97…397
I-29..100	I-66…199	I-82…299	I-99…397

FLORIDA - INTERSTATE 4

State	Mile Marker	Name	Serv	Featured Hotels
SL	0	Florida interstate 4 begins		
4FL	1	Exit 1 - 21st St	GFL	Courtyard (407.239.6900) Residence (407.313.3600) Courtyard (407.351.2244)
4FL	2	Exit 2 - 40th St	GFL	Bohemian (407.566.6000) Residence (407.226.0288) SpringHill (407.345.9073)
4FL	3	Exit 3 - 50th St	ALL	
4FL	5	Exit 5 - Martin Luther King Jr Blvd	GFL	Fairfield Inn (407.354.1139) SpringHill (407.354.1176)
4FL	6(EBO)	Exit 6 - Orient Rd	GFL	
4FL	7	Exit 7 - US-301	GFL	Red Roof Inn ((813) 623-5245) Motel 6 (813.628.0888) Residence (407.345.0117)
4FL	9	Exit 9 - I-75		
4FL	10	Exit 10 - Mango	GFL	
4FL	14	Exit 14 - McIntosh Rd	GFL	
4FL	17	Exit 17 - Branch Forbes Rd	GL	
4FL	19	Exit 19 - Thonotosassa Rd	GFL	
4FL	21(EBO)	Exit 21 - Alexander St	FL	
4FL	21(WBO)	Exit 21A - SR-39		
4FL	21(WBO)	Exit 21B - Alexander St	FL	
4FL	22	Exit 22 - Park Rd	GFL	
4FL	25	Exit 25 - County Line Rd	F	
4FL	27	Exit 27 - SR-570	FL	
4FL	28(EBO)	Exit 28 - US-92		
4FL	31	Exit 31 - Kathleen		
4FL	32	Exit 32 - US-98	ALL	Motel 6 ((863) 682-0643)
4FL	33	Exit 33 - Lakeland	FL	
4FL	38	Exit 38 - SR-33		
4FL	41	Exit 41 - Polk Pky		
4FL	44	Exit 44 - Polk City	GL	
4FL	45	**Rest Area**		
4FL	48	Exit 48 - Lake Alfred	GFL	
4FL	55	Exit 55 - US-27	GFL	
4FL	58	Exit 58 - Kissimmee		
4FL	62	Exit 62 - Disney World		
4FL	64	Exit 64A - Kissimmee US-192	GFL	Red Roof Inn ((407) 396-0065)
4FL	64	Exit 64B - US-192 Magic Kingdom	GFL	Motel 6 ((407) 396-6333)
4FL	65	Exit 65 - Animal Kingdom		

4FL	67	Exit 67 - International Dr	L	Marriott's (407.238.6200)
4FL	68	Exit 68 - Lake Buena Vista	GFL	Courtyard (407.938.9001) SpringHill (407.938.9001) Fairfield Inn (407.938.9001) Residence (407.465.0075)
4FL	71(EBO)	Exit 71 - Sea World	L	
4FL	72	Exit 72 - International Airport	GFL	Red Roof Inn ((407) 352-1507)
4FL	74	Exit 74A - sand Lake Rd	ALL	
4FL	74(WBO)	Exit 74B - Universal Studios		
4FL	75	Exit 75A - Universal Studios	GFL	Motel 6 ((407) 351-6500)
4FL	75	Exit 75B - Universal Studios	GFL	Fairfield Inn (407.581.5600)
4FL	77	Exit 77 - Florida Turnpike		
4FL	78	Exit 78 - Conroy Rd	F	
4FL	79	Exit 79 - John Young Pkwy	GFL	
4FL	80(WBO)	Exit 80 - US-441	GFL	
4FL	80(EBO)	Exit 80A - US-17 South	GFL	
4FL	80(EBO)	Exit 80B - US-17 North	GFL	
4FL	81(WBO)	Exit 81A - Michigan St	G	
4FL	81	Exit 81B - Kaley Ave	G	
4FL	81	Exit 81C - Kaley Ave		
4FL	82	Exit 82A - SR-408		
4FL	82(WBO)	Exit 82B - Gore St		
4FL	82	Exit 82C - Anderson St	+	
4FL	83(EBO)	Exit 83A - Robinson St	FL	Orlando (407.843.6664) Courtyard (407.996.1000)
4FL	83(EBO)	Exit 83B - Amielia St	FL	
4FL	84	Exit 84 - Ivanhoe Blvd	FL	
4FL	85	Exit 85 - Princeton St	GFL	
4FL	86(EBO)	Exit 86 - Par Ave	G	
4FL	87	Exit 87 - Fairbanks Ave	GFL	
4FL	88	Exit 88 - Lee Rd	ALL	Motel 6 ((407) 647-1444)
4FL	90(WBO)	Exit 90 - Maitland Blvd	FL	
4FL	90(EBO)	Exit 90A - Maitland Blvd	FL	
4FL	90(EBO)	Exit 90B - Maitland Blvd	L	Courtyard (407.659.9100)
4FL	92	Exit 92 - Altamonte Springs	ALL	SpringHill (407.865.6400) Residence (407.788.7991)
4FL	94	Exit 94 - Longwood	GFL	
4FL	95(WBO)	**Rest Area**		
4FL	96(EBO)	**Rest Area**		
4FL	98	Exit 98 - Lake Mary	GFL	Courtyard (407.444.1000)
4FL	101	Exit 101A - Sanford	L	Orlando (407.995.1100) Residence (407.995.3400)
4FL	101	Exit 101B - SR-417		
4FL	101	Exit 101C - SR-417	GFL	SpringHill (407.995.1000)
4FL	104	Exit 104 - Sanford		

4FL	108	Exit 108 - Debary	GFL	
4FL	111(WBO)	Exit 111 - Orange City	GFL	
4FL	111(EBO)	Exit 111A - Deltona	F	
4FL	111(EBO)	Exit 111B - Orange City	GFL	
4FL	114	Exit 114 - SR-472		
4FL	116	Exit 116 - Lake Helen		
4FL	118	Exit 118 - New Smyrna Beach	GL	
4FL	129(EBO)	Exit 129 - US-92		
SL	132	Florida interstate 4 ends at I-95		

WASHINGTON - INTERSTATE 5

State	Mile Marker	Name	Serv	Featured Hotels
SL	0	State Line		
5WA	1(NBO)	Exit 1C - Fourth Plain Blvd	GL	Comfort Inn And Su.. (360-696-0411)
5WA	1(SBO)	Exit 1C - Mill Plain Blvd	GL	Comfort Inn And Su.. (360-696-0411)
5WA	1(SBO)	Exit 1D - Fourth Plain Blvd	L	TownePlace (253.796.6000)
5WA	2	Exit 2 - 39th Street	L	Quality Inn And Su.. (360-696-0516)
5WA	3(NBO)	Exit 3 - Highway 99		
5WA	3(SBO)	Exit 3 - Main Street		
5WA	4	Exit 4 - 78th Street	ALL	
5WA	5	Exit 5 - 99th Street	GFL	
5WA	7(NBO)	Exit 7 - 134th Street	GFL	La Quinta Inn and .. (360-566-1100)
5WA	9	Exit 9 - 179th Street	GF	
5WA	14	Exit 14 - Ridgefield		
5WA	16	Exit 16 - La Center Road	L	
5WA	21	Exit 21 - Woodland	GFL	
5WA	22	Exit 22 - Dike Access Road		
5WA	27	Exit 27 - Todd Road		
5WA	30(NBO)	Exit 30 - Elm Street Kalama	F	
5WA	30(SBO)	Exit 30 - Oak Street	F	
5WA	32	Exit 32 - Kalama River Road	L	
5WA	36(NBO)	Exit 36 - Longview	L	Comfort Inn (360-425-4600)
5WA	36(SBO)	Exit 36 - Old Hwy 99 South	L	Comfort Inn (360-425-4600)
5WA	39	Exit 39 - Kelso	GFL	Motel 6 ((360) 425-3229)
5WA	40	Exit 40 - North Kelso Avenue	L	Econo Lodge (360-636-4610)
5WA	42	Exit 42 - Ostrander Road		
5WA	46	Exit 46 - Headquarters Road	L	
5WA	48	Exit 48 - Huntington Avenue		
5WA	49	Exit 49 - Toutle	GFL	
5WA	52	Exit 52 - Barnes Drive	L	
5WA	57	Exit 57 - Jackson Highway	G	
5WA	59	Exit 59 - Vader	GL	
5WA	60	Exit 60 - Toledo		

5WA	63	Exit 63 - Winlock	G	
5WA	68	Exit 68 - Morton	GL	
5WA	71	Exit 71 - Napavine		
5WA	72	Exit 72 - Rush Road	GF	
5WA	76	Exit 76 - 13th Street	L	Best Western Park .. (360-748-4040)
5WA	77(NBO)	Exit 77 - Raymond	L	Holiday Inn Express (360-740-1800)
5WA	77(SBO)	Exit 77 - Main Street	L	Holiday Inn Express (360-740-1800)
5WA	79	Exit 79 - National Ave		
5WA	81	Exit 81 - Mellen Street	GFL	Americas Best Valu.. (360-736-9344)
5WA	82	Exit 82 - Harrison Ave	GFL	Motel 6 ((360) 330-2057)
5WA	88(NBO)	Exit 88A - Tenino	L	Great Wolf Lodge (877-407-6297)
5WA	88(NBO)	Exit 88B - Aberdeen	GF	
5WA	88(SBO)	Exit 88 - Aberdeen		
5WA	95	Exit 95 - Maytown Road		
5WA	99	Exit 99 - 93rd Avenue	G	
5WA	101	Exit 101 - Tumwater Blvd	GL	Comfort Inn Confer.. (360-352-0691)
5WA	102	Exit 102 - Trosper Road	GFL	Motel 6 ((360) 754-7320)
5WA	103(NBO)	Exit 103 - Deschutes Way	L	Best Western (360-956-1235)
5WA	105(NBO)	Exit 105 - Henderson Blvd	L	Quality Inn (360-943-4710)
5WA	105(SBO)	Exit 105 - 14th Avenue	L	Quality Inn (360-943-4710)
5WA	107	Exit 107 - Pacific Avenue	GF	
5WA	108	Exit 108 - Sleater-Kinney Road	GFL	Holiday Inn Express (360-491-7985)
5WA	109	Exit 109 - Martin Way	GFL	Super 8 Motel (360-459-8888)
5WA	111	Exit 111 - Marvin Road	GF	
5WA	114	Exit 114 - Nisqually		
5WA	116	Exit 116 - Mounts Road	L	Guesthouse Intl (253-912-8900)
5WA	118	Exit 118 - Center Drive		
5WA	119	Exit 119 - Steilacoom-Dupont Road	GF	
5WA	120	Exit 120 - Fort Lewis		
5WA	122	Exit 122 - Jackson Avenue	GF	
5WA	123	Exit 123 - Thorne Lane		
5WA	124	Exit 124 - Gravelly Lake Drive	GFL	La Quinta Inn Suites (253-582-7000)
5WA	125(NBO)	Exit 125 - Bridgeport Way	GFL	Americas Best Valu.. (253-589-8800)
5WA	125(SBO)	Exit 125 - McChord AFB	GFL	Americas Best Valu.. (253-589-8800)
5WA	128(NBO)	Exit 128 - 84th Street	GFL	Red Lion Hotel (253-.548-1212)
5WA	129	Exit 129 - 72nd Street	GFL	Motel 6 ((253) 473-7100)
5WA	130	Exit 130 - 56th Street	GFL	Extended Stay Amer.. (253-475-6565)
5WA	133	Exit 133 - Tacoma	ALL	Courtyard (253.591.9100)
5WA	134(NBO)	Exit 134 - Portland Avenue	GL	
5WA	135(NBO)	Exit 135 - Puyallup	L	La Quinta Inn (253-383-0146)
5WA	135(SBO)	Exit 135 - Bay Street	L	La Quinta Inn (253-383-0146)
5WA	136(NBO)	Exit 136A - 20th Street	FL	Econo Lodge And Su.. (253-922-9520)
5WA	136(NBO)	Exit 136B - Port of Tacoma Road	GFL	

5WA	136(SBO)	Exit 136 - Port of Tacoma Road		
5WA	137(NBO)	Exit 137 - Pacific Highway	ALL	Motel 6 ((253) 922-1270)
5WA	137(SBO)	Exit 137 - 54th Avenue	ALL	Motel 6 ((253) 922-1270)
5WA	143	Exit 143 - 320th Street	GFL	Best Western (253-529-4000) Courtyard (253.529.0200)
5WA	147	Exit 147 - 272nd Street	GL	Crossland Economy .. (253-946-1744)
5WA	149(NBO)	Exit 149A - Kent	L	
5WA	149(NBO)	Exit 149B - Des Moines	ALL	Best Western Plaza (253-854-8767)
5WA	149(SBO)	Exit 149 - Kent-Des Moines Road		
5WA	151(NBO)	Exit 151 - Military Road	L	Motel 6 ((206) 824-9902)
5WA	151(SBO)	Exit 151 - 200th Street	L	Motel 6 ((206) 824-9902)
5WA	152	Exit 152 - 188th Street	GL	Motel 6 ((206) 241-1648)
5WA	154(NBO)	Exit 154A - Southcenter Pkwy	L	Doubletree Guest S.. 206-575-8220)
5WA	156(SBO)	Exit 156 - Interurban Avenue	GFL	
5WA	157	Exit 157 - Martin Luther King Jr Way	L	Ramada Limited (206-244-8800)
5WA	158	Exit 158 - Boeing Access Road		
5WA	161(NBO)	Exit 161 - Swift Avenue	GFL	
5WA	161(SBO)	Exit 161 - Albro Place	GFL	
5WA	162(NBO)	Exit 162 - Corson Avenue	GFL	
5WA	162(SBO)	Exit 162 - Michigan Street	GFL	
5WA	163(SBO)	Exit 163B - Forest Street		
5WA	163(NBO)	Exit 163 - West Seattle Freeway	FL	Silver Cloud Hotel.. (206-204-9800)
5WA	163(SBO)	Exit 163 - Columbian Way	FL	Silver Cloud Hotel.. (206-204-9800)
5WA	164	Exit 164A - Dearborn St	ALL	Courtyard (206.625.1111) Renaissance (206.583.0300)
5WA	165(SBO)	Exit 165B - Madison Street	L	Homewood Suites (206.682.8282) Crowne Plaza (206.464.1980)
5WA	165(NBO)	Exit 165 - Seneca Street	ALL	Springhill Suites (206-254-0500)
5WA	166(NBO)	Exit 166 - Olive Way	ALL	Homewood Suites (206-682-8282)
5WA	166(SBO)	Exit 166 - Stewart Street	ALL	Homewood Suites (206-682-8282)
5WA	167	Exit 167 - Mercer Street	ALL	Silver Cloud Inn (206-447-9500) Homewood Suites (206.281.9393) Hampton Inn (206.282.7700) Courtyard (206.213.0100) Holiday Inn (206.728.8123) Holiday Inn (206.441.7222)
5WA	168(NBO)	Exit 168A - Lakeview Blvd		
5WA	168(SBO)	Exit 168B - Boylston Avenue		
5WA	169(NBO)	Exit 169 - 50th Street	ALL	Hotel Deca (800-899-0251)
5WA	169(SBO)	Exit 169 - 45th Street	ALL	Hotel Deca (800-899-0251)
5WA	170(NBO)	Exit 170 - Ravenna Blvd		
5WA	171(NBO)	Exit 171 - Lake City Way	GFL	Travelodge (206-522-5000)
5WA	171(SBO)	Exit 171 - 71st Street	GFL	Travelodge (206-522-5000)
5WA	172	Exit 172 - 85th Street	L	Days Inn (206-524-3600)
5WA	173	Exit 173 - Northgate Way	GFL	Hotel nexus (206-365-0700)

5WA	174(NBO)	Exit 174 - 130th Street	L	Extended Stay Amer.. (206-365-8100)
5WA	175	Exit 175 - 145th Street	L	Econo Lodge (206-367-7880)
5WA	176	Exit 176 - 175th Street		
5WA	177	Exit 177 - Ballinger Way	GFL	Studio 6 (425-771-3139)
5WA	178(NBO)	Exit 178 - 236th Street	L	Travelodge (425-771-8008)
5WA	179	Exit 179 - 220th Street	L	Embassy Suites (425-775-2500)
5WA	181(NBO)	Exit 181A - 44th Avenue	L	La Quinta Inn (425-775-7447)
5WA	181(NBO)	Exit 181B - 196th Street	GL	
5WA	181(SBO)	Exit 181 - 196th Street	L	Courtyard (425.670.0500)
5WA	183	Exit 183 - 164th Street	GFL	Residence Inn (425-771-1100)
5WA	186	Exit 186 - 128th Street	GFL	Quality Inn and Su.. (425-609-4550) Motel 6 (425.353.8120)
5WA	192(NBO)	Exit 192 - Broadway	L	Best Western (425-258-4141)
5WA	192(SBO)	Exit 192 - 41st Street	L	Best Western (425-258-4141)
5WA	193(NBO)	Exit 193 - Pacific Avenue	FL	Holiday Inn (425-339-2000)
5WA	195(NBO)	Exit 195 - Marine View Drive		
5WA	198(SBO)	Exit 198 - Pacific Highway		
5WA	199	Exit 199 - Marysville	ALL	Comfort Inn (360-658-1339)
5WA	200	Exit 200 - 88th Street	GFL	Holiday Inn Express (360-530-1234)
5WA	202	Exit 202 - 116th Street	GL	Tulalip Resort Cas.. (360-716-6000)
5WA	206	Exit 206 - Lakewood	GFL	Medallion Hotel (360-657-0500)
5WA	208	Exit 208 - Silvana	GFL	
5WA	210	Exit 210 - 236th Street		
5WA	212	Exit 212 - Stanwood		
5WA	215	Exit 215 - 300th Street	G	
5WA	218	Exit 218 - Starbird Road	L	
5WA	221	Exit 221 - Pioneer Highway	G	
5WA	224(NBO)	Exit 224 - Old Highway 99		
5WA	225	Exit 225 - Anderson Road		
5WA	226	Exit 226 - Kincaid Street	FL	Quality Inn (360-428-7020)
5WA	227	Exit 227 - College Way	GFL	Tulip Inn (360-428-5969)
5WA	229	Exit 229 - George Hopper Road	GL	Hampton Suites (360-757-7100)
5WA	230	Exit 230 - Anacortes	GFL	Best Western (360-428-5678)
5WA	231(NBO)	Exit 231 - Bow/Edison	L	Fairfield Inn (360-757-2717)
5WA	231(SBO)	Exit 231 - Chuckanut Drive	L	Fairfield Inn (360-757-2717)
5WA	232	Exit 232 - Cook Road	G	
5WA	236	Exit 236 - Bow Hill Road		
5WA	240	Exit 240 - Alger		
5WA	242	Exit 242 - Nulle Road		
5WA	246	Exit 246 - Samish Way		
5WA	250	Exit 250 - Old Fairhaven Pkwy	GL	Travelodge (360-733-8280)
5WA	252	Exit 252 - Samish Way	GFL	Motel 6 ((360) 671-4494)
5WA	253	Exit 253 - Lakeway Drive	GFL	Best Western (360-671-1011)
5WA	254(NBO)	Exit 254 - State Street	GFL	GuestHouse Inn (360-671-9600)

State	Mile Marker	Name	Serv	Featured Hotels
5WA	254(SBO)	Exit 254 - Ohio Street	GFL	GuestHouse Inn (360-671-9600)
5WA	255(NBO)	Exit 255 - Sunset Drive	GF	
5WA	255(SBO)	Exit 255 - Mount Baker	GF	
5WA	256(NBO)	Exit 256 - Bellis Fair Pkwy	GFL	Rodeway Inn (360-738-6000)
5WA	256(SBO)	Exit 256 - Meridian Street	GFL	Rodeway Inn (360-738-6000)
5WA	257	Exit 257 - Northwest Avenue		
5WA	258	Exit 258 - Bakerview Road	GFL	Hampton Inn (360-676-7700)
5WA	260	Exit 260 - Slater Road	GL	
5WA	262	Exit 262 - Main Street	GFL	
5WA	263	Exit 263 - Portal Way	GL	Super 8 (360-384-8881)
5WA	266(NBO)	Exit 266 - Custer		
5WA	266(SBO)	Exit 266 - Grandview Road		
5WA	270(NBO)	Exit 270 - Birch Bay		
5WA	270(SBO)	Exit 270 - Birch Bay - Lynden Road		
5WA	274(NBO)	Exit 274 - Peace Portal Drive		
5WA	275(NBO)	Exit 275 - Canadian Border Truck Customs	G	
5WA	276	Exit 276 - D Street	GFL	
SL	277	Border Line		

OREGON - INTERSTATE 5

State	Mile Marker	Name	Serv	Featured Hotels
SL	0	State Line		
5OR	1(NBO)	Exit 1 - Windemar Road		
5OR	6	Exit 6 - Mount Ashland		
5OR	11(NBO)	Exit 11 - Siskiyou Blvd		
5OR	14	Exit 14 - Ashland	GFL	The Village Suites (541-488-7360)
5OR	19	Exit 19 - Valley View Road	GFL	La Quinta Inn (541-482-6932)
5OR	21	Exit 21 - Talent	GFL	Econo Lodge (541-482-4700)
5OR	24	Exit 24 - Fern Valley Road	FL	Phoenix Motel (541-535-1555)
5OR	27	Exit 27 - Barnett Road	GFL	Motel 6 ((541) 773-4290) SpringHill (541.842.8080) TownePlace (541.842.5757)
5OR	30	Exit 30 - Medford	ALL	Motel 6 ((541) 779-0550)
5OR	33	Exit 33 - Pine Street	GFL	Fairfield Inn and .. (541-664-0115)
5OR	35(NBO)	Exit 35 - Blackwell Road		
5OR	35(SBO)	Exit 35 - Central Point		
5OR	40	Exit 40 - Gold Hill	L	
5OR	43(NBO)	Exit 43 - Rouge River Highway		
5OR	43(SBO)	Exit 43 - Gold Hill		
5OR	45(SBO)	Exit 45A - Rouge River Highway		
5OR	45(SBO)	Exit 45B - Valley of Rouge State Park		
5OR	48	Exit 48 - Rouge River	GFL	Best Western Inn (541-582-2200)
5OR	55	Exit 55 - Grants Pass	L	Holiday Inn Express (541-471-6144)

5OR	58	Exit 58 - Grants Pass	GFL	Motel 6 ((541) 474-1331)
5OR	61	Exit 61 - Merlin	L+	Travelodge (541-479-6611)
5OR	66	Exit 66 - Hugo		
5OR	71	Exit 71 - Sunny Valley	GL	
5OR	76	Exit 76 - Wolf Creek	GFL	
5OR	77(SBO)	Exit 77 - Speaker Road		
5OR	80	Exit 80 - Glendale	G	
5OR	83	Exit 83 - Barton Road		
5OR	86	Exit 86 - Quines Creek		
5OR	88	Exit 88 - Azalea		
5OR	95	Exit 95 - Canyon Creek		
5OR	98	Exit 98 - Canyonville	GFL	
5OR	99	Exit 99 - North Canyonville	GFL	
5OR	101	Exit 101 - Riddle	L	Seven Feathers Cas.. (888-677-7771)
5OR	102	Exit 102 - Gazley Road	L	Best Western (541-839-4200)
5OR	103	Exit 103 - Tri City		
5OR	106	Exit 106 - Weaver		
5OR	108	Exit 108 - Myrtle Creek	GFL	
5OR	110	Exit 110 - Boomer Hill Road		
5OR	112(SBO)	Exit 112 - Dillard		
5OR	112(NBO)	Exit 112 - Winston		
5OR	113	Exit 113 - Clarks Branch Road	L	
5OR	119	Exit 119 - Winston		
5OR	120(NBO)	Exit 120 - Roseburg		
5OR	120(SBO)	Exit 120 - South Roseburg		
5OR	121	Exit 121 - McLain Avenue		
5OR	123	Exit 123 - Douglas County Fairgrounds		
5OR	124	Exit 124 - Roseburg	GFL	Holiday Inn Express (541-673-7517)
5OR	125	Exit 125 - Garden Valley Blvd	ALL	Windmill Inn (541-673-0901)
5OR	127	Exit 127 - Edenbower Blvd	L	Super 8 (541-672-8880) Motel 6 (541.464.8000)
5OR	129	Exit 129 - Del Rio Road		
5OR	135	Exit 135 - Sutherlin		
5OR	136	Exit 136 - Elkton	GFL	
5OR	138	Exit 138 - Oakland		
5OR	142	Exit 142 - Metz Hill Road		
5OR	146	Exit 146 - Rice Valley		
5OR	148	Exit 148 - Rice Hill	GFL	
5OR	150	Exit 150 - Yoncalla		
5OR	154(NBO)	Exit 154 - Elkhead Road		
5OR	154(SBO)	Exit 154 - Scotts Valley Road		
5OR	159	Exit 159 - Elk Creek		
5OR	160	Exit 160 - Salt Springs Road		
5OR	161(NBO)	Exit 161 - Buck Creek Road		

5OR	162	Exit 162 - Drain		
5OR	163	Exit 163 - Curtin	L	
5OR	170(NBO)	Exit 170 - Cottage Grove		
5OR	172(SBO)	Exit 172 - 6th Street		
5OR	174(NBO)	Exit 174 - Dorena Lake	FL	Village Green Resort (514-942-2491)
5OR	174(SBO)	Exit 174 - Cottage Grove	FL	Village Green Resort (514-942-2491)
5OR	176	Exit 176 - Saginaw	L	Holiday Inn Express (514-942-1000)
5OR	182	Exit 182 - Creswell	GFL	Super 8 (541-895-3341)
5OR	186(NBO)	Exit 186 - Dillard Road		
5OR	188(SBO)	Exit 188 - Oakridge		
5OR	189(NBO)	Exit 189 - 30th Avenue	GFL	Comfort Suites (541-343-7000)
5OR	190(SBO)	Exit 190 - 30th Avenue		
5OR	191	Exit 191 - Glenwood Blvd	GL	Motel 6 ((541) 687-2395)
5OR	192(NBO)	Exit 192 - Franklin Blvd	L	Crossland Economy (541-741-3908)
5OR	199	Exit 199 - Coburg	GFL	
5OR	209	Exit 209 - Harrisburg	L	
5OR	216	Exit 216 - Brownsville	L	Travelodge Pioneer.. (541-369-2804)
5OR	228	Exit 228 - Lebanon	L	Motel 6 (541.758.9125)
5OR	233	Exit 233 - Albany	ALL	Phoenix Inn Suites (541-926-5696)
5OR	234(NBO)	Exit 234 - Knox Butte Drive	ALL	Super 8 (541-928-6322) Motel 6 (541.926.4233)
5OR	234(SBO)	Exit 234A - Knox Butte	ALL	
5OR	234(SBO)	Exit 234B - Albany	ALL	
5OR	235(NBO)	Exit 235 - Viewcrest	L	Holiday Inn Express (541-928-8820)
5OR	235(SBO)	Exit 235 - Millersburg	L	Holiday Inn Express (541-928-8820)
5OR	237(SBO)	Exit 237 - Viewcrest		
5OR	238	Exit 238 - Jefferson		
5OR	239	Exit 239 - Dever-Connor Road		
5OR	240	Exit 240 - Hoefer Drive		
5OR	242	Exit 242 - Talbot Road		
5OR	243	Exit 243 - Ankeny Hill Road		
5OR	244	Exit 244 - Jefferson Highway		
5OR	248	Exit 248 - Sunnyside		
5OR	249(NBO)	Exit 249 - Commercial Street		
5OR	252	Exit 252 - Kuebler Blvd	L	Phoenix Inn Suites (503-588-9220)
5OR	253	Exit 253 - Salem	L	
5OR	256	Exit 256 - Market Street	FL	Best Western (503-581-1559) Motel 6 (503.371.8024)
5OR	258	Exit 258 - Portland Road	GFL	
5OR	260(NBO)	Exit 260 - Lockhaven Drive	L	Rodeway Inn (503-393-6000)
5OR	260(SBO)	Exit 260A - Salem Parkway		
5OR	260(SBO)	Exit 260B - Lockhaven Drive		
5OR	263	Exit 263 - Brooks	G	
5OR	271	Exit 271 - Woodburn	GFL	Best Western (503-982-6515)

5OR	278	Exit 278 - Aurora	GL	
5OR	282(NBO)	Exit 282 - Miley Road	L	Best Western (503-682-2288)
5OR	282(SBO)	Exit 282A - Canby		
5OR	282(SBO)	Exit 282B - Miley Road		
5OR	283	Exit 283 - Wilsonville	ALL	Days Inn (503-682-9000)
5OR	286	Exit 286 - Elligsen Road	FL	La Quinta Inn (503-682-3184)
5OR	289	Exit 289 - Nyberg Street	GFL	Century Hotel (503-692-3600)
5OR	290	Exit 290 - Lower Boones Ferry Road	GFL	Motel 6 ((503) 620-2066) Motel 6 (503.684.0760)
5OR	291	Exit 291 - Carman Drive	GFL	Holiday Inn Express (503-620-2980)
5OR	293	Exit 293 - Haines Street	L	Homestead Portland (503-670-0555)
5OR	294(NBO)	Exit 294 - Barbur Blvd	GFL	Quality Inn (503-245-6421)
5OR	295(NBO)	Exit 295 - Taylors Ferry Road	GFL	Comfort Suites ((503) 768-4400)
5OR	295(SBO)	Exit 295 - Capital Highway	GFL	Comfort Suites ((503) 768-4400)
5OR	296(SBO)	Exit 296A - Barbur Blvd	ALL	
5OR	296(SBO)	Exit 296B - Multnomah Blvd		
5OR	297	Exit 297 - Terwilliger Blvd	FL	The Avalon Hotel (503-802-5800)
5OR	298(NBO)	Exit 298 - Corbett Avenue		
5OR	299	Exit 299B - 4th Avenue	L	Econo Lodge (503.226.7646)
5OR	300(NBO)	Exit 300 - Water Avenue	FL+	Hotel Fifty (503-221-0711)
5OR	300(SBO)	Exit 300 - Martin Luther King Jr Blvd	FL+	Hotel Fifty (503-221-0711)
5OR	302(SBO)	Exit 302A - Broadway	GFL	Doubletree (503.281.6111) Motel 6 (503.234.4391) Econo Lodge (503.284.5181)
5OR	303	Exit 303 - Alberta Street	FL	Palms Motel (503-287-5788)
5OR	304	Exit 304 - Portland Blvd	L	Econo Lodge (503-285-7777)
5OR	306	Exit 306B - Schmeer Road	L	Motel 6 (503.247.3700)
5OR	307	Exit 307 - Martin Luther King Jr Blvd	GFL	Fairfield Inn. (503-286-6336)
5OR	308	Exit 308 - Hayden Island	GFL	Oxford Suites (503-283-3030)
SL	308	State Line		

CALIFORNIA - INTERSTATE 5				
State	Mile Marker	Name	Serv	Featured Hotels
SL	0	Border Line		
5CA	1	Exit 1B - Via de San Ysidro	L	Motel 6 ((619) 690-6663) Economy Inn (619-428-6191)
5CA	1(NBO)	Exit 1A - I-805 North	L	Travelodge (619-428-4486)
5CA	1(SBO)	Exit 1A - Camino de la Plaza	GFL	Travelodge (619-428-4486)
5CA	2	Exit 2 - Dairy Mart Road / San Ysidro Blvd	GFL	
5CA	3	Exit 3 - SR-905 / Tocayo Avenue	L	Americas Best Valu.. (619-690-2633)
5CA	4	Exit 4 - Coronado Avenue	GFL	Days Inn (619-429-7600) Courtyard (619.291.5720)
5CA	5	Exit 5B - Main Street	F+	
5CA	5	Exit 5A - SR-75 / Palm Avenue / Imperial B..	GFL	Travelodge (619-575-1414)

				Best Western (619-691-6868)
5CA	6	Exit 6 - Palomar Street	ALL	Bay Breeze Inn and.. (619-425-3862)
5CA	7	Exit 7B - J Street / Marina Parkway	ALL	
5CA	7	Exit 7A - L Street	ALL	Omni (619-231-6664)
5CA	8	Exit 8B - E Street	ALL	Motel 6 ((619) 422-4200)
5CA	8	Exit 8A - H Street	ALL	Travel Inn (619-420-6600)
5CA	9	Exit 9 - SR-54 East	L	Ramada Limited (619.425.9999)
5CA	10	Exit 10 - Bay Marina / Mile of Cars Way	ALL	Best Western Marin.. (619-259-2800) Holiday Inn (619-474-2800)
5CA	11(NBO)	Exit 11B - Plaza Blvd / Downtown	ALL	Rodeway Inn (619-474-7502)
5CA	11(NBO)	Exit 11A - Civic Center Drive	ALL	Super 8 (619-474-8811)
5CA	11(SBO)	Exit 11B - 8th Street / National City	ALL	Rodeway Inn (619-474-7502)
5CA	11(SBO)	Exit 11A - Harbor Drive / Civic Center Drive	ALL	Super 8 (619-474-8811)
5CA	12(NBO)	Exit 12 - Division Street / Main Street	ALL	Quality Inn I-5 Na.. (619-238-2788)
5CA	12(SBO)	Exit 12 - Main Street / National City Blvd	ALL	Quality Inn I-5 Na.. (619-238-2788)
5CA	13	Exit 13B - 28th Street / National Avenue	ALL	Hilton (619-564-3333)
5CA	13	Exit 13A - SR-15 North / Riverside	ALL	
5CA	13(SBO)	Exit 13A - SR-15 North / Riverside / Wabash..	ALL	
5CA	14	Exit 14B - Cesar E Chavez Pkwy	ALL	
5CA	14	Exit 14A - SR-75 South / CoronadO	ALL	
5CA	15(NBO)	Exit 15B - Pershing Drive / Civic Center	ALL	Comfort Inn (619-238-4100)
5CA	15(NBO)	Exit 15A - SR-94 East / J Street	ALL	Marriott (619-696-0234)
5CA	15(SBO)	Exit 15C - Pershing Drive / B Street	ALL	
5CA	15(SBO)	Exit 15B - SR-94 East / Martin Luther King ..	ALL	Comfort Inn (619-238-4100)
5CA	15(SBO)	Exit 15A - Imperial Avenue	ALL	Marriott (619-696-0234)
5CA	16(NBO)	Exit 16B - 6th Avenue / Downtown	L	Holiday Inn (619.696.0911)
5CA	16(NBO)	Exit 16A - SR-163 North / EscondidO	L	Days Inn (610-239-2285)
5CA	16(SBO)	Exit 16 - SR-163 North / Escondido / 10th ..	ALL	Hotel Indigo (619-727-4000) Doubletree (619.239.6800)
5CA	17(NBO)	Exit 17B - India Street	L	Harborview Inn And.. (877-747-8713)
5CA	17(NBO)	Exit 17A - Hawthorn Street / San Diego Airp..	L	Porto Vista Hotel (619-544-0164)
5CA	17(SBO)	Exit 17 - Front Street / Civic Center	ALL	
5CA	18	Exit 18B - Washington Street	ALL	Comfort Inn (619-543-1130)
5CA	18(NBO)	Exit 18A - Pacific Highway Viaduct	ALL	Marina Inn And Sui.. (619-232-7551)
5CA	18(SBO)	Exit 18A - Kettner Street / San Diego Airport	ALL	Marina Inn And Sui.. (619-232-7551)
5CA	19	Exit 19 - Old Town Avenue	ALL	La Quinta Inn (619-291-9100) Holiday Inn (619.299.7400)
5CA	20(NBO)	Exit 20 - I-8 / El Centro / Beaches	ALL	
5CA	20(SBO)	Exit 20 - I-8 / El Centro / SR-209 / Rosec..	ALL	
5CA	21	Exit 21 - Sea World Drive / Tecolote Road	ALL	Hilton (619-276-4010)
5CA	22(NBO)	Exit 22 - Clairemont Drive / Mission Bay D..	GF	
5CA	22(SBO)	Exit 22 - Clairemont Drive / East Mission ..	GF	
5CA	23(NBO)	Exit 23B - Balboa Avenue - East	ALL	inn at Mission Bay (858-483-4222) Holiday Inn Express (858.483.9800)

5CA	23(NBO)	Exit 23A - Grand Avenue / Garnet Avenue	ALL	
5CA	23(SBO)	Exit 23 - Balboa Avenue / Garnet Avenue		
5CA	26(NBO)	Exit 26B - SR-52 East	L	Hotel La Jolla (858-459-0541)
5CA	26(NBO)	Exit 26A - La Jolla Parkway	L	La Jolla Shores Ho.. (858-459-8271)
5CA	26(SBO)	Exit 26 - SR-52 East		
5CA	27	Exit 27 - Gilman Drive / La Jolla Colony D..	L	Marriott (858-.587-1770)
5CA	28(NBO)	Exit 28B - La Jolla Village Drive	FL	Sheraton (858-453-5500)
5CA	28(NBO)	Exit 28A - Nobel Drive	L	Hyatt Regency (858-552-1234)
5CA	29	Exit 29 - Genesee Avenue	L	Estancia La Jolla .. (858-550-1000)
5CA	30(NBO)	Exit 30 - Sorrento Valley Road		
5CA	32	Exit 32 - Carmel Mountain Road		
5CA	33(NBO)	Exit 33B - Carmel Valley Road / SR-56 East	GL	Hampton Inn (858-792-5557)
5CA	33(NBO)	Exit 33A - SR-52 East	L	Doubletree Hotel (858-481-5900)
5CA	33(SBO)	Exit 33 - Carmel Valley Road / SR-56 East		
5CA	34	Exit 34 - Del Mar Heights Road	GFL	Marriott (858-523-1700)
5CA	36	Exit 36 - Via De La Valle	GFL	Holiday Inn (858-350-0111)
5CA	37	Exit 37 - Lomas Santa Fe Drive / Solana Be..	GF	
5CA	39	Exit 39 - Manchester Avenue	GL	Cardiff By the Sea.. (877-747-8713)
5CA	40	Exit 40 - Birmingham Drive	GFL	Holiday Inn Express (760-944-0427)
5CA	41	Exit 41B - Encinitas Blvd	GFL	Days Inn (760-944-0260)
5CA	41	Exit 41A - Santa Fe Drive	GF	
5CA	43	Exit 43 - Leucadia Blvd	L	Howard Johnson (760-944-3800)
5CA	44	Exit 44 - La Costa Avenue	GL	Ocean Inn (760-436-1988)
5CA	45	Exit 45 - Poinsettia Lane / Aviara Parkway	GL	Motel 6 ((760) 431-0745)
5CA	47	Exit 47 - Palomar Airport Road	GFL	Holiday Inn (760-438-7880)
5CA	48	Exit 48 - Cannon Road	L	Inns Of America Su.. (760-929-8200)
5CA	49	Exit 49 - Tamarack Avenue	GL	Rodeway Inn (760-729-2383)
5CA	50(NBO)	Exit 50 - Carlsbad Village Drive / Downtown	ALL	Motel 6 ((760) 434-7135)
5CA	50(SBO)	Exit 50 - Carlsbad Village Drive / Elm Ave..	ALL	Motel 6 ((760) 434-7135)
5CA	51	Exit 51A - Las Flores Drive	L	Extended Stay Amer.. (760-729-9380)
5CA	51(NBO)	Exit 51C - Oceanside / Vista Way	GFL	Aquamarine Villas (760-966-3360)
5CA	51(NBO)	Exit 51B - SR-78 East / EscondidO		
5CA	51(SBO)	Exit 51C - Cassidy Street	GFL	Aquamarine Villas (760-966-3360)
5CA	51(SBO)	Exit 51B - SR-78 East / Vista Way		
5CA	52	Exit 52 - Oceanside Blvd	ALL	Best Western (760-722-1821)
5CA	53	Exit 53 - Mission Avenue	ALL	Quality Inn (760-721-6663)
5CA	54(NBO)	Exit 54C - Ocenside Harbor Drive	GFL	Travelodge (760-722-1244)
5CA	54(NBO)	Exit 54B - Camp Pendleton	GFL	Days Inn (760-722-7661)
5CA	54(NBO)	Exit 54A - SR-76 East / Coast Hwy	L	Guesthouse Inn and.. (760-722-1904)
5CA	54(SBO)	Exit 54C - Ocenside Harbor Drive / Camp Pen..	GFL	Travelodge (760-722-1244)
5CA	54(SBO)	Exit 54B - Coast Hwy / Oceanside	GFL	Days Inn (760-722-7661)
5CA	54(SBO)	Exit 54A - SR-76 East	L	Guesthouse Inn and.. (760-722-1904)
5CA	59(NBO)	**Rest Area**		

5CA	60(SBO)	**Rest Area**		
5CA	62	Exit 62 - Las Pulgas Road		
5CA	63(NBO)	Exit 63 - Vista Point		
5CA	71	Exit 71 - Basilone Road	L	Comfort Suites (949-361-6600)
5CA	72	Exit 72 - Cristianitos Road	L	Hampton Inn and Su.. (800-308-5306)
5CA	73(NBO)	Exit 73 - Avenida Magdalena	ALL	San Clemente's Lit.. (949-492-1960)
5CA	73(SBO)	Exit 73 - Ave Calafia	ALL	San Clemente's Lit.. (949-492-1960)
5CA	74	Exit 74 - El Camino Real	ALL	
5CA	75(NBO)	Exit 75 - Avenida Presidio / San Clemente	ALL	Days Inn (949-361-0636)
5CA	75(SBO)	Exit 75 - Avenida Palizada	ALL	Days Inn (949-361-0636)
5CA	76	Exit 76 - Avenida PicO	ALL	Best Western (949-361-1644)
5CA	77	Exit 77 - Avenida Vista Hermosa		
5CA	78(NBO)	Exit 78 - Camino de Estrella	L	Best Western (949-240-0150)
5CA	78(SBO)	Exit 78 - Camino Estrella	L	Best Western (949-240-0150)
5CA	79	Exit 79 - SR-1 / Pacific Coast Highway / C..	L	Doubletree Guest S.. (949-661-1100)
5CA	81	Exit 81 - Camino CapistranO	GF	
5CA	82	Exit 82 - SR-74 / Ortega Highway East / Sa..	GFL	
5CA	83	Exit 83 - Junipero Serra Road	G	
5CA	85(NBO)	Exit 85B - Avery Parkway	L	Fairfield Inn (949-582-7100)
5CA	85(NBO)	Exit 85A - SR-73 North / Long Beach	L	Americas Best Valu.. (949-347-8520)
5CA	85(SBO)	Exit 85 - Avery Parkway	ALL	
5CA	86	Exit 86 - Crown Valley Parkway	ALL	
5CA	88	Exit 88 - Oso Parkway	GL	
5CA	89	Exit 89 - La Paz Road	ALL	
5CA	90	Exit 90 - Alicia Parkway	ALL	
5CA	91	Exit 91 - El Toro Road	ALL	Americas Best Valu.. (949-273-0012)
5CA	92(NBO)	Exit 92B - Bake Parkway	L	Comfort Inn At Irv.. (949-859-0166)
5CA	92(NBO)	Exit 92A - Lake Forest Drive	L	Holiday Inn (949-455-7000)
5CA	92(SBO)	Exit 92 - Bake Parkway / Lake Forest Drive	GFL	
5CA	94(NBO)	Exit 94B - Alton Parkway		
5CA	94(NBO)	Exit 94A - I-405 / Santa Ana Freeway		
5CA	94(SBO)	Exit 94 - Alton Parkway		
5CA	95(NBO)	Exit 95 - SR-133 North / Riverside	L	La Quinta Inn (949-551-0909)
5CA	95(SBO)	Exit 95 - SR-133 South / Laguna Beach	L	La Quinta Inn (949-551-0909)
5CA	96(NBO)	Exit 96 - Sand Canyon Avenue	L	Doubletree Hotel (949-471-8888)
5CA	96(SBO)	Exit 96B - SR-133 North		
5CA	96(SBO)	Exit 96A - Sand Canyon Avenue	GFL	
5CA	97	Exit 97 - Jeffrey Road	GF	
5CA	99	Exit 99 - Culver Drive	GFL	The Key Inn (714-832-3220)
5CA	100	Exit 100 - Jamboree Road	F	
5CA	101	Exit 101 - Red Hill Avenue	GFL	
5CA	102(SBO)	Exit 102 - Newport Avenue	ALL	
5CA	103(NBO)	Exit 103C - 1st Street / 4th Street	L	Motel 6 ((714) 558-0500)

5CA	103(NBO)	Exit 103B - SR-55 South		
5CA	103(NBO)	Exit 103A - SR-55 North / Riverside		
5CA	103(SBO)	Exit 103 - SR-55 South		
5CA	104(NBO)	Exit 104 - Grand Avenue		
5CA	104(SBO)	Exit 104A - 1st Street / 4th Street	ALL	
5CA	104(SBO)	Exit 104B - Santa Ana Blvd / Grand Avenue	ALL	
5CA	105	Exit 105B - Main Street	FL	Motel 6 ((530) 666-6777)
5CA	105	Exit 105A - 17th Street	GFL	
5CA	107	Exit 107C - State College Blvd / The City Dr..	FL	
5CA	107(NBO)	Exit 107B - Chapman Avenue	L	Motel 6 ((714) 634-2441)
5CA	107(NBO)	Exit 107A - SR-57 North / Pomona		
5CA	107(SBO)	Exit 107B - SR-22 West	L	Motel 6 ((714) 634-2441)
5CA	107(SBO)	Exit 107A - SR-22 East		
5CA	109(NBO)	Exit 109 - Katella Avenue / Disney Way	FL	Motel 6 ((714) 520-9696)
5CA	109(SBO)	Exit 109B - Disney Way / Anaheim Blvd		
5CA	109(SBO)	Exit 109A - Katella Avenue / Orangewood Ave		
5CA	110(NBO)	Exit 110 - Harbor Blvd / Ball Road	L	Hotel Menage (714-758-0900)
5CA	110(SBO)	Exit 110B - Disneyland Drive / Ball Road		
5CA	110(SBO)	Exit 110A - Harbor Blvd	ALL	
5CA	111	Exit 111 - Lincoln Avenue	GFL	Sheraton Anaheim H.. (714-778-1700)
5CA	112	Exit 112 - Euclid Street	FL	Fullerton Plaza Inn (714-578-7950)
5CA	113(NBO)	Exit 113C - SR-91 West	L	Econo Lodge (714-826-8100)
5CA	113(NBO)	Exit 113B - La Palma Ave East		
5CA	113(NBO)	Exit 113A - Brookhurst Street / La Palma Ave		
5CA	113(SBO)	Exit 113 - Brookhurst Street / La Palma Ave	GF	
5CA	114(NBO)	Exit 114 - Magnolia / SR-91 East		
5CA	114(SBO)	Exit 114B - SR-91 East		
5CA	114(SBO)	Exit 114A - Magnolia		
5CA	115(NBO)	Exit 115 - Auto Center Drive	L	Hampton Inn (714-670-7200)
5CA	116(NBO)	Exit 116 - Beach Blvd	L	Holiday Inn (714-522-7000)
5CA	116(SBO)	Exit 116 - SR-39 / Beach Blvd	L	Holiday Inn (714-522-7000)
5CA	117(NBO)	Exit 117 - Artesia Blvd		
5CA	117(SBO)	Exit 117 - Artesia Blvd / Knott Avenue		
5CA	118	Exit 118 - Valley View Avenue	GFL	Residence Inn (714-523-2800)
5CA	119	Exit 119 - Carmenita Road	GFL	Guesthouse (562-868-0991)
5CA	120(NBO)	Exit 120B - Rosecrans Avenue / La Mirada	L	Comfort Inn (562-868-3453)
5CA	120(NBO)	Exit 120A - Firestone Blvd (Left Exit)	L	Rodeway Inn (562-868-3211)
5CA	120(SBO)	Exit 120 - Rosecrans Avenue / La Mirada	GF+	
5CA	121(NBO)	Exit 121 - Norwalk Blvd / San Antonio Drive	ALL	Motel 6 ((661) 797-2346)
5CA	121(SBO)	Exit 121 - San Antonio Drive / Norwalk Blvd	ALL	Motel 6 ((661) 797-2346)
5CA	122(NBO)	Exit 122 - Imperial Highway / Pioneer Blvd	GFL	Best Western (562-929-8831)
5CA	122(SBO)	Exit 122 - Pioneer Blvd / Imperial Highway	GFL	Best Western (562-929-8831)
5CA	123	Exit 123 - Florence Avenue	GFL	Econo Lodge (562-923-1247)

5CA	124	Exit 124 - I-605 / San Gabriel River Freeway		
5CA	125	Exit 125 - Lakewood Blvd / Rosemead Blvd	ALL	Guesthouse (562-364-5002)
5CA	127	Exit 127B - Slauson Avenue	GFL	
5CA	127	Exit 127A - Paramount Blvd	F	
5CA	128	Exit 128B - Washington Blvd	GFL	Crowne Plaza Comme.. (323-728-3600)
5CA	128	Exit 128A - Garfield Avenue	L	Quality Inn (323-724-1400)
5CA	129(NBO)	Exit 129 - Atlantic Blvd North	ALL	Doubletree (323-887-8100)
5CA	129(SBO)	Exit 129 - Atlantic Blvd / Eastern Avenue	ALL	Doubletree (323-887-8100)
5CA	130(NBO)	Exit 130C - I-710 North / Pasadena (Left Exit)	L	Hilton Garden Inn (323-724-5900)
5CA	130(NBO)	Exit 130B - Eastern Avenue		
5CA	130(SBO)	Exit 130B - I-710 / Long Beach Freeway		
5CA	130(NBO)	Exit 130A - Atlantic Blvd South	FL	
5CA	130(SBO)	Exit 130A - Triggs Street	FL	
5CA	131(NBO)	Exit 131 - Indiana Street		
5CA	131(SBO)	Exit 131B - Ditman Avenue	GF+	
5CA	131(SBO)	Exit 131A - Olympic Blvd	GF+	
5CA	132(NBO)	Exit 132 - Calzone Street	GF+	
5CA	132(SBO)	Exit 132 - Indiana Street / Calzone Street	GF+	
5CA	133(NBO)	Exit 133 - Grand Vista Avenue	L	Miyako Hotel (213-617-0004)
5CA	133(SBO)	Exit 133 - Euclid Avenue	L	Miyako Hotel (213-617-0004)
5CA	134(SBO)	Exit 134E - SR-60 East / Pomona / Golden Sta..		
5CA	134(SBO)	Exit 134D - SR-60 East / Soto Street		
5CA	134(SBO)	Exit 134C - Soto Street SB		
5CA	134(NBO)	Exit 134C - Seventh Street (Left Exit)		
5CA	134(NBO)	Exit 134B - Soto Street	L	Kyoto Grand Hotel .. (213-629-1200)
5CA	134(SBO)	Exit 134B - SR-60 East	L	Kyoto Grand Hotel .. (213-629-1200)
5CA	134(NBO)	Exit 134A - SR-60 West / Santa Monica Freeway	GFL	
5CA	134(SBO)	Exit 134A - Soto Street	GFL	
5CA	135(NBO)	Exit 135C - I-10 East / San Bernardino Freeway	GF	
5CA	135(SBO)	Exit 135C - Mission Road	GF	
5CA	135(NBO)	Exit 135B - Caesar Chavez Avenue		
5CA	135(SBO)	Exit 135B - I-10 East / San Bernardino Freeway		
5CA	135	Exit 135A - 4th Street	L	Kawada Hotel (213-621-4455)
5CA	136(NBO)	Exit 136B - Broadway	L	Royal Pagoda Motel (323-223-3381)
5CA	136(NBO)	Exit 136A - Main Street		
5CA	137(NBO)	Exit 137B - SR-110 / Pasadena Freeway North	L	Super 8 (213-250-2233)
5CA	137(NBO)	Exit 137A - Figueroa Street	L	Comfort Inn (213-413-8222)
5CA	137(SBO)	Exit 137B - SR-110 / Pasadena Freeway South	L	Super 8 (213-250-2233)
5CA	137(SBO)	Exit 137A - SR-110 / Pasadena Freeway North	L	Comfort Inn (213-413-8222)
5CA	137(SBO)	Exit 137 - Main Street	GF+	
5CA	138	Exit 138 - Stadium Way Connections		
5CA	139(NBO)	Exit 139B - SR-2 West / Echo Park		

5CA	139(NBO)	Exit 139A - SR-2 / Glendale Freeway East		
5CA	139(SBO)	Exit 139 - SR-2 / Glendale Freeway		
5CA	140(NBO)	Exit 140 - Glendale Blvd	L	Travelodge (323-665-5735)
5CA	140(SBO)	Exit 140B - Glendale Blvd	GF+	
5CA	140(SBO)	Exit 140A - Fletcher Drive	GF+	
5CA	141(NBO)	Exit 141B - Griffith Park Drive	L	Rodeway Inn Regalo.. (818-246-7331)
5CA	141(NBO)	Exit 141A - Los Feliz Blvd		
5CA	141(SBO)	Exit 141 - Los Feliz Blvd / Griffith Park D..	GFL	
5CA	142	Exit 142 - Colorado Street	L	Days inn (818-956-0202)
5CA	144(NBO)	Exit 144B - SR-134 West / Ventura Freeway	L	Homestead Los Ange.. (818-956-6665)
5CA	144(NBO)	Exit 144A - SR-134 East / Ventura Freeway	L	Hotel Brandwood (888-482-7263)
5CA	144(SBO)	Exit 144 - SR-134 / Ventura Freeway		
5CA	145	Exit 145A - Western Avenue	GFL	Glen Capri Inn and.. (818-244-8434)
5CA	146	Exit 146B - Burbank Blvd	ALL	Holiday Inn (818-841-4770)
5CA	146	Exit 146A - Olive Avenue	FL	Residence Inn (818-260-8787)
5CA	147(SBO)	Exit 147B - San Fernando / Empire Ave	GFL	
5CA	147(NBO)	Exit 147C - San Fernando / Empire Ave	L	Extended Stay Amer.. (818-567-0952)
5CA	147(NBO)	Exit 147B - Lincoln Street	GFL	
5CA	147	Exit 147A - Scott Road	GFL	
5CA	148	Exit 148 - Buena Vista Street	FL	Ramada Inn (818-843-5955)
5CA	149	Exit 149 - Hollywood Way	L	Hampton Inn (818-768-1106)
5CA	150(SBO)	Exit 150 - Sunland Blvd	ALL	Motel 6 ((530) 221-1800)
5CA	150(NBO)	Exit 150B - Sunland Blvd	L	Super 8 (818-765-9800)
5CA	150(NBO)	Exit 150A - Glenoaks Blvd		
5CA	151	Exit 151 - Penrose Street		
5CA	152	Exit 152 - Lankershim Blvd	GF	
5CA	153	Exit 153 - Branford Street		
5CA	153	Exit 153A - Sheldon Street	F	
5CA	154	Exit 154 - Osborne Street	GF	
5CA	155(NBO)	Exit 155B - Van Nuys Blvd	L	Guesthouse Inn (818-891-1771)
5CA	155(NBO)	Exit 155A - Terra Bella Street		
5CA	156(NBO)	Exit 156B - SR-118 East / West		
5CA	156(NBO)	Exit 156A - Van Nuys Blvd		
5CA	156(SBO)	Exit 156A - Paxton Street		
5CA	157(NBO)	Exit 157B - S.F. Mission Blvd		
5CA	157(NBO)	Exit 157A - Brand Blvd	L	Americas Best Valu.. (818-366-5901)
5CA	157(SBO)	Exit 157 - S.F. Mission Blvd		
5CA	158(SBO)	Exit 158 - I-405 South / San Diego Freeway		
5CA	158(NBO)	Exit 158 - Truck Lane Off-Ramp		
5CA	159(NBO)	Exit 159B - Roxford Street West	L	Motel 6 ((818) 362-9491)
5CA	159(NBO)	Exit 159A - Roxford Street East	L	Country Side Inn (818-367-0141)
5CA	159(SBO)	Exit 159 - Roxford Street	GFL	
5CA	161(NBO)	Exit 161B - I-210 / Pasadena		

5CA	161(SBO)	Exit 161B - Balboa Blvd		
5CA	161(SBO)	Exit 161A - I-210 / Pasadena		
5CA	161(NBO)	Exit 161A - Truck Lane Off-Ramp		
5CA	162	Exit 162 - Palmdale / Lancaster		
5CA	163(SBO)	Exit 163 - Truck Route I-5 / SR-14		
5CA	166	Exit 166 - Calgrove Blvd	L	La Quinta Inn (661-286-1111)
5CA	167	Exit 167 - Lyons Avenue / Pico Canyon Road	GFL	Hampton Inn (661-253-2400)
5CA	168	Exit 168 - McBean Parkway	FL	Extended Stay Amer.. (661-255-1044)
5CA	169	Exit 169 - Valencia Blvd	L	Holiday Inn Expres.. (661-284-2101)
5CA	170	Exit 170 - SR-126 / Magic Mountain Parkway	L	Hilton Garden Inn (661-284-3200)
5CA	171	Exit 171 - Rye Canyon Road	L	Courtyard by Marri.. (661-257-3220)
5CA	172	Exit 172 - Ventura		
5CA	173	Exit 173 - Hasley Canyon Road		
5CA	176	Exit 176B - Lake Hughes Road / Castaic	GFL	Days Inn (909-983-7411)
5CA	176	Exit 176A - Parker Road	GL	
5CA	176	Exit 176 - Lake Hughes Road / Castaic	L	Rodeway Inn (661-295-1100)
5CA	183	Exit 183 - Templin Highway		
5CA	191	Exit 191 - Vista Del Lago Road		
5CA	195	Exit 195 - Smokey Bear Road		
5CA	198(NBO)	Exit 198B - Quail Lake Road		
5CA	198(NBO)	Exit 198A - SR-138 East		
5CA	198(SBO)	Exit 198 - Quail Lake Road		
5CA	199(SBO)	Exit 199 - Lancaster / Palmdale		
5CA	202	Exit 202 - Gorman Road	GFL	Econo Lodge (661-248-6411)
5CA	205	Exit 205 - Frazier Mountain Park Road	L	Best Rest Inn (661-248-2700)
5CA	207	Exit 207 - Lebec Road		
5CA	210	Exit 210 - Fort Tejon Road		
5CA	215	Exit 215 - Grapevine	L	Ramada Limited (661-248-1530)
5CA	219	Exit 219B - Laval Road West	L	Best Western (661-858-7777)
5CA	219	Exit 219A - Laval Road East		
5CA	221(NBO)	Exit 221 - SR-99 North	L	Motel 6 ((530) 527-9200)
5CA	225	Exit 225 - Mettler / Maricopa		
5CA	228	Exit 228 - Copus Road		
5CA	234	Exit 234 - Old River Road		
5CA	239	Exit 239 - Bear Mountain Blvd		
5CA	244	Exit 244 - Pumpkin Center / Lamont		
5CA	246	Exit 246 - Taft / Maricopa		
5CA	253	Exit 253 - Stockdale Highway	L	Rodeway Inn (661-764-5221)
5CA	257	Exit 257 - Buttonwillow / McKittrick	GL	
5CA	259	**Rest Area**		
5CA	262(NBO)	Exit 262 - 7th Standard Road		
5CA	268	Exit 268 - Lerdo Highway		
5CA	278	Exit 278 - Lost Hills / Wasco	GL	Days Inn (661-797-2371)

5CA	288	Exit 288 - Twisselman Road		
5CA	305	Exit 305 - Utica Avenue		
5CA	309	Exit 309 - Kettleman City / Paso Robles	GFL	
5CA	319	Exit 319 - Lassen Avenue		
5CA	320	**Rest Area**		
5CA	325	Exit 325 - Jayne Avenue		
5CA	334	Exit 334 - Lemoore / Hanford	GFL	Travelodge (559-935-2063)
5CA	337	Exit 337 - SR-33 South / SR-145 North	L	Motel 6 ((209) 826-6644)
5CA	349	Exit 349 - Derrick Avenue		
5CA	357	Exit 357 - Kamm Avenue		
5CA	365	Exit 365 - Manning Avenue		
5CA	368	Exit 368 - Panoche Road		
5CA	372	Exit 372 - Russell Avenue		
5CA	379	Exit 379 - Shields Avenue		
5CA	385	Exit 385 - Nees Avenue		
5CA	386	**Rest Area**		
5CA	391	Exit 391 - Mercy Springs Road		
5CA	403	Exit 403B - Monterey / Hollister		
5CA	403	Exit 403A - Los Banos		
5CA	407	Exit 407 - Santa Nella / Gustine		
5CA	418	Exit 418 - Gustine / Merced		
5CA	423	Exit 423 - Stuhr Road		
5CA	428	Exit 428 - Fink Road		
5CA	434	Exit 434 - Diablo Grande Pkwy / Sperry Avenue	GFL	
5CA	441	Exit 441 - Ingram Creek / Howard Road	G	
5CA	445	**Rest Area**		
5CA	446(NBO)	Exit 446 - I-580 West		
5CA	449	Exit 449 - San FranciscO		
5CA	452	Exit 452 - SR-33 South / Vernalis		
5CA	457	Exit 457 - Kasson Road		
5CA	458	Exit 458B - I-205 West		
5CA	458	Exit 458A - 11th Street (old Highway 50)		
5CA	460	Exit 460 - Mossdale Road		
5CA	461	Exit 461 - Manteca / Sonora	G	
5CA	462	Exit 462 - Louise Avenue	GFL	
5CA	463	Exit 463 - Lathrop Road	GFL	
5CA	465	Exit 465 - Roth Road		
5CA	467	Exit 467B - Mathews Road		
5CA	468	Exit 468 - French Camp Turnpike		
5CA	469	Exit 469 - Downing Avenue		
5CA	470	Exit 470 - Eighth Street		
5CA	471	Exit 471 - Charter Way	ALL	Motel 6 ((209) 467-3600)
5CA	472	Exit 472 - Downtown Stockton / Fresno Ave	GFL	

5CA	473	Exit 473 - Pershing Avenue	GF	
5CA	474	Exit 474B - Country Club Blvd / Alpine Avenue	GF	
5CA	474	Exit 474A - Monte DiablO	F	
5CA	476	Exit 476 - March Lane	FL	
5CA	477	Exit 477 - Benjamin Holt Drive	GFL	
5CA	478	Exit 478 - Hammer Lane	GFL	
5CA	481	Exit 481 - Eight Mile Road		
5CA	485	Exit 485 - Lodi / Fairfield	GFL	Microtel (209-367-9700)
5CA	487	Exit 487 - Turner Road		
5CA	490	Exit 490 - Peltier Road		
5CA	493	Exit 493 - Walnut Grove Road		
5CA	498	Exit 498 - Twin Cities Road		
5CA	504	Exit 504 - Hood-Franklin Road	L	Holiday Inn Express (916-478-4000)
5CA	506	Exit 506 - Elk Grove Blvd	L	Extended Stay Amer.. (916-683-3753)
5CA	508	Exit 508 - Laguna Blvd	GL	Hampton Inn and Su.. (916-683-9545)
5CA	512	Exit 512 - Pocket Road / Meadowview Road / ..	GF	
5CA	513	Exit 513 - Florin Road	GFL	
5CA	514(SBO)	Exit 514 - 43rd Avenue	GF	
5CA	515	Exit 515 - Fruitridge Road / Seamas Avenue	L	Le Rivage (800-323-7500)
5CA	516	Exit 516 - Sutterville Road	GFL	Vizcaya (916-455-5243)
5CA	518	Exit 518 - Broadway / US-50	GFL	Embassy Suites (916-326-5000)
5CA	521(NBO)	Exit 521B - West El Camino Avenue	L	SpringHill Suites (916-925-2280) Residence (916.649.1300)
5CA	521(NBO)	Exit 521A - Garden Highway	L	Hilton Garden Inn (916-568-5400)
5CA	521(SBO)	Exit 521 - Garden Highway		
5CA	522	Exit 522 - I-80 / San Francisco / RenO	L	Homestead (916-564-7500)
5CA	524	Exit 524 - Arena Blvd	L	Four Points by She.. (916-263-9000)
5CA	525	Exit 525B - Yuba City / Marysville		
5CA	525	Exit 525A - Del Paso Road		
5CA	528	Exit 528 - Airport Blvd	+	
5CA	529(SBO)	**Rest Area**		
5CA	531	Exit 531 - County Road 22		
5CA	536	Exit 536 - County Road 102	GL	Hampton Suites (530-662-9100)
5CA	537	Exit 537 - Davis	L	Quality Inn And Su.. (530-666-3050)
5CA	538	Exit 538 - Yuba City	L	Best Western (530-666-1251)
5CA	540	Exit 540 - West Street		
5CA	541	Exit 541 - SR-16 / Woodland		
5CA	542	Exit 542 - YolO		
5CA	548	Exit 548 - Zamora		
5CA	553(SBO)	Exit 553 - I-505 South / Winters / San Fran..		
5CA	554	Exit 554 - County Road 8	L	Americas Best Value (530-724-3333)
5CA	556	Exit 556 - Dunnigan	GFL	
5CA	557	**Rest Area**		
5CA	559	Exit 559 - County Line Road		

5CA	566	Exit 566 - Arbuckle / College City		
5CA	567	Exit 567 - Putnam Lateral		
5CA	569	Exit 569 - Hahn Road		
5CA	575	Exit 575 - Husted Road	L	Quality Inn (530-473-2381)
5CA	577	Exit 577 - Williams	ALL	Motel 6 ((530) 473-5337)
5CA	578	Exit 578 - Colusa / Clear Lake		
5CA	583	**Rest Area**		
5CA	586	Exit 586 - Maxwell Road		
5CA	588(SBO)	Exit 588 - Maxwell		
5CA	591	Exit 591 - Delevan Road		
5CA	595	Exit 595 - Norman Road / Princeton		
5CA	601	Exit 601 - County Road 57	L	Baymont Inn and Su.. (530-934-9700)
5CA	603	Exit 603 - Willows / Oroville	ALL	Super 8 (530-934-2871) Motel 6 (530.934.7026)
5CA	607	Exit 607 - County Road 39		
5CA	608	**Rest Area**		
5CA	610	Exit 610 - Artois		
5CA	614	Exit 614 - County Road 27		
5CA	618	Exit 618 - County Road 16		
5CA	619	Exit 619 - Orland / ChicO	ALL	
5CA	621	Exit 621 - County Road 7		
5CA	628	Exit 628 - Liberal Avenue	L	The Lodge A Vagabo.. (530-824-3220)
5CA	630	Exit 630 - South Avenue	L	Holiday Inn Express (530-824-6400)
5CA	631	Exit 631 - Corning / Corning Road	GFL	Best Western Inn (530-824-2468)
5CA	633	**Rest Area**		
5CA	633	Exit 633 - Richfield / Finnell Ave	L	Economy Inn (530-824-4322)
5CA	636	Exit 636 - Tehama / Los Molinos / Gyle Road		
5CA	642	Exit 642 - Proberta / Gerber / Flores Avenue		
5CA	647(SBO)	Exit 647B - Diamond Avenue	ALL	
5CA	647(SBO)	Exit 647A - South Main Street	ALL	
5CA	647(NBO)	Exit 647 - Red Bluff	L	Days Inn (530-527-6130)
5CA	649	Exit 649 - Chico / Red Bluff / SR-99 Lassen..	ALL	Best Western (530-527-8882) Riverbank Inn (866-460-7456)
5CA	650	Exit 650 - Adobe Road	L	Hampton Inn Suites (530-529-9916)
5CA	651(SBO)	Exit 651 - Red Bluff		
5CA	652	Exit 652 - Wilcox Golf Road		
5CA	653	Exit 653 - Jellys Ferry Road		
5CA	656	**Rest Area**		
5CA	657	Exit 657 - Auction Yard Road / Hooker Creek..		
5CA	659	Exit 659 - Sunset Hills Drive / Auction Yar..		
5CA	662	Exit 662 - Bowman Road / Cottonwood		
5CA	664	Exit 664 - Gas Point Road		
5CA	666(SBO)	Exit 666 - Cottonwood	GFL	
5CA	667	Exit 667 - Deschutes Road / Factory Outlets..	ALL	Best Western (530-365-2753)

5CA	668	Exit 668 - Central Anderson	ALL	Gaia Anderson Hotel (530-365-7077)
5CA	670	Exit 670 - Riverside Avenue	GFL	
5CA	673	Exit 673 - Knighton Road / Redding Airport	G	
5CA	675	Exit 675 - Bechelli Lane / Churn Creek Road	GL	Super 8 (530-221-8881)
5CA	677	Exit 677 - Redding / Cypress Street	ALL	Best Western Hillt.. (530-221-6100)
5CA	678(SBO)	Exit 678B - SR-44 West	ALL	
5CA	678(SBO)	Exit 678A - Hilltop Drive / Lassen National ..	ALL	
5CA	678(NBO)	Exit 678 - Eureka / Lassen National Park	L	Red Lion (530-221-8700)
5CA	680	Exit 680 - Lake Blvd	ALL	Ramada Limited (530-246-2222)
5CA	681(SBO)	Exit 681B - Market Street	ALL	
5CA	681(SBO)	Exit 681A - Twin View Blvd	ALL	
5CA	681(NBO)	Exit 681 - Twin View Blvd	L	Motel 6 ((530) 246-4470)
5CA	682	Exit 682 - Oasis Road	GL	Best Western Twin .. (530-241-5500)
5CA	684	Exit 684 - Pine Grove Avenue	G	
5CA	685	Exit 685 - Shasta Dam / Shasta Dam Blvd	GFL	
5CA	687	Exit 687 - Mountain Gate / Wonderland Blvd	F	
5CA	689	Exit 689 - Fawndale Road / Wonderland Blvd	GFL	
5CA	690	Exit 690 - Bridge Bay Road		
5CA	692	Exit 692 - Turntable Bay Road		
5CA	694(NBO)	**Rest Area**		
5CA	695	Exit 695 - OBrien / Shasta Caverns Road	L	
5CA	698	Exit 698 - Gilman Road / Salt Creek Road	L	
5CA	702	Exit 702 - Lakeshore Drive / Antlers Road	GFL	
5CA	704	Exit 704 - Lakehead / Riverview Drive		
5CA	705(SBO)	**Rest Area**		
5CA	707	Exit 707 - Vollmers / Dog Creek Road / Delt..	L	
5CA	710	Exit 710 - La Moine Road / Slate Creek Road		
5CA	712	Exit 712 - Pollard Flat		
5CA	714	Exit 714 - Gibson Road		
5CA	718	Exit 718 - Sims Road	L	
5CA	720	Exit 720 - Flume Creek Road		
5CA	721	Exit 721 - Conant Road		
5CA	723(NBO)	Exit 723 - Vista Point		
5CA	723	Exit 723 - Sweetbrier Avenue		
5CA	724	Exit 724 - Castella	L	
5CA	726	Exit 726 - Soda Creek Road		
5CA	727(NBO)	Exit 727 - Crag View Drive		
5CA	728	Exit 728 - Crag View Drive / Railroad Park ..	L	
5CA	730	Exit 730 - Central Dunsmuir	GFL	Shastas Best Choic.. (530-235-4010)
5CA	732	Exit 732 - Dunsmuir Avenue / Siskiyou Avenue	L	
5CA	734	Exit 734 - Mott Road		
5CA	736	Exit 736 - McCloud / Lassen National Park	L	
5CA	737	Exit 737 - Mount Shasta City	L	Best Western (530-926-3101)

State	Mile Marker	Name	Serv	Featured Hotels
5CA	738	Exit 738 - Central Mount Shasta	GFL	
5CA	740(SBO)	Exit 740 - Mount Shasta City		
5CA	743	Exit 743 - Summit Drive / Truck Village Drive		
5CA	745	Exit 745 - South Weed Blvd	GFL	Comfort Inn (530-938-1982)
5CA	747	Exit 747 - Central Weed	L	Motel 6 ((530) 938-4101)
5CA	748(NBO)	Exit 748 - North Weed Blvd	L	
5CA	748(SBO)	Exit 748 - Central Weed / Klamath Falls	L	
5CA	751	Exit 751 - Edgewood / Gazelle / Stewart Spr..		
5CA	753	**Rest Area**		
5CA	753	Exit 753 - Weed Airport Road		
5CA	759	Exit 759 - Louie Road		
5CA	766	Exit 766 - Grenada / Montague / Gazelle	G	
5CA	770	Exit 770 - Easy Street / Shamrock Road	GF	
5CA	773	Exit 773 - Fort Jones / Etna / Yreka	GFL	Motel 6 ((530) 842-4111)
5CA	775	Exit 775 - Central Yreka	GFL	Econo Lodge Inn Su.. (530-842-4404)
5CA	776	Exit 776 - Yreka / Montague	GFL	Super 8 (530-842-5781 .)
5CA	780(SBO)	Exit 780 - vista point		
5CA	786	**Rest Area**		
5CA	786	Exit 786 - Klamath River Road		
5CA	789	Exit 789 - Henley / Hornbrook	G	
5CA	790	Exit 790 - Hornbrook Hwy / Ditch Creek Road		
5CA	793	Exit 793 - Bailey Hill Road		
5CA	796	Exit 796 - Hilt Road	G	
5CA	797	Exit 797 - Oregon - Califorina State Line		
SL	797	State Line		

CALIFORNIA - INTERSTATE 8

State	Mile Marker	Name	Serv	Featured Hotels
8CA	1	Exit 1 - W mission Bay Blvd	GFL	
8CA	2(WBO)	Exit 2C - Morena Blvd		
8CA	2	Exit 2B - I-5		
8CA	2(WBO)	Exit 2A - Rosecrans St	GFL	
8CA	3	Exit 3A - Hotel Circle	ALL	Motel 6 ((619) 296-1612)
8CA	4	Exit 4B - Cabrillo Frwy		
8CA	4	Exit 4C - Cabrillo Frwy		
8CA	4(EBO)	Exit 4A - Hotel Circle Dr		
8CA	5	Exit 5 - Mission Ctr Rd	ALL	
8CA	6	Exit 6B - I-805		
8CA	6	Exit 6A - Texas St	F	
8CA	7	Exit 7A - I-15 N		
8CA	7	Exit 7B - I-15 N		
8CA	8	Exit 8 - Fairmont Ave	ALL	

8CA	9	Exit 9 - Waring Rd	FL	
8CA	10	Exit 10 - college Ave	G	
8CA	11	Exit 11 - Forrester Rd		
8CA	12	Exit 12 - fletcher Pkwy	ALL	
8CA	13	Exit 13B - Jackson Dr	GF+	
8CA	13(EBO)	Exit 13A - Spring St	FL	
8CA	14	Exit 14C - Severin Dr	GFL	
8CA	14	Exit 14A - CA 125		
8CA	14	Exit 14B - CA 125		
8CA	15(EBO)	Exit 15 - El Cajon Blvd	GFL	
8CA	16	Exit 16 - Main St	GFL	
8CA	17	Exit 17C - Magnolia Ave	GFL	Motel 6 ((619) 588-6100)
8CA	17(EBO)	Exit 17B - CA 67		
8CA	17(EBO)	Exit 17A - Johnson Ave	F+	
8CA	18	Exit 18 - Mollison Ave	GFL	
8CA	19	Exit 19 - 2nd St	GF+	
8CA	20	Exit 20B - Greenfield Dr	GFRV+	
8CA	20(WBO)	Exit 20A - E Main St	GLRV	
8CA	22	Exit 22 - Los Coches rd	GFRV+	
8CA	23	Exit 23 - Lake Jennings Pk Rd	GFRV	
8CA	27	Exit 27 - Dunbar Lane	RV	
8CA	30	Exit 30 - Tavern Rd	ALL	
8CA	33	Exit 33 - W Willows Rd	RV	
8CA	36	Exit 36 - E Willows	RV	
8CA	40	Exit 40 - Japatul Rd	F	
8CA	45	Exit 45 - Pine Valley	FL	
8CA	47	Exit 47 - Sunrise Hwy		
8CA	51	Exit 51 - Buckman Spgs Rd	GFLRV	
8CA	54	Exit 54 - Kitchen Creek Rd	FRV	
8CA	61	Exit 61 - Crestwood Rd	GFLRV	
8CA	65	Exit 65 - Campo	ALL	
8CA	73	Exit 73 - Jacumba	GRV	
8CA	80	Exit 80 - Mountain Springs Rd		
8CA	87(EBO)	Exit 87 - Calexico		
8CA	89	Exit 89 - Imperial Hwy	GFRV+	
8CA	101	Exit 101 - Dunaway Rd		
8CA	107	Exit 107 - Drew Rd	RV	
8CA	108	**Rest Area**		
8CA	114	Exit 114 - Imperial Ave	ALL	
8CA	115	Exit 115 - 4th St	ALL	Motel 6 ((760) 353-6766) Comfort Inn (760.335.3502) Holiday Inn Express (760.352.6666)
8CA	116	Exit 116 - Dogwood rd	FL+	TownePlace Suites (760.370.3800) Fairfield Inn (760.353.2600)

State	Mile Marker	Name	Serv	Featured Hotels
8CA	118	Exit 118A - Calexico	GRV	
8CA	118	Exit 118B - Calexico	GRV	
8CA	120	Exit 120 - Bowker Rd		
8CA	125	Exit 125 - Orchard Rd	GF	
8CA	128	Exit 128 - Bonds Corner Rd		
8CA	131	Exit 131 - VanDerLinden Rd	GFLRV	
8CA	143	Exit 143 - Calexico		
8CA	146	Exit 146 - Brock Research Str Rd		
8CA	151	Exit 151 - Gordons Well		
8CA	155	**Rest Area**		
8CA	156	Exit 156 - Grays Well Rd		
8CA	159	Exit 159 - Ogilby Rd		
8CA	164	Exit 164 - Sidewinder Rd	GRV	
8CA	170	Exit 170 - Winterhaven	RV	
8CA	172	Exit 172 - 4th Ave	GFLRV	

ARIZONA - INTERSTATE 8

State	Mile Marker	Name	Serv	Featured Hotels
8AZ	1	Exit 1 - Giss Pkwy	GFL	
8AZ	2	Exit 2 - 16th St	ALL	Motel 6 ((928) 782-6561) Fairfield Inn (928.345.1800) SpringHill Suites (928.783.7853) TownePlace Suites (928.783.6900) Homewood Suites (928.782.4100) Hampton Inn (928.329.5600) Comfort Inn (928.782.1200) Holiday Inn (928.782.9300)
8AZ	3	Exit 3 - Ave 3E	GL	
8AZ	7	Exit 7 - Araby Rd	GRV	
8AZ	9	Exit 9 - 32nd St	RV+	
8AZ	12	Exit 12 - Fortuna Rd	ALL	Comfort Inn (928.305.9000)
8AZ	14	Exit 14 - Foothills Blvd	FRV	
8AZ	21	Exit 21 - Dome Valley	RV	
8AZ	22	Parking Area		
8AZ	37	Exit 37 - Ave 36 E	GFLRV	
8AZ	42	Exit 42 - Tacna	GL	
8AZ	54	Exit 54 - Ave 52 E		
8AZ	56	**Rest Area**		
8AZ	67	Exit 67 - Dateland	GRV	
8AZ	73	Exit 73 - Aztec	RV	
8AZ	78	Exit 78 - Spot Rd		
8AZ	84(EBO)	**Rest Area**		
8AZ	85(WBO)	**Rest Area**		
8AZ	87	Exit 87 - Sentinel	G	

State	Mile Marker	Name	Serv	Featured Hotels
8AZ	102	Exit 102 - Painted Rock Rd		
8AZ	106	Exit 106 - Paloma Rd		
8AZ	111	Exit 111 - Citrus valley Rd		
8AZ	115	Exit 115 - Gila Bend	GFLRV	
8AZ	119	Exit 119 - Butterfield Trail	GFLRV	
8AZ	140	Exit 140 - Freeman Rd		
8AZ	144	Exit 144 - Vekol Rd		
8AZ	151	Exit 151 - Maricopa Rd	GRV	
8AZ	161	Exit 161 - Stanfield Rd		
8AZ	167	Exit 167 - Montgomery Rd		
8AZ	169	Exit 169 - Bianco Rd		
8AZ	172	Exit 172 - Thornton Rd	GFL	
8AZ	174	Exit 174 - Trekell R	GFL	
8AZ	178	Exit 178A - I-10		
8AZ	178	Exit 178B - I-10		

CALIFORNIA - INTERSTATE 10

State	Mile Marker	Name	Serv	Featured Hotels
SL	0	California State Line		
10CA	1	Exit 1A - 4th / 5th Street (on Route 1)	ALL	
10CA	1(EBO)	Exit 1B - 20th Street	ALL	
10CA	1(WBO)	Exit 1B - Lincoln Blvd	ALL	
10CA	1(WBO)	Exit 1C - Cloverfield Blvd	ALL	
10CA	2(WBO)	Exit 2A - Centinela Avenue	ALL	
10CA	2(WBO)	Exit 2B - Bundy Drive South	ALL	
10CA	2(WBO)	Exit 2C - Bundy Drive North	ALL	
10CA	2(EBO)	Exit 2 - Centinela Avenue	ALL	
10CA	3	Exit 3A - I-405 North / Sacramento		
10CA	3	Exit 3B - I-405 South / Long Beach		
10CA	4(EBO)	Exit 4 - National Blvd / Overland Avenue	F	
10CA	4(WBO)	Exit 4 - Overland Avenue	F	
10CA	5(WBO)	Exit 5 - National Blvd	GF	
10CA	6	Exit 6 - RoBertson Blvd / Culver City	GFL	Culver Hotel ((310) 558-9400)
10CA	7(EBO)	Exit 7A - La Cienega Blvd	GFL	
10CA	7(WBO)	Exit 7A - Venice Blvd / La Cienega Blvd	GFL	
10CA	7(EBO)	Exit 7B - Fairfax Avenue	GFL	
10CA	7(WBO)	Exit 7B - Washington Blvd / Fairfax Avenue	GFL	
10CA	8	Exit 8 - La Brea Avenue	GFL	
10CA	9	Exit 9 - Crenshaw Blvd	GFL	
10CA	10	Exit 10 - Arlington Avenue	GF	
10CA	11(EBO)	Exit 11 - Western Avenue / Normandie Avenue	GF	
10CA	11(WBO)	Exit 11 - Normandie Avenue / Western Avenue	GF	
10CA	12(EBO)	Exit 12 - Vermont Avenue	GF	

10CA	12(WBO)	Exit 12 - Hoover Street / Vermont Avenue		
10CA	13(EBO)	Exit 13A - I-110 South / San Pedro / HarBor..		
10CA	13(EBO)	Exit 13B - SR-110 North / Pasadena / HarBor..	L	Luxe City Center H.. (213-748-1291)
10CA	13(WBO)	Exit 13 - I-110 / SR-110 / San Pedro / Dow..	L	Luxe City Center H.. (213-748-1291)
10CA	14	Exit 14B - San Pedro Street	F	
10CA	14(WBO)	Exit 14A - Los Angeles Street	GF	
10CA	14(EBO)	Exit 14A - Maple Avenue	GF	
10CA	15	Exit 15B - Alameda Street	F	
10CA	15	Exit 15A - Central Avenue	GF	
10CA	16	Exit 16B - SR-60 East / Pomona / I-5 South ..		
10CA	16	Exit 16A - Santa Fe Avenue	GF	
10CA	17	Exit 17 - I-5 North		
10CA	19(EBO)	Exit 19 - State Street / Soto Street	GFL	
10CA	19(WBO)	Exit 19C - Soto Street	GFL	
10CA	19(WBO)	Exit 19B - US-101 South / Los Angeles / I-5..	GFL	
10CA	19(WBO)	Exit 19A - State Street (Left Exit)	GFL	
10CA	20(EBO)	Exit 20B - Eastern Avenue	GFL	
10CA	20(EBO)	Exit 20A - City Terrace Drive / HerBert Ave..	GFL	
10CA	21(WBO)	Exit 21 - I-710 / Long Beach Freeway / Eas..		
10CA	21(EBO)	Exit 21 - I-710 / Long Beach Freeway		
10CA	22	Exit 22 - Fremont Avenue	GL	Ambassador Inn ((626) 308-1638)
10CA	23	Exit 23B - Garfield Avenue	GFL	
10CA	23	Exit 23A - Atlantic Blvd	GFL	
10CA	24	Exit 24 - New Avenue		
10CA	25	Exit 25B - San GaBriel Blvd	GFL	
10CA	25	Exit 25A - Del Mar Avenue / San GaBriel	GFL	
10CA	26(WBO)	Exit 26B - SR-19 / Rosemead Blvd	GFL	
10CA	26(EBO)	Exit 26B - SR-164 / Rosemead Blvd	GFL	
10CA	26	Exit 26A - Walnut Grove Avenue		
10CA	27(WBO)	Exit 27 - Temple City Blvd	GFL	
10CA	27(EBO)	Exit 27 - Baldwin Avenue / Temple City Blvd	GFL	
10CA	28	Exit 28 - Santa Anita Avenue / El Monte	G	
10CA	29(WBO)	Exit 29C - Peck Road North	GFL	
10CA	29(WBO)	Exit 29B - Valley Blvd	GFL	Motel 6 ((626) 448-6660)
10CA	29(EBO)	Exit 29B - Peck Road North / Valley Blvd	GFL	Motel 6 ((626) 448-6660)
10CA	29	Exit 29A - Peck Road South	GFL	
10CA	30(WBO)	Exit 30 - Garvey Avenue	FL	
10CA	31(EBO)	Exit 31C - Frazier Street		
10CA	31(WBO)	Exit 31B - Frazier Street		
10CA	31(EBO)	Exit 31B - I-605 North		
10CA	31(WBO)	Exit 31A - I-605 North / I-605 South		
10CA	31(EBO)	Exit 31A - I-605 South		
10CA	32	Exit 32B - Francisquito Avenue / La Puente	GL	

10CA	32	Exit 32A - Baldwin Park Blvd	GL	
10CA	33	Exit 33 - Puente Avenue	GFL	Motel 6 ((626) 960-5011)
10CA	34(EBO)	Exit 34 - Pacific Avenue	GL	
10CA	34(WBO)	Exit 34B - Sunset Avenue	FL	
10CA	34(WBO)	Exit 34A - Pacific Avenue	GL	
10CA	35	Exit 35 - Vincent Avenue / Glendora Avenue	GFL	
10CA	36	Exit 36 - SR-39 / Azusa Avenue	GFL	
10CA	37	Exit 37B - Barranca Street	GFL	
10CA	37	Exit 37A - Citrus Street	GFL	
10CA	38	Exit 38B - Holt Avenue	GFL	
10CA	38	Exit 38A - Grand Avenue	GFL	
10CA	40	Exit 40 - Via Verde		
10CA	41	Exit 41 - Kellogg Drive / Cal Poly Univ		
10CA	42(WBO)	Exit 42 - SR-57 / Santa Ana / I-210 West		
10CA	42(EBO)	Exit 42B - SR-71 South / Corona		
10CA	42(EBO)	Exit 42A - SR-57 / Santa Ana / I-210 West		
10CA	43(EBO)	Exit 43 - Fairplex Drive / La Verne		
10CA	44(WBO)	Exit 44 - Dudley Street / Fairplex Drive	GFL	
10CA	44(EBO)	Exit 44 - Dudley Street	GFL	
10CA	45(WBO)	Exit 45 - Garey Avenue	GFL	
10CA	45(EBO)	Exit 45B - Garey Avenue	GFL	
10CA	45(EBO)	Exit 45A - White Avenue	GF	
10CA	46	Exit 46 - Towne Avenue	GF	
10CA	47	Exit 47 - Indian Hill Blvd	GFL	
10CA	48	Exit 48 - Monte Vista Avenue	GF	
10CA	49	Exit 49 - Central Avenue	GF	
10CA	50	Exit 50 - Mountain Avenue	GFL	Super 8 (909-985-8115)
10CA	51	Exit 51 - SR-83 / Euclid Avenue	GFL	
10CA	53	Exit 53 - 4th Street	ALL	Motel 6 ((909) 984-2424)
10CA	54	Exit 54 - Vineyard Avenue	GFL	
10CA	55(EBO)	Exit 55 - ArchiBald Avenue	GF	
10CA	55(WBO)	Exit 55B - ArchiBald Avenue	GF	
10CA	55(WBO)	Exit 55A - Holt Blvd		
10CA	56	Exit 56 - Haven Avenue	GL	
10CA	57	Exit 57 - Milliken Avenue	GFL	
10CA	58(WBO)	Exit 58 - I-15	L	Hyatt Place (909-980-2200)
10CA	58(EBO)	Exit 58B - I-15 South / San Diego		
10CA	58(EBO)	Exit 58A - I-15 North / Barstow / Las Vegas	L	Hyatt Place (909-980-2200)
10CA	59	Exit 59 - Etwanda Avenue		
10CA	61	Exit 61 - Cherry Avenue	GFL	
10CA	63	Exit 63 - Citrus Avenue	GF	
10CA	64	Exit 64 - Sierra Avenue	GFL	
10CA	66	Exit 66 - Cedar Avenue	GFL	

10CA	68	Exit 68 - Riverside Avenue	GFL	Valley View Inn ((909) 877-5880)
10CA	69	Exit 69 - Pepper Avenue	GF	
10CA	70	Exit 70B - 9th Street	GF	
10CA	70	Exit 70A - Rancho Avenue	GF	
10CA	71(WBO)	Exit 71 - Sperry Drive	L	
10CA	71(EBO)	Exit 71 - Mount Vernon Avenue	L	
10CA	72	Exit 72 - I-215		
10CA	73(WBO)	Exit 73 - Waterman Avenue	FL	
10CA	73(EBO)	Exit 73B - Waterman Avenue North	FL	Motel 6 ((909) 825-6666)
10CA	73(EBO)	Exit 73A - Waterman Avenue South	FL	
10CA	74	Exit 74 - Tippecanoe Avenue	GFL	
10CA	75	Exit 75 - Mountain View Avenue	GF	
10CA	76	Exit 76 - California Street	GFL	
10CA	77(WBO)	Exit 77C - SR-30 / Highland	GFL	
10CA	77(EBO)	Exit 77C - Tennessee Street	GFL	
10CA	77(WBO)	Exit 77B - Tennessee Street	GFL	
10CA	77(EBO)	Exit 77B - SR-30 / Highland	GFL	
10CA	77	Exit 77A - AlaBama Street	GFL	
10CA	79(EBO)	Exit 79 - SR-38 / Orange Street	GFL	
10CA	79(WBO)	Exit 79B - Sixth Street / SR-38	GFL	
10CA	79(WBO)	Exit 79A - SR-38 / Orange Street	GFL	
10CA	80(WBO)	Exit 80 - Cypress Avenue		
10CA	80(EBO)	Exit 80 - University Street		
10CA	81(WBO)	Exit 81 - Redlands Blvd / Ford Street	G	
10CA	81(EBO)	Exit 81 - Ford Street	G	
10CA	82(WBO)	Exit 82 - WaBash Avenue		
10CA	83	Exit 83 - Yucaipa Blvd	G	
10CA	85	Exit 85 - Live Oak Canyon Road	F	
10CA	86(EBO)	**Rest Area**		
10CA	87(WBO)	Exit 87 - County Line Road / Yucipa	GF	
10CA	87(EBO)	Exit 87 - County Line Road / Calimesa	GF	
10CA	88(WBO)	Exit 88 - Calimesa	GFL	
10CA	88(EBO)	Exit 88 - Calimesa Blvd	GFL	
10CA	89(WBO)	Exit 89 - Singleton Road		
10CA	90	Exit 90 - Cherry Valley Road		
10CA	91(WBO)	**Rest Area**		
10CA	92	Exit 92 - San Timoteo Canyon Road		
10CA	93(WBO)	Exit 93 - SR-60 West (Left Exit)		
10CA	93(EBO)	Exit 93 - SR-60 West / Sixth Street		
10CA	94	Exit 94 - SR-79 South / Beaumont Avenue	G	
10CA	95(WBO)	Exit 95 - Pennsylvania Avenue	GFL	
10CA	96	Exit 96 - Highland Springs Avenue	GF	
10CA	98	Exit 98 - Sunset Avenue	FL	

10CA	99	Exit 99 - 22nd Street	GFL	
10CA	100	Exit 100 - SR-243 South / 8th Street	FL	
10CA	101	Exit 101 - Hargrave Street	GL	Country Inn Banning ((951) 849-6733)
10CA	102(WBO)	Exit 102 - Ramsey Street	L+	
10CA	103	Exit 103 - Fields Road	GF	
10CA	104(WBO)	Exit 104 - Apache Trail	G	
10CA	104(EBO)	Exit 104 - CaBazon	G	
10CA	106(WBO)	Exit 106 - CaBazon	GF	
10CA	106(EBO)	Exit 106 - Main Street	GF	
10CA	111	Exit 111 - VerBenia Avenue		
10CA	112(EBO)	Exit 112 - SR-111 / Palm Springs		
10CA	113	**Rest Area**		
10CA	114	Exit 114 - Whitewater		
10CA	117	Exit 117 - SR-62 North		
10CA	120	Exit 120 - Indian Avenue	GFL	
10CA	123	Exit 123 - Gene Autry Trail / Palm Drive		
10CA	126	Exit 126 - Date Palm Drive	G	
10CA	130	Exit 130 - Ramon Road	GFL	
10CA	131	Exit 131 - Monterey Avenue	FL	Sonoran Suites ((480) 607-6665)
10CA	134	Exit 134 - Cook Street	G	
10CA	137	Exit 137 - Washington Street	GFL	Motel 6 ((760) 345-0550)
10CA	139	Exit 139 - Jefferson Street / Indio Blvd	+	
10CA	142	Exit 142 - Monroe Street	GFL	Motel 6 ((760) 342-6311) Best Western (800-780-7234)
10CA	143	Exit 143 - Jackson Street	GF	
10CA	144	Exit 144 - SR-111 North / Auto Center Drive	FL	
10CA	145(EBO)	Exit 145 - SR-86s		
10CA	146	Exit 146 - Dillon Road	GF	
10CA	159	**Rest Area**		
10CA	162	Exit 162 - Frontage Road		
10CA	168	Exit 168 - Mecca / Twentynine Palms		
10CA	173	Exit 173 - Chiriaco Summit	+	
10CA	177	Exit 177 - Hayfield Road		
10CA	182	Exit 182 - Red Cloud Road		
10CA	189	Exit 189 - Eagle Mountain Road		
10CA	192	Exit 192 - SR-177 North		
10CA	201	Exit 201 - Corn Springs Road		
10CA	217	Exit 217 - Ford Dry Lake Road		
10CA	222	**Rest Area**		
10CA	222	Exit 222 - Wileys Well Road		
10CA	232	Exit 232 - Mesa Drive	G+	
10CA	236	Exit 236 - SR-78 South / NeighBors Blvd	L	Oasis Motel (760- 922-5750)
10CA	239	Exit 239 - Lovekin Blvd	GFL	Motel 6 ((760) 922-6666)
10CA	240	Exit 240 - 7th Street	FL	

State	Mile Marker	Name	Serv	Featured Hotels
10CA	241	Exit 241 - US-95 North / Intake Blvd	GL	
10CA	243	Exit 243 - Riviera Drive	GL	
SL	244	California State Line		

ARIZONA - INTERSTATE 10					
State	Mile Marker	Name	Serv	Featured Hotels
SL	0	Arizona State Line		
10AZ	1	Exit 1 - Ehrenburg	GFRV	
10AZ	4(EBO)	**Rest Area**		
10AZ	5(WBO)	**Rest Area**		
10AZ	5	Exit 5 - Tom Wells Road	F	
10AZ	11	Exit 11 - Dome Rock Road		
10AZ	17	Exit 17 - US-95	GFRV+	
10AZ	18	Exit 18 - Tyson		
10AZ	19	Exit 19 - US-95	GFRV	
10AZ	26	Exit 26 - Gold Nugget Road		
10AZ	31	Exit 31 - US-60E		
10AZ	45	Exit 45 - Vicksburg Road	+	
10AZ	52(WBO)	**Rest Area**		
10AZ	53(EBO)	**Rest Area**		
10AZ	53	Exit 53 - Havotter Road		
10AZ	69	Exit 69 - Avenue 75E		
10AZ	81	Exit 81 - Salome Road		
10AZ	85(WBO)	**Rest Area**		
10AZ	86(EBO)	**Rest Area**		
10AZ	94	Exit 94 - 411st Avenue	GFRV	
10AZ	98	Exit 98 - Wintersburg Road		
10AZ	99	Exit 99 - Oglesby Road		
10AZ	103	Exit 103 - 339th Avenue	F	
10AZ	109	Exit 109 - Sun Valley Parkway		
10AZ	112	Exit 112 - AZ85, Yuma, San Diego		
10AZ	114	Exit 114 - Miller Road	GF+	
10AZ	121	Exit 121 - Jackrabbit Trail	F	
10AZ	124	Exit 124 - Cotton Lane	RV	
10AZ	126	Exit 126 - Pebble Creek Parkway		
10AZ	128	Exit 128 - Litchfield Road / Luke Air Force..	ALL	TownePlace (623.535.5009) Residence (623.866.1313)
10AZ	129	Exit 129 - Dysart Road	FL	
10AZ	131	Exit 131 - 115th Avenue		
10AZ	132	Exit 132 - 107th Avenue		
10AZ	133	Exit 133 - 99th Avenue		
10AZ	134	Exit 134 - 91st Avenue	+	
10AZ	135	Exit 135 - 83rd Avenue	FL+	

10AZ	136	Exit 136 - 75th Avenue	GF+	
10AZ	137	Exit 137 - 67th Avenue	GF	
10AZ	138	Exit 138 - 59th Avenue	F	
10AZ	139	Exit 139 - 51st Avenue	ALL	Motel 6 ((602) 272-0220)
10AZ	140	Exit 140 - 3rd Avenue	GF+	
10AZ	141	Exit 141 - 35th Avenue	GF+	
10AZ	143	Exit 143C - U.S. 60, 19th Avenue		
10AZ	143	Exit 143B - Junction I-17, Flagstaff		
10AZ	143	Exit 143A - Junction I-17		
10AZ	144	Exit 144 - 7th Avenue	FL	Quality Inn (602.528.9100)
10AZ	145	Exit 145 - Seventh Street	GF	
10AZ	146	Exit 146 - 16th Street	F+	
10AZ	147	Exit 147 - Squaw Peak Parkway		
10AZ	148	Exit 148 - Jefferson Street	GFL	Motel 6 (602.244.1155)
10AZ	149	Exit 149 - Sky Harbor Airport	FL	
10AZ	150	Exit 150A - Junction I-17N		
10AZ	150	Exit 150B - 24th Street		
10AZ	151	Exit 151 - University Drive		
10AZ	152	Exit 152 - 40th Street	L	Courtyard (480.966.4300)
10AZ	153	Exit 153A - Sky Harbor Airport		
10AZ	153	Exit 153B - Broadway Road	L	Marriott (602.225.9000)
10AZ	153	Exit 153 - Sky Harbor Airport	ALL	Motel 6 (480.967.8696) Fairfield Inn (480.829.0700)
10AZ	154	Exit 154 - US-60	+	
10AZ	155	Exit 155 - Baseline Road	L+	Motel 6 (602.414.4470) TownePlace (480.345.7889) SpringHill (480.752.7979)
10AZ	157	Exit 157 - Elliot Road		
10AZ	158	Exit 158 - Warner Road		
10AZ	159	Exit 159 - Ray Road	L	Courtyard (480.763.9500)
10AZ	160	Exit 160 - Chandler Boulevard	L	Fairfield Inn (480.940.0099)
10AZ	160	Exit 160A - Chandler Boulevard	L	Motel 6 (480.940.0308)
10AZ	162	Exit 162 - Maricapa Road		
10AZ	164	Exit 164 - Queen Creek Road		
10AZ	167	Exit 167 - Riggs Road		
10AZ	175	Exit 175 - Casa Blanca Road		
10AZ	182(EBO)	**Rest Area**		
10AZ	183(WBO)	**Rest Area**		
10AZ	185	Exit 185 - AZ-87, AZ-387		
10AZ	190	Exit 190 - McCartney Road		
10AZ	194	Exit 194 - AZ-287	L+	Holiday Inn (520.509.6333)
10AZ	198	Exit 198 - AZ-84		
10AZ	199	Exit 199 - Junction I-8W		
10AZ	200	Exit 200 - Sunland Gin Road	GFL	Motel 6 (520.836.3323)

10AZ	203	Exit 203 - Toltec Road	ALL	
10AZ	208	Exit 208 - St. John Boulevard	GF	
10AZ	211	Exit 211B - AZ-84W/AZ-87N		
10AZ	212	Exit 212 - Picacho	GFRV	
10AZ	217(EBO)	**Rest Area**		
10AZ	219	Exit 219 - Picacho Peak Road	GF	
10AZ	226	Exit 226 - Red Rock		
10AZ	232	Exit 232 - Pinal Air Park Road		
10AZ	236	Exit 236 - Marana Road	GFRV	
10AZ	240	Exit 240 - Tangerine Road		
10AZ	243	Exit 243 - Avra Valley Road		
10AZ	246	Exit 246 - Cortaro Road	F	
10AZ	248	Exit 248 - Ina Road	GFL	Motel 6 (520.744.9300)
10AZ	249	Exit 249 - Orange Grove		
10AZ	253	Exit 253 - Sunset Road	F	
10AZ	254	Exit 254 - Prince Road	GFRV	
10AZ	255	Exit 255 - AZ-77N	+	
10AZ	256	Exit 256 - Grant Road	GFL	
10AZ	257	Exit 257 - Speedway Boulevard	G	
10AZ	257	Exit 257A - St. Marys	GFL	
10AZ	258	Exit 258 - Congress Street	FL	Motel 6 ((520) 628-1339)
10AZ	259	Exit 259 - 22nd Street	FL	
10AZ	260	Exit 260 - I-19S		
10AZ	261	Exit 261 - 4th Avenue	ALL	
10AZ	262	Exit 262 - Park Avenue	GFL	Motel 6 ((520) 628-1264)
10AZ	263	Exit 263 - Ajo Way		
10AZ	264	Exit 264 - Irvington Road	FL+	
10AZ	265	Exit 265 - Alvernon Way, Davis Monthan Air ..		
10AZ	267	Exit 267 - Valencia Road	+	
10AZ	268	Exit 268 - Craycroft Road	FRV	
10AZ	269	Exit 269 - Wilmot Road	GFL	
10AZ	270	Exit 270 - Kolb Road	RV	
10AZ	273	Exit 273 - Rita Road		
10AZ	275	Exit 275 - Houghton Road		
10AZ	279	Exit 279 - Vail Road		
10AZ	281	Exit 281 - AZ-83S		
10AZ	289	Exit 289 - Marsh Station Road		
10AZ	292	Exit 292 - Empirita Road		
10AZ	297	Exit 297 - Mescal Road		
10AZ	299	Exit 299 - Skyline Road		
10AZ	302	Exit 302 - AZ-90	GFL	Motel 6 (520.586.0066)
10AZ	304	Exit 304 - Ocotillo Street	GFLRV	
10AZ	306	Exit 306 - Benson Road		

State	Mile Marker	Name	Serv	Featured Hotels
10AZ	312	Exit 312 - Sibyl Road	G	
10AZ	318	Exit 318 - Dragoon Road		
10AZ	320(EBO)	**Rest Area**		
10AZ	321(WBO)	**Rest Area**		
10AZ	322	Exit 322 - Johnson Road	GF	
10AZ	331	Exit 331 - US-191S		
10AZ	336	Exit 336 - Willcox	G	
10AZ	340	Exit 340 - Allen Drive	ALL	Motel 6 (520.384.2201)
10AZ	344	Exit 344 - Willcox		
10AZ	352	Exit 352 - US-191N		
10AZ	355	Exit 355 - US-191N		
10AZ	362	Exit 362 - Bowie		
10AZ	366	Exit 366 - Bowie	GF	
10AZ	378	Exit 378 - San Simon	G	
10AZ	382	Exit 382 - Portal Road		
10AZ	388(EBO)	**Rest Area**		
10AZ	389(WBO)	**Rest Area**		
10AZ	390	Exit 390 - Cavot Road		
SL	392	Arizona State Line		

NEW MEXICO - INTERSTATE 10

State	Mile Marker	Name	Serv	Featured Hotels
SL	0	New Mexico State Line		
10NM	3	Exit 3 - Steins		
10NM	5	Exit 5 - NM-80/Road Forks		
10NM	11	Exit 11 - Animas		
10NM	15	Exit 15 - Gary		
10NM	20	**Rest Area** W Motel Dr		
10NM	22	Exit 22 - Main St	ALL	
10NM	24	Exit 24 - E Motel Dr	FL	
10NM	29	Exit 29 - Turbin		
10NM	34	Exit 34 - Exit 34		
10NM	42	Exit 42 - Separ Rd		
10NM	49	Exit 49 - Hachita		
10NM	53(EBO)	**Rest Area** Exit 53		
10NM	55	Exit 55 - Quincy		
10NM	61(WBO)	**Rest Area** Exit 61		
10NM	62	Exit 62 - Cage		
10NM	68	Exit 68 - NM-418		
10NM	81	Exit 81 - Motel Dr	GFLRV	
10NM	82	Exit 82A - Silver City	GFLRV	
10NM	82	Exit 82B - Deming	GFLRV	
10NM	85	Exit 85 - Deming	L	Motel 6 ((575) 546-2623)

State	Mile Marker	Name	Serv	Featured Hotels
10NM	102	Exit 102 - Akela		
10NM	116	Exit 116 - NM-549		
10NM	127	Exit 127 - Corralitos Rd		
10NM	132	Exit 132 - Airport		
10NM	135(EBO)	**Rest Area** Jack Rabbit Ranch		
10NM	139	Exit 139 - Motel Blvd	GF	
10NM	140	Exit 140 - Mesilla	GFLRV	SpringHill (575.541.8887)
10NM	142	Exit 142 - Main St/NM St University	GFLRV	Motel 6 ((575) 525-1010)
10NM	151	Exit 151 - Mesquite		
10NM	155	Exit 155 - Vado	RV	
10NM	164(EBO)	**Rest Area** Mile 164		
10NM	165	Exit 165 - NM-404		
SL	166	New Mexico State Line		

TEXAS - INTERSTATE 10

State	Mile Marker	Name	Serv	Featured Hotels
10TX	0	Exit 0 - Anthony	ALL	Super 8 (915-886-2888)
SL	0	Texas State Line		
10TX	2	Exit 2 - Westway		
10TX	6	Exit 6 - Trans Mountain Rd	GF	
10TX	8	Exit 8 - Artcraft Rd		
10TX	9	Exit 9 - Redd Rd		
10TX	11	Exit 11 - Mesa St	GFL	
10TX	12(WBO)	Exit 12 - Reslar Dr		
10TX	13	Exit 13 - Sunland Park Dr	ALL	
10TX	16	Exit 16 - Executive Center Blvd	GFL	
10TX	18	Exit 18A - Schuster Ave	ALL	Hilton Garden Inn (915-351-2121)
10TX	18	Exit 18B - Porfirio Diaz St	ALL	
10TX	19(EBO)	Exit 19 - Downtown/Convention Center	ALL	
10TX	19(WBO)	Exit 19A - Mesa St	ALL	
10TX	19(WBO)	Exit 19B - Downtown/Convention Center	ALL	
10TX	20(EBO)	Exit 20 - Dallas St	ALL	
10TX	20(WBO)	Exit 20 - Cotton St	GF	
10TX	21	Exit 21 - Piedras St	ALL	
10TX	22	Exit 22A - Copia St	ALL	
10TX	22	Exit 22B - US-54		
10TX	23	Exit 23A - Raynolds St	GFL	Motel 6 ((915) 533-7521)
10TX	23	Exit 23B - US-180	GFL	
10TX	24(EBO)	Exit 24A - Trowbridge Dr	GFL	
10TX	24	Exit 24B - Geronimo Dr	ALL	
10TX	25	Exit 25 - Airway Blvd	GFL	
10TX	26	Exit 26 - Hawkins Blvd	GFL	
10TX	27(EBO)	Exit 27 - Hunter Dr	ALL	

10TX	28(EBO)	Exit 28A - McRae Blvd	GF	
10TX	28	Exit 28B - Yarbrough Dr	GFLRV	
10TX	29(EBO)	Exit 29 - Lomaland Dr	GFL	
10TX	30	Exit 30 - Lee Trevino Dr	GF	
10TX	32	Exit 32 - Zaragosa Rd	ALL	Red Roof Inn (915-599-8877)
10TX	34	Exit 34 - TX-375-LOOP/Americas Ave	GFRV	
10TX	37	Exit 37 - Horizon City	FLRV	
10TX	42	Exit 42 - Clint	RV	
10TX	49	Exit 49 - Fabens	L+	Fabens Inn (915 764 4800)
10TX	50(EBO)	**Rest Area**		
10TX	51(WBO)	**Rest Area**		
10TX	55	Exit 55 - Tornillo		
10TX	68	Exit 68 - Acala Rd		
10TX	72	Exit 72 - FT Hancock		
10TX	78	Exit 78 - McNary		
10TX	81	Exit 81 - FM-2217		
10TX	85	Exit 85 - Esperanza Rd		
10TX	87	Exit 87 - FM-34		
10TX	99	Exit 99 - Lasca Rd		
10TX	105(EBO)	Exit 105 - Sierra Blanca		
10TX	106(WBO)	Exit 106 - I-10-BL		
10TX	107	Exit 107 - Sierra Blanca Ave	FL	
10TX	108(WBO)	Exit 108 - Sierra Blanca		
10TX	129	Exit 129 - Allamore Hot Wells		
10TX	133(WBO)	Exit 133 - Frontage Rd		
10TX	138	Exit 138 - Golf Course Dr	FLRV	Holiday Inn Express (432-2837444)
10TX	140	Exit 140A - Van Horn Dr	GFRV	
10TX	140	Exit 140B - Ross Dr	GFRV	
10TX	144	**Rest Area**		
10TX	146	Exit 146 - Wild Horse Rd		
10TX	153	Exit 153 - Michigan Flat		
10TX	159	Exit 159 - Plateau		
10TX	166	Exit 166 - Boracho Sta		
10TX	173	Exit 173 - Hurds Draw Rd		
10TX	176	Exit 176 - Kent		
10TX	181	Exit 181 - Cherry Creek Rd		
10TX	184	Exit 184 - Springhills		
10TX	186(WBO)	Exit 186 - San Antonio		
10TX	187(WBO)	Exit 187 - Pecos		
10TX	188	Exit 188 - Giffin Rd		
10TX	192	Exit 192 - Toyahvale		
10TX	206	Exit 206 - Toyah		
10TX	209	Exit 209 - I-10-BR/TX-17		

10TX	212	Exit 212 - Pecos		
10TX	214(WBO)	Exit 214 - FM-2448		
10TX	222	Exit 222 - Hoefs Rd		
10TX	229	Exit 229 - Hovey Rd		
10TX	233	**Rest Area**		
10TX	235	Exit 235 - Mendel Rd		
10TX	241	Exit 241 - Kennedy Rd		
10TX	246	Exit 246 - Firestone Rd		
10TX	248	Exit 248 - Alpine		
10TX	253	Exit 253 - FM-2037		
10TX	256	Exit 256 - FT Stockton	GFL	Super 8 (432-336-8531) Motel 6 (432.336.9737)
10TX	257	Exit 257 - Pecos	GFLRV	
10TX	259(EBO)	Exit 259 - TX-18 / Monahans	GFLRV	
10TX	259(WBO)	Exit 259A - 259A	GFLRV	
10TX	259(WBO)	Exit 259B - TX-18 / Monahans	GFLRV	
10TX	261	Exit 261 - I-10-BL W / Marathon		
10TX	264	Exit 264 - Warnock Rd	RV	
10TX	272	Exit 272 - University Rd		
10TX	277	Exit 277 - FM-2023		
10TX	285	Exit 285 - McKenzie Rd		
10TX	288	Exit 288 - Ligon Rd		
10TX	294	Exit 294 - Bakersfield		
10TX	298	Exit 298 - FM-2886		
10TX	307	Exit 307 - US-190 / Iraan		
10TX	308	**Rest Area**		
10TX	314	Exit 314 - Frontage Rd		
10TX	320	Exit 320 - Frontage Rd		
10TX	325	Exit 325 - Iraan Sheffield		
10TX	328	Exit 328 - River Rd		
10TX	337	Exit 337 - Live Oak Rd		
10TX	343	Exit 343 - TX-290		
10TX	350	Exit 350 - Howard Draw Rd		
10TX	361	Exit 361 - Pandale Rd		
10TX	363	Exit 363 - Ozona		
10TX	365	Exit 365 - Sterling City	GFL	
10TX	368	Exit 368 - TX-466-BL		
10TX	372	Exit 372 - Taylor Box Rd	RV	
10TX	381(EBO)	Exit 381 - RM-1312		
10TX	388(WBO)	Exit 388 - RM-1312		
10TX	392	Exit 392 - Caverns of Sonora Rd		
10TX	394	**Rest Area**		
10TX	399(EBO)	Exit 399 - Sonora	ALL	
10TX	400	Exit 400 - San Angelo	ALL	Comfort Inn ((325) 387-5800)

10TX	404	Exit 404 - Fort McKavett		
10TX	412	Exit 412 - Allison Rd		
10TX	420	Exit 420 - Baker Rd		
10TX	429	Exit 429 - Harrell Rd		
10TX	437(EBO)	Exit 437 - Roosevelt		
10TX	438(WBO)	Exit 438 - Roosevelt		
10TX	442	Exit 442 - Fort McKavett		
10TX	445(EBO)	Exit 445 - RM-1674		
10TX	451	Exit 451 - Cleo Rd		
10TX	456	Exit 456 - Menard / Junction	ALL	Roadway Inn ((325) 446-4588) Motel 6 (325.446.3572)
10TX	457	Exit 457 - Martinez St	FL	Knights Inn (325-446-3730)
10TX	460(WBO)	Exit 460 - TX-481-LOOP BUSINESS		
10TX	462	Exit 462 - Uvalde		
10TX	465	Exit 465 - Segovia		
10TX	472	Exit 472 - Old Segovia Rd		
10TX	477	Exit 477 - Fredricksburg		
10TX	484	Exit 484 - Midway Rd		
10TX	488	Exit 488 - Mountain Home		
10TX	492	Exit 492 - FM-479		
10TX	501	Exit 501 - FM-1338	LRV	
10TX	505	Exit 505 - Kerrville		
10TX	508	Exit 508 - TX-16 / Kerrville	GFL	Hampton Inn (830-257-0600) Motel 6 (830.257.1500)
10TX	514	**Rest Area**		
10TX	520	Exit 520 - Cypress Creek Rd		
10TX	523	Exit 523 - Comfort	GFLRV	
10TX	524(EBO)	Exit 524 - Waring	FL	
10TX	527(WBO)	Exit 527 - Waring		
10TX	533	Exit 533 - Welfare	RV	
10TX	537	Exit 537 - Boerne		
10TX	538(WBO)	Exit 538 - Frontage Rd		
10TX	539	Exit 539 - Johns Rd	GFL	
10TX	540	Exit 540 - New Braunfels	GFL	
10TX	542(WBO)	Exit 542 - Boerne	GFLRV	
10TX	543	Exit 543 - Boerne Stage Rd	L	
10TX	546	Exit 546 - Fair Oaks Pkwy	F	
10TX	550	Exit 550 - Ralph Fair Rd	F	
10TX	551(WBO)	Exit 551 - Boerne Stage Rd	F	
10TX	554	Exit 554 - Camp Bullis Rd	GFL	
10TX	555	Exit 555 - La Cantera Pkwy	GFL	Residence (210.561.0200)
10TX	556	Exit 556A - Anderson Loop	GL	
10TX	556	Exit 556B - Frontage Rd	FL	
10TX	557	Exit 557 - University of Texas at San	GFL	

		Antonio		
10TX	558	Exit 558 - Da Zavala Rd	ALL	
10TX	559(EBO)	Exit 559 - Fredricksburg Rd	ALL	
10TX	560	Exit 560B - Frontage Rd	GFL	
10TX	561	Exit 561 - Wurzbach Rd	GFL	
10TX	562(EBO)	Exit 562 - Medical Dr	ALL	
10TX	564(EBO)	Exit 564 - I-410	ALL	
10TX	564(WBO)	Exit 564A - I-410	ALL	
10TX	564	Exit 564B - I-410		
10TX	565	Exit 565A - Crossroads Blvd	ALL	
10TX	565	Exit 565B - Vance Jackson Rd	GFL	
10TX	565(WBO)	Exit 565C - Fresno Dr	GFL	
10TX	566	Exit 566A - Fresno Dr / West Ave	ALL	
10TX	566	Exit 566B - Hildebrand Ave	ALL	
10TX	567(EBO)	Exit 567 - Fredricksburg Rd	F	
10TX	567(WBO)	Exit 567A - Fulton Ave	F	
10TX	567(WBO)	Exit 567B - Woodlawn Ave	F	
10TX	568	Exit 568 - Culebra Ave	F	
10TX	568(WBO)	Exit 568B - Culebra Ave	F	
10TX	569(EBO)	Exit 569A - Colorado St	GF+	
10TX	569(WBO)	Exit 569 - Colorado St	GF+	
10TX	569(EBO)	Exit 569C - Santa Rosa St	GF+	
10TX	569(EBO)	Exit 569B - Frio St / Downtown	ALL	
10TX	570(EBO)	Exit 570 - Austin		
10TX	572(WBO)	Exit 572 - Laredo / El Paso / Austin		
10TX	573	Exit 573 - Probandt St	GF+	
10TX	574	Exit 574 - Houston / Del Rio		
10TX	575	Exit 575 - Pine St	GF	
10TX	576	Exit 576 - New Braunfels Ave	GF	
10TX	577	Exit 577 - Roland Ave	F	
10TX	578	Exit 578 - Pecan Valley Dr	G	
10TX	579	Exit 579 - Houston St	GL	
10TX	580	Exit 580 - W. W. White Rd	ALL	Motel 6 ((210) 333-1850)
10TX	581	Exit 581 - I-410		
10TX	582	Exit 582 - Ackerman Rd	GFL	
10TX	583	Exit 583 - Foster Rd	G	
10TX	585	Exit 585 - Converse	G	
10TX	587	Exit 587 - Anderson Loop		
10TX	589	Exit 589 - Graytown Rd		
10TX	590	**Rest Area**		
10TX	591	Exit 591 - Schertz		
10TX	593	Exit 593 - Trainer Hale Rd	F	
10TX	595	Exit 595 - Zuehl Rd		

10TX	597	Exit 597 - Santa Clara Rd		
10TX	599	Exit 599 - Marion		
10TX	600	Exit 600 - Schwab Ave		
10TX	601	Exit 601 - New Berlin		
10TX	603(EBO)	Exit 603 - Seguin		
10TX	604	Exit 604 - Lake McQueeney		
10TX	605	Exit 605 - FM-464	FRV	
10TX	607	Exit 607 - New Braunfels	GL	
10TX	609	Exit 609 - Austin St	GFL	
10TX	610	Exit 610 - San Marcos	GFL	
10TX	612	Exit 612 - US-90		
10TX	617	Exit 617 - Kingsbury		
10TX	620	Exit 620 - FM-1104		
10TX	621(EBO)	**Rest Area**		
10TX	622(WBO)	**Rest Area**		
10TX	625	Exit 625 - Darst Field Rd		
10TX	628	Exit 628 - Luling / Nixon	RV	
10TX	632	Exit 632 - US-183 / US-90 / Gonzales		
10TX	637	Exit 637 - Harwood		
10TX	642	Exit 642 - Bastrop		
10TX	649	Exit 649 - Waelder		
10TX	653	Exit 653 - US-90		
10TX	661	Exit 661 - Flatonia	G	
10TX	668	Exit 668 - Engle		
10TX	674	Exit 674 - US-77 / Schulenburg	GFLRV	
10TX	677	Exit 677 - US-90		
10TX	682	Exit 682 - Weimar	GFL	
10TX	689	Exit 689 - Hattermann Lane	RV	
10TX	692	**Rest Area**		
10TX	693	Exit 693 - Glidden		
10TX	695(WBO)	Exit 695 - La Grange		
10TX	696	Exit 696 - Columbus	GFLRV	
10TX	698	Exit 698 - Alleyton Rd		
10TX	699	Exit 699 - Eage Lake	F	
10TX	704	Exit 704 - FM-949		
10TX	709	Exit 709 - Bernardo Rd		
10TX	713	Exit 713 - Beckendorff Rd		
10TX	716	Exit 716 - Pyka Rd		
10TX	718(EBO)	Exit 718 - US-90		
10TX	720	Exit 720 - Sealy	GFL	
10TX	721(WBO)	Exit 721 - US-90		
10TX	723	Exit 723 - San Felipe		
10TX	725	Exit 725 - Milcak Rd		

10TX	729(EBO)	Exit 729 - Peach Ridge Rd		
10TX	730(WBO)	Exit 730 - Peach Ridge Rd		
10TX	731	Exit 731 - Koomey Rd	RV+	
10TX	732	Exit 732 - Brookshire	F+	
10TX	737	Exit 737 - Pederson Rd		
10TX	740	Exit 740 - Pin Oak Rd	ALL	
10TX	742	Exit 742 - Katy - FT Bend	ALL	
10TX	743	Exit 743 - Grand Parkway		
10TX	745	Exit 745 - Mason Rd	ALL	
10TX	747	Exit 747 - Fry Rd	GF+	
10TX	748	Exit 748 - Barker-Cypress Rd	GF	
10TX	750(WBO)	Exit 750 - Park Ten Blvd	FL	Houston (281.829.5525)
10TX	751	Exit 751 - Addicks	GFL	Motel 6 (281.579.6959)
10TX	753	Exit 753A - Addicks	GFL	
10TX	753	Exit 753B - Dairy-Ashford Rd	ALL	Courtyard (281.496.9090)
10TX	754	Exit 754 - Kirkwood Rd	ALL	
10TX	755	Exit 755 - Frontage Rd	ALL	
10TX	756(EBO)	Exit 756 - Sam Houston Tollway		
10TX	756(WBO)	Exit 756B - Sam Houston Tollway		
10TX	756(WBO)	Exit 756A - Frontage Rd	GF	
10TX	757	Exit 757 - Gessner Rd	GFL	
10TX	758	Exit 758A - Bunker Hill Rd	GFL	
10TX	758	Exit 758B - Blalock Rd	GFL	
10TX	759(WBO)	Exit 759 - Campbell Rd	GF+	
10TX	760	Exit 760 - Bingle Rd	GF+	
10TX	761	Exit 761A - Wirt Rd	ALL	
10TX	761(EBO)	Exit 761B - Antoine Dr	ALL	
10TX	762	Exit 762 - Silber Rd	GFL	
10TX	763	Exit 763 - I-610		
10TX	764	Exit 764 - Westcott St	GFL	
10TX	765	Exit 765A - T C Jester Blvd	ALL	
10TX	765	Exit 765B - N Durham Dr	ALL	
10TX	766(WBO)	Exit 766 - Studemont-Yale	ALL	
10TX	767(EBO)	Exit 767A - Studemont City	ALL	
10TX	767	Exit 767B - Taylor	ALL	
10TX	768	Exit 768A - I-45 / Dallas		
10TX	768	Exit 768B - I-45 / Galveston		
10TX	769(EBO)	Exit 769A - Smith St / Downtown	ALL	
10TX	769(EBO)	Exit 769C - McKee St	ALL	
10TX	769(WBO)	Exit 769B - San Jancito St	ALL	
10TX	770	Exit 770A - US-59 / Victoria		
10TX	770	Exit 770B - Jensen Dr	FL+	
10TX	770	Exit 770C - US-59 / Cleveland		

10TX	771	Exit 771A - Waco St	ALL	
10TX	771	Exit 771B - Lockwood Dr	ALL	
10TX	772	Exit 772 - Kress St	GF+	
10TX	773	Exit 773A - N Wayside Dr	GF+	
10TX	773	Exit 773B - McCarty Dr	ALL	
10TX	774(EBO)	Exit 774 - Gellhorn Dr		
10TX	775	Exit 775A - I-610		
10TX	776	Exit 776A - Mercury Dr	ALL	
10TX	776	Exit 776B - John Ralston Rd	ALL	
10TX	778(EBO)	Exit 778A - Federal Rd	ALL	
10TX	778(EBO)	Exit 778B - Normandy St	ALL	
10TX	778(WBO)	Exit 778 - Normandy St / Federal Rd	ALL	
10TX	779(WBO)	Exit 779A - Westmont St	ALL	
10TX	779(WBO)	Exit 779B - Market St Rd	ALL	
10TX	780	Exit 780 - Uvalde Rd	ALL	
10TX	781	Exit 781A - Frontage Rd	GF+	
10TX	781(EBO)	Exit 781B - Sam Houston Pkwy		
10TX	781(WBO)	Exit 781B - Sam Houston Pkwy	L	
10TX	782	Exit 782 - Dell Dale Ave	GFL	
10TX	783	Exit 783 - Sheldon Rd	GFL	
10TX	784	Exit 784 - Cedar Lane	GFL	
10TX	785	Exit 785 - Magnolia Ave	L	
10TX	786	Exit 786 - Monmouth Dr		
10TX	787	Exit 787 - Crosby-Lynchburg Rd	GFL	
10TX	788(EBO)	Exit 788 - Baytown		
10TX	789	Exit 789 - Thompson Rd	FL	
10TX	790	Exit 790 - Ellis School Rd / Wade Rd		
10TX	791(EBO)	Exit 791 - John Martin Rd		
10TX	792	Exit 792 - Garth Rd	GFL	
10TX	793	Exit 793 - N Main St		
10TX	795	Exit 795 - Sjolander Rd		
10TX	796(EBO)	Exit 796 - Frontage Rd		
10TX	796(WBO)	Exit 796A - Frontage Rd		
10TX	796(WBO)	Exit 796B - Mont Belvieu / Dayton		
10TX	798	Exit 798 - Mont Belvieu / Dayton	RV	
10TX	800	Exit 800 - FM-3180	RV	
10TX	803	Exit 803 - FM-565		
10TX	806	Exit 806 - Frontage Rd		
10TX	807	Exit 807 - Wallisville		
10TX	810	Exit 810 - Anahuac / Liberty		
10TX	811(EBO)	Exit 811 - Turtle Bayou Turnaround	RV	
10TX	812	Exit 812 - Hankamer / Anahuac	RV	
10TX	813(WBO)	Exit 813 - Anahuac / Hankamer		

10TX	817	Exit 817 - FM-1724		
10TX	819	Exit 819 - Jenkins Rd		
10TX	822	Exit 822 - FM-1410		
10TX	827	Exit 827 - FM-1406		
10TX	828(EBO)	Exit 828 - Winnie		
10TX	829	Exit 829 - FM-1663	L	Motel 6 (409.296.3611)
10TX	833	Exit 833 - Hampshire Rd		
10TX	838	Exit 838 - FM-365	GFRV	
10TX	843	Exit 843 - Smith Rd		
10TX	845	Exit 845 - FM-364		
10TX	846(EBO)	Exit 846 - Brooks Rd		
10TX	848	Exit 848 - Waldon Rd	GF	
10TX	849	Exit 849 - US-69 / Washington Blvd	GL	Fairfield Inn (409.840.5751)
10TX	851(EBO)	Exit 851 - US-90 / College St	ALL	
10TX	852	Exit 852B - Calder Ave	ALL	
10TX	852(WBO)	Exit 852A - Laurel Ave	ALL	
10TX	853	Exit 853B - 11th St	ALL	
10TX	853(WBO)	Exit 853A - US-69 / Lufkin		
10TX	853(EBO)	Exit 853C - 7th St	ALL	
10TX	854	Exit 854 - M.L. King Pkwy	ALL	
10TX	855	Exit 855A - Downtown	ALL	
10TX	856(EBO)	Exit 856 - Old Hwy		
10TX	857	Exit 857A - Rose City West		
10TX	857(WBO)	Exit 857B - Workman Turnaround		
10TX	858	Exit 858A - Rose City East		
10TX	858(WBO)	Exit 858B - Asher Turnaround		
10TX	859(EBO)	Exit 859 - Bonner Turnaround		
10TX	860(EBO)	Exit 860A - S. Dewitt Rd		
10TX	860(WBO)	Exit 860B - W. Vidor		
10TX	861	Exit 861A - Vidor	ALL	
10TX	861(EBO)	Exit 861C - Denver St		
10TX	861(WBO)	Exit 861B - Lamar St		
10TX	861	Exit 861D - Deweyville		
10TX	862(EBO)	Exit 862A - Railroad Ave		
10TX	862(EBO)	Exit 862C - Timberlane Dr		
10TX	862(WBO)	Exit 862B - Old Hwy		
10TX	864	Exit 864 - FM-1132 / FM-1135		
10TX	865(WBO)	Exit 865 - Doty Rd		
10TX	867(EBO)	Exit 867 - Frontage Rd		
10TX	868	**Rest Area**		
10TX	869	Exit 869 - Bridge City		
10TX	870	Exit 870 - FM-1136		
10TX	873	Exit 873 - Bridge City / Port Arthur	RV	

State	Mile Marker	Name	Serv	Featured Hotels
10TX	874(WBO)	Exit 874B - Womack Rd		
10TX	875	Exit 875 - M.L. King Jr Dr		
10TX	876	Exit 876 - Adams Bayou	GFL	
10TX	877	Exit 877 - 16th St	GFL	
10TX	878	Exit 878 - Orange		
10TX	880(EBO)	Exit 880 - Sabine River Turnaround		
SL	881	Texas State Line		

LOUISIANA - INTERSTATE 10

State	Mile Marker	Name	Serv	Featured Hotels
SL	0	Louisiana State Line		
10LA	1(WBO)	Exit 1 - turnaround		
10LA	2(EBO)	**Rest Area**		
10LA	4	Exit 4 - Toomey	GL	
10LA	7	Exit 7 - Vinton	F	
10LA	8	Exit 8 - Vinton	ALL	
10LA	14(WBO)	**Rest Area**		
10LA	20	Exit 20 - Sulphur	ALL	Fairfield Inn (337-528-2629)
10LA	21	Exit 21 - Arizona St		
10LA	23	Exit 23 - Industries	GFL	Super 8 (337-626-8800)
10LA	25	Exit 25 - US-90		
10LA	26	Exit 26 - Columbia Southern Rd		
10LA	27	Exit 27 - Westlake	GFL	
10LA	29	Exit 29 - Business District	GFL	Days Inn (337-433-9461)
10LA	30(WBO)	Exit 30A - Lakeshore Dr		
10LA	30(WBO)	Exit 30B - Ryan St	ALL	
10LA	31	Exit 31A - Enterprise Blvd	ALL	
10LA	31	Exit 31B - US-90	ALL	
10LA	32	Exit 32 - Opelousas St	GL	Motel 6 ((337) 433-1773)
10LA	33	Exit 33 - De Ridder		
10LA	34	Exit 34 - I-210		
10LA	36	Exit 36 - Chloe		
10LA	43	Exit 43 - Iowa	GFL	Howard Johnson (337-582-2440)
10LA	44	Exit 44 - Alexandra	L	
10LA	48	Exit 48 - Lacassine		
10LA	54	Exit 54 - Welsh	GF+	
10LA	59	Exit 59 - Roanoke		
10LA	64	Exit 64 - Elton	GFL	
10LA	65	Exit 65 - Jennings	G	
10LA	72	Exit 72 - Egan		
10LA	76	Exit 76 - Iota		
10LA	80	Exit 80 - Eunice	ALL	
10LA	82	Exit 82 - East Crowley	G	

10LA	87	Exit 87 - Church Point	ALL	Days Inn (337-334-0000)
10LA	92	Exit 92 - Mire	L	
10LA	97	Exit 97 - Cankton	GL	
10LA	100	Exit 100 - Ambassador Caffery Pkwy	GFL	
10LA	101	Exit 101 - Lafayette	ALL	Hilton Garden Inn (337.291.1977)
10LA	103	Exit 103A - Lafayette	GFL	Super 8 (337-232-8826) Hilton (337.235.6111) Motel 6 (337.706.7644) Comfort Inn (337.291.6008)
10LA	103	Exit 103B - Opelousas	GL	
10LA	109	Exit 109 - Anse Broussard Hwy	ALL	
10LA	115	Exit 115 - Cecilia	GFL	
10LA	121	Exit 121 - Butte La Rose	L	
10LA	127	Exit 127 - Whiskey Bay		
10LA	135	Exit 135 - Ramah		
10LA	139	Exit 139 - Rosedale	F	
10LA	151	Exit 151 - Alexandria	GFL	Motel 6 ((225) 343-5945)
10LA	153	Exit 153 - Port Allen	ALL	
10LA	155(EBO)	Exit 155A - Nicholson Dr	ALL	
10LA	155	Exit 155B - Business District	ALL	
10LA	155(WBO)	Exit 155C - Louise St	F+	
10LA	156	Exit 156A - Washington St	+	
10LA	156	Exit 156B - Dalrymple Dr		
10LA	157(EBO)	Exit 157A - Perkins Rd	GF	
10LA	157	Exit 157B - Acadian Throughway	GFL	
10LA	158	Exit 158 - College Dr	ALL	Comfort Inn ((225) 930-0600) Embassy Suites (225.924.6566) Hampton Inn (225.926.9990) Homewood Suites (225.927.1700)
10LA	159	Exit 159 - I-12 / Hammond		
10LA	160	Exit 160 - Essen Lane	GL	Fairfield Inn (225.766.9493) SpringHill (225.766.5252)
10LA	162	Exit 162 - Bluebonnet	GL	
10LA	163	Exit 163 - Siegen Lane	ALL	Motel 6 (225.291.4912)
10LA	166	Exit 166 - Highland Rd	GF	
10LA	173	Exit 173 - Prairieville	G	
10LA	177	Exit 177 - Gonzales	GFL	
10LA	179	Exit 179 - Burnside		
10LA	181	**Rest Area**		
10LA	182	Exit 182 - Sorrento	F	
10LA	187	Exit 187 - Gramercy		
10LA	194	Exit 194 - Gramercy		
10LA	206	Exit 206 - Laplace	+	
10LA	209	Exit 209 - Hammond	GFL	Hampton Inn (985.652.5002) Quality Inn (985.652.5544)

10LA	210(WBO)	Exit 210 - Hammond		
10LA	220	Exit 220 - I-310 / Boutte		
10LA	221	Exit 221 - Loyola Dr	ALL	Motel 6 (504.466.9666)
10LA	223	Exit 223A - N. Williams Blvd	ALL	
10LA	223	Exit 223B - S. Williams Blvd	ALL	
10LA	224(WBO)	Exit 224 - Power Blvd	G+	
10LA	225	Exit 225 - Veterans Blvd	ALL	
10LA	226	Exit 226 - Clearview Pky	ALL	
10LA	228	Exit 228 - Causeway Blvd	ALL	Courtyard (985.871.0244) Residence (985.246.7222)
10LA	229	Exit 229 - Bonnabel Blvd	GF	
10LA	231	Exit 231A - Metairie Rd		
10LA	231(WBO)	Exit 231B - I-610		
10LA	231(EBO)	Exit 231 - I-610		
10LA	232	Exit 232 - Airline Hwy		
10LA	234(EBO)	Exit 234B - Poydras St	ALL	
10LA	234(EBO)	Exit 234A - Pontchartrain Expy		
10LA	234(WBO)	Exit 234C - Claiborne Ave	F	
10LA	235	Exit 235A - Orleans Ave	GFL	
10LA	236	Exit 236A - Esplanada Ave	ALL	
10LA	236(EBO)	Exit 236B - N. Claiborne Ave	ALL	
10LA	236(WBO)	Exit 236C - N. Claiborne Ave	GFL	
10LA	237	Exit 237 - Elysian Fields Ave	+	
10LA	238	Exit 238B - I-610		
10LA	238	Exit 238A - Franklin Ave	G	
10LA	239	Exit 239A - S. Louisa St	G	
10LA	239(WBO)	Exit 239 - Louisa St	GFL	
10LA	239	Exit 239B - N. Louisa St	GFL	
10LA	240	Exit 240B - Chef Hwy	GFLRV	
10LA	240(EBO)	Exit 240A - Downman rd	GFLRV	
10LA	241	Exit 241 - Morrison Rd	GF	
10LA	242	Exit 242 - Crowder Blvd	GFL	
10LA	244	Exit 244 - Read Blvd	ALL	
10LA	245	Exit 245 - Bullard Rd	GFL	
10LA	246	Exit 246B - I-510 North		
10LA	246	Exit 246A - I-510 South		
10LA	248	Exit 248 - Michoud Blvd		
10LA	251	Exit 251 - verifica..		
10LA	263	Exit 263 - Slidell	GL	Holiday Inn (985.639.0890)
10LA	266	Exit 266 - Slidell	GFL	Motel 6 ((985) 649-7925)
10LA	267	Exit 267 - I-59		
SL	274	Louisiana State Line		

MISSISSIPPI - INTERSTATE 10

State	Mile Marker	Name	Serv	Featured Hotels
SL	0	Mississippi State Line		
10MS	2	Exit 2 - Waveland		
10MS	13	Exit 13 - St Louis Bay		
10MS	16	Exit 16 - Diamondhead	FL	
10MS	20	Exit 20 - Delisle	F	
10MS	24	Exit 24 - Menge Ave		
10MS	28	Exit 28 - Long Beach	G	
10MS	31	Exit 31 - Canal Rd	L	
10MS	34	Exit 34A - Gulfport	ALL	Motel 6 ((228) 863-1890)
10MS	34	Exit 34B - Hattiesburg	GFL	
10MS	38	Exit 38 - Lorraine Cowan Rr	GF	
10MS	41	Exit 41 - Woolmarket	GL	
10MS	44	Exit 44 - Cedar Lake Rd	GFL	
10MS	46	Exit 46B - MS-15		
10MS	46	Exit 46A - Biloxi	ALL	
10MS	50	Exit 50 - Ocean Springs	GFL	Motel 6 (228.875.0123)
10MS	57	Exit 57 - Vancleave	L	
10MS	61	Exit 61 - Gautier		
10MS	63	**Rest Area**		
10MS	69	Exit 69 - East Moss Point	GL	Motel 6 (228.696.9011)
10MS	74(WBO)	**Rest Area**		
10MS	75	Exit 75 - Franklin Creek Rd		
SL	77	Mississippi State Line		

ALABAMA - INTERSTATE 10

State	Mile Marker	Name	Serv	Featured Hotels
SL	0	Alabama State Line		
10AL	1(EBO)	**Rest Area**		
10AL	4	Exit 4 - Grand Bay		
10AL	13	Exit 13 - Theodore	ALL	Comfort Suites (251.675.5552)
10AL	15	Exit 15B - Historic Mobile Pkwy	ALL	Motel 6 ((251) 660-1483)
10AL	15	Exit 15A - Historic Mobile Pkwy	GLRV	
10AL	17	Exit 17B - Tillmans Corner		
10AL	17	Exit 17A - Dauphin Island	ALL	
10AL	20	Exit 20 - Montgomery / I-65		
10AL	22(WBO)	Exit 22B - Dauphin Island Pkwy	+	
10AL	22(WBO)	Exit 22A - Dauphin Island Pkwy	+	
10AL	22(EBO)	Exit 22 - Dauphin Island Pkwy	+	
10AL	23	Exit 23 - Michigan Ave		
10AL	24	Exit 24 - Duval St		

State	Mile Marker	Name	Serv	Featured Hotels
10AL	25(WBO)	Exit 25B - Virginia St	G	
10AL	25(WBO)	Exit 25A - Virginia St	G	
10AL	25(EBO)	Exit 25 - Virginia St	G	
10AL	26	Exit 26B - Water St	FL+	Holiday Inn (251.694.0100)
10AL	26(EBO)	Exit 26A - Canal St		
10AL	27	Exit 27 - Battleship Pkwy / I-90 I-98		
10AL	30	Exit 30 - Battleship Pkwy / I-90 I-98	L+	
10AL	35	Exit 35 - Daphne	ALL	
10AL	38	Exit 38 - Malbis	G	
10AL	44	Exit 44 - Loxley	ALL	
10AL	53	Exit 53 - wilcox Rd	RV	
SL	66	Alabama State Line		

FLORIDA - INTERSTATE 10

State	Mile Marker	Name	Serv	Featured Hotels
SL	0	Florida State Line		
10FL	5	Exit 5 - US-90	GF	
10FL	7	Exit 7A - Pensacola	FL	
10FL	7	Exit 7 - Pine Forest Rd	GFL	
10FL	7	Exit 7B - SR-297	GL	
10FL	10	Exit 10B - Cantonment	GF	
10FL	10	Exit 10A - Pensacola	GL	
10FL	12	Exit 12 - I-110		
10FL	13	Exit 13 - Univ. West Florida	GFL	Red Roof Inn ((850) 476-7960) Motel 6 (850.476.5386)
10FL	17	Exit 17 - US-90	FL	
10FL	22	Exit 22 - Avalon Blvd	FL	Red Roof Inn ((850) 995-6100)
10FL	26	Exit 26 - Milton	RV	
10FL	28	Exit 28 - Milton		
10FL	30	**Rest Area**		
10FL	31	Exit 31 - Navaree	L	
10FL	45	Exit 45 - Holt		
10FL	56	Exit 56 - Crestview	ALL	Motel 6 (850.837.0007)
10FL	57	**Rest Area**		
10FL	58	**Rest Area**		
10FL	70	Exit 70 - Niceville Eglin AFB		
10FL	85	Exit 85 - Defuniak Springs		
10FL	96	Exit 96 - Ponce De Leon		
10FL	104	Exit 104 - Caryville		
10FL	112	Exit 112 - Bonifay	F	
10FL	120	Exit 120 - Chipley	F	
10FL	130	Exit 130 - Cottondale	L	Red Roof Inn ((850) 215-2727)
10FL	133	**Rest Area**		

10FL	136	Exit 136 - Marianna		
10FL	142	Exit 142 - Marianna	GFL	Fairfield Inn (850.482.0012)
10FL	152	Exit 152 - Grand Ridge		
10FL	158	Exit 158 - Sneads		
10FL	161	**Rest Area**		
10FL	166	Exit 166 - Chattahoochee	L	
10FL	174	Exit 174 - Qunicy / SR-12	RV	
10FL	181	Exit 181 - Qunicy / SR-267	G	
10FL	192	Exit 192 - Quincy / US-90		
10FL	196	Exit 196 - Capital Circle	GF	
10FL	199	Exit 199 - Havana	ALL	Fairfield Inn Tall.. (850-562-8766) Red Roof Inn ((850) 385-7884) Motel 6 (850.386.7878) Fairfield Inn (850.562.8766)
10FL	203	Exit 203 - Tallahassee	ALL	Motel 6 ((850) 668-2600) Residence (850.422.0093) Courtyard (850.422.0600)
10FL	209	Exit 209A - US-90	FL+	
10FL	209	Exit 209B - Monticello	RV	
10FL	217	Exit 217 - SR-59		
10FL	225	Exit 225 - Monticello	L	
10FL	233	Exit 233 - CR-257		
10FL	241	Exit 241 - Greeville		
10FL	251	Exit 251 - Madison		
10FL	258	Exit 258 - Madison	L	
10FL	262	Exit 262 - Lee		
10FL	275	Exit 275 - Live Oak		
10FL	283	Exit 283 - Jasper		
10FL	292	Exit 292 - Wellborn		
10FL	296	Exit 296A - I-75 / Tampa		
10FL	296	Exit 296B - I-75 / Valdosta		
10FL	301	Exit 301 - Lake City		
10FL	303	Exit 303 - Lake City	L	
10FL	321	**Rest Area**		
10FL	324	Exit 324 - Sanderson		
10FL	327	Exit 327 - Sanderson		
10FL	333	Exit 333 - Glen St Mary		
10FL	335	Exit 335 - Macclenny	GFL	
10FL	336	Exit 336 - Macclenny		
10FL	343	Exit 343 - Baldwin	GFL	
10FL	349	**Rest Area**		
10FL	350	**Rest Area**		
10FL	351	Exit 351 - Whitehouse	GL	
10FL	355	Exit 355 - Marietta	G	

State	Mile Marker	Name	Serv	Featured Hotels
10FL	356	Exit 356 - I-295 / Savannah		
10FL	357	Exit 357 - Lane Ave	GFL	Days Inn and Suites (904-786-0500)
10FL	358	Exit 358 - Cassat Ave	GF	
10FL	360	Exit 360 - McDuff	G	
10FL	361	Exit 361 - Roosevelt Blvd.		
10FL	362	Exit 362 - Stockton Street	GF	
SL	363	Florida State Line		

LOUISIANA - INTERSTATE 12

State	Mile Marker	Name	Serv	Featured Hotels
12LA	1	Exit 1B - Essen Lane	GF+	
12LA	1(WBO)	Exit 1A - I-10		
12LA	2	Exit 2B - US 61 N	ALL	Motel 6 (225.924.2130)
12LA	2	Exit 2A - US 61 S	ALL	
12LA	4	Exit 4 - Sherwood Forest Blvd	ALL	
12LA	6	Exit 6 - Millerville Rd	GF+	
12LA	7	Exit 7 - O'Neal Lane	ALL	Comfort Suites (225.273.3388)
12LA	10	Exit 10 - Denham Springs	ALL	Quality Inn (225.667.2250)
12LA	12	Exit 12 - Juban Rd		
12LA	15	Exit 15 - Walker	ALL	
12LA	19	Exit 19 - Satsuma		
12LA	22	Exit 22 - Frost	GFRV	
12LA	29	Exit 29 - Holden	GRV	
12LA	32	Exit 32 - Albany	G	
12LA	35	Exit 35 - Pumpkin Ctr	GRV	
12LA	38	Exit 38A - I-55		
12LA	38	Exit 38B - I-55		
12LA	40	Exit 40 - Hammond	ALL	Holiday Inn (985.622.3877)
12LA	42	Exit 42 - LA 3158	GL	
12LA	47	Exit 47 - Robert	RV	
12LA	57	Exit 57 - Goodbee	RV	
12LA	59	Exit 59 - Covington	ALL	
12LA	60	**Rest Area**		
12LA	63	Exit 63A - Covington	ALL	
12LA	63	Exit 63B - Covington	ALL	Homewood Suites (985.809.6144) Hampton Inn (985.809.0019) Comfort Inn (985.809.1234)
12LA	65	Exit 65 - Mandeville	GFRV+	
12LA	74	Exit 74 - Lacombe	G	
12LA	80	Exit 80 - Aiport Dr	ALL	Homewood Suites (985.726.9777) Comfort Inn (985.326.0890) Candlewood Suites (985.326.0120)
12LA	83	Exit 83 - Slidell	GF	

State	Mile Marker	Name	Serv	Featured Hotels
12LA	85	Exit 85C - I-10 E		
12LA	85	Exit 85B - I-59 N		
12LA	85	Exit 85A - I-10 W		

		MONTANA - INTERSTATE 15		
State	Mile Marker	Name	Serv	Featured Hotels
15MT	0	Exit 0 - Monida		
SL	0	Montana State Line		
15MT	9	Exit 9 - Snowline		
15MT	15	Exit 15 - Lima	+	
15MT	23	Exit 23 - Dell		
15MT	29	Exit 29 - Kidd		
15MT	37	Exit 37 - Red Rock		
15MT	44	Exit 44 - Clark Canyon Reservoir		
15MT	51(SBO)	Exit 51 - Dalys		
15MT	52	Exit 52 - Grasshopper Creek		
15MT	56	Exit 56 - Barretts		
15MT	59	Exit 59 - Jackson / Wisdom	RV	
15MT	62	Exit 62 - Dillion	RV	
15MT	63	Exit 63 - Dillion / Twin Bridges	ALL	Comfort Inn (406-683-6831)
15MT	74	Exit 74 - Apex / Birch Creek Rd		
15MT	85	Exit 85 - Glen		
15MT	93	Exit 93 - Melrose		
15MT	99	Exit 99 - Moose Creek Rd		
15MT	102	Exit 102 - Divide / Wisdom		
15MT	108	**Rest Area**		
15MT	111	Exit 111 - Feeley		
15MT	116	Exit 116 - Buxton		
15MT	119	Exit 119 - Silver Bow / Hub Access		
15MT	121	Exit 121 - Butte		
15MT	122	Exit 122 - Rocker	L	Eddys Motel (406-723-4364)
15MT	124(NBO)	Exit 124 - I-15 / I-90		
15MT	126	Exit 126 - Montana Street	ALL	Butte War Bonnet H.. (406-492-7800)
15MT	127(SBO)	Exit 127 - Harrison AVe	ALL	Holiday Inn Express (406-494-6999)
15MT	127(NBO)	Exit 127A - Harrison AVe South	ALL	
15MT	127(NBO)	Exit 127B - Harrison AVe North	ALL	Fairmont Hot Sprin.. (406-797-3241)
15MT	129(NBO)	Exit 129 - I-15 / Helena		
15MT	129(SBO)	Exit 129 - I-15 / I-90		
15MT	134	Exit 134 - Woodville		
15MT	138	Exit 138 - Elk Park		
15MT	151	Exit 151 - Bernice		
15MT	156	Exit 156 - Basin	RV	
15MT	160	Exit 160 - High Ore Road		

15MT	164	Exit 164 - Boulder	GFL	
15MT	176	Exit 176 - Jefferson City		
15MT	177(NBO)	**Rest Area**		
15MT	178(SBO)	**Rest Area**		
15MT	182	Exit 182 - Clancy	RV	
15MT	187	Exit 187 - Montana City	GF	
15MT	192(NBO)	Exit 192A - Townsend	ALL	Super 8 (406-443-2450)
15MT	192(NBO)	Exit 192B - Capitol Area	ALL	Motel 6 ((406) 442-9990) Shilo Inn (406-0320)
15MT	192(SBO)	Exit 192 - Townsend / Capitol Area	ALL	Red Lion Colonial (406-443-2100) Fairfield Inn (406.449.9944)
15MT	193	Exit 193 - Cedar Street	ALL	
15MT	200	Exit 200 - Lincoln Rd	RV	
15MT	209	Exit 209 - Gates of the Mountains		
15MT	216	Exit 216 - Sieben		
15MT	219	Exit 219 - Spring Creek / Rec Area		
15MT	226	Exit 226 - Wolf Creek		
15MT	228	Exit 228 - Augusta / Choteau	L	
15MT	234	Exit 234 - Craig	FL	
15MT	239	**Rest Area**		
15MT	240	Exit 240 - Dearborn	L	
15MT	244	Exit 244 - Canyon Access		
15MT	247	Exit 247 - Hardy Creek		
15MT	250	Exit 250 - Local Access		
15MT	254	Exit 254 - Cascade	FL	
15MT	256	Exit 256 - Cascade	FL	
15MT	270	Exit 270 - Ulm		
15MT	277	Exit 277 - International Airport	+	
15MT	278	Exit 278 - 10th Ave South	ALL	Holiday Inn Express (406-455-1000) Motel 6 (406.453.1602)
15MT	280(SBO)	Exit 280 - Central Ave West	ALL	
15MT	282(SBO)	Exit 282 - NW Bypass		
15MT	286	Exit 286 - Manchester	F	
15MT	290	Exit 290 - Choteau / Missoula	GF	
15MT	297	Exit 297 - Gordon		
15MT	302	Exit 302 - Power		
15MT	313	Exit 313 - Dutton		
15MT	318	**Rest Area**		
15MT	321	Exit 321 - Collins Rd	G	
15MT	328	Exit 328 - Brady		
15MT	339	Exit 339 - Conrad	ALL	
15MT	345	Exit 345 - Ledger Road / Tiber Dam		
15MT	348	Exit 348 - Valier Road		
15MT	352	Exit 352 - Bullhead Road		

State	Mile Marker	Name	Serv	Featured Hotels
15MT	358	Exit 358 - Marlas Valley Rd / Golf Course Rd		
15MT	363	Exit 363 - Shelby / Cut Bank	ALL	
15MT	364	Exit 364 - Shelby	RV	
15MT	369	Exit 369 - Broken Road		
15MT	373	Exit 373 - Potter Road		
15MT	379	Exit 379 - Kevin / Oilmont		
15MT	385	Exit 385 - Swayza Road		
15MT	389	Exit 389 - Sunburst		
15MT	394	Exit 394 - Ranch Exit		
15MT	397(SBO)	**Rest Area**		
15MT	397	Exit 397 - Sweetgrass		
SL	398	Montana I15 ends/starts at the C..		

IDAHO - INTERSTATE 15

State	Mile Marker	Name	Serv	Featured Hotels
SL	0	Idaho State Line		
15ID	3	Exit 3 - Woodruff / Samaria		
15ID	7(NBO)	**Rest Area**		
15ID	13	Exit 13 - Malad	ALL	
15ID	17	Exit 17 - Weston / Preston		
15ID	22	Exit 22 - Devil Creek Reservoir		
15ID	25(SBO)	**Rest Area**		
15ID	31	Exit 31 - Downey / Preston		
15ID	40	Exit 40 - Arimo		
15ID	44	Exit 44 - McCammon		
15ID	47	Exit 47 - Lava Hot Springs / Soda Springs		
15ID	57(NBO)	Exit 57 - Inkom		
15ID	58(SBO)	Exit 58 - Inkom		
15ID	59	**Rest Area**		
15ID	63	Exit 63 - Portneut Area		
15ID	67	Exit 67 - Pocatello	ALL	Rodeway INN (208-233-0451)
15ID	69	Exit 69 - Clark Street	ALL	Hampton Inn (208-233-8200)
15ID	71	Exit 71 - Pocatello Creek Road	ALL	Super 8 (201-234-0888)
15ID	72	Exit 72 - I-86 / Twin Falls	L	Motel 6 ((208) 237-7880)
15ID	80	Exit 80 - Fort Hall		
15ID	89	Exit 89 - Blackfoot		
15ID	93	Exit 93 - Blackfoot / Acro	ALL	Best Western (208-785-4144)
15ID	98	Exit 98 - Rose-Firth		
15ID	101	**Rest Area**		
15ID	108	Exit 108 - Shelley		
15ID	113	Exit 113 - Idaho Falls / Jackson	+	
15ID	118	Exit 118 - Broadway Street	ALL	Motel 6 ((208) 522-0112)
15ID	119	Exit 119 - Rigby / West Yellowstone	ALL	

15ID	128	Exit 128 - Osgood Area		
15ID	135	Exit 135 - Roberts / Rigby	G	
15ID	143	Exit 143 - Mud Lake / Rexburg		
15ID	150	Exit 150 - Hamer		
15ID	167	**Rest Area**		
15ID	167	Exit 167 - Dubois		
15ID	172	Exit 172 - U.S. Sheep Export Station		
15ID	180	Exit 180 - Spencer		
15ID	184	Exit 184 - Stoddard CR Area		
15ID	190	Exit 190 - Humphrey		
SL	196	Idaho State Line		

UTAH - INTERSTATE 15

State	Mile Marker	Name	Serv	Featured Hotels
SL	0	Utah State Line		
15UT	3(NBO)	**Rest Area**		
15UT	4	Exit 4 - Bloomington		
15UT	6	Exit 6 - Bluff Street	ALL	Ambassador Inn Sai.. (435-671-9700)
15UT	8	Exit 8 - St George	ALL	Motel 6 ((435) 628-7979) Hampton Inn St. Ge.. (435-652-1200) TownePlace (435.986.9955) Courtyard (435.986.0555)
15UT	10	Exit 10 - Washington / Middleton Dr	ALL	Country Inns and S.. (435-251-9600)
15UT	16	Exit 16 - Hurricane / Kanab		
15UT	22(NBO)	Exit 22 - Leeds / Silver Reef	LRV	Motel 6 (435.623.0666)
15UT	23(SBO)	Exit 23 - Leeds / Silver Reef		
15UT	27	Exit 27 - Tocquerville / Hurricane		
15UT	30	Exit 30 - Browse		
15UT	31	Exit 31 - Pintura		
15UT	33	Exit 33 - Ranch Exit		
15UT	36	Exit 36 - Ranch Exit		
15UT	40	Exit 40 - Kolob Canyons / Zion Natl Park		
15UT	42	Exit 42 - New Harmony / Kanarraville	RV	
15UT	44	**Rest Area**		
15UT	51	Exit 51 - Hamilton Ft / Kanarraville		
15UT	57	Exit 57 - Cedar City	ALL	Holiday Inn Expres.. (877-449-2332) SpringHill (435.586.1685)
15UT	59	Exit 59 - Cedar City	ALL	Quality Inn Cedar .. (435-586-2082) Motel 6 (435.586.9200)
15UT	62	Exit 62 - Minersville / Enoch	ALL	Travelodge Cedar C.. (435-586-7435)
15UT	71	Exit 71 - Summit / Enoch		
15UT	75(SBO)	Exit 75 - Parowan		
15UT	75(NBO)	Exit 75 - Parowan / Brian Head Cedar Breaks		
15UT	78(SBO)	Exit 78 - Parowan / Brian Head Cedar Breaks	FL+	Days Inn Parowan (435-477-3326)

15UT	78(NBO)	Exit 78 - Parowan	FL+	Days Inn Parowan (435-477-3326)
15UT	82	Exit 82 - Paragonah		
15UT	88	**Rest Area**		
15UT	95	Exit 95 - Panguitch / Circleville / Lake P..		
15UT	100	Exit 100 - Ranch Exit		
15UT	109(SBO)	Exit 109 - Beaver		
15UT	109(NBO)	Exit 109 - Beaver / Milford		
15UT	112	Exit 112 - Beaver / Milford	GLRV	Super 8 (435-438-3888)
15UT	120	Exit 120 - Manderfield		
15UT	125	Exit 125 - Ranch Exit		
15UT	129	Exit 129 - Sulphurdale		
15UT	132	Exit 132 - I-70 / Richfield / Denver		
15UT	135	**Rest Area**		
15UT	135	Exit 135 - Cove Fort		
15UT	138	Exit 138 - Ranch Exit		
15UT	146	Exit 146 - Kanosh		
15UT	158	Exit 158 - Meadow		
15UT	163	Exit 163 - Fillmore	RV	
15UT	167	Exit 167 - Fillmore	ALL	Best Western Parad.. (435-743-6895)
15UT	174(SBO)	Exit 174 - Holden		
15UT	174(NBO)	Exit 174 - Holden / Delta / Great Basin Nat..		
15UT	178(SBO)	Exit 178 - Holden / Delta / Great Basin Nat..		
15UT	178(NBO)	Exit 178 - Holden		
15UT	184	Exit 184 - Ranch Exit		
15UT	188	Exit 188 - Scipio		
15UT	202	Exit 202 - Yuba Lake State Park		
15UT	207	Exit 207 - Mills		
15UT	222(SBO)	Exit 222 - I-70 / Salina / Richfield	RV	
15UT	222(NBO)	Exit 222 - Nephi	RV	
15UT	225	Exit 225 - Nephi / Manti	ALL	Super 8 (435-623-0888)
15UT	228	Exit 228 - Nephi		
15UT	233	Exit 233 - Mona		
15UT	242	Exit 242 - South Santaquin		
15UT	244	Exit 244 - Santaquin / US-6	ALL	
15UT	248	Exit 248 - South Payson / Salem	GFL	Comfort Inn (801-465-4861)
15UT	250	Exit 250 - North Payson / Benjamin	GFL	
15UT	253	Exit 253 - Spanish Fork		
15UT	257	Exit 257 - US-6 / Spanish Fork / Price	ALL	Days Inn (801-491-3047)
15UT	258(SBO)	Exit 258 - US-6 / Moark Connection	ALL	
15UT	260	Exit 260 - South Springfield	ALL	Best Western Mount.. ((801) 489-3641)
15UT	261	Exit 261 - North Springfield / Provo	ALL	Sleep Inn (801-377-6597)
15UT	263	Exit 263 - University Ave / 1860 S / US-189	ALL	La Quinta Inn (801-374-9750)
15UT	265(NBO)	Exit 265A - EB Provo / Center Street	ALL	Econo Lodge (801-373-0099)

15UT	265(NBO)	Exit 265B - Airport / SR-114 West	ALL	National 9 Colony .. (801-374-6800)
15UT	265(SBO)	Exit 265 - Provo / Center Street / Airport	ALL	Springhill Suites (801-373-0073)
15UT	269	Exit 269 - Orem University Pkwy	ALL	Hampton Inn & Suites (1-801-426-8500) Residence (801.374.1000)
15UT	271	Exit 271 - Orem Center Street	ALL	
15UT	272	Exit 272 - Orem 800 North	ALL	La Quinta Inn and .. (801-226-0440)
15UT	273	Exit 273 - Lindon / Pleasant Grove	ALL	Park Place Inn and.. (801-763-8383)
15UT	275	Exit 275 - American Fork / Lindon		
15UT	276	Exit 276 - American Fork / 500 East	FLRV	Best Western Timpa.. (801-768-1400)
15UT	278	Exit 278 - American Fork / Main Street	ALL	
15UT	279	Exit 279 - Lehi / Main Street	ALL	Super 8 (801-766-8800) Motel 6 (801.768.2668)
15UT	282	Exit 282 - Lehi / 1200 West	GFL	Hampton Inn Lehi T.. (801-766-1186)
15UT	284	Exit 284 - Highland / Alpine		
15UT	288	Exit 288 - Draper / Bluffdale		
15UT	289	Exit 289 - Bangerter Highway		
15UT	291	Exit 291 - 12300 South	ALL	Ramada Limited (801-571-1122)
15UT	293	Exit 293 - 10600 South	ALL	Holiday Inn Express (801-495-1317)
15UT	295	Exit 295 - 9000 South	ALL	
15UT	297	Exit 297 - 7200 South	ALL	Motel 6 ((801) 561-0058)
15UT	298	Exit 298 - Belt Route	+	
15UT	300	Exit 300 - 5300 South	+	
15UT	301	Exit 301 - 4500 South	ALL	Hampton Inn (801-293-1300)
15UT	303	Exit 303 - 3300 South	ALL	Days Inn (801-486-8780)
15UT	304	Exit 304 - I-80 East / Cheyenne	ALL	
15UT	305	Exit 305A - SR-201 WB / 900 West	ALL	
15UT	305	Exit 305B - 2100 South	ALL	
15UT	305	Exit 305C - 1300 South	ALL	
15UT	305(NBO)	Exit 305D - 900 South	ALL	
15UT	306(NBO)	Exit 306 - 600 South	ALL	Super 8 Motel (801-534-0808) Motel 6 ((801) 531-1252) Marriott (801-581-1000)
15UT	307(NBO)	Exit 307 - 400 South HOV	ALL	Homewood Suites (801-363-6700)
15UT	307(SBO)	Exit 307 - 400 South GP	ALL	Homewood Suites (801-363-6700)
15UT	308	Exit 308 - I-80 West / Airport / Reno	ALL	
15UT	309	Exit 309 - 600 North	ALL	Hyatt Place Salt L.. (801-4456-6300)
15UT	310(NBO)	Exit 310 - 900 West / 1100 North	ALL	Econo Lodge (801-363-0062)
15UT	311	Exit 311 - 2300 North		
15UT	312(NBO)	Exit 312 - North Salt Lake		
15UT	312(SBO)	Exit 312 - Beck Street		
15UT	313(SBO)	Exit 313 - Belt Route West	L	Econo Lodge (801-363-0062)
15UT	314(SBO)	Exit 314 - Center Street		
15UT	315	Exit 315 - 2600 South	L	Motel 6 (801.298.0289)
15UT	316	Exit 316 - 500 South	FL+	Country Inn and Su.. (801-292-8100)

State	Mile Marker	Name	Serv	Featured Hotels
15UT	317	Exit 317 - 400 North	GF+	
15UT	319	Exit 319 - Centerville / Parrish Lane	GF+	
15UT	322(NBO)	Exit 322 - Lagoon Drive / Farmington		
15UT	324(NBO)	Exit 324 - US-89 NB / Ogden	RV	
15UT	325(SBO)	Exit 325 - Park Lane	RV	
15UT	328	Exit 328 - Kaysville	GF+	
15UT	330(NBO)	Exit 330 - South Layton	F	
15UT	331	Exit 331 - North Layton / Hill Field	ALL	Comfort Inn (801-544-5577.)
15UT	332	Exit 332 - Syracuse / Antelope Drive	ALL	La Quinta Inn (801-776-6700)
15UT	334	Exit 334 - South Clearfield / Westpoint	G+	
15UT	335	Exit 335 - Clearfield / Sunset / Hill Air F..	ALL	Days Inn (801-825-8000)
15UT	338	Exit 338 - Roy / Sunset / Hill Air Force Mu..	ALL	Crystal Cottage (801-825-9500)
15UT	339(NBO)	Exit 339 - Riverdale / I-84 East	ALL	Motel 6 ((801) 627-2880) Days Inn (801-825-3236)
15UT	340(SBO)	Exit 340 - I-84 East		
15UT	341	Exit 341A - Weber State University / 31st St..	GFL	
15UT	341	Exit 341B - Airport / West Haven		
15UT	342(NBO)	Exit 342 - 24th Street	L	Marriot Ogden (801- 627-1190)
15UT	343	Exit 343 - 21st Street / Wilson Road	ALL	Hampton Inn (801.394.9400) Century RV Park ((801) 731-3800)
15UT	344	Exit 344 - 12th Street	ALL	Motel 6 ((801) 627-4560) Sleep Inn (801-731-6500)
15UT	346	Exit 346 - Defense Depot / Harrisville	ALL	Best Western High .. (801=394-9474)
15UT	349	Exit 349 - Plain City / No. Ogden	ALL	Comfort Inn Farr W.. (801-737-5660)
15UT	351	Exit 351 - Willard	F	
15UT	357	Exit 357 - Willard / Perry	ALL	Days Inn Brigham C.. (435-723-3500)
15UT	361(NBO)	**Rest Area**		
15UT	362	Exit 362 - Brigham City / 1100 So. / Logan	ALL	Crystal Inn Hotel .. (800-408-0440)
15UT	363	Exit 363 - Forest Street	F+	
15UT	365	Exit 365 - Corinne / 900 N. St.		
15UT	366(SBO)	**Rest Area**		
15UT	372	Exit 372 - Honeyville / Bear River		
15UT	376	Exit 376 - Tremonton	F	
15UT	379	Exit 379 - I-84 West / Boise	L	Hampton Inn (435.257.6000)
15UT	381	Exit 381 - Tremonton / Garland		
15UT	385	Exit 385 - Riverside / Logan		
15UT	392	Exit 392 - Plymouth		
15UT	398	Exit 398 - Portage		
SL	401	Utah State Line		

ARIZONA - INTERSTATE 15

State	Mile Marker	Name	Serv	Featured Hotels
SL	0	Arizona State Line		

15AZ	8	Exit 8 - Littlefield		
15AZ	9	Exit 9 - Farm Rd		
15AZ	18	Exit 18 - Cedar Pocket	LRV	Virgin River Campg.. ((928) 688-3246)
15AZ	27	Exit 27 - Black Rock Rd		
SL	29	Arizona State Line		

NEVADA - INTERSTATE 15

State	Mile Marker	Name	Serv	Featured Hotels
SL	0	Nevada State Line		
15NV	1	Exit 1 - Primm	GFLRV	Primm Valley Resor.. (1-800-442-4002)
15NV	12	Exit 12 - Jean / Goodsprings	GL	
15NV	25	Exit 25 - Sloan		
15NV	27	Exit 27 - Henderson / Lake Mead	F+	
15NV	33	Exit 33 - Blue Diamond / Pahrump	ALL	Hilton Garden Inn .. (702-453-7830)
15NV	34	Exit 34 - Las Vegas Blvd / McCarran Airport	ALL	Microtel (702-273-2500)
15NV	36	Exit 36 - Russell Rd / Frank Sinatra Dr	ALL	Staybridge Suites (702-259-2663)
15NV	37	Exit 37 - Tropicana Ave	ALL	Motel 6 ((702) 798-0728)
15NV	38	Exit 38 - Flamingo Rd	ALL	
15NV	38(SBO)	Exit 38A - Flamingo Rd West	ALL	Bellagio (888.987.6667)
15NV	38(SBO)	Exit 38B - Flamingo Rd East	ALL	Ballys (800-634-3434)
15NV	39	Exit 39 - Spring Mountain Rd	ALL	Venetian Resort Ho.. (702-414-1000)
15NV	40	Exit 40 - Sahara Ave / Convention Ctr	ALL	Sahara Westwood Ho.. (702-733-0001)
15NV	41(SBO)	Exit 41 - Martin L King Blvd	ALL	Howard Johnson (800-446-4656)
15NV	41(NBO)	Exit 41A - Charleston Blvd East	ALL	Econo Lodge (800-424-6429)
15NV	41(NBO)	Exit 41B - Charleston Blvd West	ALL	Stratosphere Tower.. (1-800-998-6937)
15NV	42(SBO)	Exit 42 - US-95 / Reno / Martin L King Blvd	ALL	Best Western Parkv.. (702-382-2380)
15NV	42(NBO)	Exit 42A - US-95 / Reno / Martin L King Blvd	ALL	Golden Gate Hotel .. (702-385-1906)
15NV	42(NBO)	Exit 42B - US-95 / Phoenix / Downtown	ALL	Plaza Hotel (702-386-2110)
15NV	43(NBO)	Exit 43 - D Street	ALL	Main Street Statio.. (800-713-8933)
15NV	44(SBO)	Exit 44 - Washington Ave	ALL	California Hotel A.. (800-634-6505)
15NV	45(SBO)	Exit 45 - Lake Mead Blvd	ALL	
15NV	45(NBO)	Exit 45A - Lake Mead Blvd East	ALL	Comfort Inn North .. (702-399-1500)
15NV	45(NBO)	Exit 45B - Lake Mead Blvd West	ALL	Goldspike Hotel an.. (866-600-8600)
15NV	46	Exit 46 - Cheyenne Ave	ALL	Lucky Club Hotel a.. (702-399-3297)
15NV	48	Exit 48 - Craig Rd	ALL	Hampton Inn Las Ve.. (655-0111)
15NV	50(SBO)	Exit 50 - Lamb Blvd	RV	
15NV	52	Exit 52 - CR-215		
15NV	54	Exit 54 - Speedway Blvd / Hollywood Blvd	F+	
15NV	58	Exit 58 - Apex / Nellis AFB		
15NV	64	Exit 64 - Great Basin Highway / Pioche / Ely		
15NV	75	Exit 75 - Valley of Fire / Lake Mead		
15NV	80	Exit 80 - Ute		

State	Mile Marker	Name	Serv	Featured Hotels
15NV	84	Exit 84 - Byron		
15NV	88	Exit 88 - Hidden Valley		
15NV	90(NBO)	Exit 90 - Glendale / Moapa	G	
15NV	91	Exit 91 - Glendale / Moapa	G	
15NV	93	Exit 93 - Logandale / Overton		
15NV	100	Exit 100 - Carp / Elgin		
15NV	112	Exit 112 - Riverside / Bunkerville		
15NV	120	Exit 120 - Mesquite / Bunkerville	ALL	
15NV	122	Exit 122 - Mesquite / Bunkerville	ALL	Virgin River Hotel.. (702-346-5232)
SL	124	Nevada State Line		

CALIFORNIA - INTERSTATE 15

State	Mile Marker	Name	Serv	Featured Hotels
SL	0	California interstate 15 begins/..		
15CA	1(SBO)	Exit 1A - Main Street	ALL	
15CA	1(SBO)	Exit 1B - I-5 North		
15CA	1(SBO)	Exit 1C - I-5 South / National City / Chul..	ALL	
15CA	1(SBO)	Exit 1D - National Avenue / Ocean View Blvd	ALL	
15CA	1(NBO)	Exit 1 - Oceanview Blvd	ALL	
15CA	2	Exit 2A - Market Street	GL	
15CA	2	Exit 2B - SR-94 East / Home Ave	ALL	Best Wester (619-234-8477)
15CA	2	Exit 2C - SR-94 West		
15CA	3	Exit 3 - I-805		
15CA	5	Exit 5A - University Avenue	ALL	Ramada Inn (619-281-2222)
15CA	5	Exit 5B - El Cajon Blvd	ALL	Days inn (619-287-1911)
15CA	6	Exit 6A - Adams Avenue	FL+	LaFayette Inn (1-800-468-3531)
15CA	6(NBO)	Exit 6B - I-8		
15CA	6(SBO)	Exit 6B - I-8 West / Beaches / I-8 East / ..		
15CA	7(NBO)	Exit 7A - Friars Road East	GF+	
15CA	7(NBO)	Exit 7B - Friars Road West		
15CA	7(SBO)	Exit 7 - Friars Road	GF+	
15CA	8	Exit 8 - Aero Drive	ALL	Holiday Inn (1-858-2789300)
15CA	9	Exit 9 - Balboa Avenue	GFL	Courtyard (760.956.3876)
15CA	10(NBO)	Exit 10 - Clairemont Mesa Blvd	GF	
15CA	11(NBO)	Exit 11 - SR-52		
15CA	11(SBO)	Exit 11 - SR-52 (Clairemont Mesa Blvd)	GF	
15CA	12	Exit 12 - SR-163		
15CA	13	Exit 13 - Miramar Way		
15CA	14	Exit 14 - Pomerado Road / Miramar Road	GFL	Best Western (800-827-2635)
15CA	15	Exit 15 - Carroll Canyon Road	F	
15CA	16	Exit 16 - Mira Mesa Blvd	GFL	Marriott (1-858-635-5724)
15CA	17	Exit 17 - Mercy Road / Scripps Poway Pkwy	GF+	
15CA	18	Exit 18 - Poway Road / Rancho Penasquitos	GFL	Motel 6 ((951) 676-7199)

				La Quinta Inn (1-866-899-8039)
15CA	19	Exit 19 - Ted Williams Pkwy / SR-56 West		
15CA	21	Exit 21 - Carmel Mountain Road	GFL	
15CA	22	Exit 22 - Camino Del Norte		
15CA	23	Exit 23 - Bernardo Center Drive	ALL	
15CA	24	Exit 24 - Rancho Bernardo Road	ALL	Courtyard Rancho (858-613-2000)
15CA	26	Exit 26 - West Bernardo Drive / Pomerado R..		
15CA	27	Exit 27 - Via Rancho Parkway	GF	
15CA	28(NBO)	Exit 28 - Centre City Parkway	GFL	Motel Mediteran Es.. (760-743-2300)
15CA	29	Exit 29 - Felicita Road / Citracado Pkwy		
15CA	30	Exit 30 - 9th Avenue / Auto Park Way	ALL	Holiday Inn (1-888-400-9714)
15CA	31	Exit 31 - Valley Parkway	ALL	Super Eight (760-747-3711)
15CA	32	Exit 32 - SR-78 / Oceanside / Ramona		
15CA	33	Exit 33 - El Norte Parkway	GFLRV	Escondido RV Resort ((800) 331-3556)
15CA	34(SBO)	Exit 34 - Centre City Parkway		
15CA	37	Exit 37 - Deer Springs Road		
15CA	41	Exit 41 - Gopher Canyon Road	FLRV	Comfort Inn (760-723-2888) All Seasons RV Park ((760) 749-2982)
15CA	43	Exit 43 - Old Highway 395	FL+	Castle Creek Inn (1-800-253-5341)
15CA	46	Exit 46 - SR-76 / Pala / Oceanside	GF	
15CA	51	Exit 51 - Mission Road		
15CA	54	Exit 54 - Rainbow Valley Blvd		
15CA	58	Exit 58 - SR-79	G	
15CA	59	Exit 59 - Rancho California Road	ALL	Hampton Inn (952-506-2331)
15CA	61	Exit 61 - SR-79	ALL	Holiday Inn Express (951-699-2444)
15CA	63	Exit 63 - I-215		
15CA	64	Exit 64 - Murrieta Hot Springs Road	GF	
15CA	65	Exit 65 - California Oaks Road	GF	
15CA	68	Exit 68 - Clinton Keith Road	F	
15CA	69	Exit 69 - Baxter Road		
15CA	71	Exit 71 - Bundy Canyon Road	F	
15CA	73	Exit 73 - Diamond Drive / Railroad Canyon ..	GFL	Best Western (951-674-3131)
15CA	75	Exit 75 - Main Street	G+	
15CA	77	Exit 77 - SR-74 / Central Avenue	GFRV+	
15CA	78	Exit 78 - Nichols Road		
15CA	81	Exit 81 - Lake Street		
15CA	85	Exit 85 - Indian Truck Trail		
15CA	88	Exit 88 - Temescal Canyon Road	G	
15CA	90	Exit 90 - Weirick Road		
15CA	91	Exit 91 - Cajalco Road		
15CA	92	Exit 92 - El Cerrito Road	GF+	
15CA	93	Exit 93 - Ontario Avenue	GF+	
15CA	95	Exit 95 - Magnolia Avenue	GF	

15CA	96(SBO)	Exit 96A - SR-91 East / Riverside		
15CA	96(SBO)	Exit 96B - SR-91 West / Beach Cities		
15CA	96(NBO)	Exit 96 - SR-91		
15CA	97	Exit 97 - Hidden Valley Pkwy	ALL	GuestHouse Interna.. (951-736-6400)
15CA	98	Exit 98 - Second Street	ALL	Howard Johnson (951-278-8886)
15CA	100	Exit 100 - Sixth Street	GF+	
15CA	103	Exit 103 - Limonite Avenue		
15CA	106(NBO)	Exit 106A - SR-60 East / Riverside		
15CA	106(NBO)	Exit 106B - SR-60 West / Los Angeles		
15CA	106(SBO)	Exit 106 - SR-60 / Los Angeles / Riverside		
15CA	108	Exit 108 - Jurupa Avenue	F+	
15CA	109(SBO)	Exit 109A - I-10 West / Los Angeles	ALL	Ayres Inn (909-987-5940)
15CA	109(SBO)	Exit 109B - I-10 East / San Bernardino		
15CA	109(NBO)	Exit 109 - I-10	ALL	Hilton Hotel (909-481-1800)
15CA	110	Exit 110 - 4th Street	ALL	Hyatt Place (909-980-2200)
15CA	112	Exit 112 - SR-66 / Foothill Blvd	GF+	
15CA	113	Exit 113 - Base Line	GF	
15CA	115(NBO)	Exit 115A - SR-210 East		
15CA	115(SBO)	Exit 115A - SR-210 West		
15CA	115(NBO)	Exit 115B - SR-210 West		
15CA	115(SBO)	Exit 115B - SR-210 East		
15CA	116	Exit 116 - Summit Avenue		
15CA	119	Exit 119 - Sierra Avenue	G	
15CA	122	Exit 122 - Glen Helen Parkway		
15CA	123	Exit 123 - I-215 South / San Bernardino	G	
15CA	124	Exit 124 - Kenwood Avenue	RV	
15CA	129	Exit 129 - Cleghorn Road		
15CA	131	Exit 131 - SR-138 / Palmdale		
15CA	138	Exit 138 - Oak Hill Road	LRV	
15CA	141(NBO)	Exit 141 - US-395	G	
15CA	141(SBO)	Exit 141 - Joshua Street / Palm Avenue / US..	G	
15CA	143	Exit 143 - Hesperia	GFRV	
15CA	147	Exit 147 - Bear Valley Road	ALL	La Quinta Inn (760-949-9900)
15CA	150	Exit 150 - SR-18 West / Palmdale Road	ALL	Red Roof Inn (760-241-1577)
15CA	151	Exit 151A - Roy Rogers Drive	GF+	
15CA	151	Exit 151B - Mojave Drive	GFL	Quality Inn (760-245-3461)
15CA	153	Exit 153A - SR-18 East / D Street	ALL	Howard Johnson (760-243-7700)
15CA	153	Exit 153B - E Street	ALL	Days Inn (760-241-7516)
15CA	154	Exit 154 - Stoddard Wells Road	GFLRV	Hometown Inn (818-892-0751)
15CA	157	Exit 157 - Bell Mountain / Stoddard Wells R..		
15CA	161	Exit 161 - Dale Evans Pkwy		
15CA	165	Exit 165 - Wild Wash Road		
15CA	169	Exit 169 - Hodge Road		

State	Mile Marker	Name	Serv	Featured Hotels
15CA	175	Exit 175 - Outlet Center Drive / Sidewinder..		
15CA	178	Exit 178 - Lenwood Road	GFL	Country Inn (760-307-3121)
15CA	179	Exit 179 - SR-58 / Bakersfield		
15CA	181	Exit 181 - L Street / West Main Street	ALL	Holiday Inn (800-400-9714)
15CA	183	Exit 183 - SR-247 South / Barstow Road	GFL	Motel 6 ((760) 243-0666)
15CA	184(NBO)	Exit 184A - I-40 East / Needles		
15CA	184(NBO)	Exit 184B - East Main Street	ALL	
15CA	184(SBO)	Exit 184 - East Main Street / I-40 East / N..	ALL	
15CA	186	Exit 186 - Old Hwy 58	RV	
15CA	189	Exit 189 - Fort Irwin Road / Meridian Road		
15CA	191	Exit 191 - Ghost Town Road		
15CA	194(NBO)	Exit 194 - Yermo		
15CA	194(SBO)	Exit 194 - Calico Road		
15CA	196(NBO)	Exit 196 - Yermo Road		
15CA	196(SBO)	Exit 196 - Yermo		
15CA	198	Exit 198 - Minneola Road		
15CA	206	Exit 206 - Harvard Road		
15CA	213	Exit 213 - Field Road		
15CA	217	**Rest Area**		
15CA	221	Exit 221 - Afton Road		
15CA	230	Exit 230 - Basin Road		
15CA	233	Exit 233 - Rasor Road		
15CA	239	Exit 239 - Zzyzx Road		
15CA	245(NBO)	Exit 245 - Baker	ALL	
15CA	246	Exit 246 - SR-127 / Kelbaker Road	ALL	Best Western (661-764-6268)
15CA	248	Exit 248 - Baker	F+	
15CA	259	Exit 259 - Halloran Springs Road		
15CA	265	Exit 265 - Halloran Summit Road		
15CA	270	**Rest Area**		
15CA	272	Exit 272 - Cima Road		
15CA	281	Exit 281 - Bailey Road		
15CA	286	Exit 286 - Nipton Road		
15CA	291	Exit 291 - Yates Well Road		
SL	297	California State Line		

GEORGIA - INTERSTATE 16

State	Mile Marker	Name	Serv	Featured Hotels
16GA	1(WBO)	Exit 1B - 2nd St	L	
16GA	1(EBO)	Exit 1A - Gray Hwy	ALL	
16GA	2	Exit 2 - MLK Jr Blvd	G	
16GA	6	Exit 6 - East Blvd	GFL	
16GA	12	Exit 12 - Sgoda Rd	G	
16GA	18	Exit 18 - Bullard Rd		

State	Mile Marker	Name	Serv	Featured Hotels
16GA	24	Exit 24 - Jeffersonville	GFL	
16GA	27	Exit 27 - Danville		
16GA	32	Exit 32 - Allentown	G	
16GA	39	Exit 39 - Cochran		
16GA	42	Exit 42 - Dudley		
16GA	44(EBO)	**Rest Area**		
16GA	46(WBO)	**Rest Area**		
16GA	49	Exit 49 - Dublin	G+	
16GA	51	Exit 51 - Dublin	GFLRV	Hampton Inn (478.275.1600) Econo Lodge (478.296.1223) Quality Inn (478.274.8000)
16GA	54	Exit 54 - Dublin	G	
16GA	58	Exit 58 - Old River Rd		
16GA	67	Exit 67 - Soperton	GF	
16GA	71	Exit 71 - Spoerton	G	
16GA	78	Exit 78 - Swainsboro	G	
16GA	84	Exit 84 - Vidalia		
16GA	90	Exit 90 - Swainsboro	G+	
16GA	98	Exit 98 - Stillmore	G	
16GA	104	Exit 104 - Metter	GFLRV	
16GA	111	Exit 111 - Pulaski-Excelsior Rd	G+	
16GA	116	Exit 116 - Statesboro	GFL	
16GA	127	Exit 127 - Pembroke	GF	
16GA	132	Exit 132 - Ash Branch Church Rd		
16GA	137	Exit 137 - Pembroke		
16GA	143	Exit 143 - US 280	G	
16GA	148	Exit 148 - Old River Rd		
16GA	152	Exit 152 - Bloomingdale		
16GA	155	Exit 155 - Pooler Pkwy	G	
16GA	157	Exit 157A - I-95		
16GA	157	Exit 157B - I-95		
16GA	160	Exit 160 - Dean Forest Rd	GF	
16GA	162	Exit 162 - Chatham Pkwy	GF	
16GA	164	Exit 164A - I-516		
16GA	164	Exit 164B - I-516		
16GA	165(EBO)	Exit 165 - 37th St		
16GA	166	Exit 166 - Gwinnet St		
16GA	167	Exit 167A - W Broad	GFL	
16GA	167	Exit 167B - W Broad	GFL	

ARIZONA - INTERSTATE 17					
State	Mile Marker	Name	Serv	Featured Hotels
17AZ	194	Exit 194 - I-10 W		

17AZ	195	Exit 195B - 7th St	GFL	
17AZ	195(SBO)	Exit 195A - 16th St	F+	
17AZ	196	Exit 196 - 7th St	G	
17AZ	197	Exit 197 - 19th Ave	F	
17AZ	198(NBO)	Exit 198 - Buckeye Rd		
17AZ	199(SBO)	Exit 199B - Jefferson St	GF+	
17AZ	199(NBO)	Exit 199B - Adams St	GF+	
17AZ	199	Exit 199A - Grant St		
17AZ	200	Exit 200B - McDowell Rd	L+	
17AZ	200	Exit 200A - I-10		
17AZ	201	Exit 201 - Thomas rd	GFL	Hampton Inn (602.200.0990)
17AZ	202	Exit 202 - Indian School Rd	ALL	Motel 6 (602.277.5501)
17AZ	203	Exit 203 - Camelback Rd	ALL	
17AZ	204	Exit 204 - Bethany Home Rd	GF+	
17AZ	205	Exit 205 - Glendale Ave	GF+	
17AZ	206	Exit 206 - Northern Ave	ALL	Motel 6 (602.995.7592)
17AZ	207	Exit 207 - Dunlap Ave	ALL	TownePlace (602.943.9510)
17AZ	208	Exit 208 - Peoria Ave	FL+	Homewood Suites (602.674.8900) Comfort Suites (602.861.3900)
17AZ	209	Exit 209 - Cactus Rd	ALL	
17AZ	210	Exit 210 - Thunderbird Rd	GF+	
17AZ	211	Exit 211 - Greenway Rd	L	
17AZ	212	Exit 212A - Bell Rd	ALL	Motel 6 ((602) 993-2353)
17AZ	212	Exit 212B - Bell Rd	ALL	
17AZ	214	Exit 214C - AZ 101 loop		
17AZ	214	Exit 214B - Yorkshire Dr	GFL	
17AZ	214	Exit 214A - Union Hills Dr	GL	
17AZ	215	Exit 215A - Rose Garden Ln		
17AZ	215	Exit 215B - Deer Valley Rd	GFL	
17AZ	217	Exit 217 - Pinnacle Peak Rd	LRV	Hilton Garden Inn (623.434.5556) Hampton Inn (623.516.9300)
17AZ	218	Exit 218 - Happy Valley Rd	ALL	
17AZ	219	Exit 219 - Jomax Rd		
17AZ	220	Exit 220 - Dixileta		
17AZ	223	Exit 223 - Carefree Hwy	GFRV	
17AZ	225	Exit 225 - Pioneer Rd	RV	
17AZ	227	Exit 227 - Daisey Mtn Dr	GF	
17AZ	229	Exit 229 - Anthem Way	ALL	Hampton Inn (623.465.7979)
17AZ	232	Exit 232 - New River	F	
17AZ	236	Exit 236 - Table Mesa Rd		
17AZ	242	Exit 242 - Rock Springs	GFLRV	
17AZ	244	Exit 244 - Squaw Valley Rd	GFRV	
17AZ	248	Exit 248 - Bumble Bee		
17AZ	252	**Rest Area**		

17AZ	256	Exit 256 - Badger Springs Rd		
17AZ	259	Exit 259 - Bloody Basin Rd		
17AZ	262	Exit 262A - Cordes Jct Rd	GFLRV	
17AZ	262	Exit 262B - Cordes Jct Rd	GFLRV	
17AZ	268	Exit 268 - Dugas Rd		
17AZ	278	Exit 278 - Cherry Rd		
17AZ	285	Exit 285 - Camp Verde	FLRV	
17AZ	287	Exit 287 - Cottonwood	GFLRV	Motel 6 (928.634.3678) Comfort Inn (928.567.9000)
17AZ	289	Exit 289 - Middle Verde Rd	GFLRV	
17AZ	293	Exit 293 - Cornville Rd	GFRV	
17AZ	297	**Rest Area**		
17AZ	298	Exit 298 - Sedona	FLRV	
17AZ	306	Exit 306 - Stoneman Lake Rd		
17AZ	313(SBO)	Observation Area		
17AZ	315	Exit 315 - Rocky Park Rd		
17AZ	317	Exit 317 - Fox Ranch Rd		
17AZ	320	Exit 320 - Schnebly Hill Rd		
17AZ	322	Exit 322 - Pinewood Rd	GFRV	
17AZ	326	Exit 326 - Willard Springs Rd		
17AZ	328	Exit 328 - Newman Park Rd		
17AZ	331	Exit 331 - Kelly Canyon Rd		
17AZ	333	Exit 333 - Kachina Blvd	GFL	
17AZ	337	Exit 337 - Sedona	G	
17AZ	339(NBO)	Exit 339 - Lake Mary Rd	GL	
17AZ	340	Exit 340A - I-40		
17AZ	340	Exit 340B - I-40		
17AZ	341	Exit 341 - McConnell Dr	ALL	

ARIZONA - INTERSTATE 19

State	Mile Marker	Name	Serv	Featured Hotels
19AZ	0	Exit 0 - I-19	GF+	
19AZ	1	Exit 1B - Western Ave		
19AZ	1	Exit 1A - International St		
19AZ	4	Exit 4 - Mariposa Rd	ALL	Motel 6 ((520) 281-2951)
19AZ	8(SBO)	Exit 8 - Nogales	GFRV	
19AZ	12	Exit 12 - Ruby Rd	G	
19AZ	17	Exit 17 - Rio Rico Dr	ALL	
19AZ	22	Exit 22 - Pec Canyon Rd		
19AZ	25	Exit 25 - Palo Parado Rd		
19AZ	29	Exit 29 - Carmen	GFL	
19AZ	34	Exit 34 - Tubac	GF	
19AZ	40	Exit 40 - Chavez Siding Rd	F	
19AZ	42	Exit 42 - Agua Linda Rd	RV	
19AZ	48	Exit 48 - Arivaca Rd	GFLRV	
19AZ	54	**Rest Area**		
19AZ	56	Exit 56 - Canoa Rd	L	
19AZ	63	Exit 63 - Continental Rd	GF+	
19AZ	65	Exit 65 - Esperanza Blvd	GFL	Quality Inn (520.625.2250) Comfort Inn (520.399.3736)
19AZ	69	Exit 69 - Duval Mine Rd	ALL	
19AZ	75	Exit 75 - Helmut Peak Rd	GF	
19AZ	87	Exit 87 - Papago Rd		
19AZ	92	Exit 92 - San Xavier Rd		
19AZ	95	Exit 95A - Valencia Rd	GF+	
19AZ	95	Exit 95B - Valencia Rd	GF+	
19AZ	98	Exit 98 - Irvington Rd	GF+	
19AZ	99	Exit 99 - Ajo Way	GF+	
19AZ	101	Exit 101A - I-10E		
19AZ	101	Exit 101B - I-10E		

TEXAS - INTERSTATE 20

State	Mile Marker	Name	Serv	Featured Hotels
20TX	3	Exit 3 - Stocks Rd		
20TX	7	Exit 7 - Johnson Rd		
20TX	13	Exit 13 - McAlpine Rd		
20TX	22	Exit 22 - Toyah		

20TX	29	Exit 29 - Shaw Rd		
20TX	33	Exit 33 - FM 869		
20TX	37	Exit 37 - Lp 20 E	F	
20TX	39	Exit 39 - Pecos	L	Hampton Inn (432.447.0174)
20TX	40	Exit 40 - Country Club Dr	GLRV	
20TX	42	Exit 42 - Pecos	ALL	Motel 6 (432.445.9034) Holiday Inn (432.445.9970)
20TX	44	Exit 44 - Collie Rd		
20TX	49	Exit 49 - Barstow		
20TX	52	Exit 52 - Barstow		
20TX	58	Exit 58 - Frontage Rd		
20TX	66	Exit 66 - Pyote		
20TX	69	**Rest Area**		
20TX	70	Exit 70 - TX 65		
20TX	73	Exit 73 - Wickett	G	
20TX	76	Exit 76 - Monahans	RV	
20TX	79	Exit 79 - Monahans		
20TX	80	Exit 80 - Monahans	ALL	
20TX	83	Exit 83 - Monahans	RV+	
20TX	86	Exit 86 - TX 41	RV	
20TX	93	Exit 93 - FM 1053		
20TX	101	Exit 101 - Penwell		
20TX	103(EBO)	Parking Area		
20TX	104	Exit 104 - Meteor Crater Rd		
20TX	108	Exit 108 - Moss Ave		
20TX	112	Exit 112 - Odessa		
20TX	113	Exit 113 - Odessa		
20TX	115	Exit 115 - FM 1882	G	
20TX	116	Exit 116 - Craine	GFL	Motel 6 ((432) 333-4025)
20TX	118	Exit 118 - Grandview Ave	G	
20TX	120	Exit 120 - JBS Pkwy		
20TX	121	Exit 121 - Odessa	ALL	Motel 6 (432.333.6660)
20TX	126	Exit 126 - FM 1788	G+	
20TX	131	Exit 131 - Midland	LRV	
20TX	134	Exit 134 - Midkiff Rd	ALL	
20TX	136	Exit 136 - Midland	ALL	Hilton (432.683.6131)
20TX	137	Exit 137 - Old Lamesa Rd		
20TX	138	Exit 138 - Greenwood	GF	
20TX	140(EBO)	Exit 140 - FM 307		
20TX	143(EBO)	Exit 143 - Frontage Rd		
20TX	144	Exit 144 - Loop 250		
20TX	151(WBO)	Exit 151 - FM 829		
20TX	154	Exit 154 - Stanton	GFL	
20TX	156	Exit 156 - Lamesa	GF	

20TX	158	Exit 158 - Stanton	RV	
20TX	165	Exit 165 - FM 818		
20TX	169	Exit 169 - FM 2599		
20TX	171	Exit 171 - Moore Field Rd		
20TX	172	Exit 172 - Cauble Rd		
20TX	174	Exit 174 - Big Springs	G+	
20TX	176	Exit 176 - Andrews	L	Holiday Inn (432.263.5400)
20TX	177	Exit 177 - Big Spring	GFL	Hampton Inn (432.264.9800)
20TX	178	Exit 178 - Big Spring	G	
20TX	179	Exit 179 - Big Spring	GFL	
20TX	181	Exit 181B - Refinery Rd	G	
20TX	181	Exit 181A - FM 700	RV	
20TX	182	Exit 182 - Midway Rd		
20TX	184	Exit 184 - Moss Lake Rd	G	
20TX	186	Exit 186 - Salem Rd		
20TX	188	Exit 188 - Coahoma	GF	
20TX	189	Exit 189 - McGregor Rd		
20TX	190	Exit 190 - Snyder Field Rd		
20TX	191(EBO)	**Rest Area**		
20TX	192	Exit 192 - FM 821		
20TX	194	Exit 194A - E Howard Field Rd		
20TX	195(EBO)	Exit 195 - Frontage Rd		
20TX	199	Exit 199 - Latan Rd		
20TX	200	Exit 200 - Conaway Rd		
20TX	204(WBO)	**Rest Area**		
20TX	207	Exit 207 - Westbrook		
20TX	209	Exit 209 - Dorn		
20TX	210	Exit 210 - FM 2836	GRV	
20TX	212	Exit 212 - FM 1229		
20TX	213	Exit 213 - Enderly Rd		
20TX	215	Exit 215 - Rogers Rd	GF	
20TX	216	Exit 216 - TX 208 N	ALL	
20TX	217	Exit 217 - TX 208 S		
20TX	219	Exit 219 - Country Club Rd		
20TX	220	Exit 220 - FM 1899		
20TX	221	Exit 221 - Lasky Rd		
20TX	223	Exit 223 - Lucas Rd	RV	
20TX	224	Exit 224 - Loraine	GF	
20TX	225	Exit 225 - FM 644 S	GF	
20TX	226	Exit 226B - Loraine		
20TX	226	Exit 226A - Wimberly Rd		
20TX	227	Exit 227 - Narrell Rd		
20TX	230	Exit 230 - FM 1230		

20TX	235	Exit 235 - Roscoe	+	
20TX	236	Exit 236 - Roscoe	G	
20TX	237	Exit 237 - Cemetery Rd		
20TX	238	Exit 238A - Blackland Rd		
20TX	238	Exit 238B - Blackland Rd		
20TX	239	Exit 239 - May Rd		
20TX	240	Exit 240 - Lp 170	RV	
20TX	241	Exit 241 - Sweetwater	GFLRV	
20TX	242	Exit 242 - Hopskins Rd	GRV+	
20TX	243	Exit 243 - Hillsdale Rd	+	
20TX	244	Exit 244 - Sweetwater	ALL	Hampton Inn (325.235.3337) Motel 6 (325.235.4387) Holiday Inn (325.235.3500)
20TX	245(WBO)	Exit 245 - Arizona Ave		
20TX	246	Exit 246 - Alabama Ave		
20TX	247	Exit 247 - Sweetwater		
20TX	249	Exit 249 - FM 1856		
20TX	251	Exit 251 - Eskota Rd		
20TX	255	Exit 255 - Adrian Rd		
20TX	256	Exit 256 - Stink Creek Rd		
20TX	257	**Rest Area**		
20TX	258	Exit 258 - White flat Rd		
20TX	259	Exit 259 - Sylvester Rd		
20TX	261	Exit 261 - Trent		
20TX	262	Exit 262 - FM 1085	G	
20TX	263	Exit 263 - Trent		
20TX	264	Exit 264 - Noodle Dome Rd		
20TX	266	Exit 266 - Derstine Rd		
20TX	267	Exit 267 - Merkel		
20TX	269	Exit 269 - FM 126	GFL	
20TX	270	Exit 270 - Merkel	G	
20TX	272	Exit 272 - Wimberly Rd		
20TX	274	Exit 274 - Wells Ln		
20TX	277	Exit 277 - Tye	GRV	
20TX	278	Exit 278 - Lp 20	G	
20TX	279	Exit 279 - Abilene		
20TX	280	Exit 280 - Fulwiler Rd		
20TX	282	Exit 282 - Shirley Rd	LRV	Motel 6 ((325) 672-8462)
20TX	283	Exit 283A - US 277S		
20TX	285	Exit 285 - Old Anson Rd	GL	
20TX	286	Exit 286C - Abilene	ALL	Hampton Inn (325.673.4400)
20TX	286	Exit 286 - Pine St	ALL	
20TX	288	Exit 288 - TX 351	ALL	Quality Inn (325.676.0203) Holiday Inn (325.675.9800)

20TX	290	Exit 290 - TX 36		
20TX	292	Exit 292B - Elmdale Rd		
20TX	292(WBO)	Exit 292A - Lp 20		
20TX	294	Exit 294 - Buck Creek Rd		
20TX	296	**Rest Area**		
20TX	297	Exit 297 - Eula Rd		
20TX	299	Exit 299 - Hays Rd		
20TX	300	Exit 300 - Clyde	GRV	
20TX	301	Exit 301 - Cherry Lane	GF+	
20TX	303	Exit 303 - Union Hill rd		
20TX	306	Exit 306 - Baird		
20TX	307	Exit 307 - Clyde	GFLRV	
20TX	308	Exit 308 - Baird		
20TX	310	Exit 310 - Finley Rd		
20TX	313	Exit 313 - FM 2228		
20TX	316	Exit 316 - Brushy Creek Rd		
20TX	319	Exit 319 - Putnam	G	
20TX	320	Exit 320 - Moran		
20TX	322	Exit 322 - Cooper Creek Rd		
20TX	324	Exit 324 - Scranton Rd		
20TX	330	Exit 330 - Cisco	L	
20TX	332	Exit 332 - Cisco	GFL	
20TX	337	Exit 337 - spur 490	RV	
20TX	340	Exit 340 - Eastland	G	
20TX	343	Exit 343 - Eastland	ALL	Holiday Inn (254.629.8071)
20TX	345(EBO)	Exit 345 - Olden	F	
20TX	347(WBO)	Exit 347 - Olden	+	
20TX	349	Exit 349 - Ranger	GFLRV	
20TX	358(WBO)	Exit 358 - Frontage Rd		
20TX	361	Exit 361 - Strawn		
20TX	363	Exit 363 - Tudor Rd		
20TX	367	Exit 367 - Mingus	F+	
20TX	370	Exit 370 - Gordon	GRV	
20TX	373	Exit 373 - Gordon		
20TX	376	Exit 376 - Blue flat Rd		
20TX	380	Exit 380 - Santo	FRV	
20TX	386	Exit 386 - Mineral Wells	G	
20TX	390	**Rest Area**		
20TX	391	Exit 391 - Gilbert Pit Rd		
20TX	394	Exit 394 - Millsap	RV	
20TX	397	Exit 397 - Brock	G	
20TX	402	Exit 402 - Weatherford		
20TX	406	Exit 406 - Old Dennis Rd	GFL	Econo Lodge (866.599.3705)

20TX	407(EBO)	Exit 407 - Tin Top Rd	RV	
20TX	408	Exit 408 - TinTop Rd	ALL	Fairfield Inn & Su.. (817.599.4040) Hampton Inn (817.599.4800) Comfort Suites (817.599.3300) Quality Inn (817.599.3700) Candlewood Suites (817.599.9112) Holiday Inn (817.341.6299)
20TX	409	Exit 409 - Clear Lake Rd	ALL	
20TX	410	Exit 410 - Bankhead Hwy	G	
20TX	413	Exit 413 - Lake Shore Dr	GF+	
20TX	415	Exit 415 - Mik US Rd	G	
20TX	418	Exit 418 - Ranch House Rd	GFLRV	
20TX	420	Exit 420 - Aledo		
20TX	421(EBO)	Exit 421 - I-30E		
20TX	425	Exit 425 - Markum Ranch Rd		
20TX	426	Exit 426 - Chapin School Rd		
20TX	428	Exit 428 - I-820		
20TX	429	Exit 429B - Winscott Rd	GFL	Comfort Suites (817.249.8008)
20TX	429	Exit 429A - Granbury	ALL	Motel 6 (817.249.8885)
20TX	431	Exit 431 - Bryant-Irvin Rd	ALL	Courtyard (817.2947600) Hampton Inn (817.346.7845) Holiday Inn (817.292.4900)
20TX	433	Exit 433 - Hulen St	ALL	
20TX	434	Exit 434B - Trail Lakes Dr	GF+	
20TX	434	Exit 434A - Granbury Rd	F+	
20TX	435	Exit 435 - McCart St	G	
20TX	436	Exit 436B - Hemphill St	G	
20TX	436	Exit 436A - Crowley Ave	GF+	
20TX	437	Exit 437 - I-35W		
20TX	438	Exit 438 - Oak Grove Rd	GFL	
20TX	439	Exit 439 - Camp US Dr	+	
20TX	440	Exit 440B - Forest Hill Dr	ALL	
20TX	440	Exit 440A - Wichita St	GFL	
20TX	441	Exit 441 - Anglin Dr	GL	
20TX	442	Exit 442A - I-820	GL	
20TX	442	Exit 442B - I-820	GL	
20TX	443(WBO)	Exit 443 - Bowman Springs Rd		
20TX	444	Exit 444 - Waxahatchie		
20TX	445	Exit 445 - Green Oaks Blvd	GF+	
20TX	447	Exit 447 - Kelly-Elliott Rd	GRV	
20TX	448	Exit 448 - Bowen Rd	GF	
20TX	449	Exit 449 - Cooper St	ALL	Holiday Inn Express (817.784.8750)
20TX	450	Exit 450 - Matlock Rd	ALL	Quality Inn (817.467.3535)
20TX	451	Exit 451 - Collins St	GFL	Hampton Inn (817.419.3700)
20TX	452	Exit 452 - Frontage Rd		

20TX	453	Exit 453A - TX 360		
20TX	453	Exit 453B - TX 360		
20TX	454	Exit 454 - Great Southwest Pkwy	ALL	Quality Inn (972.602.9400)
20TX	456	Exit 456 - Carrier Pkwy	ALL	Holiday Inn Express (972.264.4002)
20TX	457	Exit 457 - Grand Prairie	GF	
20TX	458	Exit 458 - MT Creek Pkwy		
20TX	460	Exit 460 - TX 408		
20TX	461	Exit 461 - Cedar ridge Rd		
20TX	462	Exit 462A - Duncanville Rd	ALL	
20TX	462	Exit 462B - Duncanville Rd	ALL	
20TX	463	Exit 463 - Camp Wilson Rd	ALL	Motel 6 (972.296.3331)
20TX	464	Exit 464A - Love Fwy		
20TX	464	Exit 464B - Love Fwy	L	Holiday Inn (972.298.8000)
20TX	465	Exit 465 - Wheatland/S Hampton Rds	ALL	
20TX	466	Exit 466 - S Polk St	GF	
20TX	467	Exit 467A - I-35E	GF	
20TX	467	Exit 467B - I-35E	GF	
20TX	468	Exit 468 - Houston School Rd	GF	
20TX	470	Exit 470 - Lancaster Rd	GFL	
20TX	472	Exit 472 - Bonnie View Rd	ALL	
20TX	473	Exit 473A - JJ Lemmon Rd		
20TX	473	Exit 473B - JJ Lemmon Rd		
20TX	474	Exit 474 - Central Expsy		
20TX	476	Exit 476 - Dowdy Ferry Rd		
20TX	477	Exit 477 - St. Augustine Rd	GF	
20TX	479	Exit 479A - US 175	G	
20TX	479	Exit 479B - US 175	G	
20TX	480	Exit 480 - I-635		
20TX	481	Exit 481 - Seagoville Rd	GFL	
20TX	482	Exit 482 - Belt Line Rd	GRV	
20TX	483	Exit 483 - Lawson Rd		
20TX	487	Exit 487 - Forney	RV	
20TX	490	Exit 490 - Forney		
20TX	491	Exit 491 - Helms Tr	G	
20TX	493	Exit 493 - FM 1641	G	
20TX	498	Exit 498 - Terrell	G	
20TX	499	Exit 499B - Rose Hill Rd		
20TX	499	Exit 499A - US 80		
20TX	501	Exit 501 - Terrell	ALL	Motel 6 (972.563.0300) Comfort Inn (972.524.5590) Holiday Inn (972.563.7888)
20TX	503	Exit 503 - Wilson Rd	G	
20TX	506	Exit 506 - College Mound Rd	RV	
20TX	509	Exit 509 - Hiram Rd	G	

20TX	512	Exit 512 - Hiram-Wills Point Rd		
20TX	516	Exit 516 - Wills Point	GFL	
20TX	519	Exit 519 - Turner-Hayden Rd	RV	
20TX	521	Exit 521 - Myrtle Springs Rd	RV	
20TX	523	Exit 523 - Canton		
20TX	524	Exit 524 - Scottsville		
20TX	526	Exit 526 - Edgewood		
20TX	527	Exit 527 - TX 19	GFLRV	
20TX	528	Exit 528 - Grand Saline		
20TX	530	Exit 530 - FM 1255	RV	
20TX	533	Exit 533 - Oakland Rd	G	
20TX	536	Exit 536 - Tank Farm Rd		
20TX	537	Exit 537 - FM 773		
20TX	538	**Rest Area**		
20TX	540	Exit 540 - Van	GFL	
20TX	544	Exit 544 - Willow Branch Rd	GRV	
20TX	548	Exit 548 - Grand Saline	G	
20TX	552	Exit 552 - FM 849	GF	
20TX	554	Exit 554 - Harvey Rd	RV	
20TX	556	Exit 556 - Tyler	ALL	Hampton Inn (903.882.1002) Comfort Suites (903.882.8613)
20TX	557	Exit 557 - Jim Hogg Rd	G	
20TX	560	Exit 560 - Lavendar Rd		
20TX	562	Exit 562 - FM 14	FRV	
20TX	565	Exit 565 - Driskill-Lake Rd	L	Motel 6 ((903) 595-6691)
20TX	567	Exit 567 - TX 155	GL	
20TX	571	Exit 571B - Omen Rd		
20TX	571	Exit 571A - Gladewater	G	
20TX	575	Exit 575 - Barber Rd		
20TX	579	Exit 579 - Joy-Wright Mtn Rd		
20TX	582	Exit 582 - Liberty City	GF	
20TX	583	Exit 583 - Overton	GRV	
20TX	587	Exit 587 - Kilgore	GF+	
20TX	589	Exit 589A - Kilgore	FL	Holiday Inn (903.986.3533)
20TX	589	Exit 589B - Kilgore	FL	
20TX	591	Exit 591 - FM 2087		
20TX	595	Exit 595A - Estes Pkwy	ALL	Motel 6 ((903) 758-5256) Hampton Inn (903.758.0959)
20TX	595	Exit 595B - Estes Pkwy	ALL	
20TX	596	Exit 596 - Lake O' Pines	GFL	Comfort Suites (903.758.7848) Holiday Inn (903.247.3000)
20TX	599	Exit 599 - Longview	GL	
20TX	604	Exit 604 - Hallsville	GRV	
20TX	608	**Rest Area**		

State	Mile Marker	Name	Serv	Featured Hotels
20TX	610	Exit 610 - FM 3251		
20TX	614	Exit 614 - Marshall		
20TX	617	Exit 617 - Marshall	GFLRV	Motel 6 ((903) 935-4393) Fairfield Inn & Su.. (903.938.7666) Hampton Inn (903.927.0079) Econo Lodge (903.935.1135) Holiday Inn (903.934.9700)
20TX	620	Exit 620 - Elysian Fields		
20TX	628	Exit 628 - Frontage Rd		
20TX	633	Exit 633 - Waskom	GFRV	
20TX	635(WBO)	Parking Area		
20TX	635	Exit 635 - Waskom	GF+	

LOUISIANA - INTERSTATE 20

State	Mile Marker	Name	Serv	Featured Hotels
20LA	2(EBO)	**Rest Area**		
20LA	3	Exit 3 - Mooringsport	GF+	
20LA	5	Exit 5 - Greenwood	GL	
20LA	8	Exit 8 - US 80	GFL	Motel 6 (318.938.5342)
20LA	10	Exit 10 - Pines Rd	ALL	Fairfield Inn (318.686.0102) Courtyard (318.686.0880) Hilton Garden Inn (318.686.0148) Homewood Suites (318.549.2000) Sleep Inn (318.841.4404) Comfort Suites (318.364.8801) Holiday Inn (318.688.3000)
20LA	11	Exit 11 - I-220		
20LA	13	Exit 13 - Monkhouse Dr	GFL	Residence Inn (318.635.8000) Hampton Inn (318.636.4447) Holiday Inn (318.686.8328)
20LA	14	Exit 14 - Jewella Ave	GF+	
20LA	16	Exit 16B - Greenwood rd	GFL	
20LA	16	Exit 16A - Hearne Ave	GFL	
20LA	17	Exit 17B - I-49		
20LA	17	Exit 17A - Lakeshore Dr	L	SpringHill Suites (318.747.7772)
20LA	18(WBO)	Exit 18B - Fairfield Ave		
20LA	18(WBO)	Exit 18C - Fairfield Ave		
20LA	18(WBO)	Exit 18D - Fairfield Ave		
20LA	18	Exit 18A - Line Ave	G	
20LA	19	Exit 19B - Traffic St	L+	Courtyard (318.742.8300)
20LA	19	Exit 19A - Spring St	FL	Hilton (318.698.0900) Holiday Inn (318.222.7717)
20LA	20(WBO)	Exit 20C - Barksdale Blvd		
20LA	20	Exit 20B - Benton Rd		
20LA	20	Exit 20A - HamiltonRd	ALL	Comfort Inn (318.221.2400)

20LA	21	Exit 21 - Old Minden Rd	ALL	Motel 6 ((318) 742-3472) TownePlace Suites (318.741.9090) Hampton Inn (318.752.1112)
20LA	22	Exit 22 - Airline Dr	ALL	Quality Inn (318.742.7890)
20LA	23	Exit 23 - Industrial Dr	ALL	Econo Lodge (318.746.5050)
20LA	26	Exit 26 - I-220	G+	
20LA	33	Exit 33 - Fillmore	GFRV+	
20LA	38	Exit 38 - Goodwill Rd	G	
20LA	44	Exit 44 - Cotton Valley	ALL	
20LA	47	Exit 47 - Minden	GFLRV	Holiday Inn (318.377.1111)
20LA	49	Exit 49 - Minden	GF+	
20LA	52	Exit 52 - Dubberly	G	
20LA	55	Exit 55 - Ada		
20LA	61	Exit 61 - Gibsland		
20LA	67	Exit 67 - Arcadia	G	
20LA	69	Exit 69 - Arcadia	ALL	
20LA	77	Exit 77 - Simsboro		
20LA	78	Exit 78 - Industry	G	
20LA	81	Exit 81 - Grambling	G	
20LA	84	Exit 84 - Ruston	GFL	
20LA	85	Exit 85 - Ruston	ALL	Hampton Inn (318.251.3090) Sleep Inn (318.232.1100)
20LA	86	Exit 86 - Ruston	ALL	Fairfield Inn & Su.. (318.251.9800) Comfort Inn (318.242.0070) Holiday Inn (318.513.9777)
20LA	93	Exit 93 - Choudrant	GRV	
20LA	95(EBO)	**Rest Area**		
20LA	97(WBO)	**Rest Area**		
20LA	101	Exit 101 - Calhoun	GF	
20LA	103	Exit 103 - Calhoun	GFL	
20LA	107	Exit 107 - Camp Rd	RV	
20LA	108	Exit 108 - Cheniere	G	
20LA	112	Exit 112 - Well Rd	GF+	
20LA	113	Exit 113 - Downing Pines Rd	L	Hilton Garden Inn (318.398.0653)
20LA	114	Exit 114 - Thomas Rd	ALL	Motel 6 (318.3883810) Quality Inn (318.387.2711) Holiday Inn (318.807.6000)
20LA	115	Exit 115 - Mill St	G+	
20LA	116	Exit 116B - Jackson St		
20LA	116	Exit 116A - 5th St		
20LA	117	Exit 117B - Texas Ave	G	
20LA	117	Exit 117A - Hall St	F	
20LA	118	Exit 118A - US 165	ALL	Motel 6 ((318) 322-5430) Hampton Inn (318.361.9944)
20LA	118	Exit 118B - US 165	ALL	Holiday Inn (318.387.5100)

State	Mile Marker	Name	Serv	Featured Hotels
20LA	120	Exit 120 - Garrett Rd	ALL	Courtyard (318.388.0034) Residence Inn (318.387.0210)
20LA	124	Exit 124 - Millhaven	G+	
20LA	132	Exit 132 - Start	G	
20LA	138	Exit 138 - Rayville	ALL	
20LA	141	Exit 141 - Bee Bayou Rd		
20LA	145	Exit 145 - Holly Ridge		
20LA	148	Exit 148 - Dunn		
20LA	153	Exit 153 - Delhi	ALL	
20LA	157	Exit 157 - Waverly	G	
20LA	171	Exit 171 - Tallulah	GFL	
20LA	173	Exit 173 - Richmond		
20LA	182	Exit 182 - Mound		
20LA	184	**Rest Area**		
20LA	186	Exit 186 - Delta	G	

MISSISSIPPI - INTERSTATE 20

State	Mile Marker	Name	Serv	Featured Hotels
20MS	1	Exit 1C - Halls Ferry Rd	ALL	Fairfield Inn (601.636.1811) Candlewood Suites (601.638.6900)
20MS	1	Exit 1B - US 61	GF+	
20MS	1	Exit 1A - Washington St	GFLRV	
20MS	3	Exit 3 - Indiana Ave	GFL	
20MS	4	Exit 4A - Clay St	ALL	Econo Lodge (601.634.8438)
20MS	4	Exit 4B - Clay St	ALL	Hampton Inn (601.636.6100)
20MS	5	Exit 5A - US 61	GF	
20MS	5	Exit 5B - US 61	GFL	Courtyard (601.636.8788) Comfort Suites (601.638.2290) Holiday Inn (601.634.8777)
20MS	6(EBO)	Parking Area		
20MS	11	Exit 11 - Bovina	GRV	
20MS	15	Exit 15 - flowers		
20MS	19	Exit 19 - Edwards	GRV	
20MS	27	Exit 27 - Bolton	G	
20MS	31	Exit 31 - Norrell Rd		
20MS	34	Exit 34 - Natchez Trace Pkwy		
20MS	35	Exit 35 - Clinton	GFL	
20MS	36	Exit 36 - Springridge Rd	ALL	Hampton Inn (601.925.9393) Comfort Inn (601.925.8250) Econo Lodge (601.924.9364) Quality Inn (601.924.0064) Holiday Inn (601.708.0400)
20MS	40	Exit 40A - Robinson Rd	ALL	
20MS	40	Exit 40B - Robinson Rd	ALL	

20MS	41	Exit 41 - I-220		
20MS	42	Exit 42A - Ellis Ave	ALL	
20MS	42	Exit 42B - Ellis Ave	ALL	
20MS	43	Exit 43A - Terry Rd	GF	
20MS	43	Exit 43B - Terry Rd	GF	
20MS	44	Exit 44 - I-55		
20MS	45	Exit 45B - State St		
20MS	45(WBO)	Exit 45A - Gallatin St	GL	
20MS	46	Exit 46 - I-55	L	Jackson (601.969.5100)
20MS	47	Exit 47A - flowood	ALL	
20MS	47	Exit 47B - flowood	ALL	Holiday Inn (601.939.5238)
20MS	48	Exit 48 - Pearl	ALL	Fairfield Inn & Su.. (601.936.3434) Motel 6 (601.936.9988) Hilton Garden Inn (601.933.1174) Hampton Inn (601.932.7676) Comfort Inn (601.932.6009) Econo Lodge (601.932.4226) Holiday Inn (601.932.4141) Candlewood Suites (601.936.3442)
20MS	52	Exit 52 - MS 475	GFL	Sleep Inn (601.896.9638)
20MS	54	Exit 54 - Crossgates Blvd	ALL	
20MS	56	Exit 56 - Brandon	ALL	
20MS	59	Exit 59 - E Brandon	G	
20MS	68	Exit 68 - Pelahatchie	GRV	
20MS	75(WBO)	**Rest Area**		
20MS	77	Exit 77 - Morton	GRV	
20MS	80	Exit 80 - Morton		
20MS	88	Exit 88 - Forest	ALL	Econo Lodge (601.469.2100) Holiday Inn (601.469.8288)
20MS	90(EBO)	**Rest Area**		
20MS	96	Exit 96 - Lake		
20MS	100	Exit 100 - Lake	G	
20MS	109	Exit 109 - Newton	ALL	
20MS	115	Exit 115 - Hickory		
20MS	121	Exit 121 - Chunky		
20MS	129	Exit 129 - Lost Gap	G	
20MS	130	Exit 130 - I-59		
20MS	150	Exit 150 - Meridian	GFRV	
20MS	151	Exit 151 - 49th Ave	G+	
20MS	152	Exit 152 - 29th Ave	GL	
20MS	153	Exit 153 - 22nd Ave	ALL	Motel 6 ((601) 482-1182) Econo Lodge (601.693.9393) Sleep Inn (601.485.4646) Quality Inn (601.693.4521) Holiday Inn (601.581.4777)
20MS	154	Exit 154A - Meridian	ALL	

State	Mile Marker	Name	Serv	Featured Hotels
20MS	154	Exit 154B - Meridian	ALL	
20MS	157	Exit 157A - Macon		
20MS	157	Exit 157B - Macon		
20MS	160	Exit 160 - Russell	GRV	
20MS	164(WBO)	**Rest Area**		
20MS	165	Exit 165 - Toomsuba	GRV	
20MS	169	Exit 169 - Kewanee	G	

ALABAMA - INTERSTATE 20

State	Mile Marker	Name	Serv	Featured Hotels
20AL	1(EBO)	**Rest Area**		
20AL	1	Exit 1 - Cuba	G	
20AL	8	Exit 8 - York	GL	
20AL	17	Exit 17 - Livingston	ALL	
20AL	23	Exit 23 - Epes		
20AL	32	Exit 32 - Boligee	G	
20AL	38(EBO)	**Rest Area**		
20AL	39(WBO)	**Rest Area**		
20AL	40	Exit 40 - Eutaw	G	
20AL	45	Exit 45 - Union	ALL	Comfort Inn (205.374.0250)
20AL	52	Exit 52 - Knoxville	GRV	
20AL	62	Exit 62 - Fosters	G	
20AL	68	Exit 68 - Northfort-Tuscaloosa Western Byp..		
20AL	71	Exit 71B - I-359		
20AL	71	Exit 71A - Moundville	ALL	Courtyard (205.750.8384) Fairfield Inn (205.366.0900)
20AL	73	Exit 73 - McFarland Blvd	ALL	Motel 6 ((205) 759-4942) Holiday Inn Express (205.464.4000) Holiday Inn (205.722.0999)
20AL	76	Exit 76 - E Tuscaloosa	GFL	
20AL	77	Exit 77 - Cottondale	GFL	
20AL	79	Exit 79 - University Blvd	G	
20AL	85	**Rest Area**		
20AL	86	Exit 86 - Vance	G	
20AL	89	Exit 89 - Mercedes Dr	L	
20AL	97	Exit 97 - W Blocton	GF	
20AL	100	Exit 100 - Abernat	G	
20AL	104	Exit 104 - Rock Mt Lake	G	
20AL	106	Exit 106 - I-459		
20AL	108	Exit 108 - Academy Dr	ALL	Motel 6 ((205) 426-9646) Fairfield Inn & Su.. (205.277.1700) Holiday Inn (205.424.2600)
20AL	110	Exit 110 - Al Adventure Pkwy		

20AL	112	Exit 112 - 18th St	GF	
20AL	113	Exit 113 - 18th Ave	GF	
20AL	115	Exit 115 - Allison-Bonnett Memorial Dr	GF+	
20AL	118	Exit 118 - Valley Rd	FL	
20AL	119(WBO)	Exit 119B - Ave I		
20AL	119	Exit 119A - Scrushy Pkwy	GF+	
20AL	120	Exit 120 - 20th St	GF	
20AL	121(WBO)	Exit 121 - Bush Blvd	GF	
20AL	123	Exit 123 - Arkadelphia Rd	GFL	
20AL	124	Exit 124A - I-65	L	Residence (205.733.1655)
20AL	124	Exit 124B - I-65		
20AL	125	Exit 125B - 22nd St	L	Hampton Inn (205.322.2100)
20AL	125	Exit 125A - 17th St		
20AL	126	Exit 126B - 31st St	GF	
20AL	126	Exit 126A - 26th St	GFL	Embassy Suites (205.879.7400)
20AL	128	Exit 128 - Tallapoosa St	G	
20AL	129	Exit 129 - ASirport Blvd	GFL	Holiday Inn (205.591.6900)
20AL	130	Exit 130B - 1st Ave	GFL	
20AL	130	Exit 130A - I-59		
20AL	132	Exit 132A - Crestwood Blvd	ALL	
20AL	132	Exit 132B - Crestwood Blvd	ALL	
20AL	133	Exit 133 - Kilgore Memorial Dr	ALL	Holiday Inn Express (205.957.0555)
20AL	135	Exit 135 - Old Leeds Rd		
20AL	136	Exit 136 - I-459		
20AL	140	Exit 140 - Leeds	GL	Hampton Inn (205.702.4141)
20AL	144	Exit 144 - Leeds	ALL	Comfort Inn (205.640.6600)
20AL	147	Exit 147 - Brompton	G	
20AL	152	Exit 152 - Cook Springs		
20AL	153	Exit 153 - Chula Vista		
20AL	156	Exit 156 - Pell City	G	
20AL	158	Exit 158 - Pell City	ALL	Hampton Inn (205.814.3000) Holiday Inn (205.884.0047)
20AL	162	Exit 162 - Riverside	GFLRV	
20AL	165	Exit 165 - Embry	GFL	
20AL	168	Exit 168 - Talladega	GFL	Comfort Inn (205.763.9777)
20AL	173	Exit 173 - Eastaboga	GF	
20AL	179	Exit 179 - Munford	GF	
20AL	185	Exit 185 - Anniston	ALL	Motel 6 ((256) 831-5463) Econo Lodge (256.831.9480)
20AL	188	Exit 188 - Anniston	ALL	Courtyard (256.831.7995) Fairfield Inn & Su.. (256.831.1921) Hilton Garden Inn (256.831.0083) Hampton Inn (256.831.8958) Comfort Suites (256.835.8873) Sleep Inn (256.831.2191)

State	Mile Marker	Name	Serv	Featured Hotels
				Holiday Inn Express (256.835.8768)
20AL	191	Exit 191 - US 431		
20AL	199	Exit 199 - Heflin	GFL	
20AL	205	Exit 205 - Heflin	GFRV	
20AL	210	Exit 210 - Abernathy		
20AL	213(WBO)	**Rest Area**		

GEORGIA - INTERSTATE 20

State	Mile Marker	Name	Serv	Featured Hotels
20GA	1(EBO)	**Rest Area**		
20GA	5	Exit 5 - Tallapoosa	GFL	Comfort Inn (770.574.5575)
20GA	9	Exit 9 - Waco Rd	GF	
20GA	11	Exit 11 - Bremen	ALL	Hampton Inn (770.537.9001) Quality Inn (770.824.5105) Holiday Inn (770.537.3770)
20GA	19	Exit 19 - Temple	GF	
20GA	24	Exit 24 - Villa Rica	ALL	Comfort Inn (678.941.3401)
20GA	26	Exit 26 - Liberty Rd	GF+	
20GA	30	Exit 30 - Post Rd	G	
20GA	34	Exit 34 - Douglasville	ALL	Sleep Inn (770.920.8887) Holiday Inn (770.920.9228)
20GA	36	Exit 36 - Chapel Hill Rd	ALL	Hampton Inn (770.577.2110)
20GA	37	Exit 37 - Douglasville	ALL	Quality Inn (770.949.5730) Comfort Inn (678.504.2000)
20GA	41	Exit 41 - Lithia Springs	GF	
20GA	44	Exit 44 - Thornton Rd	ALL	Fairfield Inn & Su.. (770.739.2800) Courtyard (678.945.4444) Hampton Inn (770.745.9990) Hilton Garden Inn (770.949.8980) Motel 6 (678.945.0606) Comfort Inn (770.941.5384) Quality Inn (770.941.1499)
20GA	46	Exit 46A - Riverside Pkwy	ALL	
20GA	46	Exit 46B - Riverside Pkwy	ALL	
20GA	47	Exit 47 - Six flags Pkwy	ALL	Sleep Inn (770.819.2805) Econo Lodge (770.941.2255)
20GA	49	Exit 49 - Fulton Ind Blvd	GFL	
20GA	51	Exit 51A - I-285		
20GA	51	Exit 51B - I-285		
20GA	52	Exit 52A - Holmes Dr	G+	
20GA	52	Exit 52B - Holmes Dr	G+	
20GA	53	Exit 53 - GA 139	G+	
20GA	54(WBO)	Exit 54 - Langhorn St		
20GA	55(WBO)	Exit 55B - Lee St	GF	
20GA	55	Exit 55A - Ashby St	G+	

20GA	56(EBO)	Exit 56B - Windsor St		
20GA	56(EBO)	Exit 56A - McDanielSt	G	
20GA	57	Exit 57 - I-75/85		
20GA	58(WBO)	Exit 58B - Hill St	GF	
20GA	58(WBO)	Exit 58A - Capitol St	L	
20GA	59	Exit 59B - Cyclorama	G	
20GA	60	Exit 60A - Moreland Ave	GFL	
20GA	60	Exit 60B - Moreland Ave	GFL	
20GA	61	Exit 61B - Glenwood Ave	GF	
20GA	61(EBO)	Exit 61A - Maynard Terrace		
20GA	62(EBO)	Exit 62 - flat Shoals Rd	G	
20GA	63	Exit 63 - Gresham Rd	G+	
20GA	65	Exit 65 - Candler Rd	ALL	Motel 6 (404.243.6679)
20GA	66(EBO)	Exit 66 - Columbia Dr	G	
20GA	67	Exit 67A - I-285		
20GA	67	Exit 67B - I-285		
20GA	68	Exit 68 - Wesley Chapel Rd	ALL	
20GA	71	Exit 71 - Hillandale Dr	ALL	Holiday Inn Express (678.418.0004)
20GA	74	Exit 74 - Lithonia	ALL	Econo Lodge (770.484.6664)
20GA	75	Exit 75 - Turner Hill Rd	ALL	Fairfield Inn & Su.. (770.484.9993) Hilton Garden Inn (678.526.1000) Comfort Suites (678.325.4830)
20GA	78	Exit 78 - Sigman Rd	GF+	
20GA	79	Parking Area		
20GA	80	Exit 80 - West Ave	ALL	
20GA	82	Exit 82 - Conyers	ALL	Hampton Inn (770.483.8838) Holiday Inn (678.964.2400)
20GA	83	Parking Area		
20GA	84	Exit 84 - Salem Rd	GF+	
20GA	88	Exit 88 - Almon Rd	GFRV	
20GA	90	Exit 90 - Covington	ALL	Holiday Inn (770.784.9200)
20GA	92	Exit 92 - Alcovy Rd	GFL	
20GA	93	Exit 93 - Hazelbrand Rd	GFL	Hampton Inn (678.212.2500) Quality Inn (770.784.1849)
20GA	98	Exit 98 - Monroe	GF	
20GA	101	Exit 101 - US 278		
20GA	103	**Rest Area**		
20GA	105	Exit 105 - Rutledge	GF	
20GA	108	**Rest Area**		
20GA	113	Exit 113 - GA 83	G	
20GA	114	Exit 114 - Madison	ALL	Hampton Inn (706.342.9003) Quality Inn (706.342.1839) Comfort Inn (706.342.0054)
20GA	121	Exit 121 - Lake Oconee	G	
20GA	130	Exit 130 - Greensboro	ALL	

State	Mile Marker	Name	Serv	Featured Hotels
20GA	138	Exit 138 - Siloam	G+	
20GA	148	Exit 148 - Crawfordville	G	
20GA	154	Exit 154 - Barnett		
20GA	160	Exit 160 - E Cadley Rd		
20GA	165	Exit 165 - Camak		
20GA	172	Exit 172 - Thomson	ALL	Econo Lodge (706.595.7144) Holiday Inn Express (706.595.6500)
20GA	175	Exit 175 - GA 150	GL	
20GA	182	**Rest Area**		
20GA	183	Exit 183 - Harlem	G+	
20GA	190	Exit 190 - Grovetown	GF	
20GA	194	Exit 194 - Belair Rd	GFL	Hampton Inn (706.860.1610) Motel 6 (706.651.8300) Comfort Inn (706.496.3579) Quality Inn (706.855.2088) Econo Lodge (706.863.0777) Holiday Inn (706.396.4600)
20GA	195	Exit 195 - Wheeler Rd	GFL	Doubletree (706.855.8100)
20GA	196	Exit 196B - GA 232	ALL	
20GA	196	Exit 196A - I-520	GFL	Holiday Inn (706.737.2300)
20GA	199	Exit 199 - Washington Rd	ALL	Courtyard (706.737.3737) Homewood Suites (706.738.3131) Hampton Inn (706.737.1122) Quality Inn (706.737.5550) Clarion Hotel (706.868.1800) Staybridge Suites (706.733.0000) Holiday Inn (706.738.8811)
20GA	200	Exit 200 - Riverwatch Pkwy	GFL	Comfort Suites (706.434.2540) Candlewood Suites (706.733.3300)
20GA	201(WBO)	**Rest Area**		

SOUTH CAROLINA - INTERSTATE 20					
State	Mile Marker	Name	Serv	Featured Hotels
20SC	1	**Rest Area**		
20SC	1	Exit 1 - Martintown rd	GF	
20SC	5	Exit 5 - US 25	GFL	Sleep Inn (803.202.0209)
20SC	6	Exit 6 - unknown		
20SC	11	Exit 11 - Graniteville	GF	
20SC	18	Exit 18 - Aiken	ALL	
20SC	20	Parking Area		
20SC	22	Exit 22 - Aiken	GFLRV	
20SC	29	Exit 29 - SC 29		
20SC	33	Exit 33 - Wagener	G	
20SC	39	Exit 39 - Batesburg	GF	
20SC	44	Exit 44 - Gilbert	G	

State	Mile Marker	Name	Serv	Featured Hotels
20SC	51	Exit 51 - Gilbert	GF	
20SC	58	Exit 58 - W Columbia	ALL	
20SC	61	Exit 61 - W Columbia	GFL	
20SC	63	Exit 63 - Bush River Rd	ALL	Sleep Inn (803.731.9999)
20SC	64	Exit 64A - I-26		
20SC	64	Exit 64B - I-26		
20SC	65	Exit 65 - Broad River Rd	ALL	Homewood Suites (803.239.4663)
20SC	68	Exit 68 - Monticello Rd	GF	
20SC	70	Exit 70 - Fairfield Rd	GL	
20SC	71	Exit 71 - N Main	GFL	
20SC	72	Exit 72 - Farrow Rd		
20SC	73	Exit 73B - SC 277		
20SC	73	Exit 73A - Columbia		
20SC	74	Exit 74 - Two Notch Rd	ALL	Comfort Inn (803.788.5544) Holiday Inn (803.736.5600)
20SC	76	Exit 76B - Alpine Rd		
20SC	76	Exit 76A - I-77		
20SC	80	Exit 80 - Clemson Rd	ALL	Hampton Inn (803.788.4901) Holiday Inn (803.419.3558)
20SC	82	Exit 82 - Pontiac	GL	
20SC	87	Exit 87 - Elgin	G	
20SC	92	Exit 92 - Lugoff	ALL	Econo Lodge (803.438.6990)
20SC	93	**Rest Area**		
20SC	98	Exit 98 - Camden	GFLRV	Holiday Inn (803.424.5000)
20SC	101	Exit 101 - rd 329		
20SC	108	Exit 108 - Manville	G	
20SC	116	Exit 116 - Sumter	GFL	Econo Lodge (803.428.3200)
20SC	120	Exit 120 - Bishopville	GFL	
20SC	123	Exit 123 - SC 22		
20SC	129	**Rest Area**		
20SC	131	Exit 131 - Hartsville	GF	
20SC	137	Exit 137 - Timmonsville	G	
20SC	141	Exit 141A - I-95		
20SC	141	Exit 141B - I-95		

ILLINOIS - INTERSTATE 24

State	Mile Marker	Name	Serv	Featured Hotels
24IL	1	Exit 1 - I-57		
24IL	7	Exit 7 - Goreville	GRV	
24IL	14	Exit 14 - Vienna	RV	
24IL	16	Exit 16 - Vienna	GFL	
24IL	27	Exit 27 - New Columbia		
24IL	37	Exit 37 - Metropolis	FLRV	Holiday Inn (618.524.8899)

KENTUCKY - INTERSTATE 24

State	Mile Marker	Name	Serv	Featured Hotels
24KY	3	Exit 3 - Paducah	GFLRV	Comfort Inn (270.442.4191) Econo Lodge (270.442.1616)
24KY	4	Exit 4 - Paducah	ALL	Motel 6 (270.443.3672) Hampton Inn (270.442.0200) Comfort Suites (270.442.2080) Holiday Inn (270.442.8874) Candlewood Suites (270.442.3969)
24KY	7	Exit 7 - Paducah	ALL	
24KY	11	Exit 11 - Husband Rd	GLRV	
24KY	16	Exit 16 - Paducah	G	
24KY	25	Exit 25A - Calvert City		
24KY	25	Exit 25B - Calvert City		
24KY	27	Exit 27 - Calvert City	GFLRV	
24KY	31	Exit 31 - GrandRivers	GFLRV	
24KY	40	Exit 40 - Kuttawa	GFLRV	Hampton Inn (270.388.5777)
24KY	42	Exit 42 - Elizabethtown		
24KY	45	Exit 45 - Princeton	GRV	
24KY	56	Exit 56 - Cadiz	GRV	
24KY	65	Exit 65 - Cadiz	GFL	
24KY	73	Exit 73 - Gracey		
24KY	86	Exit 86 - Ft Campbell	GFL	Quality Inn (270.439.3311) Holiday Inn (270.439.0022)
24KY	89	Exit 89 - Oak Grove	G	
24KY	93(WBO)	**Rest Area**		

TENNESSEE - INTERSTATE 24

State	Mile Marker	Name	Serv	Featured Hotels
24TN	0(EBO)	**Rest Area**		
24TN	1	Exit 1 - Clarksville	GFLRV	Residence (423.266.0600)
24TN	4	Exit 4 - Clarksville	ALL	Hampton Inn (931.552.2255) Comfort Inn (931.647.6144) Econo Lodge (931.647.2002) Quality Inn (931.648.4848) 3050 Clay Lewis Road (931.906.0900)
24TN	8	Exit 8 - Rossview Rd		
24TN	11	Exit 11 - Adams	GFL	Quality Inn (931.358.2020) Holiday Inn Express (931.358.5800)
24TN	19	Exit 19 - Maxey Rd	G	
24TN	24	Exit 24 - Springfield	GF+	
24TN	31	Exit 31 - New Hope Rd	G	
24TN	35	Exit 35 - Joelton	GFLRV	

24TN	40	Exit 40 - Old Hickory Blvd	GFL	
24TN	43	Exit 43 - Briley Pkwy		
24TN	44	Exit 44A - I-65		
24TN	44	Exit 44B - I-65		
24TN	47	Exit 47A - US 31 E		
24TN	47	Exit 47 - Jefferson St	GL	
24TN	48	Exit 48 - James Robertson Pkwy	GFL	
24TN	50	Exit 50B - I-40 W		
24TN	52	Exit 52 - Murfreesboro Rd	GFL	Holiday Inn (615.366.6691)
24TN	52	Exit 52A - I-40		
24TN	52	Exit 52B - I-40		
24TN	53	Exit 53 - I-440 W		
24TN	54	Exit 54A - Briley Pkwy		
24TN	54	Exit 54B - Briley Pkwy		
24TN	56	Exit 56 - Harding Place	ALL	Motel 6 (615.833.8887)
24TN	57	Exit 57 - Haywood Ln	GF+	
24TN	59	Exit 59 - Bell Rd		
24TN	60	Exit 60 - Hickory Hollow Pkwy	ALL	Hampton Inn (615.731.9911) Holiday Inn (615.731.2361)
24TN	62	Exit 62 - Old Hickory Blvd	GFL	
24TN	64	Exit 64 - Waldron Rd	GFLRV	Comfort Inn (615.793.3600)
24TN	66	Exit 66 - Sam Ridley Pkwy	ALL	Hilton Garden Inn (615.355.6262) Hampton Inn (615.355.8432) Comfort Suites (615.625.9000)
24TN	70	Exit 70 - Lee Victory Pkwy	GFL	
24TN	74	Exit 74A - Lebanon		
24TN	74	Exit 74B - Lebanon		
24TN	76	Exit 76 - Manson Pike	L	Embassy Suites (615.890.4464)
24TN	78	Exit 78 - Franklin	ALL	Motel 6 ((615) 890-8524) Hampton Inn (615.890.2424) Doubletree (615.895.5555) Comfort Suites (615.869.0950) Econo Lodge (615.890.2811) Sleep Inn (615.396.3000)
24TN	80	Exit 80 - New Salem Hwy	F	
24TN	81	Exit 81 - Murfreesboro	GFL	Quality Inn (615.890.1006)
24TN	84	Exit 84 - Joe B Jackson Pkwy		
24TN	87	Exit 87A - Trinity Lane	GFL	
24TN	87	Exit 87B - Trinity Lane	GFL	
24TN	89	Exit 89 - Buchanan Rd	GF	
24TN	97	Exit 97 - Shelbyville	G+	
24TN	105	Exit 105 - US 41	F	
24TN	110	Exit 110 - Manchester	GFL	Hampton Inn (931.728.3300)
24TN	111	Exit 111 - Manchester	GF	
24TN	114	Exit 114 - Manchester	ALL	Comfort Suites (931.728.1301)

State	Mile Marker	Name	Serv	Featured Hotels
				Sleep Inn (931.954.0580)
				Holiday Inn (931.728.9383)
24TN	117	Exit 117 - Tullahoma		
24TN	127	Exit 127 - Winchester	GRV	
24TN	133	**Rest Area**		

WYOMING - INTERSTATE 25

State	Mile Marker	Name	Serv	Featured Hotels
SL	0	Colorado State Line		
25WY	2	Exit 2 - SH223	FL	
25WY	6(NBO)	Observation Area		
25WY	7	**Rest Area**		
25WY	7	**Service/Travel Plaza**	GF	
25WY	7	Exit 7 - SH212	GFLRV	Comfort Inn (307-.638-7202)
25WY	8	Exit 8D - I80 East	L	Little America Hotel (307- 775-8400)
25WY	8	Exit 8B - I80 West	L	Express Inn (877-747-8713)
25WY	9	Exit 9 - US30 West	GFL	Motel 6 ((307) 635-6806)
25WY	10	Exit 10D - Missile Dr.	FL	Ramada (307-634-3200)
25WY	10	Exit 10B - Warren Gate 2		
25WY	11	Exit 11 - Pershing Blvd, Warren Gate 1	L	Rodeway Inn (307-632-8901)
25WY	12	Exit 12 - US85 South	GFL	Fairfield Inn (307-637-4070)
25WY	13	Exit 13 - Vandehei Ave.	GF	
25WY	16(SBO)	Exit 16 - US85 North		
25WY	17(NBO)	Exit 17 - US85 North, SH211		
25WY	21	Exit 21 - Ridley Rd.		
25WY	25	Exit 25 - none		
25WY	29	Exit 29 - Whitaker Rd.		
25WY	34	Exit 34 - Nimmo Rd.		
25WY	39	Exit 39 - Little Bear Community		
25WY	47	Exit 47 - Bear Creek Rd		
25WY	54	**Rest Area**		
25WY	54	Exit 54 - Chugwater	GFL	
25WY	57	Exit 57 - Chugwater		
25WY	65	Exit 65 - Slater Rd.		
25WY	66	Exit 66 - Hunton Rd.		
25WY	68	Exit 68 - Antelope Rd.		
25WY	70	Exit 70 - Bordeaux Rd.		
25WY	73	Exit 73 - SH34 West		
25WY	78	Exit 78 - US87, Tourist Info	GFL	Best Western (307-322-4070)
				Motel 6 (307.322.1800)
25WY	80	**Service/Travel Plaza**	GF	
25WY	80	Exit 80 - US87	GFL	Super 8 (307-322-2224)
25WY	84	Exit 84 - Laramie River Rd.		

25WY	87	Exit 87 - Johnson Rd.		
25WY	92	**Rest Area**		
25WY	92	Exit 92 - US26 East	RV	
25WY	94	Exit 94 - El Rancho Rd.	FL	
25WY	100	Exit 100 - Cassa Rd.		
25WY	104	Exit 104 - Middle Bear		
25WY	111	Exit 111 - Glendo	GFLRV	
25WY	126	**Rest Area**		
25WY	126	Exit 126 - US18 East, US20 East	GFRV	
25WY	129	Exit 129 - Parking Area		
25WY	135	Exit 135 - US20, US26, US87	GFL	
25WY	140	Exit 140 - To SH59, Tourist Info Center	GFLRV	Super 8 (307-358-6800)
25WY	146	Exit 146 - La Prele Rd	RV	
25WY	150	Exit 150 - Inez Rd.		
25WY	151	Exit 151 - Ayres Natural Bridge		
25WY	152	Exit 152 - Parking Area		
25WY	154	Exit 154 - Barber Rd.		
25WY	156	Exit 156 - Bixby		
25WY	160	Exit 160 - US87, US20 West, US26 West	GFLRV	
25WY	165	Exit 165 - Glenrock	GFLRV	
25WY	171	Exit 171 - Parking Area		
25WY	182	Exit 182 - Brooks	GFL	Casper Cmon Inn (307-472-6300)
25WY	185	**Service/Travel Plaza**	GF	
25WY	185	Exit 185 - SH258	GFLRV	
25WY	186	Exit 186 - US20 East, US26 East, US87	GL	Holiday Inn Express (307-237-4200)
25WY	187	Exit 187 - McKinley St.	GL	Days Inn (307-234-1159)
25WY	188	Exit 188A - US87, Tourist Info	GFL	Parkway Plaza Hotel (800-270-7829)
25WY	188	Exit 188B - SH220 West	GFLRV	Motel 6 ((307) 234-3903)
25WY	189	Exit 189 - US20, US26 West, Port of Entry	L	Hilton Garden Inn (307-266-1300)
25WY	191	Exit 191 - Wardwell Rd.	GRV	
25WY	197	Exit 197 - Ormsby Rd.	L	Courtyard by Marri.. (307-473-2600)
25WY	210	Exit 210 - SH259		
25WY	216	Exit 216 - Ranch Rd.		
25WY	218	Exit 218 - Parking Area		
25WY	223	Exit 223 - none		
25WY	227	Exit 227 - SH387 North		
25WY	235	Exit 235 - Tisdale Mountain Rd.		
25WY	246	Exit 246 - Powder River Rd.		
25WY	249	Exit 249 - TTT		
25WY	254	**Rest Area**		
25WY	254	Exit 254 - Kycee, Tourist Info	GFLRV	
25WY	265	Exit 265 - Reno Rd		
25WY	273(NBO)	Exit 273 - Parking Area		

25WY	274(SBO)	Exit 274 - Parking Area		
25WY	280	Exit 280 - Middle Fork Rd.		
25WY	291	Exit 291 - Trabing Rd.		
25WY	298	Exit 298 - US87	GFL	Wyo Motel (307-684-5505)
25WY	299	**Service/Travel Plaza**	GF	
25WY	299	Exit 299 - US16, Info Center, END OF I25	GFLRV	Super 8 (307-684-2531)
SL	301	Montana State Line		

COLORADO - INTERSTATE 25

State	Mile Marker	Name	Serv	Featured Hotels
SL	0	New Mexico State Line		
25CO	1(NBO)	Observation Area	L	
25CO	2	Exit 2 - Wotton	L	Fairfield Inn (970.461.1000)
25CO	6	Exit 6 - Gallinas	L	TownePlace (719.594.4447)
25CO	8	Exit 8 - SpringCreek		
25CO	11	Exit 11 - Staskville, Weigh Station	GFLRV	Budget Host (877-747-8713)
25CO	13(SBO)	Exit 13 - SH12, Welcome Center	GFLRV	
25CO	13(NBO)	Exit 13A - CO12	L	Best Western (719-846-2215)
25CO	13(NBO)	Exit 13B - CO12, Welcome Center	GFLRV	La Quinta Inn (719-845-0102)
25CO	14	Exit 14B - Trinidad St. College		
25CO	15	Exit 15 - US160 East	GFL	
25CO	18	**Rest Area**		
25CO	18	Exit 18 - El Moro Rd		
25CO	23	Exit 23 - Floehne Rd.		
25CO	27	Exit 27 - Ludlow		
25CO	30	Exit 30 - Aguilas Rd.		
25CO	34	Observation Area		
25CO	34	Exit 34 - Aquilar	GF	
25CO	41	Exit 41 - Rugby Rd.		
25CO	42	Exit 42 - Rouse Rd.		
25CO	49	Exit 49 - none		
25CO	50	Exit 50 - US160 West, SH10 East, SH12 East	L	Best Western (719-738-1121)
25CO	52	Exit 52 - US69 West, US160	GFLRV	
25CO	55	Exit 55 - Airport Rd.		
25CO	56	Exit 56 - Redrock Rd. West		
25CO	59	Exit 59 - Butte Rd.		
25CO	60	Exit 60 - Huefrano		
25CO	64	Exit 64 - Lascar Rd.		
25CO	67	Exit 67 - Apache		
25CO	71	Exit 71 - Graneros Rd.		
25CO	74	Exit 74 - SH165 West	GFLRV	
25CO	77	Exit 77 - Abbey Rd.		

25CO	83	Exit 83 - verifica..		
25CO	87	Exit 87 - Verde Rd.		
25CO	88	Exit 88 - Burnt Mill Rd.		
25CO	91	Exit 91 - Stern Beach		
25CO	94	Exit 94 - SH45	GFLRV	Hampton Inn (719-566-1726)
25CO	95	Exit 95 - Illinois Ave.	L	Microtel (719-565-2256)
25CO	96	Exit 96 - Minnequa Ave., Indiana Ave.	GF	
25CO	97	Exit 97A - Central Ave.	GL	Cambria Suites (719-546-1234)
25CO	97	Exit 97B - Abriendo Ave.	L	Marriott (719-542-3200)
25CO	98	Exit 98A - US50 East	GFL	Guesthouse Inn (719-543-6530)
25CO	98	Exit 98B - 1st St.	GFL	
25CO	99	Exit 99A - SH96	F	
25CO	99	Exit 99B - 13th St.		
25CO	100	Exit 100A - US50 East	L	Sleep Inn (719-583-4000)
25CO	100	Exit 100B - 29th St.	FL	
25CO	101	Exit 101 - US50 West, SH47 East	GFL	Motel 6 ((719) 543-6221)
25CO	102	Exit 102 - Eagleridge Blvd.	GFL	Ramada (719-544-4700)
25CO	104	Exit 104 - Eden	L	La Quinta Inn (719-542-3500)
25CO	106	Exit 106 - Porter Draw		
25CO	108	Exit 108 - Pueblo West	RV	
25CO	110	Exit 110 - Pinon	GFL	
25CO	112(SBO)	**Rest Area**		
25CO	114	Exit 114 - Young Hollow		
25CO	115(NBO)	**Rest Area**		
25CO	116	Exit 116 - County Line Rd. (Driving Hazard ..		
25CO	119	Exit 119 - Rancho CO Blvd.		
25CO	122	Exit 122 - Pike's Peak International Racewa..		
25CO	123	Exit 123 - verifica..		
25CO	125	Exit 125 - Ray Nixon Rd.		
25CO	128	Exit 128 - US85	GFL	Super 8 (719-382-4610)
25CO	132	Exit 132 - SH16	GFRV	
25CO	135	Exit 135 - SH83		
25CO	137	Exit 137 - No exit, Hazardous Driving Signs		
25CO	138	Exit 138 - SH29	GFL	Crowne Plaza (719-576-5900) Residence (719.576.0101) Fairfield Inn (719.576.1717) Courtyard (719.226.5006)
25CO	139	Exit 139 - US24 East	L	Doubletree Hotel (719-576-8900)
25CO	140	Exit 140 - SH115, Tejon	GL	Howard Johnson (719-634-1545)
25CO	141	Exit 141 - US24 West	GFL	Quality Suites (719-471-8680)
25CO	142	Exit 142 - Bijou St.	GFL	Hilton Antlers (719-473-5600)
25CO	143	Exit 143 - Uintah St.	G	
25CO	144	Exit 144 - Fontanero St.		
25CO	145	Exit 145 - Fillmore	GFL	Motel 6 ((719) 520-5400)

				Super 8 (719-719-632-2681)
25CO	146	Exit 146 - Garden of the Gods Rd.	GFL	La Quinta Inn (719-528-5060)
25CO	148	Exit 148 - Nevada Ave.	FL	Extended Stay Amer.. (719-266-4206) Colorado (719.260.1800)
25CO	149	Exit 149 - Woodmen Rd.	GFL	Fairfield Inn (719-533-1903)
25CO	150	Exit 150 - SH83, Acadamy Blvd	GFL	Drury Inn (719-598-2500)
25CO	151	Exit 151 - Briargate Pkwy.	FL	Homewood Suites (719-265-6600)
25CO	152(SBO)	Observation Area	L	Homewood Suites (719-265-6600)
25CO	153	Exit 153 - InterQuest Pkwy.	L	The Hampton Inn (719-598-6911) Residence (719.388.9300)
25CO	156	Exit 156A - Gleneagle Dr.		
25CO	156	Exit 156B - N. Entrance AFA		
25CO	158	Exit 158 - Baptist Rd.	GF	
25CO	161	Exit 161 - SH105	GFLRV	
25CO	162	Exit 162 - Weigh Station		
25CO	163	Exit 163 - County Line Rd.	RV	
25CO	164(NBO)	Exit 164 - No Exit, Safety Enforcement Zone		
25CO	167	Exit 167 - Greenland		
25CO	170(NBO)	**Rest Area**		
25CO	171(SBO)	**Rest Area**		
25CO	172(NBO)	Exit 172 - Larkspur	GF	
25CO	173(SBO)	Exit 173 - Larkspur	GF	
25CO	174	Exit 174 - Tomah Rd.	RV	
25CO	179(SBO)	Exit 179 - No exit, DUI & Aggressive Drivin..		
25CO	181	Exit 181 - Plum Creek Pkwy.	GFL	Holiday Inn Express (303-660-9733)
25CO	182	Exit 182 - Wilcox St.	GFL	Quality Inn (303-660-2222)
25CO	184	Exit 184 - SH86 East, US85 North	GFL	Best Western Inn (303-814-8800)
25CO	185(NBO)	Exit 185 - No Exit, Safety Zone		
25CO	187	Exit 187 - Happy Canyon Rd.	F	
25CO	188	Exit 188 - Castle Pines Pkwy	GF	
25CO	190	Exit 190 - Surrey Ridge		
25CO	191	Exit 191 - verifica..	L	Candlewood Suites (303-858-9900)
25CO	193	Exit 193 - Lincoln Ave.	GFL	Hilton Garden Inn (303-824-1550) Denver (303.925.0004)
25CO	194	Exit 194 - SH470 East (E470), SH470 West(C4..	L	Element by Westin (303-799-3632)
25CO	195	Exit 195 - County Line Rd	FL	The Inverness (303-397-7808)
25CO	196	Exit 196 - Dry Creek Rd.	GFL	Comfort Suites (303-858-0700)
25CO	197	Exit 197 - Arapahoe Rd.	GFL	
25CO	198	Exit 198 - Orchard Rd.	GFL	Doubletree (303-779-6161)
25CO	199	Exit 199 - Belleview Ave.	GFL	Extended Stay Amer.. (303-220-8448)
25CO	200	Exit 200 - I225	L	Hyatt Regency (303-779-1234)
25CO	201	Exit 201 - Hampden Ave, US285, SH30	GFL	Towneplace Suites (303-759-9393)
25CO	202	Exit 202 - Yale Ave	GFL	Rockies Inn (877-747-8713)

25CO	203	Exit 203 - Evans Ave.	GFL	La Quinta Inn (303-758-8886)
25CO	204	Exit 204 - CO BLVD, SH2	GFL	Loews Denver Hotel (303-782-9300)
25CO	205	Exit 205 - University Blvd.		
25CO	206	Exit 206 - Downing St.	L	Courtyard by Marri.. (303- 759-9200)
25CO	207	Exit 207A - Broadway	GFL	Towneplace Suites (303- 722-2322)
25CO	207	Exit 207B - Sante Fe Dr	GFL	The Burnsley (303- 830-1000)
25CO	209	Exit 209A - US6 East	L	Days Inn (303-571-1715)
25CO	209	Exit 209B - US6 West	L	Hotel Vq (303- 433-8331)
25CO	209	Exit 209C - 8th Ave.	L	The Curtis (303-571-0300)
25CO	210	Exit 210A - US40 / US287	L	Hotel Teatro (303-228-1100)
25CO	210	Exit 210B - Auraria Pkwy	L	Knights Inn (303-433-8586)
25CO	210	Exit 210C - 17th Ave.	GFL	Ramada Inn (303-433-6677)
25CO	211	Exit 211 - 23rd Ave.	FL	Hampton Inn (303-455-4588)
25CO	212	Exit 212A - Speer Blvd. South	GFL	Budget Host Travel.. (303-458-5454)
25CO	212	Exit 212B - Speer Blvd. North	L	Jet Hotel (303-572-3300)
25CO	212	Exit 212C - 20th St.	GFL	La Quinta Inn (303-458-1222)
25CO	213	Exit 213 - 38th Ave.	GL	The Oxford Hotel (303-628-5400)
25CO	214	Exit 214A - I70, East & West		
25CO	215	Exit 215 - 58th Ave.	GFL	
25CO	216	Exit 216A - I76 East	L	Comfort Inn (303- 297-1717)
25CO	216	Exit 216B - I76 West		
25CO	217	Exit 217 - US36 West	L	Crossland Economy .. (303- 430-4474)
25CO	219	Exit 219 - 84th Ave	GFL	Motel 6 ((303) 429-1550)
25CO	220	Exit 220 - Thornton Pkwy	F	
25CO	221	Exit 221 - 104th Ave.	GFL	Ramada Plaza (303-452-4100)
25CO	223	Exit 223 - SH128 West	GFL	Fairfield Inn (303.255.3100)
25CO	225	Exit 225 - 136th Ave.	F	
25CO	226	Exit 226 - 144th Ave.	F	
25CO	228	Exit 228 - SH470 (E470)		
25CO	229	Exit 229 - SH7	F	
25CO	232	Exit 232 - Erie		
25CO	235	Exit 235 - SH52	GF	
25CO	240	**Service/Travel Plaza**	GF	
25CO	240	Exit 240 - SH119 West	GFLRV	Days Inn (303-651-6999)
25CO	243	Exit 243 - SH66	GF	
25CO	245	Exit 245 - Mead		
25CO	250	Exit 250 - SH56 West	L	
25CO	252	Exit 252 - SH60 East	GF	
25CO	253	Exit 253 - No exit, Driving Hazard Safety E..		
25CO	254	**Service/Travel Plaza**	GF	
25CO	254	Exit 254 - To SH60 West	GFLRV	
25CO	255	Exit 255 - SH402 West	L	Budget Host (970-667-5202)
25CO	257	Exit 257B - US34 West, Tourist Info	GFLRV	Best Western (970- 667-7810)

State	Mile Marker	Name	Serv	Featured Hotels
25CO	257	Exit 257A - US34 East, Tourist Info	GFL	Hampton Inn (970-593-1400)
25CO	259	Exit 259 - Crossroads Blvd.	GFL	
25CO	262	Exit 262 - SH392	GFL	Americinn (888-205-0958)
25CO	263(NBO)	Exit 263 - No exit, Safety Enforcement		
25CO	265	Exit 265 - Harmony Rd.	GFLRV	Cambria Suites (970- 267-9000)
25CO	267	Exit 267 - Weigh Station	L	Comfort Inn ((970) 407-0100)
25CO	268	**Rest Area**		
25CO	268	Exit 268 - Prospect Rd, Tourist Info	L	Guesthouse Inn (970- 493-9000)
25CO	269	Exit 269B - US287, SH14 West, Tourist Info	FL	Motel 6 ((970) 482-6466)
25CO	269	Exit 269A - SH14 East	FL	Ramada (970-484-4660)
25CO	271	Exit 271 - Mountain Vista Dr.		
25CO	278	Exit 278 - SH1	GFL	
25CO	281	Exit 281 - Owl Canyon Rd.	RV	
25CO	288	Exit 288 - Buckeye Rd.		
25CO	293	Exit 293 - Carr		
SL	299	Wyoming State Line		

NEW MEXICO - INTERSTATE 25

State	Mile Marker	Name	Serv	Featured Hotels
SL	0	Texas State Line		
25NM	1	Exit 1 - University Ave	GFL	Hilton (575-522-0900)
25NM	3	Exit 3 - Lohman Ave.	GFL	Hotel Encanto (575-522-4300)
25NM	19	Exit 19 - Radium Springs	RV	
25NM	22(NBO)	**Rest Area**		
25NM	23(SBO)	**Rest Area**		
25NM	26(NBO)	Exit 26 - Inspection Station / Border Patrol		
25NM	27(NBO)	Observation Area		
25NM	32	Exit 32 - Upham		
25NM	35	Exit 35 - SH140 West		
25NM	41	**Service/Travel Plaza**	GF	
25NM	51	Exit 51 - SH546		
25NM	59	Exit 59 - SH187		
25NM	63	Exit 63 - SH152	GRV	
25NM	71	Exit 71 - Las Palomas		
25NM	75	Exit 75 - Williamsburg	GFL	
25NM	79	Exit 79 - Truth or Consequences	GFLRV	Hot Springs Inn (575-894-6665)
25NM	81(NBO)	Exit 81 - Inspection Station		
25NM	89	Exit 89 - SH181, SH52	LRV	Comfort Inn (575-894-1660)
25NM	92	Exit 92 - Mitchell Point		
25NM	100	Exit 100 - Red Rock		
25NM	113	**Rest Area**		
25NM	115	**Service/Travel Plaza**	GF	
25NM	115	Exit 115 - SH107	GFRV	

25NM	124	Exit 124 - San Marcial		
25NM	139	Exit 139 - US380 East		
25NM	147	Exit 147 - US60 West	GFLRV	Motel 6 ((575) 835-4300)
25NM	150	Exit 150 - US60 West	GFL	
25NM	152	Exit 152 - Escondida	L	Super 8 (575-835-4626)
25NM	156	**Service/Travel Plaza**	GF	
25NM	156	Exit 156 - Lemitar	GF	
25NM	163	Exit 163 - San Acacia		
25NM	165(NBO)	Exit 165 - Weigh Station		
25NM	166	**Rest Area**		
25NM	166(SBO)	Exit 166 - Weigh Station		
25NM	169	Exit 169 - Serilleta National Wildlife Refuge		
25NM	175	Exit 175 - US60 East	RV	
25NM	190	Exit 190 - South Belen	GFL	Holiday Inn Express (505-861-5000)
25NM	191	Exit 191 - Camino Del Llano	GLRV	
25NM	195	Exit 195 - Belen - Tourist Info	GF	
25NM	203	Exit 203 - SH6	GFL	Western Skies Inn (505-865-0001)
25NM	209	Exit 209 - SH45, SH314, SH317		
25NM	213	Exit 213 - SH314, Safety Corridor	GF	
25NM	215	Exit 215 - SH47	G	
25NM	220	Exit 220 - Rio Bravo Blvd.	FL	Hyatt Place (505-242-9300)
25NM	221	Exit 221 - Sunport Blvd.	L	Staybridge Suites (888-299-2208)
25NM	222(NBO)	Exit 222 - Gibson Blvd.	GFL	Country Inn and Su.. (505-246-9600)
25NM	222(SBO)	Exit 222A - Gibson Blvd. East	GFL	
25NM	222(SBO)	Exit 222B - Gibson Blvd. West		
25NM	223	Exit 223 - Ceasar Chavez	L	Quality Suites (505-245-7363) Motel 6 (505.243.8017)
25NM	224	Exit 224A - Coal Ave.	GL	Econo Lodge (505-243-1321)
25NM	224	Exit 224B - Central, M. L. King Blvd	L	Americas Best Valu.. (505-247-8897)
25NM	225	Exit 225 - Lomas Blvd.	FL	Fairfield Inn (505.889.4000)
25NM	226	Exit 226A - I40 East		
25NM	226	Exit 226B - I40 West		
25NM	227	**Service/Travel Plaza**Comanche/Menaul	GF	
25NM	228	Exit 228 - Montgomery Blvd	GFL	
25NM	229	Exit 229 - Jefferson St.	FL	Drury Inn Suites (505-341-3600) Residence (505.761.0200)
25NM	230	Exit 230 - San Mateo Blvd.	GFL	Nativo Lodge (505-798-4300) Motel 6 (505.344.7744)
25NM	231	Exit 231 - San Antonio Ave.	FL	La Quinta Inn (505-821-9000)
25NM	232	Exit 232 - SH423	GFL	Courtyard by Marri.. (505-823-1919) Motel 6 (505.821.1472) Albuquerque (505.821.3333)
25NM	233	Exit 233 - SH528	GFL	Ramada Limited (505-858-3297)
25NM	234	Exit 234 - SH556	GL	Sandia Resort And .. (505-798-3700)

25NM	240	Exit 240 - SH473, Tourist Info	FLRV	Days Inn (505-771-7000)
25NM	242	Exit 242 - SH165 East, US550 West	GFLRV	Quality Inn (505-771-9500)
25NM	248	Exit 248 - Algodones	G	
25NM	252	Exit 252 - San Felipe Pueblo	G	
25NM	257	Exit 257 - Budaghers		
25NM	259	**Service/Travel Plaza**	GF	
25NM	259	Exit 259 - SH22	GF	
25NM	264	Exit 264 - SH116	RV	
25NM	267	Exit 267 - Inspection Station		
25NM	268(NBO)	**Rest Area**		
25NM	271	Exit 271 - La Cienaga, CR50F	RV	
25NM	276(SBO)	Exit 276 - SH599	GLRV	
25NM	276(NBO)	Exit 276A - SH599 South	GRV	
25NM	276(NBO)	Exit 276B - SH599 North	L	Sunrise Springs Re.. (505-471-3600)
25NM	278	Exit 278A - SH145	L	Inn At Santa Fe (505-474-9500)
25NM	278(SBO)	Exit 278B - SH14 North	GFLRV	
25NM	278(NBO)	Exit 278 - SH14	GFLRV	Motel 6 (505.471.4140) Fairfield Inn (505.474.4442)
25NM	282	Exit 282A - SH14	L	The Santa Fe Suites (505-989-3600)
25NM	282	Exit 282B - US84 North, US 285 North	GFL	Residence Inn (505-988-7300)
25NM	284	Exit 284 - SH466, SH599 North, US84, Touris..	GF	
25NM	290	Exit 290 - US 285 South	FLRV	Motel 6 ((505) 473-1380)
25NM	294	Exit 294 - Canoncito at Apache Canyon	RV	
25NM	297	Exit 297 - Valencia		
25NM	299	Exit 299 - SH50	G	
25NM	307	Exit 307 - SH63, SH50	G	
25NM	319	Exit 319 - San Juan	GRV	
25NM	323	Exit 323 - SH3 South	GFRV	
25NM	325	Parking Area		
25NM	330	Exit 330 - Bernal		
25NM	335	Exit 335 - Tecolote		
25NM	339	Exit 339 - US84 South	GFRV	
25NM	343	Exit 343 - SH283, SH329, Tourist Info	FL	Plaza Hotel (505-425-3591)
25NM	345	Exit 345 - SH65, SH104, Tourist Info	GFLRV	
25NM	347	Exit 347 - SH65, SH518 North	GFL	
25NM	352	Exit 352 - Airport		
25NM	356	Exit 356 - Onava		
25NM	360	Parking Area		
25NM	361	Exit 361 - verifica..		
25NM	364	Exit 364 - SH97 / SH161		
25NM	366	Exit 366 - SH97 / SH161		
25NM	373(NBO)	**Rest Area**		
25NM	375(SBO)	**Rest Area**		

State	Mile Marker	Name	Serv	Featured Hotels
25NM	387	Exit 387 - SH120	GF	
25NM	393	Exit 393 - Levy		
25NM	404	Exit 404 - SH569		
25NM	412	Exit 412 - US56, US412, SH21, SH468	RV	
25NM	414	Exit 414 - US56, US412	GFLRV	
25NM	419	**Service/Travel Plaza**	GF	
25NM	419	Exit 419 - SH58W	GF	
25NM	426	Exit 426 - SH505	GF	
25NM	434	**Rest Area**		
25NM	435	Exit 435 - Tinaja		
25NM	446	Exit 446 - US64 West	LRV	
25NM	450	Exit 450 - Raton	GFLRV	Holiday Inn Express (575-445-1500)
25NM	451	Exit 451 - US64 East, US87 East, Welcome Ce..	GFLRV	Motel 6 ((575) 445-2777)
25NM	452	Exit 452 - SH72 East	GLRV	Super 8 (575-445-2355)
25NM	454	Exit 454 - 2nd Street	GLRV	
25NM	460	Exit 460 - CO/NM Border, Weigh Station		
SL	462	Colorado State Line		

TEXAS - INTERSTATE 27

State	Mile Marker	Name	Serv	Featured Hotels
27TX	1	Exit 1C - 50th St	ALL	
27TX	1	Exit 1B - US 84	L	Motel 6 ((806) 745-5541)
27TX	1	Exit 1A - Lp 289		
27TX	1	Exit 1 - 82nd St	G	
27TX	2	Exit 2 - 34th	GF+	
27TX	3	Exit 3 - 19th St	L	Staybridge Suites (806.765.8900)
27TX	4	Exit 4 - 4th St	G	
27TX	5	Exit 5 - B Holly Ave		
27TX	6	Exit 6A - Ave Q	RV	
27TX	6	Exit 6B - Ave Q	RV	
27TX	7	Exit 7 - yucca Ln		
27TX	8	Exit 8 - regis St		
27TX	9	Exit 9 - Airport Rd	RV	
27TX	10	Exit 10 - Keuka St		
27TX	11	Exit 11 - Shallowater		
27TX	13	Exit 13 - New Deal		
27TX	14	Exit 14 - FM 1729	G	
27TX	15	Exit 15 - New Deal		
27TX	17	Exit 17 - County Rd 53		
27TX	22(NBO)	Exit 22 - Abernathy		
27TX	24	Exit 24 - FM 24	RV	
27TX	27	Exit 27 - County Rd		

27TX	29	**Rest Area**		
27TX	31	Exit 31 - FM 37 E		
27TX	32	Exit 32 - FM 37 W		
27TX	36	Exit 36 - Hale Center		
27TX	37	Exit 37 - Cleveland St	GF	
27TX	38	Exit 38 - Main St		
27TX	41	Exit 41 - County Rd		
27TX	43	Exit 43 - Fm 2337		
27TX	45	Exit 45 - Plainview		
27TX	49	Exit 49 - Plainview	ALL	Comfort Suites (806.293.7700) Holiday Inn Express (806.296.9900)
27TX	50	Exit 50 - Plainview	G	
27TX	51	Exit 51 - Quincy St		
27TX	53	Exit 53 - Plainview	GFLRV	
27TX	54	Exit 54 - Plainview		
27TX	56	Exit 56 - FM 788		
27TX	61	Exit 61 - County Rd		
27TX	63	Exit 63 - Kress	GF	
27TX	68	Exit 68 - FM 928		
27TX	70	Parking Area		
27TX	74	Exit 74 - Tulia	L+	
27TX	75	Exit 75 - NW 6th St	GFL	
27TX	77	Exit 77 - Tulia	ALL	
27TX	82	Exit 82 - FM 214		
27TX	83	Exit 83 - FM 2698		
27TX	88	Exit 88A - Happy		
27TX	88	Exit 88B - Happy		
27TX	90	Exit 90 - Happy	G	
27TX	92	Exit 92 - Haley Rd		
27TX	94	Exit 94 - Wayside		
27TX	96	Exit 96 - Dowlen Rd		
27TX	98	Parking Area		
27TX	99	Exit 99 - Hungate Rd		
27TX	103	Exit 103 - Cemetery Rd		
27TX	106	Exit 106 - Canyon	LRV	Holiday Inn Express (806.655.4445)
27TX	108	Exit 108 - Hunsley Rd		
27TX	109	Exit 109 - Buffalo Stadium Rd		
27TX	110(SBO)	Exit 110 - Canyon		
27TX	111	Exit 111 - Rockwell Rd		
27TX	112	Exit 112 - FM 2219	RV	
27TX	113	Exit 113 - McCormick Rd	RV	
27TX	115	Exit 115 - Sundown Ln		
27TX	116	Exit 116 - Hollywood Rd	ALL	Comfort Suites (806.353.5100) Holiday Inn (806.352.1900)

State	Mile Marker	Name	Serv	Featured Hotels
27TX	117	Exit 117 - Bell St	GF+	
27TX	119	Exit 119B - Western St	GF+	
27TX	119	Exit 119A - W Hillside		
27TX	120	Exit 120B - 45th Ave	GF+	
27TX	120	Exit 120A - Republic Ave		
27TX	121	Exit 121B - Hawthrone Dr	L	
27TX	121	Exit 121A - Georgia St	GF+	
27TX	122(SBO)	Exit 122C - verifica..		
27TX	122	Exit 122B - 34th Ave	GF	
27TX	122	Exit 122A - Washington St	F	
27TX	123	Exit 123B - I-40		
27TX	123	Exit 123A - 26th Ave	GF	

NORTH DAKOTA - INTERSTATE 29

State	Mile Marker	Name	Serv	Featured Hotels
29ND	1	Exit 1 - rd 1E		
29ND	2	Exit 2 - rd 22		
29ND	3(NBO)	**Rest Area**		
29ND	8	Exit 8 - Hankinson	GRV	
29ND	15	Exit 15 - Mantador		
29ND	23	Exit 23A - Wahpeton		
29ND	23	Exit 23B - Wahpeton		
29ND	26	Exit 26 - Dwight		
29ND	31	Exit 31 - Galchutt		
29ND	37	Exit 37 - Abercrombie	G	
29ND	42	Exit 42 - Walcott		
29ND	44	Exit 44 - Christine	G	
29ND	48	Exit 48 - Kindred		
29ND	50	Exit 50 - Hickson		
29ND	54	Exit 54 - Oxbow		
29ND	56	Exit 56 - Wild Rice		
29ND	60	Exit 60 - 52nd Ave S	+	
29ND	62	Exit 62 - 32nd Ave S	GF	
29ND	63	Exit 63A - I-94		
29ND	63	Exit 63B - I-94		
29ND	64	Exit 64 - Fargo	ALL	Fairfield Inn (701.281.0494) Motel 6 (701.232.9251) Comfort Suites (701.237.5911) Econo Lodge (701.232.3412) Comfort Inn (701.282.9596) Holiday Inn (701.282.2000)
29ND	65	Exit 65 - main Ave	GFL	
29ND	66	Exit 66 - 12th Ave N	GFL	
29ND	67	Exit 67 - 19th Ave N	L	Homewood Suites (701.235.3150)

State	Mile Marker	Name	Serv	Featured Hotels
				Candlewood Suites (701.235.8200)
29ND	69	Exit 69 - rd 20		
29ND	73	Exit 73 - Harwood	G	
29ND	79	Exit 79 - Argusville		
29ND	86	Exit 86 - Gardner		
29ND	92	Exit 92 - Grandin	G	
29ND	99	**Rest Area**		
29ND	100	Exit 100 - Blanchard		
29ND	104	Exit 104 - Hillsboro	GFLRV	
29ND	111	Exit 111 - Cummings		
29ND	118	Exit 118 - Buxton		
29ND	123	Exit 123 - Reynolds		
29ND	130	Exit 130 - Thompson	GF	
29ND	138	Exit 138 - 32nd Ave S	ALL	Fairfield Inn (701.775.7910) Comfort Inn (701.775.7503) Holiday Inn Express (866.4539466)
29ND	140	Exit 140 - DeMers Ave	GFL	Hilton Garden Inn (701.775.6000)
29ND	141	Exit 141 - Gateway Dr	ALL	Econo Lodge (701.746.6666)
29ND	145	Exit 145 - N Washington St		
29ND	152	Exit 152 - Gilby	G	
29ND	157	Exit 157 - unknown		
29ND	161	Exit 161 - Ardoch		
29ND	164	Exit 164 - unknown		
29ND	168	Exit 168 - Minto		
29ND	172	Exit 172 - unknown		
29ND	176	Exit 176 - Grafton	GFL	
29ND	179	**Rest Area**		
29ND	180	Exit 180 - rd 9		
29ND	184	Exit 184 - Drayton	G	
29ND	187	Exit 187 - Drayton	GFL	
29ND	191	Exit 191 - St Thomas		
29ND	193	Exit 193 - unknown		
29ND	196	Exit 196 - Bowesmont		
29ND	200	Exit 200 - unknown		
29ND	203	Exit 203 - Hamilton		
29ND	208	Exit 208 - Bathgate		
29ND	212	Exit 212 - unknown		
29ND	215	Exit 215 - Pembina	G	

SOUTH DAKOTA - INTERSTATE 29

State	Mile Marker	Name	Serv	Featured Hotels
29SD	1	Exit 1 - unknown	GFL	
29SD	2	Exit 2 - N Sioux City	GFLRV	Hampton Inn (605.232.9739)

				Comfort Inn (605.232.3366)
29SD	4	Exit 4 - McCook	RV	
29SD	9	Exit 9 - Jefferson	G	
29SD	13(SBO)	Parking Area		
29SD	15	Exit 15 - Elk Point	G	
29SD	18	Exit 18 - Burbank	GFL	
29SD	26	Exit 26 - Vermillion	ALL	
29SD	31	Exit 31 - Akron		
29SD	38	Exit 38 - Volin		
29SD	42	Exit 42 - Alcester		
29SD	47	Exit 47 - Irene	ALL	
29SD	50	Exit 50 - Centerville		
29SD	53	Exit 53 - Viborg		
29SD	56	Exit 56 - Fairview		
29SD	59	Exit 59 - Davis		
29SD	62	Exit 62 - Canton	LRV	
29SD	64	Exit 64 - Worthing		
29SD	68	Exit 68 - Lennox		
29SD	71	Exit 71 - Harrisburg	RV	
29SD	73	Exit 73 - Tea	GFRV	
29SD	75	Exit 75 - I-229 E	L	Hilton Garden Inn (605.444.4500)
29SD	77	Exit 77 - 41st St	ALL	Residence Inn (605.361.2202) Fairfield Inn (605.361.2211) Courtyard (605.444.4300) SpringHill Suites (605.444.4200) Comfort Inn (605.361.2822) Comfort Suites (605.362.9711)
29SD	78	Exit 78 - 26th St	ALL	TownePlace Suites (605.361.2626) Hampton Inn (605.362.1700) Holiday Inn (605.361.0122) Staybridge Suites (605.361.2298)
29SD	79	Exit 79 - 12th St	ALL	
29SD	80	Exit 80 - Madison St	G	
29SD	81	Exit 81 - Russell St	GFL	Motel 6 ((605) 336-7800) Sleep Inn (605.339.3992)
29SD	82	Exit 82 - Benson Rd		
29SD	83	Exit 83 - 60th St	ALL	Quality Inn (605.336.1900)
29SD	84	Exit 84A - I-90		
29SD	84	Exit 84B - I-90		
29SD	86	Exit 86 - Renner		
29SD	94	Exit 94 - Baltic		
29SD	98	Exit 98 - Dell Rapids	GFL	
29SD	103	Parking Area		
29SD	104	Exit 104 - Trent		
29SD	109	Exit 109 - Madison	G	

State	Mile Marker	Name	Serv	Featured Hotels
29SD	114	Exit 114 - flandreau	GFLRV	
29SD	121	**Rest Area**		
29SD	127	Exit 127 - Elkton		
29SD	132	Exit 132 - Brookings	ALL	Fairfield Inn (605.692.3500) Hampton Inn (605.697.5232) Comfort Inn (605.692.9566) Holiday Inn (605.692.9060)
29SD	133	Exit 133 - Brookings	ALL	
29SD	140	Exit 140 - White		
29SD	150	Exit 150 - Toronto	GFL	
29SD	157	Exit 157 - Brandt		
29SD	161	**Rest Area**		
29SD	164	Exit 164 - Castlewood	G	
29SD	177	Exit 177 - Watertown	ALL	Hampton Inn (605.878.1800) Quality Inn (605.886.3010) Holiday Inn (605.882.3636)
29SD	180	Exit 180 - Watertown	G	
29SD	185	Exit 185 - Waverly		
29SD	193	Exit 193 - South Shore		
29SD	201	Exit 201 - Twin Brooks		
29SD	207	Exit 207 - Summit	GF	
29SD	213	**Rest Area**		
29SD	224	Exit 224 - Peever	G	
29SD	232	Exit 232 - Sisseton	ALL	
29SD	242	Exit 242 - unknown		
29SD	246	Exit 246 - Rosholt	GFRV	
29SD	251(SBO)	**Rest Area**		

IOWA - INTERSTATE 29

State	Mile Marker	Name	Serv	Featured Hotels
29IA	1	Exit 1B - S 24th St	GFLRV	
29IA	1	Exit 1 - Hamburg	GFL	
29IA	3	Exit 3 - Council Bluffs	ALL	
29IA	10	Exit 10 - Nebraska City	ALL	
29IA	15	Exit 15 - Percival	G	
29IA	20	Exit 20 - Thurman		
29IA	24	Exit 24 - Tabor		
29IA	32	Exit 32 - Plattsmouth		
29IA	35	Exit 35 - Glenwood	GFLRV	
29IA	38	**Rest Area**		
29IA	42	Exit 42 - Bellevue	RV	
29IA	47	Exit 47 - Lake Manawa	GF	
29IA	48(NBO)	Exit 48 - I-80 E		
29IA	51	Exit 51 - I-80 W		

State	Mile Marker	Name	Serv	Featured Hotels
29IA	52	Exit 52 - Nebraska Ave	GFL	Spring Hill (712.256.6500) Hampton Inn (712.328.2500) Holiday Inn (712.322.5050)
29IA	53	Exit 53B - I-480 W		
29IA	53	Exit 53A - 9th Ave	GFLRV	Quality Inn (712.328.3171)
29IA	54(NBO)	Exit 54B - N 35th St		
29IA	54(SBO)	Exit 54A - G Ave		
29IA	55	Exit 55 - N 25th St	G	
29IA	56	Exit 56 - Council Bluffs	L	
29IA	61	Exit 61B - I-680 W		
29IA	61	Exit 61A - Crescent	G	
29IA	66	Exit 66 - Honey Creek	RV	
29IA	71	Exit 71 - I-680 E		
29IA	72	Exit 72 - Loveland	G	
29IA	75	Exit 75 - Missouri Valley	GFL	
29IA	79	**Rest Area**		
29IA	82	Exit 82F - Modale	G	
29IA	89	Exit 89 - Mondamin	G	
29IA	91	**Rest Area**		
29IA	95	Exit 95 - Little Sioux	GRV	
29IA	105	Exit 105 - Blencoe		
29IA	110	**Rest Area**		
29IA	112	Exit 112 - Onawa	GFLRV	
29IA	120	Exit 120 - Whiting	RV	
29IA	127	Exit 127 - Sloan	GLRV	
29IA	132(NBO)	**Rest Area**		
29IA	134	Exit 134 - Salix	RV	
29IA	135	Exit 135 - Port Neal Landing		
29IA	139	**Rest Area**		
29IA	141	Exit 141 - Sioux Gateway	GFL	Motel 6 ((712) 277-3131) Econo Lodge (712.943.5079)
29IA	143	Exit 143 - Singing Hills Blvd	ALL	
29IA	144	Exit 144B - I-129 W		
29IA	144	Exit 144A - Ft Dodge	ALL	Fairfield Inn (712.276.5600)
29IA	147	Exit 147B - Sioux City	GFL	Clarion Hotel (712.277.4101) Holiday Inn (712.277.9400)
29IA	147	Exit 147A - floyd Blvd		
29IA	148	Exit 148 - S Sioux City	ALL	

MISSOURI - INTERSTATE 29

State	Mile Marker	Name	Serv	Featured Hotels
29MO	1	Exit 1E - Vivion Rd	GF+	
29MO	1(SBO)	Exit 1D - Oak Tfwy	GF	

29MO	1(NBO)	Exit 1C - Gladstone	F	
29MO	1(SBO)	Exit 1B - I-35 N	L	Fairfield Inn (816.931.5700)
29MO	1	Exit 1A - Davidson Rd		
29MO	2(SBO)	Exit 2B - US 169 S		
29MO	2(NBO)	Exit 2A - US 169 N		
29MO	3(SBO)	Exit 3C - Riverside	GFL	
29MO	3	Exit 3B - I-635 S		
29MO	3(NBO)	Exit 3A - Waukomis Dr		
29MO	4(NBO)	Exit 4 - NW 56th St	G	
29MO	5	Exit 5 - NW 64th St	GF	
29MO	6	Exit 6 - NW 72nd St	GF	
29MO	8	Exit 8 - NW Barry Rd	ALL	Motel 6 ((816) 741-6400)
29MO	9	Exit 9A - Liberty		
29MO	9	Exit 9B - Liberty		
29MO	10	Exit 10 - Tiffany Springs Pkwy	GFL	Courtyard (816.891.7500) Embassy Suites (816.891.7788) Homewood Suites (816.880.9880) Sleep Inn (816.891.0111)
29MO	12	Exit 12 - NW 112th St	GL	Residence Inn (816.741.2300) Hilton (816.891.8900) Comfort Inn (816.569.2500) Holiday Inn Express (816.891.8811)
29MO	13	Exit 13 - I-435 E	L	Holiday Inn (816.801.8400)
29MO	14(SBO)	Exit 14 - I-435 E		
29MO	15	Exit 15 - Mexico City Ave	L	Marriott (816.464.2200)
29MO	17	Exit 17 - I-435 S		
29MO	18	Exit 18 - Platte City	GFL	
29MO	19	Exit 19 - Platte City	ALL	
29MO	20	Exit 20 - Atchison	G	
29MO	25	Exit 25 - Camden Point	G	
29MO	27	**Rest Area**		
29MO	30	Exit 30 - Dearborn	G	
29MO	35	Exit 35 - Faucett	G	
29MO	43	Exit 43 - I-229 N		
29MO	44	Exit 44 - Gower	ALL	
29MO	46	Exit 46A - Cameron	GF+	
29MO	46	Exit 46B - Cameron	GF+	
29MO	47	Exit 47 - Fredrick Blvd	ALL	Hampton Inn (816.390.9300) Motel 6 (816.232.2311) Comfort Suites (816.232.6557)
29MO	50	Exit 50 - St Joseph	GF+	
29MO	53	Exit 53 - St Joseph	GRV	
29MO	56	Exit 56A - St Joseph		
29MO	56	Exit 56B - St Joseph		
29MO	60	Exit 60 - Amazonia		

State	Mile Marker	Name	Serv	Featured Hotels
29MO	65	Exit 65 - Fillmore	G	
29MO	67	Exit 67 - Oregon		
29MO	75	Exit 75 - Oregon		
29MO	79	Exit 79 - Rulo	G	
29MO	82	**Rest Area**		
29MO	84	Exit 84 - Mound City	GFL	
29MO	92	Exit 92 - Fairfax	G	
29MO	99	Exit 99 - Corning		
29MO	107	Exit 107 - Rock Port	LRV	
29MO	109(SBO)	**Rest Area**		
29MO	110	Exit 110 - Rock Port	GFLRV	
29MO	116	Exit 116 - Watson		

MINNESOTA - INTERSTATE 35

State	Mile Marker	Name	Serv	Featured Hotels
35MN	1(NBO)	**Rest Area**		
35MN	1	Exit 1 - Crystal Lake rd	ALL	Holiday Inn (952.435.2100)
35MN	2	Exit 2 - rd 5		
35MN	3	Exit 3A - Shakopee	L	
35MN	3	Exit 3B - Shakopee	L	
35MN	4	Exit 4B - 113th St		
35MN	4	Exit 4A - Cliff Rd		
35MN	5	Exit 5 - Glenville	RV	
35MN	6	Exit 6 - 98th St	GF	
35MN	7	Exit 7B - 90th St		
35MN	7	Exit 7A - 94th St	L	Holiday Inn (952.884.8211)
35MN	8	Exit 8 - Albert Lea	GF	
35MN	9(SBO)	Exit 9C - 76th St		
35MN	9	Exit 9A - Dec 31, 0493		
35MN	9	Exit 9B - Dec 31, 0493		
35MN	10	Exit 10B - 58th St		
35MN	10	Exit 10A - 66th St	G	
35MN	11	Exit 11 - Albert Lea	ALL	Comfort Inn (507.377.1100)
35MN	11	Exit 11B - MN 62 E		
35MN	11(SBO)	Exit 11A - Lyndale Ave		
35MN	12(SBO)	Exit 12 - Albert Lea		
35MN	12	Exit 12B - Diamond Lake Rd		
35MN	12(SBO)	Exit 12A - 60th St	G+	
35MN	13	Exit 13A - I-90		
35MN	13	Exit 13B - I-90		
35MN	13	Exit 13 - 46th St		
35MN	14	Exit 14 - 35th St		
35MN	15(NBO)	Exit 15 - 31st St	F+	

35MN	16(NBO)	Exit 16A - I-94		
35MN	16(NBO)	Exit 16B - I-94		
35MN	17	Exit 17C - 11th St	GL	
35MN	17(SBO)	Exit 17B - I-94 W		
35MN	17	Exit 17A - Hiawatha		
35MN	18	Exit 18 - Hollandale	GRV	
35MN	19(NBO)	Exit 19 - E Hennepin		
35MN	21	Exit 21A - Broadway St	F+	
35MN	21	Exit 21B - Broadway St	F+	
35MN	22	Exit 22 - Hartland	GF	
35MN	22(NBO)	Exit 22 - Industrial Blvd	L	
35MN	23	Exit 23B - Cleveland Ave		
35MN	23(SBO)	Exit 23A - Industrial Blvd		
35MN	24	Exit 24 - rd C	FL	Motel 6 ((651) 639-3988) Holiday Inn (651.636.5800)
35MN	25	Exit 25B - Roseville		
35MN	25(NBO)	Exit 25A - rd D	GFL	
35MN	26	Exit 26 - Blooming Prairie	G	
35MN	27	Exit 27A - I-694 E		
35MN	27	Exit 27B - I-694 E		
35MN	28	Exit 28B - rd 10	GFL	
35MN	28	Exit 28C - rd 10	GFL	
35MN	28	Exit 28A - MN 96		
35MN	29	Exit 29 - rd I		
35MN	30	Exit 30 - US 10W		
35MN	31	Exit 31A - Lake Dr	GFL	
35MN	31	Exit 31B - Lake Dr	GFL	
35MN	32	Exit 32 - Hope	GFRV	
35MN	33	Exit 33 - Lexington Ave	GF+	
35MN	35	**Rest Area**		
35MN	36	Exit 36 - rd23	ALL	
35MN	40	Exit 40 - Owatonna	FL	
35MN	41	Exit 41 - Bridge St	GFL	
35MN	42	Exit 42A - Waseca	ALL	
35MN	42	Exit 42B - Waseca	ALL	
35MN	43	Exit 43 - 26th St		
35MN	45	Exit 45 - Clinton Falls	GFL	Comfort Inn (507.444.0818) Holiday Inn (507.446.8900)
35MN	48	Exit 48 - Medford	F+	
35MN	55(NBO)	Exit 55 - rd 48	GFL	
35MN	56	Exit 56 - Fairbault	ALL	
35MN	59	Exit 59 - Fairbault	GFLRV	
35MN	69	Exit 69 - Dindas	F	
35MN	76(SBO)	**Rest Area**		

35MN	76	Exit 76 - Elko	GF	
35MN	81	Exit 81 - Lakeville	GFL	Motel 6 (952.469.1900) Holiday Inn (952.469.1134)
35MN	84	Exit 84 - 185th St W	F+	
35MN	85	Exit 85 - MN 50	ALL	Comfort Inn (952.898.3700)
35MN	86	Exit 86 - rd 46	GF	
35MN	88	Exit 88B - Crystal Lake Rd	ALL	
35MN	88(NBO)	Exit 88A - I-35W	G	
35MN	88	Exit 88 - 2nd St	FL+	
35MN	90	Exit 90 - rd 11	GF	
35MN	92	Exit 92 - Cedar Ave		
35MN	93	Exit 93 - Cliff Rd	ALL	Holiday Inn (651.681.9266) Staybridge Suites (651.994.7810)
35MN	94	Exit 94 - Diffley Rd	G+	
35MN	97	Exit 97B - Yankee Doodle Rd	ALL	
35MN	97	Exit 97A - Pilot Knob Rd	ALL	
35MN	98	Exit 98 - lone Oak Rd	ALL	Hampton Inn (651.688.3343)
35MN	99	Exit 99A - I-494 W		
35MN	99	Exit 99B - I-494 W		
35MN	101	Exit 101A - MN 110 W	GF	
35MN	101	Exit 101B - MN 110 W	GF	
35MN	102	Exit 102 - Sibley Hwy	G	
35MN	103	Exit 103B - W 7th St	GF	
35MN	103(NBO)	Exit 103A - Shepard Rd		
35MN	104	Exit 104C - Victoria St		
35MN	104(NBO)	Exit 104B - Ayd Mill Rd		
35MN	104	Exit 104A - Randolph Ave		
35MN	105	Exit 105 - St Clair Ave		
35MN	106(NBO)	Exit 106C - 11th St		
35MN	106(NBO)	Exit 106B - Kellogg Blvd	FL	
35MN	106	Exit 106A - Grand Ave		
35MN	107	Exit 107C - University Ave	G	
35MN	107	Exit 107A - I-94	L	Crowne Plaza (651.292.1900)
35MN	107	Exit 107B - I-94		
35MN	108	Exit 108 - Pennsylvania Ave		
35MN	109	Exit 109 - Maryland Ave	GF	
35MN	110	Exit 110B - Roselawn Ave		
35MN	110	Exit 110A - Wheelock Pkwy	GF	
35MN	111	Exit 111A - Stillwater		
35MN	111	Exit 111B - Stillwater		
35MN	112	Exit 112 - Little Canada Rd	GF	
35MN	113	Exit 113 - I-694 W		
35MN	114	Exit 114 - I-694 E		
35MN	115	Exit 115 - rd E	ALL	Holiday Inn (651.484.2400)

35MN	117	Exit 117 - rd 96	ALL	
35MN	120(NBO)	Exit 120 - rd J		
35MN	123	Exit 123 - Centerville	GF+	
35MN	127	Exit 127 - I-35 W		
35MN	129	Exit 129 - MN 97	GRV	
35MN	131(SBO)	**Rest Area**		
35MN	131	Exit 131 - Forest Lake	ALL	
35MN	132(NBO)	Exit 132 - taylors Falls		
35MN	135	Exit 135 - Wyoming	GFRV	
35MN	139	Exit 139 - Stacy	GF+	
35MN	143	Exit 143 - rd 17	G	
35MN	147	Exit 147 - Cambridge	ALL	
35MN	152	Exit 152 - Harris	G	
35MN	154(NBO)	**Rest Area**		
35MN	159	Exit 159 - Rush City	GRV+	
35MN	165	Exit 165 - Grantsburg	GRV	
35MN	169	Exit 169 - Pine City	ALL	
35MN	171	Exit 171 - Pine City	GFRV	
35MN	175	Exit 175 - Beroun	G	
35MN	180	Exit 180 - Mora		
35MN	183	Exit 183 - Hinckley	ALL	
35MN	191	Exit 191 - Sandstone	GL	
35MN	195	Exit 195 - Askov	GFLRV	
35MN	198(NBO)	**Rest Area**		
35MN	205	Exit 205 - Willow River	GRV	
35MN	208(SBO)	**Rest Area**		
35MN	209	Exit 209 - Sturgeon lake	GLRV	
35MN	214	Exit 214 - rd 73	GLRV	
35MN	216(SBO)	Exit 216 - Moose lake	ALL	
35MN	220	Exit 220 - Barnum	GFLRV	
35MN	226(NBO)	**Rest Area**		
35MN	227	Exit 227 - Mahtowa	GRV	
35MN	235	Exit 235 - Cromwell	ALL	
35MN	237	Exit 237 - Cloquet	ALL	
35MN	239	Exit 239 - Cloquet	GFLRV	
35MN	242	Exit 242 - Esko	G	
35MN	245	Exit 245 - rd 61	FRV	
35MN	246	Exit 246 - Midway Rd	GF	
35MN	249	Exit 249 - Boundry Ave	GFL	
35MN	250(SBO)	Exit 250 - Grand Rapids	GFL	
35MN	251	Exit 251B - Grand Ave	L	
35MN	251	Exit 251A - Cody St	L	
35MN	252	Exit 252 - Central Ave	GF+	

35MN	253	Exit 253B - 40th Ave W	GFL	
35MN	253	Exit 253A - US 2E		
35MN	254	Exit 254 - 27th Ave W	GFL	Motel 6 (218.723.1123)
35MN	255	Exit 255A - US 53N	+	
35MN	255	Exit 255B - I-535 spur		
35MN	256	Exit 256B - Mesaba Ave	GFL	Hampton Inn (218.720.3000) Holiday Inn (218.722.1202)
35MN	256	Exit 256A - Michigan St		
35MN	258(NBO)	Exit 258 - 21st Ave E		
35MN	259	Exit 259 - London Rd	GFL	
35MN	329	Exit 329 - 5th Ave NE		

IOWA - INTERSTATE 35

State	Mile Marker	Name	Serv	Featured Hotels
35IA	4	Exit 4 - Davis City	ALL	
35IA	7	**Rest Area**		
35IA	12	Exit 12 - Decatur City	GFL	
35IA	18	Exit 18 - Grand River		
35IA	22	Exit 22 - Van Wert		
35IA	29	Exit 29 - rd H45		
35IA	31(SBO)	Parking Area		
35IA	32	**Rest Area**		
35IA	33	Exit 33 - Osceola	ALL	
35IA	34	Exit 34 - Clay St	GFRV+	
35IA	36	Exit 36 - rd 152	L	
35IA	43	Exit 43 - New Virginia	G	
35IA	47	Exit 47 - Truro	G	
35IA	51(SBO)	**Rest Area**		
35IA	52	Exit 52 - St Charles	G	
35IA	53(NBO)	**Rest Area**		
35IA	56	Exit 56 - Indianola	GF	
35IA	65	Exit 65 - Norwalk		
35IA	68	Exit 68 - IA5		
35IA	69	Exit 69A - Grand Ave		
35IA	69	Exit 69B - Grand Ave		
35IA	70	Exit 70 - Civic Pkwy	ALL	Hilton Garden Inn (515.223.0571) Holiday Inn (515.309.3900)
35IA	72	Exit 72C - University Ave	ALL	
35IA	72	Exit 72B - I-80 W	L	West (515.267.1500) SpringHill (515.223.9005)
35IA	72	Exit 72A - I-235 E		
35IA	87	Exit 87A - I-235		
35IA	87	Exit 87B - I-235		

State	Mile Marker	Name	Serv	Featured Hotels
35IA	89	Exit 89 - Corporate Woods Dr	L	Hampton Inn (515.261.4400)
35IA	90	Exit 90 - Ankeny	ALL	Holiday Inn (515.965.2400)
35IA	92	Exit 92 - Ankeny	ALL	Quality Inn (515.964.8202)
35IA	94	**Rest Area**		
35IA	96	Exit 96 - Elkhart		
35IA	102	Exit 102 - Slater	F	
35IA	111	Exit 111A - Nevada	GFL	
35IA	111	Exit 111B - Nevada	GFL	Hampton Inn (515.239.9999)
35IA	113	Exit 113 - Ames	GFL	Holiday Inn (515.232.2300)
35IA	116	Exit 116 - Story		
35IA	119(SBO)	**Rest Area**		
35IA	120(NBO)	**Rest Area**		
35IA	123	Exit 123 - Roland		
35IA	124	Exit 124 - Story City	ALL	Comfort Inn (515.733.6363)
35IA	128	Exit 128 - Stanhope		
35IA	133	Exit 133 - Jewell	G	
35IA	139	Exit 139 - Kamrar		
35IA	142	Exit 142A - Webster City		
35IA	142	Exit 142B - Webster City		
35IA	144	Exit 144 - Williams	GLRV	
35IA	147	Exit 147 - rd D20		
35IA	151	Exit 151 - Woolstock		
35IA	159	**Rest Area**		
35IA	165	Exit 165 - IA 3	GL	
35IA	170	Exit 170 - Alexander		
35IA	176	Exit 176 - Sheffield		
35IA	180	Exit 180 - Thornton	GRV	
35IA	182	Exit 182 - Rockwell		
35IA	188	Exit 188 - Burchinal		
35IA	190	Exit 190 - Mason City		
35IA	193	Exit 193 - Mason City	GL	
35IA	194	Exit 194 - Mason City	ALL	
35IA	196	**Rest Area**		
35IA	197	Exit 197 - rd B20		
35IA	203	Exit 203 - manly		
35IA	208	Exit 208 - joice		
35IA	212(NBO)	**Rest Area**		
35IA	214	Exit 214 - Northwood	GFL	

MISSOURI - INTERSTATE 35

State	Mile Marker	Name	Serv	Featured Hotels
35MO	1(SBO)	Exit 1D - 20th St		
35MO	1	Exit 1C - 27th St	G	

35MO	1	Exit 1D - 27th St	G	
35MO	1(SBO)	Exit 1A - SW Trafficway		
35MO	2	Exit 2E - Oak St	GL	
35MO	2	Exit 2D - Wyandotte St		
35MO	2	Exit 2A - I-70 W		
35MO	2	Exit 2 - Broadway	L	Hilton (816.221.9490)
35MO	3	Exit 3 - I-70 E		
35MO	4	Exit 4B - Front St		
35MO	4	Exit 4A - Independence Ave		
35MO	5	Exit 5B - 16th Ave		
35MO	5	Exit 5A - Levee Rd		
35MO	6	Exit 6A - Armour Rd	ALL	Econo Lodge (816.421.6000)
35MO	6	Exit 6B - Armour Rd	ALL	
35MO	8	Exit 8C - Antioch Rd	ALL	
35MO	8	Exit 8B - I-29 N		
35MO	8	Exit 8A - Parvin Rd	ALL	
35MO	9	Exit 9 - Chouteau Trfwy	GF+	
35MO	10(NBO)	Exit 10 - N Brighton Ave	F	
35MO	11	Exit 11 - Vivion Rd	GF	
35MO	12	Exit 12A - I-435		
35MO	12	Exit 12B - I-435		
35MO	13(NBO)	Exit 13 - Pleasant Valley	GF+	
35MO	14	Exit 14 - Liberty Dr	G	
35MO	16	Exit 16 - Liberty	ALL	Comfort Suites (816.781.7273) Holiday Inn (816.781.5555)
35MO	17	Exit 17 - MO 291	ALL	
35MO	20	Exit 20 - Excelsior Springs		
35MO	22(SBO)	Parking Area		
35MO	26	Exit 26 - Kearney	ALL	Econo Lodge (816.628.5111) Comfort Inn (816.628.2288)
35MO	33	Exit 33 - Holt	GFL	
35MO	34	**Rest Area**		
35MO	40	Exit 40 - Lathrop	G	
35MO	48	Exit 48 - Cameron	G	
35MO	52	Exit 52 - Cameron	G	
35MO	54	Exit 54 - Cameron	ALL	Comfort Inn (816.632.5655)
35MO	61	Exit 61 - Winston	G	
35MO	64	Exit 64 - Maysville		
35MO	68	Exit 68 - Pattonsburg		
35MO	72	Exit 72 - rd DD		
35MO	78	Exit 78 - Pattonsburg	G	
35MO	80	Exit 80 - Coffey		
35MO	81	**Rest Area**		
35MO	84	Exit 84 - Gilman City		

State	Mile Marker	Name	Serv	Featured Hotels
35MO	88	Exit 88 - Bethany		
35MO	92	Exit 92 - Bethany	ALL	Comfort Inn (660.425.8006)
35MO	93	Exit 93 - Bethany	F	
35MO	99	Exit 99 - Ridgeway	RV	
35MO	106	Exit 106 - Blythedale	GFLRV	
35MO	112(SBO)	**Rest Area**		
35MO	114	Exit 114 - Lamoni	GRV	

KANSAS - INTERSTATE 35

State	Mile Marker	Name	Serv	Featured Hotels
35KS	4	Exit 4 - South Haven	LRV	
35KS	11	Exit 11 - Cattle Pens		
35KS	19	Exit 19 - Wellington	FLRV	
35KS	26	**Service/Travel Plaza**	GF	
35KS	33	Exit 33 - Mulvane		
35KS	39	Exit 39 - Haysville	L	
35KS	42	Exit 42 - 47th St	GFL	Comfort Inn (316.522.1800)
35KS	45	Exit 45 - Wichita		
35KS	50	Exit 50 - Kellogg Ave	ALL	Motel 6 (316.684.6363) Comfort Inn (316.686.2844)
35KS	53	Exit 53 - Wichita		
35KS	57	Exit 57 - Andover		
35KS	65	**Service/Travel Plaza**	GF	
35KS	71	Exit 71 - El Dorado	ALL	Holiday Inn (316.322.7275)
35KS	76	Exit 76 - El Dorado N	ALL	
35KS	92	Exit 92 - Cassoday	G	
35KS	97	**Service/Travel Plaza**	GF	
35KS	127	Exit 127C - I-335 N		
35KS	127	Exit 127A - Newton	ALL	
35KS	127	Exit 127B - Newton	ALL	
35KS	127	Exit 127 - I-35		
35KS	128	Exit 128 - Industrial Rd	ALL	Motel 6 (620.343.1240) Econo Lodge (620.343.7750) Comfort Inn (620.342.9700) Candlewood Suites (620.343.7756) Holiday Inn Express (620.341.9393)
35KS	130	Exit 130 - Merchant St	GF	
35KS	131	Exit 131 - Burlingame Rd	GF+	
35KS	133	Exit 133 - 6th Ave	GFL	
35KS	135	Exit 135 - County Rd R1	RV	
35KS	138	Exit 138 - County Rd U		
35KS	141	Exit 141 - Neosho Rapids		
35KS	148	Exit 148 - Lebo	GFL	
35KS	155	Exit 155 - Burlington	GFL	

State	Mile	Name	Serv	Featured Hotels
35KS	160	Exit 160 - Melvern		
35KS	162	Exit 162 - Waverly		
35KS	170	Exit 170 - Williamsburg	G	
35KS	175	**Rest Area**		
35KS	176	Exit 176 - Homewood	RV	
35KS	182	Exit 182A - Eisenhower Rd		
35KS	182	Exit 182B - Eisenhower Rd		
35KS	183	Exit 183 - Ottawa	ALL	Econo Lodge (785.242.3400) Comfort Inn (785.242.9898)
35KS	185	Exit 185 - 15th St		
35KS	187	Exit 187 - Ottawa	G	
35KS	193	Exit 193 - Tennessee Rd		
35KS	198	Exit 198 - Wellsville	G	
35KS	202	Exit 202 - Edgerton		
35KS	207	Exit 207 - Gardner Rd	G	
35KS	210	Exit 210 - Gardner	ALL	
35KS	215	Exit 215 - Olathe	ALL	Comfort Inn (913.948.9000) Sleep Inn (913.390.9500) Econo Lodge (913.829.1312)
35KS	217(SBO)	Exit 217 - Old Hwy 56		
35KS	218	Exit 218 - Santa Fe St	ALL	
35KS	220	Exit 220 - 119th St	ALL	
35KS	222	Exit 222B - I-435		
35KS	224	Exit 224 - 95th St	ALL	Motel 6 ((913) 541-8558) Comfort Inn (913.438.6969)
35KS	225(SBO)	Exit 225B - Overland Pkwy		
35KS	225	Exit 225A - 87th St	ALL	
35KS	227	Exit 227 - 75th St	ALL	
35KS	228	Exit 228 - Shawnee Mission Pkwy	ALL	Comfort Inn (913.262.2622)
35KS	228	Exit 228A - 67th St	GL	Quality Inn (913.262.4448)
35KS	229	Exit 229 - Johnson Dr	GF+	
35KS	230(SBO)	Exit 230 - Antioch Rd	G	
35KS	231	Exit 231A - I-635		
35KS	231	Exit 231B - I-635		
35KS	232	Exit 232B - US 69 N	GF	
35KS	232	Exit 232A - Lamar Ave	GL	
35KS	233	Exit 233A - Mission Rd		
35KS	233(SBO)	Exit 233B - 37th Ave		
35KS	234	Exit 234A - Rainbow Blvd	GFL	
35KS	234	Exit 234B - Rainbow Blvd	GFL	
35KS	235	Exit 235 - Cambridge Circle		

OKLAHOMA - INTERSTATE 35

State	Mile	Name	Serv	Featured Hotels

	Marker			
35OK	1	Exit 1 - US 77N	ALL	
35OK	3(NBO)	**Rest Area**		
35OK	5	Exit 5 - Thackerville	RV+	
35OK	15	Exit 15 - Marietta	GF	
35OK	21	Exit 21 - Oswalt Rd	GRV	
35OK	24	Exit 24 - OK 77 S		
35OK	29	Exit 29 - Ardmore	LRV	
35OK	31	Exit 31A - Ardmore	ALL	Motel 6 ((580) 226-7666) Comfort Inn (580.490.9996) Holiday Inn (580.223.7130)
35OK	31	Exit 31B - Ardmore	ALL	
35OK	32	Exit 32 - Ardmore	GFL	Candlewood Suites (580.226.0100)
35OK	33	Exit 33 - Ardmore	GL	SpringHill (580.226.7100)
35OK	40	Exit 40 - Gene Autry	GF	
35OK	42	Exit 42 - Springer	G	
35OK	46	Observation Area		
35OK	47	Exit 47 - US 77		
35OK	49	Observation Area		
35OK	51	Exit 51 - Turner Falls	GLRV	
35OK	55	Exit 55 - Davis	GRV+	
35OK	59	**Rest Area**		
35OK	60	Exit 60 - Ruppe Rd		
35OK	66	Exit 66 - Wynnewood		
35OK	70	Exit 70 - Airport Rd		
35OK	72	Exit 72 - Paul's Valley	ALL	Comfort Inn (405.207.9730) Holiday Inn (405.207.9434)
35OK	74	Exit 74 - Kimberlin Rd		
35OK	79	Exit 79 - Paoli	G	
35OK	86	Exit 86 - Wayne	RV	
35OK	91	Exit 91 - Maysville	ALL	Econo Lodge (405.527.5603)
35OK	95	Exit 95 - Purcell	GF	
35OK	98	Exit 98 - Johnson Rd	G	
35OK	101	Exit 101 - Ladd Rd		
35OK	104	Exit 104 - Goldsby	GF	
35OK	106	Exit 106 - Chickasha	ALL	Sleep Inn (405.307.0919)
35OK	108	Exit 108A - Norman	GFL	Residence (405.366.0900)
35OK	108	Exit 108B - Norman	GFL	
35OK	109	Exit 109 - Main St	ALL	Hampton Inn (405.366.2100) Econo Lodge (405.364.5554)
35OK	110	Exit 110A - Robinson St	ALL	Comfort Inn (405.701.5200)
35OK	110	Exit 110B - Robinson St	ALL	
35OK	112	Exit 112 - Tecumseh Rd		
35OK	113(SBO)	Exit 113 - Norman		

35OK	114	Exit 114 - Indian Hill Rd	FL	
35OK	116	Exit 116 - S 19th St	ALL	
35OK	117	Exit 117 - S 4th St	GF	
35OK	118	Exit 118 - N 12th St	ALL	Comfort Inn (405.912.1400) Candlewood Suites (405.735.5151)
35OK	119	Exit 119B - N 27th St	GF	
35OK	119	Exit 119A - Shields Blvd		
35OK	120	Exit 120 - SE 89th St	GL	
35OK	121	Exit 121B - I-240 E		
35OK	121(SBO)	Exit 121A - SE 82nd St		
35OK	122	Exit 122B - SE 59th St	G	
35OK	122	Exit 122A - SE 66th St	ALL	
35OK	123	Exit 123B - SE 44th St	ALL	Motel 6 (405.601.3977)
35OK	123	Exit 123A - SE 51st St	GL	
35OK	124	Exit 124B - SE 29th St	GFL	
35OK	124	Exit 124A - Grand Blvd	L	
35OK	125(NBO)	Exit 125B - SE 22nd St		
35OK	125	Exit 125A - SE 25th St		
35OK	126	Exit 126A - I-40		
35OK	126	Exit 126B - I-35 S		
35OK	127	Exit 127 - Eastern Ave	GFL	Econo Lodge (405.278.7250)
35OK	128	Exit 128 - I-40 E		
35OK	129	Exit 129 - NE 10th St	G	
35OK	130	Exit 130 - NE 23rd St	G	
35OK	131	Exit 131 - NE 36th St	G	
35OK	132(NBO)	Exit 132B - NE 63rd St	GFL	
35OK	132	Exit 132A - NE 50th St		
35OK	133	Exit 133 - I-44 W		
35OK	134	Exit 134 - Wilshire Blvd	L	
35OK	135	Exit 135 - Britton Rd		
35OK	136	Exit 136 - Hefner Rd	G	
35OK	137	Exit 137 - NE 122nd St	GFLRV	Comfort Inn (405.478.7282)
35OK	138	Exit 138D - Memorial Rd		
35OK	138	Exit 138C - Sooner Rd Southbound		
35OK	138	Exit 138B - Kilpatrick Tpk		
35OK	138	Exit 138A - I-44		
35OK	139	Exit 139 - SE 33rd St	FL	
35OK	140	Exit 140 - SE 15th St	GF+	
35OK	141	Exit 141 - 2nd St	GL	Comfort Suites (405.513.5353) Holiday Inn (405.844.3700)
35OK	142(NBO)	Exit 142 - Danforth Rd		
35OK	143	Exit 143 - Covell Rd		
35OK	146	Exit 146 - Waterloo Rd	G	
35OK	151	Exit 151 - Seward Rd	GRV	

State	Mile Marker	Name	Serv	Featured Hotels
35OK	153	Exit 153 - Guthrie	F	
35OK	157	Exit 157 - Cushing	GFLRV	Sleep Inn (405.260.1400) Holiday Inn (405.293.6464)
35OK	170	Exit 170 - Mullhall Rd		
35OK	171(NBO)	Parking Area		
35OK	173(SBO)	Parking Area		
35OK	174	Exit 174 - Stillwater	GFLRV	Motel 6 ((405) 624-0433)
35OK	180	Exit 180 - Orlando Rd		
35OK	185	Exit 185 - Covington	GLRV	
35OK	186	Exit 186 - Fir St	GFL	Holiday Inn (580.336.5050)
35OK	193(NBO)	Exit 193 - Airport Rd		
35OK	194	Exit 194A - US 412		
35OK	194	Exit 194B - US 412		
35OK	195	Parking Area		
35OK	203	Exit 203 - Marland	G	
35OK	209	**Rest Area**		
35OK	211	Exit 211 - Fountain Rd	G	
35OK	214	Exit 214 - Tonkawa	GLRV	Motel 6 (580.767.1406)
35OK	218	Exit 218 - Hubbard Rd		
35OK	222	Exit 222 - Blackwell	GFL	
35OK	225	**Rest Area**		
35OK	230	Exit 230 - Braman Rd		
35OK	231	Exit 231 - Braman	G	

TEXAS - INTERSTATE 35

State	Mile Marker	Name	Serv	Featured Hotels
35TX	1	Exit 1B - Park St	GF	
35TX	1	Exit 1A - Victoria St	GF+	
35TX	2	Exit 2 - Saunders Rd	ALL	Courtyard (512.458.2340) Holiday Inn (956.727.5800)
35TX	3	Exit 3B - Mann Rd	FL+	Motel 6 ((956) 725-8187) Homewood Suites (956.753.9200)
35TX	3	Exit 3A - San Bernardo Ave	ALL	
35TX	3	Exit 3 - FM 2959		
35TX	4	Exit 4 - Del Mar Blvd	ALL	Hampton Inn (956.717.8888) Motel 6 (956.722.8133)
35TX	5	Exit 5 - San Isidro Pkwy		
35TX	7	Exit 7 - Shilo Dr	GF	
35TX	8	Exit 8B - Solidarity Bridge		
35TX	8	Exit 8A - Milo		
35TX	8	Exit 8 - Itasca	GF	
35TX	9(SBO)	Exit 9 - Industrial Blvd		
35TX	10(NBO)	Exit 10 - Port Laredo Carriers Dr		
35TX	12	Exit 12B - Uniroyal Exchange	G	

35TX	12	Exit 12A - Port Loredo		
35TX	12	Exit 12 - FM67	L	Fairfield Inn (817.335.2000)
35TX	14(SBO)	Parking Area		
35TX	15	Exit 15 - Maypearl	GF	
35TX	16	Exit 16 - Grandview		
35TX	17	Exit 17 - FM 2258		
35TX	18	Exit 18 - Carrizo Springs	RV	
35TX	21	Exit 21 - Greenfield		
35TX	22	Exit 22 - Webb Interchange		
35TX	24	Exit 24 - Monterrey		
35TX	26	Exit 26A - Cleburne	ALL	
35TX	26	Exit 26B - Cleburne	ALL	
35TX	27	Exit 27 - Callaghan Interchange		
35TX	30	Exit 30 - Mansfield	GF	
35TX	31(NBO)	**Rest Area**		
35TX	32	Exit 32 - San Roman Interchange		
35TX	33(SBO)	**Rest Area**		
35TX	35(SBO)	Exit 35 - Briaroaks Rd	RV	
35TX	36	Exit 36 - Burleson	ALL	
35TX	37	Exit 37 - Wilshire Blvd	+	
35TX	38	Exit 38 - Encial	L	Hampton Inn (817.295.2727) Holiday Inn (817.426.0396)
35TX	39	Exit 39 - Encinal	G	
35TX	40	Exit 40 - Garden Acres Dr	GFL	
35TX	41	Exit 41 - Risinger Rd		
35TX	42	Exit 42 - Everman Pkwy	G	
35TX	43	Exit 43 - Sycamore School Rd	GF+	
35TX	44	Exit 44 - Altamesa	GFL	Motel 6 ((817) 293-8595) Comfort Suites (817.568.8000)
35TX	45	Exit 45A - I-20		
35TX	45	Exit 45B - I-20		
35TX	46	Exit 46B - Seminary Dr	ALL	
35TX	46	Exit 46A - Felix St	ALL	
35TX	47	Exit 47 - Ripy St	L+	
35TX	48	Exit 48 - Camien Creek Interchange		
35TX	48(SBO)	Exit 48B - Morningside Ave		
35TX	48	Exit 48A - Berry St	GF+	
35TX	49	Exit 49B - Rosedale St		
35TX	49	Exit 49A - Allen Ave	G	
35TX	50	Exit 50A - I-30 W		
35TX	50	Exit 50C - I-30 W		
35TX	50(NBO)	Exit 50B - TX 180 E		
35TX	51	Exit 51A - I-31 E		
35TX	52(NBO)	Exit 52E - Carver St		

35TX	52	Exit 52D - Pharr St		
35TX	52	Exit 52B - Belknap		
35TX	52	Exit 52A - DFW		
35TX	53	Exit 53 - North Side Dr	GFL	
35TX	54	Exit 54C - 33rd St	GL	Motel 6 ((817) 625-4359)
35TX	54	Exit 54A - Papurt St	GFL	
35TX	54	Exit 54B - Papurt St	GFL	
35TX	55(NBO)	Exit 55 - Pleasantdale Ave		
35TX	56	Exit 56 - Artesia Wells		
35TX	56	Exit 56B - Melody Hills		
35TX	56	Exit 56A - Meacham Blvd	GFL	Holiday Inn (817.624.0002)
35TX	57	Exit 57A - I-820		
35TX	57	Exit 57B - I-820		
35TX	58	Exit 58 - Western Ctr	ALL	
35TX	59(SBO)	Exit 59 - Basswood	GFL	Holiday Inn (817.234.9033)
35TX	60	Exit 60 - Decatur		
35TX	62	Exit 62 - North Tarrant Pkwy	F	
35TX	63	Exit 63 - Elm Creek Interchange		
35TX	64	Exit 64 - Golden Triangle Blvd		
35TX	65	Exit 65 - Cotulla		
35TX	66	Exit 66 - Westport Pkwy	GFL	Hampton Inn (817.439.0400) Residence (817.750.7000)
35TX	67	Exit 67 - Big Wells	ALL	
35TX	68	Exit 68 - Eagle Pkwy		
35TX	69	Exit 69 - Cotulla	G	
35TX	70	Exit 70 - Dallas	GFLRV	Motel 6 (817.541.3625) Sleep Inn (817.491.3120)
35TX	72	Exit 72 - Dale Earnhardt Way		
35TX	74	Exit 74 - Gardendale		
35TX	76	Exit 76 - Justin	GRV	
35TX	77	Exit 77 - Millett		
35TX	79	Exit 79 - Crawford Rd		
35TX	82	Exit 82 - County Line Rd		
35TX	84	Exit 84 - Dilley	ALL	
35TX	85	Exit 85 - FM 117	GFLRV	
35TX	85	Exit 85B - W Oak St		
35TX	85	Exit 85A - I-35 E		
35TX	86	Exit 86 - Dilley		
35TX	91	Exit 91 - Derby		
35TX	93	Parking Area		
35TX	99	Exit 99 - Divot		
35TX	101	Exit 101 - Pearsall	GFL	
35TX	104	Exit 104 - Lp 35	GFL	
35TX	111	Exit 111 - Eagle Pass	G	

35TX	114	Exit 114 - Yancey	G	
35TX	121	Exit 121 - Devine		
35TX	122	Exit 122 - Devine	GFL	
35TX	124	Exit 124 - Bigfoot Rd		
35TX	127	Exit 127 - Natalia		
35TX	129	**Rest Area**		
35TX	131	Exit 131 - Benton Cty Rd	ALL	
35TX	133(SBO)	Exit 133 - Lytle		
35TX	135	Exit 135 - Luckey Rd		
35TX	137	Exit 137 - Shepard Rd	G	
35TX	139	Exit 139 - Kinney Rd		
35TX	140	Exit 140 - Anderson Lp	GFRV	
35TX	141	Exit 141 - Benton Cty Rd	G	
35TX	142(NBO)	Exit 142 - Medina River Turnaround		
35TX	144	Exit 144 - Fischer Rd	GLRV	
35TX	145	Exit 145B - Lp 353 N		
35TX	145	Exit 145A - I-410		
35TX	146(NBO)	Exit 146 - Cassin Rd		
35TX	147	Exit 147 - Somerset Rd	G	
35TX	148	Exit 148B - Palo Alto Rd	G	
35TX	148	Exit 148A - Poteet	GL	
35TX	149(SBO)	Exit 149 - Hutchins Blvd	GL	
35TX	150	Exit 150B - Military Dr	ALL	
35TX	150	Exit 150A - Zarzamora St	L	Motel 6 (210.928.2866)
35TX	151	Exit 151 - Southcross Blvd	GF	
35TX	152	Exit 152B - Malone Ave	GF	
35TX	152	Exit 152A - Division Ave	ALL	
35TX	153	Exit 153 - I-10 E		
35TX	154	Exit 154B - S Laredo St	L	Holiday Inn (210.225.3211) Candlewood Suites (210.226.7700)
35TX	154	Exit 154A - Nogalitos St		
35TX	155	Exit 155B - Durango Blvd	FL	
35TX	155	Exit 155A - South Alamo St	GFL	Doubletree (210.224.7155)
35TX	156	Exit 156 - I-10 W		
35TX	157	Exit 157A - Brooklyn Ave	FL	Crowne Plaza (210.354.2800)
35TX	157	Exit 157B - Brooklyn Ave	FL	Holiday Inn (210.223.9461) Hotel Indigo (210.527.1900)
35TX	158	Exit 158C - N Alamo St		
35TX	158	Exit 158B - I-37 S	L	Embassy Suites (210.226.9000)
35TX	158(SBO)	Exit 158A - Johnson City		
35TX	159	Exit 159 - Walters St	FL	Econo Lodge (210.229.9220)
35TX	159	Exit 159A - New Braunfels Ave	GFL	
35TX	160	Exit 160 - Splashtown Dr	GFL	
35TX	161(NBO)	Exit 161 - Binz-Engleman Rd		

35TX	163	Exit 163 - I-410 S		
35TX	164	Exit 164B - Eisenhauer Rd	GL	
35TX	164	Exit 164A - Rittiman Rd	ALL	Comfort Suites (210.646.6600)
35TX	165	Exit 165 - Walzem Rd	ALL	
35TX	166	Exit 166 - I-410 W		
35TX	167	Exit 167B - Thousand Oaks Dr	GL	Motel 6 ((210) 650-4419)
35TX	168	Exit 168 - Weidner Rd	GL	Quality Inn (210.655.3500)
35TX	169	Exit 169 - O'Conner Rd	GFL	
35TX	170	Exit 170 - Judson Rd	FL+	
35TX	171	Exit 171 - Topperwein Rd		
35TX	172	Exit 172 - Anderson Lp	FL	Courtyard (210.545.3100)
35TX	173	Exit 173 - Old Austin Rd	FL+	Holiday Inn (210.651.3885)
35TX	174	Exit 174B - Schertz Pkwy	G	
35TX	174	Exit 174A - Selma	GFL	
35TX	175	Exit 175 - Natural Bridge	ALL	
35TX	176	Exit 176 - Weiderstien Rd		
35TX	177	Exit 177 - FM 482	RV	
35TX	178	Exit 178 - Cibolo Rd	G	
35TX	179	**Rest Area**		
35TX	180	Exit 180 - Schwab Rd		
35TX	182	Exit 182 - Engel Rd	G	
35TX	183	Exit 183 - Solms Rd	G	
35TX	184	Exit 184 - Ruekle Rd	GRV	
35TX	185	Exit 185 - FM 1044		
35TX	186	Exit 186 - Walnut Ave	ALL	
35TX	187	Exit 187 - Lake McQueeny Rd	ALL	
35TX	188	Exit 188 - Frontage Rd	FL	
35TX	189	Exit 189 - Seguin	ALL	
35TX	190	Exit 190C - Post Rd		
35TX	190	Exit 190B - Frontage Rd		
35TX	190	Exit 190A - Frontage Rd		
35TX	191	Exit 191 - Canyon Lake	GFLRV	
35TX	193	Exit 193 - Conrads Rd	G	
35TX	195	Exit 195 - Watson Ln		
35TX	196	Exit 196 - York Creek Rd	RV	
35TX	199	Exit 199 - Posey Rd	+	
35TX	200	Exit 200 - Centerpoint Rd	ALL	
35TX	201	Exit 201 - McCarty Ln	L	Embassy Suites (512.392.6450)
35TX	202	Exit 202 - Wonder World Dr	ALL	
35TX	204	Exit 204B - CM Allen Pkwy	ALL	
35TX	204	Exit 204A - Seguin	GFL	
35TX	205	Exit 205 - Batrop	ALL	
35TX	206	Exit 206 - Aquarena Springs Rd	GFLRV	Motel 6 ((512) 396-8705)

35TX	207	Exit 207 - Frontage Rd		
35TX	210	Exit 210 - Yarrington Rd	RV	
35TX	213	Exit 213 - Kyle	GF+	
35TX	215	Exit 215 - Bunton Overpass	GF+	
35TX	217	Exit 217 - Buda	GFL	
35TX	220	Exit 220 - Niederwald	ALL	Holiday Inn (512.295.8040)
35TX	221	Exit 221 - Buda	ALL	Hampton Inn (512.295.4900)
35TX	223	Exit 223 - FM 1327		
35TX	224(NBO)	Exit 224 - Frontage Rd		
35TX	225	Exit 225 - Onion Creek Pkwy	G	
35TX	226	Exit 226 - Slaughter Creek Overpass		
35TX	227	Exit 227 - Slaughter Ln	GF+	
35TX	228	Exit 228 - WM Cannon Dr	GF+	
35TX	229	Exit 229 - Stassney Ln	GFL	Candlewood Suites (512.4444.8882)
35TX	230	Exit 230A - Ben White Blvd	ALL	
35TX	230	Exit 230B - Ben White Blvd	ALL	
35TX	231	Exit 231 - Woodward St	GFL	
35TX	232	Exit 232B - Woodland Ave		
35TX	232	Exit 232A - Oltorf St	GFL	Motel 6 ((512) 444-5882) Clarion Hotel (512.444.0561)
35TX	233	Exit 233 - Riverside Dr	GL	
35TX	234	Exit 234C - 11th St	ALL	
35TX	234	Exit 234B - 8th-3rd St	FL	Holiday Inn (512.457.8800)
35TX	235	Exit 235B - Manor Rd	FL	
35TX	235	Exit 235A - 15th St	L	Doubletree (512.479.4000)
35TX	236	Exit 236B - 39th St	GF+	
35TX	236	Exit 236A - 26th-32nd Sts	FL	
35TX	237	Exit 237B - 51st St		
35TX	237	Exit 237A - Airport Blvd	F+	
35TX	238	Exit 238B - US 290 E		
35TX	238	Exit 238A - 51st St	ALL	Fairfield Inn (512.302.5550) Crowne Plaza (512.323.5466) Holiday Inn (512.451.5757)
35TX	239	Exit 239 - St John's Ave	ALL	Hilton Garden Inn (512.339.3626)
35TX	240	Exit 240A - Lockhart	GFL	Comfort Inn (512.302.5576)
35TX	241	Exit 241 - Rundberg ln	ALL	Motel 6 ((512) 339-6161) Holiday Inn (512.821.0707)
35TX	243	Exit 243 - Braker Ln	GFL	
35TX	245	Exit 245 - Parmer Ln	ALL	Fairfield Inn (512.821.0376) SpringHill (512.833.8100)
35TX	246	Exit 246 - Howard Ln	GF	
35TX	247	Exit 247 - Pflugerville	ALL	Comfort Suites (512.251.9088) Holiday Inn (512.251.9110)
35TX	248	Exit 248 - Grand Ave Pkwy	ALL	
35TX	250	Exit 250 - FM 1325	ALL	

35TX	251	Exit 251 - Round Rock	ALL	Hampton Inn (512.248.9100)
35TX	252	Exit 252A - RM 620	GFL	
35TX	252	Exit 252B - RM 620	GFL	Comfort Suites (512.244.2700) Staybridge Suites (512.733.0942)
35TX	253	Exit 253B - Taylor	ALL	
35TX	253	Exit 253A - Frontage Rd		
35TX	254	Exit 254 - Round Rock	GFL	SpringHill (512.733.6700) Courtyard (512.255.5551) Holiday Inn (512.733.2630)
35TX	256	Exit 256 - Chandler Rd	F	
35TX	257	Exit 257 - Westinghouse Rd		
35TX	259	Exit 259 - Lp 35		
35TX	260	Exit 260 - Leander	GFL	Quality Inn (512.863.7504)
35TX	261	Exit 261 - Georgetown	ALL	Comfort Suites (512.863.7544)
35TX	262	Exit 262 - Lake Georgetown	ALL	Candlewood Suites (512.591.7888) Holiday Inn (512.591.7890)
35TX	264	Exit 264 - Georgetown		
35TX	265	Exit 265 - Austin		
35TX	266	Exit 266 - TX 195	G	
35TX	268	Exit 268 - Walburg		
35TX	271	Exit 271 - Theon Rd	G	
35TX	274	Exit 274 - rd 312	GF	
35TX	275	Exit 275 - florence	G	
35TX	277	Exit 277 - Yankee Rd		
35TX	279	Exit 279 - Hill Rd	RV	
35TX	280	Exit 280 - Prairie Dell		
35TX	281(NBO)	**Rest Area**		
35TX	282	Exit 282 - FM 2115	GRV	
35TX	283	Exit 283 - Holland	L	
35TX	284	Exit 284 - Stagecoach Rd	GFL	
35TX	285	Exit 285 - Salado	GFL	
35TX	286	Exit 286 - FM 2484	L	Holiday Inn (254.947.4004)
35TX	287	Exit 287 - Amity Rd		
35TX	289	Exit 289 - Tahuaya Rd	+	
35TX	290	Exit 290 - Shanklin Rd		
35TX	292	Exit 292 - Lp 121	GFLRV	
35TX	293	Exit 293B - Main St		
35TX	293	Exit 293A - Kileen		
35TX	294	Exit 294B - 6th Ave	GFL	
35TX	294	Exit 294A - Central Ave	ALL	
35TX	297	Exit 297 - Midway Dr	GL	Holiday Inn (254.778.5511)
35TX	298(NBO)	Exit 298 - Frontage Rd	L	Residence (254.773.8400)
35TX	299	Exit 299 - US 190 E	ALL	
35TX	300	Exit 300 - Ave H	GF	

35TX	301	Exit 301 - Adams Ave	GFL	Econo Lodge (254.771.1688)
35TX	302	Exit 302 - Nugent Ave	GFL	Motel 6 ((254) 778-0272) Quality Inn (254.770.1100) Comfort Suites (254.770.0300)
35TX	303	Exit 303 - N 3rd St	GL	
35TX	304	Exit 304 - Dodgen Loop	G	
35TX	305	Exit 305 - Berger Rd	GLRV	
35TX	306	Exit 306 - Pendleton	GRV	
35TX	308	Exit 308 - Troy	G+	
35TX	311	Exit 311 - Big Elm Rd		
35TX	314	Exit 314 - Old Blevins Rd		
35TX	315	Exit 315 - Eddy	GRV	
35TX	318	Exit 318A - Bruceville	G	
35TX	318	Exit 318B - Bruceville	G	
35TX	319	Exit 319 - Woodlawn Rd		
35TX	322	Exit 322 - Lorena	GF	
35TX	323	Exit 323 - Lorena	GF	
35TX	325	Exit 325 - Moonlight Dr	G	
35TX	328	Exit 328 - Moody	GFL	Sleep Inn (254.420.3200)
35TX	330	Exit 330 - Lp 340	ALL	Homewood Suites (254.644.4663)
35TX	331	Exit 331 - New Rd	GFL	Hampton Inn (254.662.9500)
35TX	333	Exit 333A - Valley mills Dr	ALL	
35TX	334	Exit 334B - 17th St	GFL	
35TX	335	Exit 335C - Lake Brazos Dr	FL	
35TX	335	Exit 335B - University Parks Dr	FL	
35TX	335	Exit 335A - 4th St	GFL	
35TX	337	Exit 337 - Waco Dr	ALL	
35TX	338(NBO)	Exit 338B - Behrens Circle	GFL	Motel 6 ((254) 799-4957)
35TX	339	Exit 339 - Lake Waco	ALL	Hampton Inn (254.412.1999) Holiday Inn (254.799.9997)
35TX	340(NBO)	Exit 340 - Myers Ln		
35TX	341	Exit 341 - Craven Ave	G	
35TX	342	Exit 342B - US 77bus	RV	
35TX	342	Exit 342A - Crest Dr	ALL	
35TX	343	Exit 343 - Elm Mott	GF	
35TX	345	Exit 345 - Old Dallas Rd	RV	
35TX	346	Exit 346 - Ross Rd	GRV	
35TX	347	Exit 347 - Tours Rd		
35TX	349	Exit 349 - Wiggins Rd		
35TX	351	Exit 351 - FM 1858	+	
35TX	353	Exit 353 - West	GFL	
35TX	354	Exit 354 - Marable St	RV	
35TX	355	Exit 355 - County Line Rd	RV	
35TX	356	Exit 356 - Cord 3102		

35TX	358	Exit 358 - Abbott	GF	
35TX	359	Exit 359 - FM 1304	G	
35TX	362	Exit 362 - Chatt Rd		
35TX	364	Exit 364B - Hillsboro		
35TX	364	Exit 364A - FM 310		
35TX	367(NBO)	Exit 367 - old Bynum Rd		
35TX	368	Exit 368B - FM 286	ALL	Comfort Inn (254.582.3333)
35TX	368	Exit 368A - Whitney	ALL	Hampton Inn (254.582.9100) Motel 6 (254.580.9000) Comfort Suites (254.582.8800) Holiday Inn (254.582.0220)
35TX	370	Exit 370 - Hillsboro		
35TX	374	Exit 374 - Carl's Corner	G	
35TX	377	Exit 377 - FM 934		
35TX	381	Exit 381 - milford Rd		
35TX	384	Exit 384 - Derrs Chapel Rd		
35TX	386	Exit 386 - Italy	GFL	
35TX	391	Exit 391 - Forreston Rd		
35TX	393	**Rest Area**		
35TX	399	Exit 399B - FM1446		
35TX	399	Exit 399A - Maypearl	GL	
35TX	401	Exit 401B - Waxahatchie	L	
35TX	401	Exit 401A - Brookside rd	L	
35TX	403	Exit 403 - Ft Worth	FL	
35TX	404	Exit 404 - Lofland Rd		
35TX	405	Exit 405 - FM 387	G	
35TX	406	Exit 406 - Sterrett Rd		
35TX	408	Exit 408 - Red Oak		
35TX	410	Exit 410 - Red Oak Rd	GFL	
35TX	411	Exit 411 - Ovilla Rd	ALL	
35TX	412	Exit 412 - Bear Creek Rd	GFRV+	
35TX	413	Exit 413 - Parkerville Rd	G	
35TX	414	Exit 414 - Desoto Rd	F+	
35TX	415	Exit 415 - Pleasant Run Rd	ALL	
35TX	416	Exit 416 - Wintergreen Rd	ALL	Hampton Inn (972.228.0200)
35TX	417(NBO)	Exit 417 - Wheatland Rd		
35TX	418(SBO)	Exit 418C - Danieldale Rd	L	Holiday Inn (972.224.3100)
35TX	418	Exit 418B - I-635/I-20 E		
35TX	418	Exit 418A - I-20 W		
35TX	419	Exit 419 - Camp Wisdom Rd	GFL	
35TX	420	Exit 420 - laureland	GL	
35TX	421	Exit 421B - Ann Arbor St		
35TX	421	Exit 421A - Lp 12E W	GL	
35TX	423	Exit 423B - Saner Ave		

35TX	423	Exit 423A - Kiest Blvd	GFL	
35TX	424	Exit 424 - Illinios Ave	GF+	
35TX	425	Exit 425C - Marsalis Ave	GL	
35TX	425	Exit 425B - Beckley Ave	GF	
35TX	425	Exit 425A - Zang Blvd		
35TX	426	Exit 426C - Jefferson Ave	G	
35TX	426	Exit 426B - 8th St	G	
35TX	426	Exit 426A - Ewing Ave	F	
35TX	427	Exit 427B - I-30 E		
35TX	427	Exit 427A - Colorado Blvd		
35TX	428	Exit 428E - Commerce St E		
35TX	428	Exit 428D - I-30 W		
35TX	428	Exit 428A - I-30 E		
35TX	428	Exit 428B - Industrial Blvd	G	
35TX	429(NBO)	Exit 429C - HiLine Ave		
35TX	429	Exit 429B - Continental Ave	GF	
35TX	429	Exit 429A - I-45		
35TX	430	Exit 430C - Wycliff Ave	GL	
35TX	430	Exit 430B - Mkt Ctr Blvd	GFL	
35TX	430	Exit 430A - Oak Lawn Ave	ALL	
35TX	431	Exit 431 - Motor St	GFL	
35TX	432	Exit 432A - inwood Rd	GFL	
35TX	433	Exit 433B - Mockingbird Ln	GFL	
35TX	433	Exit 433A - Commonwealth Dr	L	
35TX	434	Exit 434B - Regal Row	GFL	
35TX	434	Exit 434A - Empire	GFL	
35TX	435(NBO)	Exit 435 - Harry Hines Blvd	GF	
35TX	436	Exit 436 - Irving	GFL	
35TX	437(NBO)	Exit 437 - Manana Rd		
35TX	438	Exit 438 - Walnut Hill Lane	GFL	
35TX	439	Exit 439 - Royal Lane	GF	
35TX	440	Exit 440B - I-635 E		
35TX	440	Exit 440C - I-635 W		
35TX	441	Exit 441 - Valley View Ln	GF	
35TX	442	Exit 442 - Valwood Pkwy	GFL	
35TX	443	Exit 443 - Belt Line Rd	G	
35TX	444	Exit 444 - Whitlock Lane	GFLRV	
35TX	445	Exit 445B - Pres Goe Bush Tpk		
35TX	446	Exit 446 - Frankford Rd	GF	
35TX	448	Exit 448A - Round Grove Rd	ALL	
35TX	448	Exit 448B - Round Grove Rd	ALL	
35TX	449	Exit 449 - Corporate Dr	ALL	Motel 6 (972.436.5008)
35TX	450	Exit 450 - Lewisville	ALL	

35TX	451	Exit 451 - Fox Ave	GFL	
35TX	452	Exit 452 - flower mound	ALL	
35TX	453	Exit 453 - Valley Ridge Blvd	GF+	
35TX	454	Exit 454B - Garden Ridge Blvd	G	
35TX	454	Exit 454A - Justin	GF	
35TX	456	Exit 456 - Highland Village		
35TX	457	Exit 457B - Denton Rd	GF	
35TX	457(NBO)	Exit 457A - Hundley Dr		
35TX	458	Exit 458 - Swisher Rd	ALL	
35TX	459	Exit 459 - Frontage Rd	RV	
35TX	460	Exit 460 - Corinth Pkwy	GRV	
35TX	461	Exit 461 - Sandy Shores Rd		
35TX	462	Exit 462 - State School Rd	GF	
35TX	463	Exit 463 - McKinney	GF+	
35TX	464	Exit 464 - Pennsylvania Dr		
35TX	465	Exit 465B - Ft Worth Dr	GFL	
35TX	465	Exit 465A - Teasley Ln	ALL	Holiday Inn (940.383.4100)
35TX	466	Exit 466B - Ave Dgflo		
35TX	466	Exit 466A - McCormick St	GL	
35TX	467	Exit 467 - I-35 W		
35TX	468	Exit 468 - Airport Rd		
35TX	469	Exit 469 - University Dr	ALL	Motel 6 ((940) 566-4798) Holiday Inn (940.808.0600)
35TX	470	Exit 470 - LP 288		
35TX	471	Exit 471 - Denton	GF+	
35TX	472	Exit 472 - Ganzer Rd		
35TX	473	Exit 473 - Milam Rd	G	
35TX	474(NBO)	Exit 474 - Cowling Rd		
35TX	475	Exit 475B - Rector Rd		
35TX	475	Exit 475A - Krum southbond		
35TX	477	Exit 477 - Keaton Rd	GF	
35TX	478	Exit 478 - Pilot Pt	ALL	
35TX	479	Exit 479 - Belz Rd		
35TX	480	Exit 480 - lois Rd	RV	
35TX	481	Exit 481 - View Rd	RV	
35TX	482	Exit 482 - Chisam Rd		
35TX	483	Exit 483 - Lone Oak Rd	G	
35TX	485(SBO)	Exit 485 - Frontage Rd		
35TX	486	Exit 486 - unknown	ALL	
35TX	487	Exit 487 - Valley View	GF	
35TX	489	Exit 489 - Hockley Creek Rd		
35TX	491	Exit 491 - Spring Creek Rd		
35TX	494	Exit 494 - FM 1306		
35TX	495	Exit 495 - Frontage Rd		

State	Mile Marker	Name	Serv	Featured Hotels
35TX	496	Exit 496B - California St	ALL	Quality Inn (940.665.8800) Holiday Inn (940.665.0505)
35TX	496	Exit 496A - Weaver St		
35TX	497	Exit 497 - Frontage Rd	G	
35TX	498	Exit 498A - Wichita Falls	GFL	
35TX	498	Exit 498B - Wichita Falls	GFL	
35TX	500	Exit 500 - Gainesville	G	
35TX	501	Exit 501 - Prime Outlets Blvd	ALL	Hampton Inn (940.612.4300)
35TX	502(SBO)	**Rest Area**		
35TX	503	Parking Area		
35TX	504	Exit 504 - Frontage Rd		

TEXAS - INTERSTATE 37

State	Mile Marker	Name	Serv	Featured Hotels
37TX	1	Exit 1E - Lawrence Dr	ALL	
37TX	1(SBO)	Exit 1D - Port Ave	GFL	Econo Lodge & Suites ((361) 883-7400)
37TX	1	Exit 1C - Shoreline Blvd		
37TX	1(NBO)	Exit 1B - Brownlee St	G	
37TX	1(SBO)	Exit 1A - Buffalo St	GFL	
37TX	2	Exit 2 - Up River Rd		
37TX	3(NBO)	Exit 3B - McBride Lane		
37TX	3	Exit 3A - Navigation Blvd	GFL	
37TX	4	Exit 4B - Lantana St	L	
37TX	4	Exit 4A - Padre Island	ALL	
37TX	5	Exit 5 - Corn Products Rd	GFL	
37TX	6	Exit 6 - Southern Minerals Rd	G	
37TX	7	Exit 7 - Suntide Rd		
37TX	9	Exit 9 - Up River Rd	GF	
37TX	10	Exit 10 - Carbon Plant Rd		
37TX	11	Exit 11B - Violet Rd	ALL	
37TX	11	Exit 11A - McKinzie Rd	GFL	
37TX	13(NBO)	Exit 13B - Sharpsburg Rd		
37TX	13	Exit 13A - Callicoatte Rd		
37TX	14	Exit 14 - Redbird Ln	ALL	
37TX	15(SBO)	Exit 15 - Sharpsburg Rd		
37TX	16	Exit 16 - LaBonte Park		
37TX	17	Exit 17 - Victoria		
37TX	20	Exit 20B - Cooper Rd		
37TX	22	Exit 22 - Odem		
37TX	31	Exit 31 - Sinton		
37TX	34	Exit 34 - TX 359 W	ALL	
37TX	36	Exit 36 - Skidmore	GFL	

37TX	40	Exit 40 - FM888		
37TX	42(NBO)	Parking Area		
37TX	44(SBO)	Parking Area		
37TX	47	Exit 47 - Swinney Switch Rd	RV+	
37TX	51	Exit 51 - Hailey Ranch Rd		
37TX	56	Exit 56 - George West	G	
37TX	59	Exit 59 - FM799		
37TX	65	Exit 65 - Oakville	F	
37TX	69	Exit 69 - Three Rivers	G+	
37TX	72	Exit 72 - Three Rivers	GFL	
37TX	76	Exit 76 - Whitsett		
37TX	78(NBO)	**Rest Area**		
37TX	82(SBO)	**Rest Area**		
37TX	83	Exit 83 - Whitsett	G	
37TX	88	Exit 88 - Campbellton		
37TX	92	Exit 92 - Campbellton	GF	
37TX	98	Exit 98 - McCoy		
37TX	103	Exit 103 - Leal Rd	GFL	
37TX	104	Exit 104 - Leal Rd		
37TX	106	Exit 106 - Coughran Rd		
37TX	109	Exit 109 - Floresville	GF	
37TX	113	Exit 113 - FM 3006		
37TX	117	Exit 117 - FM536		
37TX	120	Exit 120 - Hardy Rd		
37TX	122	Exit 122 - Priest Rd		
37TX	125	Exit 125 - Anderson Lp	GF+	
37TX	127(NBO)	Exit 127 - San Antonio River Turnaround		
37TX	130	Exit 130 - Donop Rd	GFLRV	
37TX	132	Exit 132 - Floresville	G	
37TX	133	Exit 133 - I-410		
37TX	135	Exit 135 - Military Dr	ALL	
37TX	136	Exit 136 - Pecan Valley Dr	ALL	
37TX	137	Exit 137 - Hot Wells Blvd	FL	Motel 6 (210.533.6667)
37TX	138	Exit 138C - Fair Ave	GF+	
37TX	138(SBO)	Exit 138B - E New Braunfels Ave	GF	
37TX	138	Exit 138A - Southcross Blvd	GF	
37TX	139	Exit 139 - I-10 W		
37TX	140	Exit 140B - Durango Blvd	FL	Holiday Inn (210.220.1010)
37TX	141	Exit 141C - Brooklyn Ave		
37TX	141	Exit 141B - Houston St	GFL	
37TX	141	Exit 141A - Commerce St	FL	Hotel Indigo (210.933.2000)
37TX	142	Exit 142A - I-35 S		
37TX	142	Exit 142B - I-35 S		

| \multicolumn{5}{c}{**WISCONSIN - INTERSTATE 39**} |
State	Mile Marker	Name	Serv	Featured Hotels
39WI	84	Exit 84 - I-90/I-94		
39WI	85	Exit 85 - Cascade Mt Rd		
39WI	87	Exit 87 - Portage		
39WI	89	Exit 89A - Portage	F	
39WI	89	Exit 89B - Portage	F	
39WI	92	Exit 92 - Portage	ALL	
39WI	100	Exit 100 - Endeavor	G	
39WI	104(NBO)	Exit 104 - Packwaukee		
39WI	106	Exit 106 - Oxford	GL	
39WI	113	Exit 113 - Westfield	GFL	
39WI	118(NBO)	**Rest Area**		
39WI	120(SBO)	**Rest Area**		
39WI	124	Exit 124 - Coloma	GLRV	
39WI	131	Exit 131 - Hancock	GF	
39WI	136	Exit 136 - Plainfield	GF	
39WI	139	Exit 139 - Almond		
39WI	143	Exit 143 - Bancroft	G	
39WI	151	Exit 151 - Waupaca	ALL	
39WI	153	Exit 153 - Plover	ALL	Hampton Inn (715.295.9900)
39WI	156	Exit 156 - Whiting	GF+	
39WI	158	Exit 158 - Stevens Point	ALL	Fairfield Inn (715.342.9300)
39WI	159	Exit 159 - Stevens Point	G	
39WI	161	Exit 161 - Stevens Pt	GFL	
39WI	163	Exit 163 - Casimir Rd		
39WI	165	Exit 165 - rd X		
39WI	171	Exit 171 - Knowlton	GFLRV	
39WI	175	Exit 175 - Knowlton		
39WI	179	Exit 179 - Mosinee	GFL	
39WI	181	Exit 181 - Maple Ridge Rd		
39WI	185	Exit 185 - US 51	ALL	Comfort Inn (715.355.4449)
39WI	187	Exit 187 - Green Bay		
39WI	188	Exit 188 - rd N	ALL	
39WI	190	Exit 190 - rd NN	GFL	
39WI	191	Exit 191 - Sherman St	GFL	Hampton Inn (715.848.9700) Courtyard (715.849.2124)
39WI	192	Exit 192 - Wausau		
39WI	193	Exit 193 - Bridge St	FL	
39WI	194	Exit 194 - Wausau	GF	
39WI	197	Exit 197 - Brokaw	G	

State	Mile Marker	Name	Serv	Featured Hotels
39WI	205	Exit 205 - Merrill	G	
39WI	208	Exit 208 - Merrill	ALL	
39WI	211	Exit 211 - Merrill	GF	

ILLINOIS - INTERSTATE 39

State	Mile Marker	Name	Serv	Featured Hotels
39IL	2	Exit 2 - Bloomington		
39IL	5	Exit 5 - Hudson	G	
39IL	8	Exit 8 - Lake Bloomington Rd	RV	
39IL	14	Exit 14 - El Paso	ALL	
39IL	22	Exit 22 - Peoria		
39IL	27	Exit 27 - Minonk	L	Motel 6 (309.432.3663)
39IL	35	Exit 35 - Wenona	GFL	
39IL	41	Exit 41 - Streator		
39IL	48	Exit 48 - tonica	G	
39IL	51	Exit 51 - Hennepin		
39IL	52	Exit 52 - La Salle		
39IL	54	Exit 54 - Oglesby	GFL	
39IL	57	Exit 57 - Peru	GFL	
39IL	59	Exit 59A - I-80		
39IL	59	Exit 59B - I-80		
39IL	66	Exit 66 - Troy Grove	RV	
39IL	72	Exit 72 - Mendota	GFL	Comfort Inn (815.538.3355)
39IL	84	**Rest Area**		
39IL	87	Exit 87 - Sterling	RV	
39IL	93	Exit 93 - Steward		
39IL	97	Exit 97A - I-88		
39IL	97	Exit 97B - I-88		
39IL	99	Exit 99 - De Kalb	ALL	
39IL	104	Exit 104 - Oregon		
39IL	111	Exit 111 - Monroe Center	G	
39IL	115	Exit 115 - Baxter Rd	G	
39IL	119	Exit 119 - Alpine Rd		
39IL	122	Exit 122A - Harrison Ave	GF+	
39IL	122	Exit 122B - Harrison Ave	GF+	

CALIFORNIA - INTERSTATE 40

State	Mile Marker	Name	Serv	Featured Hotels
SL	0	Start of Interstate		
40CA	1	Exit 1 - Montara Rd.	ALL	Best Western (760-256-1781)
40CA	2(EBO)	Exit 2 - Marine Corps Logistics Base	L	
40CA	5	Exit 5 - Nebo Street	L+	Pennywise Inn (760-252-8268)

State	Mile Marker	Name	Serv	Featured Hotels
40CA	7	Exit 7 - Daggett		
40CA	12	Exit 12 - Barstow-Daggett Airport		
40CA	18	Exit 18 - Newberry Springs/ National Trai..	GRV+	
40CA	23	Exit 23 - Fort Cady Rd.	GRV+	
40CA	28	**Rest Area**		
40CA	33	Exit 33 - Hector Road		
40CA	50	Exit 50 - Ludlow	GFL	
40CA	78	Exit 78 - Kelbaker Rd.		
40CA	100	Exit 100 - Essex Rd.		
40CA	106	**Rest Area**		
40CA	107	Exit 107 - Goffs Road		
40CA	115	Exit 115 - Mountain Springs Rd.		
40CA	120	Exit 120 - Water Road		
40CA	133	Exit 133 - US-95 N		
40CA	139	Exit 139 - River Rd. Cutoff	RV	
40CA	141	Exit 141 - West Broadway, River Rd.	ALL	
40CA	142	Exit 142 - J Street	ALL	Motel 6 ((760) 326-3399) Days Inn (760-326-5836)
40CA	144	Exit 144 - US-95 south (E .Broadway)	ALL	Americas Best Valu.. (760-326-4501)
40CA	148	Exit 148 - Five Mile Rd.		
40CA	153	Exit 153 - Park Moabi Rd.	RV	
SL	155	Start of Interstate		

ARIZONA - INTERSTATE 40

State	Mile Marker	Name	Serv	Featured Hotels
SL	0	Start of Interstate		
40AZ	1	Exit 1 - Mohave Valley Hwy ,/ Topack Rd.		
40AZ	2	Exit 2 - Needle Mountain Rd.		
40AZ	9	Exit 9 - 95 S Lake Havasu City	GF	
40AZ	13	Exit 13 - Franconia Rd.		
40AZ	23	**Rest Area**		
40AZ	25	Exit 25 - Gem Acres Rd.	G	
40AZ	26	Exit 26 - Proving Ground Rd.	G	
40AZ	28	Exit 28 - Old Trails Rd.		
40AZ	37	Exit 37 - Griffith Rd.		
40AZ	44	Exit 44 - Oatman Highway		
40AZ	48	Exit 48 - Beale St.	ALL	Quality Inn (928-753-4747)
40AZ	51	Exit 51 - Stockton Hill Rd.	ALL	Hampton Inn (928-692-0200)
40AZ	53	Exit 53 - Andy Devine Ave.	ALL	Travelodge (928-757-1188) Motel 6 (928.757.7151)
40AZ	59	Exit 59 - DW Ranch Rd.	GF	
40AZ	66	Exit 66 - Blake Ranch Rd.	GFRV	
40AZ	71	Exit 71 - US-93 S Wickenburg		

40AZ	79	Exit 79 - Silver Springs Rd.		
40AZ	87	Exit 87 - Willows Ranch Rd.		
40AZ	91	Exit 91 - Fort Rock Rd.		
40AZ	96	Exit 96 - Cross Mountain Rd.		
40AZ	103	Exit 103 - Jolly Road		
40AZ	109	Exit 109 - Anvil Rock Rd.	L	Romney Motel (928- 422-4673)
40AZ	121	Exit 121 - SR 66	FL	Supai Motel (928-422-4153)
40AZ	123	Exit 123 - I 40 Bus. Seligman	FRV	
40AZ	139	Exit 139 - Crookton Road		
40AZ	144	Exit 144 - Lewis Ave.	G+	
40AZ	146	Exit 146 - Prescott SR 89 S	GF+	
40AZ	148	Exit 148 - County Line Rd		
40AZ	149	Exit 149 - Monte Carlo Rd.		
40AZ	151	Exit 151 - Welch Rd.		
40AZ	157	Exit 157 - Devil Dog Rd.		
40AZ	161	Exit 161 - Williams - Golft Course Drive	LRV	Best Western (928- 635-4400) Motel 6 (928.635.9000)
40AZ	163	Exit 163 - Grand Canyon Blvd. /Williams	ALL	
40AZ	165	Exit 165 - SR 64	LRV	Super 8 (928-635-4700)
40AZ	167	Exit 167 - Garland Prairie Blvd.	RV	
40AZ	171	Exit 171 - Pittman Valley Rd. , Parks Rd.	L	Quality Inn (928-635-2693)
40AZ	178	Exit 178 - Spring Valley Rd.	G	
40AZ	182(EBO)	**Rest Area**		
40AZ	183(WBO)	**Rest Area**		
40AZ	185	Exit 185 - Transwestern Rd.	G	
40AZ	190	Exit 190 - A-1 Mountain Road		
40AZ	191	Exit 191 - Flagstaff		
40AZ	192	Exit 192 - Flagstaff Ranch Road		
40AZ	195	Exit 195 - I-17 / SR 89A - Phoenix, Flagstaff	ALL	Motel 6 ((928) 779-3757) Hilton Garden Inn (928.226.8888) Sleep Inn (928.556.3000) Comfort Inn (928.774.2225) Quality Inn (928.774.8771)
40AZ	198	Exit 198 - Butler Avenue	ALL	Motel 6 (928.774.8756) Quality Inn (928.226.7111)
40AZ	201	Exit 201 - US 89	ALL	Residence Inn (928-526-5555)
40AZ	204	Exit 204 - Walnut Canyon Rd.		
40AZ	207	Exit 207 - Cosnino Road		
40AZ	211	Exit 211 - Townsend Winona Rd.	G	
40AZ	219	Exit 219 - Angel Rd.		
40AZ	225	Exit 225 - Buffalo Range Road		
40AZ	230	Exit 230 - Canyon Diabla Rd.– Two Guns		
40AZ	233	Exit 233 - Meteor Crater Road	RV	
40AZ	235	**Rest Area**		
40AZ	239	Exit 239 - Red Gap Ranch Road		

State	Mile Marker	Name	Serv	Featured Hotels
40AZ	245	Exit 245 - SR 99 N - Leupp		
40AZ	252	Exit 252 - SR 99 S 3rd St.	ALL	Super 8 (928-289-4606)
40AZ	253	Exit 253 - Park Dr.	ALL	Econo Lodge (928-289-4687) Motel 6 (928.289.9581)
40AZ	255	Exit 255 - Transcon Lane	ALL	
40AZ	257	Exit 257 - SR 87 Second Mesa	L	Americas Best Valu.. (928-289-1010)
40AZ	264	Exit 264 - Hibbard Road		
40AZ	269	Exit 269 - Jack Rabbit Rd.		
40AZ	274	Exit 274 - Main St.		
40AZ	277	Exit 277 - Main Street / Joseph City	GF	
40AZ	280	Exit 280 - Hunt Road		
40AZ	283	Exit 283 - Perkins Valley Road	GF	
40AZ	285	Exit 285 - US 180 / St. Johns	L+	Best Western (928-524-3948)
40AZ	286	Exit 286 - SR 77 S - Show Low	ALL	Americas Best Valu.. (928-524-6216)
40AZ	289	Exit 289 - Navajo Blvd.	ALL	Ramada Limited (928-524-2566)
40AZ	292	Exit 292 - SR 77 S	GF	
40AZ	294	Exit 294 - Sun Valley Road, Arntz Rd.		
40AZ	300	Exit 300 - Goodwater Rd.		
40AZ	303	Exit 303 - Sun Country Rd.		
40AZ	311	Exit 311 - Petrified Forest Rd.		
40AZ	320	Exit 320 - Pinta Rd.		
40AZ	325	Exit 325 - Navajo Rd.	G	
40AZ	330	Exit 330 - McCarroll Road		
40AZ	333	Exit 333 - US 191 N - Canyon de Chelly Nat....	G	
40AZ	339	Exit 339 - US 191 S - St. Johns		
40AZ	341	Exit 341 - Cedar Point Rd.		
40AZ	343	Exit 343 - Querino Road		
40AZ	346	Exit 346 - Big Arrow Rd.		
40AZ	348	Exit 348 - St Anselm Rd.		
40AZ	351	Exit 351 - Allentown Road		
40AZ	354	Exit 354 - Hawthorne Rd.		
40AZ	357	Exit 357 - Route 12 N - Window Rock		
40AZ	359	**Rest Area**		
40AZ	359	Exit 359 - Grants Rd.	G	
SL	360	Start of Interstate		

NEW MEXICO - INTERSTATE 40

State	Mile Marker	Name	Serv	Featured Hotels
SL	0	Start of Interstate		
40NM	2(EBO)	**Rest Area**		
40NM	8	Exit 8 - Defiance, Manuelito		
40NM	16	Exit 16 - NM 118 West Gallup / US 66	ALL	Motel 6 ((505) 863-4492)
40NM	20	Exit 20 - Munoz Blvd.	ALL	Ramada (505-726-2700)

40NM	22	**Rest Area**		
40NM	22	Exit 22 - Miyamura Drive; Montoya Blvd.	ALL	Hampton Inn (505-726-0900)
40NM	26	Exit 26 - East Gallup (NM 118/US 66)	GFLRV	Sleep Inn (505-863-3535)
40NM	33	Exit 33 - NM 118/US 66 / McGaffey		
40NM	36	Exit 36 - Iyanbito		
40NM	39	Exit 39 - Refinery	GF	
40NM	44	Exit 44 - Coolidge		
40NM	47	Exit 47 - Continental Divide	G	
40NM	53	Exit 53 - Thoreau		
40NM	63	Exit 63 - Prewitt		
40NM	72	Exit 72 - Bluewater Village, NM 122/US 66	GF	
40NM	79	Exit 79 - Milan, Chaco Culture National ..	GFRV	
40NM	81(EBO)	Exit 81A - Grants	GFRV+	
40NM	81(EBO)	Exit 81B - Grants	GFRV+	
40NM	81(WBO)	Exit 81A - Grants	GFRV+	
40NM	85(EBO)	Exit 85 - Quemado	ALL	Motel 6 ((505) 285-4607)
40NM	89	Exit 89 - Quemado NM 117	ALL	
40NM	96	Exit 96 - McCartys, Acoma, Sky City		
40NM	100	Exit 100 - San Fidel		
40NM	102	Exit 102 - Sky City Road	FRV	
40NM	104	Exit 104 - Cubero, Budville		
40NM	108	Exit 108 - Casa Blanca, Paraje		
40NM	114	Exit 114 - Laguna		
40NM	117	Exit 117 - Mesita		
40NM	126	Exit 126 - Los Lunas		
40NM	131	Exit 131 - To'hajiilee		
40NM	140	Exit 140 - Rio Puerco	GF	
40NM	149	Exit 149 - Paseo del Volcan; Central Ave.	GRV+	
40NM	153	Exit 153 - 98 th Street	GFL	Microtel Inn (505-836-1686)
40NM	154	Exit 154 - Unser Boulevard	GFL	Quality Inn (505-836-8600)
40NM	155	Exit 155 - Coors Blvd.	ALL	Motel 6 (505.831.8888)
40NM	157	Exit 157A - Rio Grande Boulevard/ Albuquerque	ALL	Best Western (505-843-9500)
40NM	157(WBO)	Exit 157B - 12th Street	ALL	
40NM	158	Exit 158 - 8th Street; 6th St.	ALL	Motel 6 ((505) 843-9228) Holiday Inn Express (877-863-4780)
40NM	159(WBO)	Exit 159A - 4th Street; 2nd Street; Universi..	ALL	
40NM	159	Exit 159B - I-25 Sante Fe, Las Cruces	ALL	Clubhouse Inn (505-345-0010)
40NM	160	Exit 160 - Carlisle Boulevard	ALL	Motel 6 (505.883.8813)
40NM	161(EBO)	Exit 161A - San Mateo Blvd.	ALL	
40NM	161(EBO)	Exit 161B - San Mateo Blvd.	ALL	La Quinta Inn (505-884-3591)
40NM	161(WBO)	Exit 161 - San Mateo Blvd.	ALL	
40NM	162	Exit 162 - Louisiana Boulevard	ALL	Albuquerque Marriott (505-881-6800)
40NM	164	Exit 164 - Wyoming Boulevard/ Lomas Blvd.	ALL	Sandia Courtyard H.. (505-296-4852)

40NM	165	Exit 165 - Eubank Boulevard	ALL	Quality Inn (505-271-1000)
40NM	166	Exit 166 - Juan Tabo Blvd.	ALL	Super 8 (505-271-4807)
40NM	167	Exit 167 - Central Avenue	ALL	Econo Lodge (505-292-7600)
40NM	170	Exit 170 - Carnuel	L	Rodeway Inn (505-294-4600)
40NM	175	Exit 175 - Tijeras, Cedar Crest	F	
40NM	178	Exit 178 - Zuzax	GRV	
40NM	181	Exit 181 - Sedillo		
40NM	187	Exit 187 - Edgewood	GF+	
40NM	194	Exit 194 - Moniarty W /NM 333	ALL	Holiday Inn Express (505- 832-5000)
40NM	196	Exit 196 - Howard Cavasos Boulevard	ALL	Comfort Inn (505-832-6666)
40NM	197	Exit 197 - US 66 west - Moriarty East	L+	
40NM	203	Exit 203 - (no name) RV park	RV	
40NM	207	**Rest Area**		
40NM	208	Exit 208 - Wagon Wheel		
40NM	218(WBO)	Exit 218B - US 285 - Vaughn, Santa Fe	GF	
40NM	218(WBO)	Exit 218A - US 285 -Clines Corners	GF	
40NM	230	Exit 230 - Encino, Villanueva		
40NM	234	Exit 234 - Flying C	F	
40NM	239	Exit 239 - (no name)		
40NM	243	Exit 243 - Milagro		
40NM	251	**Rest Area**		
40NM	256	Exit 256 - US 84 N- Las Vegas		
40NM	263	Exit 263 - San Ignacio		
40NM	267	Exit 267 - Colonias	G	
40NM	273	Exit 273 - Santa Rosa US 66 E, US 84 S	GL	Super 8 (575-472-5388)
40NM	275	Exit 275 - Santa Rosa /US 54; US 66; US 84	ALL	La Quinta (575-472-4800)
40NM	277	Exit 277 - Fort Sumner	FL+	Motel 6 ((575) 472-3045)
40NM	284	Exit 284 - Frontage Road		
40NM	291	Exit 291 - Cuervo		
40NM	300	Exit 300 - Newkirk		
40NM	302	**Rest Area**		
40NM	311	Exit 311 - Montoya		
40NM	321	Exit 321 - Palomas	F	
40NM	329	Exit 329 - US 66 east - West /Rt. 66 Blvd.		
40NM	331	Exit 331 - Camino del Coronado	GL	Days Inn (575-461-3158)
40NM	332	Exit 332 - 1st St.	ALL	Best Western (505- 461-4884)
40NM	333	Exit 333 - US 54 E— Mountain Rd.	ALL	Holiday Inn Express (575-461-3333)
40NM	335	Exit 335 - I-40 Bus. W / US 66	ALL	Motel 6 ((505) 461-4791)
40NM	339	Exit 339 - NM 278 S		
40NM	356	Exit 356 - NM 469 - San Jon	+	
40NM	361	Exit 361 - Bard		
40NM	369	Exit 369 - NM 93 S- Endee; NM 392 N		
40NM	373(WBO)	**Rest Area**		

SL	374	Start of Interstate		

TEXAS - INTERSTATE 40

State	Mile Marker	Name	Serv	Featured Hotels
40TX	0	Exit 0 - Glenrio		
SL	0	Start of Interstate		
40TX	15	Exit 15 - Ivy Rd		
40TX	18	Exit 18 - Gruhlkey Road		
40TX	22	Exit 22 - SH 214 / Adrian	G+	
40TX	23(WBO)	Exit 23B - SH 214 South		
40TX	28	Exit 28 - Landergin		
40TX	35	Exit 35 - Vega	L	Comfort Inn (806-267-0126)
40TX	36	Exit 36 - US 385	FLRV	Best Western Count.. (806-267-2131)
40TX	37	Exit 37 - I-40 Bus. west – Vega		
40TX	42	Exit 42 - Everett Road		
40TX	49	Exit 49 - Wildorado	L	
40TX	54(WBO)	Parking Area		
40TX	57	Exit 57 - Bushland	G	
40TX	60	Exit 60 - Arnot Road	GRV	
40TX	62(EBO)	Exit 62 - Hope Road, Helium Road	RV	
40TX	62(EBO)	Exit 62B - Amarillo Boulevard	RV	
40TX	64	Exit 64 - Soncy Road / Helium Road	FLRV+	Homewood Suites (806-355-2222)
40TX	65	Exit 65 - Coulter Drive	ALL	Amarillo Days Inn (806-359-9393) Courtyard (806.467.8954)
40TX	66	Exit 66 - Bell St. , Avondale St., Wolflin..	ALL	Fairfield Inn (806-351-0172) Residence (806.354.2978)
40TX	67	Exit 67 - Western St. , Avondale St.	ALL	Baymont Inn (806-356-6800)
40TX	68	Exit 68A - Julian Boulevard, Paramount Blvd.	ALL	Travelodge (806-353-3541)
40TX	68	Exit 68B - Georgia St. , Crockett St.	ALL	Holiday Inn Express (806-322-3050)
40TX	69(WBO)	Exit 69A - Crockett Street	ALL	
40TX	69	Exit 69B - Washington Street	ALL	
40TX	70	Exit 70 - US 60/ US 87	ALL	Quality Inn (806-376-9993)
40TX	71	Exit 71 - Ross-Osage Street, Arthur Street	ALL	La Quinta Inn (806-373-7486) Hampton Inn (806.372.1425) Holiday Inn (806.372.8741)
40TX	72	Exit 72A - Nelson Street, Quarter Horse Dr.	ALL	Super 8 (806-373-3888)
40TX	72	Exit 72B - Grand St. /, Bolton St.	ALL	Motel 6 ((806) 374-6444)
40TX	73	Exit 73 - Eastern St./ Bolton St.	ALL	Best Western (806-372-1885)
40TX	74	Exit 74 - Whitaker Road	ALL	Americas Best Val.. (806-335-1561)
40TX	75	Exit 75 - Lakeside Dr.	GFLRV	Super 8 (806-335-2836)
40TX	76	Exit 76 - International Airport	ALL	Holiday Inn Express (806-335-2500)
40TX	77	Exit 77 - Pullman Road	GF+	
40TX	78	Exit 78 - US 287 S - Fort Worth	G+	

State	Mile Marker	Name	Serv	Featured Hotels
40TX	80	Exit 80 - Amarillo College East Campus		
40TX	81	Exit 81 - FM 1912	G	
40TX	85(EBO)	Exit 85 - Durrett Road		
40TX	87	Parking Area		
40TX	87	Exit 87 - FM 2373		
40TX	89	Exit 89 - FM 2161		
40TX	96	Exit 96 - Conway, Panhandle	G	
40TX	98(WBO)	Exit 98 - SH 207 S– Claude		
40TX	105	Exit 105 - FM 2880		
40TX	109	Exit 109 - FM 294		
40TX	110	Exit 110 - I-40 Bus. E – Groom		
40TX	112	Exit 112 - FM 295 – Groom	F	
40TX	113	Exit 113 - FM 2300 – Groom	GFL	
40TX	114	Exit 114 - I-40 Bus. W– Groom	GL	
40TX	121	Exit 121 - SH 70 N – Pampa		
40TX	124	Exit 124 - SH 70 S– Clarendon		
40TX	128	Exit 128 - FM 2477 – Lake McClellan Recrea..		
40TX	129(EBO)	**Rest Area**		
40TX	131(WBO)	**Rest Area**		
40TX	132	Exit 132 - Johnson Ranch Road		
40TX	135	Exit 135 - Loop 271 / Alanreed		
40TX	141	Exit 141 - McLean		
40TX	142	Exit 142 - SH 273 / FM 3143 – McLean		
40TX	143(WBO)	Exit 143 - I-40 Bus- McLean		
40TX	146	Exit 146 - County Line Road		
40TX	148	Exit 148 - Kellerville Road)		
40TX	152	Exit 152 - Pakan Road		
40TX	157	Exit 157 - Lela		
40TX	161(EBO)	Exit 161 - Shamrock	G	
40TX	163	Exit 163 - US 83 – Shamrock, Wheeler, Well..	ALL	Best Western (806- 256-1001)
40TX	164	Exit 164 - I-40 Bus. W– Shamrock	L+	Econo Lodge (806-256-2111)
40TX	167	Exit 167 - Daberry Road		
40TX	169	Exit 169 - Carbon Black Rd.	G	
40TX	176(EBO)	Exit 176 - Texola, OK		
SL	177	Start of Interstate		

OKLAHOMA - INTERSTATE 40

State	Mile Marker	Name	Serv	Featured Hotels
SL	0	Start of Interstate		
40OK	1	Exit 1 - Texola Rd.		
40OK	5	Exit 5 - Honeyfarm Rd. – Erick		

40OK	7	Exit 7 - SH-30 - Erick, Sweetwater	GFL	Comfort Inn (580-526-8124)
40OK	10	**Rest Area**		
40OK	11(WBO)	Exit 11 - Erick		
40OK	14	Exit 14 - Hext Road		
40OK	20	Exit 20 - S. 4th St. – Mangum	GFL	
40OK	23	Exit 23 - Main St.reet – Cordell	GL	Americinn (888-205-0958)
40OK	25	Exit 25 - N. 4th Street	+	
40OK	26	Exit 26 - Cemetery Road	GF	
40OK	32	Exit 32 - SH-34 south – Carter, Mangum		
40OK	34	Exit 34 - Merritt Road		
40OK	38	Exit 38 - S. Main Street – Altus	ALL	Ramada (580-225-8140)
40OK	40	Exit 40 - East 7th St.	FL	Travel Inn (877-747-8713)
40OK	41	Exit 41 - Elk City	GFLRV	Super 8 Motel (580-225-9430) Motel 6 (580.225.2541)
40OK	47	Exit 47 - Canute	G	
40OK	50	Exit 50 - Clinton Lake Road	RV	
40OK	53	Exit 53 - SH-44 – Foss, Altus	G	
40OK	57	Exit 57 - Stafford Road		
40OK	61	Exit 61 - Haggard Road		
40OK	62	Exit 62 - Parkersburg Road		
40OK	65	Exit 65 - Gary Blvd.	FL+	Hampton Inn (580-323-4267)
40OK	65(WBO)	Exit 65A - 10th St.reet /Neptune Drive	ALL	
40OK	66	Exit 66 - US -183 Cordell	ALL	Super 8 (580-323-4979)
40OK	69(WBO)	Exit 69 - Clinton		
40OK	71	Exit 71 - Custer City Road	G	
40OK	80	Exit 80 - SH-54 – Thomas	L	Best Western (580-772-3325)
40OK	80(EBO)	Exit 80A - I -40 BUS - East	ALL	
40OK	82	Exit 82 - E. Main St.	ALL	Comfort Inn (580-772-9100)
40OK	84	Exit 84 - Airport Road	ALL	Holiday Inn Express (580- 774-0400)
40OK	88(WBO)	Exit 88 - SH-58 – Hydro, Carnegie		
40OK	95	Exit 95 - Bethel Road		
40OK	101	Exit 101 - US-281/SH-8 – Hinton, Anadarko	GFL	
40OK	104	Exit 104 - Methodist Road		
40OK	108	Exit 108 - Geary, Watonga	GFRV	
40OK	115	Exit 115 - US-270 W– Calumet	F	
40OK	119	Exit 119 - El Reno		
40OK	123	Exit 123 - Country Club Rd.	ALL	Days Inn (405-262-8720) Motel 6 (405.262.6060)
40OK	125	Exit 125 - US-81 El Reno/Chickasha	ALL	Super 8 (405-262-8240)
40OK	127(EBO)	Exit 127 - Eastern Ave./Martin Luther King ..	ALL	
40OK	130	Exit 130 - Banner Road	G	
40OK	132	Exit 132 - Cimarron Rd. – C.E. Page Airport		
40OK	136	Exit 136 - SH-92 – Yukon, Mustang	ALL	Best Western Inn (405- 265-2995)
40OK	137	Exit 137 - Cornwell Dr./Czech Hall Road	ALL	

40OK	138	Exit 138 - Mustang Road	ALL	Comfort Suites (405-577-6500)
40OK	139	Exit 139 - Kilpatrick Turnpike	ALL	
40OK	140	Exit 140 - Morgan Road	ALL	Econo Lodge (405-787-7051)
40OK	142	Exit 142 - Council Road	ALL	Homewood Suites (405-789-3600)
40OK	143	Exit 143 - Rockwell Avenue	ALL	SpringHill Suites (405-604-0200)
40OK	144	Exit 144 - MacArthur Blvd	ALL	Microtel Inn Suites (405-942-0011)
40OK	145	Exit 145 - Meridian Ave	ALL	Motel 6 ((405) 946-6662) Hilton Garden Inn (405.942.1400) Embassy Suites (405.682.6000) Holiday Inn (405.601.7272) Candlewood Suites (405.680.8770) Staybridge Suites (405.429.4400)
40OK	146	Exit 146 - Portland Avenue	ALL	Comfort Suites (405-943-2700)
40OK	147	Exit 147A - I-44 W ,SH-3 east – Lawton/Dal..	ALL	Courtyard by Marri.. (405-946-6500)
40OK	147	Exit 147B - I-44 E /SH-3 W – Tulsa/Wichita	ALL	
40OK	147(WBO)	Exit 147C - May Avenue / Fair Park	ALL	
40OK	148	Exit 148A - Agnew Ave./Villa Avenue	ALL	
40OK	148(EBO)	Exit 148B - Pennsylvania (Penn) Ave.	ALL	
40OK	148(WBO)	Exit 148C - Virginia Avenue	GF+	
40OK	149	Exit 149A - Western Avenue /Reno Avenue	ALL	Hilton (405-2723040)
40OK	149(WBO)	Exit 149B - Classen Blvd.	ALL	
40OK	150(EBO)	Exit 150A - Walker Avenue	GF+	
40OK	150(WBO)	Exit 150B - Harvey Avenue	ALL	Residence (405.601.1700) Courtyard (405.232.2290)
40OK	150(WBO)	Exit 150C - Robinson Avenue	ALL	
40OK	151(EBO)	Exit 151A - Lincoln Blvd	ALL	
40OK	151	Exit 151B - I-35 S – Dallas	ALL	
40OK	151(WBO)	Exit 151C - I-235 N	ALL	
40OK	153(WBO)	Exit 153 - I-35 N /US-62 E – Wichita	ALL	
40OK	154	Exit 154 - Reno Avenue ./Scott St.	ALL	Bricktown Hotel (405- 235-1647) Quality Inn (405.235.4531)
40OK	155	Exit 155A - Sunnylane Road. – Del City	ALL	La Quinta Inn (405-672-0067)
40OK	155	Exit 155B - S.E. 15th St. – Del City/Midwest..	GF+	
40OK	156	Exit 156A - Sooner Road	ALL	Holiday Inn (405.736.1000)
40OK	156	Exit 156B - Hudiburg Drive	ALL	Motel 6 (405.737.8851)
40OK	157(EBO)	Exit 157A - S.E. 29th St. – Midwest City	ALL	
40OK	157	Exit 157B - Air Depot Blvd – Tinker Gate	ALL	Super 8 (405-737-8880)
40OK	157	Exit 157C - Eaker Gate	ALL	Comfort Inn (405-733-1339)
40OK	159	Exit 159A - Hruskocy Gate	GFRV+	
40OK	159	Exit 159B - Douglas Blvd	GFRV+	
40OK	162	Exit 162 - Anderson Road	+	
40OK	165(WBO)	Exit 165 - I-240 / Anderson Rd.		
40OK	166	Exit 166 - Choctaw Road	GF	

40OK	169	Exit 169 - Peebly Road		
40OK	172	Exit 172 - Newalla Road. – Harrah	G	
40OK	176	Exit 176 - SH-102 N– McLoud	GF	
40OK	178	Exit 178 - SH-102 South /to SH-270		
40OK	181	Exit 181 - SH-3W – Shawnee, Tecumseh	GF	
40OK	185	Exit 185 - SH-3E East – Shawnee	ALL	Hampton Inn (405-275-1540)
40OK	186	Exit 186 - SH-18 , Shawnee, Meeker	ALL	Holiday Inn Express (405-275-8880) Motel 6 (405.275.5310)
40OK	192	Exit 192 - SH-9A South – Earlsboro	G	
40OK	197	**Rest Area**		
40OK	200	Exit 200 - US-377/SH-99 – Prague/Seminole	GFRV	
40OK	212	Exit 212 - SH-56 – Cromwell	GF	
40OK	217	Exit 217 - SH-48 –Bristow		
40OK	221	Exit 221 - US-62 , SH-27 – Okemah,	ALL	Days Inn (918-623-2200)
40OK	227	Exit 227 - Clearview Road		
40OK	231	Exit 231 - US-75 South – Wetumka		
40OK	237	Exit 237 - Henryetta	ALL	
40OK	240	Exit 240A - US-62 east/US-75 North – Henrye..	ALL	Super 8 (918-652-2533)
40OK	240	Exit 240B - Indian Nation Turnpike	ALL	
40OK	247	Exit 247 - Tiger Mt. Road		
40OK	251	Parking Area		
40OK	255	Exit 255 - Pierce Rd.	RV	
40OK	259	Exit 259 - SH-150	G	
40OK	262	Exit 262 - Lotawatah Rd.	G	
40OK	264	Exit 264A - US-69 South – Eufaula,		
40OK	264	Exit 264B - US-69 North – Muskogee	G+	
40OK	265	Exit 265 - US-69 – Checotah	ALL	Americas Best Valu.. (918-473-2381)
40OK	270	Exit 270 - Texanna Road – Porum Landing	G	
40OK	278	Exit 278 - US-266 / SH-2 Warner, Porum		
40OK	284	Exit 284 - Ross Road		
40OK	286	Exit 286 - Muskogee Turnpike	GF	
40OK	287	Exit 287 - SH-100 – Webbers Falls	GF	
40OK	291	Exit 291 - SH-10 – Gore		
40OK	297	Exit 297 - SH-82 – Vian		
40OK	304	Exit 304 - Dwight Mission Road		
40OK	308	Exit 308 - US-59 – Sallisaw /Poteau	ALL	Blue Ribbon Inn (877- 747-8713)
40OK	311	Exit 311 - US-64 – Sallisaw	ALL	Sallisaw Inn (877-747-8713) Motel 6 (918.775.6000)
40OK	313(WBO)	**Rest Area**		
40OK	316(EBO)	**Rest Area**		
40OK	321	Exit 321 - SH-64B – Muldrow	GFL	Americas Best Valu.. (918-427-3201)
40OK	325	Exit 325 - US-64 – Roland, Fort Smith	GFL	

State	Mile Marker	Name	Serv	Featured Hotels
40OK	330(WBO)	Exit 330 - SH-64D – Dora, Fort. Smith		
SL	331	Start of Interstate		

ARKANSAS - INTERSTATE 40

State	Mile Marker	Name	Serv	Featured Hotels
SL	0	Start of Interstate		
40AR	1(EBO)	Exit 1 - Fort Smith, Dora		
40AR	2(EBO)	**Rest Area**		
40AR	3	Exit 3 - Lee Creek Road	LRV	Super 8 Motel (479-471-8888)
40AR	5	Exit 5 - Hwy. 59 – Van Buren, Siloam Spri..	ALL	Hampton Inn (479-471-7447) Motel 6 (479.474.8001)
40AR	7(WBO)	Exit 7 - I-540 south / U.S. 71 south – V..		
40AR	12(EBO)	Exit 12 - I-540 north – Fayetteville	G	
40AR	13(EBO)	Exit 13 - U.S. 71 N – Alma	ALL	
40AR	20	Exit 20 - Dyer, Mulberry	G	
40AR	24	Exit 24 - Hwy. 215 – Mulberry		
40AR	35	Exit 35 - Hwy. 23 – Ozark, Huntsville		
40AR	36	**Rest Area**		
40AR	37	Exit 37 - Highway. 219 – Ozark	ALL	
40AR	41	Exit 41 - Hwy. 186 – Altus		
40AR	47	Exit 47 - Highway. 164 – Hartman, Coal Hill		
40AR	55	Exit 55 - U.S. 64 / Hwy. 109 – Hartman	ALL	Holiday Inn Express (479-705-7600)
40AR	57	Exit 57 - Clarksville	ALL	Super 8 (479-754-8800)
40AR	58	Exit 58 - Hwy. 103 to Hwy. 21 – Clarksville	ALL	
40AR	64	Exit 64 - U.S. 64 – Lamar		
40AR	67	Exit 67 - Highway. 315 – Knoxville		
40AR	68(EBO)	**Rest Area**		
40AR	72(WBO)	**Rest Area**		
40AR	74	Exit 74 - Highway. 333 – London		
40AR	78	Exit 78 - U.S. 64 – Russellville	ALL	
40AR	81	Exit 81 - Hwy. 7 – Russellville /Arkansas..	ALL	Motel 6 ((479) 968-3666) Fairfield Inn (479.967.9030)
40AR	83	Exit 83 - Hwy. 326 – Weir Road	FL+	
40AR	84	Exit 84 - Hwy. 331 to U.S. 64	ALL	Comfort Inn (479- 968-2424)
40AR	88	Exit 88 - Pottsville /Highway 363	GF	
40AR	94	Exit 94 - Hwy. 105 – Atkins	GF+	
40AR	101	Exit 101 - Blackwell		
40AR	107	Exit 107 - Hwy. 95 – Morrilton	ALL	Days Inn (501-354-5101)
40AR	108	Exit 108 - Highway. 9 – Morrilton	ALL	Super 8 (501-354-8188)
40AR	112	Exit 112 - Hwy. 92 N – Plumerville	GF	
40AR	117	Exit 117 - Menifee		
40AR	124	Exit 124 - Hwy. 25 N – Conway	ALL	
40AR	125	Exit 125 - US 65 N / Greenbriar, Harrison, ..	ALL	Motel 6 (501.327.6623)

40AR	127	Exit 127 - US 64 - Vilonia, Conway, Beebe	ALL	Best Western (501-329-9855)
40AR	129(EBO)	Exit 129A - U.S. 65B N / Hwy. 286 (Dave W..	GF+	
40AR	129(WBO)	Exit 129B - U.S. 65B north / Hwy. 286 (Dave ..	GF+	
40AR	135	Exit 135 - Hwy. 89 to Hwy. 365 – Mayflower	GF+	
40AR	142	Exit 142 - Hwy. 365 – Morgan, Maumelle	ALL	Americas Best Valu.. (501-851-3500)
40AR	147	Exit 147 - I -430 S/ Texarkana	RV+	
40AR	148	Exit 148 - Hwy. 100 (Crystal Hill Rd.)	RV+	
40AR	150	Exit 150 - Burns Park	ALL	Hampton Inn (501-771-2090)
40AR	152	Exit 152 - Highway 365 / Levy	ALL	Fairfield Inn (501-945-9777)
40AR	153	Exit 153A - Hwy. 107 North	ALL	Motel 6 (501.758.5100)
40AR	153	Exit 153B - I 30 W/ U.S.65 S/ U.S.67 S/ U.S...	ALL	
40AR	154(EBO)	Exit 154 - Lakewood	ALL	
40AR	155	Exit 155 - U.S. 67 N / U.S. 167 N – Litt..	ALL	
40AR	156	Exit 156 - Springhill Drive	ALL	
40AR	157	Exit 157 - Hwy. 161 – Prothro Junction	ALL	
40AR	159	Exit 159 - I-440 west / Hwy. 440 E– Jackson..	+	
40AR	161	Exit 161 - Highway. 391 – Galloway	ALL	
40AR	165	Exit 165 - Kerr Road		
40AR	169	Exit 169 - Remington Rd.		
40AR	175	Exit 175 - Lonoke, Beebe	ALL	
40AR	183	Exit 183 - Highway. 13 – Carlisle	GFL	
40AR	193	Exit 193 - U.S. 63 S / Hwy. 11 – Hazen, De..	GFLRV	
40AR	199	**Rest Area**		
40AR	202	Exit 202 - Highway. 33 – Biscoe, De Valls B..		
40AR	216	Exit 216 - U.S. 49 to Hwy. 17 – Brinkley	ALL	
40AR	221	Exit 221 - Highway. 78 – Wheatley, Marianna	GF	
40AR	233	Exit 233 - Hwy. 261 – Palestine	ALL	
40AR	235(EBO)	**Rest Area**		
40AR	239	Exit 239 - Hwy. 1 – Wynne, Marianna		
40AR	241	Exit 241A - Hwy. 1B – Forrest City, Wynne	ALL	
40AR	241	Exit 241B - Highway. 1B – Forrest City, Wynne	ALL	
40AR	242	Exit 242 - Hwy. 284 /Crowley's Ridge Road	ALL	
40AR	243(WBO)	**Rest Area**		
40AR	247	Exit 247 - Hwy. 38 East – Hughes, Widener		
40AR	256	Exit 256 - Highway. 75 – Parkin	G	
40AR	260	Exit 260 - Highway. 149 – Earle	GFLRV	
40AR	265	Exit 265 - Hwy. 218 to U.S. 79 – Hughes		
40AR	271	Exit 271 - Highway 147	GF	

State	Mile Marker	Name	Serv	Featured Hotels
40AR	274(WBO)	**Rest Area**		
40AR	275	Exit 275 - Highway. 118 (N. Airport Road)	G	
40AR	276(EBO)	Exit 276 - To Hwy. 77 (Missouri St.) Rich ..	+	
40AR	277	Exit 277 - I-55 North/ Blytheville, Jonesb..	ALL	
40AR	278	Exit 278 - Hwy. 77 (Missouri St.) 7th St.	ALL	Quality Inn (870.702.9000) Comfort Suites (870.733.9900)
40AR	279	Exit 279A - Ingram Boulevard	ALL	
40AR	279	Exit 279B - I-55 S / Memphis, Jackson	ALL	
40AR	280	Exit 280 - Club Road	ALL	
40AR	281(WBO)	Exit 281 - Hwy. 131 (Mound City Rd)	ALL	
SL	285	Start of Interstate		

TENNESSEE - INTERSTATE 40

State	Mile Marker	Name	Serv	Featured Hotels
SL	0	Start of Interstate		
40TN	1	Exit 1 - Riverside Drive, Front St.	ALL	Marriott Memphis (901-527-7300) Sleep Inn (901.522.9700)
40TN	1(WBO)	Exit 1A - 2nd Street, 3rd Street	ALL	
40TN	1(EBO)	Exit 1B - US-51 (Danny Thomas Boulevard	ALL	
40TN	1(WBO)	Exit 1D - US-51 (Danny Thomas Boulevard	ALL	Crowne Plaza (901-525-1800)
40TN	1(EBO)	Exit 1E - I-240		
40TN	1(WBO)	Exit 1F - Jackson Ave		
40TN	2	Exit 2 - Chelsea Avenue, Smith Ave.	ALL	
40TN	2	Exit 2A - To US-51 (SR-300 to SR-3) – Mill..	GF+	
40TN	3	Exit 3 - Watkins Street	GF+	
40TN	5	Exit 5 - Hollywood Street	GF+	
40TN	6	Exit 6 - Warford Street	GF+	
40TN	8	Exit 8A - SR-14 Jackson Ave. / Austin Pea..	ALL	Days Inn (901-386-0033)
40TN	8	Exit 8B - SR-14 Jackson Ave., Austin Peay..	ALL	
40TN	10	Exit 10 - SR-204 /Covington Pike	ALL	Comfort Inn (901.396.5411)
40TN	12	Exit 12A - US-64 (Summer Ave.) US-70 , 79	ALL	Extended Stay Amer.. (901-386-0026)
40TN	12	Exit 12B - Sam Cooper Blvd.	ALL	Super 8 (901-373-4888)
40TN	12	Exit 12C - I-240 West - Jackson, MS	ALL	Comfort Inn (901-372-2700)
40TN	12	Exit 12 - Sycamore View Road	GFL	Motel 6 ((901) 382-8572) Fairfield Inn (901.384.0010)
40TN	14	Exit 14 - Whitten Road	ALL	Red Roof Inn (901- 372-5063)
40TN	15(EBO)	Exit 15A - Appling Road	G	
40TN	15(EBO)	Exit 15B - Appling Road	GL	Wingate by Wyndham (901-386-1110)
40TN	15(WBO)	Exit 15 - Appling Road	GL	
40TN	16	Exit 16A - SR-177 – Germantown	ALL	
40TN	16	Exit 16B - SR-177 – Germantown	ALL	Microtel Inn (901-213-4141)
40TN	18	Exit 18 - US-64 – Somerville, Bolivar, Bar..	ALL	Fairfield Inn (901-381-0085) SpringHill (901.380.9700)

40TN	20	Exit 20 - Canada Road — Lakeland	GFLRV	Super 8 (901-372-4575)
40TN	24(WBO)	Exit 24A - SR-385 – Millington	GF	
40TN	24(EBO)	Exit 24B - SR-385 – Millington	GF	
40TN	25	Exit 25 - SR-205 – Arlington, Collierville	GF	
40TN	35	Exit 35 - SR-59 – Covington, Somerville	G	
40TN	42	Exit 42 - SR-222 – Stanton, Somerville	GFL	Americas Best Valu.. (901-465-5088)
40TN	47	Exit 47 - SR-179 (Stanton-Dancyville Rd)	GF	
40TN	52	Exit 52 - SR-179 / Whiteville		
40TN	56	Exit 56 - SR-19 (Mercer Road)	GFL	Econo Lodge (731-772-4082)
40TN	60	Exit 60 - SR-19 (Mercer Road)		
40TN	66	Exit 66 - US-70 – Brownsville, Ripley	L	Motel 6 (731.772.9500) Fairfield Inn (615.223.8877)
40TN	68	Exit 68 - SR-138 (Providence Road)	ALL	Hampton Inn (615.771.7225) Courtyard (615.778.0080) Franklin (615.261.6100) Residence (615.778.0002)
40TN	73	**Rest Area**		
40TN	74	Exit 74 - Lower Brownsville Road	L	Homewood Suites (615.377.3332) Courtyard (615.371.9200)
40TN	76	Exit 76 - SR-223 South		
40TN	79	Exit 79 - US-412 – Jackson, Alamo, Dyers..	ALL	
40TN	80	Exit 80A - US-45 Byp. – Jackson, Humboldt	ALL	Motel 6 (731.661.0919)
40TN	80	Exit 80B - US-45 Byp. – Jackson, Humboldt	ALL	
40TN	82	Exit 82A - US-45 (SR-5) – Jackson, Milan	ALL	
40TN	82	Exit 82B - US-45 (SR-5) – Jackson, Milan	ALL	
40TN	83	Exit 83 - Campbell Street	ALL	Hampton Suites (731- 427-6100) Courtyard (731.422.1818)
40TN	85	Exit 85 - Christmasville Road / Jackson	ALL	
40TN	87	Exit 87 - US-70 / US-412 East / Huntingdo..	GF	
40TN	93	Exit 93 - SR-152 / Law Road	+	
40TN	101(WBO)	Exit 101F - SR-14 Jackson Ave.	ALL	
40TN	101	Exit 101 - SR-104		
40TN	108	Exit 108 - SR-22 – Parkers Crossroads, Lexi..	GFL	
40TN	116	Exit 116 - SR-114 – Natchez Trace State Park		
40TN	126	Exit 126 - US-641 /SR 69 Camden	GFL	
40TN	131	**Rest Area**		
40TN	133	Exit 133 - SR-191 (Birdsong Road)		
40TN	137	Exit 137 - Cuba Landing		
40TN	143	Exit 143 - SR-13 – Linden, Waverly	GFLRV	Best Western (931- 296-4251)
40TN	148	Exit 148 - SR-50 to SR-229 – Centerville		
40TN	152	Exit 152 - SR-230 – Bucksnort		
40TN	163	Exit 163 - SR-48 – Dickson	GRV	
40TN	170	**Rest Area**		

40TN	172	Exit 172 - SR-46 – Centerville, Dickson	ALL	Comfort Inn (615- 740-1000) Motel 6 (615.446.2423)
40TN	176	Exit 176 - SR-840 East		
40TN	182	Exit 182 - SR-96 – Franklin, Fairview, Dic..	GFL	Deerfield Inn (877- 747-8713)
40TN	188	Exit 188 - SR-249 – Kingston Springs	ALL	Best Western (615-952-3961)
40TN	192	Exit 192 - McCrory Lane - Pegram		
40TN	196	Exit 196 - US-70S – Bellevue, Newsom Station	ALL	Microtel (615-662-0004)
40TN	199	Exit 199 - SR-251 (Old Hickory Blvd.	ALL	Super 8 (615-356-6005)
40TN	201(EBO)	Exit 201A - US-70 Charlotte Pike	ALL	
40TN	201(WBO)	Exit 201B - US-70 Charlotte Pike	ALL	
40TN	204(WBO)	Exit 204A - SR-155 Briley Pkwy.	ALL	Comfort Inn (615) 356-0888)
40TN	204(WBO)	Exit 204B - SR-155 Briley Pwky.	ALL	
40TN	204(EBO)	Exit 204 - Robertson Ave.	GFL	
40TN	205	Exit 205 - 46th Ave. - West Nashville	ALL	Baymont Inn (615-353-0700)
40TN	206	Exit 206 - I-440 East – Knoxville	GF+	
40TN	207(WBO)	Exit 207 - 28th Avenue	ALL	
40TN	208(EBO)	Exit 208B - I-65 North to I-24 west - Louis..	ALL	
40TN	209(EBO)	Exit 209A - US-70 (Charlotte Avenue)	ALL	Embassy Suites (615.320.8899) Homewood Suites (615.742.5550) Renaissance (615.255.8400)
40TN	209(EBO)	Exit 209 - US-70 (Charlotte Avenue)	ALL	Hampton Inn (615.320.6060) Courtyard (615.256.0900)
40TN	209(WBO)	Exit 209A - Church St. / Charlotte Ave.	ALL	Embassy Suites (615.320.8899) Homewood Suites (615.742.5550) Renaissance (615.255.8400)
40TN	209(WBO)	Exit 209B - Demonbreun St.	ALL	Hampton Inn (615.329.1144) Hilton (615.620.1000) Nashville (615.321.1300)
40TN	210	Exit 210 - I-65 South - Huntsville	ALL	
40TN	210(WBO)	Exit 210B - I-65 south - Huntsville	ALL	
40TN	210	Exit 210C - US-31A South/ US=41 A South (4th..	ALL	
40TN	211(WBO)	Exit 211B - I-24 West	ALL	
40TN	212(WBO)	Exit 212 - Hermitage Avenue / US-70,	ALL	
40TN	212(EBO)	Exit 212 - Fesslers Lane	ALL	
40TN	213(EBO)	Exit 213A - I-24 east / I-440 west	ALL	
40TN	215	Exit 215A - SR-155 (Briley Pky) – Opryland	GFL	
40TN	215	Exit 215B - SR-155 (Briley Pkwy) – Opryland	GFL	Nashville (615.889.9300) Holiday Inn (615.883.9770)
40TN	216(EBO)	Exit 216A - Nashville International Airport	ALL	
40TN	216(EBO)	Exit 216B - SR-255 Donelson Pike	ALL	
40TN	216(EBO)	Exit 216C - SR-255 Donelson Pike	ALL	
40TN	216(WBO)	Exit 216 - SR-255 Donelson Pike	ALL	Holiday Inn (615.883.1366)
40TN	219	Exit 219 - Stewarts Ferry Pike	ALL	

40TN	221(EBO)	Exit 221A - SR-45 North (Old Hickory Blvd)	ALL	
40TN	221(EBO)	Exit 221B - SR-45 North (Old Hickory Blvd)	ALL	
40TN	221(WBO)	Exit 221 - SR-45 North (Old Hickory Blvd)	ALL	
40TN	226(EBO)	Exit 226A - SR-171 Mount Juliet Rd.	ALL	
40TN	226(EBO)	Exit 226B - SR-171 Mount Juliet Rd.	ALL	
40TN	226(WBO)	Exit 226 - SR-171 Mount Juliet Rd.	ALL	
40TN	229	Exit 229A - Beckwith Road	+	
40TN	232(EBO)	Exit 232A - SR-109 – Gallatin	GFL	
40TN	232(EBO)	Exit 232B - SR-109 – Gallatin	GFL	
40TN	232(WBO)	Exit 232 - SR-109 – Gallatin	GFL	
40TN	235	Exit 235 - SR-840 West – Murfreesboro	RV	
40TN	236	Exit 236 - South Hartmann Dr.	GF	
40TN	238	Exit 238 - US-231 (SR-10) – Lebanon	ALL	
40TN	239(EBO)	Exit 239A - US-70 (SR-26) – Watertown,	GF+	
40TN	239(WBO)	Exit 239B - US-70 (SR-26) – Watertown,	GF+	
40TN	245	Exit 245 - Linwood Road	G	
40TN	254	Exit 254 - SR-141 – Alexandria		
40TN	258	Exit 258 - SR-53 – Gordonsville	ALL	
40TN	267	**Rest Area**		
40TN	268	Exit 268 - SR-96 (Buffalo Valley Rd) –		
40TN	273	Exit 273 - SR-56 South – Smithville, McMinn..	GF	
40TN	276	Exit 276 - Old Baxter Rd.	G+	
40TN	280	Exit 280 - SR-56 North – Baxter, Gainesboro	GF	
40TN	286	Exit 286 - SR-135 (South Willow Ave.)	ALL	
40TN	287	Exit 287 - SR-136 – Cookeville, Sparta	ALL	Fairfield Inn (931.854.1050)
40TN	288	Exit 288 - SR-111 – Livingston, Sparta	ALL	
40TN	290	Exit 290 - US-70 North – Cookeville	GF+	
40TN	300	Exit 300 - US-70 N / SR-84 – Monterey	ALL	
40TN	301	Exit 301 - US-70 N – Monterey	ALL	
40TN	311	Exit 311 - Plateau Road	ALL	
40TN	317	Exit 317 - US-127 (SR-28) – Crossville	ALL	
40TN	320	Exit 320 - SR-298 (Genesis Rd) – Crossville	GF+	
40TN	322	Exit 322 - SR-101 (Peavine Rd) – Crossville	GFL	
40TN	324(EBO)	**Rest Area**		
40TN	327(WBO)	**Rest Area**		
40TN	329	Exit 329 - US-70 (SR-1) – Crab Orchard	G	
40TN	338	Exit 338 - SR-299 South (Westel Road) – Ro..	G	
40TN	340	Exit 340 - SR-299 North (Airport Road)		
40TN	347	Exit 347 - US-27 (SR-61) – Harriman, Rockw..	ALL	
40TN	350	Exit 350 - SR-29 – Harriman, Midtown	FL+	

40TN	352	Exit 352 - SR-58 South – Kingston	ALL	
40TN	355	Exit 355 - Lawnville Road	G	
40TN	356	Exit 356 - SR-58 North (Gallaher Rd)	GFLRV	Motel 6 (865.3762069)
40TN	360	Exit 360 - Buttermilk Road	RV	
40TN	364	Exit 364 - US-321 / SR-95 – Lenoir City, Oa..		
40TN	368	Exit 368 - I-75 South – Chattanooga	+	
40TN	369	Exit 369 - Watt Road	GF+	
40TN	373	Exit 373 - Campbell Station Rd - Farragut	GFL	
40TN	374	Exit 374 - SR-131 (Lovell Rd)	ALL	Motel 6 (865.675.7200) SpringHill (865.966.8888)
40TN	376	Exit 376 - I-140 east / SR-162 North – Oak..	ALL	
40TN	378	Exit 378 - Cedar Bluff Road	ALL	
40TN	379	Exit 379 - Bridgewater Rd. / Walker Spring..	ALL	
40TN	380	Exit 380 - US-11 / US-70 (West Hills)	ALL	
40TN	383	Exit 383 - SR-332 Papermill Drive	ALL	
40TN	385	Exit 385 - I-75 North / I-640 East - Lexing..	GF+	
40TN	386(WBO)	Exit 386A - University Ave., Middlebrook Pik..	ALL	
40TN	386	Exit 386B - US-129 (Alcoa Highway, SR-115) –..	ALL	
40TN	387	Exit 387 - SR-62 (Western Ave.) / 17th St,	ALL	
40TN	387	Exit 387A - I-275 North - Lexington	ALL	
40TN	388	Exit 388 - US-441 south (Henley St.), SR-3..	ALL	
40TN	388	Exit 388A - US-441 South (SR-33 South) / Jam..	ALL	
40TN	389	Exit 389 - US-441 North (Hall of Fame Drive)	ALL	
40TN	390	Exit 390 - Cherry Street	ALL	
40TN	392(WBO)	Exit 392A - US-11 W (Rutledge Pike, SR-1)	GF+	
40TN	392(WBO)	Exit 392B - US-11 W (Rutledge Pike, SR-1)	GF+	
40TN	392(EBO)	Exit 392 - US-11 W (Rutledge Pike, SR-1)	GF+	
40TN	393	Exit 393 - I-640 W /US-25W Lexington	GF+	
40TN	394	Exit 394 - US-11E / US-25W South / US-70 (..	GFL	
40TN	398	Exit 398 - Strawberry Plains Pike	GFL	Fairfield Inn (865.971.4033)
40TN	402	Exit 402 - Midway Road		
40TN	407	Exit 407 - SR-66 South – Gatlinburg, Sevier..	ALL	Quality Inn ((865) 933-171) Motel 6 (865.933.8141) Fairfield Inn (865.933.3033)
40TN	412	Exit 412 - Deep Springs Road	G+	
40TN	415	Exit 415 - US-25W / US-70 – Dandridge		
40TN	417	Exit 417 - SR-92 – Dandridge, Jefferson City	ALL	Motel 6 (423.586.8504)
40TN	420(EBO)	**Rest Area**		
40TN	421	Exit 421 - I-81 North – Bristol		

State	Mile Marker	Name	Serv	Featured Hotels
40TN	424	Exit 424 - SR-113 – Dandridge, White Pine	G	
40TN	426(WBO)	**Rest Area**		
40TN	432	Exit 432A - US-411 South (US-25W)	ALL	
40TN	432	Exit 432B - US-411 S , US-70 (US-25W)	ALL	
40TN	435	Exit 435 - US-25W south (SR-9 south) / US-7..	ALL	Motel 6 (423.623.1850)
40TN	440	Exit 440 - US-321 S / SR-73 (Wilton Springs..	G	
40TN	443	Exit 443 - Foothills Pkwy - Gatlinburg, Gre..	+	
40TN	446(WBO)	**Rest Area**		
40TN	447	Exit 447 - Hartford Road	G	
40TN	451	Exit 451 - Waterville Road		
SL	455	Start of Interstate		

NORTH CAROLINA - INTERSTATE 40

State	Mile Marker	Name	Serv	Featured Hotels
SL	0	Start of Interstate		
40NC	7	Exit 7 - Harmon Den	L	Residence (919.279.3000) Courtyard (919.782.6868)
40NC	10	**Rest Area**		
40NC	10(WBO)	**Rest Area**		
40NC	15	Exit 15 - Fines Creek	L	Comfort Inn (919.471.6100)
40NC	20	Exit 20 - US 276 – Waynesville, Maggie Va..	G	
40NC	24	Exit 24 - NC 209 – Lake Junaluska, Hot Spr..	GFL	
40NC	27	Exit 27 - US 19 / US 23 / US 74 West – Cly..	GF+	
40NC	31	Exit 31 - NC 215 – Canton	ALL	Days Inn (828-648-0300)
40NC	33	Exit 33 - Newfound Road	L	Comfort Inn (828-648-4881) SpringHill (704.658.0053)
40NC	37	Exit 37 - Candler, East Canton	ALL	Days Inn (866-665-2031)
40NC	44	Exit 44 - US 19 / US 23 – W. Asheville, En..	ALL	Holiday Inn (828- 665-2161)
40NC	46(EBO)	Exit 46A - I-26 east – Asheville Airport	ALL	Sleep Inn (866-901-1033)
40NC	46(EBO)	Exit 46B - I-26 east – Hendersonville, Spa..	ALL	Country Inn (828- 665-9556)
40NC	47	Exit 47 - NC 191 – West Asheville	ALL	Fairfield Inn and .. (828-665-4242)
40NC	50(WBO)	Exit 50A - US 25 to NC 81 – South Asheville..	ALL	
40NC	50(WBO)	Exit 50B - US 25 to NC 81 – South Asheville..	ALL	
40NC	50(EBO)	Exit 50 - US 25 to NC 81 – South Asheville..	ALL	
40NC	53	Exit 53A - US 74 Alt. east / Blue Ridge Pa..	ALL	Ramada (828-298-9141?)
40NC	53	Exit 53B - I-240 / US 74 Alt. west – East ..	ALL	Brookstone Lodge (828-398-5888?)
40NC	55	Exit 55 - To US 70 – East Asheville, VA Ho..	ALL	Holiday Inn (828-298-5611) Motel 6 (828.299.3040)
40NC	59	Exit 59 - Swannanoa	ALL	
40NC	64	Exit 64 - NC 9 – Black Mountain, Montreat	ALL	Comfort Inn (828-669-9950)
40NC	65	Exit 65 - US 70 west – Black Mountain	ALL	Super 8 (828-669-8076)
40NC	66	Exit 66 - Ridgecrest	F+	

40NC	72(EBO)	Exit 72 - US 70 east – Old Fort		
40NC	73	Exit 73 - Old Fort	GF+	
40NC	75	Exit 75 - Parker Padgett Road	GF	
40NC	81	Exit 81 - Sugar Hill Road - Marion	GF+	
40NC	82	**Rest Area**		
40NC	83	Exit 83 - Ashworth Road	L	Days Inn (828-659-2567)
40NC	85	Exit 85 - US 221 – Marion, Rutherfordton	GL	Comfort Inn (828-652-4888)
40NC	86	Exit 86 - NC 226 – Marion, Shelby	F	
40NC	90	Exit 90 - Nebo, Lake James	GF	
40NC	94	Exit 94 - Dysartsville Road - Lake James	G	
40NC	96	Exit 96 - Kathy Road	F	
40NC	98	Exit 98 - Causby Road - Glen Alpine		
40NC	100	Exit 100 - Jamestown Rd , Dixie Blvd. - Gle..	GF+	
40NC	103	Exit 103 - US 64 – Morganton, Rutherfordton	ALL	Days Inn (828-430-8778)
40NC	104	Exit 104 - Enola Road	ALL	Plaza Inn (877- 747-8713)
40NC	105	Exit 105 - NC 18 – Morganton, Shelby	ALL	Quality Inn (828- 437-0171)
40NC	106	Exit 106 - Bethel Road	ALL	
40NC	107	Exit 107 - NC 114 – Drexel	L	Fairfield Inn (336.841.0140)
40NC	111	Exit 111 - Valdese	+	
40NC	112	Exit 112 - Mineral Springs Mountain Rd. - V..	GF+	
40NC	113	Exit 113 - Connelly Springs	GF+	
40NC	116	Exit 116 - Icard	ALL	
40NC	118	Exit 118 - Old NC 10	GF+	
40NC	119(EBO)	Exit 119A - Henry River, Hildebran	GF+	
40NC	121	Exit 121 - Long View	F+	
40NC	123	Exit 123 - US 321 to US 70 / NC 127 , Leno..	FL+	Royal Inn (877- 747-8713)
40NC	125	Exit 125 - Hickory	ALL	Econo Lodge (336-275-9575) Courtyard (828.267.2100)
40NC	126	Exit 126 - US 70 – Hickory, Newton	ALL	Super 8 (336-273-1983)
40NC	128	Exit 128 - Fairgrove Church Road	ALL	Quality Inn (336-697-4000)
40NC	130	Exit 130 - Old US 70	GFL	Hampton Inn (336-544-3333)
40NC	132	Exit 132 - NC 16 – Conover, Taylorsville	ALL	
40NC	133	Exit 133 - Rock Barn Road	GF	
40NC	135	Exit 135 - Claremone	ALL	Comfort Suites (336-449-5161)
40NC	136	**Rest Area**		
40NC	138	Exit 138 - NC 10 west (Oxford School Rd) – ..		
40NC	139	**Rest Area**		
40NC	141	Exit 141 - Sharon School Road	L	Hampton Suites (336-584-8585)
40NC	144	Exit 144 - Old Mountain Road	ALL	Americas Best Valu.. (336-227-3681)
40NC	146	Exit 146 - Stamey Farm Road	GF	
40NC	148	Exit 148 - US 64 / NC 90 – W. Statesville, ..	ALL	Comfort Suites (336- 221-9199)
40NC	150	Exit 150 - NC 115 – Statesville, North Wil..	ALL	Days Inn (336-578-2666)
40NC	151	Exit 151 - US 21 – East Statesville, Harmony	ALL	Hampton Inn (704-883-8380)

40NC	152	Exit 152A - I-77 – Charlotte, Elkin	ALL	
40NC	152	Exit 152B - I-77 – Charlotte, Elkin	ALL	
40NC	153(EBO)	Exit 153 - US 64	ALL	Holiday Inn Express (919- 304-9900)
40NC	154	Exit 154 - US 64 / Old Mocksville Road	ALL	
40NC	162	Exit 162 - US 64	RV	
40NC	168	Exit 168 - US 64 – Mocksville	ALL	Comfort Inn (336-751-5966)
40NC	170	Exit 170 - US 601 – Mocksville, Yadkinville	ALL	Quality Inn (336-751-7310)
40NC	174	Exit 174 - Farmington Road	G+	
40NC	177	**Rest Area**		
40NC	180	Exit 180 - NC 801 – Bermuda Run, Tanglewood	GF+	
40NC	182(WBO)	Exit 182 - Tanglewood, Bermuda Run	FL+	
40NC	184	Exit 184 - Lewisville, Clemmons	FL+	Super 8 (336-778-0931)
40NC	188(EBO)	Exit 188 - I-40 Bus. east / US 421 south – ..	FL+	Comfort Suites (336- 774-0805)
40NC	189	Exit 189 - US 158 (Stratford Road)	ALL	Hampton Inn (336-760-1660) Fairfield Inn (336.714.3000) Courtyard (336.760.5777) SpringHill (336.765.0190)
40NC	190(WBO)	Exit 190 - Hanes Mall Boulevard	ALL	
40NC	192	Exit 192 - NC 150 (Peters Creek Parkway)	ALL	Holiday Inn Express (336-788-1980)
40NC	193	Exit 193A - US 52 / NC 8 (US 311 north) – L..	GF+	
40NC	193	Exit 193B - US 52 / NC 8 (US 311 north) – L..	GF+	
40NC	195	Exit 195 - NC 109 / Clemmonsville Rd. – Th..	GF+	
40NC	196	Exit 196 - US 311 South – High Point	ALL	
40NC	201	Exit 201 - Union Cross Road	F+	
40NC	203	Exit 203 - NC 66 – Kernersville, High Point	ALL	
40NC	206	Exit 206 - I-40 N/ US 421	G+	
40NC	208	Exit 208 - Sandy Ridge Road	GF+	
40NC	210	Exit 210 - NC 68 – High Point, Piedmont Tri..	FL+	Motel 6 ((336) 668-2085)
40NC	211	Exit 211 - Gallimore Dairy Road	ALL	
40NC	212	Exit 212 - I-73 / US 421 south / Bryan Bou..	FL+	Greensboro-High (336.852.6450)
40NC	213	Exit 213 - Guilford College Rd.	ALL	
40NC	214	Exit 214 - Wendover Ave.	ALL	Courtyard (336.294.3800) SpringHill (336.809.0909) Holiday Inn Express (336.854.0090)
40NC	216	Exit 216 - NC 6 (Patterson St.)	GF+	
40NC	217	Exit 217 - High Point Rd./Koury Blvd.	ALL	
40NC	218	Exit 218 - Freeman Mill Rd.	ALL	
40NC	219	Exit 219 - I-85 Bus. South/ US 29 S/ US 70	ALL	
40NC	220	Exit 220 - Randleman Road	ALL	
40NC	221	Exit 221 - South Elm-Eugene Street	ALL	
40NC	222	Exit 222 - MLK Jr. Dr./J.M. Hunt Jr Express..	ALL	
40NC	223	Exit 223 - US 29 north / US 70 east / US 22..	ALL	
40NC	224	Exit 224 - NC 6 (East Lee St.) US 29 N / ..	ALL	Holiday Inn (336.697.0101)

40NC	226	Exit 226 - McConnell Road	G	
40NC	227	Exit 227 - To US 70 (via Future I-840)	G	
40NC	259	Exit 259 - I-85 north – Durham	ALL	
40NC	261	Exit 261 - Hillsborough	ALL	
40NC	263	Exit 263 - New Hope Church Road	GF+	
40NC	266	Exit 266 - NC 86 – Chapel Hill	ALL	
40NC	270	Exit 270 - US 15 / US 501 – Chapel Hill, Du..	ALL	Residence (919.933.4848) SpringHill (919.403.1111)
40NC	273(WBO)	Exit 273A - US 15 / US 501 – Chapel Hill, Du..	ALL	Courtyard (919.883.0700)
40NC	273(EBO)	Exit 273B - US 15 / US 501 – Chapel Hill, Du..	ALL	
40NC	274	Exit 274 - NC 751 – Jordan Lake	ALL	
40NC	276	Exit 276 - Fayetteville Road	ALL	
40NC	278	Exit 278 - NC 55 to NC 54 – Apex	ALL	Residence (919.361.1266) Courtyard (919.484.2900)
40NC	279	Exit 279A - Alexander Drive	ALL	
40NC	279	Exit 279B - NC 147 north (Durham Freeway)	ALL	
40NC	280	Exit 280 - Davis Drive	GFL	
40NC	281	Exit 281 - Miami Boulevard	ALL	Marriott (919.941.6200)
40NC	282	Exit 282 - Page Road	ALL	SpringHill (919.998.9500) Fairfield Inn (919.468.2660)
40NC	283	Exit 283A - I-540 E/ NC 540 W	FL	
40NC	283	Exit 283B - I-540 E/ NC 540 W	GFL	
40NC	284(WBO)	Exit 284A - Airport Boulevard -	GFL	
40NC	284(EBO)	Exit 284B - Airport Boulevard	GFL	
40NC	285	Exit 285 - Aviation Parkway	GFL	
40NC	287	Exit 287 - Harrison Avenue	ALL	TownePlace (919.678.0005)
40NC	289	Exit 289 - To I-440 / US 1 N / Wade Ave.	ALL	Courtyard (919.821.3400)
40NC	290	Exit 290 - NC 54 – Cary	ALL	
40NC	291	Exit 291 - Cary Towne Boulevard	ALL	
40NC	293	Exit 293 - I-440 E/ US 1/ US64 W	ALL	Motel 6 (919.467.6171)
40NC	295	Exit 295 - Gorman Street	G+	
40NC	297	Exit 297 - Lake Wheeler Road	GF+	
40NC	298	Exit 298A - US 70 / US 401 / NC 50 (South S..	ALL	
40NC	298	Exit 298B - US 70 / US 401 / NC 50 (South S..	ALL	
40NC	299	Exit 299 - Hammond Road, Person Street	ALL	
40NC	300(WBO)	Exit 300A - Rock Quarry Road	ALL	
40NC	300(WBO)	Exit 300B - Rock Quarry Road	GF+	
40NC	300(EBO)	Exit 300 - Rock Quarry Road	ALL	
40NC	301	Exit 301 - I-440 west / US 64 east – Rocky ..		
40NC	303	Exit 303 - Jones Sausage Road	GF+	
40NC	306(WBO)	Exit 306A - US 70 – Garner, Clayton US 70	GF+	

State	Mile Marker	Name	Serv	Featured Hotels
40NC	306(EBO)	Exit 306B - US 70 – Garner, Clayton US 70	ALL	
40NC	312	Exit 312 - NC 42 – Clayton	ALL	
40NC	319	Exit 319 - NC 210 – Smithfield, Angier	GF+	
40NC	324	**Rest Area**		
40NC	325	Exit 325 - NC 242 / US 301 – Benson	+	
40NC	328	Exit 328A - I-95 – Benson, Dunn, Smithfield	G	
40NC	328	Exit 328B - I-95 – Benson, Dunn, Smithfield	GRV+	
40NC	334	Exit 334 - NC 96 – Peacocks Crossroads	GF	
40NC	341	Exit 341 - NC 50 / NC 55 – Newton Grove, Dunn	GF	
40NC	343	Exit 343 - US 13 – Newton Grove	F	
40NC	348	Exit 348 - Suttontown Road		
40NC	355	Exit 355 - NC 403 – Faison, Clinton		
40NC	364	Exit 364 - NC 24 west / NC 24 Bus.E/ NC 50 ..	GFL	
40NC	369	Exit 369 - US 117 – Warsaw	+	
40NC	373	Exit 373 - NC 24 E / NC 903 Magnolia	G	
40NC	380	Exit 380 - Brices Store Rd		
40NC	384	Exit 384 - NC 11 – Wallace, Kenansville		
40NC	385	Exit 385 - NC 41 – Wallace, Chinquapin, Beu..	L	
40NC	390	Exit 390 - US 117 – Wallace, Burgaw	+	
40NC	398	Exit 398 - NC 53 – Burgaw, Jacksonville	+	
40NC	408	Exit 408 - NC 210 – Hampstead, Rocky Point,..	GF+	
40NC	414	Exit 414 - Holly Shelter Rd	GF+	
40NC	416	Exit 416A - I-140 / US 17 – Scotts Hill	F+	
40NC	416	Exit 416B - I-140 / US 17 – Scotts Hill	F+	
40NC	420(WBO)	Exit 420A - US 117 N / Gordon Road	GF	
40NC	420(WBO)	Exit 420B - US 117/NC 132	GF+	
40NC	420(EBO)	Exit 420 - US 117 South/ NC 132 South	GF+	
SL	421	Start of Interstate		

WISCONSIN - INTERSTATE 43					
State	Mile Marker	Name	Serv	Featured Hotels
43WI	1	Exit 1A - I-90	ALL	
43WI	1	Exit 1B - I-90	ALL	
43WI	2	Exit 2 - Hart Rd	FL	Quality Inn (920.437.8771)
43WI	5(SBO)	Exit 5B - 76th St	GF+	
43WI	5	Exit 5A - Forest Home Ave	G	
43WI	6	Exit 6 - Clinton	G	
43WI	7	Exit 7 - 60th St	GF	
43WI	8	Exit 8A - Loomis Rd	GF+	

43WI	9	Exit 9A - 27th St	ALL	
43WI	9	Exit 9B - 27th St	ALL	
43WI	10	Exit 10B - I-94 S		
43WI	15	Exit 15 - Darien	GF	
43WI	17	Exit 17 - Delavan	G	
43WI	21	Exit 21 - Delavan	ALL	Comfort Suites (262.740.1000)
43WI	25	Exit 25 - Elkhorn	GFL	
43WI	27	Exit 27A - Lake Geneva		
43WI	27	Exit 27B - Lake Geneva		
43WI	29	Exit 29 - Elkhorn		
43WI	32	**Rest Area**		
43WI	33	Exit 33 - Bowers Rd		
43WI	36	Exit 36 - East Troy	L	
43WI	38	Exit 38 - East Troy	GF	
43WI	43	Exit 43 - Mukwonago	GFL	Sleep Inn (262.363.9970)
43WI	50	Exit 50 - Big bend	GF	
43WI	54	Exit 54 - Racine Ave	G	
43WI	57	Exit 57 - Moorland Rd	GFL	
43WI	59	Exit 59 - Layton Ave	G	
43WI	60	Exit 60 - 108th St	GF+	
43WI	61	Exit 61 - I-894		
43WI	72	Exit 72C - Wells St	L	
43WI	72(SBO)	Exit 72B - I-94 W		
43WI	72	Exit 72A - I-794 E	L	Hilton (414.271.7250)
43WI	73(SBO)	Exit 73C - North Ave	F	
43WI	73	Exit 73A - 4th St		
43WI	74	Exit 74 - Locust St		
43WI	75	Exit 75 - Atkinson Ave	G	
43WI	76	Exit 76A - Green Bay Ave	GFL	
43WI	76	Exit 76B - Green Bay Ave	GFL	
43WI	77(NBO)	Exit 77A - unknown	FL	
43WI	77(NBO)	Exit 77B - unknown	FL	
43WI	78	Exit 78 - Silver Spring Dr	ALL	
43WI	80	Exit 80 - Good Hope Rd	ALL	
43WI	82	Exit 82A - Brown Deer Rd	GF	
43WI	82	Exit 82B - Brown Deer Rd	GF	
43WI	83(NBO)	Exit 83 - Port Washington Rd		
43WI	85	Exit 85 - Mequon Rd	ALL	
43WI	89	Exit 89 - Cedarburg	GFL	
43WI	92	Exit 92 - Grafton	ALL	Hampton Inn (262.474.1000)
43WI	93	Exit 93 - Grafton	GFL	
43WI	96	Exit 96 - Saukville	ALL	
43WI	97	Exit 97 - Fredonia		

State	Mile Marker	Name	Serv	Featured Hotels
43WI	100	Exit 100 - Port Washington	ALL	
43WI	107	Exit 107 - Belgium	ALL	
43WI	113	Exit 113 - Cedar Grove	GFL	
43WI	116	Exit 116 - Foster Rd	F	
43WI	120	Exit 120 - Sheboygan	GFLRV	Sleep Inn (920.694.0099)
43WI	123	Exit 123 - Sheboygan	ALL	
43WI	126	Exit 126 - Sheboygan	ALL	
43WI	128	Exit 128 - Howards Grove	ALL	
43WI	137	Exit 137 - Cleveland	GF	
43WI	144	Exit 144 - Newton	G	
43WI	149	Exit 149 - Manitowoc	ALL	Comfort Inn (920.683.0220)
43WI	152	Exit 152 - Manitowoc	F	
43WI	154	Exit 154 - Teo Rivers	G	
43WI	157	Exit 157 - Hillcrest Rd	G	
43WI	160	Exit 160 - Kellnersville	G	
43WI	164	Exit 164 - Maribel	GF	
43WI	168	**Rest Area**		
43WI	171	Exit 171 - Denmark	GFRV	
43WI	178	Exit 178 - Bellevue	G	
43WI	180	Exit 180 - US 41	GFL	
43WI	181	Exit 181 - Eaton Rd	ALL	
43WI	183	Exit 183 - Mason St	ALL	
43WI	185	Exit 185 - University Ave	GF+	
43WI	187	Exit 187 - East Shore Dr	GF	
43WI	189	Exit 189 - Atkinson Dr		
43WI	192	Exit 192B - Appleton	GF	
43WI	192	Exit 192A - US 41 N		
43WI	311	Exit 311 - National Ave		
43WI	312	Exit 312A - Lapham Blvd	G	
43WI	312(NBO)	Exit 312B - Becher St		
43WI	314	Exit 314A - Holt Ave	GF+	
43WI	314	Exit 314B - Howard Ave		

TEXAS - INTERSTATE 44

State	Mile Marker	Name	Serv	Featured Hotels
44TX	0	Exit 0 - Wichita Falls	GFL	
44TX	1	Exit 1D - US 287 bus	GL	
44TX	1	Exit 1C - Texas Tourist Bureau	GL	
44TX	1(NBO)	Exit 1B - Scotland Park		
44TX	1	Exit 1A - Abilene	L	Holiday Inn (940.761.6000)
44TX	3	Exit 3C - FM 890	F+	
44TX	3	Exit 3B - sp 325		
44TX	3	Exit 3A - Amarillo	GFL	

State	Mile Marker	Name	Serv	Featured Hotels
44TX	4	Exit 4 - City loop St		
44TX	5	Exit 5A - Missile Rd	GF	
44TX	5	Exit 5 - Access Rd		
44TX	6	Exit 6 - Bacon Switch Rd		
44TX	7	Exit 7 - East Rd		
44TX	11	Exit 11 - Daniels Rd		
44TX	12	Exit 12 - Burkburnett	GFL	Hampton Inn (940.569.8109)
44TX	13	Exit 13 - Glendale St	F+	
44TX	14	Exit 14 - E 3rd St	LRV	Econo Lodge (940.761.1889)

OKLAHOMA - INTERSTATE 44

State	Mile Marker	Name	Serv	Featured Hotels
44OK	1	Exit 1 - Grandfield		
44OK	5	Exit 5 - Randlett	G	
44OK	20	Exit 20 - Walters	F	
44OK	21	**Service/Travel Plaza**	GF	
44OK	22(WBO)	Exit 22C - verifica..	L	
44OK	30	Exit 30 - Geronimo		
44OK	33	Exit 33 - 11th St	GFL	
44OK	36	Exit 36A - Lee Blvd	GFL	Motel 6 (580.355.9765)
44OK	37	Exit 37 - Gore Blvd	GFL	SpringHill (580.248.8500) Sleep Inn (580.353.5555) Comfort Suites (580.248.2200) Holiday Inn (580.248.4446)
44OK	39(SBO)	Exit 39B - US 281		
44OK	39	Exit 39A - Cache Rd	ALL	
44OK	40	Exit 40C - Ft Sill		
44OK	40	Exit 40A - Cache	GL	
44OK	41	Exit 41 - Ft Sill		
44OK	45	Exit 45 - Medicine Park	GF	
44OK	46	Exit 46 - Elgin		
44OK	53	Exit 53 - Elgin	GF	
44OK	62(WBO)	Exit 62 - Cyril		
44OK	80	Exit 80 - Chickasha	ALL	Holiday Inn (405.224.8883)
44OK	83	Exit 83 - Chickasha	G	
44OK	85	**Service/Travel Plaza**	GF	
44OK	99	Exit 99 - H E Bailey Spur		
44OK	107	Exit 107 - Newcastle	LRV	
44OK	108	Exit 108 - Tuttle	GF+	
44OK	109	Exit 109 - SW 149th St	F	
44OK	110	Exit 110 - Moore	GF	
44OK	111	Exit 111 - SW119th St	F	
44OK	112	Exit 112 - SW 104th St	G	

44OK	113	Exit 113 - SW 89th St	GF	
44OK	114	Exit 114 - SW 74th St	GFL	
44OK	115	Exit 115 - I-240 E		
44OK	116	Exit 116B - Airport Rd		
44OK	116	Exit 116A - SW 59th St	G	
44OK	117	Exit 117 - SW 44th St	+	
44OK	118	Exit 118 - SW 29th St	GF+	
44OK	119	Exit 119 - SW 15th St		
44OK	120	Exit 120A - I-40		
44OK	120	Exit 120B - I-40		
44OK	121	Exit 121A - NW 10th St	G+	
44OK	121	Exit 121B - NW 10th St	G+	
44OK	122	Exit 122 - NW 23rd St	GF+	
44OK	123	Exit 123B - NW 39th	GFL	
44OK	123	Exit 123A - NW 36th St		
44OK	124	Exit 124 - N May	GFL	
44OK	125	Exit 125C - NW Expressway	L	Hilton Garden Inn (405.607.4000) Hampton Inn (405.947.0953) Holiday Inn (405.848.4811)
44OK	125	Exit 125 - Classen Blvd	ALL	Courtyard (405.848.0808)
44OK	125	Exit 125A - Penn Ave	ALL	
44OK	126	Exit 126 - Western Ave	FL	Sleep Inn (405.286.5400)
44OK	127	Exit 127 - I-235 S	GL	
44OK	128	Exit 128B - Kelley Ave	GF	
44OK	128	Exit 128A - Lincoln Blvd	L	
44OK	129	Exit 129 - MLK Ave	FL	
44OK	130	Exit 130 - I-35		
44OK	138	Exit 138D - Memorial Rd		
44OK	138	Exit 138A - I-35		
44OK	157(WBO)	**Service/Travel Plaza**	GF	
44OK	158	Exit 158 - Wellston	G	
44OK	166	Exit 166 - Cushing	ALL	
44OK	167(EBO)	**Service/Travel Plaza**	GF	
44OK	178	**Service/Travel Plaza**	GF	
44OK	179	Exit 179 - Drumright	ALL	
44OK	196	Exit 196 - Bristow	ALL	
44OK	197(EBO)	**Service/Travel Plaza**	GF	
44OK	207(WBO)	**Service/Travel Plaza**	GF	
44OK	211	Exit 211 - Kellyville	G	
44OK	215	Exit 215 - Sand Springs	GFLRV	
44OK	218(EBO)	Exit 218 - Creek Tpk E		
44OK	221	Exit 221A - 57th W Ave	F	
44OK	222	Exit 222B - 55th Place	L	
44OK	222	Exit 222A - 49t W Ave	GFL	Motel 6 ((918) 445-0223)

State	Mile Marker	Name	Serv	Featured Hotels
44OK	223(WBO)	Exit 223B - 51st St		
44OK	223	Exit 223A - I-244 E		
44OK	224	Exit 224A - Okmulgee	GFLRV	
44OK	224	Exit 224B - Okmulgee	GFLRV	
44OK	225	Exit 225 - Elwood Ave	L	
44OK	226	Exit 226B - Peoria Ave	ALL	
44OK	226	Exit 226A - Riverside Dr		
44OK	227	Exit 227 - Lewis Ave	GF	
44OK	228	Exit 228 - Harvard Ave	FL	
44OK	229	Exit 229 - Yale Ave	ALL	
44OK	230	Exit 230 - E 41st St	FL+	
44OK	231	Exit 231 - Muskogee	GFL	Hampton Inn (918.663.1000) Econo Lodge (918.624.2800)
44OK	233	Exit 233 - E 21st St	FL	
44OK	234	Exit 234A - Owasso	ALL	
44OK	234	Exit 234B - Owasso	ALL	
44OK	235	Exit 235 - E 11th St	ALL	
44OK	236	Exit 236B - I-244 W		
44OK	236	Exit 236A - 129th E Ave	GF	
44OK	238	Exit 238 - 161st E Ave	ALL	
44OK	240	Exit 240B - Choteau		
44OK	240	Exit 240A - 193rd E Ave	ALL	
44OK	241	Exit 241 - Catoosa	L	Comfort Inn (918.343.3297)
44OK	248	Exit 248 - Port of Catoosa	GL	
44OK	255	Exit 255 - Pryor	ALL	
44OK	256(WBO)	**Rest Area**		
44OK	268(EBO)	**Rest Area**		
44OK	269(EBO)	Exit 269 - Adair		
44OK	283	Exit 283 - Big Canyon	GLRV	
44OK	288	**Service/Travel Plaza**	GF	
44OK	289	Exit 289 - Vinita	ALL	Holiday Inn (918.256.4900)
44OK	299(EBO)	**Rest Area**		
44OK	302	Exit 302 - Afton	GFL	
44OK	313	Exit 313 - Miami	GFLRV	Hampton Inn (918.5411500)
44OK	314	**Rest Area**		
44OK	23333	Exit 23333C - rd W Ave	GF	

MISSOURI - INTERSTATE 44

State	Mile Marker	Name	Serv	Featured Hotels
44MO	1	Exit 1 - Baxter Springs		
44MO	2	**Rest Area**		
44MO	4	Exit 4 - Seneca	GFLRV	Sleep Inn (417.782.1212)
44MO	6	Exit 6 - Racine	GF	

44MO	11	Exit 11A - Neosho	G	
44MO	11	Exit 11B - Neosho	G	
44MO	15	Exit 15 - Joplin	L	
44MO	18	Exit 18A - Carthage	RV	
44MO	18	Exit 18B - Carthage	RV	
44MO	22	Exit 22 - rd 100 N		
44MO	26	Exit 26 - Reeds		
44MO	29	Exit 29 - La Russell	GRV	
44MO	33	Exit 33 - Pierce City	GF	
44MO	38	Exit 38 - Stotts City	GF	
44MO	44	Exit 44 - Monett	FL	Quality Inn (314.842.1200)
44MO	46	Exit 46 - Mt Vernon	ALL	
44MO	49	Exit 49 - Chesapeake		
44MO	52	**Rest Area**		
44MO	57(WBO)	Exit 57 - rdPP		
44MO	58	Exit 58 - Carthage	G	
44MO	61	Exit 61 - rds K	G	
44MO	67	Exit 67 - Bois D' Arc	GL	
44MO	69	Exit 69 - Springfield		
44MO	70	Exit 70 - rds MM		
44MO	72	Exit 72 - Chesnut Expwy	GFL	
44MO	75	Exit 75 - Willard	GFL	
44MO	77	Exit 77 - KS Expswy	ALL	Econo Lodge (417.869.5600)
44MO	80	Exit 80A - Pleasant Hope	ALL	Doubletree (417.831.3131) Motel 6 (417.831.2100) Holiday Inn (417.862.0070) Candlewood Suites (417.866.4242)
44MO	80	Exit 80B - Pleasant Hope	ALL	Holiday Inn (417.865.8600)
44MO	82	Exit 82A - Branson	GFL	
44MO	82	Exit 82B - Branson	GFL	
44MO	84	Exit 84 - MO 744		
44MO	88	Exit 88 - Fair Grove	ALL	
44MO	96	Exit 96 - Northview		
44MO	100	Exit 100 - Marshfield	ALL	Holiday Inn (417.859.6000)
44MO	107	Exit 107 - Sparkle Brooke Rd		
44MO	111	Exit 111A - verifica..		
44MO	113	Exit 113 - Conway	ALL	
44MO	118	Exit 118 - Phillipsburg	G	
44MO	123	Exit 123 - County Rd	RV	
44MO	127	Exit 127 - Lebanon	ALL	Hampton Inn (417.533.3100) Holiday Inn (417.532.1111)
44MO	129	Exit 129 - Hartville	GF+	
44MO	130	Exit 130 - rd MM	GFL	
44MO	135	Exit 135 - Sleeper		

44MO	140	Exit 140 - rd N	G	
44MO	145	Exit 145 - rd AB	GRV	
44MO	150	Exit 150 - rd P	F	
44MO	153	Exit 153 - Buckhorn	GLRV	
44MO	156	Exit 156 - rd H	GF	
44MO	159	Exit 159 - Waynesville	ALL	
44MO	161	Exit 161A - rd Y	ALL	
44MO	161	Exit 161B - rd Y	ALL	
44MO	163	Exit 163 - Dixon	GFLRV	
44MO	166	Exit 166 - Big Piney		
44MO	169	Exit 169 - rd J		
44MO	172	Exit 172 - Jerome	RV	
44MO	176	Exit 176 - Sugar Tree Rd	LRV	
44MO	178	**Rest Area**		
44MO	179	Exit 179 - Doolittle	GF	
44MO	184	Exit 184 - Rolla	GFL	Comfort Suites (573.368.4300) Quality Inn (573.364.8200) Econo Lodge (573.341.3130) Holiday Inn (573.426.2900)
44MO	185	Exit 185 - rd E	GF	
44MO	186	Exit 186 - Rolla	GFL	Hampton Inn (573.308.1060)
44MO	189	Exit 189 - rd V	GF	
44MO	195	Exit 195 - St James	ALL	
44MO	203	Exit 203 - rds F	RV	
44MO	208	Exit 208 - Cuba	ALL	
44MO	210	Exit 210 - rd UU	FL	
44MO	214	Exit 214 - Leasburg	GF	
44MO	218	Exit 218 - Bourbon	GFLRV	
44MO	225	Exit 225 - Sullivan	ALL	Econo Lodge (573.468.3136) Comfort Inn (573.468.7800)
44MO	226	Exit 226 - Sullivan	GFRV+	
44MO	230	Exit 230 - Stanton	GRV	
44MO	235	**Rest Area**		
44MO	239	Exit 239 - St Clair	G+	
44MO	240	Exit 240 - St Clair	GFL	
44MO	242	Exit 242 - rd AH		
44MO	247	Exit 247 - Union		
44MO	251	Exit 251 - Washington	GF	
44MO	253	Exit 253 - Gray Summit	GL	
44MO	257	Exit 257 - Pacific	ALL	Quality Inn (636.257.8400)
44MO	261	Exit 261 - Allenton	ALL	Holiday Inn (636.938.6661)
44MO	264	Exit 264 - Eureka	ALL	
44MO	265(EBO)	Exit 265 - Williams Rd		
44MO	266	Exit 266 - Lewis Rd		

44MO	269	Exit 269 - Antire Rd		
44MO	272	Exit 272 - Fenton	ALL	Hampton Inn (636.529.9020)
44MO	274	Exit 274A - Bowles Ave	GFL	Motel 6 (636.349.1800)
44MO	274	Exit 274B - Bowles Ave	GFL	
44MO	275(WBO)	Exit 275 - N Highway Dr	G	
44MO	276	Exit 276A - I-270		
44MO	276	Exit 276B - I-270		
44MO	277	Exit 277B - Lindbergh Blvd	ALL	Hampton Inn (314.984.8181) Holiday Inn (314.821.6600)
44MO	277	Exit 277A - Watson Rd		
44MO	278	Exit 278 - Big Bend Rd	GF+	
44MO	279(WBO)	Exit 279 - Berry Rd		
44MO	280	Exit 280 - Elm Ave	GF+	
44MO	282	Exit 282 - Laclede Sta Rd	GF	
44MO	283(WBO)	Exit 283 - Shrewsbury		
44MO	284	Exit 284A - Arsenal St		
44MO	284	Exit 284B - Arsenal St		
44MO	285(WBO)	Exit 285 - SW Ave		
44MO	286	Exit 286 - Hampton Ave	GFL	
44MO	287	Exit 287A - Kingshighway	G+	
44MO	287	Exit 287B - Kingshighway	G+	
44MO	288	Exit 288 - Grand Blvd	GFL	
44MO	289	Exit 289 - Jefferson Ave	GFL	Holiday Inn (314.773.6500)
44MO	290	Exit 290A - I-55 S		
44MO	290(WBO)	Exit 290C - Gravois Ave	F	
44MO	290(EBO)	Exit 290B - 18th St		

TEXAS - INTERSTATE 45

State	Mile Marker	Name	Serv	Featured Hotels
45TX	1	Exit 1C - Port Ind Blvd	GL	
45TX	1(SBO)	Exit 1B - 71st St		
45TX	1	Exit 1A - 61st St.gflo		
45TX	4	Exit 4 - Frontage Rd	G	
45TX	5	Exit 5 - Frontage Rd		
45TX	6(SBO)	Exit 6 - Frontage Rd		
45TX	7	Exit 7C - Frontage Rd		
45TX	7	Exit 7B - Texas City	G	
45TX	7	Exit 7A - TX 146		
45TX	8(NBO)	Exit 8 - Frontage Rd		
45TX	9(SBO)	Exit 9 - Frontage Rd		
45TX	10	Exit 10 - verifica..	GFRV	
45TX	11	Exit 11 - Vauthier Rd		
45TX	12	Exit 12 - La Marque	GF	

45TX	13	Exit 13 - Century Blvd	GFL	SpringHill (713.290.9242)
45TX	15	Exit 15 - Hitchcock	ALL	
45TX	16	Exit 16 - Texas City		
45TX	17	Exit 17 - Holland Rd		
45TX	19	Exit 19 - Dickinson Rd	ALL	
45TX	20	Exit 20 - Santa Fe	GF+	
45TX	22	Exit 22 - Calder Dr		
45TX	23	Exit 23 - League City	ALL	
45TX	25	Exit 25 - FM 528	GFL	Motel 6 ((281) 332-4581)
45TX	26	Exit 26 - Bay Area Blvd	GFL	
45TX	27	Exit 27 - El Dorado Blvd	GF+	
45TX	29	Exit 29 - Clear Lake City Blvd		
45TX	30	Exit 30 - Dixie Farm Rd	GFLRV	
45TX	31	Exit 31 - Scarsdale Blvd	G	
45TX	32	Exit 32 - Sam Houston Tollway		
45TX	33	Exit 33 - Fuqua St	ALL	Motel 6 (281.929.5400)
45TX	34	Exit 34 - S Shaver Rd	ALL	
45TX	35	Exit 35 - Edgebrook Dr	ALL	
45TX	36	Exit 36 - College Ave	ALL	
45TX	38	Exit 38B - Howard Dr	ALL	
45TX	38	Exit 38 - Monroe Rd	ALL	
45TX	39	Exit 39 - Park Place Blvd	GF	
45TX	40	Exit 40C - I-610 W		
45TX	40	Exit 40B - I-610 E	F	
45TX	40(NBO)	Exit 40A - Frontage Rd		
45TX	41	Exit 41B - Broad St	GFL	
45TX	41	Exit 41A - Woodridge Dr	GF	
45TX	43	Exit 43B - Telephone Rd	F	
45TX	43	Exit 43A - Tellepsen St	FL	
45TX	44	Exit 44 - Cullen Blvd	G	
45TX	45	Exit 45A - South St	G+	
45TX	45	Exit 45B - South St	G+	
45TX	46	Exit 46A - US 59	GF	
45TX	46	Exit 46B - US 59	GF	
45TX	47	Exit 47D - Dallas St		
45TX	47	Exit 47C - McKinney St		
45TX	47	Exit 47B - Houston Ave	L	
45TX	47	Exit 47C - McKinney St		
45TX	47	Exit 47B - Houston Ave	L	
45TX	47	Exit 47A - Allen Pkwy		
45TX	48	Exit 48A - I-10		
45TX	48	Exit 48B - I-10		
45TX	49	Exit 49B - N Main St	ALL	

45TX	50	Exit 50 - Patton St	GL	
45TX	51	Exit 51 - I-610	L	Residence (713.840.9757)
45TX	52	Exit 52 - Crosstimbers Rd	ALL	
45TX	53	Exit 53 - Airline Dr	ALL	
45TX	54	Exit 54 - Tidwell Rd	ALL	
45TX	55	Exit 55 - Little York Rd	ALL	
45TX	56	Exit 56 - Canino rd	GFL	
45TX	57	Exit 57 - Gulf bank rd	ALL	
45TX	59	Exit 59 - West Rd	ALL	
45TX	60	Exit 60C - Beltway E		
45TX	60	Exit 60 - TX 525	GF+	
45TX	61	Exit 61 - Greens Rd	GFL	
45TX	62	Exit 62 - Rankin Rd	GFL	
45TX	63	Exit 63 - Airtex Dr	GFL	
45TX	64	Exit 64 - Richey Rd	ALL	
45TX	66	Exit 66 - Addicks	GFL	
45TX	68	Exit 68 - Holzwarth Rd	ALL	Motel 6 (281.350.6400)
45TX	70	Exit 70B - Spring-Stuebner Rd		
45TX	70	Exit 70A - Tomball	ALL	
45TX	72	Exit 72A - Spring Crossing Dr	G	
45TX	72(SBO)	Exit 72B - Hardy Toll Rd		
45TX	73	Exit 73 - Rayford Rd	ALL	
45TX	76	Exit 76 - Research Forest Dr	ALL	
45TX	77	Exit 77 - Woodlands Pkwy	ALL	
45TX	78(SBO)	Exit 78 - Needham Rd		
45TX	79	Exit 79 - Needham	ALL	
45TX	80(SBO)	Exit 80 - Needham Rd		
45TX	81	Exit 81 - Hempstead	G	
45TX	82	Exit 82 - River Plantation Dr		
45TX	83	Exit 83 - Crighton Rd		
45TX	84	Exit 84 - Frazier St	ALL	
45TX	85	Exit 85 - Gladstell St	GFL	Motel 6 ((936) 760-4003)
45TX	87	Exit 87 - Conroe	ALL	
45TX	88	Exit 88 - Cleveland	ALL	
45TX	90	Exit 90 - Teas Nursery Rd	GFL	
45TX	91	Exit 91 - League Line Rd	ALL	
45TX	92	Exit 92 - Seven Coves Dr	RV	
45TX	94	Exit 94 - Longstreet Rd	ALL	
45TX	95(NBO)	Exit 95 - Calvary		
45TX	98	Exit 98 - Danville Rd	RV	
45TX	102(NBO)	Exit 102 - New Waverly	GF	
45TX	103(SBO)	Exit 103 - New Waverly		
45TX	109	Exit 109 - Park 40		

45TX	112	Exit 112 - TX 75	GL	
45TX	113	Exit 113 - Huntsville		
45TX	114	Exit 114 - FM 1374	GFL	
45TX	116	Exit 116 - US 190	ALL	Motel 6 ((936) 291-6927)
45TX	118	Exit 118 - TX 75	GF	
45TX	123	Exit 123 - FM 1696		
45TX	124	**Rest Area**		
45TX	132	Exit 132 - FM 2989		
45TX	136	Exit 136 - spur 67	RV	
45TX	142	Exit 142 - Madisonville	GFL	
45TX	146	Exit 146 - TX 75		
45TX	152	Exit 152 - Normangee	GRV	
45TX	156	Exit 156 - Leona	G	
45TX	164	Exit 164 - Centerville	GFL	
45TX	178	Exit 178 - Buffalo	ALL	
45TX	180	Exit 180 - Groesbeck		
45TX	189	Exit 189 - Teague	G	
45TX	197	Exit 197 - Fairfield	ALL	
45TX	198	Exit 198 - Wortham	GFLRV	
45TX	206	Exit 206 - FM 833	RV	
45TX	211	Exit 211 - Streetman		
45TX	213	Exit 213 - Wortham	G	
45TX	217	**Rest Area**		
45TX	218(NBO)	Exit 218 - Richland	G	
45TX	219	Exit 219B - Frontage Rd		
45TX	219(SBO)	Exit 219A - Mexia	G	
45TX	220	Exit 220 - Frontage Rd		
45TX	221	Exit 221 - Frontage Rd		
45TX	225	Exit 225 - Angus	GRV	
45TX	228	Exit 228B - Corsicana		
45TX	228	Exit 228A - 15th St		
45TX	229	Exit 229 - Palestine	GFL	Motel 6 (903.874.6300)
45TX	231	Exit 231 - Corsicana	GFL	
45TX	232	Exit 232 - Roane Rd		
45TX	235(SBO)	Exit 235B - LP I-45		
45TX	235	Exit 235A - Frontage Rd		
45TX	237	Exit 237 - Frontage Rd		
45TX	238	Exit 238A - Lamar St		
45TX	238	Exit 238 - Fm 1603	G	
45TX	239	Exit 239 - FM 1126	G	
45TX	242	Exit 242 - Calhoun St		
45TX	243	Exit 243 - Frontage Rd		
45TX	244	Exit 244 - FM 1182		

45TX	246	Exit 246 - Alma	G	
45TX	247	Exit 247 - Waxahatchie		
45TX	249	Exit 249 - Ennis	ALL	
45TX	251	Exit 251B - Ennis	ALL	
45TX	251	Exit 251A - Creechville Rd		
45TX	253	Exit 253 - Lp 45		
45TX	255	Exit 255 - Garrett	G	
45TX	258	Exit 258 - Palmer	GL	
45TX	259	Exit 259 - Jefferson St	+	
45TX	260	Exit 260 - Lp 45	GRV	
45TX	262	Exit 262 - Frontage Rd		
45TX	263	Exit 263A - LP 561		
45TX	263	Exit 263B - LP 561		
45TX	265(NBO)	Exit 265 - Ferris		
45TX	266	Exit 266 - FM 660	GF	
45TX	267	Exit 267 - Frontage Rd		
45TX	268	Exit 268 - Malloy Bridge Rd		
45TX	269	Exit 269 - Mars Rd		
45TX	270	Exit 270 - Belt Line Rd	G	
45TX	271	Exit 271 - Pleasant Run Rd		
45TX	272	Exit 272 - Fulghum Rd	G	
45TX	273	Exit 273 - Wintergreen Rd		
45TX	274	Exit 274 - Dowdy Ferry Rd	GFL	
45TX	275	Exit 275 - TX 310 N		
45TX	276	Exit 276A - I-20		
45TX	276	Exit 276B - I-20		
45TX	277	Exit 277 - Simpson Stuart Rd		
45TX	279	Exit 279A - Lp12		
45TX	279	Exit 279B - Lp12		
45TX	280	Exit 280 - Illinois Ave	GL	
45TX	281(SBO)	Exit 281 - Overton St	G	
45TX	283	Exit 283B - Pennsylvania Ave	G	
45TX	284	Exit 284A - I-30		
45TX	284	Exit 284B - I-30		
45TX	285	Exit 285 - Bryan St E		
45TX	286	Exit 286 - I-35 E		

LOUISIANA - INTERSTATE 49				
State	Mile Marker	Name	Serv	Featured Hotels
49LA	1	Exit 1B - Pont Des Mouton Rd	GFL	Motel 6 ((337) 233-2055)
49LA	1	Exit 1A - I-10	ALL	
49LA	2	Exit 2 - Gloria Switch Rd	GF	
49LA	4	Exit 4 - Carencro	GFL	

49LA	7	Exit 7 - LA 182		
49LA	11	Exit 11 - Grand Coteau	GF+	
49LA	15	Exit 15 - Harry Guilbeau Rd	L	
49LA	17	Exit 17 - Judson Walsh Dr	G	
49LA	18	Exit 18 - Cresswell Lane	ALL	
49LA	19	Exit 19A - Opelousas	G	
49LA	19	Exit 19B - Opelousas	G	
49LA	23	Exit 23 - Ville Platte	G	
49LA	25	Exit 25 - Washington	G	
49LA	27	Exit 27 - Lebeau		
49LA	35	**Rest Area**		
49LA	40	Exit 40 - Ville Platte	G	
49LA	46	Exit 46 - St Landry		
49LA	53	Exit 53 - Bunkie	G	
49LA	56	Exit 56 - Cheneyville		
49LA	61	Exit 61 - Meeker		
49LA	66	Exit 66 - Lecompte	GF	
49LA	73	Exit 73 - Woodworth	GRV	
49LA	80	Exit 80 - MacArthur Dr	ALL	
49LA	81	Exit 81 - Sugarhouse Rd		
49LA	83	Exit 83 - Broadway Ave	GF+	
49LA	84	Exit 84 - Pineville Expswy		
49LA	85	Exit 85B - Monroe St		
49LA	85	Exit 85A - 10th St		
49LA	86	Exit 86 - MacArthur Dr	ALL	Motel 6 ((318) 445-2336) Econo Lodge (318.880.0110) Comfort Inn (318.484.9155)
49LA	90	Exit 90 - Air Base Rd	GFL	Hampton Inn (318.445.4449) Comfort Suites (318.445.9800)
49LA	94	Exit 94 - Rapides Sta Rd	G	
49LA	98(NBO)	Exit 98 - Boyce		
49LA	99	Exit 99 - Boyce	RV	
49LA	103	Exit 103 - flatwoods	GRV	
49LA	107	Exit 107 - Lena		
49LA	113	Exit 113 - Chopin		
49LA	119	Exit 119 - Derry		
49LA	127	Exit 127 - Cypress	G	
49LA	132	Exit 132 - LA 478		
49LA	138	Exit 138 - Natchitoches	ALL	Hampton Inn (318.354.0010) Quality Inn (318.352.7500)
49LA	142	Exit 142 - Posey Rd		
49LA	148	Exit 148 - Powhatan		
49LA	155	Exit 155 - Ajax	GRV	
49LA	162	Exit 162 - Evelyn		

State	Mile Marker	Name	Serv	Featured Hotels
49LA	169	Exit 169 - Asseff Rd		
49LA	172	Exit 172 - Grand Bayou	RV	
49LA	177	Exit 177 - Carmel	G	
49LA	186	Exit 186 - Frierson	G	
49LA	191	Exit 191 - Stonewall		
49LA	196	Exit 196 - Southern Loop		
49LA	199	Exit 199 - Bert Kouns Loop	GFL	Comfort Inn (318.688.2812)
49LA	201	Exit 201 - Dallas		
49LA	202	Exit 202 - E 70th St	GF	
49LA	203	Exit 203 - Hollywood Ave		
49LA	205	Exit 205 - King's Hwy	GF	
49LA	206	Exit 206 - I-20		

ILLINOIS - INTERSTATE 55

State	Mile Marker	Name	Serv	Featured Hotels
55IL	1(SBO)	Exit 1 - Sauget		
55IL	2	Exit 2 - I-64 E		
55IL	2	Exit 2B - 3rd St		
55IL	2	Exit 2A - M L King Bridge		
55IL	3	Exit 3 - Exchange Ave		
55IL	4	Exit 4A - Granite City	GFL	
55IL	4	Exit 4B - Granite City	GFL	
55IL	6	Exit 6 - Great River Rd	GL	
55IL	9(NBO)	Exit 9 - Black Lane	L	Fairfield Inn (309.699.4100)
55IL	10	Exit 10 - I-255		
55IL	11	Exit 11 - Collinsville	ALL	
55IL	15	Exit 15A - Maryville	ALL	
55IL	15	Exit 15B - Maryville	ALL	
55IL	17	Exit 17 - Troy		
55IL	18	Exit 18 - Troy	ALL	
55IL	20	Exit 20B - I-270 W		
55IL	20	Exit 20A - I-70 E		
55IL	23	Exit 23 - Edwardsville	GRV	
55IL	28	**Rest Area**		
55IL	30	Exit 30 - Hamel	GFL	
55IL	33	Exit 33 - Staunton	G	
55IL	37	Exit 37 - Livingston	GF	
55IL	41	Exit 41 - Staunton	GFL	
55IL	44	Exit 44 - Benid	GF	
55IL	52	Exit 52 - Litchfield	ALL	Hampton Inn (217.324.4441) Quality Inn (217.324.9260)
55IL	60	Exit 60 - Carlinville	GLRV	
55IL	63	Exit 63 - Raymond		

55IL	65	**Rest Area**		
55IL	72	Exit 72 - Farmersville	GL	
55IL	80	Exit 80 - Divernon	G	
55IL	82	Exit 82 - Pawnee	GF	
55IL	83	Exit 83 - Glenarm	RV	
55IL	88	Exit 88 - E Lake Dr	RV	
55IL	90	Exit 90 - Toronto Rd	GFL	Motel 6 (217.529.1633)
55IL	92	Exit 92A - I-72 W	ALL	
55IL	92	Exit 92B - I-72 W	ALL	
55IL	94	Exit 94 - Stevenson Dr	ALL	Hilton Garden Inn (217.529.7171) Hampton Inn (217.529.1100) Comfort Suites (217.753.4000) Holiday Inn Express (217.529.7771)
55IL	96	Exit 96A - S Grand Ave	ALL	
55IL	96	Exit 96B - S Grand Ave	ALL	
55IL	98	Exit 98B - Springfield	ALL	
55IL	98	Exit 98A - I-72 E		
55IL	100	Exit 100B - Sangamon Ave	ALL	
55IL	100	Exit 100A - Clinton	GF	
55IL	102(NBO)	**Rest Area**		
55IL	103(SBO)	**Rest Area**		
55IL	105	Exit 105 - Sherman	GFRV	
55IL	109	Exit 109 - Williamsville	GF	
55IL	115	Exit 115 - Elkhart		
55IL	119	Exit 119 - Broadwell		
55IL	123	Exit 123 - Lincoln	L	
55IL	126	Exit 126 - Lincoln	ALL	Comfort Inn (217.735.3960) Holiday Inn (217.735.5800)
55IL	127	Exit 127 - I-155 N		
55IL	133	Exit 133 - Lincoln	GLRV	
55IL	140	Exit 140 - Atlanta	GFL	
55IL	145	Exit 145 - US 136	GFL	
55IL	149	**Rest Area**		
55IL	154	Exit 154 - Shirley		
55IL	157	Exit 157B - Veterans Pkwy	G	
55IL	157	Exit 157A - I-74 E		
55IL	160	Exit 160A - Market St	ALL	
55IL	160	Exit 160B - Market St	ALL	
55IL	163	Exit 163 - I-74 W		
55IL	164	Exit 164 - I-39		
55IL	165	Exit 165A - Bloomington	ALL	Motel 6 ((309) 452-0422)
55IL	165	Exit 165B - Bloomington	ALL	
55IL	167	Exit 167 - Veterans Pkwy	ALL	Doubletree (309.664.6446) Hampton Inn (309.452.8900)

				Holiday Inn Express (309.862.1600)
55IL	171	Exit 171 - Towanda	G	
55IL	178	Exit 178 - Lexington	G	
55IL	187	Exit 187 - Chenoa	GF	
55IL	193	**Rest Area**		
55IL	197	Exit 197 - Pontiac	ALL	Comfort Inn (815.842.2777) Holiday Inn Express (815.844.4444)
55IL	201	Exit 201 - Pontiac	GFRV	
55IL	209	Exit 209 - Odell		
55IL	217	Exit 217 - Dwight	GF	
55IL	220	Exit 220 - Dwight	GFL	
55IL	227	Exit 227 - Gardner	GF	
55IL	233	Exit 233 - Reed Rd	GL	
55IL	236	Exit 236 - Coal City	GFRV	
55IL	238	Exit 238 - Wilminton		
55IL	240	Exit 240 - Lorenzo Rd	GFL	
55IL	241	Exit 241 - Wilminton		
55IL	245	Exit 245 - Arsenal Rd		
55IL	247	Exit 247 - Bluff Rd		
55IL	248	Exit 248 - Joliet	GFL	
55IL	250	Exit 250A - I-80		
55IL	250	Exit 250B - I-80		
55IL	251(NBO)	Exit 251 - Shorewood		
55IL	253	Exit 253A - Jefferson St	GFL	
55IL	253	Exit 253B - Jefferson St	GFL	
55IL	257	Exit 257 - Joliet	ALL	Fairfield Inn (815.436.6577) Holiday Inn (815.439.4200)
55IL	261(SBO)	Exit 261 - Plainfield		
55IL	263	Exit 263 - Weber Rd	GFL	
55IL	267	Exit 267 - Bolingbrook	ALL	Holiday Inn (630.679.1600)
55IL	268(SBO)	Exit 268 - Joliet		
55IL	269	Exit 269 - I-355		
55IL	271	Exit 271A - Lemont Rd	GL	
55IL	271	Exit 271B - Lemont Rd	GL	
55IL	273	Exit 273A - Cass Ave	GF	
55IL	273	Exit 273B - Cass Ave	GF	
55IL	274	Exit 274 - Kingery Rd	ALL	Holiday Inn (630.325.6400)
55IL	276(NBO)	Exit 276C - Joliet Rd		
55IL	276	Exit 276A - County Line Rd	FL	Chicago (630.986.4100)
55IL	276	Exit 276B - County Line Rd	FL	SpringHill (630.323.7530)
55IL	277(NBO)	Exit 277B - I-294		
55IL	277	Exit 277A - I-294		
55IL	279	Exit 279B - La Grange Rd	ALL	Holiday Inn (708.354.4200)
55IL	279	Exit 279A - La Grange Rd		

State	Mile Marker	Name	Serv	Featured Hotels
55IL	282	Exit 282A - 1st Ave		
55IL	282	Exit 282B - 1st Ave		
55IL	283	Exit 283 - Harlem Ave	GF	
55IL	285	Exit 285 - Central Ave	GF	
55IL	286	Exit 286 - Cicero Ave	ALL	Holiday Inn (708.458.0202)
55IL	287	Exit 287 - Pulaski Rd	GF+	
55IL	288	Exit 288 - Kedzie Ave	G	
55IL	289	Exit 289 - California Ave	G	
55IL	290	Exit 290 - Damen Ave	GF+	
55IL	292	Exit 292 - I-90/94		
55IL	293(NBO)	Exit 293A - Cermak Rd		

MISSOURI - INTERSTATE 55

State	Mile Marker	Name	Serv	Featured Hotels
55MO	1	Exit 1 - Holland	G	
55MO	3	**Rest Area**		
55MO	4	Exit 4 - Holland		
55MO	8	Exit 8 - Steele	GL	
55MO	14	Exit 14 - Caruthersville		
55MO	17	Exit 17A - I-155 E		
55MO	19	Exit 19 - Hayti	ALL	Comfort Inn (573.359.2200)
55MO	27	Exit 27 - Wardell	RV	
55MO	32	Exit 32 - Portageville	GFL	
55MO	40	Exit 40 - St Jude Rd	GL	
55MO	42	**Rest Area**		
55MO	44	Exit 44 - New Madrid	GL	
55MO	49	Exit 49 - New Madrid		
55MO	52	Exit 52 - Kewana	G	
55MO	58	Exit 58 - Matthews	G	
55MO	66	Exit 66B - Poplar Bluff	ALL	
55MO	66	Exit 66A - I-57 E		
55MO	67	Exit 67 - Miner	ALL	Motel 6 (573.471.7400) Comfort Inn (573.472.0197) Holiday Inn (573.481.9500)
55MO	69	Exit 69 - Sikeston	GRV	
55MO	80	Exit 80 - Benton	G	
55MO	89	Exit 89 - Scott City	GF	
55MO	91	Exit 91 - Cape Girardeau	GFRV	
55MO	93	Exit 93A - Cape Girardeau	L	
55MO	93	Exit 93B - Cape Girardeau	L	
55MO	95	Exit 95 - MO 74 E	L	Candlewood Suites (573.334.6868)
55MO	96	Exit 96 - Cape Girardeau	ALL	Holiday Inn (573.334.4491)
55MO	99	Exit 99 - Jasckson	LRV	Comfort Suites (573.204.0014)

55MO	102	Exit 102 - E Main St		
55MO	105	Exit 105 - Fruitland	GFL	
55MO	110	**Rest Area**		
55MO	111	Exit 111 - Oak Ridge		
55MO	117	Exit 117 - Appleton	F	
55MO	123	Exit 123 - Biehle	G	
55MO	129	Exit 129 - Perryville	ALL	Comfort Inn (573.547.1727)
55MO	135	Exit 135 - Brewer		
55MO	141	Exit 141 - St Mary		
55MO	143	Exit 143 - Ozora	GL	
55MO	150	Exit 150 - St Genevieve	GFL	
55MO	154	Exit 154 - rd O		
55MO	157	Exit 157 - Bloomsdale	G	
55MO	160	**Rest Area**		
55MO	162	Exit 162 - rds DD		
55MO	170	Exit 170 - US 61	G	
55MO	174	Exit 174A - Festus	G	
55MO	174	Exit 174B - Festus	G	
55MO	175	Exit 175 - Festus	ALL	Holiday Inn (636.937.7100)
55MO	178	Exit 178 - Herculaneum	GF	
55MO	180	Exit 180 - Hillsboro	ALL	
55MO	185	Exit 185 - Marnhart	GFRV	
55MO	186	Exit 186 - Imperial	GF+	
55MO	190	Exit 190 - Richardson Rd	ALL	
55MO	191	Exit 191 - Arnold	ALL	
55MO	193	Exit 193 - Meramec Bottom Rd	GFL	
55MO	195	Exit 195 - Butler Hill Rd	ALL	Holiday Inn (314.894.0700)
55MO	196	Exit 196B - I-270 W		
55MO	196	Exit 196A - I-255 E		
55MO	197	Exit 197 - Lindbergh Blvd	ALL	Motel 6 (314.892.3664) Holiday Inn (314.892.3600)
55MO	199	Exit 199 - Reavis Barracks Rd	GF	
55MO	200(SBO)	Exit 200 - Union Rd		
55MO	201	Exit 201B - Weber Rd		
55MO	201	Exit 201A - Bayless Ave	GF+	
55MO	202	Exit 202C - Loughborough Ave	F+	
55MO	202(SBO)	Exit 202B - Germania		
55MO	202(NBO)	Exit 202A - Carondelet		
55MO	203	Exit 203 - bates St	G	
55MO	204	Exit 204 - Broadway	GF+	
55MO	205	Exit 205 - Gasconade		
55MO	206	Exit 206C - Arsenal St	G	
55MO	206(NBO)	Exit 206B - Broadway		
55MO	206(NBO)	Exit 206A - Potomac St		

State	Mile Marker	Name	Serv	Featured Hotels
55MO	207	Exit 207B - Truman Pkwy		
55MO	207	Exit 207C - Truman Pkwy		
55MO	207(NBO)	Exit 207A - Gravois St	GF	
55MO	208	Exit 208 - Park Ave	GFL	
55MO	209	Exit 209B - I-70		
55MO	209	Exit 209A - Arch		

ARKANSAS - INTERSTATE 55

State	Mile Marker	Name	Serv	Featured Hotels
55AR	1	Exit 1 - Bridegport Rd		
55AR	3	Exit 3A - Broadway Blvd	L	
55AR	3	Exit 3B - Broadway Blvd	L	
55AR	4	Exit 4 - King Dr	GFL	
55AR	8	Exit 8 - I-40W		
55AR	10	Exit 10 - Marion	ALL	Comfort Inn (870.739.2323)
55AR	14	Exit 14 - Jericho	GRV	
55AR	17	Exit 17 - Jericho		
55AR	21	Exit 21 - Turrell	G	
55AR	23	Exit 23A - Marked tree	G	
55AR	23	Exit 23B - Marked tree	G	
55AR	34	Exit 34 - Joiner		
55AR	35(SBO)	**Rest Area**		
55AR	36	Exit 36 - Wilson		
55AR	41	Exit 41 - Marie		
55AR	44	Exit 44 - Keiser		
55AR	46	Exit 46 - RAnb		
55AR	48	Exit 48 - Osceola	GFL	
55AR	53	Exit 53 - Victoria		
55AR	57	Exit 57 - Burdette		
55AR	63	Exit 63 - Blytheville	GLRV	
55AR	67	Exit 67 - Blytheville	ALL	Hampton Inn (870.763.5220) Quality Inn (870.763.7081) Comfort Inn (870.763.0900) Holiday Inn (870.763.5800)
55AR	68(SBO)	**Rest Area**		
55AR	71	Exit 71 - Yarbo		
55AR	72	Exit 72 - State Line Rd		
55AR	278	Exit 278 - 7th St	ALL	
55AR	279	Exit 279B - I-40 E		
55AR	279	Exit 279A - Ingram Blvd	GFL	

TENNESSEE - INTERSTATE 55

State	Mile Marker	Name	Serv	Featured Hotels

State	Mile Marker	Name	Serv	Featured Hotels
55TN	2	Exit 2A - Shelby Dr	ALL	
55TN	2	Exit 2B - Shelby Dr	ALL	
55TN	3(NBO)	**Rest Area**		
55TN	5	Exit 5B - Elvis Presley Blvd	ALL	
55TN	5	Exit 5A - Brooks Rd	GFL	
55TN	6	Exit 6A - I-240		
55TN	6	Exit 6B - I-240		
55TN	7	Exit 7 - 3rd St	ALL	
55TN	8(SBO)	Exit 8 - Horn lake Rd		
55TN	9	Exit 9 - Mallory Ave		
55TN	10	Exit 10 - S Parkway	G	
55TN	11	Exit 11 - McLemore Ave		
55TN	12	Exit 12C - Delaware St	L	
55TN	12	Exit 12B - ranf		
55TN	12(NBO)	Exit 12A - E Crump Blvd	G	

MISSISSIPPI - INTERSTATE 55

State	Mile Marker	Name	Serv	Featured Hotels
55MS	1	Exit 1 - Osyka		
55MS	3(NBO)	**Rest Area**		
55MS	4	Exit 4 - Chatawa		
55MS	8	Exit 8 - Magnolia		
55MS	10	Exit 10 - Magnolia	GFRV	
55MS	13	Exit 13 - Fernwood rd	GL	
55MS	15	Exit 15A - McComb	ALL	
55MS	15	Exit 15B - McComb	ALL	
55MS	17	Exit 17 - Delaware Ave	ALL	Comfort Inn (601.249.0080)
55MS	18	Exit 18 - Smithdale rd	ALL	Hampton Inn (601.249.4116) Holiday Inn (601.684.5200)
55MS	20	Exit 20A - Natchez	G	
55MS	20	Exit 20B - Natchez	G	
55MS	24	Exit 24 - Johnston Station		
55MS	30	Exit 30 - Bogue Chitto	GRV	
55MS	38	Exit 38 - S Brookhaven	G	
55MS	40	Exit 40 - Brookhaven	ALL	Hampton Inn (601.823.3800) Comfort Inn (601.835.0055)
55MS	42	Exit 42 - N Brookhaven	GL	
55MS	45	Exit 45B - State St		
55MS	45(SBO)	Exit 45A - Gallatin St	G	
55MS	48	Exit 48 - Mt Zion Rd		
55MS	51	Exit 51 - Wesson	G	
55MS	54	**Rest Area**		
55MS	56	Exit 56 - Martinsville		

55MS	59	Exit 59 - Hazlehurst		
55MS	61	Exit 61 - Hazlehurst	ALL	
55MS	65	Exit 65 - Gallman	G	
55MS	68	Exit 68 - S Crystal Springs	G	
55MS	72	Exit 72 - Crystl Springs	GF	
55MS	78	Exit 78 - Terry	G	
55MS	81	Exit 81 - Wynndale Rd	G	
55MS	85	Exit 85 - Byram	ALL	Comfort Inn (601.983.2990) Holiday Inn (601.346.8118)
55MS	88	Exit 88 - Elton Rd	G	
55MS	90(SBO)	Exit 90B - Daniel Lake Blvd	G	
55MS	90	Exit 90A - Savanna St	GFL	
55MS	92	Exit 92C - I-20 W		
55MS	92	Exit 92B - State St		
55MS	92	Exit 92A - McDowell Rd	GFL	
55MS	94	Exit 94 - I-20 E		
55MS	96	Exit 96C - Fortification St	L	
55MS	96	Exit 96B - High St	GFL	Hampton Inn (601.352.1700)
55MS	96(NBO)	Exit 96A - Pearl St		
55MS	98	Exit 98B - Lakeland Dr	GL	Holiday Inn (601.992.7773)
55MS	98	Exit 98C - Lakeland Dr	GL	
55MS	98	Exit 98A - Woodrow Wilson Dr		
55MS	99	Exit 99 - Meadowbrook Rd		
55MS	100	Exit 100 - North Side Dr W	ALL	
55MS	102	Exit 102B - Beasley Rd	GFL	Comfort Inn (601.206.1616)
55MS	102	Exit 102A - Briarwood	FL+	
55MS	103	Exit 103 - County Line Rd	ALL	Hilton (601.957.2800) Homewood Suites (601.899.8611) Quality Inn (601.956.6203) Comfort Suites (601.977.6111) Holiday Inn (601.206.9190)
55MS	104	Exit 104 - I-220		
55MS	105	Exit 105B - old Agency Rd	ALL	
55MS	105	Exit 105A - Natchez Trace Pkwy		
55MS	108	Exit 108 - Madison	ALL	Hilton Garden Inn (601.420.0442)
55MS	112	Exit 112 - Gluckstadt	GL	
55MS	114	Exit 114A - Sowell Rd		
55MS	114	Exit 114B - Sowell Rd		
55MS	118	Exit 118A - Nissan Pkwy		
55MS	118	Exit 118B - Nissan Pkwy		
55MS	124	Exit 124 - N Canton	GFL	
55MS	133	Exit 133 - Vaughan		
55MS	139	Exit 139 - Pickens		
55MS	144	Exit 144 - Pickens	G	

55MS	146	Exit 146 - Goodman		
55MS	150	Exit 150 - verifica..	RV	
55MS	156	Exit 156 - Durant	GL	
55MS	163(NBO)	**Rest Area**		
55MS	164	Exit 164 - West	G	
55MS	173(SBO)	**Rest Area**		
55MS	174	Exit 174 - Vaiden	GLRV	
55MS	185	Exit 185 - Winona	GFL	
55MS	195	Exit 195 - Duck Hill	GRV	
55MS	199	Exit 199 - Trout Rd	RV	
55MS	202(NBO)	Parking Area		
55MS	204(SBO)	Parking Area		
55MS	206	Exit 206 - Grenada	ALL	Comfort Inn (662.226.1683) Quality Inn (662.226.5555) Econo Lodge (662.226.1111) Holiday Inn Express (662.229.9595)
55MS	208	Exit 208 - Papermill Rd		
55MS	211	Exit 211 - Coffeeville	GRV	
55MS	220	Exit 220 - Tillatoba	G	
55MS	227	Exit 227 - Oakland	GFRV	
55MS	233	Exit 233 - Enid Dam	GRV	
55MS	237	Exit 237 - Courtland	G	
55MS	240	**Rest Area**		
55MS	246	Exit 246 - N Batesville	ALL	
55MS	252	Exit 252 - Sardis	GFLRV	
55MS	257	Exit 257 - Como	GF	
55MS	263	Exit 263 - Senatobia		
55MS	265	Exit 265 - Senatobia	GFL	Motel 6 (662.562.5241)
55MS	271	Exit 271 - Coldwater	GFRV	
55MS	276(NBO)	**Rest Area**		
55MS	279(SBO)	**Rest Area**		
55MS	280	Exit 280 - Hernando	ALL	
55MS	283	Exit 283 - Tunica		
55MS	284	Exit 284 - Nesbit Rd	GF	
55MS	287	Exit 287 - Church Rd	ALL	
55MS	289	Exit 289 - Horn Lake	ALL	Hilton Garden Inn (662.349.0277) Motel 6 (662.349.4439) Econo Lodge (662.536.1288) Sleep Inn (662.349.2773) Comfort Suites (662.349.0100) Holiday Inn (662.349.0444)
55MS	291	Exit 291 - State Line Rd	FLRV+	Comfort Inn (662.342.5847) Holiday Inn Express (662.393.2881)

LOUISIANA - INTERSTATE 55

State	Mile Marker	Name	Serv	Featured Hotels
55LA	1	Exit 1 - Baton Rouge	GFL	Holiday Inn (985.618.1600)
55LA	7	Exit 7 - Ruddock		
55LA	15	Exit 15 - Manchac	F	
55LA	22(SBO)	Exit 22 - Frontage Rd		
55LA	23	Exit 23 - Ponchatoula		
55LA	26	Exit 26 - Springfield	ALL	
55LA	28	Exit 28 - Hammond	GFL	Quality Inn (985.345.0556)
55LA	29	Exit 29A - I-12		
55LA	29	Exit 29B - I-12		
55LA	31	Exit 31 - Hammond	ALL	Hampton Inn (985.419.2188) Comfort Inn (985.429.0120)
55LA	32	Exit 32 - Wardine Rd	GFL	
55LA	36	Exit 36 - Tickfaw	GRV	
55LA	40	Exit 40 - Independence	GRV	
55LA	46	Exit 46 - Amite	ALL	Comfort Inn (985.748.5550) Holiday Inn (985.747.0400)
55LA	50	Exit 50 - Roseland	G	
55LA	53	Exit 53 - Greensburg		
55LA	57	Exit 57 - Tangipahoa		
55LA	61	Exit 61 - Kentwood	GF+	
55LA	65(SBO)	**Rest Area**		

ILLINOIS - INTERSTATE 57

State	Mile Marker	Name	Serv	Featured Hotels
57IL	1	Exit 1 - Cairo	LRV	
57IL	8	Exit 8 - Mounds Rd		
57IL	18	Exit 18 - Ullin Rd	GFL	
57IL	24	Exit 24 - Dongola Rd	G	
57IL	25	Exit 25 - Carbondale		
57IL	30	Exit 30 - Anna	G+	
57IL	32	**Rest Area**		
57IL	36	Exit 36 - Lick Creek Rd		
57IL	40	Exit 40 - Goreville Rd	RV	
57IL	44	Exit 44 - I-24 E		
57IL	45	Exit 45 - IL 148	GLRV	
57IL	53	Exit 53 - Main St	GFLRV	
57IL	54	Exit 54A - Marion	ALL	
57IL	54	Exit 54B - Marion	ALL	
57IL	59	Exit 59 - Herrin	GFRV	
57IL	65	Exit 65 - Frankfort	ALL	
57IL	77	Exit 77 - Benton	ALL	
57IL	79(SBO)	**Rest Area**		

57IL	83	Exit 83 - Ina	GRV	
57IL	92	Exit 92 - I-64 E		
57IL	94	Exit 94 - Veteran's Memorial Dr		
57IL	95	Exit 95 - Mt Vernon	ALL	Hampton Inn (618.244.2323) Quality Inn (618.242.7200) Comfort Suites (618.244.2700) Holiday Inn (618.244.7100)
57IL	96	Exit 96 - I-64 W		
57IL	103	Exit 103 - Dix	GLRV	
57IL	109	Exit 109 - Centralia	G	
57IL	114	**Rest Area**		
57IL	116	Exit 116 - Salem	ALL	
57IL	127	Exit 127 - Kinmundy		
57IL	135	Exit 135 - Farina	G	
57IL	145	Exit 145 - Edgewood	G	
57IL	151	Exit 151 - Watson	RV	
57IL	157	Exit 157 - I-70 W		
57IL	159	Exit 159 - Effingham	GFL	
57IL	160	Exit 160 - Effingham	ALL	Hampton Inn (217.342.4499)
57IL	162	Exit 162 - Effingham	GFRV	
57IL	163	Exit 163 - I-70 E		
57IL	166	**Rest Area**		
57IL	177	Exit 177 - Neoga	G	
57IL	184	Exit 184 - Mattoon	GFL	
57IL	190	Exit 190A - Mattoon	ALL	
57IL	190	Exit 190B - Mattoon	ALL	
57IL	192	Exit 192 - IL18		
57IL	203	Exit 203 - Arcola	ALL	
57IL	212	Exit 212 - Tuscola	ALL	
57IL	220	Exit 220 - Pesotum	G	
57IL	221	**Rest Area**		
57IL	229	Exit 229 - Savoy	G	
57IL	232	Exit 232 - Curtis Rd		
57IL	235	Exit 235B - I-72 W		
57IL	235	Exit 235A - University Ave		
57IL	237	Exit 237A - I-74		
57IL	237	Exit 237B - I-74		
57IL	238	Exit 238 - Olympian Dr	GFL	
57IL	240	Exit 240 - Market St	GRV	
57IL	250	Exit 250 - Rantoul	ALL	
57IL	261	Exit 261 - Paxton	GFL	
57IL	268	**Rest Area**		
57IL	272	Exit 272 - Roberts		
57IL	280	Exit 280 - Onarga	GRV	

57IL	283	Exit 283 - Gilman	GFL	
57IL	293	Exit 293 - Ashkum	GF	
57IL	297	Exit 297 - Clifton	GF	
57IL	302	Exit 302 - Chebanse		
57IL	308	Exit 308 - Kankakee	ALL	Hilton Garden Inn (815.932.4444)
57IL	312	Exit 312 - Kankakee	GFRV+	
57IL	315	Exit 315 - Bradley	ALL	Hampton Inn (815.932.8369) Motel 6 (815.933.2300)
57IL	322	Exit 322 - Manteno	GFL	
57IL	327	Exit 327 - Peotone	GF	
57IL	332	**Rest Area**		
57IL	335	Exit 335 - Monee	GFL	
57IL	339	Exit 339 - Sauk Trail	GF	
57IL	340	Exit 340A - Lincoln Hwy	ALL	
57IL	340	Exit 340B - Lincoln Hwy	ALL	
57IL	342	Exit 342A - Vollmer Rd	G	
57IL	345	Exit 345A - I-80		
57IL	345	Exit 345B - I-80		
57IL	346	Exit 346 - 167th St	ALL	
57IL	348	Exit 348 - 159th St	ALL	
57IL	350	Exit 350 - 147th St	GF	
57IL	353	Exit 353 - 127th St	ALL	
57IL	354	Exit 354 - 119th St	GF	
57IL	355	Exit 355 - 111th St	G	
57IL	357	Exit 357 - Halsted St	GF+	

MISSOURI - INTERSTATE 57

State	Mile Marker	Name	Serv	Featured Hotels
57MO	1	Exit 1A - I-55		
57MO	1	Exit 1B - I-55		
57MO	4	Exit 4 - Bertrand		
57MO	10	Exit 10 - Charleston	ALL	
57MO	12	Exit 12 - Charleston	GFL	

GEORGIA - INTERSTATE 59

State	Mile Marker	Name	Serv	Featured Hotels
59GA	4	Exit 4 - Rising Fawn	GRV	
59GA	11	Exit 11 - Trenton	ALL	
59GA	17	Exit 17 - Slygo Rd	GRV	
59GA	20	Exit 20 - I-24		

ALABAMA - INTERSTATE 59

State	Mile Marker	Name	Serv	Featured Hotels
59AL	130	Exit 130 - I-20		
59AL	131(NBO)	Exit 131 - 77th Ave	GF	
59AL	132	Exit 132 - 1st Ave	GF	
59AL	133	Exit 133 - 4th St	F+	
59AL	134	Exit 134 - Roebuck Pkwy	GF+	
59AL	137	Exit 137 - I-459 S		
59AL	141	Exit 141 - Trussville	ALL	Comfort Inn (205.661.3636) Holiday Inn (205.655.2700)
59AL	143	Exit 143 - Mt olive Church Rd		
59AL	148	Exit 148 - Argo	G	
59AL	154	Exit 154 - Springville	GF	
59AL	156	Exit 156 - Springville	GF+	
59AL	165(NBO)	**Rest Area**		
59AL	166	Exit 166 - Whitney	GF	
59AL	168(SBO)	**Rest Area**		
59AL	174	Exit 174 - Steele	G	
59AL	181	Exit 181 - Rainbow City	ALL	Hampton Inn (256.304.2600) Comfort Suites (256.538.5770)
59AL	182	Exit 182 - I-759	L	Holiday Inn (256.691.0225)
59AL	183	Exit 183 - Gadsden	GFL	Econo Lodge (256.570.0117)
59AL	188	Exit 188 - Gadsden	GRV	
59AL	205	Exit 205 - Collinsville	GFL	
59AL	218	Exit 218 - Ft Payne	ALL	Econo Lodge (256.845.4013) Holiday Inn (256.997.1020)
59AL	222	Exit 222 - Ft Payne	ALL	
59AL	231	Exit 231 - Hammondville	GRV	
59AL	239	Exit 239 - Sulphur Springs Rd	RV	
59AL	241(SBO)	**Rest Area**		

MISSISSIPPI - INTERSTATE 59

State	Mile Marker	Name	Serv	Featured Hotels
59MS	3(NBO)	**Rest Area**		
59MS	4	Exit 4 - Picayune	ALL	Holiday Inn (601.749.2626)
59MS	6	Exit 6 - N Picayune	ALL	
59MS	8(NBO)	Parking Area		
59MS	10	Exit 10 - Carriere	GRV	
59MS	13(SBO)	Parking Area		
59MS	15	Exit 15 - McNeill	G	
59MS	19	Exit 19 - Millard		
59MS	27	Exit 27 - Poplarville	GRV	
59MS	29	Exit 29 - Poplarville	GF	
59MS	35	Exit 35 - Hillsdale Rd	GL	

59MS	41	Exit 41 - Lumberton	G	
59MS	51	Exit 51 - Purvis	GF	
59MS	56	Parking Area		
59MS	59	Exit 59 - Lucedale		
59MS	60	Exit 60 - S Hattiesburg	G	
59MS	65	Exit 65A - Hardy St	ALL	Courtyard (601.268.3050) Comfort Suites (601.261.5555)
59MS	65	Exit 65B - Hardy St	ALL	Hampton Inn (601.264.8080)
59MS	67	Exit 67A - Hattiesburg	GFL	Econo Lodge (601.264.7221) Quality Inn (601.296.0565) Sleep Inn (601.268.1722)
59MS	67	Exit 67B - Hattiesburg	GFL	Motel 6 ((601) 544-6096) Holiday Inn (601.296.0302) Candlewood Suites (601.264.9666)
59MS	69	Exit 69 - Glendale		
59MS	73	Exit 73 - Monroe Rd		
59MS	78	Exit 78 - Sanford Rd		
59MS	80	Exit 80 - Moselle	G	
59MS	85	Exit 85 - Ellisville	+	
59MS	88	Exit 88 - Ellisville	ALL	
59MS	90	Exit 90 - Ellisville Blvd	GF	
59MS	93	Exit 93 - S Laurel	GF	
59MS	95(NBO)	Exit 95D - verifica..		
59MS	95	Exit 95C - Beacon St	ALL	
59MS	95	Exit 95A - 16th Ave	ALL	Holiday Inn (601.425.1804)
59MS	95	Exit 95B - 16th Ave	ALL	Hampton Inn (601.399.0659) Comfort Suites (601.649.2620)
59MS	96	Exit 96B - Cook Ave		
59MS	96	Exit 96A - Masonite Rd		
59MS	97	Exit 97 - US 84 E	GF	
59MS	99	Exit 99 - US 11	LRV	
59MS	104	Exit 104 - Sandersville		
59MS	106(NBO)	Parking Area		
59MS	109(SBO)	Parking Area		
59MS	113	Exit 113 - Heidelberg	G	
59MS	118	Exit 118 - Vossburg		
59MS	126	Exit 126 - Rose Hill	G	
59MS	134	Exit 134 - S Enterprise		
59MS	137	Exit 137 - Enterprise		
59MS	142	Exit 142 - Savoy		
59MS	150	Exit 150 - Meridan	GFRV	
59MS	151	Exit 151 - 49th Ave	G	
59MS	152	Exit 152 - 29th Ave	GL	
59MS	153	Exit 153 - 22nd Ave	ALL	
59MS	154	Exit 154A - Meridian	ALL	Comfort Inn (601.693.1200)

State	Mile Marker	Name	Serv	Featured Hotels
59MS	154	Exit 154B - Meridian	ALL	
59MS	157	Exit 157A - Macon		
59MS	157	Exit 157B - Macon		
59MS	160	Exit 160 - Russell	GRV	
59MS	164(WBO)	**Rest Area**		
59MS	165	Exit 165 - Toomsuba	GRV	
59MS	169	Exit 169 - Kewanee	G	

LOUISIANA - INTERSTATE 59

State	Mile Marker	Name	Serv	Featured Hotels
59LA	1	Exit 1B - I-10		
59LA	1	Exit 1C - I-10		
59LA	1	Exit 1A - I-12 W		
59LA	2(SBO)	**Rest Area**		
59LA	3	Exit 3 - Pearl River	GF	
59LA	5	Exit 5B - Honey Island Swamp		
59LA	5	Exit 5A - Pearl River	G	
59LA	11	Exit 11 - Pearl River Turnaround		

MISSOURI - INTERSTATE 64

State	Mile Marker	Name	Serv	Featured Hotels
64MO	1	Exit 1 - Prospect Rd	G	
64MO	2	Exit 2 - Lake St Louis Blvd	F+	
64MO	4	Exit 4 - rd N	GF+	
64MO	6	Exit 6 - Wing Haven Blvd	GFL	
64MO	9	Exit 9 - O'Fallon	GFL	
64MO	10	Exit 10 - St Charles	GF	
64MO	11	Exit 11 - Research Park Ctr Dr		
64MO	14(EBO)	Exit 14 - Chesterfield Airport Rd	GL	
64MO	17	Exit 17 - Boones Crossing	ALL	
64MO	19	Exit 19A - Chesterfield Pkwy	ALL	
64MO	19	Exit 19B - Chesterfield Pkwy	ALL	
64MO	20(WBO)	Exit 20 - Chesterfield Pkwy		
64MO	21	Exit 21 - Timberlake Manor Pkwy		
64MO	22	Exit 22 - MO 141	F	
64MO	23(WBO)	Exit 23 - Maryville Centre Dr	L	
64MO	24	Exit 24 - Mason Rd	L	
64MO	25	Exit 25 - I-270		
64MO	26	Exit 26 - Ballas Rd		
64MO	27	Exit 27 - Spoede Rd		
64MO	28(WBO)	Exit 28C - Clayton Rd		
64MO	28	Exit 28A - Lindbergh Blvd	ALL	

64MO	28	Exit 28B - Lindbergh Blvd	ALL	
64MO	30	Exit 30 - McKnight Rd		
64MO	31	Exit 31A - I-170 N	GF+	
64MO	31	Exit 31B - I-170 N	GF+	
64MO	32	Exit 32A - Eager Rd	GF+	
64MO	32	Exit 32B - Eager Rd	GF+	
64MO	33	Exit 33D - McCausland Ave	GF	
64MO	33	Exit 33C - Bellevue Ave		
64MO	33	Exit 33B - Big Bend Blvd		
64MO	34	Exit 34C - Hampton Ave	GFL	Holiday Inn (314.645.0700)
64MO	34	Exit 34D - Hampton Ave	GFL	
64MO	34	Exit 34A - Oakland Ave	GF	
64MO	36	Exit 36D - Vandeventer Ave		
64MO	36	Exit 36A - Kingshighway	GL	Hotel Indigo (314.361.4900)
64MO	36	Exit 36B - Kingshighway	G	
64MO	37	Exit 37A - Market St	GFL	
64MO	37	Exit 37B - Market St	GFL	
64MO	38	Exit 38D - Chestnut at 20th St	L	Marriott (314.621.5262)
64MO	38	Exit 38C - Jefferson Ave	L	Residence Inn (314.289.7500) Courtyard (314.241.9111)
64MO	38(WBO)	Exit 38A - Forest Park Blvd	G	
64MO	39	Exit 39C - 11th St		
64MO	39	Exit 39B - 14th St	GL	
64MO	39(WBO)	Exit 39A - 21st St	L	
64MO	40	Exit 40A - Broadway St	L+	
64MO	40	Exit 40B - Broadway St	L+	Hampton Inn (314.621.7900) Holiday Inn (314.621.8200)
64MO	40(WBO)	Exit 40C - I-44		

ILLINOIS - INTERSTATE 64

State	Mile Marker	Name	Serv	Featured Hotels
64IL	1	Exit 1 - 13th St		
64IL	2	Exit 2A - 3rd St	G	
64IL	2	Exit 2B - 3rd St	G	
64IL	3	Exit 3 - I-55 N		
64IL	4	Exit 4 - 15th St		
64IL	5	Exit 5 - 25th St		
64IL	6	Exit 6 - Kingshighway	GFL	
64IL	7	Exit 7 - I-255		
64IL	9	Exit 9 - Caseyville	GFL	Motel 6 (618.397.8867) Quality Inn (618.398.6745)
64IL	12	Exit 12 - Collinsville	ALL	Fairfield Inn (618.398.7124) Hampton Inn (618.397.9705) Comfort Suites (618.394.0202)

				Holiday Inn (618.212.1300)
64IL	14	Exit 14 - O'Fallon	ALL	Candlewood Suites (618.622.9555)
64IL	16	Exit 16 - O'Fallon	ALL	Holiday Inn (618.632.0400)
64IL	19	Exit 19A - US 50	GFL	
64IL	19	Exit 19B - US 50	GFL	
64IL	23	Exit 23 - Mascoutah	GFL	
64IL	25	**Rest Area**		
64IL	27	Exit 27 - New Baden	GF	
64IL	34	Exit 34 - Albers	G	
64IL	41	Exit 41 - Okawville	GFL	
64IL	50	Exit 50 - Nashville	GFL	
64IL	61	Exit 61 - Centralia		
64IL	69	Exit 69 - Woodlawn		
64IL	73	Exit 73 - I-57		
64IL	78	Exit 78 - I-57		
64IL	80	Exit 80 - Mt Vernon	GLRV	
64IL	82(EBO)	**Rest Area**		
64IL	86(WBO)	**Rest Area**		
64IL	95	Exit 95 - Mt Vernon	ALL	Fairfield Inn (618.244.2300)
64IL	100	Exit 100 - Wayne City	G	
64IL	110	Exit 110 - Mill Shoals		
64IL	117	Exit 117 - Burnt Prairie	GF	
64IL	130	Exit 130 - Grayville	GFL	
64IL	131(WBO)	**Rest Area**		

INDIANA - INTERSTATE 64				
State	Mile Marker	Name	Serv	Featured Hotels
64IN	7(EBO)	**Rest Area**		
64IN	12	Exit 12 - Poseyville	GF	
64IN	18	Exit 18 - Cynthiana	G	
64IN	25	Exit 25A - Evansville	GFL	Comfort Inn (812.867.1600) Holiday Inn Express (812.867.1100)
64IN	25	Exit 25B - Evansville	GFL	Quality Inn (812.768.5878)
64IN	29	Exit 29A - I-164 S	G	
64IN	29	Exit 29B - I-164 S	G	
64IN	39	Exit 39 - Lynnville	G	
64IN	44	Exit 44 - New Harmony	GFL	
64IN	54	Exit 54 - Holland		
64IN	57	Exit 57 - Dale	GFL	Motel 6 (812.937.2294)
64IN	58	**Rest Area**		
64IN	63	Exit 63 - Ferdinand	GFLRV	Comfort Inn (812.367.1122)
64IN	72	Exit 72 - Birdseye	G	
64IN	79	Exit 79 - Tell City		

State	Mile Marker	Name	Serv	Featured Hotels
64IN	86	Exit 86 - Sulphur	GF	
64IN	92	Exit 92 - Carefree	GFL	
64IN	97	Parking Area		
64IN	105	Exit 105 - Corydon	ALL	Hampton Inn (812.738.6688) Comfort Inn (812.738.3900) Holiday Inn Express (812.738.1623)
64IN	113	Exit 113 - Lanesville		
64IN	115(WBO)	**Rest Area**		
64IN	118	Exit 118 - Georgetown	ALL	Motel 6 (812.923.0441)
64IN	119	Exit 119 - Greenville	GF	
64IN	121	Exit 121 - I-265 E		
64IN	123	Exit 123 - New Albany	ALL	Holiday Inn (812.945.2771)

KENTUCKY - INTERSTATE 64

State	Mile Marker	Name	Serv	Featured Hotels
64KY	1	Exit 1 - I-264 E		
64KY	3	Exit 3 - 22nd St	GF	
64KY	4	Exit 4 - 9th St		
64KY	5	Exit 5A - I-65		
64KY	5	Exit 5B - 3rd St	FL	
64KY	6(EBO)	Exit 6 - I-71 N		
64KY	7	Exit 7 - Mellwood Ave		
64KY	8	Exit 8 - Grinstead Dr	GF	
64KY	10	Exit 10 - Cannons Ln		
64KY	12	Exit 12B - I-264 E	GF+	
64KY	12	Exit 12A - I-264 W		
64KY	15	Exit 15 - Hurstbourne Pkwy	ALL	Residence Inn (502.425.1821) SpringHill Suites (502.326.3895) Courtyard (502.429.0006) Homewood Suites (502.429.9070) Holiday Inn (502.426.2600)
64KY	17	Exit 17 - S Blankenbaker	ALL	Fairfield Inn (502.240.6171) Hilton Garden Inn (502.297.8066) Hampton Inn (502.809.9901) Sleep Inn (502.266.6776) Comfort Suites (502.266.6509) Holiday Inn (502.240.0035) Candlewood Suites (502.261.0085) Staybridge Suites (502.244.9511)
64KY	19	Exit 19A - I-265		
64KY	19	Exit 19B - I-265		
64KY	28(EBO)	**Rest Area**		
64KY	28	Exit 28 - Veechdale Rd	GF	
64KY	32	Exit 32A - Shelbyville	ALL	
64KY	32	Exit 32B - Shelbyville	ALL	

64KY	35	Exit 35 - Shelbyville	ALL	Holiday Inn (502.647.0109)
64KY	43	Exit 43 - Waddy	G	
64KY	48	Exit 48 - KY 151	G	
64KY	53	Exit 53A - Frankfort	ALL	
64KY	53	Exit 53B - Frankfort	ALL	Holiday Inn (502.352.4650)
64KY	58	Exit 58 - unknown	GFL	Fairfield Inn (502.695.8881)
64KY	60	**Rest Area**		
64KY	65	Exit 65 - Midway		
64KY	69	Exit 69 - Georgetown		
64KY	75	Exit 75 - I-75 N		
64KY	81	Exit 81 - Knoxville		
64KY	87	Exit 87 - Blue Grass Sta		
64KY	94	Exit 94 - Van Meter Rd	ALL	Holiday Inn (859.745.3009)
64KY	96	Exit 96A - Winchester	GL	
64KY	96	Exit 96B - Winchester	GL	
64KY	98(EBO)	**Rest Area**		
64KY	98(EBO)	Exit 98 - KY 402		
64KY	101	Exit 101 - US 60		
64KY	108(WBO)	**Rest Area**		
64KY	110	Exit 110 - Mt Sterling	ALL	Fairfield Inn (859.498.4050)
64KY	113	Exit 113 - Mt Sterling	G	
64KY	121	Exit 121 - Owingsville	GFL	
64KY	123	Exit 123 - Salt Lick	G	
64KY	133	Exit 133 - Sharkey	GL	Comfort Inn (606.780.7378)
64KY	137	Exit 137 - Morehead	ALL	Hampton Inn (606.780.0601) Quality Inn (606.784.2220) Holiday Inn (606.784.5796)
64KY	141	**Rest Area**		
64KY	156	Exit 156 - Olive Hill	GF	
64KY	161	Exit 161 - Olive Hill	GLRV	
64KY	172	Exit 172 - Grayson	ALL	Quality Inn (606.474.7854)
64KY	173(WBO)	**Rest Area**		
64KY	174(WBO)	**Rest Area**		
64KY	179	Exit 179 - Industrial Pkwy		
64KY	181	Exit 181 - Princess	G	
64KY	185	Exit 185 - Cannonsburg	GFLRV	Fairfield Inn (606.928.1222) Hampton Inn (606.928.2888) Holiday Inn (606.929.1720)
64KY	191	Exit 191 - Ashland	ALL	

WEST VIRGINIA - INTERSTATE 64

State	Mile Marker	Name	Serv	Featured Hotels
64WV	1	Exit 1 - Kenova	ALL	

64WV	6	Exit 6 - W Huntington	GF+	
64WV	8	Exit 8 - WV 152 S	GF	
64WV	10(EBO)	**Rest Area**		
64WV	11	Exit 11 - Hal Greer Blvd	GFL	Holiday Inn (304.523.8880)
64WV	15	Exit 15 - 29th St E	ALL	Quality Inn (304.525.7001)
64WV	18	Exit 18 - Barboursville	ALL	
64WV	20	Exit 20 - Mall Rd	ALL	Comfort Inn (304.733.2122)
64WV	28	Exit 28 - Milton	GFRV+	
64WV	34	Exit 34 - Hurricane	ALL	
64WV	35	**Rest Area**		
64WV	39	Exit 39 - Winfield	ALL	Holiday Inn (304.757.7177)
64WV	41	Exit 41 - Scott Depot	F	
64WV	44	Exit 44 - St Albans	GL	Quality Inn (304.255.1511) Econo Lodge (304.255.2161)
64WV	45	Exit 45 - Nitro	GFL	
64WV	47	Exit 47A - Goff Mtn Rd	ALL	
64WV	47	Exit 47B - Goff Mtn Rd	ALL	
64WV	50	Exit 50 - Wv 25	G	
64WV	53	Exit 53 - Roxalana Rd	ALL	
64WV	54	Exit 54 - MacCorkle Ave	GF+	
64WV	56	Exit 56 - Montrose Dr	GFL	
64WV	58	Exit 58C - Washington St	GFL	Marriott (304.345.6500)
64WV	58(EBO)	Exit 58B - US 119 N	L	Holiday Inn Express (304.345.0600) Holiday Inn (304.344.4092)
64WV	58	Exit 58A - MacCorkle Ave	FL	Holiday Inn Express (304.746.4748)
64WV	59(EBO)	Exit 59 - I-77 N		
64WV	121	Exit 121 - I-77 S		
64WV	124	Exit 124 - E Beckley	GFL	
64WV	125	Exit 125 - Airport Rd	GFL	Sleep Inn (304.255.4222)
64WV	129	Exit 129 - Shady Spring	GF	
64WV	133	Exit 133 - Bragg Rd	RV	
64WV	139	Exit 139 - Sandstone	G	
64WV	143	Exit 143 - Green Sulphur Springs	G	
64WV	150	Exit 150 - Dawson	GFLRV	
64WV	156	Exit 156 - Midland Trail	GF	
64WV	161	Exit 161 - Alta	GRV	
64WV	169	Exit 169 - Lewisburg	ALL	Holiday Inn (304.645.5750)
64WV	175	Exit 175 - Caldwell	GFLRV	
64WV	179(WBO)	**Rest Area**		
64WV	181	Exit 181 - White Sulphur Springs	ALL	
64WV	183	Exit 183 - Crows	+	

VIRGINIA - INTERSTATE 64

State	Mile Marker	Name	Serv	Featured Hotels
64VA	1	Exit 1 - Jerrys Run Trail	+	
64VA	2(EBO)	**Rest Area**		
64VA	7	Exit 7 - Route 661	L+	Comfort Inn (757.397.7788)
64VA	10	Exit 10 - Route 60/159	+	
64VA	14	Exit 14 - W. Jackson St., Town of Covington	+	
64VA	16	Exit 16 - Route 60/220	+	
64VA	21	Exit 21 - Route 696	+	
64VA	24	Exit 24 - Route 60/220/384	+	
64VA	27	Exit 27 - Route 60/220/629	+	
64VA	29	Exit 29 - Route 42/269	+	
64VA	35	Exit 35 - Route 269/850	+	
64VA	43	Exit 43 - Route 780	+	
64VA	50	Exit 50 - Route 60/623	+	
64VA	55	Exit 55 - Route 11	L+	Holiday Inn (540.463.7351)
64VA	56	Exit 56 - Interstate 81	+	
64VA	87	Exit 87 - Interstate 81	+	
64VA	91	Exit 91 - Route 608	+	
64VA	94	Exit 94 - Route 340	L+	Residence Inn (540.943.7426) Comfort Inn (540.932.3060) Holiday Inn (540.932.7170)
64VA	96	Exit 96 - Route 624	+	
64VA	99	Exit 99 - Route 250	+	
64VA	100(EBO)	Observation Area		
64VA	104(EBO)	Observation Area		
64VA	105(EBO)	**Rest Area**		
64VA	107	Exit 107 - Route 250	+	
64VA	113(WBO)	**Rest Area**		
64VA	114	Exit 114 - Route 637	+	
64VA	118	Exit 118 - Route 29	+	
64VA	118	Exit 118A - Lynchburg	GFL	
64VA	118	Exit 118B - Lynchburg	GFL	Holiday Inn (434.977.7700)
64VA	120	Exit 120 - Route 631	L+	Courtyard (434.977.1700) Hampton Inn (434.923.8600) Sleep Inn (434.244.9969) Holiday Inn (434.977.5100)
64VA	121	Exit 121 - Route 20	+	
64VA	124	Exit 124 - Route 250	L+	Hilton Garden Inn (434.979.4442) Comfort Inn (434.977.3300)
64VA	129	Exit 129 - Route 616	+	
64VA	136	Exit 136 - Route 15	+	
64VA	143	Exit 143 - Route 208	+	
64VA	148	Exit 148 - Route 605	+	
64VA	152	Exit 152 - Route 629	+	

64VA	159	Exit 159 - Route 522	+	
64VA	167	Exit 167 - Route 617	+	
64VA	169	**Rest Area**		
64VA	173	Exit 173 - Route 623	+	
64VA	175	Exit 175 - Route 288	+	
64VA	177	Exit 177 - Interstate 295	+	
64VA	178	Exit 178 - Route 250 (Broad Street)	L+	Hilton Garden Inn (804.521.2900) Homewood Suites (804.217.8000)
64VA	178	Exit 178A - Short Pump	ALL	Hilton (804.364.3600) Candlewood Suites (804.364.2000)
64VA	178	Exit 178B - Short Pump	ALL	Marriott (804.965.9500)
64VA	180	Exit 180 - Gaskins Road	L+	Residence Inn (804.762.9852) Fairfield Inn (804.545.4200) SpringHill Suites (8004.217.7075)
64VA	181	Exit 181 - Parham Road	+	
64VA	181	Exit 181A - Parham Rd	ALL	
64VA	181	Exit 181B - Parham Rd	ALL	
64VA	183	Exit 183 - Route 250 (Broad/Glenside)	+	
64VA	183(WBO)	Exit 183C - Broad St		
64VA	185	Exit 185 - Route 33/Staples Mill Road	L+	Holiday Inn (804.359.6061)
64VA	185	Exit 185A - Staples Mill Rd		
64VA	185	Exit 185B - Staples Mill Rd		
64VA	186	Exit 186 - Interstate 195	+	
64VA	187	Exit 187 - Interstate 95	+	
64VA	190	Exit 190 - Interstate 95	+	
64VA	192	Exit 192 - Route 360/Mechanicsville Tnpk	+	
64VA	193	Exit 193 - Route 33/Nine Mile Road	+	
64VA	193	Exit 193A - Nine Mile Rd	GF	
64VA	193	Exit 193B - Nine Mile Rd	GF	
64VA	195	Exit 195 - Laburnum Ave.	L+	Holiday Inn (804.236.1111)
64VA	197	Exit 197 - Airport Drive	+	
64VA	197	Exit 197A - Airport Dr	ALL	Motel 6 ((804) 222-7600) Candlewood Suites (804.652.1888) Holiday Inn (804.222.1499)
64VA	197	Exit 197B - Airport Dr	ALL	
64VA	199(SBO)	**Rest Area**		
64VA	200	Exit 200 - Interstate 295	+	
64VA	205	Exit 205 - Route 249	+	
64VA	211	Exit 211 - Route 106	+	
64VA	213	**Rest Area**		
64VA	213	Exit 213A - Greenville	GFL	
64VA	213	Exit 213B - Greenville	GFL	
64VA	214	Exit 214 - Route 155	+	
64VA	217	Exit 217 - Mint Spring	GLRV	
64VA	220	Exit 220 - Route 33	+	

64VA	227	Exit 227 - Route 30	+	
64VA	231	Exit 231 - Route 30/607	+	
64VA	231	Exit 231A - Norge	GFLRV	
64VA	231	Exit 231B - Norge	GFLRV	
64VA	234	Exit 234 - Route 646	+	
64VA	238	Exit 238 - Route 143	L+	Residence Inn (757.941.2000) SpringHill Suites (757.941.3000) Fairfield Inn (757.645.3600) Hampton Inn (757.941.1777) Motel 6 (757.259.1948)
64VA	242	Exit 242 - Route 199	+	
64VA	242	Exit 242A - Williamsburg	GFLRV	Courtyard (757.221.0700) Marriott (757.220.2500)
64VA	242	Exit 242B - Williamsburg	GFLRV	
64VA	243	Exit 243 - Route 143	+	
64VA	247	Exit 247 - Route 143	+	
64VA	250	Exit 250 - Route 105/Fort Eustis Blvd.	+	
64VA	250	Exit 250A - unknown	GFLRV	
64VA	250	Exit 250B - unknown	GFLRV	
64VA	255	Exit 255 - Route 143/Jefferson Ave.	L+	Courtyard (757.842.6212) Residence Inn (757.842.6214) Comfort Suites (757.947.1333)
64VA	255	Exit 255A - Jefferson Ave	ALL	Comfort Inn (757.249.0200)
64VA	255	Exit 255B - Jefferson Ave	ALL	
64VA	256	Exit 256 - Oyster Point Rd.	+	
64VA	256	Exit 256A - Victory Blvd	ALL	Sleep Inn (757.951.1177)
64VA	256	Exit 256B - Victory Blvd	ALL	TownePlace Suites (757.874.8884) Courtyard (757.874.9000) Hampton Inn (757.989.8977) Hilton Garden Inn (757.947.1080) Candlewood Suites (757.952.1120) Staybridge Suites (757.251.6644)
64VA	258	Exit 258 - Route 17/J. Clyde Morris Blvd.	+	
64VA	258	Exit 258A - Clyde Morris Blvd	ALL	Marriott (757.873.9299) Motel 6 (757.595.6336)
64VA	258	Exit 258B - Clyde Morris Blvd	ALL	Holiday Inn (757.596.6417)
64VA	261	Exit 261 - Hampton Roads Center Pkwy	+	
64VA	261	Exit 261A - Center Pkwy	GF+	
64VA	261	Exit 261B - Center Pkwy	ALL	Candlewood Suites (757.766.8976)
64VA	262	Exit 262 - Route 134/Magruder Blvd.	L+	Hampton Inn (757.838.1400)
64VA	262(WBO)	Exit 262 - Magruder Blvd	GL	Hampton Inn (757.838.1400)
64VA	263	Exit 263 - Route 258/Mercury Blvd.	L+	SpringHill Suites (757.310.6333) Courtyard (757.838.3300) Embassy Suites (757.827.8200) Quality Inn (757.838.8484) Comfort Inn (757.827.5052)
64VA	263	Exit 263A - Mercury Blvd	ALL	Holiday Inn (757.838.0200)

64VA	263	Exit 263B - Mercury Blvd	ALL	
64VA	264	Exit 264 - Interstate 664	+	
64VA	265	Exit 265A - Route 134/167 Armistead/Lasalle	+	
64VA	265	Exit 265B - Route 134/167 Armistead/Lasalle	+	
64VA	265	Exit 265C - Rip Rap Rd.	+	
64VA	265(EBO)	Exit 265C - unknown		
64VA	267	Exit 267 - Route 60/143 Tyler St./County St.	L+	Crowne Plaza (757.727.9700)
64VA	268	Exit 268 - Route 169/Mallory St.	+	
64VA	272	Exit 272 - Bayville/Ocean View	+	
64VA	273	Exit 273 - Route 60/4th View St.	+	
64VA	274	Exit 274 - Bay View Ave.	+	
64VA	274(WBO)	Exit 274 - Bay Ave		
64VA	276	Exit 276A - Interstate 564/ Route 480/Granby..	+	
64VA	276	Exit 276B - Interstate 564/ Route 480/Granby..	+	
64VA	276	Exit 276C - Route 165/Little Creek Rd.	+	
64VA	277	Exit 277 - Route 168/Tidewater Dr.	+	
64VA	277	Exit 277A - Tidewater Dr	GF	
64VA	277	Exit 277B - Tidewater Dr	GF	
64VA	278	Exit 278 - Route 194/Chesapeake Blvd.	+	
64VA	279	Exit 279 - Route 247/Norview Ave.	+	
64VA	281	Exit 281 - Route 165/Military Hwy.	L+	Motel 6 ((757) 461-2380)
64VA	282	Exit 282 - Route 13/166 Northampton Blvd.	+	
64VA	284	Exit 284 - I-264/Route 44	+	
64VA	284	Exit 284A - I-264		
64VA	284	Exit 284B - Newtown Rd		
64VA	286	Exit 286 - Route 407/Indian River Rd.	+	
64VA	286	Exit 286A - Indian River Rd	GFL	
64VA	286	Exit 286B - Indian River Rd	GFL	
64VA	289	Exit 289 - Greenbrier Pkwy.	+	
64VA	289	Exit 289A - Greenbrier Pkwy	ALL	
64VA	289	Exit 289B - Greenbrier Pkwy	ALL	
64VA	290	Exit 290 - Route 168/Battlefield Blvd.	+	
64VA	290	Exit 290A - Battlefield Blvd	ALL	
64VA	290	Exit 290B - Battlefield Blvd	ALL	
64VA	291	Exit 291 - Interstate 464/Route 104	+	
64VA	291	Exit 291A - I-464 N		
64VA	291	Exit 291B - I-464 N		
64VA	292	Exit 292 - Route 190/Dominion Blvd.	+	
64VA	292(EBO)	Exit 292 - VA 104	GF+	
64VA	296	Exit 296 - Route 17/George Washington	+	

State	Mile Marker	Name	Serv	Featured Hotels
		Hwy.		
64VA	296	Exit 296A - Portsmouth	G	
64VA	296	Exit 296B - Portsmouth	G	
64VA	297	Exit 297 - Route 13/460 Military Hwy	L+	Residence Inn (757.333.3000)
64VA	299	Exit 299 - Interstate 264	+	
64VA	299	Exit 299A - I-264 E		
64VA	299	Exit 299B - I-264 E		

INDIANA - INTERSTATE 65

State	Mile Marker	Name	Serv	Featured Hotels
65IN	0	Exit 0 - Jefferson	GFL	Hilton (317.972.0600) Fairfield Inn (812.280.8220)
65IN	1	Exit 1 - Stansifer Ave	ALL	Hilton (317.849.6668)
65IN	2	Exit 2 - Eastern Blvd	GL	Motel 6 (812.283.7703) Comfort Suites (812.282.2100)
65IN	4	Exit 4 - Clarksville	ALL	Hampton Inn (812.280.1501)
65IN	5	Exit 5 - Veterans Pkwy	ALL	Candlewood Suites (812.284.6113)
65IN	6	Exit 6A - I-265 W		
65IN	6	Exit 6B - I-265 W		
65IN	7	Exit 7 - Hamburg	GFL	
65IN	9	Exit 9 - New Albany	GFL	Comfort Inn (812.246.1200)
65IN	16	Exit 16 - Memphis Rd	GF	
65IN	19	Exit 19 - Henryville	GF	
65IN	22	**Rest Area**		
65IN	29	Exit 29A - Salem	ALL	
65IN	29	Exit 29B - Salem	ALL	Quality Inn (812.752.2212) Holiday Inn (812.752.0000)
65IN	34	Exit 34A - Austin	GF	
65IN	34	Exit 34B - Austin	GF	
65IN	36	Exit 36 - Crothersville	G	
65IN	41	Exit 41 - Uniontown	G	
65IN	50	Exit 50A - Seymour	ALL	Econo Lodge (812.522.8000)
65IN	50	Exit 50B - Seymour	ALL	Hampton Inn (812.523.2409) Holiday Inn (812.522.1200)
65IN	55	Exit 55 - Johnesville		
65IN	64	Exit 64 - Walesboro	GRV	
65IN	68	Exit 68 - Columbus	ALL	Comfort Inn (812.376.3051) Holiday Inn (812.372.1541) Hotel Indigo (812.375.9100)
65IN	73	**Rest Area**		
65IN	76	Exit 76A - Taylorsville	ALL	
65IN	76	Exit 76B - Taylorsville	ALL	Hampton Inn (812.526.5100) Holiday Inn (812.526.9899)
65IN	80	Exit 80 - flat Rock	G	

65IN	90	Exit 90 - Franklin	GFL	Comfort Inn (317.736.0480) Quality Inn (317.346.6444)
65IN	95	Exit 95 - Whiteland	G	
65IN	99	Exit 99 - Greenwood	ALL	
65IN	101	Exit 101 - CountyLine Rd	ALL	Hilton Garden Inn (317.888.4814) Holiday Inn (317.881.0600) Candlewood Suites (317.882.4300)
65IN	103	Exit 103 - Southport rd	ALL	Hampton Inn (317.889.0722) Quality Inn (317.859.8888)
65IN	106	Exit 106 - I-465		
65IN	107	Exit 107 - Keystone Ave	ALL	Holiday Inn (317.788.3100)
65IN	109	Exit 109 - Raymond St	GF+	
65IN	110	Exit 110B - I-70 W		
65IN	110	Exit 110A - prospect St		
65IN	111	Exit 111 - Market St	F	
65IN	112	Exit 112A - I-70 E		
65IN	113	Exit 113 - Meridian St		
65IN	114	Exit 114 - MLK St	L	Holiday Inn Express (317.822.6400) Crowne Plaza (317.631.2221)
65IN	115	Exit 115 - 21st St	G	
65IN	116(NBO)	Exit 116 - 29th St		
65IN	117(SBO)	Exit 117 - MLK St	G	
65IN	119	Exit 119 - 38th St	GF+	
65IN	121	Exit 121 - Lafayette Rd	ALL	Quality Inn (317.297.8880)
65IN	123	Exit 123 - I-465 S		
65IN	124	Exit 124 - 71st St.gfl	L	Hilton Garden Inn (317.288.6060)
65IN	129	Exit 129 - I-865		
65IN	130	Exit 130 - Zionsville	GF	
65IN	133	Exit 133 - Whitestown		
65IN	138	Exit 138 - Lebanon	G	
65IN	139	Exit 139 - Lebanon	GF	
65IN	140	Exit 140 - Lebanon	ALL	Motel 6 (765.482.9190) Comfort Inn (765.482.4800) Holiday Inn (765.483.4100)
65IN	141	Exit 141 - Lafayette Ave		
65IN	146	Exit 146 - Thorntown	RV	
65IN	148(NBO)	**Rest Area**		
65IN	150(SBO)	**Rest Area**		
65IN	158	Exit 158 - Frankfort	GRV	
65IN	168	Exit 168 - Dayton	G	
65IN	172	Exit 172 - Lafayette	ALL	Motel 6 (765.447.7566) Hampton Inn (765.447.1600) Homewood Suites (765.448.9700) TownePlace (765.446.8668) Courtyard (765.449.4800) Comfort Suites (765.447.0016)

State	Mile Marker	Name	Serv	Featured Hotels
				Holiday Inn (765.423.1000) Candlewood Suites (765.807.5735)
65IN	175	Exit 175 - Lafayette	G	
65IN	178	Exit 178 - W Lafayette	GFL	Econo Lodge (765.567.7100)
65IN	188	Exit 188 - Brookston		
65IN	193	Exit 193 - Chalmers	G	
65IN	196	**Rest Area**		
65IN	201	Exit 201 - Remington	GFLRV	
65IN	205	Exit 205 - Remington	GFLRV	
65IN	215	Exit 215 - Rensselaer	ALL	
65IN	220	Exit 220 - Winamac	G	
65IN	230	Exit 230 - Roselawn	GFRV	
65IN	231	**Rest Area**		
65IN	240	Exit 240 - Lowell	GL	Comfort Inn (219.690.1619)
65IN	247	Exit 247 - Crown Point	G	
65IN	253	Exit 253 - Merrillville	ALL	Hampton Inn (219.736.7600) Comfort Suites (219.736.9500) Quality Inn (219.736.5252) Candlewood Suites (219.791.9100)
65IN	253	Exit 253A - US 30 E	ALL	Motel 6 (219.738.2701)
65IN	255	Exit 255 - 61st Ave	ALL	
65IN	258	Exit 258 - Ridge Rd	GF	
65IN	259	Exit 259A - I-94		
65IN	259	Exit 259B - I-94		
65IN	261	Exit 261 - 15th Ave	G	
65IN	262	Exit 262 - I-90		

KENTUCKY - INTERSTATE 65

State	Mile Marker	Name	Serv	Featured Hotels
65KY	1(NBO)	**Rest Area**		
65KY	2	Exit 2 - Franklin	GFL	Hampton Inn (270.598.8001) Econo Lodge (270.586.3291) Quality Inn (270.586.6100) Holiday Inn (270.586.7626)
65KY	6	Exit 6 - Franklin	GLRV	SpringHill (502.569.7373) Fairfield Inn (502.569.3553) Comfort Inn (270.586.3832)
65KY	20	Exit 20 - Bowling Green		
65KY	22	Exit 22 - Bowling Greengfloc	L	Motel 6 ((270) 843-0140) Hampton Inn (270.842.4100) Sleep Inn (270.842.3800) Comfort Inn (270.843.1163) Econo Lodge (270.842.6730) Candlewood Suites (270.843.5505)
65KY	26	Exit 26 - Bowling Green		

65KY	28	Exit 28 - Bowling Green	GFL	
65KY	30(SBO)	**Rest Area**		
65KY	36	Exit 36 - Oakland		
65KY	38	Exit 38 - Smiths Grove	ALL	
65KY	39(NBO)	**Rest Area**		
65KY	43	Exit 43 - Nunn Cumberland Pky		
65KY	48	Exit 48 - Park City	GRV	
65KY	58	Exit 58 - Horse Cave	GFLRV	Hampton Inn (270.786.5000)
65KY	61	**Rest Area**		
65KY	65	Exit 65 - Munfordville	ALL	
65KY	71	Exit 71 - Bonnieville		
65KY	76	Exit 76 - Upton	G	
65KY	81	Exit 81 - Sonora	G	
65KY	86	Exit 86 - Glendale	GLRV	
65KY	91	Exit 91 - WK Pkwy	GFL	
65KY	93	Exit 93 - Bardstown		
65KY	94	Exit 94 - Elizabethtown	ALL	Motel 6 ((270) 769-3102) Hampton Inn (270.765.6663) Fairfield Inn (270.769.1440) Comfort Suites (270.360.0088) Comfort Inn (270.765.4166) Holiday Inn (270.769.1334)
65KY	102	Exit 102 - Radcliff		
65KY	105	Exit 105 - Lebanon Jct	GF	
65KY	112	Exit 112 - Clemont	G	
65KY	114(SBO)	**Rest Area**		
65KY	116	Exit 116 - KY 480	GRV	
65KY	117	Exit 117 - Shepherdsville	ALL	Motel 6 (502.543.4400) Sleep Inn (502.921.1001)
65KY	121	Exit 121 - Brooks Rd	GFL	Hampton Inn (502.957.5050) Fairfield Inn (502.955.5533) Econo Lodge (502.955.1501) Comfort Inn (502.955.5566) Quality Inn (502.955.6272) Holiday Inn (502.955.4984)
65KY	125	Exit 125A - I-265 E		
65KY	125	Exit 125B - I-265 E		
65KY	127	Exit 127 - KY 1065	F	
65KY	128	Exit 128 - Fern Valley Rd	ALL	Comfort Suites (502.964.0740) Holiday Inn (502.966.0000)
65KY	130	Exit 130 - Preston Hwy	ALL	
65KY	131	Exit 131A - I-264		
65KY	131	Exit 131B - I-264	L	Hampton Inn (502.366.8100) Comfort Inn (502.375.2233) Crowne Plaza (502.367.2251)
65KY	133	Exit 133B - Eastern Pkwy	GFL	Hilton Garden Inn (502.637.2424)

State	Mile Marker	Name	Serv	Featured Hotels
65KY	134	Exit 134A - Jackson St	GL	
65KY	134	Exit 134B - Jackson St	GL	
65KY	135	Exit 135 - W St Catherine	G	
65KY	136	Exit 136C - Jefferson St	ALL	Hilton (502.585.3200)
65KY	136	Exit 136B - Broadway St	ALL	
65KY	137	Exit 137 - I-64 W		

TENNESSEE - INTERSTATE 65

State	Mile Marker	Name	Serv	Featured Hotels
65TN	1	Exit 1 - Ardmore	GF	
65TN	3(NBO)	**Rest Area**		
65TN	6	Exit 6 - Bryson	GL	
65TN	14	Exit 14 - Pulaski	GFLRV	
65TN	22	Exit 22 - Pulaski	GFL	Econo Lodge (931.293.2111)
65TN	24(NBO)	Parking Area		
65TN	25(SBO)	Parking Area		
65TN	27	Exit 27 - Lynnville	RV	
65TN	32	Exit 32 - Lewisburg	G	
65TN	37	Exit 37 - Columbia	G	
65TN	46	Exit 46 - Columbia	GFL	Hampton Inn (931.540.1222) Comfort Inn (931.388.2500) Holiday Inn (931.380.2025)
65TN	53	Exit 53 - Saturn Pkwy		
65TN	59	Exit 59A - TN 840		
65TN	59	Exit 59B - TN 840		
65TN	61	Exit 61 - Peytonsville Rd	GL	
65TN	65	Exit 65 - Murfreesboro	ALL	Comfort Inn (615.791.6675) Quality Inn (615.794.7591) Holiday Inn Express (615.591.6660)
65TN	67	Exit 67 - McEwen Dr		
65TN	68	Exit 68A - Cool Springs Blvd	ALL	
65TN	68	Exit 68B - Cool Springs Blvd	ALL	
65TN	69	Exit 69 - Moores Lane	ALL	Sleep Inn (615.376.2122)
65TN	71	Exit 71 - Concord Rd		
65TN	74	Exit 74 - Old Hickory Blvd	ALL	Hilton (615.370.0111) Hampton Inn (615.373.2212)
65TN	78	Exit 78A - Harding Place	ALL	
65TN	78	Exit 78B - Harding Place	ALL	
65TN	79	Exit 79 - Armory Dr	GF+	
65TN	80	Exit 80 - I-440		
65TN	81	Exit 81 - Wedgewood Ave	GF+	
65TN	82	Exit 82A - Memphis		
65TN	82	Exit 82B - Memphis		
65TN	84	Exit 84A - Knoxville		

State	Mile Marker	Name	Serv	Featured Hotels
65TN	84	Exit 84B - Knoxville		
65TN	85	Exit 85 - 8th Ave	GFL	SpringHill (615.244.5474)
65TN	86	Exit 86 - I-24 E		
65TN	87	Exit 87A - Trinity Lane	GFL	
65TN	87	Exit 87B - Trinity Lane	GFL	
65TN	88	Exit 88A - I-24		
65TN	88	Exit 88B - I-24		
65TN	90	Exit 90B - Briley Pkwy		
65TN	90	Exit 90A - Dickerson Pike	ALL	Econo Lodge (615.262.9193) Sleep Inn (615.227.8686)
65TN	92	Exit 92 - Old Hickory Blvd		
65TN	95(NBO)	Exit 95 - Vietnam Veterans Blvd		
65TN	96	Exit 96 - Rivergate Pky	ALL	
65TN	97	Exit 97 - Long Hollow Pike	ALL	Motel 6 ((615) 859-9674) Hampton Inn (615.851.2828) Quality Inn (615.859.5400) Holiday Inn (615.851.1891)
65TN	98	Exit 98 - Millersville	GFLRV	
65TN	104	Exit 104 - Bethel Rd	GRV	
65TN	108	Exit 108 - White House	ALL	Quality Inn (615.672.7000) Comfort Inn (615.672.8850) Holiday Inn (615.672.7200)
65TN	112	Exit 112 - Cross Plains	GF	
65TN	117	Exit 117 - Portland	GL	Comfort Suites (615.325.8887)
65TN	121(SBO)	**Rest Area**		
65TN	209	Exit 209 - Charlotte Ave	GFL	Hilton Garden Inn (615.369.5900) Hotel Indigo (615.329.4200)

ALABAMA - INTERSTATE 65

State	Mile Marker	Name	Serv	Featured Hotels
65AL	1	Exit 1A - Government Blvd	GFL	
65AL	1	Exit 1B - Government Blvd	GFL	
65AL	3	Exit 3 - Airport Blvd	ALL	Motel 6 (251.343.8448)
65AL	4	Exit 4 - Dauphin St	ALL	Homewood Suites (334.272.3010)
65AL	5	Exit 5B - Moffett Rd	GFL	
65AL	5	Exit 5A - Spring hill Ave	ALL	
65AL	8	Exit 8A - Prichard	GF	
65AL	8	Exit 8B - Prichard	GF	
65AL	9	Exit 9 - I-695 S	L	Hampton Inn (334.277.1818)
65AL	10	Exit 10 - W Lee St	GL	
65AL	13	Exit 13 - Saraland	ALL	Hampton Inn (251.679.7953) Embassy Suites (205.985.9994) Econo Lodge (251.675.0100) Holiday Inn (251.378.6300)
65AL	15	Exit 15 - AL 41	GF+	

65AL	19	Exit 19 - Satsuma	GFLRV	
65AL	22	Exit 22 - Creola	RV	
65AL	31	Exit 31 - Stockton	GRV	
65AL	34	Exit 34 - Bay Minette	L	Courtyard (251.344.5200)
65AL	37	Exit 37 - Gulf Shores Pkwy	G	
65AL	45	Exit 45 - Perdido	G	
65AL	54	Exit 54 - Escambia Cty Rd 1	G	
65AL	57	Exit 57 - Atmore	GFL	Holiday Inn (251.368.1585)
65AL	69	Exit 69 - flomaton	GF	
65AL	77	Exit 77 - Range	G	
65AL	83	Exit 83 - Lenox	GRV	
65AL	85(NBO)	**Rest Area**		
65AL	89(SBO)	**Rest Area**		
65AL	93	Exit 93 - Evergreen	G	
65AL	96	Exit 96 - Evergreen	GFL	Comfort Inn (251.578.4701)
65AL	101	Exit 101 - Owassa	GRV	
65AL	107	Exit 107 - Garland		
65AL	114	Exit 114 - Georgiana	G+	
65AL	128	Exit 128 - Greenville	G	
65AL	130	Exit 130 - Greenville	ALL	Hampton Inn (334.382.9631) Quality Inn (334.371.1674) Comfort Inn (334.383.9595) Holiday Inn (334.382.2444)
65AL	133	**Rest Area**		
65AL	142	Exit 142 - Ft Deposit	GF+	
65AL	151	Exit 151 - Letohatchee	G	
65AL	158	Exit 158 - US 31	GRV	
65AL	164	Exit 164 - Hope Hull	ALL	Hampton Inn (334.280.9592) Motel 6 (334.280.1866) Comfort Suites (334.613.9843)
65AL	167	Exit 167 - Selma		
65AL	168	Exit 168 - South Blvd	GFLRV	Comfort Inn (334.281.5090) Econo Lodge (334.286.6100)
65AL	169(SBO)	Exit 169 - Edgemont Ave	G	
65AL	170	Exit 170 - Fairview Ave	GF+	
65AL	171	Exit 171 - I-85 N		
65AL	172	Exit 172 - Clat St	GL	Hampton Inn (334.265.1010) Renaissance (334.481.5000)
65AL	173	Exit 173 - North Blvd		
65AL	176(NBO)	Exit 176 - Millbrook		
65AL	179	Exit 179 - Millbrook	ALL	Hampton Inn (334.285.6767) Courtyard (334.290.1270) Sleep Inn (334.532.0500) Holiday Inn (334.285.3420)
65AL	181	Exit 181 - Prattville	GFL	Quality Inn (334.365.6003) Econo Lodge (334.361.2007)

65AL	186	Exit 186 - Pine Level	GL	
65AL	195	Exit 195 - Worlds Largest Confederate flag		
65AL	200	Exit 200 - Verbena	GRV	
65AL	205	Exit 205 - Clanton	ALL	Holiday Inn (205.280.1880)
65AL	208	Exit 208 - Clanton	GFL	
65AL	212	Exit 212 - Clanton	G	
65AL	213	**Rest Area**		
65AL	219	Exit 219 - Union Grove	GF	
65AL	228	Exit 228 - Calera	GFL	
65AL	231	Exit 231 - Saginaw	ALL	Hampton Inn (205.668.6565)
65AL	234	Exit 234 - verifica..	G	
65AL	238	Exit 238 - Alabaster	ALL	Holiday Inn (205.620.0188)
65AL	242	Exit 242 - Pelham	ALL	
65AL	246	Exit 246 - Cahaba Valley Rd	ALL	Hampton Inn (205.313.9500) Homewood Suites (205.637.2900) Sleep Inn (205.982.9800) Quality Inn (205.444.9200) Holiday Inn Express (205.987.8888)
65AL	247	Exit 247 - Valleydale Rd	ALL	
65AL	250	Exit 250 - I-459	L	Hilton Garden Inn (205.503.5220)
65AL	252	Exit 252 - Montgomery Hwy	ALL	Quality Inn (205.823.4300)
65AL	254	Exit 254 - Alford Ave	G	
65AL	255	Exit 255 - Lakeshore Dr	ALL	Hampton Inn (205.313.2060) Holiday Inn (205.942.6070)
65AL	256	Exit 256A - Oxmoor Rd	ALL	Motel 6 (205.942.9414) Comfort Inn (205.916.0464)
65AL	256	Exit 256B - Oxmoor Rd	ALL	
65AL	258	Exit 258 - Green Springs Ave	GF	
65AL	259	Exit 259A - University Blvd	GF	
65AL	259	Exit 259B - University Blvd	GF	
65AL	260	Exit 260A - 3th Ave N	GFL	
65AL	260	Exit 260B - 3th Ave N	GFL	
65AL	261	Exit 261A - I-20		
65AL	261	Exit 261B - I-20		
65AL	262	Exit 262A - 16th St	GF	
65AL	262	Exit 262B - 16th St	GF	
65AL	263	Exit 263 - 33rd Ave	GLRV	
65AL	264	Exit 264 - 41st Ave	G	
65AL	266	Exit 266 - Fultondale	GL	
65AL	267	Exit 267 - Walkers Chapel Rd	ALL	Hampton Inn (205.439.6700) Comfort Suites (205.259.2160) Holiday Inn Express (205.439.6300)
65AL	271	Exit 271 - Fieldstown Rd	ALL	
65AL	272	Exit 272 - Mt Olive Rd	GF	
65AL	275	Exit 275 - Morris		

State	Mile Marker	Name	Serv	Featured Hotels
65AL	280	Exit 280 - Warrior		
65AL	281	Exit 281 - Warrior		
65AL	282	Exit 282 - Warrior	GF	
65AL	284	Exit 284 - Hayden	G	
65AL	287	Exit 287 - Blount Springs	G	
65AL	289	Exit 289 - Blount Springs	G	
65AL	291	Exit 291 - Arkadelphia	GFRV	
65AL	299	Exit 299 - Jasper	GFRV+	
65AL	301	**Rest Area**		
65AL	304	Exit 304 - Good Hope	GFLRV	Econo Lodge (256.734.2691)
65AL	308	Exit 308 - Cullman	GL	
65AL	310	Exit 310 - Cullman	GFLRV	Hampton Inn (256.739.4444) Quality Inn (256.734.1240) Sleep Inn (256.734.6166) Comfort Suites (256.255.5999) Holiday Inn (256.736.1906)
65AL	318	Exit 318 - Lacon	GL	
65AL	322	Exit 322 - Falkville	G	
65AL	325	Exit 325 - Thompson Rd		
65AL	328	Exit 328 - Hartselle	GFL	
65AL	334	Exit 334 - Priceville	GFLRV	Comfort Inn (256.355.1037)
65AL	340	Exit 340B - I-565		
65AL	340	Exit 340A - Decatur	GL	
65AL	351	Exit 351 - Athens	ALL	Hampton Inn (256.232.2377) Sleep Inn (256.232.4700) Quality Inn (256.232.0030) Holiday Inn (256.232.7931)
65AL	354	Exit 354 - Athens	ALL	
65AL	361	Exit 361 - Elkmont	GF+	
65AL	364(SBO)	**Rest Area**		
65AL	366	Exit 366 - Ardmore	GL	

VIRGINIA - INTERSTATE 66

State	Mile Marker	Name	Serv	Featured Hotels
SL	0	Start of Interstate		
66VA	1	Exit 1 - Interstate 81	+	
66VA	1	Exit 1A - I-81		
66VA	1	Exit 1B - I-81		
66VA	6	Exit 6 - Route 340/522	+	
66VA	13	Exit 13 - Route 79	+	
66VA	18	Exit 18 - Route 688	+	
66VA	23	Exit 23 - Route 17/55	+	
66VA	27	Exit 27 - Route 17/55/721	L+	Residence Inn (703.330.8808)
66VA	28	Exit 28 - Route 17	+	

State	Mile Marker	Name	Serv	Featured Hotels
66VA	31	Exit 31 - Route 245	+	
66VA	40	Exit 40 - Route 15	+	
66VA	43	Exit 43 - Route 29	+	
66VA	43	Exit 43A - Warrenton	GF+	
66VA	43	Exit 43B - Warrenton	GF+	
66VA	44	Exit 44 - Route 234	+	
66VA	47	Exit 47 - Route 234	+	
66VA	47	Exit 47A - Manassas	ALL	Hampton Inn (703.369.1100)
66VA	47	Exit 47B - Manassas	ALL	Courtyard (703.335.1300) Fairfield Inn (703.393.9966) Holiday Inn (20129) Candlewood Suites (703.530.0550)
66VA	49	**Rest Area**		
66VA	52	Exit 52 - Route 29/Mosby Hwy.	L+	SpringHill Suites (703.815.7800)
66VA	53	Exit 53 - Route 28/Sully Rd.	+	
66VA	53	Exit 53A - Centreville		
66VA	53	Exit 53B - Centreville	L	Marriott (703.818.0300)
66VA	55	Exit 55 - Fairfax Co. Pkwy.	L+	Residence Inn (703.266.4900)
66VA	57	Exit 57 - Route 50/Lee Jackson Mem. Hwy.	+	
66VA	57	Exit 57A - Dulles	ALL	Courtyard (703.273.6161) Comfort Inn (703.591.5900)
66VA	57	Exit 57B - Dulles	ALL	Marriott (703.352.2525)
66VA	60	Exit 60 - Route 123/Chain Bridge Rd.	L+	Hampton Inn (703.385.2600)
66VA	62	Exit 62 - Route 243/Nutley St.	+	
66VA	64	Exit 64 - Interstate 495	+	
66VA	66	Exit 66 - Route 7/Leesburg Pike	+	
66VA	67	Exit 67 - Dulles Access Rd.	+	
66VA	67(WBO)	Exit 67 - I-495 n		
66VA	68	Exit 68 - Westmoreland St.	+	
66VA	68(EBO)	Exit 68 - Westmoreland St		
66VA	69	Exit 69 - Sycamore St.	L+	TownePlace Suites (703.237.6172)
66VA	71	Exit 71 - Route 120/337 Glebe Rd./Fairfax ..	L+	Holiday Inn (703.243.9800)
66VA	72	Exit 72 - Route 29/Lee Hwy.	+	
66VA	73	Exit 73 - Route 29/Lee Hwy.	L+	Marriott (703.524.6400) Courtyard (703.528.2222)
66VA	75	Exit 75 - Route 50/Arlington Blvd.	L+	Courtyard (703.549.3434) Marriott (703.413.5500) Residence Inn (703.413.6630)
66VA	77	Exit 77 - Independence Ave		

WEST VIRGINIA - INTERSTATE 68

State	Mile Marker	Name	Serv	Featured Hotels
68WV	0	Exit 0 - I-79		
68WV	1	Exit 1 - Morgantown	ALL	Clarion Hotel (304.292.8200)

State	Mile Marker	Name	Serv	Featured Hotels
68WV	4	Exit 4 - Sabraton	ALL	
68WV	7	Exit 7 - Pierpont Rd	ALL	Holiday Inn Express (304.291.2600)
68WV	10	Exit 10 - Fairchance Rd	GFL	
68WV	15	Exit 15 - Coopers Rock	RV	
68WV	18	Exit 18 - Laurel Run		
68WV	23	Exit 23 - Bruceton Mills	GFL	
68WV	29	Exit 29 - Hazelton Rd	GLRV	
68WV	31(WBO)	**Rest Area**		

MARYLAND - INTERSTATE 68

State	Mile Marker	Name	Serv	Featured Hotels
68MD	4	Exit 4 - Friendsville	GFLRV	
68MD	6(EBO)	**Rest Area**		
68MD	14	Exit 14A - Oakland	GF	
68MD	14	Exit 14B - Oakland	GF	
68MD	19	Exit 19 - Grantsville	GFL	
68MD	22	Exit 22 - Meyersdale	ALL	Comfort Inn (301.895.5993)
68MD	24	Exit 24 - Lower New Germany Rd		
68MD	29	Exit 29 - Finzel	FRV	
68MD	33	Exit 33 - Midlothian Rd		
68MD	34	Exit 34 - Westernport	ALL	Hampton Inn (301.689.1998)
68MD	39(WBO)	Exit 39 - US 40A	L	Comfort Inn (301.729.6400)
68MD	40	Exit 40 - Vocke Rd	ALL	
68MD	41(WBO)	Exit 41 - Seton Dr		
68MD	42	Exit 42 - Greene St		
68MD	43(EBO)	Exit 43D - Maryland Ave	GF+	
68MD	43(WBO)	Exit 43C - unknown		
68MD	43	Exit 43B - Maryland Ave	ALL	
68MD	43	Exit 43A - Beall St	G	
68MD	44	Exit 44 - Baltimore Ave		
68MD	45	Exit 45 - Hillcrest Dr	G	
68MD	46	Exit 46 - Dehaven Rd	FL+	
68MD	47(WBO)	Exit 47 - Dehaven Rd		
68MD	52	Exit 52 - Pleasant Valley Rd	FL	
68MD	56	Exit 56 - National Pike	G	
68MD	62	Exit 62 - 15 Mile Creek Rd		
68MD	64	Observation Area		
68MD	68	Exit 68 - Orleans Rd	G	
68MD	72	Exit 72 - High Germany Rd	G	
68MD	74	**Rest Area**		
68MD	74	Exit 74 - Mountain Rd		
68MD	77	Exit 77 - US 40	RV	
68MD	82	Exit 82C - I-70W		

State	Mile Marker	Name	Serv	Featured Hotels
68MD	82	Exit 82B - I-70E		
68MD	82	Exit 82A - Hancock	ALL	

		MICHIGAN - INTERSTATE 69		
State	Mile Marker	Name	Serv	Featured Hotels
69MI	3	Exit 3 - Copeland Rd	GF	
69MI	6(NBO)	Rest Area		
69MI	10	Exit 10 - Fenn Rd		
69MI	13	Exit 13 - Quincy	ALL	Hampton Inn (517.279.9800)
69MI	16	Exit 16 - Jonesville Rd	RV	
69MI	23	Exit 23 - Tekonsha	GRV	
69MI	25	Exit 25 - Three Rivers	GFRV	
69MI	32	Exit 32 - F Drive S	GFRV	
69MI	36	Exit 36 - Michigan Ave	ALL	
69MI	38	Exit 38 - I-94		
69MI	41(SBO)	Rest Area		
69MI	42	Exit 42 - Turkeyville Rd	F	
69MI	48	Exit 48 - Bellevue	G	
69MI	51	Exit 51 - Ainger Rd	GFRV	
69MI	57	Exit 57 - Cochran Rd	RV	
69MI	60	Exit 60 - Charlotte	GFL	
69MI	61	Exit 61 - Lansing Rd	ALL	Comfort Inn (517.543.7307)
69MI	66	Exit 66 - Grand Ledge	GF	
69MI	68(NBO)	Rest Area		
69MI	70	Exit 70 - Lansing Rd	GFL	
69MI	72	Exit 72 - I-96		
69MI	81(SBO)	Exit 81 - I-96		
69MI	84	Exit 84 - Airport Rd		
69MI	85	Exit 85 - DeWitt Rd		
69MI	87	Exit 87 - Clare	GFL	
69MI	89	Exit 89 - E Lansing		
69MI	91	Exit 91 - I-96		
69MI	92	Exit 92 - Webster Rd		
69MI	93	Exit 93A - Saginaw Hwy	ALL	
69MI	93	Exit 93B - Saginaw Hwy	ALL	Hampton Inn (517.627.8381)
69MI	94	Exit 94 - Marsh Rd	GF+	
69MI	95	Exit 95 - I-496		
69MI	98	Exit 98 - Woodbury Rd	RV	
69MI	101(WBO)	Rest Area		
69MI	105	Exit 105 - Owosso	ALL	
69MI	113	Exit 113 - Bancroft	GRV	
69MI	118	Exit 118 - Corunna	GFL	Quality Inn (989.288.0638)
69MI	123	Exit 123 - Saginaw	G	

State	Mile Marker	Name	Serv	Featured Hotels
69MI	126(EBO)	**Rest Area**		
69MI	128	Exit 128 - Morrish Rd	G	
69MI	129	Exit 129 - Miller Rd	GF+	
69MI	131	Exit 131 - Bristol Rd	GF+	
69MI	133	Exit 133A - I-75		
69MI	133	Exit 133B - I-75		
69MI	135	Exit 135 - Hammerberg Rd		
69MI	136	Exit 136 - Saginaw St	G	
69MI	137	Exit 137 - I-475		
69MI	138	Exit 138 - Dort Hwy	ALL	
69MI	139	Exit 139 - Center Rd	ALL	
69MI	141	Exit 141 - Belsay Rd	GF+	
69MI	143	Exit 143 - Irish Rd	G	
69MI	145	Exit 145 - Davison	ALL	Comfort Inn (810.658.2700)
69MI	149	Exit 149 - Elba Rd	+	
69MI	153	Exit 153 - Lake Nepessing Rd	RV	
69MI	155	Exit 155 - Lapeer	ALL	
69MI	159	Exit 159 - Wilder Rd		
69MI	160(EBO)	**Rest Area**		
69MI	163	Exit 163 - Lake Pleasant Rd		
69MI	168	Exit 168 - Imlay City	ALL	
69MI	174(WBO)	**Rest Area**		
69MI	176	Exit 176 - Capac Rd	GF	
69MI	180	Exit 180 - Riley Center Rd	RV	
69MI	184	Exit 184 - Emmett	G+	
69MI	189	Exit 189 - Wales Center Rd		
69MI	194	Exit 194 - Taylor Rd	RV	
69MI	196	Exit 196 - Wadhams Rd	GFRV	
69MI	198	Exit 198 - I-94		
69MI	199(EBO)	Exit 199 - Port Huron	G+	

INDIANA - INTERSTATE 69

State	Mile Marker	Name	Serv	Featured Hotels
69IN	0	Exit 0 - I-465		
69IN	1	Exit 1 - 82nd St	ALL	
69IN	3	Exit 3 - 96th St	ALL	Hilton Garden Inn (317.577.5900) Motel 6 (317.913.1920) SpringHill (317.841.0416)
69IN	5	Exit 5 - 116th St	GFL	Hampton Inn (317.913.0300)
69IN	10	Exit 10 - Noblesville		
69IN	14	Exit 14 - Lapel	GRV	
69IN	19	Exit 19 - Pendleton	GF	
69IN	22	Exit 22 - Anderson	GFL	

69IN	26	Exit 26 - Anderson	ALL	Motel 6 ((765) 642-9023) Hampton Inn (765.622.0700) Fairfield Inn (765.644.4422) Comfort Inn (765.649.3000)
69IN	34	Exit 34 - Chesterfield	GFL	
69IN	41	Exit 41 - Muncie	G	
69IN	45	Exit 45 - Alexandria	GRV	
69IN	50	**Rest Area**		
69IN	55	Exit 55 - Fairmount		
69IN	59	Exit 59 - Upland	GFLRV	
69IN	64	Exit 64 - Marion	GFL	
69IN	73	Exit 73 - Warren		
69IN	78	Exit 78 - Warren	GFLRV	Motel 6 (260.375.4688) Comfort Inn (260.375.4800)
69IN	80(NBO)	Parking Area		
69IN	86	Exit 86 - Huntington	ALL	
69IN	89(NBO)	**Rest Area**		
69IN	93(SBO)	**Rest Area**		
69IN	96	Exit 96A - I-469		
69IN	96	Exit 96B - I-469		
69IN	99	Exit 99 - Lower Huntington Rd		
69IN	102	Exit 102 - Jefferson Blvd	ALL	Hilton Garden Inn (260.435.1777) Hampton Inn (260.459.1999) Residence (260.432.8000) Comfort Suites (260.436.4300)
69IN	105	Exit 105A - Ft Wayne	ALL	
69IN	105	Exit 105B - Ft Wayne	ALL	
69IN	109	Exit 109A - Goshen Rd	GFL	Motel 6 ((260) 482-3972)
69IN	109	Exit 109B - Goshen Rd	GFL	
69IN	111	Exit 111A - US 27 S	ALL	Residence (260.484.4700)
69IN	111	Exit 111B - US 27 S	ALL	Hampton Inn (260.489.0908) Courtyard (260.489.1500) Fairfield Inn (260.442.3040)
69IN	112	Exit 112A - Coldwater Rd	ALL	Fort (260.484.0411)
69IN	112	Exit 112B - Coldwater Rd	ALL	
69IN	115	Exit 115 - I-469		
69IN	116	Exit 116 - Dupont Rd	GFL	Comfort Suites (260.480.7030) Sleep Inn (260.490.8989)
69IN	126	Exit 126 - Garrett	RV	
69IN	129	Exit 129 - Garrett	ALL	Hampton Inn (260.925.1100)
69IN	134	Exit 134 - Waterloo	GF	
69IN	140	Exit 140 - Hamilton	G	
69IN	144(SBO)	**Rest Area**		
69IN	148	Exit 148 - GA	FRV	
69IN	150	Exit 150 - Lake James	G	

State	Mile Marker	Name	Serv	Featured Hotels
69IN	154	Exit 154 - Fremont	ALL	Hampton Inn (260.495.9770)
69IN	156	Exit 156 - I-80/90		
69IN	157	Exit 157 - Lake George Rd	ALL	

UTAH - INTERSTATE 70

State	Mile Marker	Name	Serv	Featured Hotels
SL	0	Utah start/end I-70		
70UT	1	Exit 1 - Cove Fort		
70UT	8	Exit 8 - Ranch Exit		
70UT	17	Exit 17 - Fremont State Park		
70UT	23	Exit 23 - Panguitch		
70UT	26	Exit 26 - Joseph	G	
70UT	32	Exit 32 - Elsinore		
70UT	37	Exit 37 - Richfield	GL	Hampton Inn (435-896-6666)
70UT	40	Exit 40 - Richfield	L	Super 8 (435-896-9204)
70UT	48	Exit 48 - Sigurd		
70UT	54	Exit 54 - Salina	GFL	Rodeway Inn (435-529-1300)
70UT	61	Exit 61 - Gooseberry Rd		
70UT	72	Exit 72 - Ranch Exit		
70UT	85	**Rest Area**		
70UT	89	Exit 89 - Price		
70UT	97	Exit 97 - Ranch Exit		
70UT	100	**Rest Area**		
70UT	113(EBO)	**Rest Area**		
70UT	114	**Rest Area**		
70UT	114	Exit 114 - Moore		
70UT	120	**Rest Area**		
70UT	129	Exit 129 - Ranch Exit		
70UT	140	**Rest Area**		
70UT	147	Exit 147 - Hanksville		
70UT	156	Exit 156 - Price		
70UT	158	Exit 158 - Green River	L	
70UT	162	Exit 162 - Green River	L	Book Cliff Lodge (435-564-3406)
70UT	173	Exit 173 - Ranch Exit		
70UT	179(EBO)	**Rest Area**		
70UT	180	Exit 180 - Moab		
70UT	185	Exit 185 - Thompson		
70UT	187(WBO)	**Rest Area**		
70UT	190	Exit 190 - Ranch Exit		
70UT	202	Exit 202 - Cisco		
70UT	212	Exit 212 - Cisco		
70UT	220	Exit 220 - Ranch Exit		
70UT	225	Exit 225 - Westwater		

State	Mile Marker	Name	Serv	Featured Hotels
70UT	226(WBO)	Rest Area		
SL	232	Utah State Line		

COLORADO - INTERSTATE 70

State	Mile Marker	Name	Serv	Featured Hotels
SL	0	Colorado State Line		
70CO	2	Exit 2 - Rabbit Valley	L	Residence (970.622.7000)
70CO	11	Exit 11 - Mack		
70CO	15	Exit 15 - Loma		
70CO	19	Exit 19 - Fruita	FL	Comfort Inn (970-858-1333)
70CO	26	Exit 26 - Grand Junction	L	
70CO	28	Exit 28 - Redlands Pkwy	L	Holiday Inn Express (970-245-8164)
70CO	31	Exit 31 - Horizon Dr	GFL	Motel 6 ((970) 243-2628) Doubletree Hotel (970-241-8888)
70CO	37	Exit 37 - Clifton	FL	
70CO	42	Exit 42 - Palisade	FL	Wine Country Inn (970-464-5777)
70CO	44(WBO)	Exit 44 - Palisade		
70CO	46(EBO)	Exit 46 - Cameo		
70CO	47	Exit 47 - Island Acres		
70CO	49	Exit 49 - Grand Mesa		
70CO	62	Exit 62 - Debeque		
70CO	75	Exit 75 - Parachute	GFL	Holiday Inn Express (970-285-2330)
70CO	81	Exit 81 - Rulison		
70CO	87	Exit 87 - West Rifle		
70CO	90	**Rest Area**		
70CO	90	Exit 90 - Rifle	FL	Super 8 (970-625-9912)
70CO	94	Exit 94 - Garfield Count Airport		
70CO	97	Exit 97 - Silt	FL	Holiday Inn Express (970-876-5100)
70CO	105	Exit 105 - New Castle	FL	Rodeway Inn (970-984-2363)
70CO	109	Exit 109 - Canyon Creek		
70CO	111	Exit 111 - South Canyon		
70CO	114	Exit 114 - West Glenwood	GFLRV	Quality Inn (970-945-5995) Courtyard (970.947.1300) Residence (970.928.0900)
70CO	115(EBO)	**Rest Area**		
70CO	116	Exit 116 - Glenwood Springs	GFL	Ramada Suites (970-945-2500)
70CO	119	**Rest Area**		
70CO	119	Exit 119 - No Name Creek Rd	RV	
70CO	121	**Rest Area**		
70CO	121	Exit 121 - Grizzly Creek	L	AmericInn (970-928-8188)
70CO	125	**Rest Area**		
70CO	129	**Rest Area**		
70CO	133	Exit 133 - Dotsero		

70CO	140	Exit 140 - Gypsum	F	
70CO	147	**Rest Area**		
70CO	147	Exit 147 - Eagle	L	Comfort Inn (970-328-7878)
70CO	157	Exit 157 - Wolcott		
70CO	163	**Rest Area**		
70CO	163	Exit 163 - Edwards	GFL	Inn and Suites At .. (970-926-0606)
70CO	167	Exit 167 - Avon	FL	Lodge At Avon Center (970-949-6202)
70CO	171	Exit 171 - Minturn	L	Marriotts (970-476-6000)
70CO	173	Exit 173 - Vail	GFL	Holiday Inn (970-476-2739)
70CO	176	Exit 176 - Vail	GFL	Vail Plaza Hotel A.. (877-888-1540) Vail (970.476.4444)
70CO	180	Exit 180 - Vail	+	
70CO	190	Exit 190 - Shrine Pass Rd		
70CO	195	Exit 195 - Copper Mountain	FL	Copper Mountain Re.. (866-841-2481) Residence (720.895.0200)
70CO	198	Exit 198 - Officers Gulch		
70CO	201	Exit 201 - Frisco	FL	Snowshoe Motel (970-668-3444)
70CO	203	Exit 203 - Frisco	FL	Holiday Inn (970-668-5000)
70CO	205	Exit 205 - Silverthorne	FL	Quality Inn (970-513-1222)
70CO	216	Exit 216 - Loveland Pass		
70CO	218	Exit 218 - Hermon Rd		
70CO	221	Exit 221 - Bakerville		
70CO	226	Exit 226 - Silver Plume	FL	Georgetown Mountai.. (303-569-3201)
70CO	228	Exit 228 - Georgetown	GFL	Super 8 (303-569-3211)
70CO	232	Exit 232 - Empire	FL	The Peck House (303-569-9870)
70CO	234	Exit 234 - Downieville	G	
70CO	235(WBO)	Exit 235 - Dumont		
70CO	238	Exit 238 - Fall River Rd		
70CO	239	Exit 239 - Idaho Springs	L	
70CO	240	Exit 240 - Mt Evans	GFL	
70CO	241	Exit 241A - Idaho Springs	GFL	
70CO	241(WBO)	Exit 241B - County Rd	GFL	
70CO	243	Exit 243 - Hidden Valley		
70CO	244	Exit 244 - Blackhawk		
70CO	247(EBO)	Exit 247 - Beaver Brook		
70CO	248(WBO)	Exit 248 - Beaver Brook		
70CO	251(EBO)	Exit 251 - El Rancho		
70CO	252	Exit 252 - Evergreen Pkwy		
70CO	253	Exit 253 - Chief Hosa	L	Quality Suites (303-526-2000)
70CO	254	Exit 254 - Genesee Park		
70CO	256	Exit 256 - Buffalo Bill's Grave		
70CO	259	Exit 259 - Golden	L	Hampton Inn (303-278-6600)
70CO	260	Exit 260 - Colorado Springs	FL	Courtyard by Marri.. (303-271-0909)
70CO	261(EBO)	Exit 261 - W 6th Ave	FL	

70CO	262	Exit 262 - W Colfax Ave	GFL	Days Inn (303-277-0200) Residence (303.271.0909)
70CO	263	Exit 263 - Denver West Blvd	GFL	Marriott (303-279-9100)
70CO	264	Exit 264 - W 32nd Ave	FL	La Quinta (303-279-5565)
70CO	265(WBO)	Exit 265 - Central City	L	Howard Johnson (303-467-2400)
70CO	266	Exit 266 - W 44th Ave	GL	Comfort Inn (303-422-6346)
70CO	267	Exit 267 - Kipling St	GFL	Motel 6 ((303) 424-0658)
70CO	269	Exit 269A - Wadsworth Blvd	FRV	
70CO	270	Exit 270 - Harlan St	GFL	Savannah Suites (720-889-2111)
70CO	271(WBO)	Exit 271A - Sheridan Blvd	G	
70CO	271(WBO)	Exit 271B - Lowell Blvd	GL	Howard Johnson (303-433-8441)
70CO	272	Exit 272 - Federal Blvd	GFL	Holiday Inn (303-292-9500) Motel 6 (303.455.8888)
70CO	273	Exit 273 - Pecos St	+	
70CO	274	Exit 274 - I-25 Jct	L	Super 8 (303-296-3100)
70CO	275	Exit 275A - Washington St		
70CO	275	Exit 275B - Brighton Blvd		
70CO	275(EBO)	Exit 275C - verifica..	ALL	
70CO	276	Exit 276A - verifica..		
70CO	276	Exit 276B - verifica..	L	JW (303.316.2700) Comfort Inn (303.296.0400)
70CO	277	Exit 277 - Monaco St	GFL	Denvers Best Inn (877-747-8713)
70CO	278	Exit 278 - Quebec St	FL	Courtyard by Marri.. (303-333-3303) Renaissance (303.399.7500)
70CO	279(WBO)	Exit 279 - verifica..	L	Red Lion (303-321-6666)
70CO	280	Exit 280 - Havana St	L	Embassy Suites (303-375-0400)
70CO	281	Exit 281 - Peoria St	GFL	Motel 6 ((303) 371-1980)
70CO	282(WBO)	Exit 282 - verifica..	GFL	Crossland Economy .. (303-307-1088)
70CO	283	Exit 283 - Chambers Rd	GFL	Crowne Plaza (303-371-9494)
70CO	284(EBO)	Exit 284 - verifica..	GFL	
70CO	285	Exit 285 - Airport Blvd	L	Crystal Inn Hotel .. (303-340-3800)
70CO	286	Exit 286 - Tower Rd	GL	Comfort Inn (303-367-5000)
70CO	288	Exit 288 - Business-70		
70CO	289	Exit 289 - Colorado Springs		
70CO	292	Exit 292 - Airpark Rd		
70CO	295	Exit 295 - Watkins	L	
70CO	299	Exit 299 - Manila Rd		
70CO	304	Exit 304 - N. Converse Ave		
70CO	306	Exit 306 - Colfax Ave		
70CO	310	Exit 310 - Strasburg	L	
70CO	316	Exit 316 - Byers	F	
70CO	322	Exit 322 - Peoria	-	
70CO	328	Exit 328 - Deer Trail	F	
70CO	332(EBO)	**Rest Area**		

State	Mile Marker	Name	Serv	Featured Hotels
70CO	336	Exit 336 - C.R. 178		
70CO	340	Exit 340 - Main Street	G	
70CO	348	Exit 348 - C.R. 134		
70CO	352	Exit 352 - S.R. 86		
70CO	354	Exit 354 - C.R. 118		
70CO	359	Exit 359 - U.S. 40	GL	Econo Lodge (719-775-2867)
70CO	361	Exit 361 - Main Street	GL	1st Inn Gold (719-775-2385)
70CO	363	Exit 363 - U.S. 40		
70CO	371	Exit 371 - C.R. 31		
70CO	376	Exit 376 - C.R. 36		
70CO	383	Exit 383 - C.R. 43		
70CO	395	Exit 395 - Flagler	GFL	
70CO	405	Exit 405 - Seibert		
70CO	412	Exit 412 - Vona		
70CO	419	Exit 419 - Stratton	GFL	
70CO	429	Exit 429 - Bethune		
70CO	437	Exit 437 - S. Lincoln St	GFL	Comfort Inn (877-424-6423)
70CO	438	Exit 438 - Ross Ave	GFL	
SL	451	Colorado State Line		

KANSAS - INTERSTATE 70

State	Mile Marker	Name	Serv	Featured Hotels
SL	0	Kansas State Line		
70KS	1	Exit 1 - C.R. 3		
70KS	8	**Rest Area**		
70KS	9	Exit 9 - C.R. 11		
70KS	12	Exit 12 - C.R. 14		
70KS	17	Exit 17 - Commerce Rd	GL	Holiday Inn (888-465-4329)
70KS	19	Exit 19 - U.S. 24	L	Comfort Inn (877-424-6423)
70KS	27	Exit 27 - Edson		
70KS	36	Exit 36 - C.R. 2		
70KS	45	Exit 45 - C.R. 11		
70KS	47	**Rest Area**		
70KS	53	Exit 53 - Colby	LRV	Motel 6 (785.462.8201)
70KS	54	Exit 54 - C.R. 20	LRV	Days Inn (735-462-8691)
70KS	62	Exit 62 - C.R. K	G	
70KS	70	Exit 70 - U.S. 83	RV	
70KS	76	Exit 76 - Eagle Eye	L	Econo Lodge (785-672-3254)
70KS	79	Exit 79 - Campas Rd		
70KS	85	Exit 85 - Grinnell		
70KS	93	Exit 93 - Grainfield		
70KS	95	Exit 95 - verifica..		
70KS	96	**Rest Area**Rt 23		

70KS	99	Exit 99 - Rt 211		
70KS	107	Exit 107 - Quinter	RV	
70KS	115	Exit 115 - Collyer		
70KS	120	Exit 120 - Voda Rd		
70KS	127	Exit 127 - S 1st St	GFLRV	Best Western (785-743-2700)
70KS	128	Exit 128 - S 13th St	L	Super 8 (785-743-6442)
70KS	132	**Rest Area**		
70KS	135	Exit 135 - Rt 147		
70KS	140	Exit 140 - Riga Rd		
70KS	145	Exit 145 - Ellis	GL	
70KS	157	Exit 157 - 230th Ave	L	Sleep Inn (785-625-2700)
70KS	159	Exit 159 - Vine St	GFL	Motel 6 ((785) 625-4282) Fairfield Inn (785.625.3344)
70KS	161	Exit 161 - Commerce Pkwy	L	Hampton Inn (785-621-4444)
70KS	163	Exit 163 - Toulon Ave		
70KS	168	Exit 168 - Cathedral Ave		
70KS	172	Exit 172 - Walker		
70KS	175	Exit 175 - 176th St		
70KS	180	Exit 180 - 181st St		
70KS	184	Exit 184 - Russell	GFL	Americinn (888-205-0958)
70KS	189	Exit 189 - 189th St		
70KS	193	Exit 193 - Bunker Hill Rd		
70KS	199	Exit 199 - 200th Blvd		
70KS	206	Exit 206 - 2nd Rd		
70KS	216	Exit 216 - 12th Rd		
70KS	219	Exit 219 - 15th Rd	G	
70KS	221	Exit 221 - 18th Rd		
70KS	224	**Rest Area**		
70KS	225	Exit 225 - 21st St		
70KS	233	Exit 233 - 29th St		
70KS	238	Exit 238 - N Brookville Rd		
70KS	244	Exit 244 - N Hedville Rd	FL	
70KS	249	Exit 249 - N Halstead Rd		
70KS	250	Exit 250A - I-135	L	Americas Best Inns (785-825-2500)
70KS	250	Exit 250B - I-135	L	Days Inn (785-823-9791)
70KS	252	Exit 252 - Old Hwy 81	GFL	Motel 6 ((785) 827-8397)
70KS	253	Exit 253 - N Ohio St	GL	Holiday Inn Express (785-827-9000)
70KS	260	Exit 260 - N Niles Rd		
70KS	266	Exit 266 - N Solomon Rd	GF	
70KS	272	Exit 272 - Fair Rd	L	Diamond Motel (877-747-8713)
70KS	275	Exit 275 - N Buckey Ave	GFL	Super 8 (785-263-4545)
70KS	277	Exit 277 - Jeep Rd		
70KS	281	Exit 281 - Mink Rk	L	
70KS	286	Exit 286 - N Marshall Rd		

70KS	290	Exit 290 - Millford Lake Rd		
70KS	294	**Rest Area**		
70KS	295	Exit 295 - U.S. 77	L	Motel 6 (785.762.2215)
70KS	296	Exit 296 - U.S. 40	GFL	
70KS	299	Exit 299 - J Hill Rd	GFL	Econo Lodge (785-238-8181)
70KS	300	Exit 300 - E Flint Hills Blvd	L	
70KS	301	Exit 301 - Henry Dr		
70KS	303	Exit 303 - Clarks Creek Rd		
70KS	307	Exit 307 - McDowell Creek Rd		
70KS	309	**Rest Area**		
70KS	311	Exit 311 - Montz Rd		
70KS	313	Exit 313 - Pillsbury Rd	L	Motel 6 ((785) 537-1022)
70KS	316	Exit 316 - Mineral springs Rd		
70KS	318	Exit 318 - Mineral springs Rd		
70KS	323	Exit 323 - Tallgrass Rd		
70KS	324	Exit 324 - Wabauusee Rd		
70KS	328	Exit 328 - Rt 99		
70KS	330	Exit 330 - N McFairland Rd		
70KS	332	Exit 332 - E Spring Creek Rd		
70KS	333	Exit 333 - Rt 138		
70KS	335	Exit 335 - snokomo Rd		
70KS	337	**Rest Area**		
70KS	338	Exit 338 - Vera Rd		
70KS	341	Exit 341 - Windy Hill Rd		
70KS	342	Exit 342 - Keene Rd		
70KS	343	Exit 343 - Tod Ranch Rd		
70KS	346	Exit 346 - Carlson Rd		
70KS	347	Exit 347 - West Union Rd		
70KS	350	Exit 350 - Valencia Rd		
70KS	351	Exit 351 - Patton Rd		
70KS	353	Exit 353 - Auburn Rd		
70KS	355	Exit 355 - I-470	L	Candlewood Suites (785-271-7822)
70KS	356	Exit 356 - Wanamaker Rd	GL	Clubhouse Inn (785-273-8888)
70KS	357	Exit 357 - verifica..	GL	Holiday Inn (785-272-8040)
70KS	358	Exit 358 - U.S. 75	L	Best Western (785-228-2223)
70KS	359	Exit 359 - Water Works Dr	L	Senate Luxury Suites (785-233-5050)
70KS	361(EBO)	Exit 361A - U.S. 75	L	Ramada Convention .. (785-234-5400)
70KS	361(EBO)	Exit 361B - U.S. 75	GF	
70KS	362(WBO)	Exit 362A - 10th Ave	L	
70KS	362	Exit 362B - 10th Ave	FL	
70KS	362(WBO)	Exit 362C - 10th Ave	L	
70KS	363	Exit 363 - Adams St	L	Econo Lodge (785-267-1681)
70KS	364	Exit 364A - California Ave	GF	

State	Mile Marker	Name	Serv	Featured Hotels
70KS	364	Exit 364B - Deer Creek		
70KS	365	Exit 365 - Rice Rd		
70KS	366	Exit 366 - Oakland Expy		
70KS	372	**Service/Travel Plaza**	GF	
70KS	379	Exit 379 - verifica..		
70KS	384	Exit 384 - verifica..	GFL	
70KS	386	Exit 386 - verifica..	GFL	
70KS	391	**Service/Travel Plaza**	GF	
70KS	406	Exit 406 - verifica..	GFL	
70KS	410	Exit 410 - 110thSt	L	Comfort Inn (913-299-5555)
70KS	411	Exit 411A - I-435		
70KS	411	Exit 411B - I-435		
70KS	414	Exit 414 - N 78th St	GFL	
70KS	415(WBO)	Exit 415 - Turner Diagonal Fwy		
70KS	415(EBO)	Exit 415A - Turner Diagonal Fwy		
70KS	415(EBO)	Exit 415B - Turner Diagonal Fwy		
70KS	417	Exit 417 - 57th St		
70KS	418	Exit 418A - I-635		
70KS	418	Exit 418B - I-635		
70KS	419	Exit 419 - N 38th St		
70KS	420	Exit 420A - S 18thSt	L	Hilton Garden Inn (913-342-7900)
70KS	420	Exit 420B - S 18thSt	GL	
70KS	421(WBO)	Exit 421A - verifica..		
70KS	422(EBO)	Exit 422A - Central Ave		
70KS	422(WBO)	Exit 422B - Central Ave		
70KS	422	Exit 422C - Central Ave	L	Marriott (816-421-6800)
70KS	422	Exit 422D - Central Ave	L	Hotel Savoy (816-842-3575)
70KS	423(EBO)	Exit 423A - N 5th St	GFL	
70KS	423(EBO)	Exit 423B - N 5th St		
70KS	423(WBO)	Exit 423D - N 5th St	GFL	
SL	424	Kansas State Line		

MISSOURI - INTERSTATE 70

State	Mile Marker	Name	Serv	Featured Hotels
SL	0	Missouri State Line		
70MO	1(WBO)	Exit 1B - verifica..	G	
70MO	2(WBO)	Exit 2P - verifica..		
70MO	2(EBO)	Exit 2M - US 71 south	L	Comfort Inn (816-472-8808)
70MO	2(EBO)	Exit 2N - verifica..		
70MO	2(WBO)	Exit 2Q - verifica..		
70MO	2(WBO)	Exit 2S - verifica..	F	
70MO	2(EBO)	Exit 2R - verifica..	F	
70MO	2(WBO)	Exit 2V - verifica..		

70MO	2	Exit 2T - verifica..		
70MO	3	Exit 3C - Prospect Avenue	GL	Hyatt Regency Crown (816-421-1234)
70MO	3(EBO)	Exit 3B - Brooklyn Avenue	GL	Hilton President (816-221-9490)
70MO	3	Exit 3A - The Paseo	G	
70MO	4(EBO)	Exit 4A - Benton Boulevard		
70MO	4	Exit 4B - 18th Street	F	
70MO	4	Exit 4C - 23rd Street		
70MO	5(EBO)	Exit 5A - 27th Street		
70MO	5(EBO)	Exit 5B - 31st Street		
70MO	5(WBO)	Exit 5C - Jackson Avenue		
70MO	6	Exit 6 - Van Brunt Boulevard	GFL	
70MO	7	Exit 7A - 31st Street		
70MO	7	Exit 7B - Manchester Trafficway		
70MO	8	Exit 8A - verifica..		
70MO	8	Exit 8B - verifica..		
70MO	9	Exit 9 - Blue Ridge Cutoff	GFL	
70MO	10(EBO)	Exit 10 - Sterling Avenue	L	Super 8 (816-833-1888)
70MO	11	Exit 11 - US 40	GFL	Best Western (816-254-0100)
70MO	12	Exit 12 - Noland Road	GFL	Quality Inn (816-373-8856)
70MO	14	Exit 14 - Lee"s Summit Road	F	
70MO	15	Exit 15A - verifica..	L	Fairfield Inn (816- 795-1616)
70MO	15	Exit 15B - verifica..		
70MO	17	Exit 17 - Little Blue Parkway	FL+	Holiday Inn Express (816-795-8889)
70MO	18	Exit 18 - Blue Springs	FL	La Quinta (816-988-9980)
70MO	20	Exit 20 - Blue Springs	GFL	Motel 6 ((816) 228-9133)
70MO	21	Exit 21 - Adams Dairy Parkway	L	Courtyard by Marri.. (816-228-8100)
70MO	24	Exit 24 - US 40 west	FLRV	Comfort Inn (816-847-2700)
70MO	28	Exit 28 - Oak Grove	ALL	Days Inn (816-690-8700)
70MO	31	Exit 31 - Route D north		
70MO	37(EBO)	Exit 37B - Route 131	GF+	
70MO	37(WBO)	Exit 37 - verifica..	GF+	
70MO	38(WBO)	Exit 38 - Johnson Drive	GF+	
70MO	41	Exit 41 - Route M south		
70MO	45	Exit 45 - Route E south		
70MO	49	Exit 49 - Route 13	LRV	Super 8 (660-584-7781)
70MO	52	Exit 52 - Route T north		
70MO	57	**Rest Area**		
70MO	58	Exit 58 - Route 23	GL	
70MO	62	Exit 62 - Route Y south		
70MO	66	Exit 66 - Route 127	L	Rodeway Inn (660-335-4888)
70MO	71	Exit 71 - Route EE north		
70MO	74	Exit 74 - Route YY north		
70MO	78	Exit 78A - verifica..		

70MO	78	Exit 78B - verifica..	RV	
70MO	84	Exit 84 - Route J		
70MO	89	Exit 89 - Route K north		
70MO	98	Exit 98 - Route 41 north		
70MO	101	Exit 101 - US 40 east	L	Comfort Inn (660-882-5317)
70MO	103	Exit 103 - Route B	L	Super 8 (660-882-2900)
70MO	104	**Rest Area**		
70MO	106	Exit 106 - Route 87	G	
70MO	111	Exit 111 - Route 98		
70MO	115	Exit 115 - Route BB north		
70MO	117	Exit 117 - Route J north		
70MO	121	Exit 121 - US 40 west		
70MO	124	Exit 124 - Route 740 south	GFL	Extended Stay Amer.. (573-445-6800)
70MO	125	Exit 125 - West Boulevard	L	Econo Lodge (573-442-1191)
70MO	126	Exit 126 - Route 163 south	GFL	Quality Inn (573-449-2491)
70MO	127	Exit 127 - Route 763	GFL	Travelodge (573-449-1065)
70MO	128	Exit 128A - US 63	GFL	Super 8 (573-474-8488) Motel 6 (573.815.0123) Fairfield Inn (573.886.8888)
70MO	131	Exit 131 - St. Charles Road	GL	Hampton Inn (573-886-9392)
70MO	133	Exit 133 - Route Z north		
70MO	137	Exit 137 - Route DD north		
70MO	144	Exit 144 - Route HH south		
70MO	148	Exit 148 - US 54	L	Comfort Inn (563-642-7745)
70MO	155	Exit 155 - Route A north	L	Super 8 (573-642-2888)
70MO	161	Exit 161 - Route D south	L	Fairfield Inn (573.336.8600) Quality Inn (573.451.2535)
70MO	167(EBO)	**Rest Area**		
70MO	169(WBO)	**Rest Area**		
70MO	170	Exit 170 - Route 161 north	L	
70MO	175	Exit 175 - Route 19	L	Americas Best Inn (573-835-2900)
70MO	179	Exit 179 - Route F north		
70MO	183	Exit 183 - Route E north	L	
70MO	188	Exit 188 - Route A north		
70MO	193	Exit 193 - Route 47	GL	Holiday Inn (673-456-2220)
70MO	199	Exit 199 - Wildcat Drive		
70MO	200(WBO)	Exit 200 - Route F south		
70MO	203	Exit 203 - Route T south	FL	Best Western (636-673-2900)
70MO	208	Exit 208 - Wentzville Parkway	L	Super 8 (636-327-5300)
70MO	209(WBO)	Exit 209 - Route Z south	ALL	Hilton (314.421.1776)
70MO	210	Exit 210A - verifica..	L	Economy Inn (877-747-8713)
70MO	210	Exit 210B - verifica..	L	Budget Inn (877-747-8713)
70MO	212	Exit 212 - Route A north	FL	
70MO	214	Exit 214 - Lake St. Louis Boulevard	GFL	Days Inn (363-625-1711)

70MO	216	Exit 216 - Bryan Road	GL	Super 8 (636-272-7272)
70MO	217	Exit 217 - Route K south	ALL	Comfort Inn (636-696-8000)
70MO	219	Exit 219 - T.R. Hughes Road	L	Ramada (636-397-7101)
70MO	220	Exit 220 - Route 79 north	G	
70MO	222	Exit 222 - Route C north	GFL	Drury Inn (636-397-9700)
70MO	224	Exit 224 - Route 370 east	FL	
70MO	225	Exit 225 - Cave Springs Road	ALL	Hampton Inn (636-947-6800) Motel 6 (636.925.2020)
70MO	227	Exit 227 - Zumbehl Road	ALL	Red Roof Inn (636-947-7770)
70MO	228	Exit 228 - First Capitol Drive	ALL	Days Inn (636-949-8700)
70MO	229(EBO)	Exit 229 - Fifth Street	ALL	Best Western (636-947-5900)
70MO	229(WBO)	Exit 229B - verifica..	GFL	
70MO	229(WBO)	Exit 229A - verifica..	GFL	Fairfield Inn (636.946.1900)
70MO	231	Exit 231A - verifica..	FL	Holiday Inn Express (314-298-3400)
70MO	231	Exit 231B - verifica..	GFL	Homewood Suites (314-739-3900) Residence (314.209.0995) SpringHill (314.739.9991)
70MO	232	Exit 232 - I-270 Eastbound	L	Courtyard by Marri.. (314-209-1000)
70MO	234	Exit 234 - Route 180	FL	Homestead (314-739-0600)
70MO	235	Exit 235A - verifica..	GFL	Best Western (314-731-3800)
70MO	235	Exit 235B - verifica..	GFL	Embassy Suites (314-739-8929)
70MO	235(EBO)	Exit 235C - Cypress Road		
70MO	236	Exit 236 - Pear Tree Drive	GFL	Motel 6 ((314) 427-1313)
70MO	237(EBO)	Exit 237 - Route 115 east	ALL	Renaissance (314-429-1100)
70MO	238(WBO)	Exit 238A - Natural Bridge Road	ALL	
70MO	238	Exit 238B - verifica..	L	Travelodge (314-890-9000) Hampton Inn (314.655.3993)
70MO	238	Exit 238C - verifica..	L	Comfort Inn (314-427-7600)
70MO	239(EBO)	Exit 239 - Hanley Road	FL	
70MO	240(EBO)	Exit 240 - Florissant Road	FL	
70MO	241(WBO)	Exit 241A - Bermuda Avenue	G	
70MO	241	Exit 241B - Lucas	G	
70MO	242	Exit 242 - Jennings Station Rd	G+	
70MO	243	Exit 243 - verifica..	GF	
70MO	243(WBO)	Exit 243B - Route 367 north		
70MO	244	Exit 244A - Union Boulevard	GF	
70MO	244	Exit 244B - Kingshighway	GFL	Hilton Garden Inn (314-521-6444)
70MO	245(EBO)	Exit 245A - Shreve Ave	G	
70MO	245	Exit 245B - W. Florissant Ave		
70MO	246	Exit 246A - Broadway		
70MO	246	Exit 246B - Adelaide Ave	GFL	
70MO	247	Exit 247 - Grand Blvd	FL	Days Inn (314-241-8400)
70MO	248	Exit 248A - Salisbury St	GF	
70MO	248	Exit 248B - Branch St	F	

State	Mile Marker	Name	Serv	Featured Hotels
70MO	249	Exit 249A - Tenth St	GF	
70MO	249(EBO)	Exit 249C - Convention Center	FL+	Four Seasons Hotel (314-881-5800)
70MO	249(EBO)	Exit 249D - Broadway	FL+	Hotel Lumiere (314-881-7777)
70MO	250(EBO)	Exit 250A - Martin L. King Bridge	L	
70MO	250(EBO)	Exit 250B - Memorial Drive	FL	Millennium Hotel (314-241-9500) Hilton (314.436.0002)
70MO	251(EBO)	Exit 251A - I-55 south / I-64 west	FL	Westin (314-621-2000)
70MO	251(WBO)	Exit 251B - Memorial Dr	FL	
SL	252	Missouri State Line		

ILLINOIS - INTERSTATE 70

State	Mile Marker	Name	Serv	Featured Hotels
SL	0	Illinios State Line		
70IL	2(WBO)	Exit 2C - M.L. King Bridge	ALL	
70IL	2(WBO)	Exit 2B - Third Street	ALL	
70IL	2(WBO)	Exit 2A - Downtown	ALL	
70IL	3(WBO)	Exit 3 - Exchange Ave		
70IL	4(WBO)	Exit 4B - Granite City	GF	
70IL	4(WBO)	Exit 4A - Collinsville Rd	L	
70IL	4(EBO)	Exit 4 - Granite City	GFL	Royal Relax Inn (877-747-8713)
70IL	6	Exit 6 - Wood River	L+	
70IL	9(EBO)	Exit 9 - Black Lane	GFL	Super 8 (618-345-8008)
70IL	10	Exit 10 - I-255	L	Doubletree (618-345-2800)
70IL	11	Exit 11 - Collinsville	GFL	Comfort Inn (618-346-4900) Motel 6 (618.345.9500)
70IL	15	Exit 15B - Illinois / IL-159	FL	Econo Lodge (618-345-5720)
70IL	15	Exit 15A - Collinsville / IL-159		
70IL	17	Exit 17 - St Jacob	L	Holiday Inn Express (618-667-9200)
70IL	18	Exit 18 - Troy	GFL	Red Roof Inn (618-667-2222)
70IL	20	Exit 20 - I-55		
70IL	21	Exit 21 - Lebanon		
70IL	24	Exit 24 - Marine		
70IL	26(EBO)	**Rest Area**		
70IL	27(WBO)	**Rest Area**		
70IL	30	Exit 30 - Pierrow	F	
70IL	36	Exit 36 - Pocahontas	L	
70IL	41	Exit 41 - Greenville		
70IL	45	Exit 45 - Greenville	GFL	Super 8 (618-664-0800)
70IL	52	Exit 52 - Mulberry Grove	G+	
70IL	54(WBO)	**Rest Area**		
70IL	61	Exit 61 - Vandalia	GL	Ramada Inn (618-283-1400)
70IL	63	Exit 63 - Vandalia / Pana	FL	Days Inn (618-283-4400)
70IL	68	Exit 68 - Brownstown / Bluff City	RV	

State	Mile Marker	Name	Serv	Featured Hotels
70IL	76	Exit 76 - St Elmo		
70IL	82	Exit 82 - Altmont	GFL	Knights Inn (618-483-6101)
70IL	85	**Rest Area**		
70IL	92(EBO)	Exit 92 - I-57 / Memphis	L	Best Western (217-342-4121)
70IL	94	Exit 94 - Effingham	GFL	
70IL	95	Exit 95 - IL-32 / IL-33	GFL	
70IL	96	Exit 96 - Sigel	L	
70IL	98(WBO)	Exit 98 - I-57		
70IL	105	Exit 105 - Montrose		
70IL	119	Exit 119 - Greenup / Charleston	FL	Budget Host Inn (217-923-3176)
70IL	129	Exit 129 - Casey / Kansas	LRV	Comfort Inn (217-932-2212)
70IL	136	Exit 136 - Martinsville		
70IL	147	Exit 147 - Marshall / Paris		
70IL	154	Exit 154 - US-40		
SL	156	Illinios State Line		

INDIANA - INTERSTATE 70

State	Mile Marker	Name	Serv	Featured Hotels
SL	0	Indiana State Line		
70IN	1(EBO)	**Rest Area**		
70IN	1(EBO)	Exit 1 - West Terre Haute / Terre Haute		
70IN	3	Exit 3 - Darwin Rd		
70IN	7	Exit 7 - Terre Haute / Evansville	GFL	Hampton Inn (812-242-2222) Fairfield Inn (812.235.2444)
70IN	11	Exit 11 - Riley / Terre Haute	LRV+	Fairfield Inn (317.244.1600) Courtyard (317.248.0300)
70IN	23	Exit 23 - Linton / Brazil	GFL	
70IN	37	Exit 37 - Putnamville	F+	
70IN	41	Exit 41 - Cloverdale / Greencastle	L	Motel 6 (765.795.3000)
70IN	51	Exit 51 - N Little Point Rd		
70IN	59	Exit 59 - Monrovia / Belleville	G	
70IN	65	**Rest Area**		
70IN	66	Exit 66 - Mooresville / Plainfield	GFL	Wingate (317-279-2500) Motel 6 (317.838.9300)
70IN	73	Exit 73B - I-465 North	L	Comfort Suites (317-481-0700)
70IN	73	Exit 73A - Kentucky Ave	L	Extended Stay Amer.. (317-248-0465)
70IN	75	Exit 75 - Airport Expressway	ALL	Candlewood Suites (317-241-9595)
70IN	77	Exit 77 - Holt Rd.	GFL	Park Place At City.. (317-829-1200)
70IN	78	Exit 78 - Harding Street	F+	
70IN	79	Exit 79B - Illinois Street	FL	Hyatt Regency (317-632-1234) Homewood Suites (317.636.7992) Embassy Suites (317.236.1800)
70IN	79	Exit 79A - West Street	FL	Hampton Inn (317.261.1200) Indianapolis (317.822.3500)

State	Mile Marker	Name	Serv	Featured Hotels
				Courtyard (317.684.7733)
				Residence (317.822.0840)
70IN	80(EBO)	Exit 80 - I-65 / Louisville		
70IN	83(WBO)	Exit 83B - I-65 / Chicago		
70IN	85	Exit 85B - Keystone Ave	F	
70IN	85	Exit 85A - Rural Street	F	
70IN	87	Exit 87 - Emerson Ave	GL	
70IN	89	Exit 89 - Shadeland Ave	L	Holiday Inn (317-359-5341)
				Quality Inn (317.352.0481)
				Comfort Inn (317.359.9999)
				Fairfield Inn (317.322.0101)
				Indianapolis (317.352.1231)
				Candlewood Suites (877.226.3539)
70IN	90(WBO)	Exit 90 - I-465		
70IN	91	Exit 91 - Post Rd	FL	Motel 6 ((317) 546-5864)
70IN	96	Exit 96 - Mount Comfort Rd	GFL	
70IN	104	Exit 104 - Maxwell	GFL	Quality Inn and Su.. (317-462-7112)
70IN	107(EBO)	**Rest Area**		
70IN	115	Exit 115 - Wilkinson / Knightstown	RV	
70IN	123	Exit 123 - New Castle / Spiceland	G	
70IN	131	Exit 131 - Wilbur Wright Rd / New Lisbon	FRV	
70IN	137	Exit 137 - Cambridge City		
70IN	144	**Rest Area**		
70IN	145	Exit 145 - Centerville	FL	
70IN	149	Exit 149B - US-35	L	Super 8 (765-962-7576)
70IN	149	Exit 149A - Richmond	L	Comfort Inn (765-935-4766)
70IN	151	Exit 151 - Richmond	GFL	
70IN	153	Exit 153 - Whitewater	RV	
70IN	156	Exit 156B - Lewisburg	ALL	Best Western (765-939-9500)
70IN	156	Exit 156A - US-40 / Richmond	ALL	Lees Inn and Suites (765-966-6559)
				Motel 6 (765.966.6682)
SL	157	Indiana State Line		

OHIO - INTERSTATE 70

State	Mile Marker	Name	Serv	Featured Hotels
SL	0	Ohio State Line		
70OH	1	**Rest Area**		
70OH	1(EBO)	Exit 1 - Eaton	L	Fairfield Inn (513.842.9112)
70OH	10	Exit 10 - Greenville	L	Courtyard (614.771.8999)
70OH	14	Exit 14 - Lewisburg	GF	
70OH	21	Exit 21 - Brookville	GFL	Holiday Inn Express (937-833-9998)
70OH	24(EBO)	Exit 24 - Clayton	GFLRV	
70OH	26	Exit 26 - Trotwood	G	
70OH	29	Exit 29 - Englewood	ALL	Holiday Inn (937-832-1234)

				Motel 6 (937.832.3770)
70OH	32	Exit 32 - Dayton Airport	L	Americas Best Valu.. (937-898-8321)
70OH	33	Exit 33B - Toledo	L	Days Inn (937-898-4946)
70OH	33	Exit 33A - Dayton	GFL	Red Roof Inn (937-898-1054) Residence (937.890.2244) TownePlace (937.898.5700) Courtyard (937.890.6112)
70OH	36	Exit 36 - Huber Hts	GFL	Baymont Inn and Su.. (937-237-1888)
70OH	38	Exit 38 - Brandt Pike	GFL	Comfort Inn (937-237-7477)
70OH	41	Exit 41 - Fairborn	F	
70OH	44(EBO)	Exit 44B - Medway		
70OH	44(EBO)	Exit 44A - Cincinnati		
70OH	44(WBO)	Exit 44 - Fairborn/Cincinnati	L	Courtyard (937.433.3131) SpringHill (937.432.9277)
70OH	47(EBO)	Exit 47 - Springfield	GFLRV	Residence (513.530.5060)
70OH	48(WBO)	Exit 48 - Donnelsville	GFRV	
70OH	52	Exit 52B - Urbana	L	Hampton Inn (937-325-8480)
70OH	52	Exit 52A - Xenia	L	Knights Inn (937-325-8721)
70OH	54	Exit 54 - Cedarville	GFL	Comfort Suites (937-322-0707) Courtyard (937.322.3600)
70OH	59	Exit 59 - S. Charleston	L	Fairfield Inn (937.898.1120)
70OH	62	Exit 62 - Springfield		
70OH	66	Exit 66 - Catawba	G	
70OH	72	Exit 72 - Mechanicsburg		
70OH	79	Exit 79 - Plain City	FL	Holiday Inn Express (740-852-2700)
70OH	80	Exit 80 - W. Jefferson		
70OH	85	Exit 85 - Georgesville Rd		
70OH	91(WBO)	Exit 91B - Hilliard	GFL	
70OH	91(WBO)	Exit 91A - New Rome	GFL	
70OH	91(EBO)	Exit 91 - Hilliard	GFL	Best Western Suites (614-870-2378)
70OH	93(EBO)	Exit 93B - Dublin		
70OH	93(EBO)	Exit 93A - Cincinnati		
70OH	93(WBO)	Exit 93 - I270 Jct		
70OH	94	Exit 94 - Wilson Rd	GFL	Holiday Inn Express (614-870-3700)
70OH	95(WBO)	Exit 95 - Hague Ave	G	
70OH	96	Exit 96 - I670 Split	L	Hampton Inn Columb.. (614-235-0717)
70OH	97	Exit 97 - W Broad St	ALL	Knights Inn (614-275-0388)
70OH	98(WBO)	Exit 98B - Mound St	GF+	
70OH	98(WBO)	Exit 98A - Central Ave	GF+	
70OH	99(WBO)	Exit 99C - Rich St		
70OH	99(EBO)	Exit 99B - OH-315		
70OH	99(EBO)	Exit 99A - Cincinnati	L	Comfort Inn (614-228-6511)
70OH	100(WBO)	Exit 100B - Forth St	FL	The Westin Columbus (614-228-3800)
70OH	100(EBO)	Exit 100A - Front St	L	Holiday Inn (614-221-3281)

70OH	101(EBO)	Exit 101B - 18th St	ALL	Hyatt On (614-228-1234)
70OH	101	Exit 101A - Cleveland		
70OH	102	Exit 102 - Kelton Ave	GF+	
70OH	103	Exit 103B - Alum Creek Dr	GF+	
70OH	103(EBO)	Exit 103A - Bexley	GF+	
70OH	105	Exit 105B - James Rd	+	
70OH	105	Exit 105A - Lancaster	L	Knights Inn (614-864-0600)
70OH	107(WBO)	Exit 107 - Dayton	GFL	
70OH	107(EBO)	Exit 107A - Hamilton Rd	GFL	Fort Rapids Resort.. (614-868-1380)
70OH	108(WBO)	Exit 108B - Broad St		
70OH	108(WBO)	Exit 108A - Cincinnati		
70OH	108(EBO)	Exit 108 - I270 Split	L	Americas Best Valu.. (614-868-9290)
70OH	110(EBO)	Exit 110B - Brice Rd	ALL	La Quinta Inn (614-866-6456)
70OH	110(EBO)	Exit 110A - Brice Rd	ALL	Motel 6 ((614) 755-2250)
70OH	110(WBO)	Exit 110 - Brice Rd	ALL	
70OH	112(EBO)	Exit 112C - Taylor Rd	L	Hampton Inn (614-864-8383)
70OH	112(EBO)	Exit 112B - Reynoldsburg	GFL	Fairfield Inn & Su.. (614-864-4555)
70OH	112(EBO)	Exit 112A - Pickerington	GFL	
70OH	112(WBO)	Exit 112 - Pickertown/Reynoldsburg	GFL	
70OH	118	Exit 118 - Pataskala	GF	
70OH	122	Exit 122 - Baltimore		
70OH	126	Exit 126 - Granville	GFL	Red Roof Inn (740-467-7663)
70OH	129	Exit 129B - Herbon	FL	Best Western (740-928-1800)
70OH	129	Exit 129A - Buckeye Lake	ALL	
70OH	132	Exit 132 - Newark	GF	
70OH	141(EBO)	Exit 141 - Brownsville		
70OH	142(WBO)	Exit 142 - Gratiot		
70OH	152	Exit 152 - Zanesville	GFL	Super 8 (740-455-3124)
70OH	153(WBO)	Exit 153B - Maple Ave	F	
70OH	153(WBO)	Exit 153A - State St	F	
70OH	153(EBO)	Exit 153 - State St	FL	Fairfield Inn and .. (740-453-8770)
70OH	154(EBO)	Exit 154 - 5th St	GFL	Econo Lodge (740-452-4511)
70OH	155	Exit 155 - 7th St	FL	
70OH	157	Exit 157 - Adamsville	GFL	Ramada (740-453-0771)
70OH	158(EBO)	**Rest Area**		
70OH	160	Exit 160 - Airport	GFL	Best Western (740-453-6300)
70OH	163(WBO)	**Rest Area**		
70OH	164	Exit 164 - Norwich	GL	
70OH	169	Exit 169 - New Concord		
70OH	176	Exit 176 - Cambridge	L	
70OH	178	Exit 178 - Cambridge	LRV	Hampton Inn (740.439.0600)
70OH	180	Exit 180B - Cleveland	L	Days Inn (740-432-5691)
70OH	180	Exit 180A - Marietta	L	Cambridge Inn (740-432-2337)

State	Mile Marker	Name	Serv	Featured Hotels
70OH	186	Exit 186 - Old Washington		
70OH	189(EBO)	**Rest Area**		
70OH	193	Exit 193 - Quaker City	G	
70OH	198	Exit 198 - Fairfield		
70OH	202	Exit 202 - Dennison		
70OH	204(EBO)	Exit 204 - National Rd		
70OH	208	Exit 208 - Morristown	GF	
70OH	210	**Rest Area**		
70OH	213	Exit 213 - US-40	GL	
70OH	215	Exit 215 - St Clairsville	FL+	
70OH	216	Exit 216 - St Clairsville	L	Super 8 (800-800-8000)
70OH	218	Exit 218 - Mall Rd	ALL	Red Roof (740-695-4057)
70OH	219(EBO)	Exit 219 - I470 Split	L	Days Inn (740-695-0100)
70OH	220	Exit 220 - National Rd	L	
70OH	225	Exit 225 - Bridgeport	GFL	Hampton Inn (304-233-0440)
SL	226	Ohio State Line		

WEST VIRGINIA - INTERSTATE 70

State	Mile Marker	Name	Serv	Featured Hotels
70WV	0(WBO)	Exit 0 - Wheeling Island	ALL	
SL	0	West Virginia State Line		
70WV	1	Exit 1A - Main Street	GFL	
70WV	1	Exit 1B - South Wheeling		
70WV	2	Exit 2A - Oglebay Park	GFL	
70WV	2	Exit 2B - Wasington Ave	F	
70WV	4(EBO)	Exit 4 - Elm Grove	GF	
70WV	5	Exit 5 - Elm Grove	GFL	
70WV	5	Exit 5A - Columbus	GF	
70WV	11	Exit 11 - Dallas Pike	LRV	
70WV	12	Exit 12 - Cabelas Drive	+	
70WV	13(WBO)	**Rest Area**		
SL	14	West Virginia State Line		

PENNSYLVANIA - INTERSTATE 70

State	Mile Marker	Name	Serv	Featured Hotels
SL	0	PA State Line		
70PA	1	Exit 1 - West Alexander	G	
70PA	5(EBO)	**Rest Area**		
70PA	6	Exit 6 - Claysville	GF	
70PA	11	Exit 11 - Talorstown	G	
70PA	15	Exit 15 - Chestnut Street	ALL	Red Roof Inn (724-228-5750)
70PA	16	Exit 16 - Jessop Place	GFL	Days Inn (724-225-8500)

70PA	17	Exit 17 - Jefferson Ave	ALL	Springhill Suites (724-223-7800)
70PA	18	Exit 18 - Pittsburgh/I-79 North	L	Hampton Inn (724-228-4100)
70PA	19	Exit 19B - Murtland Ave	ALL	
70PA	19	Exit 19A - Murtland Ave	ALL	Hampton Inn (724.228.4100) Motel 6 (724.223.8040)
70PA	20	Exit 20 - Beau Street		
70PA	21	Exit 21 - Morgantown/I-79		
70PA	25	Exit 25 - Eighty Four		
70PA	27	Exit 27 - Dunningsville	F	
70PA	31	Exit 31 - Kammerer	L	Holiday Inn Express (724-239-7700)
70PA	32	Exit 32B - Bentleyville	GFL	
70PA	32	Exit 32A - Ginger Hill	L	
70PA	35	Exit 35 - Monongahela		
70PA	36(WBO)	Exit 36 - Lover		
70PA	37	Exit 37B - Pittsburgh/PA-43		
70PA	37	Exit 37A - California/PA-43		
70PA	39	Exit 39 - Speers	GFL	Hampton Inn (724-929-8100)
70PA	40	Exit 40 - Charleroi	GF	
70PA	41	Exit 41 - Belle Vernon	F	
70PA	42(WBO)	Exit 42A - Monessen		
70PA	42	Exit 42 - North Belle Vernon	GF	
70PA	43(WBO)	Exit 43B - Donora	GFL	
70PA	43(EBO)	Exit 43 - Donora/Fayette City	GFL	
70PA	43(WBO)	Exit 43A - Fayette City	GFL	
70PA	44	Exit 44 - Arnold City		
70PA	46	Exit 46B - Pittsburgh	GF	
70PA	46	Exit 46A - Uniontown	GFL	Comfort Inn (724-929-3177)
70PA	49	Exit 49 - Smithton	GF	
70PA	51	Exit 51B - West Newton		
70PA	51	Exit 51A - Mt. Pleasant		
70PA	53	Exit 53 - Yukon		
70PA	54	Exit 54 - Madison	RV	
PA Turnpike exits in parenthesis				
70PA	57(WBO)	Exit 57A - Hunker	GF	
70PA	57	Exit 57 - New Stanton	GFLRV	Comfort Inn (724-755-2400)
70PA	58**(75)**	Exit 58 - New Stanton/PA Turnpike	L	Quality Inn (724-925-6755)
70PA	60**(77)**(WBO)	**Service/Travel Plaza**	GF	
70PA	74**(91)**	Exit 74 - Donegal/Ligoner	ALL	
70PA	93**(110)**	Exit 93 - Somerset/Johnston	GF	

State	Mile Marker	Name	Serv	Featured Hotels
70PA	95(**112**)	Service/Travel Plaza	GF	
70PA	129(**146**)	Exit 129 - Bedford/Altoona	GFL	Fairfield Inn and .. (814-623-3444) Hampton Inn (814.624.0101)
70PA	130(**147**)	Service/Travel Plaza	GF	
70PA	144(**161**)	Exit 144 - Breezewood	ALL	
PA Turnpike exits in parenthesis				
70PA	147	Exit 147 - Chambersburg		
70PA	148	Exit 148 - Everett		
70PA	149	Exit 149 - South Breezewood	FLRV	
70PA	151	Exit 151 - Crystal Spring	FRV	
70PA	153(EBO)	**Rest Area**		
70PA	156	Exit 156 - Town Hall	GL	
70PA	163	Exit 163 - Amaranth		
70PA	168	Exit 168 - Warfordsburg	L	Days Inn (814-735-3860)
SL	169	PA State Line		
70PA	172(WBO)	**Rest Area**		

MARYLAND - INTERSTATE 70

State	Mile Marker	Name	Serv	Featured Hotels
SL	0	Maryland State Line		
70MD	1	Exit 1A - Cumberland	L	Super 8 (301-678-6101)
70MD	1	Exit 1B - Hancock/Winchester	L	
70MD	3	Exit 3 - Hancock		
70MD	5	Exit 5 - MD-615		
70MD	9	Exit 9 - Indian Springs		
70MD	12	Exit 12 - Indian Springs/Big Pool	G	
70MD	18	Exit 18 - Clear Spring	GFL	Sleep Inn and Suites (301-842-0290)
70MD	24	Exit 24 - Huyett/Williamsport	GFLRV	Super 8 (301-582-1992)
70MD	26	Exit 26 - Roanoke/I-81	L	Country Inn and Su.. (301-582-5003)
70MD	28	Exit 28 - Downsville Pike/Hagerstown	GFLRV	Sleep Inn and Suites (301-766-9449)
70MD	29(WBO)	Exit 29 - Sharpsburg/Hagerstown	ALL	
70MD	29(EBO)	Exit 29A - Sharpsburg	ALL	Comfort Suites (301-791-8100)
70MD	29(EBO)	Exit 29B - Hagerstown	ALL	
70MD	32	Exit 32A - US-40/Hagerstown	L	Hampton Inn (301-739-6100)
70MD	32	Exit 32B - Hagerstown	FL	
70MD	35	Exit 35 - Smithsburg/Boonsboro	G	
70MD	39	**Rest Area**		
70MD	42	Exit 42 - Myersville	GFRV+	
70MD	48	Exit 48 - Frederick	ALL	
70MD	52	Exit 52 - Charles Town/Leesburg	L	Best Western (301-695-6200)

State	Mile Marker	Name	Serv	Featured Hotels
70MD	52	Exit 52A - Charles Town		
70MD	52	Exit 52B - Gettysburg		
70MD	53	Exit 53 - Frederick/Gettysburg	FL	Travelodge (301-663-0500)
70MD	54	Exit 54 - Market Street	GFL	Days Inn (301-694-6600)
70MD	55	Exit 55 - South Street	GFL	Holiday Inn Express (301-695-288)
70MD	56	Exit 56 - Patrick Street	F	
70MD	59(WBO)	Exit 59 - MD-144		
70MD	62	Exit 62 - Libertytown	GFL	
70MD	68	Exit 68 - Demascus	GF	
70MD	73	Exit 73 - Woodbine	G	
70MD	76	Exit 76 - Westminster		
70MD	80	Exit 80 - Sykesville		
70MD	82(EBO)	Exit 82 - Ellicott City	L	The Hotel At Turf .. (410-465-1500)
70MD	83(WBO)	Exit 83 - Marriottsville Rd	L	
70MD	87	Exit 87A - Columbia	ALL	
70MD	87	Exit 87B - MD-99	ALL	
70MD	91	Exit 91A - Baltimore	GFL	Quality Inn (410-281-1800)
70MD	91	Exit 91B - Glen Burn	GFL	Best Western (443-780-1202)
70MD	94	Exit 94 - Security Blvd	L	Days Inn (410-747-8900)
SL	95	Maryland start/end I70		

OHIO - INTERSTATE 71

State	Mile Marker	Name	Serv	Featured Hotels
71OH	1	Exit 1 - I-471 S		
71OH	1	Exit 1D - Main St		
71OH	1	Exit 1B - Pete Rose Way		
71OH	1	Exit 1C - Pete Rose Way		
71OH	1	Exit 1A - I-75N		
71OH	2	Exit 2 - Reading Rd		
71OH	3(SBO)	Exit 3 - Taft Rd		
71OH	5	Exit 5 - Dana Ave		
71OH	6	Exit 6 - Edwards Rd	GF+	
71OH	7	Exit 7A - Ridge Ave E	GF+	
71OH	7	Exit 7B - Ridge Ave E	GF+	
71OH	8	Exit 8 - Kennedy Ave	ALL	Motel 6 (513.5316589)
71OH	9	Exit 9 - Redbank Rd	G	
71OH	10(NBO)	Exit 10 - Stewart Rd	G	
71OH	11(NBO)	Exit 11 - Kenwood Rd		
71OH	12	Exit 12 - Montgomery Rd	ALL	
71OH	14	Exit 14 - Reagan Hwy		
71OH	15	Exit 15 - Pfeiffer Rd	GFL	Hilton Garden Inn (513.469.6900)
71OH	17	Exit 17A - I-275		
71OH	17	Exit 17B - I-275		

71OH	19	Exit 19 - Mason-Montgomery Rd	ALL	Hilton Garden Inn (513.204.6000) Motel 6 (513.398.8015) TownePlace (513.774.0610) SpringHill (513.683.7797) Clarion Hotel (513.683.3086)
71OH	24(NBO)	Exit 24 - Western Row	GLRV	
71OH	25	Exit 25 - Kings Mills Rd	GFL	Hampton Inn (513.459.8900) Comfort Suites (513.336.9000)
71OH	28	Exit 28 - S Lebanon	L	
71OH	32	Exit 32 - Lebanon	GFLRV	
71OH	34	**Rest Area**		
71OH	36	Exit 36 - Wilmington Rd	RV	
71OH	45	Exit 45 - Waynesville	GRV	
71OH	50	Exit 50 - Wilmington	GFL	
71OH	58	Exit 58 - Sabina		
71OH	65	Exit 65 - Washington CH	ALL	Hampton Inn (740.948.9499) Econo Lodge (740.948.2332)
71OH	68	**Rest Area**		
71OH	69	Exit 69 - Jeffersonville	GFLRV	Quality Inn (740.426.6400)
71OH	75	Exit 75 - Bloomingburg	G	
71OH	84	Exit 84 - Mt Sterling	GFL	
71OH	94	Exit 94 - Orient		
71OH	97	Exit 97 - London-Groveport Rd	GF+	
71OH	100	Exit 100A - Front St		
71OH	100	Exit 100B - Front St		
71OH	100	Exit 100 - Stringtown Rd	ALL	Hampton Inn (614.539.1177)
71OH	101	Exit 101A - I-70 E		
71OH	101	Exit 101B - I-270		
71OH	104	Exit 104 - Frank Rd		
71OH	105	Exit 105 - Greenlawn	GF	
71OH	106	Exit 106A - I-70 W		
71OH	106	Exit 106B - Dublin St		
71OH	108	Exit 108B - Broad St		
71OH	108	Exit 108A - Main St		
71OH	109	Exit 109A - I-670		
71OH	109	Exit 109B - Cleveland Ave		
71OH	109	Exit 109C - Spring St		
71OH	110	Exit 110B - 11th Ave		
71OH	110	Exit 110A - 5th Ave	GF+	
71OH	111	Exit 111 - 17th Ave	FL	Comfort Suites (614.586.1001)
71OH	112	Exit 112 - Hudson St	ALL	
71OH	113	Exit 113 - Weber Rd	G	
71OH	114	Exit 114 - N Broadway	GFL	Hilton Garden Inn (614.263.7200)
71OH	115	Exit 115 - Cooke Rd		
71OH	116	Exit 116 - Morse Rd	ALL	Motel 6 (614.846.8520)

71OH	117	Exit 117 - Worthington	ALL	Motel 6 ((614) 846-9860) Clarion Hotel (614.888.7440) Quality Inn (614.431.0208)
71OH	119	Exit 119A - I-270		
71OH	119	Exit 119B - I-270		
71OH	121	Exit 121 - Polaris Lkwy	ALL	Hampton Inn (614.885.8400) Fairfield Inn (614.568.0770) Comfort Inn (614.791.9700)
71OH	128	**Rest Area**		
71OH	131	Exit 131 - Delaware	GFLRV	Hampton Inn (740.363.4700)
71OH	140	Exit 140 - Mt Gilead	GF	
71OH	151	Exit 151 - Mt Gilead	GFL	
71OH	165	Exit 165 - Bellville	GFL	Quality Inn (419.886.7000) Comfort Inn (419.886.4000)
71OH	169	Exit 169 - Mansfield	ALL	Hampton Inn (419.774.1010)
71OH	173	Exit 173 - Mansfield		
71OH	176	Exit 176 - Mansfield	L	Econo Lodge (419.589.3333)
71OH	186	Exit 186 - Ashland	ALL	
71OH	196(NBO)	Exit 196 - W Salem		
71OH	198	Exit 198 - W Salem		
71OH	204	Exit 204 - Burbank	ALL	
71OH	209	Exit 209 - I-76 E	GFLRV	Comfort Inn (330.769.4949)
71OH	218	Exit 218 - Akron	GFL	Motel 6 (330.723.3322) Hampton Inn (330.721.8955)
71OH	220(NBO)	Exit 220 - I-271 N		
71OH	222	Exit 222 - OH 3		
71OH	224(SBO)	**Rest Area**		
71OH	225(NBO)	**Rest Area**		
71OH	226	Exit 226 - Brunswick	ALL	
71OH	231	Exit 231 - Strongsville	ALL	
71OH	233	Exit 233 - I-80	L	Hilton Garden Inn (330.966.4907)
71OH	234	Exit 234 - Pearl Rd	ALL	
71OH	235	Exit 235 - Bagley Rd	ALL	Hampton Inn (440.234.0206) Motel 6 (440.234.0990) Courtyard (440.243.8785) Comfort Inn (440.234.3131) Crowne Plaza (440.243.4040)
71OH	237	Exit 237 - Snow Rd	ALL	Holiday Inn (216.433.0004)
71OH	238	Exit 238 - I-480		
71OH	239(SBO)	Exit 239 - OH 237 S		
71OH	240	Exit 240 - W 150th	GFL	Holiday Inn (216.252.7700)
71OH	242	Exit 242A - W 130th	GF	
71OH	242	Exit 242B - W 130th	GF	
71OH	244	Exit 244 - W 65th		
71OH	245	Exit 245 - Pearl Rd	G	

State	Mile Marker	Name	Serv	Featured Hotels
71OH	246(SBO)	Exit 246 - Denison Ave		
71OH	247	Exit 247B - I-90 W		
71OH	247	Exit 247A - W 14th		

KENTUCKY - INTERSTATE 71

State	Mile Marker	Name	Serv	Featured Hotels
71KY	1	Exit 1B - I-65		
71KY	2	Exit 2 - Zorn Ave	GFL	
71KY	5	Exit 5 - I-264		
71KY	9	Exit 9A - I-265		
71KY	9	Exit 9B - I-265		
71KY	13	**Rest Area**		
71KY	14	Exit 14 - Crestwood	GF	
71KY	17	Exit 17 - Buckner	G	
71KY	18	Exit 18 - Buckner	GF	
71KY	22	Exit 22 - La Grange	ALL	
71KY	28	Exit 28 - Pendleton	GF	
71KY	34	Exit 34 - Campbellsburg	G	
71KY	43	Exit 43 - English		
71KY	44	Exit 44 - Indian Hills	ALL	Hampton Inn (502.732.0700) Econo Lodge (502.732.9301)
71KY	55	Exit 55 - KY 1039	G	
71KY	57	Exit 57 - Sparta	GLRV	
71KY	62	Exit 62 - Glencoe	GL	
71KY	72	Exit 72 - Verona	GRV	
71KY	77	Exit 77 - I-75 S		

OHIO - INTERSTATE 71

State	Mile Marker	Name	Serv	Featured Hotels
71OH	1	Exit 1 - I-471 S		
71OH	1	Exit 1D - Main St		
71OH	1	Exit 1B - Pete Rose Way		
71OH	1	Exit 1C - Pete Rose Way		
71OH	1	Exit 1A - I-75N		
71OH	2	Exit 2 - Reading Rd		
71OH	3(SBO)	Exit 3 - Taft Rd		
71OH	5	Exit 5 - Dana Ave		
71OH	6	Exit 6 - Edwards Rd	GF+	
71OH	7	Exit 7A - Ridge Ave E	GF+	
71OH	7	Exit 7B - Ridge Ave E	GF+	
71OH	8	Exit 8 - Kennedy Ave	ALL	Motel 6 (513.5316589)
71OH	9	Exit 9 - Redbank Rd	G	

71OH	10(NBO)	Exit 10 - Stewart Rd	G	
71OH	11(NBO)	Exit 11 - Kenwood Rd		
71OH	12	Exit 12 - Montgomery Rd	ALL	
71OH	14	Exit 14 - Reagan Hwy		
71OH	15	Exit 15 - Pfeiffer Rd	GFL	Hilton Garden Inn (513.469.6900)
71OH	17	Exit 17A - I-275		
71OH	17	Exit 17B - I-275		
71OH	19	Exit 19 - Mason-Montgomery Rd	ALL	Hilton Garden Inn (513.204.6000) Motel 6 (513.398.8015) TownePlace (513.774.0610) SpringHill (513.683.7797) Clarion Hotel (513.683.3086)
71OH	24(NBO)	Exit 24 - Western Row	GLRV	
71OH	25	Exit 25 - Kings Mills Rd	GFL	Hampton Inn (513.459.8900) Comfort Suites (513.336.9000)
71OH	28	Exit 28 - S Lebanon	L	
71OH	32	Exit 32 - Lebanon	GFLRV	
71OH	34	**Rest Area**		
71OH	36	Exit 36 - Wilmington Rd	RV	
71OH	45	Exit 45 - Waynesville	GRV	
71OH	50	Exit 50 - Wilmington	GFL	
71OH	58	Exit 58 - Sabina		
71OH	65	Exit 65 - Washington CH	ALL	Hampton Inn (740.948.9499) Econo Lodge (740.948.2332)
71OH	68	**Rest Area**		
71OH	69	Exit 69 - Jeffersonville	GFLRV	Quality Inn (740.426.6400)
71OH	75	Exit 75 - Bloomingburg	G	
71OH	84	Exit 84 - Mt Sterling	GFL	
71OH	94	Exit 94 - Orient		
71OH	97	Exit 97 - London-Groveport Rd	GF+	
71OH	100	Exit 100A - Front St		
71OH	100	Exit 100B - Front St		
71OH	100	Exit 100 - Stringtown Rd	ALL	Hampton Inn (614.539.1177)
71OH	101	Exit 101A - I-70 E		
71OH	101	Exit 101B - I-270		
71OH	104	Exit 104 - Frank Rd		
71OH	105	Exit 105 - Greenlawn	GF	
71OH	106	Exit 106A - I-70 W		
71OH	106	Exit 106B - Dublin St		
71OH	108	Exit 108B - Broad St		
71OH	108	Exit 108A - Main St		
71OH	109	Exit 109A - I-670		
71OH	109	Exit 109B - Cleveland Ave		
71OH	109	Exit 109C - Spring St		
71OH	110	Exit 110B - 11th Ave		

71OH	110	Exit 110A - 5th Ave	GF+	
71OH	111	Exit 111 - 17th Ave	FL	Comfort Suites (614.586.1001)
71OH	112	Exit 112 - Hudson St	ALL	
71OH	113	Exit 113 - Weber Rd	G	
71OH	114	Exit 114 - N Broadway	GFL	Hilton Garden Inn (614.263.7200)
71OH	115	Exit 115 - Cooke Rd		
71OH	116	Exit 116 - Morse Rd	ALL	Motel 6 (614.846.8520)
71OH	117	Exit 117 - Worthington	ALL	Motel 6 ((614) 846-9860) Clarion Hotel (614.888.7440) Quality Inn (614.431.0208)
71OH	119	Exit 119A - I-270		
71OH	119	Exit 119B - I-270		
71OH	121	Exit 121 - Polaris Lkwy	ALL	Hampton Inn (614.885.8400) Fairfield Inn (614.568.0770) Comfort Inn (614.791.9700)
71OH	128	**Rest Area**		
71OH	131	Exit 131 - Delaware	GFLRV	Hampton Inn (740.363.4700)
71OH	140	Exit 140 - Mt Gilead	GF	
71OH	151	Exit 151 - Mt Gilead	GFL	
71OH	165	Exit 165 - Bellville	GFL	Quality Inn (419.886.7000) Comfort Inn (419.886.4000)
71OH	169	Exit 169 - Mansfield	ALL	Hampton Inn (419.774.1010)
71OH	173	Exit 173 - Mansfield		
71OH	176	Exit 176 - Mansfield	L	Econo Lodge (419.589.3333)
71OH	186	Exit 186 - Ashland	ALL	
71OH	196(NBO)	Exit 196 - W Salem		
71OH	198	Exit 198 - W Salem		
71OH	204	Exit 204 - Burbank	ALL	
71OH	209	Exit 209 - I-76 E	GFLRV	Comfort Inn (330.769.4949)
71OH	218	Exit 218 - Akron	GFL	Motel 6 (330.723.3322) Hampton Inn (330.721.8955)
71OH	220(NBO)	Exit 220 - I-271 N		
71OH	222	Exit 222 - OH 3		
71OH	224(SBO)	**Rest Area**		
71OH	225(NBO)	**Rest Area**		
71OH	226	Exit 226 - Brunswick	ALL	
71OH	231	Exit 231 - Strongsville	ALL	
71OH	233	Exit 233 - I-80	L	Hilton Garden Inn (330.966.4907)
71OH	234	Exit 234 - Pearl Rd	ALL	
71OH	235	Exit 235 - Bagley Rd	ALL	Hampton Inn (440.234.0206) Motel 6 (440.234.0990) Courtyard (440.243.8785) Comfort Inn (440.234.3131) Crowne Plaza (440.243.4040)
71OH	237	Exit 237 - Snow Rd	ALL	Holiday Inn (216.433.0004)

State	Mile Marker	Name	Serv	Featured Hotels
71OH	238	Exit 238 - I-480		
71OH	239(SBO)	Exit 239 - OH 237 S		
71OH	240	Exit 240 - W 150th	GFL	Holiday Inn (216.252.7700)
71OH	242	Exit 242A - W 130th	GF	
71OH	242	Exit 242B - W 130th	GF	
71OH	244	Exit 244 - W 65th		
71OH	245	Exit 245 - Pearl Rd	G	
71OH	246(SBO)	Exit 246 - Denison Ave		
71OH	247	Exit 247B - I-90 W		
71OH	247	Exit 247A - W 14th		

KENTUCKY - INTERSTATE 71

State	Mile Marker	Name	Serv	Featured Hotels
71KY	1	Exit 1B - I-65		
71KY	2	Exit 2 - Zorn Ave	GFL	
71KY	5	Exit 5 - I-264		
71KY	9	Exit 9A - I-265		
71KY	9	Exit 9B - I-265		
71KY	13	**Rest Area**		
71KY	14	Exit 14 - Crestwood	GF	
71KY	17	Exit 17 - Buckner	G	
71KY	18	Exit 18 - Buckner	GF	
71KY	22	Exit 22 - La Grange	ALL	
71KY	28	Exit 28 - Pendleton	GF	
71KY	34	Exit 34 - Campbellsburg	G	
71KY	43	Exit 43 - English		
71KY	44	Exit 44 - Indian Hills	ALL	Hampton Inn (502.732.0700) Econo Lodge (502.732.9301)
71KY	55	Exit 55 - KY 1039	G	
71KY	57	Exit 57 - Sparta	GLRV	
71KY	62	Exit 62 - Glencoe	GL	
71KY	72	Exit 72 - Verona	GRV	
71KY	77	Exit 77 - I-75 S		

MISSOURI - INTERSTATE 72

State	Mile Marker	Name	Serv	Featured Hotels
72MO	156	Exit 156 - New London	ALL	
72MO	157	Exit 157 - Hannibal	GFL	

ILLINOIS - INTERSTATE 72

State	Mile Marker	Name	Serv	Featured Hotels
72IL	1	Exit 1 - Hull		

State	Mile Marker	Name	Serv	Featured Hotels
72IL	4	Exit 4A - I-172		
72IL	10	Exit 10 - Payson		
72IL	20	Exit 20 - Barry	GFL	
72IL	31	Exit 31 - Pittsfield	GFLRV	
72IL	35	Exit 35 - Pittsfield	GFLRV	
72IL	46	Exit 46 - Bluffs		
72IL	52	Exit 52 - Winchester	GFL	
72IL	60	Exit 60 - Jacksonville	GFL	
72IL	64	Exit 64 - Jacksonville	GFL	Comfort Inn (217.245.8372)
72IL	68	Exit 68 - Jacksonville	G	
72IL	76	Exit 76 - Ashland		
72IL	82	Exit 82 - New Berlin	G	
72IL	91	Exit 91 - Wabash Ave		
72IL	93	Exit 93 - Springfield	ALL	Hampton Inn (217.793.7670) Staybridge Suites (217.793.6700)
72IL	103	Exit 103A - I-55		
72IL	103	Exit 103B - I-55		
72IL	104	Exit 104 - Camp Butler	FL	
72IL	108	Exit 108 - Riverton		
72IL	114	Exit 114 - Buffalo	G	
72IL	122	Exit 122 - Mt Auburn	G	
72IL	128	Exit 128 - Niantic		
72IL	133	Exit 133A - Decatur	GL	
72IL	133	Exit 133B - Decatur	GL	
72IL	138	Exit 138 - Decatur		
72IL	141	Exit 141A - gflo		
72IL	141	Exit 141B - gflo		
72IL	144	Exit 144 - Oreana	GL	Sleep Inn (217.872.7700)
72IL	150	Exit 150 - Argenta		
72IL	153	**Rest Area**		
72IL	156	Exit 156 - Weldon	RV	
72IL	164	Exit 164 - Bridge St	GF	
72IL	166	Exit 166 - Market St	GFL	
72IL	169	Exit 169 - White Health Rd		
72IL	172	Exit 172 - Clinton		
72IL	176	Exit 176 - Mahomet		
72IL	182	Exit 182A - I-57		
72IL	182	Exit 182B - I-57		
72IL	183	Exit 183 - University	F+	

IOWA - INTERSTATE 74

State	Mile Marker	Name	Serv	Featured Hotels
74IA	1	Exit 1 - 53rd St	ALL	
74IA	2	Exit 2 - Spruce Hills Dr	ALL	Fairfield Inn (563.355.2264)

74IA	3	Exit 3 - Middle Rd	ALL	
74IA	4	Exit 4 - Grant St	GFL	

ILLINOIS - INTERSTATE 74

State	Mile Marker	Name	Serv	Featured Hotels
74IL	1(EBO)	Exit 1 - 3rd Ave	L	Comfort Suites (217.328.3500)
74IL	2	Exit 2 - 7th Ave	G	
74IL	3	Exit 3 - 23rd Ave	L	
74IL	4	Exit 4A - John Deere Rd	ALL	
74IL	4	Exit 4B - John Deere Rd	ALL	Residence (309.796.4244)
74IL	5	Exit 5B - Moline	GFL	Hampton Inn (309.762.1900)
74IL	5	Exit 5A - I-280 W		
74IL	14	Exit 14 - I-80		
74IL	24	Exit 24 - Andover	GRV	
74IL	28(EBO)	**Rest Area**		
74IL	30(WBO)	**Rest Area**		
74IL	32	Exit 32 - Woodhull	GFRV	
74IL	46	Exit 46A - Monmouth	F+	
74IL	46	Exit 46B - Monmouth	F+	
74IL	48	Exit 48A - E Galesburg	ALL	
74IL	48	Exit 48B - E Galesburg	ALL	
74IL	51	Exit 51 - Knoxville	GFL	
74IL	54	Exit 54 - Lewistown	GRV	
74IL	62	**Rest Area**		
74IL	71	Exit 71 - Canton		
74IL	75	Exit 75 - Brimfield	G	
74IL	82	Exit 82 - Edwards Rd	GF	
74IL	87	Exit 87A - Chillicothe		
74IL	87	Exit 87B - Chillicothe		
74IL	88	Exit 88 - War Memorial Dr	L	Sleep Inn (309.682.3322)
74IL	89	Exit 89 - War Memorial Dr	ALL	Comfort Suites (309.688.3800)
74IL	90	Exit 90 - Gale Ave	GF	
74IL	91	Exit 91 - University St		
74IL	92	Exit 92 - Glendale Ave		
74IL	92	Exit 92A - Knoxville Ave	L	
74IL	93	Exit 93B - Peoria		
74IL	93	Exit 93A - Jefferson St	FL	
74IL	94	Exit 94 - RiverFront Dr	ALL	
74IL	95	Exit 95B - Metamora	GFL	
74IL	95	Exit 95A - N Main St	ALL	Motel 6 ((309) 699-7281)
74IL	96	Exit 96 - E Washington St	ALL	
74IL	98	Exit 98 - Pinecrest Dr		
74IL	99	Exit 99 - I-474 W		

State	Mile Marker	Name	Serv	Featured Hotels
74IL	101	Exit 101 - I-155 S		
74IL	102	Exit 102A - Morton	ALL	
74IL	102	Exit 102B - Morton	ALL	
74IL	112	Exit 112 - Goodfield	GFRV	
74IL	114	**Rest Area**		
74IL	120	Exit 120 - Carlock	GRV	
74IL	125	Exit 125 - Bloomington		
74IL	127	Exit 127 - I-55		
74IL	134	Exit 134B - Veterans Pkwy	G	
74IL	134	Exit 134A - I-55		
74IL	135	Exit 135 - Bloomington	ALL	
74IL	142	Exit 142 - Downs	G	
74IL	149	Exit 149 - Le Roy	ALL	
74IL	152	Exit 152 - Heyworth		
74IL	156	**Rest Area**		
74IL	159	Exit 159 - Farmer City	GFL	
74IL	160	Exit 160A - I-55	ALL	Fairfield Inn (309.827.8000)
74IL	160	Exit 160B - I-55	ALL	
74IL	166	Exit 166 - Mansfield	G	
74IL	172	Exit 172 - Mahomet	ALL	
74IL	174	Exit 174 - Lake of the Woods Rd	GF+	
74IL	179	Exit 179A - I-57		
74IL	179	Exit 179B - I-57		
74IL	181	Exit 181 - Prospect Ave	ALL	Econo Lodge (217.356.6000)
74IL	182	Exit 182 - Neil St	ALL	Quality Inn (217.352.4055)
74IL	183	Exit 183 - Lincoln Ave	GFL	Sleep Inn (217.367.6000)
74IL	184	Exit 184 - Cunningham Ave	ALL	
74IL	185	Exit 185 - University Ave	L	Fairfield Inn (217.443.3388)
74IL	192	Exit 192 - St Joseph	F	
74IL	197	Exit 197 - Ogden	GF	
74IL	200	Exit 200 - Rankin		
74IL	206	Exit 206 - Oakwood	GF	
74IL	208(WBO)	**Rest Area**		
74IL	210	Exit 210 - MLK Dr	GF	
74IL	214	Exit 214 - G St		
74IL	215	Exit 215A - Gilbert St	ALL	
74IL	215	Exit 215B - Gilbert St	ALL	
74IL	216	Exit 216 - Bowman Ave	GF	
74IL	220	Exit 220 - Lynch Rd	GFL	Sleep Inn (217.442.6600) Comfort Inn (217.443.8004)

INDIANA - INTERSTATE 74

State	Mile Marker	Name	Serv	Featured Hotels

State	Mile Marker	Name	Serv	Featured Hotels
74IN	1(EBO)	**Rest Area**		
74IN	4	Exit 4 - Newport	GF	
74IN	8	Exit 8 - Covington	F	
74IN	15	Exit 15 - Attica	GFRV	
74IN	22	**Rest Area**		
74IN	25	Exit 25 - Wingate		
74IN	34	Exit 34 - Linden	GFLRV	Hampton Inn (765.362.8884) Comfort Inn (765.361.0665) Quality Inn (765.362.8700)
74IN	39	Exit 39 - Crawfordsville	G	
74IN	52	Exit 52 - Advance	GFRV	
74IN	57	**Rest Area**		
74IN	58	Exit 58 - Lebanon		
74IN	61	Exit 61 - Pittsboro	G	
74IN	66	Exit 66 - Brownsburg	ALL	Holiday Inn Express (317.852.5353)
74IN	68	Exit 68 - Ronald Reagan Pkwy		
74IN	73	Exit 73B - I-465 N		
74IN	73	Exit 73A - I-465 S		
74IN	94	Exit 94A - I-465		
74IN	94	Exit 94B - I-465		
74IN	96	Exit 96 - Post Rd	GF	
74IN	99	Exit 99 - Acton Rd		
74IN	101	Exit 101 - Pleasant View Rd	G	
74IN	103	Exit 103 - London Rd		
74IN	109	Exit 109 - Fairland Rd	G	
74IN	113	Exit 113 - Shelbyville	GFL	Hampton Inn (317.398.9100) Comfort Inn (317.398.8044)
74IN	116	Exit 116 - Shelbyville	ALL	
74IN	119	Exit 119 - Milroy		
74IN	123	Exit 123 - Saint Paul	RV	
74IN	132	Exit 132 - Greensburg	GL	Hampton Inn (812.663.5000)
74IN	134	Exit 134A - Rushville	ALL	
74IN	134	Exit 134B - Rushville	ALL	
74IN	143	Exit 143 - New Point	G	
74IN	149	Exit 149 - Oldenburg	ALL	Hampton Inn (812.934.6262)
74IN	152	**Rest Area**		
74IN	156	Exit 156 - Sunman	G	
74IN	164	Exit 164 - St Leon	G	
74IN	169	Exit 169 - Brookville		

OHIO - INTERSTATE 74

State	Mile Marker	Name	Serv	Featured Hotels
74OH	1	Exit 1 - 1 New Haven Rd	ALL	Comfort Inn (513.367.9666)

State	Mile Marker	Name	Serv	Featured Hotels
74OH	3	Exit 3 - Dry Fork Rd	G	
74OH	5	Exit 5 - I-275 S		
74OH	7	Exit 7 - Hamilton	GF	
74OH	9	Exit 9 - I-275 N		
74OH	11	Exit 11 - Rybolt Rd	GFL	
74OH	14	Exit 14 - North Bend Rd	GF+	
74OH	17(WBO)	Exit 17 - Montana Ave	G	
74OH	18	Exit 18 - Colerain Ave		
74OH	19	Exit 19 - Gilmore St		
74OH	20(EBO)	Exit 20 - I-75		

MICHIGAN - INTERSTATE 75

State	Mile Marker	Name	Serv	Featured Hotels
SL	0	Start of Interstate		
75MI	10(NBO)	**Rest Area**		
75MI	11	Exit 11 - La Plaisance Rd.	GFL	Baymont Inn (734-384-1600)
75MI	13	Exit 13 - Front St.	FL+	
75MI	14	Exit 14 - Elm Ave.	FL+	Knights Inn (734-243-0597)
75MI	15	Exit 15 - Dixie Hwy.	ALL	Americas Best Valu.. (734-289-1080)
75MI	18	Exit 18 - Nadeau Rd.	G	
75MI	20	Exit 20 - I-275 N		
75MI	21	Exit 21 - Swan Creek Rd.	GF+	
75MI	26	Exit 26 - South Huron River Dr.	ALL	
75MI	27	Exit 27 - North Huron River Drive	ALL	Sleep Inn (734- 782-9898)
75MI	28(NBO)	Exit 28 - Fort St.	ALL	
75MI	29	Exit 29 - Gibraltar Rd./ Flat Rock	ALL	
75MI	32	Exit 32 - West Rd.	ALL	
75MI	34(SBO)	Exit 34A - Telegraph Road	GF+	
75MI	34(NBO)	Exit 34B - Sibley Road, Dix Highway	ALL	Red Roof Inn (734- 374-1150)
75MI	35(NBO)	Exit 35 - Telegraph Road	FL+	Ramada (734-283-2200)
75MI	36	Exit 36 - Eureka Rd.	ALL	Super 8 (734-283-8830)
75MI	37	Exit 37 - Allen Rd.	ALL	Comfort Suites (734- 287-9200) Motel 6 (734.287.8340)
75MI	40	Exit 40 - Dix Hwy.	ALL	Sleep Inn (313- 381-5600)
75MI	41	Exit 41 - Southfield Rd.	ALL	Holiday Inn Express (313- 323-3500)
75MI	42	Exit 42 - Outer Dr.	ALL	Best Western (313- 271-1600)
75MI	43(SBO)	Exit 43A - Fort St.	ALL	
75MI	43(SBO)	Exit 43B - Fort St.	ALL	
75MI	44(NBO)	Exit 44 - Dearborn Ave.	ALL	
75MI	45	Exit 45 - Springwells Ave.	GF+	
75MI	46	Exit 46 - Livernois Ave.	GF+	
75MI	47	Exit 47A - Clark Ave.	GFL	
75MI	47	Exit 47B - Porter St.	ALL	Motorcity Casino H.. (313- 237-7711)

75MI	48(NBO)	Exit 48 - I-96	ALL	Westin Book Cadillac (313- 442-1600)
75MI	49(SBO)	Exit 49A - Rosa Parks Blvd.	ALL	
75MI	50	Exit 50 - Grand River Ave.	ALL	Holiday Inn Express (313- 887-7000)
75MI	51	Exit 51B - (Gratiot Ave. via Fisher Fwy	ALL	The Milner Hotel (313-963-3950)
75MI	51(NBO)	Exit 51C - Chrysler Fwy.	ALL	Hilton Garden Inn (313-967-0900)
75MI	52	Exit 52 - Mack Ave.	ALL	Inn On Ferry Street (313-871-6000)
75MI	53	Exit 53A - Warren Ave.	ALL	
75MI	53	Exit 53B - I-94 Ford Fwy.	ALL	
75MI	54	Exit 54 - East Grand Blvd.	ALL	
75MI	55	Exit 55 - Holbrook Ave.	ALL	Hotel St. Regis (313- 873-3000)
75MI	56	Exit 56A - Davison Fwy.	GF+	
75MI	56	Exit 56B - Davison Fwy.	GF+	
75MI	57	Exit 57 - McNichols Rd.	ALL	
75MI	58	Exit 58 - 7 Mile Rd.	ALL	
75MI	59	Exit 59 - 8 Mile Rd.	ALL	
75MI	60	Exit 60 - John R. St. , 9 Mile Rd.	ALL	
75MI	61	Exit 61 - I-696	ALL	Americas Best Valu.. (586-754-5527)
75MI	62	Exit 62 - 11 Mile Rd.	ALL	Knights Inn (248-545-9930)
75MI	63	Exit 63 - 12 Mile Rd.	ALL	Hampton Inn (248-585-8881)
75MI	65	Exit 65A - 14 Mile Rd.	ALL	Best Western (248-583-7000) Motel 6 (248.583.0500)
75MI	65	Exit 65B - 14 Mile Rd.	ALL	Red Roof Inn (248-583-4700)
75MI	67	Exit 67 - Rochester Rd.	ALL	Holiday Inn (248-689-7500)
75MI	69	Exit 69 - Big Beaver Rd	GFL	Drury Inn (248-528-3330)
75MI	72	Exit 72 - Crooks Rd	GFL	Embassy Suites (248-879-7500)
75MI	74	Exit 74 - Adams Rd	GFL	
75MI	75	Exit 75 - Square Lake Rd - Pontiac	GFL	Marriott (248- 648-6018)
75MI	77	Exit 77A - M-59 East - Utica	GFL	Wingate by Wyndham (248-334-3324)
75MI	77	Exit 77B - M-59 west - Pontiac	GFL	Hilton Suites (248-334-2222)
75MI	78	Exit 78 - Chrysler Dr	GFL	Extended Stay Amer.. (248- 373-1355)
75MI	79	Exit 79 - University Dr - Rochester	GFL	Motel 6 ((248) 373-8440)
75MI	81	Exit 81 - Lapeer Rd	GFL	Springhill Suites (248-475-4700)
75MI	95(SBO)	**Rest Area**		
75MI	97(NBO)	**Rest Area**		
75MI	116(NBO)	Exit 116 - Bristol Rd	GFL	Super 8 (810-230-7888)
75MI	117(NBO)	Exit 117B - Miller Rd	GFL	Motel 6 ((810) 767-7100) Comfort Inn (810.232.4222)
75MI	118(NBO)	Exit 118 - Corunna Rd - Owosso	L	Sleep Inn (810-232-7777)
75MI	122	Exit 122 - Pierson Rd - Flushing	GFL	
75MI	125	Exit 125 - I-475		
75MI	126	Exit 126 - Mt Morris	GF	
75MI	129	**Rest Area**		
75MI	131	Exit 131 - Chesaning - Clio - Montrose	GF	
75MI	136	Exit 136 - Birch Run - Frankenmuth	GFLRV	Super 8 (989-624-4440)

75MI	143(NBO)	**Rest Area**		
75MI	144	Exit 144A - Frankenmuth	GF	
75MI	144	Exit 144B - Bridgeport	GFL	Baymont Inn (989-777-3000)
75MI	149	Exit 149B - Buena Vista - 46 West	GFL	Motel 6 (989.754.8414)
75MI	149	Exit 149A - Sandusky -46 East	L	Americas Best Valu.. (989- 755-0461)
75MI	150	Exit 150 - I-675	L	Knights Inn (517- 754-9200) SpringHill (989.792.2800)
75MI	151	Exit 151 - Route 81 - Reese - Caro	GF	
75MI	153	Exit 153 - Route 13 - E. Bay City Rd		
75MI	154	Exit 154 - Zilwaukee		
75MI	155	Exit 155 - I-675 -Downtown Saginaw	L	Hampton Inn (989-792-7666)
75MI	158(SBO)	**Rest Area**		
75MI	160	Exit 160 - Route 84 -Saginaw Rd	GFL	Valu Inn (989-686-0840)
75MI	162	Exit 162A - Route 25	L	Euclid Motel (877- 747-8713)
75MI	162	Exit 162B - Route 10 west - Midland - Clare ..	L	Delta Motel (877-747-8713)
75MI	164	Exit 164 - Route 13 Kawkawlin - Weiler Rd	GL	Americinn (989-671-0071)
75MI	168	Exit 168 - Beaver Rd	G	
75MI	173	Exit 173 - Linwood Rd	GFRV	
75MI	175(NBO)	**Rest Area**		
75MI	181	Exit 181 - Pinconning Rd	GFL	
75MI	188	Exit 188 - Route 23 Standish	RV	
75MI	190	Exit 190 - Route 61 - Standish - Gladwin	GL	
75MI	195	Exit 195 - Sterling Rd	RV	
75MI	201(SBO)	**Rest Area**		
75MI	202	Exit 202 - Route 33 Alger - Rose City	GFRV	
75MI	210(NBO)	**Rest Area**		
75MI	212(NBO)	Exit 212 - West Branch - Cook Rd	GFL	Quality Inn (989-345-3503)
75MI	215(NBO)	Exit 215 - Route 55 East - West Branch	GFL	Super 8 (989-345-8488)
75MI	222	Exit 222 - Old 76 - St. Helen		
75MI	227	Exit 227 - Route 55 West		
75MI	235(SBO)	**Rest Area**		
75MI	239	Exit 239 - South Higgins Lake - Roscommon	GF	
75MI	244	Exit 244 - South Higgins Lake - Roscommon	GRV	
75MI	251	Exit 251 - 4 mile Rd	GFLRV	Super 8 (989-348-8888)
75MI	252(NBO)	**Rest Area**		
75MI	254	Exit 254 - Downtown Grayling - Mio - Kalkaska	GFL	Woodland Motor Lodge (989-348-9094)
75MI	259	Exit 259 - Route 33 - Hartwick Rd		
75MI	262(SBO)	**Rest Area**		
75MI	264	Exit 264 - Frederic - Lewiston		
75MI	270	Exit 270 - Waters Rd - Ostego	ALL	
75MI	277(NBO)	**Rest Area**		
75MI	279	Exit 279 - Downtown Gaylord - Old 27	GFLRV	

State	Mile Marker	Name	Serv	Featured Hotels
75MI	282	Exit 282 - Route 32 - Gaylord - Alpena - Pe..	GFL	Quality Inn (800-732-7540)
75MI	287(SBO)	**Rest Area**		
75MI	290	Exit 290 - Route 48 Vanderbilt -Boyne Falls	GFL	
75MI	301	Exit 301 - Route 59 Wolverine	GFL	
75MI	310	Exit 310 - Route 68 Indian River	GFL	
75MI	317(NBO)	**Rest Area**		
75MI	322	Exit 322 - Mullett Lake - Riggsville Route 64	GFL	
75MI	326	Exit 326 - Route 66 - Cheboygan	GLRV	
75MI	328(SBO)	**Rest Area**		
75MI	338	**Rest Area**		
75MI	338	Exit 338 - Mackinaw City	GFL	Comfort Suites (231- 436-5929)
75MI	346(SBO)	Observation Area	L	Comfort Suites (231- 436-5929)
75MI	390(NBO)	**Rest Area**		
SL	396	Start of Interstate		

OHIO - INTERSTATE 75

State	Mile Marker	Name	Serv	Featured Hotels
SL	0	Start of Interstate		
75OH	1	Exit 1C - Fifth St.	ALL	
75OH	1(NBO)	Exit 1D - River Road	ALL	Hyatt Regency (513- 579-1234)
75OH	1(SBO)	Exit 1E - Seventh St.	ALL	
75OH	1(SBO)	Exit 1F - Freeman Ave./ River Rd.	ALL	
75OH	1(SBO)	Exit 1G - Ezzard Charles Dr.	ALL	
75OH	2(SBO)	Exit 2A - Western Ave.	ALL	
75OH	2	Exit 2B - Harrison Ave,	ALL	Quality Inn (513-241-8660)
75OH	2(SBO)	Exit 2 - Summit St.		
75OH	3	Exit 3 - Hopple St.	ALL	Kingsgate Marriott (513- 487-3800)
75OH	4(NBO)	Exit 4 - I 74 W	ALL	Holiday Inn Express (877-863-4780)
75OH	5	Exit 5 - Erie Rd.		
75OH	6	Exit 6 - Mitchell Ave.,	ALL	
75OH	7	Exit 7 - Norwood Lateral	ALL	Quality Hotel (513- 351-6000)
75OH	8(NBO)	Exit 8 - Elmwood Place	GF+	
75OH	9	Exit 9 - Paddock Rd.,	ALL	
75OH	10	Exit 10 - Arlington Hts.,	ALL	
75OH	12	Exit 12 - Wyoming Ave,	ALL	
75OH	13	Exit 13 - Shepard Ln.,	ALL	
75OH	14	Exit 14 - Evandale,	ALL	Baymont Inn (513- 771-6888)
75OH	15	Exit 15 - Sharon Rd.,	ALL	La Quinta Inn (513- 771-0300)
75OH	16	Exit 16A - Columbus	ALL	Residence Inn (513- 771-2525)
75OH	16	Exit 16B - Indianapolis		
75OH	19	Exit 19B - Union Center	ALL	
75OH	21	Exit 21 - Cincinnati / Dayton Rd.	ALL	Holiday Inn Express (513-755-3900)
75OH	22	Exit 22 - Tylersville Rd.,	ALL	Wingate by Wyndham (513-777-1101)

75OH	24	Exit 24 - Hamilton- Butler Regional Hwy.	ALL	Howard Johnson (513- 539-9222)
75OH	28	**Rest Area**		
75OH	29	Exit 29 - Monroe, Lebanon, Hamilton	ALL	Comfort Inn (513-539-2660)
75OH	32	Exit 32 - Middletown	ALL	Drury Inn (513-425-6650)
75OH	36	Exit 36 - Franklin	ALL	Quality Inn (937-743-8881)
75OH	38	Exit 38 - Franklin	ALL	Knights Inn (937-746-2841)
75OH	43	Exit 43 - To Columbus	ALL	Hawthorn Suites (937-434-7881) Fairfield Inn (937.428.7736)
75OH	44	Exit 44 - Miamisburg	ALL	Red Roof Inn (937-866-0705) Motel 6 (937.434.8750)
75OH	47	Exit 47 - Central Ave,	ALL	
75OH	50	Exit 50A - Dryden Rd.	ALL	Super 8 (937-298-0380)
75OH	50(SBO)	Exit 50B - Springboro Rd.	ALL	
75OH	51	Exit 51 - Edwin C. Moses Blvd.	ALL	Marriott (937- 223-1000)
75OH	52(SBO)	Exit 52A - Albany St.,	ALL	
75OH	52	Exit 52B - Eaton Xenia	ALL	Doubletree (937-461-4700)
75OH	53	Exit 53A - Third St.	ALL	Crowne Plaza (937-224-0800)
75OH	53	Exit 53B - First St.,	ALL	
75OH	54(SBO)	Exit 54A - Grand Ave.	ALL	
75OH	54	Exit 54B - Main St.	ALL	
75OH	55	Exit 55 - Keowee St. / Leo	ALL	
75OH	56(SBO)	Exit 56A - Stanley Ave.	ALL	
75OH	56(SBO)	Exit 56B - Stanley Ave.	ALL	
75OH	57	Exit 57B - Wagner Ford Road	ALL	
75OH	57(NBO)	Exit 57A - Neva Dr.	ALL	
75OH	58	Exit 58 - Needmoore Road	ALL	Drury Inn (937-454-5200)
75OH	59	Exit 59 - Benchwood Avenue	ALL	Extended Stay Amer.. (937-898-9221)
75OH	61(SBO)	Exit 61A - Columbus	GFL	
75OH	61(SBO)	Exit 61B - Indianapolis	FL+	
75OH	63	Exit 63 - Vandalia,	ALL	Super 8 (937-898-7636)
75OH	64	Exit 64 - Northwoods Blvd.	ALL	
75OH	68	Exit 68 - Tipp City	ALL	Holiday Inn Express (937- 667-5161)
75OH	69	Exit 69 - CR 25 A	ALL	La Quinta Inn (937-667-1574)
75OH	73	Exit 73 - Ludlow Falls	ALL	Quality Inn (937-335-0021)
75OH	74	Exit 74 - Covington, Troy	ALL	Fairfield Inn (937-332-1446) Residence (937.440.9303)
75OH	81	**Rest Area**		
75OH	82	Exit 82 - Urbana, Piqua	ALL	Knights Inn (937-773-2314)
75OH	83	Exit 83 - Piqua	ALL	La Quinta Inn (937-615-0140)
75OH	90	Exit 90 - Sidney	ALL	Comfort Inn (937- 492-3001)
75OH	92	Exit 92 - Sidney, Versailes	ALL	
75OH	93	Exit 93 - Sidney, St. Marys	ALL	Days Inn (937-492-1104)
75OH	94	Exit 94 - Sidney	+	
75OH	99	Exit 99 - Anna, Minster	GF	

75OH	102	Exit 102 - Jackson Center	+	
75OH	104	Exit 104 - Botkins	ALL	
75OH	110	Exit 110 - Wapakoneta, St.Marys, Bellefonta..	ALL	Holiday Inn Express (419- 738-2050)
75OH	111	Exit 111 - Wapakoneta, Bellefountaine	ALL	Super 8 (419-738-8810)
75OH	113	Exit 113 - Uniopolis, Wapakoneta	L+	Knights Inn (419-738-2184)
75OH	114	**Rest Area**		
75OH	118	Exit 118 - Cridersville	GF+	
75OH	120	Exit 120 - Fort Shawnee, Breese Road	ALL	
75OH	122	Exit 122 - Lima	GF+	
75OH	124	Exit 124 - 4th St., Lima	FL+	Courtyard Lima (419- 222-9000)
75OH	125(NBO)	Exit 125A - Lima	ALL	Motel 6 ((419) 228-0456) Country Inn (800-596-2375)
75OH	125(SBO)	Exit 125B - Lima	ALL	
75OH	130	Exit 130 - Blue Lick Road	FL	Americas Best Valu.. (419-221-0114)
75OH	134(NBO)	Exit 134 - Upper Sandusky, Beaverdam	GF+	
75OH	135	Exit 135 - Upper Sandusky, Beaverdam, Delp..	GF+	
75OH	140	Exit 140 - Bluffton, Bentley Road	L	Comfort Inn (419- 358-6000)
75OH	142	Exit 142 - Arlington, Bluffton	ALL	Knights Inn (419- 358-7000)
75OH	145	Exit 145 - Ada, Mt. Cory	RV	
75OH	153	**Rest Area**		
75OH	156	Exit 156 - Columbus, Carey, Kenton	FL+	Econo Lodge (419-422-0154)
75OH	157	Exit 157 - Findlay, Columbus, Grove	ALL	Drury Inn (419- 422-9700)
75OH	159	Exit 159 - Findlay	ALL	Holiday Inn Express (877-863-4780)
75OH	161	Exit 161 - Findlay	ALL	Quality Inn (419-423-4303)
75OH	164	Exit 164 - Fostoria, Van Buren, McComb	GRV	
75OH	167	Exit 167 - N. Baltimore	ALL	
75OH	168	Exit 168 - Quarry Rd.,/ Eagleville Rd.	ALL	
75OH	171	Exit 171 - Cygnet	F+	
75OH	179	Exit 179 - Fremon, Napoleon	L+	Hampton Inn (419-353-3464)
75OH	181	Exit 181 - Bowling Green, Pemberville	ALL	Holiday Inn (419- 353-5500)
75OH	187	Exit 187 - Haskins, Luckey		
75OH	192	Exit 192 - Maumee, Ann Arbor	ALL	Belamere Suites Ho.. (419- 874-2233)
75OH	193	Exit 193 - Perrysburg, Fremont	ALL	Holiday Inn (419.874.3101) Candlewood Suites (419.872.6161)
75OH	195	Exit 195 - Ohio Turnpike	ALL	Country Inn (419-872-9900) Hampton Inn (419.662.8800)
75OH	197	Exit 197 - Buck Rd.	GFL	Knights Inn (419-666-1133)
75OH	198	Exit 198 - Wales Rd., Oregon, Northwood	ALL	Baymont Inn (419- 662-1200)
75OH	199	Exit 199 - Miami St., / Rossford	ALL	Days Inn (419-666-5120)
75OH	200	Exit 200 - South Ave., Kuhlman Ave,	ALL	Park Inn (419-241-3000)
75OH	201(NBO)	Exit 201 - Collingwood Ave.	ALL	Crowne Plaza (419-241-1411)
75OH	201(NBO)	Exit 201B - Downtown Toledo	GF+	
75OH	202(SBO)	Exit 202A - Downtown, Washington St.	ALL	
75OH	202(SBO)	Exit 202B - Collingwood Blvd.	ALL	

State	Mile Marker	Name	Serv	Featured Hotels
75OH	203(NBO)	Exit 203A - Bancroft St.	ALL	
75OH	203	Exit 203B - Detroit Ave.	ALL	
75OH	204	Exit 204 - Sylvania, Ann Arbor	ALL	
75OH	205	Exit 205A - Willys Parkway,	ALL	
75OH	205(NBO)	Exit 205B - Berdan Ave.	ALL	
75OH	206	Exit 206 - Phillips Ave.	ALL	
75OH	207	Exit 207 - Stickney Ave.,Lagrange St.	ALL	Fairfield Inn (419-725-0050)
75OH	208	Exit 208 - I-280 to Ohio Turnpike	ALL	
75OH	209(NBO)	Exit 209 - Ottawa River Rd.	GF+	
75OH	210	Exit 210 - Alexis Rd.	ALL	Hampton Inn (419-727-8725)
SL	211	Start of Interstate		

KENTUCKY - INTERSTATE 75

State	Mile Marker	Name	Serv	Featured Hotels
SL	0	Start of Interstate		
75KY	1(NBO)	**Rest Area**		
75KY	11	Exit 11 - US 25 W Williamsburg	ALL	Super 8 (606-549-3450)
75KY	15	Exit 15 - US 25W	GL	Best Western (606- 528-2100)
75KY	25	Exit 25 - Cumberland Falls Highway)	ALL	Country Inn Suites (606-526-1400)
75KY	29	Exit 29 - Corbin Bypass US 25 E	ALL	Knights Inn (606-523-1500)
75KY	38	Exit 38 - B. W. Ridge Road	ALL	Holiday Inn Express (606- 862-0077)
75KY	41	Exit 41 - Hal Rogers Pkwy.	ALL	Quality Inn (606- 877-4466)
75KY	49	Exit 49 - Wilderness Road Heritage Highway		
75KY	59	Exit 59 - Wilderness Rd. (Heritage Hwy.)	GFL	
75KY	62	Exit 62 - Richmond Street	GFLRV	Econo Lodge (606- 256-4621)
75KY	76	Exit 76 - E. Chestnut St.. (W. Paint Lick ..	ALL	Super 8 (859-986-8426) Fairfield Inn (859.985.8191)
75KY	77	Exit 77 - Walnut Meadow Pike	GFL	Comfort Inn (859-985-5500)
75KY	82	**Rest Area**		
75KY	87	Exit 87 - Duncannon Lane	ALL	Jameson Inn (859- 623-5420)
75KY	90	Exit 90 - Martin Bypass	ALL	Days Inn (859-624-5769)
75KY	95	Exit 95 - Boonesboro Rd.	ALL	La Quinta Inn (859- 623-9121)
75KY	97	Exit 97 - Lexington Road	GF	
75KY	99	Exit 99 - Old Richmond Road)	F	
75KY	104	Exit 104 - Athens-Boonesboro Road) – Lexing..	ALL	Comfort Inn (859- 263-0777)
75KY	108	Exit 108 - Man o' War Blvd.	ALL	Hilton Garden Inn (859.543.8300) Homewood Suites (859.543.0464) Residence (859.263.9979)
75KY	110	Exit 110 - I-64 east	ALL	Super 8 (859-299-6241) Motel 6 (859.293.1431) Comfort Inn (859.299.0302) Holiday Inn (859.293.0047)
75KY	111(NBO)	Exit 111 - I-64 east	ALL	Hampton Inn (859-299-2613)

75KY	113	Exit 113 - North Broadway	ALL	Ramada Hotel (859-299-1261) Holiday Inn (859.389.6800)
75KY	115	Exit 115 - Newtown Pike	ALL	Fairfield Inn (859-977-5870) Embassy Suites (859.455.5000) Hampton Inn (859.236.6200) Homewood Suites (859.223.0880) Candlewood Suites (859.967.1940)
75KY	118(SBO)	Exit 118 - I-64 west	FL	
75KY	120	Exit 120 - Iron Works Pike	GFLRV	
75KY	125	Exit 125 - Paris Pike	ALL	Quality Inn (502- 867-1648)
75KY	126	Exit 126 - Cherry Blossom Way	ALL	Comfort Suites (502-868-9500)
75KY	127	**Rest Area**		
75KY	129	Exit 129 - Delaplain Road	ALL	
75KY	136	Exit 136 - Porter Road	G	
75KY	144	Exit 144 - Owenton Rd.	GFL	
75KY	154	Exit 154 - KY 36 to US 25	GFL	Americas Best Valu.. (859-824-7177)
75KY	156	Exit 156 - Barnes Road	FL+	
75KY	159	Exit 159 - Broadway St.	ALL	Holiday Inn Express (859-824-7121)
75KY	166	Exit 166 - Violet Rd.	GF+	
75KY	171	Exit 171 - Mary Grubbs Hwy.	GFRV+	
75KY	173	Exit 173 - I-71 south	GFRV+	
75KY	175	Exit 175 - Richwood Dr.	ALL	Econo Lodge (859- 485-4123) Comfort Inn (859.485.2330)
75KY	177	**Rest Area**		
75KY	178	Exit 178 - Mt. Zion Rd.	ALL	Travelodge (606) 371-0277
75KY	180	Exit 180 - US 127 / US 42	ALL	Motel 6 ((859) 283-0909) Quality Inn (859.371.4700)
75KY	180(SBO)	Exit 180A - Mall Rd.	ALL	
75KY	181	Exit 181 - Burlington Pike	ALL	Courtyard (859.371.6464)
75KY	182	Exit 182 - Turfway Rd.	ALL	Extended Stay Amer.. (859- 282-0172) Hilton (859.371.4400) Clarion Hotel (859.371.0081)
75KY	184	Exit 184 - Commonwealth Ave.	ALL	Comfort Inn (859- 727-3400) Motel 6 (859.342.7111) Econo Lodge (859.342.5500)
75KY	185	Exit 185 - I-275 to I-471 (Buttermilk Pike)	GFL	Drawbridge Inn (859- 341-2800)
75KY	186	Exit 186 - Buttermilk Pike	GFL	Super 8 (859-341-2090)
75KY	188	Exit 188 - Dixie Highway	GFL	Days Inn (859-341-8801)
75KY	189	Exit 189 - Kyles Lane	ALL	Rodeway Inn (859- 331-1400)
75KY	191	Exit 191 - Pike St. / Twelfth St.	ALL	Radisson Hotel (800-395-7046)
75KY	192	Exit 192 - Fifth St.	ALL	Extended Stay Amer.. (859-581-3000) Embassy Suites (859.261.8400)
SL	192	Start of Interstate		

TENNESSEE - INTERSTATE 75

State	Mile Marker	Name	Serv	Featured Hotels
SL	0	Start of Interstate		
75TN	1(NBO)	**Rest Area**		
75TN	1(NBO)	Exit 1A - Ringgold Road	ALL	Chattanooga (423.756.0002)
75TN	1(NBO)	Exit 1B - Ringgold Road	ALL	Fairfield Inn (423-499-4080)
75TN	2(NBO)	Exit 2 - Lookout Mountain	ALL	Rodeway Inn (423- 894-2040)
75TN	3	Exit 3A - East Brainerd Rd.	GF+	
75TN	3	Exit 3B - East Brainerd Road)	GF+	
75TN	4	Exit 4 - Chickamauga Dam Road	ALL	Extended Stay Amer.. (423-892-1315)
75TN	4	Exit 4A - Hamilton Place Blvd.	ALL	Red Roof Inn (800-733-7663)
75TN	5	Exit 5 - Shallowford Rd.	ALL	Ramada (423-855-2090) Comfort Inn (423-899-5151)
75TN	7	Exit 7 - Lee Highway	ALL	
75TN	9(NBO)	Exit 9 - Volunteer Ordnance Road		
75TN	11	Exit 11 - East Ooltewah	ALL	Hampton Inn (423-305-6800)
75TN	20	Exit 20 - US 64	ALL	
75TN	25	Exit 25 - SR 60	ALL	Comfort Inn (423-339-1000) Fairfield Inn (423.664.2501)
75TN	27	Exit 27 - Paul Huff Pkwy	ALL	Ramada Limited (423-472-5566)
75TN	33	Exit 33 - SR-308	+	
75TN	36	Exit 36 - SR-163		
75TN	42	Exit 42 - Riceville Road- SR 39	L	
75TN	45	**Rest Area**		
75TN	49	Exit 49 - SR-30	ALL	Hampton Inn (423-745-2345) Motel 6 (423.745.4441)
75TN	52	Exit 52 - Mount Verd Rd.	GFLRV	
75TN	56	Exit 56 - SR-309		
75TN	60	Exit 60 - SR-68	GFL	Hilltop Hotel (423- 337-3511)
75TN	62	Exit 62 - SR-322 Oakland Road	ALL	Magnuson Hotel (423-337-3541)
75TN	68	Exit 68 - SR-323		
75TN	72	Exit 72 - SR-72	LRV	Country Inn (865- 657-0050)
75TN	76	Exit 76 - Sugar Limb Road -SR-324 (		
75TN	81	Exit 81 - US 321 - (SR- 73)	FL+	Ramada Limited (865-986-9000)
75TN	84(NBO)	Exit 84B - I-40	GF+	
I-40 TN	85	Exit 369 - Watt Rd.	GF+	
I-40 TN	89	Exit 373 - Campbell Station Rd.	ALL	
I-40 TN	90	Exit 374 - SR-131 Lovell Road	ALL	
I-40 TN	92	Exit 376 - SR-162 / I-140 east	ALL	
I-40 TN	94	Exit 378 - Cedar Bluff Rd.	ALL	
I-40	95	Exit 379 - Bridgewater Rd / Walker Springs ..	ALL	

State	Mile Marker	Name	Serv	Featured Hotels
TN				
I-40 TN	96	Exit 380 - Kingston Turnpike	ALL	Comfort Suites (615.448.2100)
I-40 TN	99	Exit 383 - Papermill Dr.	ALL	
I-640 TN	103	Exit 1 - Western Ave,	ALL	
I-640 TN	105	Exit 3B - SR-9 N (Gap Rd)	ALL	
75TN	108	Exit 108 - Merchants Dr.	ALL	Mainstay Suites (865- 247-0222) Motel 6 (865.689.7100)
75TN	110	Exit 110 - Callahan Dr.	ALL	Knights Inn (865-687-3500)
75TN	112	Exit 112 - SR -131 (Emory Road)	ALL	Holiday Inn Express (865- 938-3800)
75TN	117	Exit 117 - Raccoon Valley Road	GFLRV	
75TN	122	Exit 122 - SR-61	ALL	Comfort Inn (865-457-2255)
75TN	128	Exit 128 - US-441 (SR-71)	ALL	Days Inn (865-426-2816)
75TN	129	Exit 129 - US-25W	ALL	Super 8 (423-562-8476)
75TN	134	Exit 134 - US-25W	ALL	Hampton Inn (423-562-9888) Motel 6 (423.562.9456)
75TN	141	Exit 141 - SR-63 West	LRV	Comfort Inn (423- 566-4400)
75TN	144	Exit 144 - Stinking Creek Rd.		
75TN	156	Exit 156 - Rarity Mountain Rd.		
75TN	160	Exit 160 - US-25W (SR-9)	ALL	
75TN	161(SBO)	Parking Area		
SL	162	Start of Interstate		

GEORGIA - INTERSTATE 75

State	Mile Marker	Name	Serv	Featured Hotels
SL	0	Start of Interstate		
75GA	2	Exit 2 - Lake Park Bellville Rd (CR 274)	L+	
75GA	3(NBO)	**Rest Area**		
75GA	5	Exit 5 - SR 376/Lakes Blvd.	ALL	Hampton Inn (229-559-5565)
75GA	8(NBO)	**Rest Area**		
75GA	11	Exit 11 - SR 31/Colin P. Kelly Jr. Hwy.	ALL	
75GA	13	Exit 13 - Old Clyattville Road (CR 785)	L+	Knights Inn (229- 247-2440)
75GA	16	Exit 16 - SR 38/US 84/US 221	ALL	Motel 6 ((229) 333-0047)
75GA	18	Exit 18 - SR 133/St. Augustine Rd.	ALL	Courtyard (229.241.1301)
75GA	22	Exit 22 - SR 7/US 41/N. Valdosta Rd.	ALL	Hawthorn Suites (229- 241-9221)
75GA	29	Exit 29 - SR 7/122/Sheriff's Boys Ranch Rd.	GF+	
75GA	32	Exit 32 - Old Coffee Road (CR 240)	+	
75GA	37	Exit 37 - Old Quitman Rd. (CR 216)	ALL	
75GA	39	Exit 39 - SR 37/West 4th Street	ALL	Super 8 (229-896-2244)
75GA	41	Exit 41 - Moultrie Road (CR 251)	FL+	Hampton Inn (229-896-3099)
75GA	45	Exit 45 - Barneyville Road (CR 253)		

75GA	47(NBO)	**Rest Area**		
75GA	48(SBO)	**Rest Area**		
75GA	49	Exit 49 - Kinard Bridge Road (CR 246)		
75GA	55	Exit 55 - Omega-Eldorado Road (CR 418)		
75GA	59	Exit 59 - Widdon Road (CR 204)	GFRV+	
75GA	60	Exit 60 - Old Union Road (CR 418)	ALL	Courtyard by Marri.. (229-388-0803)
75GA	61	Exit 61 - Omega Road (CR 299)	ALL	Hampton Inn (229-382-8800) Motel 6 (229.388.8777)
75GA	62	Exit 62 - SR 520/US 82	ALL	Ramada Limited (229-382-8500) Fairfield Inn (229.387.8288)
75GA	63	Exit 63A - King Rd. & 2nd St. (CR 117)	ALL	Quality Inn (229-382-4410)
75GA	63	Exit 63B - Whiddon Mill Rd/8th St. (CR 412)	ALL	Travelodge (229-382-0395)
75GA	64	Exit 64 - SR 7/US 41	ALL	Super 8 (229-382-9500)
75GA	66	Exit 66 - Brighton Road (CR 410)	+	
75GA	69	Exit 69 - Chula Brookfield Road (CR 421)	FL	
75GA	71	Exit 71 - Willis Still Road (CR 11)	FL	
75GA	75	Exit 75 - Inaha Road (CR 252)		
75GA	76(SBO)	**Rest Area**		
75GA	78	Exit 78 - SR 32/Jefferson Davis Hwy.	GL	
75GA	80	Exit 80 - Bussey Road (CR 33)	GFL	
75GA	82	Exit 82 - SR 107/E. Washington Ave.	ALL	Best Western (229-567-0080)
75GA	84	Exit 84 - SR 159/North Street	FL	Super 8 (229-567-4688)
75GA	85(NBO)	**Rest Area**		
75GA	92	Exit 92 - Arabi Road (CR 357)	FRV	
75GA	97	Exit 97 - SR 33 Conn./Rock House Rd.	GFLRV	
75GA	99	Exit 99 - SR 300/Ga.-Fla. Pkwy.	ALL	Country Inn (800-596-2375)
75GA	101	Exit 101 - SR 30/US 280	FL+	Ramada Inn (229-273-5000) Fairfield Inn (229.273.0042)
75GA	102	Exit 102 - SR 257/Upper Rochelle Rd.	FL+	Comfort Inn (229-273-2371)
75GA	104	Exit 104 - Farmers Market Road (CR 361)	ALL	
75GA	108(NBO)	**Rest Area**		
75GA	109	Exit 109 - SR 215/Union Street	ALL	
75GA	112	Exit 112 - SR 27	G	
75GA	117	Exit 117 - Pinehurst-Hawkinsville Rd. (CR 3..		
75GA	118(SBO)	**Rest Area**		
75GA	121	Exit 121 - SR 7/US 41/Pine Avenue	GF+	
75GA	122	Exit 122 - SR 230/Second Street	GF+	
75GA	127	Exit 127 - SR 26	RV	
75GA	134	Exit 134 - South Perry Pkwy.	ALL	Microtel Inn (478-987-400)
75GA	135	Exit 135 - SR 7/127/Marshallville Rd.	ALL	Travelodge (478-987-7355)
75GA	136	Exit 136 - SR 7/Sam Nunn Blvd.	ALL	Howard Johnson (478-987-8400)
75GA	138	Exit 138 - SR 11 Conn./N. Perry Pkwy.	ALL	Knights Inn (478-987-1515)
75GA	142	Exit 142 - SR 96	GRV	
75GA	146	Exit 146 - SR 247 Conn./Centerville Rd.	ALL	Econo Lodge (877-424-6423)

75GA	149	Exit 149 - SR 49	FLRV+	Best Western Inn (478- 956-3056)
75GA	155	Exit 155 - Hartley Bridge Road (CR 740)	FL+	
75GA	156(NBO)	Exit 156 - I-475		
75GA	160(SBO)	Exit 160A - SR 247/US 41/Pio Nono Ave.	ALL	
75GA	160(SBO)	Exit 160B - US 41/Rocky Creek Road	ALL	
75GA	162	Exit 162 - SR 22/Eisenhower Pkwy.	ALL	
75GA	163	Exit 163 - SR 74/Mercer University Drive	ALL	1842 Inn (478-741-1842) Hilton Garden Inn (478.741.5527)
75GA	164	Exit 164 - SR 19/Georgia Avenue	ALL	Econo Lodge (478-746-6221)
75GA	167	Exit 167 - SR 247/N. Pierce Avenue	ALL	
75GA	169	Exit 169 - Arkwright Road (CR 85)	ALL	Extended Stay Deluxe (478- 474-2805)
75GA	171	Exit 171 - SR 87/US 23/Riverside Drive	ALL	Wingate by Wyndham (478-476-8100)
75GA	172	Exit 172 - Bass Road (CR 742)	GF+	
75GA	175(NBO)	Exit 175 - Pate Road (CR 286)	GF	
75GA	177(SBO)	Exit 177 - I-475	F	
75GA	179(SBO)	**Rest Area**		
75GA	181	Exit 181 - Rumble Road (CR 34)		
75GA	185	Exit 185 - SR 18/Harold Clarke Pkwy.	ALL	Comfort Inn (478- 994-3400)
75GA	186	Exit 186 - Juliette Road/Tift College Dr. (..	ALL	Super 8 (478-994-5101)
75GA	187	Exit 187 - SR 83/Cabiniss Road	ALL	Econo Lodge (478-994-5603)
75GA	188	Exit 188 - SR 42/North Lee Street	ALL	
75GA	193	Exit 193 - Johnstonville Rd. (CR 275)	G+	
75GA	198	Exit 198 - Highfalls Road (CR 277)	RV	
75GA	201	Exit 201 - SR 36/Ga. Hwy. 36	GF+	
75GA	205	Exit 205 - SR 16/Ga. Hwy. 16	GFRV+	
75GA	212	Exit 212 - Locust Grove Rd. (CR 648)	ALL	Comfort Suites (678-827-770)
75GA	216	Exit 216 - SR 155	ALL	Quality Inn (770- 957-5291)
75GA	218	Exit 218 - SR 20/SR 81	ALL	Hilton Garden Inn (678- 827-7200) Motel 6 (770.957.2458)
75GA	221	Exit 221 - Jonesboro Road (CR 920)	ALL	Fairfield Inn (770-305-0180)
75GA	222	Exit 222 - Jodeco Road/Flippen Road (CR 824)	ALL	Super 8 (770-474-5758)
75GA	224	Exit 224 - Hudson Bridge Rd.(CR 659)/Eagles..	ALL	Baymont Inn (770-507-6500)
75GA	227(NBO)	Exit 227 - I-675	L	Howard Johnson (770-474-8771) Motel 6 (770.389.1142)
75GA	228	Exit 228 - SR 138	ALL	Red Roof (678-782-4100)
75GA	231	Exit 231 - Mt. Zion Blvd. (CR 28)	ALL	
75GA	233	Exit 233 - SR 54/Jonesboro Road	ALL	Sleep Inn (770- 472-9800)
75GA	235	Exit 235 - SR 3/US 19/US 41/Old Dixie Highw..	ALL	Super 8 (404-363-8811) Motel 6 (770.961.6336)
75GA	237	Exit 237 - SR 331/Forest Pkwy.	ALL	Days Inn (404-768-6400)
75GA	237(NBO)	Exit 237A - SR 85 (SB only)	ALL	Savannah Suites (404- 591-2400)
75GA	238	Exit 238A - I-285	ALL	Travelodge (404-361-3600)

75GA	238	Exit 238B - I-285	ALL	Comfort Suites (404- 209-7299)
75GA	239(NBO)	Exit 239 - Aviation Blvd. (CR 1516)	ALL	Best Western (404- 763-8777)
75GA	241	Exit 241 - Cleveland Avenue	ALL	
75GA	242(SBO)	Exit 242 - I-85/SR 403 (SB I-75 only)	ALL	
75GA	243	Exit 243 - SR 166/Lakewood Fwy.	ALL	Comfort Inn (404-658-1610)
75GA	244	Exit 244 - University Ave.	ALL	
75GA	245(NBO)	Exit 245 - Abernathy Blvd./Capitol Ave. (NB..	ALL	Holiday Inn (404- 591-2000) Comfort Inn (404.658.1610)
75GA	246	Exit 246 - Central Ave./Fulton St.	ALL	Hampton Inn (404-589-1111)
75GA	247	Exit 247 - I-20	ALL	Omni Hotel (404-659-0000)
75GA	248(SBO)	Exit 248A - ML King Jr. (SB only)	ALL	
75GA	248(NBO)	Exit 248B - Edgewood Ave. (NB only)	ALL	Ritz Carlton (404-659-0400)
75GA	248(NBO)	Exit 248C - International Blvd./SR 101/Freed..	ALL	Wyndham (404-659-2727) Hotel Indigo (404.222.2416)
75GA	248(SBO)	Exit 248D - Butler St./J.W. Dobbs (SB)	ALL	
75GA	249(SBO)	Exit 249A - Courtland Ave. (SB only)	ALL	
75GA	249(NBO)	Exit 249B - Pine Street/Peachtree St. (NB on..	ALL	Twelve Centennial .. (404-418-1212)
75GA	249(SBO)	Exit 249C - Williams St. (SB only)	ALL	Embassy Suites (404.223.2300) Hilton Garden Inn (404.577.2001)
75GA	249	Exit 249D - SR 8/US 29/North Ave./Spring St...	ALL	Regency Suites (404-876-5003)
75GA	250	Exit 250 - SR 9/US 19/14th St./10th St.	ALL	Residence Inn (404-745-1000)
75GA	252(NBO)	Exit 252A - Northside Drive/SR 3 (NB only)	ALL	Super 8 (404-873-5731)
75GA	252(NBO)	Exit 252B - Northside Drive/SR 3 (NB only)	ALL	Days Inn (404- 351-6500)
75GA	252(SBO)	Exit 252 - Northside Drive/SR 3/Howell Mill..	ALL	
75GA	254	Exit 254 - Moores Mill Road	ALL	
75GA	255	Exit 255 - W. Paces Ferry/SR 3/US 41/Norths..	GF+	
75GA	256	Exit 256 - Mt. Paran Road (CR 624)/SR 3/US ..	ALL	Homewood Suites (770-988-9449)
75GA	258	Exit 258 - Cumberland Boulevard	ALL	Embassy Suites (770-984-9300) Courtyard (770.952.2555)
75GA	259(SBO)	Exit 259A - I-285 (NB I-75)	ALL	
75GA	259(SBO)	Exit 259 - (SB I-75)	ALL	
75GA	260	Exit 260 - Windy Hill Rd. (CR 1720)	ALL	Hyatt Regency Suites (770-956-1234)
75GA	261	Exit 261 - SR 280/Delk Road	ALL	Motel 6 ((770) 952-8161) Drury Inn (770- 612-0900)
75GA	263	Exit 263 - SR 120 Loop/S. Marietta Pkwy.	ALL	
75GA	265	Exit 265 - SR 120 Loop/N. Marietta Pkwy.	ALL	Days Inn (678-797-0233)
75GA	267	Exit 267A - SR 5/SR 5 Spur	ALL	Home Town Inn (770- 499-9550)
75GA	267	Exit 267B - SR 5/SR 5 Spur	ALL	
75GA	267(NBO)	Exit 267 - SR 5 Spur (NB I-75)		
75GA	268	Exit 268 - SR 5/I-575 Connection	L	Red Roof Inn (770- 429-0323)
75GA	269	Exit 269 - SR 5/Earnest Barrett Pkwy.	ALL	Wingate by Wyndham (770-514-7344)

State	Mile Marker	Name	Serv	Featured Hotels
75GA	271	Exit 271 - Chastain Road (CR 4395)	ALL	Comfort Inn (770- 499-9200) SpringHill (770.218.5550) Fairfield Inn (770.427.9700)
75GA	273	Exit 273 - Wade Green Road (CR 4396)	ALL	Travelodge (770-590-0519)
75GA	277	Exit 277 - SR 92/Alabama Road	ALL	
75GA	278	Exit 278 - Glade Road (CR 633)	ALL	
75GA	283	Exit 283 - Emerson-Allatoona Rd. (CR 397)	FRV+	
75GA	285	Exit 285 - Red Top Mtn. Rd. (CR 633)	GLRV	Red Roof (770-387-1800)
75GA	288	Exit 288 - SR 113/Main Street	FL+	FAIRFIELD INN (770-387-0400)
75GA	290	Exit 290 - SR 20/Canton Highway	FL+	Hampton Inn (770-382-8999) Motel 6 (770.386.1449)
75GA	293	Exit 293 - SR 61/US 411/Chatsworth Highway	L+	
75GA	296	Exit 296 - Cassville-White Rd. (CR 630)	L	Sleep Inn (770-386-9259)
75GA	306	Exit 306 - SR 140/Folsom Road	ALL	Quality Inn (770- 773-2886)
75GA	308(NBO)	Rest Area		
75GA	312	Exit 312 - SR 53/Fairmount Highway	ALL	Jameson Inn (706- 629-8133)
75GA	315	Exit 315 - SR 156/Red Bud Road	ALL	Ramada (706- 629-9207)
75GA	317	Exit 317 - SR 225/Joseph Vann Hwy.	ALL	Super 8 (706-602-1400)
75GA	318	Exit 318 - SR 3/US 41/Dixie Hwy	FL	Americas Best Inns (706-625-1511)
75GA	319(SBO)	Rest Area		
75GA	320	Exit 320 - SR 136/Hill City Road	ALL	
75GA	326	Exit 326 - Carbondale Road (CR 665)	ALL	
75GA	328	Exit 328 - SR 3 Connector	F	
75GA	333	Exit 333 - SR 52/Walnut Avenue	ALL	Days Inn (706- 278-0850) Courtyard (706.275.7215)
75GA	336	Exit 336 - SR 3/US 41/US 76	ALL	Best Western Inn (706- 226-5022) Motel 6 (706.278.5522)
75GA	341	Exit 341 - SR 201/Varnell Road	GF+	
75GA	345	Exit 345 - SR 3/US 41/US 76		
75GA	348	Exit 348 - SR 151/Alabama Highway	ALL	Holiday Inn Express (706- 965-6500)
75GA	350	Exit 350 - SR 2/Battlefield Pkwy.	ALL	Home Town Inn (706-937-7070)
75GA	352(SBO)	Rest Area		
75GA	353	Exit 353 - SR 146/Cloud Springs Rd.	ALL	
SL	355	Start of Interstate		

FLORIDA - INTERSTATE 75

State	Mile Marker	Name	Serv	Featured Hotels
SL	0	Start of Interstate		
75FL	1	Exit 1B - Palmetto Exwy South	ALL	Towneplace Suites (305-512-9191)
75FL	1	Exit 1A - Palmetto Exwy North	ALL	La Quinta Inn (305-821-8274) Fairfield Inn (352.332.8292)
75FL	2	Exit 2 - NW 138th St./Graham Dairy Rd.	ALL	Hotel Indigo (888- 444-0401)
75FL	4	Exit 4 - Miami Gardens Drive	GF+	

75FL	5(SBO)	Exit 5 - Florida's Turnpike South		
75FL	7	Exit 7A - Miramar Pkwy. East	ALL	Hilton Garden Inn (954-438-7700)
75FL	7	Exit 7B - Miramar Pkwy. West	GFL	Courtyard by Marri.. (954-450-1801)
75FL	9	Exit 9B - SR 820 Pine Blvd.	GFL	Grand Palms Spa An.. (954-322-3869)
75FL	9	Exit 9A - SR 820 (Pine Blvd.) East	ALL	Wingate by Wyndham (954-441-0122)
75FL	11	Exit 11A - Sheridan St. East	ALL	Hampton Inn (954-441-4242)
75FL	11	Exit 11B - Sheridan St. West	ALL	Holiday Inn Express (877-863-4780)
75FL	13	Exit 13A - Griffin Road	GF	
75FL	13	Exit 13B - Griffin Road	ALL	
75FL	15	Exit 15 - Royal Palm Blvd	GFL	Hawthorn Suites We.. (954-659-1555)
75FL	19	Exit 19 - I-595 (Sawgrass Exwy)	ALL	La Quinta Inn (954-846-1200)
75FL	21(NBO)	Exit 21 - SR 84 (NW 184th Ave./Indian Tra..	FL	Vacation Village (954- 389-6750)
75FL	22	Exit 22 - Glades Parkway	ALL	
75FL	23	Exit 23 - SR 25 /US 27		
75FL	49	Exit 49 - Government Rd./Snake Rd	G	
75FL	63(SBO)	**Rest Area**		
75FL	80	Exit 80 - SR 29		
75FL	101	Exit 101 - Collier Blvd	ALL	Red Roof Inn ((239) 774-3117) SpringHill (239.352.2234)
75FL	105	Exit 105 - CR 886 (Golden Gate Pkwy.)	L	Super 8 (941- 455-0808)
75FL	107	Exit 107 - Golden Gate Pkwy	GFL	
75FL	111	Exit 111 - Immokalee Road	ALL	Hampton Inn (239-596-1299)
75FL	116	Exit 116 - Bonita Beach Rd	ALL	
75FL	123	Exit 123 - Corkscrew Rd.	ALL	Embassy Suites (239-949-4222)
75FL	128	Exit 128 - Alico Road	ALL	Hilton Garden Inn (239-210-7200)
75FL	131	Exit 131 - Daniels Pkwy.	ALL	Comfort Suites (239-768-0005)
75FL	132	**Rest Area**		
75FL	136	Exit 136 - SR 884 (Colonial Blvd.)	GFL	Candlewood Suites (239- 344-4400)
75FL	138	Exit 138 - SR 82 (Dr. Martin Luther King Jr..	ALL	Holiday Inn Express (239- 936-0410)
75FL	139	Exit 139 - Luckett Rd.	ALL	
75FL	141	Exit 141 - SR 80	ALL	Comfort Inn (239-694-9200)
75FL	143	Exit 143 - SR 78	GFRV	
75FL	158	Exit 158 - Tuckers Grade	FL+	
75FL	161	Exit 161 - N. Jones Loop Rd.	ALL	Motel 6 (941.639.9585)
75FL	163	**Rest Area**		
75FL	164	Exit 164 - US 17	ALL	
75FL	167	Exit 167 - Harbor View Rd.	ALL	
75FL	170	Exit 170 - Kings Hwy.	ALL	Sleep Inn (941-613-6300)
75FL	179	Exit 179 - Toledo Blade Blvd.	F	
75FL	182	Exit 182 - Sumter Blvd.	+	
75FL	191	Exit 191 - CR 777 (River Rd.)	FRV+	
75FL	193	Exit 193 - Jacaranda Blvd.	ALL	Motel 6 ((941) 485-8255) Best Western (941-480-9898)
75FL	195	Exit 195 - Laurel Rd.	FRV+	

75FL	200(SBO)	Exit 200 - SR 681	+	
75FL	205	Exit 205 - SR 72	ALL	Comfort Inn (941-921-7750)
75FL	207	Exit 207 - SR 758 (Bee Ridge Rd.)	ALL	Hampton Inn (941-371-1900)
75FL	210	Exit 210 - SR 780 (Fruitville Rd.)	ALL	
75FL	213	Exit 213 - University Pkwy.	FL+	Fairfield Inn (941-552-4000)
75FL	217(SBO)	Exit 217 - SR 70	ALL	Wingate By Wyndham (941- 755-0055)
75FL	217(NBO)	Exit 217A - SR 70 East	GFRV+	
75FL	217(NBO)	Exit 217B - SR 70 West	GFRV+	
75FL	220(SBO)	Exit 220 - SR 64	ALL	
75FL	220(NBO)	Exit 220A - SR 64 East	ALL	Days Inn (941- 746-2505)
75FL	220(NBO)	Exit 220B - SR 64 West	ALL	Motel 6 ((941) 747-6005)
75FL	224	Exit 224 - US 301	ALL	Ramada Limited (941-729-8505)
75FL	228	Exit 228 - I-275 North	FL	TownePlace (813.282.1081)
75FL	229	Exit 229 - CR 6 (Moccasin Wallow Rd.)	F	
75FL	237(NBO)	Parking Area		
75FL	240(NBO)	Exit 240 - SR 674	ALL	Comfort Inn (813-633-3318)
75FL	240(SBO)	Exit 240A - SR 674 East	ALL	
75FL	240(SBO)	Exit 240B - SR 674 West	ALL	
75FL	246	Exit 246 - CR 672 (Big Bend Rd.)	GF	
75FL	250	Exit 250 - Gibsonton Dr.	ALL	Motel 6 ((239) 656-5544)
75FL	254	Exit 254 - US 301	ALL	
75FL	256	Exit 256 - Lee Roy Selmon Exwy.	ALL	Embassy Suites (813-653-1905)
75FL	257	Exit 257 - SR 60	ALL	Red Roof Inn ((813) 681-8484)
75FL	260(SBO)	Exit 260 - SR 574 (Martin Luther King Blvd.)	ALL	
75FL	260(NBO)	Exit 260A - SR 574 (Martin Luther King Blvd...	ALL	
75FL	260(NBO)	Exit 260B - SR 574 (Martin Luther King Blvd...	ALL	Crowne Plaza (813- 623-6363)
75FL	261	Exit 261 - I-4	ALL	Hilton Garden Inn (813-626-6700)
75FL	265	Exit 265 - SR 582 (Fowler Ave.)	ALL	Ramada (813-985-8525)
75FL	266	Exit 266 - CR 582-A (Fletcher Ave.)	ALL	Sleep Inn (813-988-404)
75FL	270	Exit 270 - CR 581 (Bruce B. Downs Blvd.)	FL+	Wingate by Wyndham (813-971-7676)
75FL	274(SBO)	Exit 274 - I-275 South	F+	
75FL	275	Exit 275 - SR 56	FL+	Hampton Inn (813- 973-2288)
75FL	278	**Rest Area**		
75FL	279	Exit 279 - SR 54	FLRV+	Best Western (813-345-2000)
75FL	285	Exit 285 - SR 52	GF+	
75FL	293	Exit 293 - CR 41		
75FL	301	Exit 301 - US 98/SR 50	ALL	Hampton Inn (352- 796-1000)
75FL	307	**Rest Area**		
75FL	309	Exit 309 - CR 476		
75FL	314	Exit 314 - SR 48	FLRV	
75FL	321	Exit 321 - CR 470	RV	
75FL	328(SBO)	Exit 328 - Florida's Turnpike		

State	Mile Marker	Name	Serv	Featured Hotels
75FL	329	Exit 329 - SR 44	RV	
75FL	341	Exit 341 - CR 484	ALL	Microtel Inn (352-307-8291)
75FL	346	**Rest Area**		
75FL	350	Exit 350 - SR 200	ALL	The Country Inn (352-237-0715) Fairfield Inn (352.861.8400) Courtyard (352.237.8000) Residence (352.547.1600)
75FL	352	Exit 352 - SR 40	ALL	Red Roof Inn ((352) 732-4590)
75FL	354	Exit 354 - US 27	ALL	Howard Johnson (352-629-7021)
75FL	358	Exit 358 - SR 326		
75FL	368	Exit 368 - CR 318	RV	
75FL	374	Exit 374 - CR 234	GFL	
75FL	382	Exit 382 - SR 121	ALL	Rodeway Inn (352- 378-9240) Residence (352.371.2101)
75FL	383	**Rest Area**		
75FL	384	Exit 384 - SR 24	ALL	Hampton Inn Gaines.. (352-371-4171) Red Roof Inn ((352) 336-3311) Motel 6 ((352) 373-1604)
75FL	387	Exit 387 - SR 26	ALL	La Quinta Inn (352-332-6466)
75FL	390	Exit 390 - SR 222	ALL	Best Western (352- 331-3336)
75FL	399	Exit 399 - US 441	ALL	Days Inn (386-462-3251)
75FL	404	Exit 404 - CR 236	RV	
75FL	413	**Rest Area**		
75FL	414	Exit 414 - US 41/US 441	RV	
75FL	423	Exit 423 - SR 47	LRV	Super 8 (386-752-6450)
75FL	427	Exit 427 - US 90	GFLRV	Red Roof Inn ((386) 752-6693) Motel 6 (386.755.4664) Fairfield Inn (386.466.1014)
75FL	435	Exit 435 - I-10		
75FL	439	Exit 439 - SR 136	RV	
75FL	442(NBO)	**Rest Area**		
75FL	445(SBO)	**Rest Area**		
75FL	451	Exit 451 - US 129	L	
75FL	460	Exit 460 - SR 6		
75FL	467	Exit 467 - SR 143	FRV+	
SL	471	Start of Interstate		

COLORADO - INTERSTATE 76

State	Mile Marker	Name	Serv	Featured Hotels
76CO	1	Exit 1B - Sheridan Blvd		
76CO	1	Exit 1A - Wadsworth Blvd	GF+	
76CO	3	Exit 3 - Federal Blvd	GF	
76CO	4	Exit 4 - Pecos St		
76CO	5	Exit 5 - I-25		

76CO	6	Exit 6A - I-270 E		
76CO	6	Exit 6B - I-270 E		
76CO	8	Exit 8 - 74th Ave	G	
76CO	9	Exit 9 - Commerce City	G+	
76CO	10	Exit 10 - 88th Ave	GL	
76CO	11	Exit 11 - 96th Ave		
76CO	12	Exit 12 - Brighton		
76CO	16	Exit 16 - Sable Blvd	G	
76CO	18(WBO)	Exit 18 - Limon		
76CO	20	Exit 20 - 136th Ave	RV	
76CO	21	Exit 21 - 144th Ave	F+	
76CO	22	Exit 22 - Bromley Lane	GFL	
76CO	25	Exit 25 - Lochbuie	G	
76CO	31	Exit 31 - Hudson	GFRV	
76CO	34	Exit 34 - Kersey Rd		
76CO	39	Exit 39 - Keenesburg	GFL	
76CO	48	Exit 48 - Roggen	G	
76CO	49(WBO)	Exit 49 - Painter Rd		
76CO	57	Exit 57 - rd 91		
76CO	60	Exit 60 - Orchard		
76CO	64(EBO)	Exit 64 - Wiggins		
76CO	66	Exit 66B - Greeley		
76CO	66	Exit 66A - Goodrich	G+	
76CO	73	Exit 73 - Long Bridge Rd		
76CO	75	Exit 75 - Ft Morgan	L	Clarion Hotel (970.867.8200)
76CO	79	Exit 79 - Weldona		
76CO	80	Exit 80 - Ft Morgan	GFLRV	
76CO	82	Exit 82 - Barlow Rd	ALL	Comfort Inn (970.867.6700)
76CO	86	Exit 86 - Dodd Bridge Rd		
76CO	90	Exit 90A - Brush	GFL	
76CO	90	Exit 90B - Brush	GFL	Econo Lodge (970.842.5146)
76CO	92	Exit 92 - US 6 E		
76CO	95	Exit 95 - Hillrose		
76CO	102	Exit 102 - Merino		
76CO	115	Exit 115 - Atwood	GF	
76CO	125	Exit 125 - Sterling	ALL	
76CO	141	Exit 141 - Proctor		
76CO	149	Exit 149 - fleming	G	
76CO	155	Exit 155 - Red Lion Rd		
76CO	165	Exit 165 - Haxton	GF	
76CO	172	Exit 172 - Ovid	GF	
76CO	180	Exit 180 - Julesburg	ALL	

OHIO - INTERSTATE 76

State	Mile Marker	Name	Serv	Featured Hotels
76OH	1	Exit 1 - I-76 E	GFLRV	
76OH	2	Exit 2 - Medina	GFLRV	
76OH	7	Exit 7 - Rittman	G	
76OH	9	Exit 9 - N Royalton	ALL	
76OH	11	Exit 11 - Wadsworth	G+	
76OH	13	Exit 13A - OH 21		
76OH	13	Exit 13B - OH 21		
76OH	14	Exit 14 - Cleve-Mass Rd	GF	
76OH	16	Exit 16 - Barber Rd	GF	
76OH	17	Exit 17A - Wooster Rd	G+	
76OH	17	Exit 17B - Wooster Rd	G+	
76OH	18	Exit 18 - I-277		
76OH	19	Exit 19 - Battles Ave		
76OH	20(EBO)	Exit 20 - I-77 N		
76OH	21	Exit 21C - Dart Ave		
76OH	21	Exit 21B - Lakeshore St		
76OH	21(WBO)	Exit 21A - East Ave		
76OH	22	Exit 22B - Akron	GF	
76OH	22	Exit 22A - Main St		
76OH	23	Exit 23B - Buchtell Ave		
76OH	23	Exit 23A - I-77 S		
76OH	24	Exit 24 - Arlington St		
76OH	25	Exit 25A - Martha Ave	G	
76OH	25	Exit 25B - Martha Ave	G	
76OH	26	Exit 26 - E Market St	GF	
76OH	27	Exit 27 - canton Rd	GFL	
76OH	29	Exit 29 - Tallmadge	F+	
76OH	31	Exit 31 - Tallmadge		
76OH	33	Exit 33 - Hartville	GFLRV	Hampton Inn (330.673.8555)
76OH	38	Exit 38A - Ravenna	GFRV+	
76OH	38	Exit 38B - Ravenna	GFRV+	
76OH	43	Exit 43 - Alliance	G	
76OH	45	**Rest Area**		
76OH	48	Exit 48 - Alliance	RV	
76OH	54	Exit 54 - Newton Falls	GRV	
76OH	57	Exit 57 - Bailey Rd		
76OH	60	Exit 60 - Ohio TPK		
76OH	232	Exit 232 - Boardman	GFL	Quality Inn (330.549.9190)
76OH	235(WBO)	Exit 235 - I-680		

PENNSYLVANIA - INTERSTATE 76

State	Mile Marker	Name	Serv	Featured Hotels
76PA	1(EBO)	Exit 1 - Toll Plaza		
76PA	10	Exit 10 - New Castle		
76PA	13	Exit 13 - Ellwood City	GFL	
76PA	14(EBO)	Parking Area		
76PA	17(EBO)	Parking Area		
76PA	22(EBO)	**Service/Travel Plaza**	GF	
76PA	28	Exit 28 - Cranberry	ALL	Motel 6 ((724) 776-4333)
76PA	39	Exit 39 - Butler Valley	ALL	
76PA	41	Parking Area		
76PA	48	Exit 48 - New Kensington	ALL	
76PA	49(EBO)	**Service/Travel Plaza**	GF	
76PA	57	Exit 57 - I-376	ALL	
76PA	61(EBO)	Parking Area		
76PA	67	Exit 67 - Greensburg	ALL	
76PA	74(EBO)	**Service/Travel Plaza**	GF	
76PA	75	Exit 75 - I-70 W	GFL	
76PA	78(WBO)	**Service/Travel Plaza**	GF	
76PA	91	Exit 91 - Donegal	GFLRV	
76PA	110	Exit 110 - Somerset	ALL	Hampton Inn (814.445.9161)
76PA	112(EBO)	**Service/Travel Plaza**	GF	
76PA	142(WBO)	Parking Area		
76PA	146	Exit 146 - Bedford	GFL	
76PA	148	**Service/Travel Plaza**	GF	
76PA	161	Exit 161 - Breezewood	ALL	
76PA	172	**Service/Travel Plaza**	GF	
76PA	180	Exit 180 - Ft Littleton	GFL	
76PA	189	Exit 189 - Willow Hill	L	
76PA	201	Exit 201 - Shippensburg	L	
76PA	203(WBO)	**Service/Travel Plaza**	GF	
76PA	219(EBO)	**Service/Travel Plaza**	GF	
76PA	226	Exit 226 - I-81	GFL	Quality Inn (717.243.6000)
76PA	236	Exit 236 - Gettysburg	ALL	Courtyard (717.766.9006)
76PA	242	Exit 242 - I-83	GFL	Comfort Inn (717.774.8888)
76PA	247	Exit 247 - I-283	GFLRV	
76PA	250(EBO)	**Service/Travel Plaza**	GF	
76PA	259(WBO)	**Service/Travel Plaza**	GF	
76PA	266	Exit 266 - Lebanon	GFLRV	
76PA	286	Exit 286 - Reading	GFLRV	
76PA	290(EBO)	**Service/Travel Plaza**	GF	
76PA	298	Exit 298 - I-176	ALL	
76PA	305(WBO)	**Service/Travel Plaza**	GF	

76PA	312	Exit 312 - Downingtown	GFL	
76PA	325(EBO)	**Service/Travel Plaza**	GF	
76PA	326	Exit 326 - PA TPK	L	Hampton Inn (610.962.8111)
76PA	327	Exit 327 - Goddard Blvd		
76PA	328(WBO)	**Service/Travel Plaza**	GF	
76PA	328	Exit 328 - King of Prussia	GFL	
76PA	330	Exit 330 - Gulph Mills		
76PA	331	Exit 331A - I-476		
76PA	331	Exit 331B - I-476		
76PA	332	Exit 332 - Conshohocken	L	
76PA	333	Exit 333 - Germantown Pike	GFL	
76PA	334	Exit 334 - I-476 S		
76PA	337(WBO)	Exit 337 - Hollow Rd		
76PA	338	Exit 338 - Belmont Ave	GF	
76PA	339	Exit 339 - US 1 S	L	Homewood Suites (215.966.3000)
76PA	340	Exit 340B - Roosevelt Blvd		
76PA	340	Exit 340A - Lincoln Dr		
76PA	340	Exit 340 - VA Dr		
76PA	341	Exit 341 - Montgomery Dr		
76PA	342	Exit 342 - Girard Ave		
76PA	343	Exit 343 - Spring Garden St		
76PA	344	Exit 344 - I-676 E		
76PA	345	Exit 345 - 30th St		
76PA	346	Exit 346C - 28th St		
76PA	346	Exit 346B - Grays Ferry Ave	GF	
76PA	346	Exit 346A - South St		
76PA	347	Exit 347A - I-95 S		
76PA	347	Exit 347B - Passyunk Ave		
76PA	348	Exit 348 - Chester	L	
76PA	349	Exit 349 - Broad St		
76PA	350	Exit 350 - Packer Ave	L	
76PA	351(WBO)	Exit 351 - I-95		
76PA	351	Exit 351 - I-95	ALL	
76PA	352(WBO)	**Service/Travel Plaza**	GF	
76PA	358	Exit 358 - Delaware Valley	ALL	
76PA	359	Exit 359 - I-276		

OHIO - INTERSTATE 77

State	Mile Marker	Name	Serv	Featured Hotels
77OH	1	Exit 1 - Marietta	ALL	Hampton Inn (740.373.5353) Comfort Inn (740.374.8190)
77OH	3(NBO)	**Rest Area**		
77OH	6	Exit 6 - Devola	GRV	

77OH	16	Exit 16 - Macksburg	F	
77OH	21(NBO)	Exit 21A - East Ave		
77OH	21(SBO)	Exit 21B - Lakeshore		
77OH	21	Exit 21C - Dart Ave		
77OH	22	Exit 22A - Main St		
77OH	22	Exit 22B - Grant St	GF	
77OH	25	Exit 25 - Caldwel	GFL	
77OH	28	Exit 28 - Belle Valley	GRV	
77OH	36(SBO)	**Rest Area**		
77OH	37	Exit 37 - Buffalo	GF	
77OH	39(NBO)	**Rest Area**		
77OH	41	Exit 41 - Byesville	GF	
77OH	44	Exit 44A - I-70		
77OH	44	Exit 44B - I-70		
77OH	46	Exit 46A - Old Washington	GF+	
77OH	46	Exit 46B - Old Washington	GF+	
77OH	47	Exit 47 - Cadiz	GLRV	
77OH	54	Exit 54 - Plainfield	GF	
77OH	65	Exit 65 - Port Washington	GFL	Hampton Inn (740.498.9800)
77OH	73	Exit 73 - Stone Creek	G	
77OH	81	Exit 81 - Uhrichsville	ALL	Motel 6 ((330) 339-6446) Hampton Inn (330.339.7000)
77OH	83	Exit 83 - Sugarcreek	GFL	
77OH	85	**Rest Area**		
77OH	87	Exit 87 - Strasburg	GFL	
77OH	93	Exit 93 - Zoar	ALL	Sleep Inn (330.874.3435)
77OH	99	Exit 99 - Fohl Rd	GRV	
77OH	101	Exit 101 - Faircrest St	GF	
77OH	103	Exit 103 - OH 800 S	GF	
77OH	104	Exit 104 - E Liverpool		
77OH	105	Exit 105B - Tuscarawas St		
77OH	105	Exit 105A - 6th St SW	F+	
77OH	106	Exit 106 - 13th St NW		
77OH	107	Exit 107A - Fulton Rd	G	
77OH	107	Exit 107B - Fulton Rd	G	
77OH	109	Exit 109A - Everhard Rd	ALL	
77OH	109	Exit 109B - Everhard Rd	ALL	Hampton Inn (330.491.4335)
77OH	111	Exit 111 - Portage St	ALL	
77OH	112	Exit 112 - new exit		
77OH	113	Exit 113 - Akron-Canton	LRV	
77OH	118	Exit 118 - Massillon	GFL	
77OH	120	Exit 120 - Arlington Rd	ALL	Hampton Inn (330.644.6579) Fairfield Inn (330.245.0041)
77OH	122	Exit 122B - I-277		

State	Mile	Name	Serv	Featured Hotels
77OH	123	Exit 123B - Wilbeth Rd		
77OH	123	Exit 123A - Waterloo Rd	G	
77OH	124	Exit 124B - Lover's Lane		
77OH	124	Exit 124A - Archwood Ave		
77OH	125	Exit 125B - I-76 E		
77OH	125	Exit 125A - Cuyahoga Falls		
77OH	129	Exit 129 - I-76 W		
77OH	130	Exit 130 - Wooster Ave	GF+	
77OH	131	Exit 131 - Copley Rd	GF+	
77OH	132	Exit 132 - White Pond Dr		
77OH	133	Exit 133 - Ridgewood Rd	GF	
77OH	135(NBO)	Exit 135 - Cleveland-Massillon Rd		
77OH	136	Exit 136 - Massillon		
77OH	137	Exit 137A - Fairlawn	ALL	Hampton Inn (330.666.7361)
77OH	137	Exit 137B - Fairlawn	ALL	
77OH	138	Exit 138 - Ghent Rd	GFL	Hilton (330.867.5000)
77OH	141	**Rest Area**		
77OH	143	Exit 143 - I-271 S	GF	
77OH	144	Exit 144 - I-271 N		
77OH	145(NBO)	Exit 145 - OH 21		
77OH	146	Exit 146 - I-80		
77OH	147(SBO)	Exit 147 - Miller Rd		
77OH	149	Exit 149 - Broadview Heights	GFL	
77OH	151	Exit 151 - Wailings Rd		
77OH	153	Exit 153 - Pleasant Valley Rd		
77OH	155	Exit 155 - Rockside Rd	GFL	Doubletree (216.447.1300) Hampton Inn (216.520.2020) Comfort Inn (216.328.7777)
77OH	156	Exit 156 - I-480	L	Holiday Inn (216.524.8050) Crowne Plaza (216.524.0700)
77OH	157(SBO)	Exit 157 - Brecksville Rd		
77OH	158	Exit 158 - Grant Ave		
77OH	159	Exit 159B - fleet Ave	G	
77OH	159	Exit 159A - Harvard Ave	G	
77OH	160(NBO)	Exit 160 - Pershing Ave		
77OH	161	Exit 161B - I-490 W		
77OH	161(NBO)	Exit 161A - Broadway St		
77OH	162(NBO)	Exit 162B - E 22nd St		
77OH	162(NBO)	Exit 162A - E 30th Street		
77OH	163	Exit 163C - I-90		
77OH	163	Exit 163B - E 9th St	L	Hilton Garden Inn (216.658.6400)

WEST VIRGINIA - INTERSTATE 77

State	Mile	Name	Serv	Featured Hotels

	Marker			
77WV	1	Exit 1 - Bluefield	FL	
77WV	5(SBO)	Exit 5 - Ingleside		
77WV	7(NBO)	Exit 7 - Ingleside Rd		
77WV	9	Exit 9 - Princeton	ALL	Comfort Inn (304.487.6101) Sleep Inn (304.431.2800)
77WV	14	Exit 14 - Athens Rd		
77WV	17(NBO)	**Service/Travel Plaza**	GF	
77WV	18(SBO)	Parking Area		
77WV	20	Exit 20 - camp Creek	GRV	
77WV	28	Exit 28 - Ghent	GFL	
77WV	40	Exit 40 - I-64 E		
77WV	42	Exit 42 - Mabscott	ALL	
77WV	44	Exit 44 - Beckley	ALL	Fairfield Inn (304.252.8661) Comfort Inn (304.255.5291) Holiday Inn (304.252.2250)
77WV	45	**Service/Travel Plaza**	GF	
77WV	48	Exit 48 - N Beckley	ALL	
77WV	54	Exit 54 - Pax	G	
77WV	60	Exit 60 - Mossy	GRV	
77WV	66	Exit 66 - Mahan	G	
77WV	69(WBO)	**Rest Area**		
77WV	72(EBO)	**Service/Travel Plaza**	GF	
77WV	79	Exit 79 - Cabin Creek Rd		
77WV	85	Exit 85 - East bank	G+	
77WV	89	Exit 89 - Marmet	GF+	
77WV	95	Exit 95 - MacCorkle Ave	ALL	Comfort Suites (304.925.1171)
77WV	96	Exit 96 - Midland Trail	FL	
77WV	97(NBO)	Exit 97 - US 60 W		
77WV	98(SBO)	Exit 98 - 35th St Bridge	F	
77WV	99	Exit 99 - Capitol St	GFL	Courtyard (304.252.9800)
77WV	100	Exit 100 - Broad St	FL+	
77WV	101	Exit 101 - I-64		
77WV	102	Exit 102 - Westmoreland Rd	GFL	
77WV	104	Exit 104 - I-79 N		
77WV	106	Exit 106 - Edens Fork Rd	GL	
77WV	111	Exit 111 - Tuppers Creek Rd	GF	
77WV	114	Exit 114 - Pocatalico Rd	G+	
77WV	116	Exit 116 - Haines Branch Rd	RV	
77WV	119	Exit 119 - Goldtown		
77WV	124	Exit 124 - Kenna	G	
77WV	132	Exit 132 - fairplain	GFRV	
77WV	138	Exit 138 - Ripley	ALL	Quality Inn (304.372.5000)
77WV	146	Exit 146 - Silverton	GFLRV	

State	Mile Marker	Name	Serv	Featured Hotels
77WV	154	Exit 154 - Medina Rd		
77WV	161	Exit 161 - Rockport	G	
77WV	166	**Rest Area**		
77WV	170	Exit 170 - Mineral Wells	GFL	Comfort Suites (304.489.9600)
77WV	173	Exit 173 - Camden Ave	GFL	
77WV	174	Exit 174 - Staunton Ave	GF	
77WV	176	Exit 176 - 7th St	ALL	
77WV	179	Exit 179 - Waverly	GFL	
77WV	185	Exit 185 - Williamstown	GFL	

VIRGINIA - INTERSTATE 77

State	Mile Marker	Name	Serv	Featured Hotels
77VA	0(NBO)	**Rest Area**		
77VA	1	Exit 1 - Route 620	+	
77VA	8	Exit 8 - Route 775	+	
77VA	14	Exit 14 - Route 58/221	L+	Hampton Inn (276.728.2345) Comfort Inn (276.730.9999) Quality Inn (276.728.2120)
77VA	19	Exit 19 - Route 620	+	
77VA	24	Exit 24 - Route 69	+	
77VA	32	Exit 32 - Interstate 81	+	
77VA	40	Exit 40 - Interstate 81	+	
77VA	41	Exit 41 - Route 610/Peppers Ferry Rd.	L+	Sleep Inn (276.625.0667)
77VA	47	Exit 47 - Route 717	+	
77VA	52	Exit 52 - Route 42/52	+	
77VA	58	Exit 58 - Route 666	L+	Hampton Inn (304.343.9300)
77VA	60(NBO)	**Rest Area**		
77VA	61(SBO)	**Rest Area**		
77VA	62	Exit 62 - Route 606	+	
77VA	64	Exit 64 - Route 52/61	+	
77VA	66	Exit 66 - Route 52/598	+	
77VA	73	Exit 73 - Wytheville	ALL	

NORTH CAROLINA - INTERSTATE 77

State	Mile Marker	Name	Serv	Featured Hotels
77NC	1(NBO)	**Rest Area**		
77NC	1(NBO)	Exit 1 - Westinghouse Blvd	GFL	Hilton Garden Inn (704.970.5000)
77NC	2	Exit 2 - I-485	L	Residence (704.340.4000)
77NC	3	Exit 3 - Arrowood Rd	FL	Hampton Inn (704.525.3333) Courtyard (704.527.5055) Fairfield Inn (704.319.5100) TownePlace (704.227.2000)
77NC	4	Exit 4 - Nations Ford Rd	GFL	

77NC	5	Exit 5 - Tyvola Rd	ALL	Hilton (704.527.8000) Comfort Inn (704.525.2626) Quality Inn (704.525.0747)
77NC	6	Exit 6A - Billy Graham Pkwy	ALL	
77NC	6	Exit 6B - Billy Graham Pkwy	ALL	Econo Lodge (704.392.0600) Sleep Inn (704.525.5005) Holiday Inn (704.523.1400)
77NC	7	Exit 7 - Clanton Rd	ALL	Motel 6 ((704) 527-0144) Econo Lodge (704.523.0633)
77NC	8(NBO)	Exit 8 - Remount Rd		
77NC	9	Exit 9 - I-277	L	Hilton Garden Inn (704.347.5972) Hampton Inn (704.373.0917)
77NC	10	Exit 10B - Trade St	GF	
77NC	10(SBO)	Exit 10A - Moorhead St		
77NC	11	Exit 11A - I-277		
77NC	11	Exit 11B - I-277		
77NC	12	Exit 12 - La Salle St	G	
77NC	13	Exit 13A - I-85		
77NC	13	Exit 13B - I-85		
77NC	16	Exit 16A - Sunset Rd	ALL	
77NC	16	Exit 16B - Sunset Rd	ALL	
77NC	18	Exit 18 - Harris Blvd	ALL	Hilton Garden Inn (704.597.7655) Holiday Inn (704.547.0999)
77NC	19	Exit 19A - S I-485		
77NC	19	Exit 19B - S I-485		
77NC	23	Exit 23 - Huntersville	ALL	Comfort Suites (704.875.6220)
77NC	25	Exit 25 - Concord	ALL	Sleep Inn (704.766.2500) Quality Inn (704.892.6597)
77NC	28	Exit 28 - Cornelius	ALL	Hampton Inn (704.892.9900) Comfort Inn (704.896.7622) Clarion Hotel (704.896.0660) Econo Lodge (704.892.3500)
77NC	30	Exit 30 - Davidson	ALL	Homewood Suites (704.987.1818)
77NC	31	Exit 31 - Langtree		
77NC	33	Exit 33 - US 21 N	ALL	Hilton Garden Inn (704.663.6468) Renaissance (704.357.1414)
77NC	36	Exit 36 - Mooresville	ALL	Hampton Inn (704.660.7700) Fairfield Inn (704.663.6100) Sleep Inn (704.799.7070)
77NC	39	**Rest Area**		
77NC	42	Exit 42 - Troutman	GF+	
77NC	45	Exit 45 - Troutman	GRV	
77NC	49	Exit 49A - G Bagnal Blvd	ALL	Motel 6 (704.871.1115)
77NC	49	Exit 49B - G Bagnal Blvd	ALL	
77NC	50	Exit 50 - E Broad St	ALL	
77NC	51	Exit 51A - I-40		

State	Mile Marker	Name	Serv	Featured Hotels
77NC	51	Exit 51B - I-40		
77NC	54	Exit 54 - Turnersburg	GF	
77NC	59	Exit 59 - Tomlin Mill Rd	G	
77NC	63(SBO)	**Rest Area**		
77NC	65	Exit 65 - Union Grove	GFLRV	
77NC	72(NBO)	**Rest Area**		
77NC	73	Exit 73A - Winston-Salem	G	
77NC	73	Exit 73B - Winston-Salem	G	
77NC	79	Exit 79 - Arlington	GFL	
77NC	82	Exit 82 - Elkin	ALL	Hampton Inn (336.835.1994) Comfort Inn (336.835.9400)
77NC	83(NBO)	Exit 83 - Sparta		
77NC	85	Exit 85 - CC Camp Rd	ALL	
77NC	93	Exit 93 - Dobson	GLRV	Hampton Inn (336.353.9400)
77NC	100	Exit 100 - Mt Airy	GFL	
77NC	101	Exit 101 - I-74 E	L	
77NC	105(SBO)	**Rest Area**		

SOUTH CAROLINA - INTERSTATE 77

State	Mile Marker	Name	Serv	Featured Hotels
77SC	1(SBO)	Exit 1 - Cayce		
77SC	2	Exit 2 - Saxe Gotha Rd		
77SC	5	Exit 5 - Bluff Rd	GF	
77SC	6	Exit 6A - Shop Rd		
77SC	6	Exit 6B - Shop Rd		
77SC	9	Exit 9A - Sumter	ALL	
77SC	9	Exit 9B - Sumter	ALL	
77SC	10	Exit 10 - Jasckson Blvd	GFL	
77SC	12	Exit 12 - Forest Blvd	ALL	
77SC	13(NBO)	Exit 13 - Decker Blvd		
77SC	15	Exit 15A - Percival Rd	G	
77SC	15	Exit 15B - Percival Rd	G	
77SC	16	Exit 16A - I-20		
77SC	16	Exit 16B - I-20		
77SC	17	Exit 17 - Two Notch Rd	ALL	Hampton Inn (803.865.8000) Comfort Suites (803.678.4266) Quality Inn (803.736.0822)
77SC	18(SBO)	Exit 18 - I-20 W		
77SC	19	Exit 19 - Farrow Rd	GFL	
77SC	22	Exit 22 - Killian Rd	F+	
77SC	24	Exit 24 - Wilson Blvd	G+	
77SC	27	Exit 27 - Blythewood Rd	ALL	
77SC	32	Exit 32 - Peach Rd		

State	Mile Marker	Name	Serv	Featured Hotels
77SC	34	Exit 34 - Winnsboro	GFLRV	
77SC	41	Exit 41 - Winnsboro		
77SC	46	Exit 46 - White Oak		
77SC	48	Exit 48 - Great Falls	G	
77SC	55	Exit 55 - Chester	G	
77SC	62	Exit 62 - Fort lawn		
77SC	65	Exit 65 - Chester	ALL	Quality Inn (803.451.2400) Econo Lodge (803.789.3000) Comfort Inn (803.789.7100)
77SC	66	**Rest Area**		
77SC	73	Exit 73 - Rock Hill	G	
77SC	75	Exit 75 - Porter Rd	G	
77SC	77	Exit 77 - Rock Hill	GF	
77SC	79	Exit 79 - Dave Lyle Blvd	ALL	Hampton Inn (803.325.1100) Hilton Garden Inn (803.325.2800) TownePlace (803.327.0700)
77SC	82	Exit 82C - Rock Hill	GFL	
77SC	82	Exit 82A - unknown	ALL	Motel 6 (803.329.1122)
77SC	82	Exit 82B - unknown	ALL	Econo Lodge (803.329.3232) Quality Inn (803.329.3121)
77SC	83	Exit 83 - Sutton Rd	G	
77SC	85	Exit 85 - Ft Mill	GF+	
77SC	88	Exit 88 - Gold Hill Rd	GFRV	
77SC	89(SBO)	**Rest Area**		
77SC	90	Exit 90 - Carowinds Blvd	ALL	Motel 6 (803.548.9656) Sleep Inn (803.547.2300) Comfort Inn (803.548.5200)

PENNSYLVANIA - INTERSTATE 78

State	Mile Marker	Name	Serv	Featured Hotels
78PA	1	Exit 1 - I-81		
78PA	6	Exit 6 - Fredricksburg	GFRV	
78PA	10	Exit 10 - Frystown	G	
78PA	13	Exit 13 - Bethel	G	
78PA	15	Exit 15 - Grimes		
78PA	16	Exit 16 - Midway	ALL	
78PA	17	Exit 17 - Rehrersburg		
78PA	19	Exit 19 - Strausstown	GF	
78PA	23	Exit 23 - Shartlesville	GFLRV	
78PA	29	Exit 29A - reading	GFL	
78PA	29	Exit 29B - reading	GFL	
78PA	30	Exit 30 - Hamburg	F	
78PA	35	Exit 35 - Lenhartsville		
78PA	40	Exit 40 - Lynnport	GFL	

State	Mile Marker	Name	Serv	Featured Hotels
78PA	45	Exit 45 - Lynnport	GFL	
78PA	49	Exit 49A - Fogelsville	GFLRV	
78PA	49	Exit 49B - Fogelsville	GFLRV	
78PA	51	Exit 51 - I-476		
78PA	53(WBO)	Exit 53 - PA 309		
78PA	54	Exit 54 - Hamilton Blvd	ALL	
78PA	55	Exit 55 - Cedar Crest Blvd		
78PA	57	Exit 57 - Lehigh St	ALL	
78PA	58(WBO)	Exit 58 - Emaus St	G	
78PA	59	Exit 59 - Summit lawn		
78PA	60	Exit 60A - Quakertown		
78PA	60	Exit 60B - Quakertown		
78PA	67	Exit 67 - Hellertown	ALL	
78PA	71	Exit 71 - Stroudsburg	FL+	Courtyard (610.625.9500)
78PA	75	Exit 75 - Easton	GFL	
78PA	76(WBO)	**Rest Area**		

NEW JERSEY - INTERSTATE 78

State	Mile Marker	Name	Serv	Featured Hotels
78NJ	3	Exit 3 - Phillipsburg	ALL	
78NJ	4(WBO)	Exit 4 - Warren Glen		
78NJ	6(EBO)	Exit 6 - Warren Glen		
78NJ	7	Exit 7 - Bloomsbury	GRV	
78NJ	8	**Rest Area**		
78NJ	11	Exit 11 - West Portal	GF	
78NJ	12	Exit 12 - Jutland	GFL	
78NJ	13(WBO)	Exit 13 - NJ 173 W	F	
78NJ	15	Exit 15 - Pittstown	ALL	
78NJ	16(EBO)	Exit 16 - Clinton		
78NJ	17	Exit 17 - Clinton	GFL	
78NJ	18	Exit 18 - Anaadale		
78NJ	20(WBO)	Exit 20A - Cokesbury	GFL	Courtyard (908.236.8500)
78NJ	20(WBO)	Exit 20B - Cokesbury	GFL	
78NJ	24	Exit 24 - Oldwick	GF	
78NJ	26	Exit 26 - North Branch		
78NJ	29	Exit 29 - I-287		
78NJ	32(WBO)	Observation Area		
78NJ	33	Exit 33 - Martinsville	GFL	
78NJ	36	Exit 36 - Warrenville	GF	
78NJ	40	Exit 40 - The Plainfields	GF	
78NJ	41	Exit 41 - Berkeley Heights		
78NJ	43	Exit 43 - New Providence		
78NJ	44(EBO)	Exit 44 - Berkeley Heights		

State	Mile Marker	Name	Serv	Featured Hotels
78NJ	45(EBO)	Exit 45 - Glenside Ave		
78NJ	48	Exit 48 - I-287 N		
78NJ	49(EBO)	Exit 49B - Maplewood		
78NJ	50(WBO)	Exit 50A - Millburn	GF+	
78NJ	50(WBO)	Exit 50B - Millburn	GF+	
78NJ	52	Exit 52 - Garden State Pkwy		
78NJ	54	Exit 54 - Hillside	GF	
78NJ	55(WBO)	Exit 55 - Irvington	GF	
78NJ	56	Exit 56 - Clinton Ave		
78NJ	57	Exit 57 - US 1S	L	
78NJ	58	Exit 58A - IS 1N		
78NJ	58	Exit 58B - IS 1N		

PENNSYLVANIA - INTERSTATE 79

State	Mile Marker	Name	Serv	Featured Hotels
79PA	1	Exit 1 - Mount Morris	GLRV	Comfort Suites (814.969.7000)
79PA	6	**Rest Area**		
79PA	7	Exit 7 - Kirby		
79PA	14	Exit 14 - Waynesburg	ALL	Econo Lodge (724.627.5544) Comfort Inn (724.627.3700)
79PA	19	Exit 19A - I-77	GFL	
79PA	19	Exit 19B - I-77	GFL	
79PA	19	Exit 19 - Ruff Creek		
79PA	20	Exit 20 - I-77		
79PA	23	Exit 23 - Marianna		
79PA	30	Exit 30 - Amity	GF	
79PA	31	Parking Area		
79PA	33	Exit 33 - Laboratory		
79PA	34	Exit 34 - I-70		
79PA	38	Exit 38 - I-70		
79PA	40	Exit 40 - Meadowlands		
79PA	41	Exit 41 - Race Track Rd	GFL	Hampton Inn (724.222.4014) Comfort Inn (724.746.9700) Holiday Inn (724.222.6200) Candlewood Suites (724.873.7300)
79PA	43	Exit 43 - Houston	G	
79PA	45	Exit 45 - Cannonsburg	GFL	
79PA	48	Exit 48 - South Pointe	FL	Hilton Garden Inn (724.743.5000) Homewood Suites (724.745.4663)
79PA	50	**Rest Area**		
79PA	54	Exit 54 - Bridgeville	GFL	Holiday Inn (412.914.2000)
79PA	55	Exit 55 - Heidelberg	GFL	Crowne Plaza (412.833.5300)
79PA	57	Exit 57 - Carnegie	GFL	
79PA	59	Exit 59B - US 22	L	Motel 6 (412.269.0990)

79PA	59	Exit 59 - Pittsburgh		
79PA	60	Exit 60A - Crafton	GFL	Motel 6 ((412) 922-9400) Comfort Inn (412.922.7555)
79PA	60	Exit 60B - Crafton	GFL	
79PA	64	Exit 64 - McKees Rocks		
79PA	65	Exit 65 - Coraopolis	GFL	Fairfield Inn (412.264.4722)
79PA	66	Exit 66 - Emsworth		
79PA	68	Exit 68 - Mt Nebo Rd	G	
79PA	72	Exit 72 - I-279		
79PA	73	Exit 73 - Wexford	GF	
79PA	75	Exit 75 - Warrendale		
79PA	77	Exit 77 - I-76	F	
79PA	78	Exit 78 - I-76	ALL	Residence Inn (724.779.1000) Fairfield Inn (724.772.0600) Marriott (724.772.3700) Hilton Garden Inn (814.866.1390)
79PA	80	Parking Area		
79PA	85	Exit 85 - Evans City		
79PA	88	Exit 88 - US 19	GF	
79PA	96	Exit 96 - Portersville	FRV	
79PA	99	Exit 99 - New Castle	GFRV	
79PA	105	Exit 105 - Slippery Rock	GLRV	
79PA	107(NBO)	**Rest Area**		
79PA	110(SBO)	**Rest Area**		
79PA	113	Exit 113 - Grove City	GFL	Hampton Inn 724.748.5744) Comfort Inn (724.748.1005) Holiday Inn (724.748.5514)
79PA	116	Exit 116A - I-80		
79PA	116	Exit 116B - I-80		
79PA	121	Exit 121 - Mercer	G	
79PA	130	Exit 130 - Sandy Lake		
79PA	135	**Rest Area**		
79PA	141	Exit 141 - Geneva	F	
79PA	147	Exit 147A - Meadville	ALL	Holiday Inn Express (814.724.6012)
79PA	147	Exit 147B - Meadville	ALL	Hampton Inn (814.807.1446) Quality Inn (814.333.8883)
79PA	154	Exit 154 - Saegerton		
79PA	163	**Rest Area**		
79PA	166	Exit 166 - Edinboro	ALL	
79PA	174	Exit 174 - McKean	RV	
79PA	178	Exit 178A - I-90		
79PA	178	Exit 178B - I-90		
79PA	180	Exit 180 - Kearsarge	ALL	Fairfield Inn (814.868.0985) SpringHill Suites (814.864.5000) TownePlace Suites (814.866.7100)

State	Mile Marker	Name	Serv	Featured Hotels
79PA	182	Exit 182 - 26th St	GF+	
79PA	183	Exit 183A - 12th St	ALL	
79PA	183	Exit 183B - 12th St	ALL	

WEST VIRGINIA - INTERSTATE 79

State	Mile Marker	Name	Serv	Featured Hotels
79WV	0	Exit 0 - Charleston		
79WV	1	Exit 1 - Mink Shoals	FL	Sleep Inn (304.345.5111)
79WV	5	Exit 5 - Big Chimney	GF	
79WV	9	Exit 9 - Elkview	GFL	
79WV	19	Exit 19 - Clendenin	GF	
79WV	25	Exit 25 - Amma	G	
79WV	34	Exit 34 - Wallback	F	
79WV	40	Exit 40 - Big Otter	G	
79WV	46	Exit 46 - Servia Rd		
79WV	49	**Rest Area**		
79WV	51	Exit 51 - Frametown		
79WV	57	Exit 57 - Beckley		
79WV	62	Exit 62 - Gassaway	GFL	
79WV	67	Exit 67 - flatwoods	GFL	
79WV	79	Exit 79 - Burnsville	GFL	
79WV	85	**Rest Area**		
79WV	91	Exit 91 - Roanoke	GFRV	
79WV	96	Exit 96 - S Weston	RV	
79WV	99	Exit 99 - Weston	ALL	Comfort Inn (304.269.7000) Holiday Inn (304.269.3550)
79WV	105	Exit 105 - Jane Lew	GL	
79WV	110	Exit 110 - Lost Creek	G	
79WV	115	Exit 115 - Nutter Fort	GFL	
79WV	117	Exit 117 - Anmoore	ALL	
79WV	119	Exit 119 - Clarksburg	ALL	Sleep Inn (304.842.1919) Holiday Inn (304.842.5411)
79WV	121	Exit 121 - Meadowbrook Rd	ALL	
79WV	123	**Rest Area**		
79WV	124	Exit 124 - Jerry Dove Dr	GFL	
79WV	125	Exit 125 - Saltwell Rd	GF	
79WV	132	Exit 132 - S Fairmont	ALL	Fairfield Inn (304.367.9150)
79WV	133	Exit 133 - Kingmont Rd	GFL	Comfort Inn (304.367.1370)
79WV	135	Exit 135 - Pleasant Valley Rd		
79WV	136	Exit 136 - unknown		
79WV	137	Exit 137 - Fairmont	GFL	Holiday Inn (304.363.3975)
79WV	139	Exit 139 - E Fairmont	GRV+	
79WV	146	Exit 146 - Goshen Rd		

State	Mile Marker	Name	Serv	Featured Hotels
79WV	148	Exit 148 - I-68	GL	Comfort Inn (304.296.9364)
79WV	152	Exit 152 - Morgantown	ALL	Econo Lodge (304.296.8774)
79WV	155	Exit 155 - US 19	GFL	Fairfield Inn (304.598.5006) Residence Inn (304.599.0237)
79WV	159	**Rest Area**		

CALIFORNIA - INTERSTATE 80				
State	Mile Marker	Name	Serv	Featured Hotels
SL	0	California interstate 80 begins/..		
80CA	1(WBO)	Exit 1A - US-101 South (Left Exit)	ALL	
80CA	1(WBO)	Exit 1B - Mission Street / Fell Street	ALL	Vagabond Inn (415-431-5131)
80CA	1(WBO)	Exit 1C - Ninth Street / Civic Center	ALL	
80CA	1(EBO)	Exit 1 - Seventh Street / US-101 North Exit	ALL	
80CA	2(WBO)	Exit 2A - US-101 North / Golden Gate Bridg..	ALL	Marriott (415-947-0700)
80CA	2(WBO)	Exit 2B - Harrison Street / Embarcadero (L..	ALL	Harbor Court Hotel (415-94105)
80CA	2(WBO)	Exit 2C - Fremont Street	ALL	W Hotel (415-777-5300)
80CA	2(EBO)	Exit 2 - Fourth Street / Embarcadero	ALL	Hotel Griffon (415-495-2100)
80CA	4(EBO)	Exit 4A - Treasure Island (Left Exit)		
80CA	4(EBO)	Exit 4B - Yerba Buena Island		
80CA	4(WBO)	Exit 4 - Treasure Island (Left Exit)		
80CA	8(EBO)	Exit 8A - I-880 South / San Jose	ALL	Extended Stay (510-923-1481)
80CA	8(WBO)	Exit 8A - West Grand Avenue	ALL	Extended Stay (510-923-1481)
80CA	8(EBO)	Exit 8B - I-580 East / Oakland, Hayward-St..	ALL	Hilton Garden (510-658-9300)
80CA	8(WBO)	Exit 8B - I-580 East / I-880 South (Left E..	ALL	Hilton Garden (510-658-9300)
80CA	9	Exit 9 - Powell Street / Emeryville	ALL	Four Points Sheraton (510-547-7888)
80CA	10	Exit 10 - SR-13 / Ashby Ave	ALL	
80CA	11	Exit 11 - University Ave, Berkeley	ALL	Holiday Inn Express (1-510-5481700) La Quninta Inn (510-849-1121)
80CA	12	Exit 12 - Gilman Street	ALL	Doubletree Hotel (510-548-7920)
80CA	13(EBO)	Exit 13A - Buchanan Street	ALL	Holiday Inn (510-548-1700)
80CA	13(EBO)	Exit 13B - I-580 West / Point Richmond, San..	ALL	Rodeway Inn (510-848-3840)
80CA	13(WBO)	Exit 13 - Albany	ALL	Budget Inn (510-524-8778)
80CA	14	Exit 14A - El Cerrito / Central Avenue	ALL	
80CA	14	Exit 14B - Carlson Blvd	ALL	Super 8 (510-232-0900)
80CA	15(EBO)	Exit 15 - Potrero Avenue	ALL	
80CA	15(WBO)	Exit 15 - Cutting Blvd to I-580 West	ALL	
80CA	16(EBO)	Exit 16A - Mac Donald Avenue	ALL	
80CA	16(EBO)	Exit 16B - San Pablo Avenue	ALL	
80CA	16(WBO)	Exit 16 - San Pablo Avenue	ALL	Extended Stay Amer.. (510-222-7383)
80CA	17	Exit 17 - Solano Avenue	ALL	Holiday Inn (510-965-1900)
80CA	18	Exit 18 - San Pablo Dam Road	ALL	Courtyard by Marri.. (804-346-5427)

80CA	19	Exit 19A - El Portal Drive	ALL	Quality Inn (916-927-7117)
80CA	19	Exit 19B - Hilltop Drive	ALL	Inn Off Capital Park (916-447-8100)
80CA	20	Exit 20 - Richmond Parkway / Fitzgerald Dr..	ALL	Motel 6 ((510) 222-8174)
80CA	21	Exit 21 - Appian Way	GFL	Days Inn (510-222-9400)
80CA	22	Exit 22 - Pinole Valley Road	GF	
80CA	23(EBO)	Exit 23 - SR-4 / Hercules, Stockton	GFL	
80CA	23(WBO)	Exit 23 - Hercules	GFL	
80CA	24(EBO)	Exit 24 - Willow Avenue	G	
80CA	24(WBO)	Exit 24 - Willow Avenue / Rodeo	G	
80CA	26(EBO)	Exit 26 - Cummings Skyway		
80CA	26(WBO)	Exit 26 - SR-4 / Martinez / Concord		
80CA	27(EBO)	Exit 27 - Crockett Port Costa		
80CA	27(WBO)	Exit 27 - Crockett		
80CA	29(EBO)	Exit 29A - SR-29 / Sonoma Blvd	GL	Quality Inn (707-94591)
80CA	29(WBO)	Exit 29A - Maritime Academy Drive	GL	Quality Inn (707-94591)
80CA	29(EBO)	Exit 29B - Sequoia Avenue	GFL	
80CA	29(WBO)	Exit 29B - Magazine Street	GLRV	
80CA	29(EBO)	Exit 29C - Magazine Street	GFLRV	
80CA	30	Exit 30A - I-780 / Benicia / Martinez	GF+	
80CA	30(EBO)	Exit 30B - Benicia Road	GF+	
80CA	30(WBO)	Exit 30B - Georgia Street / Central Vallejo	GF+	
80CA	30(EBO)	Exit 30C - Georgia Street / Central Vallejo	GF+	
80CA	31	Exit 31A - Springs Road / Solano Avenue	ALL	
80CA	31	Exit 31B - Tennessee Street / Mare Island	ALL	Comfort Inn (707-648-1400)
80CA	32(EBO)	Exit 32A - Redwood Parkway (East)	ALL	
80CA	32(EBO)	Exit 32B - Redwood Street (West)	ALL	Motel 6 ((707) 642-7781)
80CA	32(WBO)	Exit 32 - Redwood Street	ALL	Courtyard by Marri.. (707-644-1200)
80CA	33(WBO)	Exit 33A - Columbus Parkway	FL	Ramada Inn (707-643-2700)
80CA	33(WBO)	Exit 33B - SR-37 / San Rafael		
80CA	33(EBO)	Exit 33 - SR-37 / Napa / Columbus Parkway	FL	
80CA	34(WBO)	**Rest Area**		
80CA	36	Exit 36 - American Canyon Road		
80CA	39(WBO)	Exit 39A - Red Top Road	G	
80CA	39(WBO)	Exit 39B - SR-12 / Napa / Sonoma		
80CA	39(EBO)	Exit 39 - Red Top Road	G	
80CA	40	Exit 40 - I-680 / Benecia / Green Valley R..	L	Staybridge Suites (707-863-0900)
80CA	41	Exit 41 - Suisun Valley Road / Green Valle..	GFL	Comfort Inn (707-864-1446)
80CA	43(EBO)	Exit 43 - SR-12 / Rio Vista / Chadbourne R..		
80CA	43(WBO)	Exit 43 - SR-12 East / Rio Vista / Suisun ..	F	
80CA	44(EBO)	Exit 44A - Abernathy Road	F	
80CA	44(EBO)	Exit 44B - West Texas Street / Fairfield	ALL	Courtyard By Marri.. (707-422-4111)
80CA	44(WBO)	Exit 44 - West Texas Street / Rockville Road	ALL	Hilton Garden Inn (707-426-6900)
80CA	45	Exit 45 - Travis Blvd	ALL	Motel 6 ((707) 425-4565)

80CA	47(WBO)	Exit 47A - Air Base Parkway / Travis AFB	ALL	Hampton Inn (707-429-0900)
80CA	47(WBO)	Exit 47B - Waterman Blvd	ALL	
80CA	47(EBO)	Exit 47 - Waterman Blvd / Airbase Parkway	ALL	
80CA	48(EBO)	Exit 48 - North Texas Street	GF	
80CA	48(WBO)	Exit 48 - Fairfield / North Texas Street	ALL	
80CA	51(EBO)	Exit 51A - Lagoon Valley Road / Cherry Glen..		
80CA	51(WBO)	Exit 51A - Cherry Glenn Road / Lagoon Valle..		
80CA	51	Exit 51B - Pena Adobe Road		
80CA	52(WBO)	Exit 52 - Cherry Glenn Road		
80CA	53	Exit 53 - Alamo Drive / Merchant Street	ALL	Super 8 (707-449-8884)
80CA	54	Exit 54A - Davis Street	GF+	
80CA	54(EBO)	Exit 54B - Peabody Road Elmira	GF+	
80CA	54(WBO)	Exit 54B - Mason Street	GF+	
80CA	55	Exit 55 - Monte Vista Avenue / Allison Dri..	ALL	Best Western (707-448-8453)
80CA	56	Exit 56 - I-505 / Winters / Redding / Oran..	ALL	Motel 6 ((707) 447-5550)
80CA	57	Exit 57 - Leisure Town Road	GFL	Quality Inn (707-446-8888) Fairfield Inn (707.469.0800)
80CA	59	Exit 59 - Meridian Road / Weber Road		
80CA	60	Exit 60 - Midway Road / Lewis Road		
80CA	63	Exit 63 - Dixon Avenue / Grant Road	GFL	Red Roof Inn (707-693-0606)
80CA	64	Exit 64 - Pitt School Road	ALL	Best Western (707-678-1400)
80CA	66(WBO)	Exit 66A - SR-113 South / Rio Vista / Dixon		
80CA	66(WBO)	Exit 66B - Milk Farm Road		
80CA	66(EBO)	Exit 66 - SR-113 South / Curry Road / Firs..	F	
80CA	67	Exit 67 - Pedrick Road	G	
80CA	69	Exit 69 - Kidwell Road		
80CA	70	Exit 70 - SR-113 North / Woodland		
80CA	71	Exit 71 - UC Davis Off Ramp		
80CA	72(WBO)	Exit 72A - Richards Blvd South	ALL	University Park Inn (530-756-0910)
80CA	72(WBO)	Exit 72B - Richards Blvd / Davis	ALL	Hallmark Inn (530-753-3600)
80CA	72(EBO)	Exit 72 - Richards Blvd / Davis	ALL	Comfort Suites (530-297-1500)
80CA	73(WBO)	Exit 73 - Olive Drive		
80CA	75	Exit 75 - Mace Blvd	GFL	Motel 6 ((530) 753-3777)
80CA	78	Exit 78 - East Chiles Road		
80CA	81	Exit 81 - West Sacramento / Enterprise Blv..	ALL	Ramada Inn (916-371-2100)
80CA	82	Exit 82 - Business Loop 80 / US-50 / South..	ALL	Motel 6 ((916) 457-0777) Holiday Inn (916-372-6900)
80CA	83	Exit 83 - Reed Avenue	ALL	Southport Inn (916-371-3660)
80CA	85	Exit 85 - West El Camino Avenue	GFL	Fairfield Inn (916-923-7472)
80CA	86(EBO)	Exit 86 - I-5 / Sacramento / Redding		
80CA	86(WBO)	Exit 86 - I-5 / Los Angeles / Redding		
80CA	88	Exit 88 - Truxel Road	F	

80CA	89	Exit 89 - Northgate Blvd	GF	
80CA	90	Exit 90 - Norwood Avenue	GF	
80CA	91	Exit 91 - Raley Blvd / Marysville Blvd	GF	
80CA	92	Exit 92 - Winters Street	+	
80CA	93(EBO)	Exit 93 - Longview Drive		
80CA	93(WBO)	Exit 93 - Longview Drive / Light Rail Stat..		
80CA	94(EBO)	Exit 94A - Watt Avenue	ALL	Motel 6 ((916) 973-8637)
80CA	94(EBO)	Exit 94B - Auburn Blvd	ALL	Days Inn (916-488-4100)
80CA	94(WBO)	Exit 94 - Light Rail Stations (Left Exit)	ALL	
80CA	95(WBO)	Exit 95 - Business Loop 80 / Sacramento to..		
80CA	96	Exit 96 - Madison Avenue	ALL	Super 8 (916-331-1483)
80CA	98	Exit 98 - Greenback Lane / Elkhorn Blvd	G	
80CA	100	Exit 100 - Antelope Road	GF	
80CA	102	Exit 102 - Auburn Blvd / Riverside Avenue	GF	
80CA	103(EBO)	Exit 103A - Douglas Blvd East	ALL	Heritage Inn (916-782-4466)
80CA	103(EBO)	Exit 103B - Douglas Blvd West	ALL	
80CA	103(WBO)	Exit 103 - Douglas Blvd / Sunrise Blvd	ALL	Orchid Suites (916-784-2222) Best Western Rosev.. (916-782-4434)
80CA	105	Exit 105A - Atlantic Street / Eureka Road	FL	Courtyard Roseville (916-772-5555)
80CA	105	Exit 105B - Atlantic Street	FL	Hilton Garden Inn (916-773-717)
80CA	106	Exit 106 - SR-65 / Lincoln / Marysville	FL	Holiday Inn (916-774-6060)
80CA	108	Exit 108 - Rocklin Road	GFL	Howard Johnson Inn.. (916-624-4500)
80CA	109	Exit 109 - Sierra College Blvd	GFRV	
80CA	110	Exit 110 - Loomis / Horseshoe Bar Road	F	
80CA	112	Exit 112 - Penryn Road	GF	
80CA	115	Exit 115 - Newcastle Road	GF+	
80CA	116	Exit 116 - SR-193 / Lincoln	+	
80CA	118(WBO)	Exit 118 - Ophir Road		
80CA	119	Exit 119A - Auburn / Maple Street	ALL	Comfort Inn (530-885-1800)
80CA	119	Exit 119B - SR-49 / Grass Valley / Placerville	ALL	
80CA	119	Exit 119C - Elm Avenue	+	
80CA	120(EBO)	Exit 120 - Lincoln Way	+	
80CA	120(WBO)	Exit 120 - Russell Road	+	
80CA	121	Exit 121 - Foresthill / Auburn Ravine Road	ALL	Quality Inn (530-885-7025)
80CA	122	Exit 122 - Bowman	ALL	
80CA	123	Exit 123 - Bell Road	F	
80CA	124	Exit 124 - Dry Creek Road		
80CA	125	Exit 125 - Clipper Gap / Meadow Vista	GF	
80CA	128	Exit 128 - Applegate		
80CA	129	Exit 129 - Heather Glen		
80CA	130	Exit 130 - West Paoli Lane		
80CA	131	Exit 131 - Weimar Crossroad		

80CA	133	Exit 133 - Canyon Way / Placer Hills Road	GF	
80CA	135	Exit 135 - Colfax / Grass Valley	G+	
80CA	139(WBO)	Exit 139 - Rollins Lake Road / Magra Road		
80CA	140(EBO)	Exit 140 - Secret Town Road		
80CA	140(WBO)	Exit 140 - Magra Road / Secret Town Road		
80CA	143	**Rest Area**		
80CA	143(EBO)	Exit 143 - Gold Run		
80CA	143(WBO)	Exit 143 - Magra Road / Gold Run		
80CA	144(WBO)	Exit 144 - Sawmill		
80CA	145	Exit 145 - Dutch Flat		
80CA	146	Exit 146 - Alta		
80CA	148	Exit 148A - Crystal Springs	ALL	
80CA	148	Exit 148B - Baxter	L	
80CA	150	Exit 150 - Drum Forebay Road		
80CA	155	Exit 155 - Blue Canyon Road		
80CA	156	Exit 156 - Nyack Road		
80CA	157(WBO)	Exit 157 - Vista Point		
80CA	158(EBO)	Exit 158A - Emigrant Gap	L	
80CA	158(EBO)	Exit 158B - Laing Road	L	
80CA	158(WBO)	Exit 158 - Emigrant Gap / Laing Road	L	
80CA	160	Exit 160 - Yuba Gap	RV	
80CA	161	Exit 161 - SR-20 / Nevada City		
80CA	164	Exit 164 - Eagle Lakes Road		
80CA	165	Exit 165 - Cisco Grove		
80CA	166(EBO)	Exit 166 - Big Bend	LRV	
80CA	168(EBO)	Exit 168 - Rainbow Road		
80CA	168(WBO)	Exit 168 - Big Bend / Rainbow Road		
80CA	171	Exit 171 - Kingvale	GFL	
80CA	174	Exit 174 - Soda Springs		
80CA	176	Exit 176 - Castle Peak / Boreal Ridge Road		
80CA	177	**Rest Area**		
80CA	180	Exit 180 - Donner Lake	GL	Donner Lake Villag.. (530-587-6081)
80CA	181(WBO)	Exit 181 - Vista Point		
80CA	184	Exit 184 - Donner Pass Road	GFLRV	Holiday Inn (530-582-9999)
80CA	185	Exit 185 - SR-89 South / Lake Tahoe	GFLRV	Cedar House Sport .. (530-582-5655)
80CA	186	Exit 186 - Central Truckee	ALL	Best Western (530-587-4525)
80CA	188(EBO)	Exit 188A - Truckee	RV	
80CA	188(EBO)	Exit 188B - SR-89 North / Sierraville / SR-2..	L	Hampton Inn (888-587-1197) Best Western Truck.. (800-824-6385)
80CA	188(WBO)	Exit 188 - SR-89 North / Sierraville / SR-2..	L	
80CA	190	Exit 190 - Prosser Village Road		
80CA	194	Exit 194 - Hirschdale Road		
80CA	199	Exit 199 - Floriston		
80CA	201	Exit 201 - Farad		

State	Mile Marker	Name	Serv	Featured Hotels
SL	203	California State Line		

NEVADA - INTERSTATE 80

State	Mile Marker	Name	Serv	Featured Hotels
SL	0	Nevada State Line		
80NV	1	Exit 1 - Verdi		
80NV	2	Exit 2 - Verdi	RV	
80NV	3	Exit 3 - Verdi		
80NV	4	Exit 4 - Garson Rd / Boomtown	GFRV	
80NV	5	Exit 5 - East Verdi		
80NV	6	**Rest Area**		
80NV	7	Exit 7 - Mogul	L	
80NV	8(EBO)	Exit 8 - West 4th St	GL	
80NV	9	Exit 9 - Robb Drive	ALL	Sands Regency and .. (775-348-2200)
80NV	10	Exit 10 - McCarren Blvd West	ALL	Circus Circus Hote.. (800-648-5010)
80NV	12	Exit 12 - Keystone Ave	ALL	Motel 6 ((775) 747-7390)
80NV	13	Exit 13 - Downtown Reno / Virginia St	ALL	Silver Legacy Resort (800-687-8733)
80NV	14	Exit 14 - Wells Ave	ALL	Motel 6 ((775) 786-9852)
80NV	15	Exit 15 - Carson City / Susanville	ALL	Ramada Inn (775-786-5151)
80NV	16	Exit 16 - Victorian Ave / E 4th St	ALL	Motel 6 ((775) 358-1080)
80NV	17	Exit 17 - Pyramid Way / E 4th St	ALL	The Nugget Resort (800-648-1177)
80NV	18	Exit 18 - Pyramid Way	ALL	Western Village Inn (775-331-1069)
80NV	19	Exit 19 - McCarren Blvd East	ALL	Holiday Inn (775-.358-6900)
80NV	20	Exit 20 - Sparks Blvd	ALL	
80NV	21	Exit 21 - Vista Blvd / Greg St	ALL	Fairfield Inn & Su.. (775-355-7700)
80NV	22	Exit 22 - Lookwood		
80NV	23	Exit 23 - Mustang		
80NV	28	Exit 28 - Patrick		
80NV	32	Exit 32 - Tracy / Clark Station		
80NV	36	Exit 36 - Derby Dam		
80NV	38	Exit 38 - Orchard		
80NV	40	Exit 40 - Painted Rock		
80NV	42(WBO)	**Rest Area**		
80NV	43	Exit 43 - Wadsworth		
80NV	46	Exit 46 - Wadsworth	ALL	Super 8 (775-575-5555)
80NV	48	Exit 48 - East Fernley	L	
80NV	65	Exit 65 - Nightingdale / Hot Springs		
80NV	78	Exit 78 - Jessup		
80NV	83	Exit 83 - Trinity / Miriam		
80NV	93	Exit 93 - Toulon		
80NV	105	Exit 105 - Lovelock	L	
80NV	106	Exit 106 - Downtown Lovelock	ALL	
80NV	107	Exit 107 - East Lovelock		

80NV	112	Exit 112 - Coal Canyon		
80NV	119	Exit 119 - Oreana / Rochester		
80NV	129	Exit 129 - Rye Patch Dam	G	
80NV	138	Exit 138 - Humbolt		
80NV	145	Exit 145 - Imlay	G	
80NV	149	Exit 149 - Unionville / Mill City		
80NV	151	Exit 151 - Mill City / Dun Glen		
80NV	158	Exit 158 - Cosgrave		
80NV	168	Exit 168 - Rose Creek	G	
80NV	173	Exit 173 - West Winnemucca	G+	
80NV	176	Exit 176 - Winnemucca / Downtown	ALL	Motel 6 ((775) 623-1180)
80NV	178	Exit 178 - Winnemucca Blvd / Downtown	ALL	Winnemucca Inn (877-747-8713)
80NV	180	Exit 180 - Winnemucca Blvd East	ALL	Days Inn (775-623-3661)
80NV	187	Exit 187 - Button Point		
80NV	194	Exit 194 - Golconda / Midas	G	
80NV	203	Exit 203 - Iron Point		
80NV	205	Exit 205 - Pumpernickel Valley		
80NV	212	Exit 212 - Stonehouse		
80NV	216	Exit 216 - Valmy		
80NV	222	Exit 222 - Mote		
80NV	229	Exit 229 - West Battle Mountain	ALL	
80NV	233	Exit 233 - Downtown / Battle Mountain	ALL	Comfort Inn (775-635-5880)
80NV	244	Exit 244 - Argenta		
80NV	254	Exit 254 - Dunphy		
80NV	261	Exit 261 - Beowawe / Crescent Valley		
80NV	268	Exit 268 - Emigrant		
80NV	271	Exit 271 - Palisade		
80NV	279(EBO)	Exit 279 - Eureka / West Carlin		
80NV	280	Exit 280 - East Carlin	L	Comfort Inn (775-754-6110)
80NV	292	Exit 292 - Hunter		
80NV	298	Exit 298 - Elko West		
80NV	301	Exit 301 - Elko / Downtown	ALL	
80NV	303	Exit 303 - Elko East	ALL	Motel 6 ((775) 738-4337)
80NV	310	Exit 310 - Osino	G	
80NV	314	Exit 314 - Ryndon / Devils Gate	GRV	
80NV	317	Exit 317 - Elburz		
80NV	321	Exit 321 - Halleck / Ruby Valley		
80NV	328	Exit 328 - River Ranch	G	
80NV	333	Exit 333 - Deeth Starr Valley		
80NV	343	Exit 343 - Welcome Starr Valley		
80NV	348	Exit 348 - Crested Acres		
80NV	351	Exit 351 - West Wells	ALL	
80NV	352	Exit 352A - East Wells/Great Basin Pk	ALL	Motel 6 (775.752.2116)

State	Mile Marker	Name	Serv	Featured Hotels
80NV	352	Exit 352B - East Wells	ALL	
80NV	352	Exit 352 - Great Basin Hwy / East Wells	ALL	Super 8 (775-752-3384)
80NV	360	Exit 360 - Moor		
80NV	365	Exit 365 - Independence Valley		
80NV	373	Exit 373 - Summit		
80NV	376	Exit 376 - Pequop		
80NV	378	Exit 378 - Oasis / Montello		
80NV	387	Exit 387 - Shafter		
80NV	398	Exit 398 - Pilot Peak		
80NV	407	Exit 407 - Ola		
80NV	410	Exit 410 - West Wendover	ALL	Rainbow Hotel Casino (1-800-537-0207) Peppermill Hotel C.. (1-800-648-9660)
SL	411	Nevada State Line		

UTAH - INTERSTATE 80

State	Mile Marker	Name	Serv	Featured Hotels
SL	0	Utah State Line		
80UT	2	Exit 2 - Wendover	ALL	Motel 6 ((435) 665-2267)
80UT	4	Exit 4 - Bonneville Speedway	GF	
80UT	10	**Rest Area**		
80UT	41	Exit 41 - Klolls		
80UT	49	Exit 49 - Clide		
80UT	55	**Rest Area**		
80UT	56	Exit 56 - Aragonite		
80UT	62	Exit 62 - Military Area / Lakeside		
80UT	70	Exit 70 - Delle	G	
80UT	77	Exit 77 - Rowley / Ioesba / Dugway		
80UT	84	Exit 84 - Grantsville		
80UT	88	Exit 88 - Grantsville		
80UT	99	Exit 99 - Stansbury / Toole	ALL	
80UT	100(WBO)	Observation Area		
80UT	104	Exit 104 - Saltair Drive		
80UT	111	Exit 111 - 7200 West		
80UT	113	Exit 113 - 5600 West	GFL	Comfort Inn (801-746-5200) Fairfield Inn (801.355.3331)
80UT	114	Exit 114 - Wright Bros Drive	FL	LaQuinta Hotel ((801)366-4444) SpringHill (801.532.6633) Residence (801.532.4101) Courtyard (801.532.4085)
80UT	117	Exit 117 - RT215/Ogden		
80UT	118	Exit 118 - Redwood Road Hwy	L	Motel 6 ((801) 364-1053)
80UT	120	Exit 120 - Ogden	ALL	
80UT	121	Exit 121 - 600 South	ALL	
15UT	311	Exit 311 - Reno / S.L. Airport		

State	Mile Marker	Name	Serv	Featured Hotels
		(north/we..		
15UT	309	Exit 309 - 1300 South	ALL	Hyatt Place Salt L.. (801-4456-6300)
80UT	124	Exit 124 - State Street / S. Salt Lake	ALL	Ramada (800-272-6232)
80UT	125	Exit 125 - 7th Street	ALL	
80UT	126	Exit 126 - 13th East / Sugar House	ALL	
80UT	127	Exit 127 - 2300 East	ALL	Marriott Universit.. (800-228-9290)
80UT	129	Exit 129 - Foothill Dr / Parleys Way	ALL	
80UT	130	Exit 130 - Las Vegas / Reno / S.L. City Air..	GFLRV	
80UT	131(EBO)	Exit 131 - Quarry Exit		
80UT	132	Exit 132 - Ranch Exit		
80UT	133(EBO)	Exit 133 - Utility Exit		
80UT	134	Exit 134 - Emigration / East Canyons		
80UT	137	Exit 137 - Lambs Canyon		
80UT	140	Exit 140 - Parleys Summit	GF	
80UT	143	Exit 143 - Jeremy Ranch	ALL	Hampton Inn (435-645-0900)
80UT	144(EBO)	**Rest Area**		
80UT	145	Exit 145 - Kimball Jct / Park City	ALL	Best Western (435-649-7300)
80UT	147(WBO)	**Rest Area**		
80UT	148	Exit 148 - Heber / Vernal	ALL	Holiday Inn Express (435-658-1600)
80UT	152	Exit 152 - Ranch Exit		
80UT	156	Exit 156 - Wanship / Kamas		
80UT	164	Exit 164 - Coalville	GFRV+	
80UT	169	Exit 169 - Echo	GFL	
80UT	170	**Rest Area**		
80UT	185	Exit 185 - Castle Rock		
80UT	187	Exit 187 - Ranch Exit		
80UT	191	Exit 191 - Wahsatch		
80UT	196	**Rest Area**		
SL	197	Utah State Line		

WYOMING - INTERSTATE 80

State	Mile Marker	Name	Serv	Featured Hotels
SL	0	Wyoming State Line		
80WY	3	Exit 3 - Harrison Dr	ALL	Holiday Inn (307-789-7999)
80WY	5	Exit 5 - Front St	ALL	Hampton Inn (307-789-5678)
80WY	6	**Rest Area**		
80WY	6	Exit 6 - Bear River Dr	ALL	Motel 6 (307.789.0791)
80WY	10	Exit 10 - Painter Rd		
80WY	13	Exit 13 - Divide Rd		
80WY	18	Exit 18 - Kemmerer		
80WY	21	Exit 21 - Coal Rd		
80WY	23	Exit 23 - Bar Hat Rd		
80WY	24	Exit 24 - Leroy Rd		

80WY	28	Exit 28 - French Rd		
80WY	30	Exit 30 - Bigelow Rd	GF+	
80WY	33	Exit 33 - Union Rd		
80WY	34(EBO)	**Rest Area**		
80WY	34	Exit 34 - Fort Bridger	GFLRV	
80WY	39	Exit 39 - Carter / Mountain View	GF	
80WY	41	**Rest Area**		
80WY	41	Exit 41 - Lyman	GFLRV	
80WY	48	Exit 48 - Bridger Valley		
80WY	53	Exit 53 - Church Butte Rd		
80WY	60	Parking Area		
80WY	61	Exit 61 - Granger / Cedar Mountain Rd		
80WY	66	Exit 66 - Kemmerer / Pocatello		
80WY	68	Exit 68 - Little America	ALL	
80WY	70	Parking Area		
80WY	72	Exit 72 - Westvaco Rd / FMC Corp		
80WY	83	Exit 83 - La Barge Rd		
80WY	85	Exit 85 - Covered Wagon Rd	RV	
80WY	89	Exit 89 - Green River	ALL	Oak Tree Inn (307-875-3500)
80WY	91	Exit 91 - Green River		
80WY	99	Exit 99 - E. Flaming / George Rd	ALL	Quality inn (307-.382-9490)
80WY	102	Exit 102 - Rock Springs	ALL	Motel 6 ((307) 362-1850) La Quinta Inn (307-362-1770)
80WY	103	Exit 103 - College Dr	G	
80WY	104	Exit 104 - Elk St	ALL	Days Inn (307-362-5646)
80WY	107	Exit 107 - Pilot Butte Ave	ALL	Best Western (307-362-6623)
80WY	111	Exit 111 - Airport Rd / Baxter Rd	+	
80WY	122	Exit 122 - Syperior		
80WY	130	Parking Area		
80WY	130	Exit 130 - Point of Rocks	RV	
80WY	133	Parking Area		
80WY	136	Exit 136 - Black Butte Rd		
80WY	139	Exit 139 - Red Hill Rd		
80WY	142	Exit 142 - Bitter Creek Rd		
80WY	143	Parking Area		
80WY	144	**Rest Area**		
80WY	146	Exit 146 - Patrick Draw Rd		
80WY	150	Exit 150 - Table Rock Rd		
80WY	152	Exit 152 - Bar X Rd		
80WY	154	Exit 154 - BLM Rd		
80WY	158	Exit 158 - Gl Rd		
80WY	165	Exit 165 - Red Desert	G	
80WY	166	Exit 166 - Booster Rd		
80WY	168	Exit 168 - Frewen Rd		

80WY	170	Exit 170 - Rasmussum Rd		
80WY	173	Exit 173 - Wamsutter Rd	ALL	
80WY	184	Exit 184 - Contential Divide Rd		
80WY	187	Exit 187 - Creston Jct / Baggs		
80WY	188(EBO)	Parking Area		
80WY	190(WBO)	Parking Area		
80WY	196	Exit 196 - Riner Rd		
80WY	201	Exit 201 - Daley Rd		
80WY	204	Exit 204 - Knobs Rd		
80WY	206	Exit 206 - Hadsell Rd		
80WY	209	Exit 209 - Johnson Rd	GF	
80WY	211	Exit 211 - Rawlins	ALL	Travelodge (307-328-1600)
80WY	214	Exit 214 - Higley Blvd	GFLRV	Microtel (307-324-5588)
80WY	215	Exit 215 - Cedar St	ALL	Holiday Inn (307-324-3760)
80WY	219	Exit 219 - Sinclair		
80WY	221	Exit 221 - Sinclair	GF	
80WY	228	**Rest Area**		
80WY	228	Exit 228 - Ft Steele		
80WY	235	Exit 235 - Walcott / Saratoga	GF	
80WY	238	Exit 238 - Peterson Rd		
80WY	255	Exit 255 - Hanna / Elk Mountain	G	
80WY	260	Exit 260 - County Rd		
80WY	262	Parking Area		
80WY	267	**Rest Area**		
80WY	267	Exit 267 - Wagonhound Rd		
80WY	272	Exit 272 - Arlington	GF	
80WY	279	Exit 279 - Cooper Cove		
80WY	290	Exit 290 - Quealy Dome Rd	G	
80WY	297	Exit 297 - Herrick Lane		
80WY	307	Parking Area		
80WY	310	Exit 310 - Curtis St	ALL	Fairfield Inn & Su.. (307-460-2100)
80WY	311	Exit 311 - Snowy Range Rd	GFL	Howard Johnson (307-742-8371)
80WY	313	Exit 313 - 3rd St / Ft Collins	GFL	Motel 6 ((307) 742-2307)
80WY	316	Exit 316 - Grand Ave	GFL	Americinn (307-899-2525)
80WY	323	**Rest Area**		
80WY	323	Exit 323 - Happy Jack		
80WY	329	Exit 329 - Vedawoo Rd		
80WY	335	Exit 335 - Buford	GRV	
80WY	339	Exit 339 - Remount Rd		
80WY	342	Exit 342 - Harriman Rd		
80WY	345	Parking Area		
80WY	345	Exit 345 - Warren Rd		
80WY	348	Exit 348 - Otto Rd		

State	Mile Marker	Name	Serv	Featured Hotels
80WY	358	Exit 358 - Cheyenne / W Lincolnway	GFL	Days Inn (307-778-8877)
80WY	359	Exit 359A - Denver	GFRV	
80WY	359	Exit 359C - Casper		
80WY	362	Exit 362 - Central Ave	GF	
80WY	364	Exit 364 - College Dr / E Lincolnway	GFL	Candlewood Suites (307-634-6622)
80WY	367	Exit 367 - Campstool Rd	GFRV	
80WY	370	Exit 370 - Archer	GF	
80WY	377	Exit 377 - Hillsdale	GFRV	
80WY	386	Exit 386 - Burns / Carpenter	GF	
80WY	391	Exit 391 - Egbert		
80WY	401	Exit 401 - Pine Bluffs	GFLRV	
SL	402	Wyoming State Line		

NEBRASKA - INTERSTATE 80

State	Mile Marker	Name	Serv	Featured Hotels
SL	0	Nebraska State Line		
80NE	1	Exit 1 - Rt 538		
80NE	8	Exit 8 - Bushnell		
80NE	10(EBO)	**Rest Area**		
80NE	20	Exit 20 - Kimball / Scottbluff	ALL	Super 8 (308-235-4888)
80NE	145	Exit 145 - Paxton		
80NE	158	Exit 158 - Sutherland / Wallace	GL	
80NE	159	**Rest Area**		
80NE	164	Exit 164 - Hershey	GF	
80NE	177	Exit 177 - McCook / N Platte	ALL	Motel 6 ((308) 534-6200)
80NE	179	Exit 179 - N Platte / E Entrance	GFLRV	Comfort inn (308-.532-6144)
80NE	190	Exit 190 - Maxwell	GFRV	
80NE	194	**Rest Area**		
80NE	199	Exit 199 - Brady	GF	
80NE	211	Exit 211 - Gothenburg	ALL	Super 8 (308-537-2684)
80NE	222	Exit 222 - Cozad	ALL	
80NE	226(EBO)	**Rest Area**		
80NE	228(WBO)	**Rest Area**		
80NE	231	Exit 231 - Darr Rd		
80NE	237	Exit 237 - Lexington / Arapahoe	ALL	Holiday Inn (308-324-9900)
80NE	248	Exit 248 - Overton	GF	
80NE	257	Exit 257 - Elm Creek / Holdrege	GFLRV	
80NE	263	Exit 263 - Odessa	GFRV+	
80NE	269(EBO)	**Rest Area**		
80NE	271(WBO)	**Rest Area**		
80NE	272	Exit 272 - Kearnoy / Archway Mounument	GFLRV	Days Inn (308-234-5699) Motel 6 (308.338.0705)
80NE	279	Exit 279 - Minden	GRV	

80NE	285	Exit 285 - Gibbon	GL	
80NE	291	Exit 291 - Shelton / Kenesaw		
80NE	300	Exit 300 - Wood River	GFRV	
80NE	305	Exit 305 - Alda	GF	
80NE	312	Exit 312 - Grand Island / Hastings	ALL	Howard johnson (308-384-5150) Motel 6 (308.384.6666)
80NE	314	Exit 314 - Grand Island / Locust St	GFL	
80NE	315(EBO)	**Rest Area**		
80NE	317(WBO)	**Rest Area**		
80NE	318	Exit 318 - Phillips	RV	
80NE	324	Exit 324 - Gitner		
80NE	332	Exit 332 - Aurora	ALL	
80NE	338	Exit 338 - Hampton	G	
80NE	342	Exit 342 - Henderson / Bradshaw	ALL	
80NE	348	Exit 348 - Bradshaw / 93E		
80NE	350(EBO)	**Rest Area**		
80NE	353	Exit 353 - York / Geneva	ALL	Super 8 (402-362-3388)
80NE	356(WBO)	**Rest Area**		
80NE	360	Exit 360 - Waco	GFRV	
80NE	366	Exit 366 - Utica		
80NE	369	Exit 369 - Beaver Crossing	F+	
80NE	373	Exit 373 - Goehner	GF	
80NE	376(WBO)	**Rest Area**		
80NE	379	Exit 379 - Seward / Fairbury	ALL	
80NE	381(EBO)	**Rest Area**		
80NE	382	Exit 382 - Milford		
80NE	388	Exit 388 - Pleasant Dale / Crete	GRV	
80NE	395	Exit 395 - NW 48th St	GFL	Travelodge (402-475-4921)
80NE	396(EBO)	Exit 396 - West O St	G+	
80NE	397	Exit 397 - Beatric	GFL	Days Inn (402-477-4488)
80NE	399	Exit 399 - Lincoln Airport	ALL	Motel 6 ((402) 475-3211) Ramada Airport (402-475-4971)
80NE	403	Exit 403 - 27th St / State Fair Park	GFL	Hampton Inn (402-435-4600)
80NE	405	Exit 405 - 56th St	FL+	Settle Inn (402-435-8100)
80NE	409	Exit 409 - Waverly		
80NE	420	Exit 420 - Ashland	ALL	
80NE	425(EBO)	**Rest Area**		
80NE	426	Exit 426 - South Bend / Louisville		
80NE	432	Exit 432 - Gretna / Louisville	ALL	Super 8 (402-332-5188)
80NE	439	Exit 439 - Papapillion		
80NE	440	Exit 440 - 144th St	GFL	Quality Inn (402.896-9500)
80NE	442	Exit 442 - 126th St	ALL	Marriott (402-682-3522)
80NE	445	Exit 445 - L St	GFL	Motel 6 ((402) 331-3161)
80NE	446	Exit 446 - North 680		

State	Mile Marker	Name	Serv	Featured Hotels
80NE	448	Exit 448 - 84th St	GF	
80NE	449	Exit 449 - 72nd St	GF+	
80NE	450	Exit 450 - 60th St	GF+	
80NE	451	Exit 451 - 42nd St	ALL	Comfort Inn (402-342-8000)
80NE	452	Exit 452 - Downtown	ALL	Magnolia Hotel (402-341-2500) The (402.474.7474)
80NE	453	Exit 453 - 24th St	ALL	Econolodge (402-345-9565)
80NE	454	Exit 454A - 13th St	ALL	
80NE	454	Exit 454B - 13th St	ALL	Embassy Suites (402-346-9000)
SL	455	Nebraska State Line		

IOWA - INTERSTATE 80

State	Mile Marker	Name	Serv	Featured Hotels
SL	0	Iowa State Line		
80IA	1	Exit 1A - Sioux City		
80IA	1	Exit 1B - So 24th St	ALL	Super 8 (712-322-2888) Hilton Garden Inn (712.309.9000) Holiday Inn (712.352.1300)
80IA	3	Exit 3 - Council Bluffs	ALL	Marriott (712-366-1330)
80IA	4	Exit 4 - Kansas City Rt 29		
80IA	5	Exit 5 - Madison Ave / Council Bluffs	GFL	Western Inn (712-.322-4499)
80IA	8	Exit 8 - Council Bluffs / Oakland	G+	
80IA	17	Exit 17 - Underwood	GFL	
80IA	19	**Rest Area**		
80IA	23	Exit 23 - Neola	GRV	
80IA	27	Exit 27 - N Omaha / Sioux City		
80IA	29	Exit 29 - Minden	G	
80IA	32	**Rest Area**		
80IA	34	Exit 34 - Shelby	GFLRV	
80IA	40	Exit 40 - Avoca / Harlan	GFL	Super 8 (712-784-2221) Motel 6 (712.343.6507)
80IA	44(EBO)	Parking Area		
80IA	46	Exit 46 - Walnut / Antique City Dr	GFL	
80IA	51	Exit 51 - Marne		
80IA	54	Exit 54 - Atlantic / Elk Horn	L	
80IA	57	Exit 57 - Atlantic	+	
80IA	60	Exit 60 - Villisca / Audubon	GL	
80IA	64	Exit 64 - Wiota		
80IA	70	Exit 70 - Anita / Exira		
80IA	75	Exit 75 - Rt 360	RV	
80IA	76	Exit 76 - Adair	GFL	Super 8 (641-742-5251)
80IA	80	**Rest Area**		
80IA	83	Exit 83 - Casey / Antique Country Dr	RV	

80IA	86	Exit 86 - Guthrie Center / Greenfield	+	
80IA	88	Exit 88 - Menlo	RV	
80IA	93	Exit 93 - Stuart / Panora	GFLRV	
80IA	97	Exit 97 - Dexter	GRV	
80IA	100	Exit 100 - Redfield		
80IA	104	Exit 104 - Earlham	GF	
80IA	106	Exit 106 - F90 / P58	RV	
80IA	110	Exit 110 - Adel / Winterset	GL	
80IA	113	Exit 113 - Van Meter	G	
80IA	117	Exit 117 - Waukee / Booneville	GFRV	
80IA	119	**Rest Area**		
80IA	121	Exit 121 - Jordan Creek Pky	GFL	Fairfield Inn (515-225-6100) Hampton Inn (515.223.4700) Motel 6 (515.267.8885) Candlewood Suites (515.221.0001)
80IA	122	Exit 122 - 60th St	ALL	Staybridge. (515-223-0000)
80IA	123(EBO)	Exit 123B - I-80		
80IA	124(EBO)	Exit 124 - U Ave		
80IA	125	Exit 125 - Hickman Rd	ALL	Comfort Inn (800.395.7675) Sleep Inn (515.270.2424)
80IA	126	Exit 126 - Douglass Ave	GL	Extended Stay (515-276-1929)
80IA	127	Exit 127 - Urbandale	ALL	Villa Lodge (515-278-4601)
80IA	129	Exit 129 - NW 86thSt / Camp Dodge	ALL	Microtel (515-727-5424)
80IA	131	Exit 131 - Merle Hay Rd/Saylorville Lake	ALL	Quality Inn (515.278.2381)
80IA	135	Exit 135 - 2nd Ave / Polk City	ALL	Rodeway Inn (515-265-7511)
80IA	136	Exit 136 - Ankeny / East 14th St	L	Motel 6 ((515) 266-5456)
80IA	137(EBO)	Exit 137B - Minneapolis		
80IA	137	Exit 137A - Des Monies		
80IA	141	Exit 141 - Altoona / Des Monies		
80IA	142(EBO)	Exit 142A - Altoona	ALL	Settle Inn (515-967-7888)
80IA	142(EBO)	Exit 142B - Bondurant	ALL	Heartland Inn (515-967-2400)
80IA	142(WBO)	Exit 142 - Altoona	L	Settle Inn (515-967-7888)
80IA	145	Exit 145 - Mitchellville		
80IA	147	**Rest Area**		
80IA	155	Exit 155 - Colfax / Mingo	GFL	Comfort Inn (515-674-4455)
80IA	159	Exit 159 - Baxter		
80IA	164	Exit 164 - Newton / Monroe	ALL	Days Inn (641-792-2330)
80IA	168	Exit 168 - Industrial Pk / SE Beltline Dr	GF	
80IA	173	Exit 173 - Kellogg / Sully	GFRV	
80IA	179	Exit 179 - Lynnville / Oakland Acres		
80IA	180	**Rest Area**		
80IA	182	Exit 182 - Grinnell / New Sharonn	ALL	
80IA	191	Exit 191 - Tama / Montezuma	G	
80IA	197	Exit 197 - Brooklyn	RV	

State	Mile Marker	Name	Serv	Featured Hotels
80IA	201	Exit 201 - Belle Plaine / What Cheer	GF+	
80IA	205	Exit 205 - Victor		
80IA	208	**Rest Area**		
80IA	211	Exit 211 - Millersburg / Ladora		
80IA	216	Exit 216 - Marengo / North English	ALL	
80IA	220	Exit 220 - SE Williamsburg / Parnell	ALL	Super 8 (319-668-9718)
80IA	225	Exit 225 - Cedar Rapids / Amana Colonies	ALL	Clarion Inn (319-668-1175)
80IA	230	Exit 230 - Oxford/Kalona/Village Museum	RV	
80IA	237	**Rest Area**		
80IA	237	Exit 237 - Tiffin		
80IA	239(EBO)	Exit 239A - Mt Pleasant / Keokuk		
80IA	239	Exit 239B - Cedar Rapids		
80IA	240	Exit 240 - Coral Ridge Ave / N Liberty	GFL	Suburban Extended .. (319-625-2200)
80IA	242	Exit 242 - 1st Ave / Coralville Lake	L	Motel 6 ((319) 354-0030)
80IA	244	Exit 244 - Dubuque St		
80IA	246	Exit 246 - Dodge St / Vernon	GFL	Quality Inn (319-354-2000)
80IA	249	Exit 249 - Herbert Hoover Hwy		
80IA	254	Exit 254 - West Branch	GF	
80IA	259	Exit 259 - West Liberty	GFLRV	
80IA	265	Exit 265 - Atalissa		
80IA	267	Exit 267 - Tippton / Moscow	RV	
80IA	268	Parking Area		
80IA	269(EBO)	**Rest Area**		
80IA	271	Exit 271 - Wilton / Muscatine		
80IA	277	Exit 277 - Durant / Bennett		
80IA	280	Exit 280 - Stockton / New Liberty		
80IA	284	Exit 284 - Walcott / Plain View	ALL	Comfort Inn (563-284-9000)
80IA	290	Exit 290 - Rock Island / Moline	+	
80IA	292	Exit 292 - NW Blvd / Maysville	GF+	
80IA	295	Exit 295A - Brady St / Downtown	GFL	Motel 6 ((563) 391-8997)
80IA	295	Exit 295B - Eldridge / Dewitt	G	
80IA	298	Exit 298 - Bettendorf / Davenport	+	
80IA	299(EBO)	**Rest Area**		
80IA	301(WBO)	**Rest Area**		
80IA	301(WBO)	Exit 301 - Middle Rd		
80IA	306	Exit 306 - Le Claire / Bettendorf	G	
SL	306	Iowa State Line		

ILLINOIS - INTERSTATE 80

State	Mile Marker	Name	Serv	Featured Hotels
SL	0	Illinois State Line		
80IL	1	**Rest Area**		
80IL	1	Exit 1 - East Moline / Savanna		

80IL	4	Exit 4A - Silvis	RV	
80IL	4	Exit 4B - I-88 / Sterling / Rock Falls		
80IL	7	Exit 7 - Colona		
80IL	9	Exit 9 - Rt 6		
80IL	19	Exit 19 - Geneseo / Cambridge	GFLRV	Super 8 (309-945-1898)
80IL	27	Exit 27 - Galva / Atkinson	GFL	
80IL	33	Exit 33 - Kewanee / Prophetstown	GFL	
80IL	45	Exit 45 - Peoria / Sterling	GFL	
80IL	50	**Rest Area**		
80IL	56	Exit 56 - Dixon / Princeton	ALL	Econo Lodge (815-872-3300)
80IL	61	Exit 61 - I-80 / Henneein		
80IL	70	Exit 70 - Ladd / Spring Valley	ALL	Super 8 (815-223-1848)
80IL	73	Exit 73 - Plank Rd	GFL	Fairfield Inn (815-223-7458)
80IL	75	Exit 75 - Peru / Nendota	GFL	La Quinta Inn (815-224-9000)
80IL	77	Exit 77 - La Salle	GFL	
80IL	79	Exit 79A - So Bloomington-Normal		
80IL	79	Exit 79B - I-39 / Rockford		
80IL	81	Exit 81 - Utica	GFLRV	Days Inn (815-883-9600)
80IL	90	Exit 90 - Ottawa / De Kalb	ALL	Hampton Inn (815-434-6040)
80IL	93	Exit 93 - Ottawa / Oswego	GFRV	
80IL	97	Exit 97 - Marseilles	FRV	
80IL	105	Exit 105 - Seneca		
80IL	112	Exit 112 - Morris / Yorkville	ALL	Quality Inn (815-60450)
80IL	117(EBO)	**Rest Area**		
80IL	118(WBO)	**Rest Area**		
80IL	122	Exit 122 - Minooka	GF	
80IL	126	Exit 126A - I-55 / St Louis		
80IL	126	Exit 126B - I-55 / Chicago		
80IL	127	Exit 127 - Houbolt Rd / Empress	GFL	
80IL	130	Exit 130A - Larkin Ave / Rockdale		
80IL	130	Exit 130B - Larkin Ave	ALL	Red Roof Inn (815-741-2304)
80IL	131	Exit 131 - Center St	F	
80IL	132(EBO)	Exit 132A - South Chicago St		
80IL	132(EBO)	Exit 132B - North Chicago St		
80IL	133	Exit 133 - Richards St		
80IL	134	Exit 134 - Briggs St	GRV	
80IL	137	Exit 137 - Maple St	GFL	Harrah's Casino H.. (815-740-7800)
80IL	145	Exit 145 - La Grange Rd	GFLRV	Country Inn & Suit.. (1-800-596-2375)
80IL	148	Exit 148A - Harlem Ave		
80IL	148	Exit 148B - Harlem Ave	GFL	
80IL	151	Exit 151A - I-57 / S Memphis		
80IL	151	Exit 151B - I-57 / N Chicago		
80IL	154(EBO)	Exit 154 - Kedzie Ave	+	

State	Mile Marker	Name	Serv	Featured Hotels
80IL	155	Exit 155 - I-294 / N Wisconsin	L	Ramada (219-933-0500)
80IL	156	Exit 156 - Dixie Hwy		
80IL	157	Exit 157 - Klsted St		
80IL	158	Exit 158 - Halsted North		
80IL	159	Exit 159 - Oasis		
80IL	160	Exit 160A - Rt 394 South		
80IL	161	Exit 161 - Torrence Ave		
80IL	162	Exit 162 - I-94 / Calument		
SL	163	Illinois State Line		

INDIANA - INTERSTATE 80

State	Mile Marker	Name	Serv	Featured Hotels
SL	0	Indiana State Line		
80IN	2	Exit 2 - Indianapolis Blvd	L	Motel 6 ((219) 845-0330)
80IN	3	Exit 3 - Kennedy Ave	L	Courtyard (219.756.1600)
80IN	5	Exit 5 - Cline Ave	GFL	Quality Inn (219-.931-0900)
80IN	6	Exit 6 - Burr St		
80IN	9	Exit 9 - Grant St		
80IN	10	Exit 10 - Broadway		
80IN	11	Exit 11 - I-65 / Indianapolis		
80IN	12	Exit 12 - North I-65		
80IN	13(EBO)	Exit 13 - Central Ave		
80IN	15	Exit 15A - Ripley St	G	
80IN	15	Exit 15B - Ripley St	GF+	
80IN	22	**Service/Travel Plaza**	GF	
80IN	23	Exit 23 - Portage	GFL	Country Inn (219-764-0021)
80IN	31	Exit 31 - Chesterton / Valparaiso	GFLRV	Hilton (219-983-9500)
80IN	37	**Rest Area** (trucks only)		
80IN	39	Exit 39 - Michigan City / Westville		
80IN	49	Exit 49 - LaPorte	GFL	holiday inn (219-326-7900)
80IN	56	**Service/Travel Plaza**	GF	
80IN	72	Exit 72 - Niles / South Bend / Plymouth		
80IN	77	Exit 77 - South Bend / Notre Dame	GFL	Motel 6 ((574) 272-7072) Hampton Inn (574.277.9373) Hilton Garden Inn (574.232.7700)
80IN	83	Exit 83 - Mishawaka	LRV	Hampton Inn (574.273.2309) Motel 6 (574.256.2300)
80IN	90	**Service/Travel Plaza**	GF	
80IN	92	Exit 92 - Elkhart	ALL	Hilton Garden Inn (574.970.4444) Hampton Inn (574.264.2525) Comfort Suites (574.293.9390)
80IN	96	Exit 96 - Elkhart East		
80IN	101	Exit 101 - Bristol / Goshen		
80IN	107	Exit 107 - Constantine / Middlebury	RV	

State	Mile Marker	Name	Serv	Featured Hotels
80IN	108	**Rest Area** (trucks only)		
80IN	121	Exit 121 - Howe / Lagrange	GFL	Best Western (260-562-2880)
80IN	126	**Service/Travel Plaza**	GF	
80IN	144	Exit 144 - Angola / Ft Wayne / Lansing	GFLRV	Comfort Inn (260-495-7131)
80IN	145	**Service/Travel Plaza**	GF	
SL	151	Indiana State Line		

OHIO - INTERSTATE 80

State	Mile Marker	Name	Serv	Featured Hotels
SL	0	Ohio State Line		
80OH	2	Exit 2 - Rt 49	GF	
80OH	13	Exit 13 - Brian / Montpelier	L	Econo Lodge (419.485.3139)
80OH	20	**Service/Travel Plaza**	GF	
80OH	25	Exit 25 - Archbold / Fayette		
80OH	34	Exit 34 - Wanseon	GL	
80OH	39	Exit 39 - Delta / Lyons		
80OH	49	**Service/Travel Plaza**	GF	
80OH	52	Exit 52 - Toledo Airport / Swanton	ALL	
80OH	59	Exit 59 - Maumee / Toledo	GFL	Motel 6 ((419) 865-2308) Comfort Inn (419.897.5555)
80OH	64	Exit 64 - Perrysburg / Toledo	GFL	
80OH	71	Exit 71 - I-280 / Toledo / Detroit	GF	
80OH	77	**Service/Travel Plaza**	GF	
80OH	81	Exit 81 - Elmore / Woodbine / Gibsonburg		
80OH	91	Exit 91 - Fremont / Port Clinton	L	
80OH	100	**Service/Travel Plaza**	GF	
80OH	110	Exit 110 - Sandusky / Bellevue		
80OH	118	Exit 118 - Sandusky / Norwalk	GFL	Motel 6 (419.499.8001) Hampton Inn (419.499.4911)
80OH	135	Exit 135 - Bermilion		
80OH	139	**Service/Travel Plaza**	GF	
80OH	140	Exit 140 - Amherst / Oberlin		
80OH	142	Exit 142 - I-90 / East Cleveland		
80OH	145	Exit 145 - Lorain / Elyria	L	Holiday Inn (440.324.5411)
80OH	151	Exit 151 - I-480 / North Ridgeville		
80OH	152	Exit 152 - I-480 / N Olmsted / Clev Arpt	GFL	Motel 6 (440.327.6311)
80OH	161	Exit 161 - I-71 / Cleveland / Columbus	GFL	
80OH	170	**Service/Travel Plaza**	GF	
80OH	173	Exit 173 - I-77 / Cleveland / Akron	L	Hampton Inn (330.659.6662) Motel 6 (330.659.6116)
80OH	180	Exit 180 - Akron	L	
80OH	187	Exit 187 - I-480 / Streetsboro	GL	
80OH	193	Exit 193 - Rabenna		

State	Mile Marker	Name	Serv	Featured Hotels
80OH	197	**Service/Travel Plaza**	GF	
80OH	209	Exit 209 - Warren	L	
80OH	215	Exit 215 - Lordstown		
80OH	218	Exit 218 - I-80		
80OH	223(EBO)	Exit 223 - Niles	GFL	
80OH	223(WBO)	Exit 223A - OH-46	GFL	
80OH	223(WBO)	Exit 223B - Niles	GFL	
80OH	224(EBO)	Exit 224B - Youngstown	GFL	
80OH	226	Exit 226 - Salt Springs Rd	GF	
80OH	227	Exit 227 - OH-46 North	GFL	
80OH	229	Exit 229 - Belmont Ave	GFL	
80OH	234(EBO)	Exit 234A - Hubbard	F	
80OH	234(EBO)	Exit 234B - Sharon PA	F	
SL	237	Ohio State Line		

PENNSYLVANIA - INTERSTATE 80

State	Mile Marker	Name	Serv	Featured Hotels
SL	0	PA State Line		
80PA	1(EBO)	**Rest Area**		
80PA	4	Exit 4A - New Castle	GFL	
80PA	4(WBO)	Exit 4B - Sharon / Hermitage	GFL	QUALITY INN (724-981-1530) COMFORT INN (724-342-7200) COUNTRY HEARTH INN (724-981-4421) STARLITE LOUNGE & .. (724-981-1729) Hermitage Inn (724-3427213)
80PA	4	Exit 4N - Sharon / Hermitage		
80PA	15	Exit 15 - Mercer	GL	MICROTEL INN (724-748-9920) MERCER MOTEL (724-662-4250) HOLIDAY INN (724-748-5514) HAMPTON INN (724-748-5744) BEST WESTERN INN (724-748-5836) MAGOFFIN INN (724-662-0824) ELEPHANT & CASTLE .. (724-748-0103) HOWARD JOHNSON (724-748-3030)
80PA	19(EBO)	Exit 19A - Pittsburgh		
80PA	19	Exit 19B - Erie		
80PA	24	Exit 24 - Grove City / Sandy Lake	L	SUPER 8 (724-748-3000) PENN GROVE HOTEL INC (724-458-7400) PARK MOTEL (724-458-8850) COMFORT INN (724-748-1005)
80PA	29	Exit 29 - Barkeyville	L	SUPER 8 (814-786-8375) COMFORT INN (814-786-7901)
80PA	30(EBO)	**Rest Area**		
80PA	31(WBO)	**Rest Area**		
80PA	35	Exit 35 - Clintonville		

80PA	42	Exit 42 - Emlenton	RV	
80PA	45	Exit 45 - St Petersburg		
80PA	53	Exit 53 - Knox	RV	
80PA	60	Exit 60 - Shippenville		
80PA	62	Exit 62 - Clarion	GL	HAMPTON INN (814-226-4444) SUPER 8 (814-226-4550) QUALITY INN (814-226-8682) MICROTEL INN (814-227-2700) HOLIDAY INN (814-226-8850) COMFORT INN (814-226-5230) CAPTAIN LOOMIS HOTEL (814-226-8400) UNIVERSITY INN (814-226-7200)
80PA	64	Exit 64 - Clarion / New Bethlehem		
80PA	70	Exit 70 - Strattanville		
80PA	73	Exit 73 - Corsica		
80PA	78	Exit 78 - Sigel / Brookville	GFL	SUPER 8 (814-849-8840) HOWARD JOHNSON (814-849-3335) GOLD EAGLE INN (814-849-7344) DAYS INN (814-849-8001) HOLIDAY INN (814-849-8381)
80PA	81	Exit 81 - Hazen	GFL	Traveloge (814-849-8001)
80PA	86	Exit 86 - Reynoldsville		
80PA	88	**Rest Area**		
80PA	97	Exit 97 - Dubois / Brockway	GL	HAMPTON INN (814-375-1000) BEST WESTERN INN (814-371-6200) BOBETTE MOTEL & DI.. (814-371-6110) DU BOIS MANOR MOTEL (814-371-5400) CLARION (814-371-5100)
80PA	101	Exit 101 - Dubois		
80PA	111	Exit 111 - Penfield	FRV	
80PA	120	Exit 120 - Clearfield / Shawville	GFL	SUPER 8 (814-768-7580) RODEWAY INN (814-765-7587) COMFORT INN (814-768-6400) BUDGET INN (814-765-2639) HAMPTON INN (814-765-8300) DAYS INN (814-765-5381) ECONO LODGE (814-765-2441) ECONO LODGE (814-765-1256) LODGING MANAGEMENT.. (814-768-9590) VOYAGER MOTEL (814-765-1630) HOLIDAY INN (814-768-7500)
80PA	123	Exit 123 - Woodland		
80PA	133	Exit 133 - Kylertown / Phillsburg		
80PA	146	**Rest Area**		
80PA	147	Exit 147 - Snow Shoe		
80PA	158	Exit 158 - Milesburg	GFL	

80PA	161	Exit 161 - Bellefonte	L	ECONO LODGE (814-355-5561)
80PA	173	Exit 173 - Lamar	GFL	HAMPTON INN (570-726-3939) HILLCREST PROPERTIES (570-726-7030) LOCK HAVEN MOTEL (570-726-4181) TRAVELERS DELITE (570-726-3090) VALLEY HOTEL (570-726-6726) COMFORT INN (570-726-4901)
80PA	178	Exit 178 - Lock Haven		
80PA	185	Exit 185 - Loganton	RV	
80PA	192	Exit 192 - Jersey Shore		
80PA	194	**Rest Area**		
80PA	199	Exit 199 - Mile Run		
80PA	210	Exit 210A - Lewisburg	GFL	COMFORT INN (570-568-8000) HOLIDAY INN (570-568-1100)
80PA	210	Exit 210B - Williamsport	GFL	Holiday Inn Express (1-877-863-4780)
80PA	212(WBO)	Exit 212W - Williamsport		
80PA	212(WBO)	Exit 212S - Milton		
80PA	212(EBO)	Exit 212A - Milton		
80PA	212(EBO)	Exit 212B - Williamsport		
80PA	215	Exit 215 - Limestoneville		
80PA	219(EBO)	**Rest Area**		
80PA	220(WBO)	**Rest Area**		
80PA	224	Exit 224 - Danville	GFL	Red Roof Inn Danvi.. (570-275-7600) DOCTORS INN BED & .. (570-275-1821) RED ROOF INN (570-275-7600) HAMPTON INN (570-271-2500) DAYS INN (570-275-5510) BEST WESTERN INN (570-275-5750) PENN MOTEL (570-275-1858) WINNS MOTEL (570-275-4300) QUALITY INN (570-275-5100) KEY MOTOR INN (570-275-4640) PINE BARN INN & MO.. (570-275-2071)
80PA	232	Exit 232 - Buckhorn	GFLRV	PATRIOT INN (570-387-1220) INN AT TURKEY HILL (570-387-1500) HOLIDAY INN (570-387-6702) ECONO LODGE (570-387-0490) BUDGET HOST (570-387-1776) HAMPTON INN (570-380-1020) STONE CASTLE MOTEL (570-784-6560) TENNYTOWN MOTEL (570-784-1812)
80PA	236	Exit 236 - Lightstreet / Bloomsburg		
80PA	236(WBO)	Exit 236A - Bloomsburg		
80PA	236(WBO)	Exit 236B - Lightstreet		
80PA	241(WBO)	Exit 241 - Berwick / Lime Ridge	GFL	
80PA	241(EBO)	Exit 241A - Lime Ridge	GFL	
80PA	241(WBO)	Exit 241B - Berwick	GFL	

80PA	242	Exit 242 - Mifflinville / Mainville	GFL	Super 8 (570-759-6778)
80PA	246	**Rest Area**		
80PA	256	Exit 256 - Nescopeck / Conyngham	GL	HOLIDAY INN (570-788-8081) ECONO LODGE (570-788-4121) BEST VALUE INN (570-788-5887) LOOKOUT MOTOR LODGE (570-788-4131) NESCO MANOR HOTEL (570-788-2452)
80PA	260(EBO)	Exit 260A - Jct I-81		
80PA	260(WBO)	Exit 260B - Jct I-81		
80PA	262	Exit 262 - Mountain Top / Hazleton	GL	Econo Lodge (570-788-4121)
80PA	270(EBO)	**Rest Area**		
80PA	273	Exit 273 - White Haven / Freeland	GFL	COMFORT INN (570-443-8461) AMERICAS BEST INN (570-443-0392) BEST VALUE INN (570-443-0391)
80PA	274	Exit 274 - Hickory Run State Park	L	BUDGET INN (570-443-1125)
80PA	277	Exit 277 - NE Ext Pa Turnpike		
80PA	284	Exit 284 - Blakeslee		
80PA	293	Exit 293 - Scranton	RV	
80PA	295(EBO)	**Rest Area**		
80PA	298(WBO)	Exit 298 - Scotrun	LRV	CAESARS BROOKDALE .. (570-839-8844) SCOTRUN DINER & MO.. (570-629-2430)
80PA	299	Exit 299 - Tannersville		
80PA	302(EBO)	Exit 302A - Snydersville		
80PA	302	Exit 302B - Bartonsville		
80PA	303(EBO)	Exit 303 - Ninth St	GFL	
80PA	305	Exit 305 - Main St	GFLRV	Pocono Inne (877-747-8713)
80PA	306(WBO)	Exit 306 - Dreher Ave	GFL	Budget Inn (800-2824678)
80PA	307	Exit 307 - Park Ave	GFL	Hampton Inn (570-424-0400) BUDGET HOST (570-424-1771) STROUDSMOOR COUNTR.. (570-421-6431) QUALITY INN (570-424-1930) FLOWERFIELD MOTEL (570-424-1862) HAMPTON INN (570-424-0400) BEST WESTERN INN (570-421-2200)
80PA	308	Exit 308 - East Stroudsburg	GFL	Days Inn (800-329-7466)
80PA	309	Exit 309 - Marshalls Creek	GFL	
80PA	310	Exit 310 - Delaware Water Gap	GFL	DEER HEAD INN (570-424-2000) POCONO INN AT WATE.. (570-476-0000) WATER GAP COUNTRY .. (570-476-0300)
SL	311	PA State Line		

NEW JERSEY - INTERSTATE 80

State	Mile Marker	Name	Serv	Featured Hotels
SL	0	New Jersey State Line		
80NJ	4(EBO)	Exit 4A - Columbia	GL	
80NJ	4(EBO)	Exit 4B - Portland PA / Buttzville	GL	
80NJ	4(EBO)	Exit 4C - Blairstown	GL	
80NJ	4(WBO)	Exit 4 - Blairstown / Portland / Buttzville	GL	
80NJ	7	**Rest Area**		
80NJ	12	Exit 12 - Blairstown / Hope	RV	
80NJ	19	Exit 19 - Hackettstown / Andover	GL	Comfort Inn (908-813-8500)
80NJ	25	Exit 25 - Stanhope / Newton	ALL	Wyndham Garden Hotel (877-999-3223)
80NJ	26(WBO)	Exit 26 - Budd Lake / Hackettstown	ALL	Comfort Inn (908-813-8500) Extended Stay Amer.. (973-347-5522)
80NJ	27(EBO)	Exit 27 - Netcong / Somerville	ALL	Quality Inn (973-347-5100)
80NJ	27	Exit 27A - Somerville	ALL	
80NJ	27	Exit 27B - Netcong	ALL	Best Western (973-426-0800)
80NJ	28	Exit 28 - Ledgewood / Lake Hopatcong	GF	
80NJ	30	Exit 30 - Howard Blvd / Mt. Arlington	GF	
80NJ	32	**Rest Area**		
80NJ	34(EBO)	Exit 34 - Wharton / Dover	G	
80NJ	34(WBO)	Exit 34A - Wharton	G	
80NJ	34(WBO)	Exit 34B - Jefferson / Sparta	G	
80NJ	35(EBO)	Exit 35 - Mount Hope / Dover		
80NJ	35(WBO)	Exit 35A - Dover		
80NJ	35(WBO)	Exit 35B - Mount Hope		
80NJ	37	Exit 37 - Hibernia / Rockaway	GL	Hampton Inn (973-664-1050)
80NJ	38(EBO)	Exit 38 - Denville	ALL	
80NJ	39(WBO)	Exit 39 - Denville	ALL	Mariott (973-394-0303)
80NJ	42(EBO)	Exit 42C - Parsippany	G	
80NJ	42(WBO)	Exit 42A - Morris Plains	G	
80NJ	42(WBO)	Exit 42B - Parsippany	G	
80NJ	43(EBO)	Exit 43 - Morristown / Mahwah		
80NJ	43(WBO)	Exit 43A - Smith Rd / Mahwah	ALL	Sheraton (973-515-2000)
80NJ	45(EBO)	Exit 45 - Whippany / Lake Hiawatha		
80NJ	47(EBO)	Exit 47A - Patterson		
80NJ	47(WBO)	Exit 47 - Patterson	ALL	Howard Johnson Exp.. (973-882-8600) Ramada (973-263-0404)
80NJ	48(WBO)	Exit 48 - Montville / Pine Brook	GFL	Crown Plaza (973-227-9200)
80NJ	52(WBO)	Exit 52 - Lincoln Park / Fairfield	GL	holiday Inn (973-785-9000)
80NJ	53	Exit 53 - Wayne / Butler	GFL	Ramada (973-256-7000)
80NJ	54(EBO)	Exit 54 - Minnisink Rd / Little Falls	GF	
80NJ	55(WBO)	Exit 55A - Union Blvd / Little Falls	GF	
80NJ	55(WBO)	Exit 55B - Union Blvd / Totowa	GF	

80NJ	56(WBO)	Exit 56 - Squirrelwood Rd / Paterson	G	
80NJ	56(WBO)	Exit 56A - Squirrelwood Rd / W. Paterson	G	
80NJ	56(EBO)	Exit 56B - Squirrelwood Rd / Paterson	G	
80NJ	57(EBO)	Exit 57A - Downtown Paterson	GF+	
80NJ	57	Exit 57B - Clifton	GF+	
80NJ	57	Exit 57C - Main St / Paterson	GF+	
80NJ	58(WBO)	Exit 58A - Madison Ave / Paterson	GF+	
80NJ	58	Exit 58B - Madison Ave / Paterson	GF+	
80NJ	60	Exit 60 - Hawthorne	GF	
80NJ	61	Exit 61 - Garfield / Elmwood Park	GF	
80NJ	62(WBO)	Exit 62 - Garden State Parkway / Saddle Br..	GF	
80NJ	62(EBO)	Exit 62A - Garden State Parkway	GFL	Red Carpet Inn (201-791-2000)
80NJ	62(EBO)	Exit 62B - Saddle River Rd / Fawn Lawn	GF	
80NJ	63(WBO)	Exit 63 - Lodi / Fair Lawn	GF	
80NJ	64(EBO)	Exit 64 - Hasbrouck Hgts / Newark	GF	
80NJ	64(WBO)	Exit 64A - Summit Ave	GF	
80NJ	64(WBO)	Exit 64B - Hasbrouck Hgts / Newark	GFL	Hilton (201.288.6100)
80NJ	65	Exit 65 - Green St / Teterboro	GFL	Super 8 (201-440-4476)
80NJ	66	Exit 66 - Hudson St / Hackensack	GL	The Capri Inn (201 440 4500)
80NJ	67(EBO)	Exit 67 - Bogota / Ridgefield Park	GF+	
SL	68	New Jersey I-80 ends/starts at t..		

NEW YORK - INTERSTATE 81

State	Mile Marker	Name	Serv	Featured Hotels
SL	0	Start of I-81 in NY		
81NY	1	**Rest Area**		
81NY	4	Exit 1 - Conklin/Kirkwood		
81NY	8	Exit 2 - US 11		
81NY	9	Exit 2 - I-86		
81NY	10	Exit 3 - Industrial Park		
81NY	12(NBO)	Exit 3 - Broad Avenue		
81NY	13	Exit 4 - Binghamton		
81NY	14	Exit 5 - Front St	GFL	Marriott (607.651.1000)
81NY	15(SBO)	Exit 5 - I-88		
81NY	16	Exit 6 - Chenango Bridge	L	Doubletree (315.432.0200)
81NY	22	Exit 7 - Castle Creek	L	
81NY	29(NBO)	Exit 8 - Whitney Point	GFL	
81NY	30(SBO)	Exit 8 - Whitney Point	GFL	Holiday Inn (315.288.5700)
81NY	33	**Rest Area**		
81NY	38	Exit 9 - Marathon	L	
81NY	50	Exit 10 - Cortland	GFL	Days Inn (607.753.7594)
81NY	52	Exit 11 - Cortland	GFL	
81NY	54	Exit 12 - Homer	GFL	

81NY	60	**Rest Area**		
81NY	63	Exit 13 - Preble		
81NY	67	Exit 14 - Tully	F	
81NY	73	Exit 15 - LaFayette	F	
81NY	78	Exit 16 - US-11	GF	
81NY	81	Exit 16 - I-481		
81NY	82	Exit 17 - South Salina St	GF+	
81NY	84	Exit 18 - Adams St	FL+	
81NY	85(SBO)	Exit 19 - Clinton St	GFL	
81NY	86(SBO)	Exit 21 - Spencer St	GFL	
81NY	86(NBO)	Exit 21 - Court St	GFL	
81NY	87(NBO)	Exit 23 - Park St	GFL	
81NY	88(SBO)	Exit 24 - I-690		
81NY	89	Exit 25 - 7th North St	FL	
81NY	90(SBO)	Exit 26 - Mattydale	F+	
81NY	91(NBO)	Exit 27 - Syracuse Airport	ALL	
81NY	92(NBO)	Exit 28 - Taft Road	ALL	
81NY	93	Exit 29 - I-481		
81NY	95	Exit 30 - Cicero, Bridgeport	GL	
81NY	99	Exit 31 - Bartel Road	L	
81NY	101	**Rest Area**		
81NY	103	Exit 32 - Central Square	G	
81NY	111	Exit 33 - Parish	FL	
81NY	115	Exit 34 - NY-104		
81NY	118	Exit 35 - Tinker Tavern Road		
81NY	122	Exit 36 - Pulaski	FL	
81NY	128	Exit 37 - Sandy Creek	GL	
81NY	131	Exit 38 - US-11		
81NY	133	Parking Area		
81NY	133	Exit 39 - Mannsville		
81NY	135	Exit 40 - Ellisburg		
81NY	140	Exit 41 - Adams, Henderson		
81NY	144	Exit 42 - Smithville	G	
81NY	146	Exit 43 - Kellogg Hill		
81NY	148	Exit 44 - NY 232		
81NY	150	**Rest Area**		
81NY	151(NBO)	Parking Area		
81NY	153	Exit 45 - Arsenal St	GFL	
81NY	154	Exit 46 - Coffee St		
81NY	155	Exit 47 - Bradley Street		
81NY	158	Exit 48 - Fort Drum, Black River	GFL	
81NY	159	Parking Area		
81NY	162(NBO)	Parking Area		

State	Mile Marker	Name	Serv	Featured Hotels
81NY	166(SBO)	Parking Area		
81NY	169	Exit 49 - Theresa	G	
81NY	174	**Rest Area**		
81NY	177	**Rest Area**		
81NY	178	Exit 50 - Alexandria Bay, Clayton	FL	
81NY	180	Exit 51 - Island Road	L	
81NY	183	Exit 52 - Island Road		
SL	184	End of I-81 in NY		

PENNSYLVANIA - INTERSTATE 81

State	Mile Marker	Name	Serv	Featured Hotels
SL	0	Start of I-81 in PA		
81PA	1(NBO)	**Rest Area**		
81PA	1	Exit 1 - Mason-Dixon Rd	L	
81PA	3	Exit 3 - Molly Pitcher Hwy	GFL	
81PA	5	Exit 5 - Green Castle	ALL	
81PA	10	Exit 10 - Marion		
81PA	14	Exit 14 - Wayne Ave	GFL	Fairfield Inn (717.264.1200)
81PA	16	Exit 16 - Lincoln Way	ALL	
81PA	17	Exit 17 - Walker Rd		
81PA	20	Exit 20 - Scotland	ALL	Econo Lodge (717.533.2515)
81PA	24	Exit 24 - Fayette St	GF	
81PA	29	Exit 29 - King St	ALL	
81PA	37	Exit 37 - Newville	+	
81PA	38(NBO)	**Rest Area**		
81PA	39(SBO)	**Rest Area**		
81PA	44	Exit 44 - Plainfield	ALL	
81PA	45	Exit 45 - College St	ALL	
81PA	47(NBO)	Exit 47 - Hanover St	ALL	
81PA	47(SBO)	Exit 47A - Hanover St	FL	
81PA	47(SBO)	Exit 47B - Hanover St	GF	
81PA	48(NBO)	Exit 48 - York Rd	GF	
81PA	49(SBO)	Exit 49 - High St	GF+	
81PA	52(SBO)	Exit 52 - I-76	ALL	Motel 6 (717.249.7622)
81PA	52(NBO)	Exit 52A - New Kinstown	ALL	
81PA	52(NBO)	Exit 52B - Middlesex	ALL	Hampton Inn (717.240.0200)
81PA	57	Exit 57 - Mechanicsburg		
81PA	59	Exit 59 - Camp Hill		
81PA	61	Exit 61 - Wertzville Rd	F+	
81PA	65(NBO)	Exit 65 - Marysville	GFL	
81PA	65(SBO)	Exit 65A - Enola	GFL	
81PA	65(SBO)	Exit 65B - Marysville		
81PA	66	Exit 66 - Front St	FL+	

81PA	67	Exit 67A - Cameron St		
81PA	67	Exit 67B - Lewistown		
81PA	69	Exit 69 - Progress Ave		
81PA	70	Exit 70 - Hershey/York	+	
81PA	72(SBO)	Exit 72 - Paxonia	GFL	
81PA	72(NBO)	Exit 72A - Paxonia	GFL	
81PA	72(NBO)	Exit 72B - Linglestown	GFL	
81PA	77	Exit 77 - Hershey	ALL	Comfort Inn (717.540.8400)
81PA	80	**Rest Area**		
81PA	80	Exit 80 - Grantville/Hershey	ALL	Motel 6 (717.533.2384) Comfort Inn (717.566.2050)
81PA	85(SBO)	Exit 85 - Annville	ALL	
81PA	85(NBO)	Exit 85A - Annville	+	
81PA	85(NBO)	Exit 85B - Fort Indiantown Gap	ALL	
81PA	89	Exit 89 - Allentown		
81PA	90	Exit 90 - Lebanon	GLRV	
81PA	100	Exit 100 - Pine Grove	ALL	
81PA	104	Exit 104 - Ravine	GFRV	
81PA	107	Exit 107 - Tremont		
81PA	112	Exit 112 - Hegins	RV	
81PA	116	Exit 116 - Minersville	F	
81PA	119	Exit 119 - Highridge Park Rd	L+	
81PA	124	Exit 124A - Saint Clair	FL+	
81PA	124	Exit 124B - Frackville	ALL	
81PA	131	Exit 131A - Hometown	F+	
81PA	131	Exit 131B - Mahanoy City	GFL	
81PA	132	Parking Area		
81PA	134	Exit 134 - Delano		
81PA	138	Exit 138 - McAdoo	L	
81PA	141	Exit 141 - Hazleton	L	
81PA	143	Exit 143 - Hazleton	L+	Residence (570.455.9555)
81PA	145	Exit 145 - West Hazleton	ALL	
81PA	151	Exit 151A - I-80 East		
81PA	151	Exit 151B - I-80 West		
81PA	155	Exit 155 - Dorrance	GFLRV	
81PA	156	**Rest Area**		
81PA	158	**Rest Area**		
81PA	159	Exit 159 - Nvangola	GFLRV	
81PA	164	Exit 164 - Nanticoke	+	
81PA	165	Exit 165 - Mountain Top	ALL	
81PA	165	Exit 165A - Mountain Top		
81PA	165	Exit 165B - Wilkes-Barre	ALL	
81PA	168	Exit 168 - Wilkes-Barre	+	
81PA	170	Exit 170A - Bear Creek	GL	

State	Mile Marker	Name	Serv	Featured Hotels
81PA	170	Exit 170B - Wilkes-Barre	ALL	Fairfield Inn (570.208.4455)
81PA	175	Exit 175 - Dupont/Pisttston I-476	GFL	
81PA	175	Exit 175A - Pittston I-476	GFLRV	
81PA	175	Exit 175B - Dupont I-476	FL	
81PA	178	Exit 178A - International Airport	FL	
81PA	178	Exit 178B - Avoca	GFL	
81PA	180	Exit 180 - Moosic	GFL	
81PA	182(NBO)	Exit 182 - Montage Mountain Rd	GFL	Courtyard (570.969.2100) TownePlace (570.207.8500)
81PA	182(SBO)	Exit 182A - Montage Mountain Rd	GFL	
81PA	182(SBO)	Exit 182B - Davis St	GFL	
81PA	184(NBO)	Exit 184 - River St	GL	
81PA	184(SBO)	Exit 184 - Moosic St	GL	
81PA	185	Exit 185 - Expressway	L+	Hilton (570.343.3000)
81PA	186(NBO)	Exit 186 - Drinker St	GF	
81PA	187	Exit 187 - I-84/I-380		
81PA	188	Exit 188 - Throop/Dunmore	ALL	
81PA	190	Exit 190 - Main Ave	ALL	Fairfield Inn (570.346.3222)
81PA	191	Exit 191 - Dickerson City	+	
81PA	194	Exit 194 - I-476/Turnpike		
81PA	197	Exit 197 - Waverly	GF	
81PA	199	Exit 199 - Scott	GFL	
81PA	201	Exit 201 - East Benton	G	
81PA	202	Exit 202 - Fleetville		
81PA	203(NBO)	**Rest Area**		
81PA	206	Exit 206 - Glenwodd	+	
81PA	208(SBO)	**Rest Area**		
81PA	211	Exit 211 - Lenox	FRV	
81PA	217	Exit 217 - Harford	GF	
81PA	219	Exit 219 - Gibson	GFRV+	
81PA	223	Exit 223 - New Milford	GFLRV	
81PA	230	Exit 230 - Great Band	GFLRV	
SL	233	End of I-81 in PA		

MARYLAND - INTERSTATE 81

State	Mile Marker	Name	Serv	Featured Hotels
SL	0	Start of I-81 in MD		
81MD	1	Exit 1 - Lappans Rd	L	Red Roof Inn (301) 582-3500)
81MD	2	Exit 2 - US 11 - Williamsport	GF	
81MD	3	Exit 3 - I-70		
81MD	5	Exit 5 - Halfway Blvd.	FL	Holiday Inn Express (301- 745-5644) Motel 6 (301.582.4445) Courtyard (301.582.0043)

State	Mile Marker	Name	Serv	Featured Hotels
81MD	6	Exit 6A - US 40 / National Pike	GFL	Homewood Suites (301-665-3816)
81MD	6	Exit 6B - US 40 / National Pike	F	
81MD	7	Exit 7A - Salem Av	F	
81MD	7	Exit 7B - Salem Av	L	Microtel (240) 527-2700
81MD	8	Exit 8 - Maugansville Road		
81MD	9	Exit 9 - Maugans Ave.	GFL	Hampton Inn (240-420-1970)
81MD	10	Exit 10A - Hagerstown Regional Airport		
81MD	10	Exit 10B - Showalter Road	G	
SL	12	End of I-81 in MD		

WEST VIRGINIA - INTERSTATE 81

State	Mile Marker	Name	Serv	Featured Hotels
SL	0	Start of I-81 in WV		
81WV	1(NBO)	**Rest Area**		
81WV	5	Exit 5 - Inwood/Charles Tow		
81WV	8	Exit 8 - Tablers Station Road		
81WV	12	Exit 12 - Winchester Avenue/Charles Tow	GFL	
81WV	13	Exit 13 - King Street/Downtow	G	
81WV	14	Exit 14 - Dry Run Road		
81WV	16	Exit 16W - Berkeley Spring		
81WV	16	Exit 16E - N. Queen Stree	GFL	
81WV	20	Exit 20 - Spring Mills Road	GL	
81WV	23	Exit 23 - Marlowe/Falling Waters		
81WV	25(SBO)	**Rest Area**		
SL	26	End of I-81 in WV		

VIRGINIA - INTERSTATE 81

State	Mile Marker	Name	Serv	Featured Hotels
SL	0	Start of I-81 in VA		
81VA	1	Exit 1 - Route 58/421	L	Howard Johnson (276-669-7171)
81VA	3	Exit 3 - Interstate 381	L	Super 8 (276-466-8800)
81VA	5	Exit 5 - Route 11/19	GFL	Comfort Inn (276- 466-3881)
81VA	7	Exit 7 - Old Airport Rd.	GFL	Courtyard by Marri.. (276-591-4400) Motel 6 (276.466.6060)
81VA	10	Exit 10 - Route 11	L	La Quinta (276-669-9353)
81VA	13	Exit 13 - Route 611		
81VA	14	Exit 14 - Route 140	GFL	Comfort Suites (276-698-3040)
81VA	17	Exit 17 - Route 58A/75	ALL	Hampton Inn (276-619-4600)
81VA	19	Exit 19 - Route 11/58A	GFL	Days Inn Abingdon (276-628-7131)
81VA	22	Exit 22 - Route 704	F	
81VA	24	Exit 24 - Route 80		
81VA	26	Exit 26 - Route 737		

81VA	29	Exit 29 - Route 91	GFL	
81VA	32	Exit 32 - Route 11		
81VA	35	Exit 35 - Route 107	GFL	Knights Inn (276-646-8981)
81VA	39	Exit 39 - Route 11		
81VA	44	Exit 44 - Route 730/Service Rd.	L	General Francis Ma.. (276-783-4800)
81VA	45	Exit 45 - Route 16	GFL	Econo Lodge (276- 783-6031)
81VA	47	Exit 47 - Route 11	GFL	Virginia House Inn.. (877-747-8713)
81VA	50	Exit 50 - Route 622	L	Comfort Inn (276-783-2144)
81VA	54	Exit 54 - Route 683	F	
81VA	60	Exit 60 - Route 90	GF	
81VA	67	Exit 67 - Route 11		
81VA	70	Exit 70 - Route 21/52	ALL	La Quinta Inn (276- 228-7400)
81VA	72	Exit 72 - Interstate 77	GL	Hampton Inn (276.228.6090) Comfort Suites (276.228.1234)
81VA	73	Exit 73 - Route 11	GFL	Quality Inn (276- 228-4241) Econo Lodge (276.228.5525)
81VA	77	Exit 77 - Service Rd	L	
81VA	80	Exit 80 - Route 52/121	L	Comfort Inn (276-637-4281)
81VA	81	Exit 81 - Interstate 77	L	Hampton Inn (276-637-4027)
81VA	84	Exit 84 - Route 619		
81VA	86	Exit 86 - Route 618		
81VA	89	Exit 89 - Route 11/100		
81VA	92	Exit 92 - Service Rd.		
81VA	94	Exit 94 - Route 99	L	
81VA	98	Exit 98 - Route 100	GL	Comfort Inn (540- 674-1100)
81VA	101	Exit 101 - Route 660	GFL	Sleep Inn (540-674-4099)
81VA	105	Exit 105 - Route 232		
81VA	109	Exit 109 - Route 177		
81VA	114	Exit 114 - Route 8	GFL	Budget Inn (540- 382-6625)
81VA	118	Exit 118 - Route 11/460	GFL	Econo Lodge (540- 382-6161)
81VA	128	Exit 128 - Route 603	L	Days Inn (540-382-0261)
81VA	132	Exit 132 - Route 647	L	
81VA	137	Exit 137 - Route 112	GFL	Holiday Inn (540-389-2424)
81VA	140	Exit 140 - Route 311	L	Quality Inn (540-562-1912)
81VA	141	Exit 141 - Route 419	GFL	La Quinta Inn (540-562-2717)
81VA	143	Exit 143 - Interstate 581	GFL	Hampton Inn (540-265-2600)
81VA	146	Exit 146 - Route 815	GFL	Days Inn (540-366-0341)
81VA	150	Exit 150 - Route 220	GFL	Holiday Inn Express (540-966-4444)
81VA	156	Exit 156 - Route 640		
81VA	162	Exit 162 - Route 11		
81VA	167	Exit 167 - Route 11		
81VA	168	Exit 168 - Route 614	G	
81VA	175	Exit 175 - Route 11		
81VA	180	Exit 180 - Route 11	GL	

81VA	188	Exit 188 - Route 60	L	Hampton Inn (540.463.2223)
81VA	191	Exit 191 - Interstate 64	L	Super 8 (540-463-7858) Sleep Inn (540.463.6000)
81VA	195	Exit 195 - Route 11	GFL	Days Inn (540-463-9131)
81VA	200	Exit 200 - Route 710	G	
81VA	205	Exit 205 - Route 606	F	
81VA	213	Exit 213 - Route 11		
81VA	217	Exit 217 - Route 654	L	Days Inn (540-337-3031)
81VA	220	Exit 220 - Route 262	L	Hampton Inn (540.886.7000)
81VA	221	Exit 221 - Interstate 64	L	Comfort Inn (540-886-5000)
81VA	222	Exit 222 - Route 250	GL	Best Western (540-885-1112) Sleep Inn (540.887.6500)
81VA	225	Exit 225 - Route 275	L	Quality Inn (540-248-5111) Holiday Inn (540.248.6020)
81VA	227	Exit 227 - Route 612	GF	
81VA	232	**Rest Area**		
81VA	235	Exit 235 - Route 256	GF	
81VA	240	Exit 240 - Route 257	L	The Village Inn (540-434-7355)
81VA	243	Exit 243 - Route 11	GFL	
81VA	245	Exit 245 - Port Republic Road	L	Holiday Inn (540-433-2521)
81VA	247	Exit 247 - Route 33	ALL	Motel 6 (540.433.6939)
81VA	251	Exit 251 - Route 11		
81VA	257	Exit 257 - Route 11		
81VA	264	Exit 264 - Route 211	GFL	
81VA	269	Exit 269 - Route 730		
81VA	273	Exit 273 - Route 703	GFL	Super 8 (540-477-2911)
81VA	277	Exit 277 - Route 614		
81VA	279	Exit 279 - Route 185		
81VA	283	Exit 283 - Route 42	GFL	Comfort Inn (540- 459-7600)
81VA	291	Exit 291 - Route 651		
81VA	296	Exit 296 - Route 55	L	Ramada (540-465-2444)
81VA	298	Exit 298 - Route 11	L	Fairfield Inn (540-465-1600)
81VA	300	Exit 300 - Interstate 66		
81VA	302	Exit 302 - Route 627	GL	
81VA	307	Exit 307 - Route 277	GFL	Comfort Inn (540- 869-6500)
81VA	310	Exit 310 - Route 37	L	Country Inn (540-869-7657)
81VA	313	Exit 313 - Route 17/50/522	GFL	Best Western (540-662-4154)
81VA	315	Exit 315 - Route 7	GFL	Shoneys Inn (540-665-1700)
81VA	317	Exit 317 - Route 11	GFL	Comfort Inn (540-667-8894)
81VA	321	Exit 321 - Route 672		
81VA	323	Exit 323 - Route 669	GF	
SL	325	End of I-81 in VA		

TENNESSEE - INTERSTATE 81

State	Mile Marker	Name	Serv	Featured Hotels
SL	0	Start of I-81 in TN		
81TN	1	Exit 1 - I-40 - Asheville, Knoxville		
81TN	4	Exit 4 - White Pine	GL	Days Inn (865-674-2573)
81TN	8	Exit 8 - US 25E, Morristown	GFL	
81TN	12	Exit 12 - Lowland, Morristown	G	
81TN	15	Exit 15 - Fish Hatchery Rd		
81TN	23	Exit 23 - Rogersville, Morristown		
81TN	30	Exit 30 - Rogersville, Greeneville		
81TN	36	Exit 36 - Baileyton Rd	GFL	
81TN	44	Exit 44 - Jearoldstown Rd		
81TN	50	Exit 50 - Fall Branch, Jonesborough		
81TN	56	Exit 56 - Tri-Cities Crossing		
81TN	57	Exit 57B - I-181		
81TN	57	Exit 57A - I-26		
81TN	59	Exit 59 - Fort Henry Dr.	GFL	
81TN	63	Exit 63 - Airport Parkway	L	
81TN	66	Exit 66 - Memorial Blvd.	G	
81TN	69	Exit 69 - Blountville	G	
81TN	74	Exit 74A - W. State St.	L	
81TN	74	Exit 74B - W. State St.	L	
SL	76	End of I-81 in TN		

WASHINGTON - INTERSTATE 82

State	Mile Marker	Name	Serv	Featured Hotels
82WA	3	Exit 3 - Thrall Rd		
82WA	8	Observation Area		
82WA	11	Exit 11 - Military Area		
82WA	22(WBO)	**Rest Area**		
82WA	24(EBO)	**Rest Area**		
82WA	26	Exit 26 - Canyon Rd	G	
82WA	29	Exit 29 - E Selah Rd		
82WA	30	Exit 30 - Rest haven Rd		
82WA	31	Exit 31A - Naches	GFLRV	
82WA	31	Exit 31B - Naches	GFLRV	
82WA	33	Exit 33 - Yakima Ave	ALL	Hilton Garden Inn (509.454.1111)
82WA	34	Exit 34 - Nob Hill Blvd	GFRV+	
82WA	36	Exit 36 - Valley Mall Blvd	ALL	Quality Inn (509.248.6924)
82WA	37(EBO)	Exit 37 - US 97		
82WA	38(WBO)	Exit 38 - Union Gap	GFL	
82WA	40	Exit 40 - Thorp Rd		
82WA	44	Exit 44 - Wapato	G	

State	Mile Marker	Name	Serv	Featured Hotels
82WA	50	Exit 50 - Toppensih	FLRV	
82WA	52	Exit 52 - Zillah	GFL	Comfort Inn (509.829.3399)
82WA	54	Exit 54 - Divison Rd		
82WA	58	Exit 58 - Granger	G	
82WA	63	Exit 63 - Outlook	FLRV	
82WA	67	Exit 67 - Sunnyside	GF+	
82WA	69	Exit 69 - Sunnyside	ALL	
82WA	73	Exit 73 - Stover Rd	ALL	
82WA	75	Exit 75 - County Line Rd	ALL	
82WA	80	Exit 80 - Gap Rd	GFLRV	
82WA	82	Exit 82 - Mabton	GFL	
82WA	88	Exit 88 - Gibbon Rd		
82WA	93	Exit 93 - Yakitat Rd		
82WA	96	Exit 96 - Benton City	GRV	
82WA	102	Exit 102 - I-182		
82WA	104	Exit 104 - Dallas Rd	G	
82WA	109	Exit 109 - Badger Rd	GFL	
82WA	113	Exit 113 - Kennewick	ALL	
82WA	114	Exit 114 - Locust Grove Rd		
82WA	122	Exit 122 - Coffin Rd		
82WA	131	Exit 131 - Plymouth	RV	

OREGON - INTERSTATE 82

State	Mile Marker	Name	Serv	Featured Hotels
82OR	1	Exit 1 - Umatilla	ALL	
82OR	5	Exit 5 - Power Line Rd		
82OR	10	Exit 10 - Westland Rd		

PENNSYLVANIA - INTERSTATE 83

State	Mile Marker	Name	Serv	Featured Hotels
83PA	2(NBO)	**Rest Area**		
83PA	4	Exit 4 - Shrewsbury	ALL	Hampton Inn (717.235.9898)
83PA	8	Exit 8 - Glen Rock	L+	
83PA	10	Exit 10 - Loganville	FL	
83PA	14	Exit 14 - Leader Heights	GFL	
83PA	15	Exit 15 - S George St		
83PA	16	Exit 16A - Queen St	ALL	
83PA	16	Exit 16B - Queen St	ALL	
83PA	18	Exit 18 - Mt Rose Ave	GFL	
83PA	19	Exit 19 - Market St	ALL	
83PA	21	Exit 21A - Arsenal Rd	ALL	Motel 6 (717.846.6260)
83PA	21	Exit 21B - Arsenal Rd	ALL	

State	Mile Marker	Name	Serv	Featured Hotels
83PA	22	Exit 22 - N George St	GL	Homewood Suites (717.434.1800) Comfort Inn (717.699.1919)
83PA	24	Exit 24 - Emigsville	GF	
83PA	28	Exit 28 - Strinestown	GF	
83PA	32	Exit 32 - Newberrytown	G	
83PA	33	Parking Area		
83PA	33	Exit 33 - Yocumtown	ALL	
83PA	34	Parking Area		
83PA	34(NBO)	Exit 34 - Valley Green		
83PA	36	Exit 36 - Lewisberry	GFL	
83PA	38	Exit 38 - Reesers Summit		
83PA	39	Exit 39B - I-76 PA TPK		
83PA	39	Exit 39A - Lewisberry Rd	L	
83PA	40	Exit 40B - New Cumberland	GF	
83PA	40	Exit 40A - Limekiln Rd	GFL	Motel 6 ((717) 774-8910)
83PA	41	Exit 41B - Highland Park	GF+	
83PA	41	Exit 41A - Gettysburg		
83PA	42	Exit 42 - Lemoyne		
83PA	43	Exit 43 - 2nd St	L	Hilton (717.233.6000) Comfort Inn (717.233.1611)
83PA	44	Exit 44B - 17th St	GF+	
83PA	44	Exit 44A - 13th St		
83PA	45	Exit 45 - Paxton St	GFL	
83PA	46	Exit 46A - I-283 S	GFL	
83PA	46	Exit 46B - I-283 S	GFL	
83PA	47	Exit 47 - Hershey	GF	
83PA	48	Exit 48 - Union Deposit Rd	ALL	
83PA	50	Exit 50A - Jonestown Rd	GF+	
83PA	50	Exit 50B - Jonestown Rd	GF+	

MARYLAND - INTERSTATE 83

State	Mile Marker	Name	Serv	Featured Hotels
83MD	1	Exit 1 - Fayette St		
83MD	2(SBO)	Exit 2 - Pleasant St		
83MD	3	Exit 3 - Chase St		
83MD	5(SBO)	Exit 5 - MD Ave		
83MD	6	Exit 6 - North Ave		
83MD	7	Exit 7A - 28th St		
83MD	7	Exit 7B - 28th St		
83MD	8(NBO)	Exit 8 - Falls Rd		
83MD	9	Exit 9A - Cold Spring Lane		
83MD	9	Exit 9B - Cold Spring Lane		
83MD	10	Exit 10A - Northern Pkwy	G	

State	Mile Marker	Name	Serv	Featured Hotels
83MD	10	Exit 10B - Northern Pkwy	G	
83MD	12(NBO)	Exit 12 - Ruxton Rd		
83MD	13	Exit 13 - I-695 S		
83MD	14	Exit 14 - I-695 N		
83MD	16	Exit 16A - Timonium Rd	ALL	
83MD	16	Exit 16B - Timonium Rd	ALL	
83MD	17	Exit 17 - Padonia Rd	ALL	
83MD	18(NBO)	Exit 18 - Warren Rd	GL	
83MD	20	Exit 20 - Shawan Rd	ALL	Comfort Inn (410-527-1500) Embassy Suites (410.584.1400)
83MD	24	Exit 24 - Belfast Rd		
83MD	27	Exit 27 - Mt Carmel	GF+	
83MD	31	Exit 31 - Middletown Rd		
83MD	33	Exit 33 - Parkton		
83MD	36	Exit 36 - Bel Air	GFRV	
83MD	37	Exit 37 - Freeland		

OREGON - INTERSTATE 84

State	Mile Marker	Name	Serv	Featured Hotels
84OR	1	Exit 1 - 33rd Ave	FL	
84OR	2	Exit 2 - 43rd Ave	GFL	
84OR	3(EBO)	Exit 3 - 58th Ave	G	
84OR	4(EBO)	Exit 4 - 68th Ave		
84OR	5(EBO)	Exit 5 - 82nd Ave	FL	
84OR	6(EBO)	Exit 6 - I-205 S		
84OR	7(EBO)	Exit 7 - Halsey St		
84OR	8(EBO)	Exit 8 - I-205 N		
84OR	9	Exit 9 - I-205		
84OR	10(EBO)	Exit 10 - 122nd Ave		
84OR	13	Exit 13 - 181st Ave	ALL	Hampton Inn (503.669.7000) Motel 6 (503.491.4444) Comfort Suites (503.661.2200)
84OR	14	Exit 14 - 207th Ave	GFRV	
84OR	16	Exit 16 - 238th Dr	ALL	
84OR	17	Exit 17 - Marine Dr	GFLRV	Motel 6 ((503) 665-2254)
84OR	18	Exit 18 - unknown	FLRV	
84OR	19	Observation Area		
84OR	22	Exit 22 - Corbett	GFRV	
84OR	23(WBO)	Observation Area		
84OR	25	Exit 25 - unknown		
84OR	28	Exit 28 - Bridal Veil		
84OR	29(WBO)	Exit 29 - Dalton Point		
84OR	30	Exit 30 - unknown		

84OR	31	Exit 31 - Multnomah Falls	RV	
84OR	35	Exit 35 - Historic Hwy	LRV	
84OR	37(WBO)	Exit 37 - Warrendale		
84OR	40	Exit 40 - unknown		
84OR	41(EBO)	Exit 41 - Easgle Creek RA		
84OR	44	Exit 44 - Cascade Locks	GFLRV	
84OR	47	Exit 47 - Forest Lane	RV	
84OR	51	Exit 51 - Wyeth	RV	
84OR	55(EBO)	Exit 55 - Starvation Peak Tr Head		
84OR	56	Exit 56 - unknown	RV	
84OR	58(EBO)	Exit 58 - Mitchell Point Overlook		
84OR	60(WBO)	Exit 60 - service rd		
84OR	62	Exit 62 - Westcliff Dr	ALL	Comfort Suites (541.308.1000)
84OR	63	Exit 63 - Hood River	GFL	
84OR	64	Exit 64 - White Salmon	GFL	
84OR	66(WBO)	**Rest Area**		
84OR	69	Exit 69 - Mosier	F	
84OR	73	**Rest Area**		
84OR	76	Exit 76 - Rowena		
84OR	82	Exit 82 - Chenowith Area	GF+	
84OR	83	Exit 83 - W The Dalles	ALL	Motel 6 (541.296.1191)
84OR	85	Exit 85 - The Dalles	ALL	
84OR	87	Exit 87 - Dufur	ALL	Comfort Inn (541.298.2800)
84OR	88	Exit 88 - unknown		
84OR	97	Exit 97 - Celilo		
84OR	104	Exit 104 - Biggs	GL	
84OR	109	Exit 109 - Rufus	GFLRV	
84OR	112	Parking Area		
84OR	114	Exit 114 - unknown		
84OR	123	Exit 123 - Philippi Canyon		
84OR	129	Exit 129 - Blalock Canyon		
84OR	131(EBO)	Exit 131 - Woelpern Rd	L	Quality Inn (503.492.4000)
84OR	136(WBO)	Observation Area	L	Quality Inn (503.492.4000)
84OR	137	Exit 137 - Arlington	GFRV+	
84OR	147	Exit 147 - Ione		
84OR	151	Exit 151 - Threemile Canyon		
84OR	159	Exit 159 - Tower Rd		
84OR	161	**Rest Area**		
84OR	164	Exit 164 - Boardman	ALL	
84OR	165	Exit 165 - Port of Morrow	G	
84OR	168	Exit 168 - Irrigon	RV	
84OR	171	Exit 171 - Paterson Ferry Rd	L	Comfort Inn (503.669.6500)
84OR	177	Exit 177 - Umatilla Army Depot		

84OR	179	Exit 179 - I-82 W		
84OR	180	Exit 180 - Westland Rd	G	
84OR	182	Exit 182 - Hermiston	FL	Comfort Inn (541.564.5911)
84OR	187	**Rest Area**		
84OR	188	Exit 188 - Hermiston	GFLRV	
84OR	193	Exit 193 - Echo Rd		
84OR	198	Exit 198 - Lorenzen Rd		
84OR	199	Exit 199 - Stage Coach Rd		
84OR	202	Exit 202 - Barnhart Rd	L	
84OR	207	Exit 207 - W Pendleton	GRV	
84OR	209	Exit 209 - Pendleton	ALL	Econo Lodge (541.276.8654)
84OR	210	Exit 210 - Pendleton	GFLRV	Motel 6 ((541) 276-3160) Hampton Inn (541.2763500)
84OR	213	Exit 213 - Pendleton	GL	
84OR	216	Exit 216 - Mission	GRV	
84OR	221(EBO)	Observation Area		
84OR	223(WBO)	Observation Area		
84OR	224	Exit 224 - Poverty flats Rd		
84OR	228	**Rest Area**		
84OR	234	Exit 234 - Meacham	RV	
84OR	238	Exit 238 - Meacham	F	
84OR	243	Exit 243 - Summit Rd		
84OR	248	Exit 248 - Spring creek Rd		
84OR	252	Exit 252 - Starkey	RV	
84OR	256(EBO)	Exit 256 - Perry		
84OR	257(WBO)	Exit 257 - Perry		
84OR	259(EBO)	Exit 259 - La Grande	GFL	
84OR	261	Exit 261 - LaGrande	ALL	
84OR	265	Exit 265 - LaGrande	GFRV	
84OR	268	Exit 268 - Foothill Rd		
84OR	269	**Rest Area**		
84OR	270(EBO)	Exit 270 - Ladd Creek Rd		
84OR	273	Exit 273 - Frontage Rd		
84OR	278	Exit 278 - Clover Creek		
84OR	283	Exit 283 - Wolf Creek Lane		
84OR	285	Exit 285 - North Powder	L	
84OR	295	**Rest Area**		
84OR	298	Exit 298 - Medical Springs		
84OR	302	Exit 302 - Richland	RV	
84OR	304	Exit 304 - Baker	ALL	
84OR	306	Exit 306 - Baker	GFLRV	
84OR	313(EBO)	Exit 313 - Pleasant Valley		
84OR	315(WBO)	Exit 315 - Pleasant Valley		
84OR	317(WBO)	Exit 317 - Pleasant Valley		

State	Mile Marker	Name	Serv	Featured Hotels
84OR	327	Exit 327 - Durkee	G	
84OR	330	Exit 330 - Plano Rd		
84OR	335	Exit 335 - Weatherby		
84OR	338	Exit 338 - Lookout Mountain		
84OR	340	Exit 340 - Rye Valley		
84OR	342(EBO)	Exit 342 - Lime		
84OR	345	Exit 345 - Lime	GFL	
84OR	353	Exit 353 - Huntington	GLRV	
84OR	356	Exit 356 - Weiser	RV	
84OR	362	Exit 362 - Moores Hallow Rd		
84OR	371	Exit 371 - Stanton Blvd		
84OR	374	Exit 374 - Ontario	GL	
84OR	376	Exit 376A - Ontario	ALL	
84OR	376	Exit 376B - Ontario	ALL	Sleep Inn (541.881.0007)
84OR	377(WBO)	**Rest Area**		

IDAHO - INTERSTATE 84

State	Mile Marker	Name	Serv	Featured Hotels
84ID	1(EBO)	**Rest Area**		
84ID	3	Exit 3 - Fruitland	GRV	
84ID	9	Exit 9 - New Plymouth		
84ID	13	Exit 13 - Black Canyon Jct	G	
84ID	17	Exit 17 - Sand Hollow	FRV	
84ID	25	Exit 25 - Middleton	GF	
84ID	26	Exit 26 - Notus	GRV	
84ID	27	Exit 27 - Wilder	G	
84ID	28	Exit 28 - 10th Ave	ALL	
84ID	29	Exit 29 - Franklin Rd	GFLRV	
84ID	33	Exit 33A - Midland Blvd	ALL	
84ID	33	Exit 33B - Midland Blvd	ALL	Fairfield Inn (208.467.5888)
84ID	35	Exit 35 - Nampa	GFL	
84ID	36	Exit 36 - Franklin Blvd	ALL	Sleep Inn (208.463.6300)
84ID	38	Exit 38 - Garrity Blvd	ALL	Hampton Inn (208.442.0036)
84ID	44	Exit 44 - Meridian	ALL	Motel 6 (208.888.1212)
84ID	46	Exit 46 - Eagle	GFL	Hampton Inn (208.887.3600) Courtyard (208.888.0800) Comfort Suites (208.288.2060)
84ID	49	Exit 49 - I-184		
84ID	50	Exit 50A - Cole Rd	ALL	Hilton Garden Inn (208.376.1000) Homewood Suites (208.375.8500) Residence (208.385.9000)
84ID	50	Exit 50B - Cole Rd	ALL	
84ID	52	Exit 52 - Orchard St	GF+	

84ID	53	Exit 53 - Vista Ave	GFL	Motel 6 ((208) 344-3506)
84ID	54	Exit 54 - Broadway Ave	ALL	Courtyard (208.331.2700) SpringHill (208.342.1044)
84ID	57	Exit 57 - Gowen Rd	GFL	
84ID	59	Exit 59A - S Eisenman Rd		
84ID	59	Exit 59B - S Eisenman Rd		
84ID	62	**Rest Area**		
84ID	64	Exit 64 - Blacks Creek		
84ID	71	Exit 71 - Orchard	G	
84ID	74	Exit 74 - Simco Rd		
84ID	90	Exit 90 - W Mountain Home	GFLRV	
84ID	99	Exit 99 - Mountain Home	ALL	
84ID	112	Exit 112 - Hammett	GF	
84ID	114(WBO)	Exit 114 - Hammett		
84ID	120(EBO)	Exit 120 - Glenns Ferry		
84ID	121	Exit 121 - Glenns Ferry	GLRV	
84ID	125	Exit 125 - Paradise Valley		
84ID	129	Exit 129 - King hill		
84ID	133	**Rest Area**		
84ID	137	Exit 137 - Pioneer Rd	GRV	
84ID	141	Exit 141 - Gooding	GLRV	
84ID	147	Exit 147 - Tuttle	RV	
84ID	155	Exit 155 - Wendell	RV	
84ID	157	Exit 157 - Wendell	GFRV	
84ID	165	Exit 165 - Jerome	GLRV	
84ID	168	Exit 168 - Jerome	ALL	
84ID	171(EBO)	**Rest Area**		
84ID	173	Exit 173 - Twin Falls	ALL	Motel 6 ((208) 734-3993)
84ID	182	Exit 182 - Kimberly	GLRV	
84ID	188	Exit 188 - Valley Rd		
84ID	194	Exit 194 - Haxelton	GRV	
84ID	201	Exit 201 - Kasota Rd		
84ID	208	Exit 208 - Burley	ALL	Fairfield Inn (208.677.5000)
84ID	211	Exit 211 - Heyburn	GFLRV	
84ID	216	Exit 216 - Declo	GRV	
84ID	222	Exit 222 - I-86		
84ID	228	Exit 228 - Yale Rd		
84ID	229	**Rest Area**		
84ID	237	Exit 237 - Idahome Rd		
84ID	245	Exit 245 - Sublett Rd	GRV	
84ID	254	Exit 254 - Sweetzer Rd		
84ID	263	Exit 263 - Juniper Rd		
84ID	270	**Rest Area**		

UTAH - INTERSTATE 84

State	Mile Marker	Name	Serv	Featured Hotels
84UT	5	Exit 5 - Park Valley		
84UT	7	Exit 7 - Snowville	GFLRV	
84UT	12	Exit 12 - ranch exit		
84UT	16	Exit 16 - Hansel Valley		
84UT	17	Exit 17 - ranch exit		
84UT	20	Exit 20 - Blue Creek		
84UT	24	Exit 24 - Valley		
84UT	26	Exit 26 - Howell		
84UT	32	Exit 32 - ranch exit		
84UT	39	Exit 39 - Garland		
84UT	40	Exit 40 - Tremonton	ALL	
84UT	41	Exit 41 - I-15 N		
84UT	81	Exit 81 - I-15 S	ALL	
84UT	85	Exit 85 - S Weber		
84UT	87	Exit 87A - Layton	GF	
84UT	87	Exit 87B - Layton	GF	
84UT	91(EBO)	**Rest Area**		
84UT	92(EBO)	Exit 92 - Huntsville	G	
84UT	94(WBO)	**Rest Area**		
84UT	96	Exit 96 - Peterson	G	
84UT	103	Exit 103 - Morgan	GF+	
84UT	106	Exit 106 - ranch exit		
84UT	108	Exit 108 - Taggart	GF	
84UT	111	Observation Area		
84UT	111	Exit 111 - Croydon		
84UT	112	Exit 112 - Henefer	GFL	
84UT	115	Exit 115 - Henefer		

PENNSYLVANIA - INTERSTATE 84

State	Mile Marker	Name	Serv	Featured Hotels
84PA	1	Exit 1 - Tigue St	GL	
84PA	2	Exit 2 - Elmhurst		
84PA	4	Exit 4 - I-380 S		
84PA	8	Exit 8 - Mt Cobb	G	
84PA	17	Exit 17 - Newfoundland	GFL	Comfort Inn (570.689.4148)
84PA	20	Exit 20 - Greentown	GF	
84PA	26	**Rest Area**		
84PA	26	Exit 26 - Tafton	G	
84PA	30	Exit 30 - Blooming Grove		
84PA	34	Exit 34 - Milford	GFL	

State	Mile Marker	Name	Serv	Featured Hotels
84PA	46	Exit 46 - Milford	GFL	
84PA	53	Exit 53 - Matamoras	ALL	Hampton Inn (570.491.5280)

NEW YORK - INTERSTATE 84

State	Mile Marker	Name	Serv	Featured Hotels
84NY	1	Exit 1 - Port Jervis	ALL	
84NY	2	Exit 2 - Mountain Rd		
84NY	3	Parking Area		
84NY	3	Exit 3 - Middletown	GF+	
84NY	4	Exit 4 - Middletown	ALL	Hampton Inn (845.344.3400) Courtyard (845.695.0606)
84NY	5	Exit 5 - Maybrook	ALL	Homewood Suites (845.567.2700)
84NY	6	Exit 6 - Newburgh	GFL	Comfort Inn (845.567.0567)
84NY	7	Exit 7 - I-87	ALL	Hampton Inn (845.567.9100)
84NY	8	Exit 8 - Walden	G	
84NY	10	Exit 10 - Newburgh	ALL	
84NY	11	Exit 11 - Wappingers Falls	G	
84NY	12	Exit 12 - Fishkill	GFL	Quality Inn (845.897.9300)
84NY	13	Exit 13 - Poughkeepsie	ALL	Hilton Garden Inn (845.896.7100) Hampton Inn (845.896.4000) Residence (845.896.5210) Courtyard (845.897.2400)
84NY	15	Exit 15 - Lime Kiln NY	GFL	
84NY	16	Exit 16 - Taconic Pkwy		
84NY	17(EBO)	**Rest Area**		
84NY	17	Exit 17 - Ludingtonville Rd	GF	
84NY	18	Exit 18 - Lake Carmel		
84NY	19	Exit 19 - Carmel	F	
84NY	20	Exit 20 - US 6	GF	
84NY	21(WBO)	Exit 21 - N Salem		
84NY	24(WBO)	**Rest Area**		
84NY	55	**Rest Area**		

CONNECTICUT - INTERSTATE 84

State	Mile Marker	Name	Serv	Featured Hotels
84CT	1	Exit 1 - Saw Mill Rd	L	
84CT	2	Exit 2A - Mill Plain rd	ALL	
84CT	2	Exit 2B - Mill Plain rd	ALL	Hilton Garden Inn (203.205.2000) Comfort Suites (203.205.0800)
84CT	3	Exit 3 - Norwalk	GF+	
84CT	4	Exit 4 - Lake Ave	ALL	
84CT	5	Exit 5 - Danbury	GFL	Fairfield Inn (860.648.9796)
84CT	6	Exit 6 - New Fairfield	GFL	

84CT	7	Exit 7 - Brookfield	FL	Quality Inn (203.743.6701)
84CT	8	Exit 8 - Newtown Rd	ALL	Hampton Inn (203.748.6677) Courtyard (203.730.2228)
84CT	9	Exit 9 - Hawleyville	L	
84CT	10	Exit 10 - Newtown	GF	
84CT	11	Exit 11 - New Haven		
84CT	13(EBO)	Exit 13 - River Rd		
84CT	14	Exit 14 - S Britain	GF	
84CT	15	Exit 15 - Southbury	ALL	
84CT	16	Exit 16 - Middlebury	GFL	
84CT	17	Exit 17 - Watertown	GFL	Hampton Inn (203.753.1777)
84CT	18	Exit 18 - W Main	FL	
84CT	19	Exit 19 - Bridgeport		
84CT	20	Exit 20 - Torrington	GF	
84CT	21	Exit 21 - Meadow St	G+	
84CT	22	Exit 22 - Baldwin St	GL	
84CT	23	Exit 23 - Hamilton Ave	GF+	
84CT	24(EBO)	Exit 24 - Harper's Ferry	G	
84CT	25(EBO)	Exit 25A - Austin Rd		
84CT	25	Exit 25 - Scott Rd	ALL	
84CT	26	Exit 26 - Cheshire	FL	
84CT	27	Exit 27 - I-691		
84CT	28	Exit 28 - Marion	GFL	Econo Lodge (860.621.9181) Comfort Suites (860.276.3100)
84CT	29	Exit 29 - Milldale		
84CT	30	Exit 30 - Marion Ave	G	
84CT	31	Exit 31 - West St	GFL	
84CT	32	Exit 32 - Queen St	ALL	Motel 6 ((860) 621-7351)
84CT	33	Exit 33 - Bristol		
84CT	34	Exit 34 - Crooked St	ALL	
84CT	35	Exit 35 - New Britain		
84CT	36	Exit 36 - Slater Rd		
84CT	37	Exit 37 - Fienemann Rd	GFL	
84CT	38	Exit 38 - Bristol	G	
84CT	39	Exit 39A - New Britain		
84CT	39	Exit 39 - Farmington		
84CT	40	Exit 40 - New Britain Ave	ALL	
84CT	41(EBO)	**Rest Area**		
84CT	41	Exit 41 - S Main St		
84CT	42	Exit 42 - Trout Brk Dr		
84CT	43	Exit 43 - Park Rd		
84CT	44	Exit 44 - Prospect Ave	GF+	
84CT	45	Exit 45 - flatbush Ave		
84CT	46	Exit 46 - Sisson St		

State	Mile Marker	Name	Serv	Featured Hotels
84CT	47	Exit 47 - Sigourney St		
84CT	48	Exit 48 - Asylum St	L	
84CT	50(WBO)	Exit 50 - I-91 S	L	Homewood Suites (860.524.0223)
84CT	51	Exit 51 - I-91 N		
84CT	52(EBO)	Exit 52 - W Main St		
84CT	53(EBO)	Exit 53 - CT Blvd	L	Hampton Inn (860.282.2500)
84CT	54	Exit 54 - Old State House	L	
84CT	55	Exit 55 - New London		
84CT	56	Exit 56 - Governor St		
84CT	57	Exit 57 - I-91 S		
84CT	58	Exit 58 - Roberts St	FL	
84CT	59	Exit 59 - I-384 E	L	Clarion Hotel (860.643.5811)
84CT	60(EBO)	Exit 60 - Burnside Ave		
84CT	61	Exit 61 - I-291 W		
84CT	62	Exit 62 - Buckland St	ALL	Hampton Inn (860.644.1732)
84CT	63	Exit 63 - Manchester	ALL	Quality Inn (860.646.5700)
84CT	64	Exit 64 - Vernon Ctr	ALL	Comfort Inn (860.871.2432)
84CT	65	Exit 65 - Vernon Ctr	GFL	
84CT	66	Exit 66 - Tunnel Rd		
84CT	67	Exit 67 - Rockville	GF	
84CT	68	Exit 68 - Tolland	GFRV+	
84CT	69	Exit 69 - Willington	GFRV	
84CT	70	Exit 70 - Willington	GRV	
84CT	71	Exit 71 - Ruby Rd	GL	
84CT	72	Exit 72 - Westford	L	
84CT	73	Exit 73 - Stafford Springs	RV	
84CT	74	Exit 74 - Holland	FRV	
84CT	85	**Rest Area**		

MASSACHUSETTS - INTERSTATE 84

State	Mile Marker	Name	Serv	Featured Hotels
84MA	1	Exit 1 - Mashapaug Rd	GFL	
84MA	2	Exit 2 - Old Sturbridge Village	LRV	
84MA	3	Exit 3A - Sturbridge	ALL	
84MA	3	Exit 3B - Sturbridge	ALL	

VIRGINIA - INTERSTATE 85

State	Mile Marker	Name	Serv	Featured Hotels
85VA	1(NBO)	**Rest Area**		
85VA	4	Exit 4 - Route 903	+	
85VA	12	Exit 12 - Route 58	L+	Fairfield Inn (434.447.6800) Hampton Inn (434.447.4600)

State	Mile Marker	Name	Serv	Featured Hotels
				Quality Inn (434.447.2600) Comfort Inn (434.447.2200)
85VA	15	Exit 15 - Route 1	+	
85VA	24	Exit 24 - Route 644	+	
85VA	27	Exit 27 - Route 46	+	
85VA	28	Exit 28 - Route 1	+	
85VA	32	**Rest Area**		
85VA	34	Exit 34 - Route 630	+	
85VA	39	Exit 39 - Route 712	+	
85VA	42	Exit 42 - Route 40	+	
85VA	48	Exit 48 - Route 650	+	
85VA	53	Exit 53 - Route 703	+	
85VA	55	**Rest Area**		
85VA	58	Exit 58 - I-95 S	GFL	
85VA	61	Exit 61 - Route 460	+	
85VA	63	Exit 63 - Route 1	+	
85VA	63	Exit 63A - Petersburg	GFL	Holiday Inn (804.518.1515)
85VA	63	Exit 63B - Petersburg	GFL	
85VA	65	Exit 65 - Squirrel Level Rd.	+	
85VA	68	Exit 68 - Interstate 95/Crater Rd.	+	
85VA	69	Exit 69 - Washington St./Wythe St.	+	

NORTH CAROLINA - INTERSTATE 85

State	Mile Marker	Name	Serv	Featured Hotels
85NC	2	Exit 2 - Kings Mtn	L	Residence (704.584.0000)
85NC	3(NBO)	**Rest Area**		
85NC	4(SBO)	Exit 4 - US 29 S		
85NC	5	Exit 5 - Dixon School Rd	G+	
85NC	10	Exit 10A - Kings Mtn	GFLRV	
85NC	10	Exit 10B - Kings Mtn	GFLRV	
85NC	13	Exit 13 - Edgewood Rd	GL	
85NC	14	Exit 14 - E Bessemer	GFL	
85NC	17	Exit 17 - Gastonia	GFL	Holiday Inn (704.884.3300)
85NC	19	Exit 19 - Gastonia	G	
85NC	20	Exit 20 - New Hope Rd	ALL	Courtyard (704.852.4411) Fairfield Inn (704.867.5073) Hampton Inn (704.866.9090) Comfort Suites (704.865.6688)
85NC	21	Exit 21 - Cox Rd	ALL	
85NC	22	Exit 22 - Cramerton	GF+	
85NC	23	Exit 23 - McAdenville	GF	
85NC	26	Exit 26 - NC 7	ALL	Hampton Inn (704.825.6100)
85NC	27	Exit 27 - Mt Holly	ALL	Holiday Inn (704.812.2000)

85NC	29	Exit 29 - Sam Wilson Rd	GRV	
85NC	30	Exit 30 - I-485		
85NC	32	Exit 32 - Little Rock Rd	ALL	Courtyard (704.319.9900) Hampton Inn (704.394.6455) Holiday Inn (704.394.4301)
85NC	33	Exit 33 - Billy Graham Pkwy	GFL	Motel 6 (704.394.4993) SpringHill Suites (704.405.6061) Comfort Suites (704.971.4400) Quality Inn (704.393.5306)
85NC	34	Exit 34 - Freedom Dr	ALL	
85NC	35	Exit 35 - Glenwood Dr	GL	Motel 6 ((336) 854-0993)
85NC	36	Exit 36 - Brookshire Blvd	ALL	
85NC	37	Exit 37 - Beatties Ford Rd	GF+	
85NC	38	Exit 38 - I 77	L	Fairfield Inn (336.353.2008) Sleep Inn (704.399.7778)
85NC	39	Exit 39 - Statesville Ave	GF	
85NC	40	Exit 40 - Graham St	GL	
85NC	41	Exit 41 - Sugar Creek Rd	GFL	
85NC	42(NBO)	Exit 42 - US 29 only		
85NC	43	Exit 43 - City Blvd		
85NC	45	Exit 45 - Harris Blvd	ALL	Residence Inn (704.547.1122) Courtyard (704.549.4888) SpringHill Suites (704.503.4800) TownePlace Suites (704.548.0388) Homewood Suites (704.549.8800) Hampton Inn (704.548.0905) Hilton (704.547.7444) Comfort Suites (704.547.0049) Sleep Inn (704.549.4544)
85NC	46	Exit 46 - Malla Rd	GF	
85NC	48	Exit 48 - I 485		
85NC	49	Exit 49 - Bruton Smith Blvd	ALL	Residence Inn (704.454.7862) Courtyard (704.453.2600) SpringHill Suites (704.979.2500) Courtyard (704.768.2400) Comfort Suites (704.979.3800) Sleep Inn (704.979.8800) Holiday Inn (704.979.7900)
85NC	52	Exit 52 - Poplar Tent Rd	GF	
85NC	54	Exit 54 - Kannapolis Pkwy	GF+	
85NC	55	Exit 55 - Davidson	GFL	
85NC	58	Exit 58 - Concord	ALL	Fairfield Inn (704.795.4888) Econo Lodge (704.786.3100)
85NC	59	Exit 59A - verifica..		
85NC	60	Exit 60 - Earnhardt Rd	ALL	Sleep Inn (704.788.2150) Holiday Inn (704.743.1080)
85NC	63	Exit 63 - Kannapolis	GFL	
85NC	68	Exit 68 - Rockwell	GF+	

85NC	70	Exit 70 - Webb Rd	G	
85NC	71	Exit 71 - Peeler Rd	G+	
85NC	72	Exit 72 - Peach Orchard Rd		
85NC	74	Exit 74 - Julian Rd	F	
85NC	75	Exit 75 - Jake Alexander Blvd	GFL	Quality Inn (704.633.5777) Holiday Inn (704.637.3100)
85NC	76	Exit 76A - Albemarle	ALL	Comfort Suites (704.630.0065)
85NC	76	Exit 76B - Albemarle	ALL	
85NC	79	Exit 79 - Spencer	F	
85NC	81	Exit 81 - Spencer	GRV	
85NC	82	Exit 82 - Spencer from sb		
85NC	83(NBO)	Exit 83 - Spencer Rd		
85NC	85	Exit 85 - Clark Rd		
85NC	86	Exit 86 - Belmont Rd	G	
85NC	87	Exit 87 - High Point		
85NC	88	Exit 88 - Linwood	G	
85NC	91	Exit 91 - Southmont	ALL	Comfort Suites (336.357.2333) Quality Inn (336.243.2929)
85NC	94	Exit 94 - Old US 64	G	
85NC	96	Exit 96 - Asheboro	GF	
85NC	100	Exit 100A - verifica..		
85NC	102	Exit 102 - Lake Rd	GL	
85NC	103	Exit 103 - Thomasville	ALL	Quality Inn (336.472.2310)
85NC	106	Exit 106 - Finch Farm Rd	GF	
85NC	108	Exit 108 - Hopewell Church Rd		
85NC	111	Exit 111 - High Point	ALL	Fairfield Inn (336.434.0055) Comfort Inn (336.434.4797) Holiday Inn (336.861.3310)
85NC	113	Exit 113 - Archdale	GL	Quality Inn (336.861.3000)
85NC	114	Exit 114 - unknown		
85NC	118	Exit 118 - High Point	L	
85NC	119	Exit 119 - Groometown Rd	G	
85NC	120	Exit 120 - US 29 E		
85NC	121	Exit 121 - I 40 W		
85NC	122	Exit 122A - Greensboro		
85NC	122	Exit 122B - Greensboro		
85NC	122	Exit 122C - Greensboro		
85NC	124	Exit 124 - S Elm	F+	
85NC	126	Exit 126A - Sanford	GRV	
85NC	126	Exit 126B - Sanford	GRV	
85NC	128	Exit 128 - Alamance Church Rd		
85NC	129	Exit 129 - Youngsmill Rd	L	
85NC	131	Exit 131 - US 70		
85NC	132	Exit 132 - Mt Hope Church Rd	GFL	

85NC	135	Exit 135 - Rock Creek Dairy Rd	GF+	
85NC	138	Exit 138 - Gibsonville	G	
85NC	139	Exit 139A - verifica..		
85NC	140	Exit 140 - University Dr	F+	
85NC	141	Exit 141 - Burlington	ALL	Courtyard (336.585.1888)
85NC	143	Exit 143 - Burlington	ALL	
85NC	145	Exit 145 - Burlington	ALL	
85NC	147	Exit 147 - Pittsboro	GF+	
85NC	148	Exit 148 - Graham	GFL	
85NC	150	Exit 150 - Haw River	GL	
85NC	152	Exit 152 - Trollingwood Rd	G	
85NC	153	Exit 153 - Mebane	ALL	
85NC	154	Exit 154 - Mebane	ALL	
85NC	157	Exit 157 - Buckhorn Rd	G	
85NC	160	Exit 160 - NC 86 N	G	
85NC	161	Exit 161 - US 70 E		
85NC	163	Exit 163 - I-40 E		
85NC	164	Exit 164 - Hillsborough	ALL	Hooiday Inn (919.644.7997)
85NC	165	Exit 165 - Chapel Hill	GF+	
85NC	170	Exit 170 - NC 751	L	
85NC	172(NBO)	Exit 172 - Durham		
85NC	173	Exit 173 - Colemill Rd	ALL	Quality Inn (919.382.3388)
85NC	174	Exit 174A - Hillandale Rd	GFL	
85NC	174(SBO)	Exit 174B - US 15 S	L	Courtyard (919.383.8189)
85NC	175	Exit 175 - Guess Rd	ALL	Holiday Inn (919.313.3244)
85NC	176	Exit 176A - Gregson St	F+	
85NC	176	Exit 176B - Gregson St	F+	
85NC	177	Exit 177 - Avondale	GF+	
85NC	178	Exit 178 - Raleigh		
85NC	179	Exit 179 - E Club Blvd	G	
85NC	180	Exit 180 - Glenn School Rd		
85NC	182	Exit 182 - Red Mill Rd	G	
85NC	183	Exit 183 - Redwood Rd		
85NC	186	Exit 186A - Creedmoor		
85NC	186	Exit 186B - Creedmoor		
85NC	189	Exit 189 - Butner		
85NC	191	Exit 191 - Butner	ALL	Econo Lodge (919.575.6451) Comfort Inn (919.528.9296)
85NC	199	**Rest Area**		
85NC	202	Exit 202 - Oxford	L	
85NC	204	Exit 204 - Oxford	ALL	Comfort Inn (919.692.1000) Econo Lodge (919.693.9151)
85NC	206	Exit 206 - Oxford	GF	
85NC	209	Exit 209 - Poplar Creek Rd		

State	Mile Marker	Name	Serv	Featured Hotels
85NC	212	Exit 212 - Ruin Creek Rd	ALL	
85NC	213	Exit 213 - Badney	ALL	Holiday Inn (252.438.6300)
85NC	214	Exit 214 - Henderson	GF	
85NC	215	Exit 215 - Henderson	ALL	Econo Lodge (252.438.8511)
85NC	217	Exit 217 - Nutbush Bridge	G	
85NC	218(SBO)	Exit 218 - US 1 S		
85NC	220	Exit 220 - fleming Rd	GL	
85NC	223	Exit 223 - Manson Rd	GRV	
85NC	226	Exit 226 - Ridgeway Rd		
85NC	229	Exit 229 - Oine Rd	G	
85NC	231(SBO)	**Rest Area**		
85NC	233	Exit 233 - Wise	GL	

SOUTH CAROLINA - INTERSTATE 85

State	Mile Marker	Name	Serv	Featured Hotels
85SC	0(NBO)	**Rest Area**		
85SC	1	Exit 1 - Walhalla	F	
85SC	2	Exit 2 - Fair Play		
85SC	4	Exit 4 - SC 243	G	
85SC	11	Exit 11 - Townville	GFRV	
85SC	14	Exit 14 - Clemson	GFLRV	
85SC	18(NBO)	**Rest Area**		
85SC	19	Exit 19A - Anderson	ALL	
85SC	19	Exit 19B - Anderson	ALL	Hampton Inn (864.375.1999) Holiday Inn (864.226.3312)
85SC	21	Exit 21 - Anderson	ALL	
85SC	23(SBO)	**Rest Area**		
85SC	27	Exit 27 - Anderson	GFL	Hampton Inn (864.760.1000) Holiday Inn (864.231.0231)
85SC	32	Exit 32 - Pelzer	G	
85SC	34(SBO)	Exit 34 - US 29		
85SC	35	Exit 35 - Easley	GF	
85SC	39	Exit 39 - Piedmont	G	
85SC	40	Exit 40 - Easley	GFL	
85SC	42	Exit 42 - I-185		
85SC	44	Exit 44 - White Horse Rd	GF	
85SC	44(SBO)	Exit 44A - piedmont		
85SC	46	Exit 46C - Pleasantburg Rd	ALL	
85SC	46	Exit 46A - Augusta Rd	GFL	Motel 6 ((864) 277-8630) Holiday Inn (864.277.8921)
85SC	46	Exit 46B - Augusta Rd	GFL	Quality Inn (864.770.3737)
85SC	48	Exit 48A - Greenville	GFL	
85SC	48	Exit 48B - Greenville	GFL	Embassy Suites (864.676.9090)

State	Mile Marker	Name	Serv	Featured Hotels
				Comfort Inn (864.288.6900)
85SC	51	Exit 51 - Woodruff Rd	ALL	Hilton Garden Inn (864.284.0111) Homewood Suites (864.297.9140)
85SC	54	Exit 54 - Pelham Rd	ALL	Fairfield Inn (864.234.9916) Residence Inn (864.627.0001) Courtyard (864.213.9009) Marriott (864.297.0300) Hampton Inn (864.288.3500) Holiday Inn (864.213.9331)
85SC	56	Exit 56 - Greer	GL	Holiday Inn Express (864.877.0076)
85SC	57	Exit 57 - unknown		
85SC	58	Exit 58 - Brockman-McClimon Rd		
85SC	60	Exit 60 - Greer	GFL	
85SC	63	Exit 63 - Duncan	GFL	Hampton Inn (Tel:.864.486.8100) Quality Inn (864.433.1333) Holiday Inn (864.486.9191)
85SC	66	Exit 66 - Lyman	GF	
85SC	68	Exit 68 - Greer		
85SC	69	Exit 69 - Fairforest	L	Residence Inn (864.576.3333)
85SC	70	Exit 70A - I-26		
85SC	70	Exit 70B - I-26		
85SC	72	Exit 72 - US 176	GF+	
85SC	75	Exit 75 - Spartanburg	GFL	Comfort Inn (864.814.2001)
85SC	77	Exit 77 - Spartanburg	GFL	
85SC	78	Exit 78 - Chesnee	ALL	Motel 6 (864.573.6383) Holiday Inn (864.504.3333)
85SC	80	Exit 80 - Gossett	G	
85SC	82(NBO)	Exit 82 - Frontage Rd		
85SC	83	Exit 83 - SC 110	G	
85SC	87	Exit 87 - SC 39	RV	
85SC	89	**Rest Area**		
85SC	90	Exit 90 - Gaffney	ALL	Hampton Inn (864.206.0011) Sleep Inn (864.487.5337)
85SC	92	Exit 92 - Gaffney	ALL	Quality Inn (864.487.4200)
85SC	95	Exit 95 - Gaffney	GFL	
85SC	96	Exit 96 - SC 18	G	
85SC	98(NBO)	Exit 98 - Frontage Rd	F	
85SC	100	Exit 100 - Blacksburg	G	
85SC	102	Exit 102 - Earl	GF	
85SC	103(SBO)	**Rest Area**		
85SC	104	Exit 104 - SC 99		
85SC	106	Exit 106 - Grover	G	

GEORGIA - INTERSTATE 85

State	Mile Marker	Name	Serv	Featured Hotels

85GA	1(NBO)	**Rest Area**		
85GA	2	Exit 2 - West Point	GFLRV	
85GA	6	Exit 6 - Kia Blvd		
85GA	13	Exit 13 - La Grange	GFL	
85GA	14	Exit 14 - La Grange	GL	Hampton Inn (706.845.1115)
85GA	18	Exit 18 - Mountville	GFLRV	Comfort Inn (706.882.7700) Holiday Inn (706.812.8000)
85GA	21	Exit 21 - I-185 S		
85GA	28	Exit 28 - Hogansville	GFL	
85GA	35	Exit 35 - Grantville	G	
85GA	41	Exit 41 - Newnan	GFL	
85GA	47	Exit 47 - Newnan	ALL	SpringHill Suites (770.254.8900) Hampton Inn (770.253.9922) Motel 6 (770.251.4580) Comfort Inn (770.502.8688)
85GA	51	Exit 51 - Sharpsburg	GF	
85GA	56	Exit 56 - Collinsworth Rd	GFRV	
85GA	61	Exit 61 - Fairburn	ALL	Sleep Inn (678.782.4700) Holiday Inn (770.487.4646) Holiday Inn (678.674.2200)
85GA	64	Exit 64 - Union City	ALL	Comfort Inn (770.306.2677) Econo Lodge (770.964.9999)
85GA	66	Exit 66 - flat Shoals Rd	GFL	Motel 6 (770.969.0110)
85GA	68	Exit 68 - I-285		
85GA	69	Exit 69 - GA 14	ALL	Fairfield Inn (770.994.3666) Econo Lodge (404.768.1241) Comfort Inn (404.684.9898)
85GA	71	Exit 71 - Riverdale Rd	GFL	Marriott (404.766.7900) Hilton Garden Inn (404.766.0303) Embassy Suites (404.767.1988) Sleep Inn (770.996.6100) Holiday Inn (404.763.8800) Holiday Inn (404.761.6500)
85GA	72	Exit 72 - Camp Creek Pkwy		
85GA	73	Exit 73A - Virginia Ave	GFL	Courtyard (404.559.1043) Residence Inn (404.761.0511) Fairfield Inn (404.767.5374) Renaissance (404.209.9999) Hilton Garden Inn (404.477.6600) Hampton Inn (404.767.9300)
85GA	73	Exit 73B - Virginia Ave	GFL	Doubletree (404.763.1600) Comfort Inn (404.768.7800)
85GA	74	Exit 74 - Loop Rd		
85GA	75	Exit 75 - Sylvan Rd	GFL	
85GA	76	Exit 76 - Cleveland Ave	GF+	
85GA	77	Exit 77 - I-75 S		
85GA	84	Exit 84 - Techwood Dr	GFL	

85GA	85	Exit 85 - I-75 N		
85GA	86	Exit 86 - Peachtree St	GFL	Fairfield Inn (404.846.0900) TownePlace Suites (404.949.4820) Residence (404.239.0677)
85GA	87(NBO)	Exit 87 - GA 400N		
85GA	88	Exit 88 - Lenox Rd	GL	
85GA	89	Exit 89 - N Druid Hills	ALL	Residence Inn (404.467.1660) Courtyard (404.728.0708) Hampton Inn (404.320.6600) Doubletree (404.321.4174)
85GA	91	Exit 91 - Clairmont Rd	ALL	Marriott (404.325.0000) Holiday Inn (404.371.0204) Holiday Inn (404.320.0888)
85GA	93	Exit 93 - Shallowford Rd	ALL	Quality Inn (770.451.5231)
85GA	94	Exit 94 - Chamblee-Tucker Rd	GFL	Motel 6 (770.458.6626)
85GA	95	Exit 95 - I-285		
85GA	96	Exit 96 - Pleasantdale Rd	GFL	
85GA	99	Exit 99 - Jimmy Carter Blvd	ALL	Motel 6 ((770) 446-2311) Courtyard (770.242.7172) Courtyard (770.446.3777)
85GA	101	Exit 101 - Lilburn Rd	GFL	
85GA	102	Exit 102 - Beaver Ruin Rd	G	
85GA	103(NBO)	Exit 103 - Steve Reynolds Blvd	ALL	Residence Inn (770.921.2202) Holiday Inn (770.814.2800)
85GA	104	Exit 104 - Pleasant Hill Rd	ALL	Courtyard (770.476.4666) Marriott (770.923.1775) Hampton Inn (770.931.9800) Motel 6 (770.931.3113) Comfort Suites (770.931.9299) Quality Inn (770.623.9300) Candlewood Suites (678.380.0414) Holiday Inn (770.935.7171)
85GA	106(SBO)	Exit 106 - Boggs Rd	G	
85GA	107	Exit 107 - Athens	ALL	
85GA	108	Exit 108 - Sugarloaf Pkwy	FL	Hampton Inn (678.407.0018) Homewood Suites (770.277.1243) Hilton Garden Inn (770.495.7600) Holiday Inn (770.476.2022)
85GA	109	Exit 109 - Old Peachtree Rd	ALL	
85GA	111	Exit 111 - Suwanee	ALL	Fairfield Inn (770.932.9292) Courtyard (770.831.7473) Motel 6 (770.945.8372) Comfort Inn (770.945.1608)
85GA	113(SBO)	**Rest Area**		
85GA	113(NBO)	Exit 113 - I-985 N		
85GA	115	Exit 115 - Buford Dam	ALL	SpringHill Suites (678.714.2150) Courtyard (678.745.3380) Hampton Inn (678.546.1200) Holiday Inn (678.318.1080)

State	Mile Marker	Name	Serv	Featured Hotels
85GA	120	Exit 120 - Hamilton Mill Rd	GF+	
85GA	126	Exit 126 - Chestnut Mtn	ALL	Holiday Inn (770.867.8100)
85GA	129	Exit 129 - Braselton	GFL	
85GA	137	Exit 137 - Jefferson	GFL	Comfort Inn (706.693.4582)
85GA	140	Exit 140 - Dry Pond Rd		
85GA	147	Exit 147 - Commerce	G	
85GA	149	Exit 149 - Commerce	ALL	Fairfield Inn (706.336.0066) Hampton Inn (706.335.6161) Motel 6 (706.335.5561) Comfort Suites (706.336.0000) Quality Inn (706.335.9001) Holiday Inn (30529)
85GA	154	Exit 154 - Martin Br Rd		
85GA	160(NBO)	**Rest Area**		
85GA	160	Exit 160 - Homer	G	
85GA	164	Exit 164 - Carnesville	G	
85GA	166	Exit 166 - Carnesville	G	
85GA	173	Exit 173 - Lavonia	ALL	Sleep Inn (706.356.2268) Holiday Inn (706.356.2100)
85GA	176(SBO)	**Rest Area**		
85GA	177	Exit 177 - Hartwell	GF	
85GA	243	Exit 243 - Lakewood Fwy		
85GA	244	Exit 244 - University Ave	GF	
85GA	245	Exit 245 - Ormond St	L	
85GA	246	Exit 246 - Georgia Ave	FL	
85GA	247	Exit 247 - I-20		
85GA	248	Exit 248D - Piedmont Ave	L	
85GA	248	Exit 248C - Intn'l Blvd	L	Marriott (404.521.0000)
85GA	248(NBO)	Exit 248B - Edgewood Ave	L	Residence Inn (404.522.0950) Glenn (404.521.2250)
85GA	248(SBO)	Exit 248A - MLK Dr		
85GA	249	Exit 249D - 10th St	ALL	Renaissance (404.881.6000) Hotel Indigo (404.874.9200)
85GA	249(SBO)	Exit 249C - Williams St	L	Marriott (404.688.8600) Holiday Inn (404.524.5555)
85GA	249	Exit 249B - Pine St	L	
85GA	249(SBO)	Exit 249A - Courtland St	L	

ALABAMA - INTERSTATE 85					
State	Mile Marker	Name	Serv	Featured Hotels
85AL	1	Exit 1 - Court St	G	
85AL	2	Exit 2 - Forest Ave		
85AL	3	Exit 3 - Ann St	ALL	
85AL	4	Exit 4 - Perry Hill Rd	ALL	Hilton Garden Inn (334.272.2225)

State	Mile Marker	Name	Serv	Featured Hotels
85AL	6	Exit 6 - East Blvd	ALL	Motel 6 ((334) 277-6748) Residence Inn (334.270.3300) Courtyard (334.272.5533) SpringHill (334.409.9999) TownePlace Suites (334.396.5505)
85AL	9	Exit 9 - AL 271	FL+	Staybridge Suites (334.277.9383)
85AL	11	Exit 11 - Mt Meigs	ALL	Fairfield Inn (334.260.8650) Holiday Inn (334.271.5516) Candelwood Suites (334.277.0677)
85AL	16	Exit 16 - Waugh	G+	
85AL	22	Exit 22 - Shorter	GLRV	
85AL	26	Exit 26 - Tallassee	G	
85AL	32	Exit 32 - Tuskegee	G	
85AL	38	Exit 38 - Tuskegee		
85AL	42	Exit 42 - Wire Rd	G	
85AL	44	**Rest Area**		
85AL	51	Exit 51 - Auburn	ALL	Holiday Inn (334.502.1090)
85AL	57	Exit 57 - Glenn Ave	ALL	Fairfield Inn (334.742.2590)
85AL	58	Exit 58 - Opelika	ALL	Hampton Inn (334.745.4311) Holiday Inn (334.749.5250)
85AL	60	Exit 60 - Opelika	GF+	
85AL	62	Exit 62 - Opelika	ALL	Motel 6 (334.745.0988) Quality Inn (334.745.6331)
85AL	64	Exit 64 - Opelika	GL	
85AL	66	Exit 66 - Andrews Rd		
85AL	70	Exit 70 - Cusseta	GL	
85AL	77	Exit 77 - Huguley	GFL	Hampton Inn (334.576.5400) Holiday Inn (334.756.2000)
85AL	78(SBO)	**Rest Area**		
85AL	79	Exit 79 - Lanett	ALL	Econo Lodge (334.768.3500)

NEW YORK - INTERSTATE 87

State	Mile Marker	Name	Serv	Featured Hotels
87NY	1(SBO)	Exit 1 - NY State Thruway		
87NY	1	Exit 1 - Western Ave	ALL	
87NY	1(NBO)	Exit 1 - I-87 N		
87NY	2	Exit 2 - Central Ave	ALL	Motel 6 (518.456.8982) Comfort Inn (518.869.5327)
87NY	3	Exit 3 - Mile Square Rd	G+	
87NY	4	Exit 4 - Wolf Rd	ALL	Hampton Inn (518.438.2822) Holiday Inn (518.458.7250) Hotel Indigo (518.869.9100)
87NY	5	Exit 5 - Latham	FL	
87NY	5(NBO)	Exit 5 - Central Park Ave	GF	
87NY	6(NBO)	**Service/Travel Plaza**	GF	

87NY	6	Exit 6 - Schenectady	ALL	Hilton Garden Inn (518.464.6666)
87NY	6	Exit 6A - Stew Leonard Dr	+	
87NY	6	Exit 6B - Stew Leonard Dr	+	
87NY	7	Exit 7 - Troy	GFL	Clarion Hotel (518.785.0931)
87NY	7	Exit 7A - Saw Mill River Pkwy S		
87NY	8	Exit 8A - Grooms Rd	GF+	
87NY	8	Exit 8 - Crescent	GFL	Econo Lodge (845.255.6200)
87NY	9	Exit 9 - Clifton Park	ALL	Comfort Suites (518.373.2255) Comfort Inn (518.373.0222)
87NY	10	Exit 10 - Ushers Rd	GF+	
87NY	10(NBO)	Exit 10 - Nyack		
87NY	10(SBO)	Exit 10 - W230th St	G	
87NY	11	Exit 11 - Round Lake Rd	GF	
87NY	12	Exit 12 - Malta	ALL	Fairfield Inn (518.899.6900)
87NY	13	**Service/Travel Plaza**	GF	
87NY	13	Exit 13 - Saratoga Springs	ALL	Hilton Garden Inn (518.587.1500)
87NY	14(NBO)	**Rest Area**		
87NY	14	Exit 14 - Schuylerville	GL	Hampton Inn (518.584.2100)
87NY	14	Exit 14B - Airmont Rd	ALL	
87NY	14	Exit 14A - Garden State Pkwy		
87NY	15	Exit 15 - Saratoga Springs	ALL	Residence (518.584.9600) Comfort Inn (518.587.6244)
87NY	15	Exit 15A - Sloatsburg	L	Courtyard (518.226.0538)
87NY	16	Exit 16 - Ballard Rd	GLRV	Doubletree (212.564.0994)
87NY	17	Exit 17 - S Glen Falls	ALL	Hilton Garden Inn (845.567.9500)
87NY	18	Exit 18 - Glens Falls	GFL	
87NY	19	Exit 19 - Glens Falls	ALL	Courtyard (845.382.2300) Quality Inn (518.793.3800) Econo Lodge (518.793.3700) Sleep Inn (518.955.3000)
87NY	20	Exit 20 - Ft Ann	GFLRV	Comfort Inn (845.246.1565)
87NY	21	Exit 21 - Lake Geo	GFLRV	
87NY	21	Exit 21A - I-90E		
87NY	21	Exit 21B - Coxsackie	ALL	
87NY	22	Exit 22 - Diamond Pt	GFL	
87NY	23	Exit 23 - Diamond Point	GFLRV	Comfort Inn (518.465.8811)
87NY	24	Exit 24 - Bolton Landing	LRV	Hilton (518.584.4000) Hampton Inn (518.373.2345) Homewood Suites (518.438.4300) Hampton Inn (518.785.0000) Econo Lodge (518.785.1414) Clarion Hotel (518.793.3196) Comfort Suites (518.761.0001) Holiday Inn (518.438.0001)
87NY	25	Exit 25 - Chestertown	GRV	
87NY	26	Exit 26 - Pottersville	GFLRV	

State	Mile Marker	Name	Serv	Featured Hotels
87NY	27	Exit 27 - Schroon Lake	GFL	
87NY	28	Exit 28 - Ticonderoga	GLRV	
87NY	29	Exit 29 - N Hudson	RV	
87NY	31	Exit 31 - Elizabethtown	GLRV	
87NY	32	Exit 32 - Lewis	GFRV	
87NY	33(NBO)	**Service/Travel Plaza**	GF	
87NY	33	Exit 33 - Willsboro	GFLRV	
87NY	34(SBO)	**Service/Travel Plaza**	GF	
87NY	34	Exit 34 - Ausable Forks	GFRV	
87NY	35	Exit 35 - Port Kent	GFRV+	
87NY	36	Exit 36 - Plattsburgh	G	
87NY	37	Exit 37 - Plattsburgh	ALL	Hampton Inn (518.324.1100) Econo Lodge (518.561.1500) Comfort Inn (518.562.2730)
87NY	38	Exit 38 - Plattsburgh	GF	
87NY	39	Exit 39 - Moffitt Rd	GFLRV	
87NY	40	Exit 40 - Beekmantown	GLRV	
87NY	41	Exit 41 - Chazt		
87NY	42	Exit 42 - Rouse's Point	GF+	
87NY	43	**Rest Area**		
87NY	43	Exit 43 - Champlain	G+	
87NY	64(NBO)	Parking Area		
87NY	65(NBO)	**Service/Travel Plaza**	GF	
87NY	66(SBO)	Parking Area		
87NY	66(SBO)	**Service/Travel Plaza**	GF	
87NY	83	**Rest Area**		
87NY	96(SBO)	**Service/Travel Plaza**	GF	
87NY	99(NBO)	Parking Area		
87NY	103(NBO)	**Service/Travel Plaza**	GF	
87NY	111(NBO)	**Rest Area**		
87NY	123(SBO)	**Rest Area**		
87NY	127	**Service/Travel Plaza**	GF	
87NY	139(SBO)	Parking Area		
87NY	146(NBO)	**Rest Area**		
87NY	162	**Rest Area**		

ILLINOIS - INTERSTATE 88

State	Mile Marker	Name	Serv	Featured Hotels
88IL	1	Exit 1A - I-80		
88IL	1	Exit 1B - I-80		
88IL	2	Exit 2 - Former IL2	L	Residence (630.571.1200) Comfort Inn (815.284.0500) Quality Inn (815.288.2001)
88IL	6	Exit 6 - Joslin	FRV	

State	Mile Marker	Name	Serv	Featured Hotels
88IL	10	Exit 10 - Port Byron	G	
88IL	18	Exit 18 - Albany		
88IL	26	Exit 26 - Prophetstown		
88IL	36	Exit 36 - Rock Falls		
88IL	41	Exit 41 - Sterling	ALL	
88IL	44	Exit 44 - US 30	GFL	
88IL	54	Exit 54 - Dixon	ALL	
88IL	76	Exit 76 - Rochelle	GF+	
88IL	78	Exit 78 - I-39		
88IL	92	Exit 92 - Annie Glidden Rd	ALL	
88IL	93	Exit 93 - Dekalb Oasis	GF	
88IL	94	Exit 94 - Peace Rd		
88IL	109	Exit 109 - Elburn		
88IL	114	Exit 114 - Sugar Grove		
88IL	115	Exit 115 - Orchard Rd	ALL	Hampton Inn (630.907.2600)
88IL	117	Exit 117 - Aurora	ALL	
88IL	119	Exit 119 - Farnsworth Ave	ALL	
88IL	123	Exit 123 - IL 59	ALL	
88IL	125	Exit 125 - Winfield Rd	ALL	
88IL	127	Exit 127 - Naperville Rd	GFL	
88IL	130(WBO)	Exit 130 - IL 53	GF+	
88IL	131(EBO)	Exit 131 - I-355 S		
88IL	132(WBO)	Exit 132 - I-355 N		
88IL	134	Exit 134 - Highland Ave	FL	Hampton Inn (630.916.9000) Embassy Suites (630.969.7500)
88IL	136(EBO)	Exit 136 - Midwest Rd	ALL	
88IL	137	Exit 137 - Cermak Rd	FL	Doubletree (630.472.6000)
88IL	139	Exit 139 - I-294		

VERMONT - INTERSTATE 89

State	Mile Marker	Name	Serv	Featured Hotels
89VT	1	Exit 1 - Woodstock	GL	
89VT	2	Exit 2 - Sharon	GF	
89VT	3	Exit 3 - Bethel	GF	
89VT	4	Exit 4 - Randolph	GFRV	
89VT	5	Exit 5 - Williamstown	GFLRV	
89VT	6	Exit 6 - S Barre	GFLRV	
89VT	7	Exit 7 - Barre	GFLRV	Comfort Inn (802.229.2222)
89VT	8	Exit 8 - Montpelier	ALL	Econo Lodge (802.223.5258)
89VT	9	Exit 9 - Middlesex	F	
89VT	10	Exit 10 - Waterbury	GFL	
89VT	11	Exit 11 - Richmond	ALL	Fairfield Inn (802.291.9911)
89VT	12	Exit 12 - Williston	ALL	TownePlace (802.872.5900)

State	Mile Marker	Name	Serv	Featured Hotels
				Courtyard (802.879.0100)
89VT	13	Exit 13 - I-189	ALL	
89VT	14	Exit 14 - Burlington	ALL	Doubletree (802.658.0250) Comfort Inn (802.863.5541)
89VT	15(NBO)	Exit 15 - Winooski	GL	
89VT	16	Exit 16 - Winooski	ALL	Motel 6 (802.654.6860) Quality Inn (802.655.1400)
89VT	17	Exit 17 - Lake Champlain Islands	GRV	
89VT	18	Exit 18 - Georgia Ctr	GFRV+	
89VT	19	Exit 19 - St Albans	GL	
89VT	20	Exit 20 - St Albans	GF+	
89VT	21	Exit 21 - Swanton	GF	
89VT	22	Exit 22 - Highgate Springs	G	
89VT	66(NBO)	Parking Area		
89VT	67(SBO)	Parking Area		
89VT	82	**Rest Area**		
89VT	111	**Rest Area**		
89VT	129(SBO)	**Rest Area**		

NEW HAMPSHIRE - INTERSTATE 89

State	Mile Marker	Name	Serv	Featured Hotels
89NH	1	Exit 1 - Logging Hill Rd	GFL	
89NH	2	Exit 2 - Clinton St	F	
89NH	3(NBO)	Exit 3 - Stickney Hill Rd		
89NH	4(NBO)	Exit 4 - Hopkinton	G	
89NH	5	Exit 5 - Hopkinton	FRV	
89NH	6	Exit 6 - Contoocook	GRV	
89NH	7	Exit 7 - Davisville	RV	
89NH	8(NBO)	Exit 8 - Warner	GF	
89NH	9	Exit 9 - Warner	GF+	
89NH	10	Exit 10 - Sutton	L	
89NH	11	Exit 11 - King Hill Rd	L	
89NH	12	Exit 12A - Georges Mills	FLRV	
89NH	12	Exit 12 - New London	GFL	
89NH	13	Exit 13 - Grantham	GF	
89NH	14(SBO)	Exit 14 - N Grantham		
89NH	15	Exit 15 - Montcalm		
89NH	16	Exit 16 - Eastman Hill rd	G	
89NH	17	Exit 17 - Enfield	F+	
89NH	18	Exit 18 - Lebanon	ALL	Courtyard (603.643.5600)
89NH	19	Exit 19 - W Lebanon	GF+	
89NH	20	Exit 20 - W Lebanon	ALL	
89NH	26(SBO)	**Rest Area**		

89NH	40(NBO)	Rest Area		
89NH	57(SBO)	Rest Area		

WASHINGTON - INTERSTATE 90			
State	Mile Marker	Name	Serv	Featured Hotels
90WA	2	Exit 2B - I-5		
90WA	2	Exit 2C - I-5		
90WA	2	Exit 2A - 4th Ave S		
90WA	3	Exit 3A - Ranier Ave	G	
90WA	3	Exit 3B - Ranier Ave	G	
90WA	6(EBO)	Exit 6 - W Mercer Way		
90WA	7	Exit 7C - 80th Ave SE		
90WA	7	Exit 7A - SE 76th Ave	ALL	
90WA	7	Exit 7B - SE 76th Ave	ALL	
90WA	8	Exit 8 - Mercer Way		
90WA	9	Exit 9 - Bellevue Way		
90WA	10	Exit 10 - I-405		
90WA	11	Exit 11 - SE 150th	ALL	Embassy Suites (425.644.2500)
90WA	13	Exit 13 - SE Newport Way		
90WA	15	Exit 15 - Issaquah	ALL	Motel 6 ((425) 392-8405) Hilton Garden Inn (425.837.3600) Holiday Inn (425.392.6421)
90WA	17	Exit 17 - E Sammamish Rd	GF+	
90WA	18	Exit 18 - E Sunset Way	GF	
90WA	20	Exit 20 - High Point Way		
90WA	22	Exit 22 - Preston	GFRV	
90WA	25	Exit 25 - Snoqualmie Pkwy	F	
90WA	27	Exit 27 - North Bend	G	
90WA	31	Exit 31 - North Bend	ALL	Econo Lodge (509.453.8981)
90WA	32	Exit 32 - 436th Ave SE	GFL	
90WA	34	Exit 34 - 468th Ave SE	GFLRV	
90WA	42	Exit 42 - Tinkham Rd		
90WA	47	Exit 47 - Tinkham Rd	RV	
90WA	52(EBO)	Exit 52 - W Summit		
90WA	53	Exit 53 - Snoqualmie Pass	RV	
90WA	56(EBO)	Parking Area		
90WA	62	Exit 62 - Stampede Pass	RV	
90WA	63	Exit 63 - Cabin Creek Rd		
90WA	70	Exit 70 - Lake Easton SP	GFRV+	
90WA	71	Exit 71 - Easton	G	
90WA	74	Exit 74 - W Nelson Siding Rd		
90WA	78	Exit 78 - Golf Course Rd	RV	
90WA	80	Exit 80 - Roslyn		

90WA	84(EBO)	Exit 84 - Cle Elum	ALL	
90WA	85	Exit 85 - Wenatchie	GFL	
90WA	89	**Rest Area**		
90WA	93	Exit 93 - Elk Heights Rd		
90WA	101	Exit 101 - Thorp Hwy	G	
90WA	106	Exit 106 - Wenatchie	GFLRV	Hampton Inn (509.933.1600)
90WA	109	Exit 109 - Canyon Rd	ALL	Quality Inn (509.925.9800) Comfort Inn (509.925.7037) Holiday Inn (509.962.9400)
90WA	110	Exit 110 - I-82 E		
90WA	115	Exit 115 - Kittitas	G	
90WA	126	**Rest Area**		
90WA	136	Exit 136 - Huntzinger Rd	ALL	
90WA	137	Exit 137 - Othello		
90WA	139	Observation Area		
90WA	143	Exit 143 - Silica Rd		
90WA	149	Exit 149 - George	GRV	
90WA	151	Exit 151 - Quincy	GRV	
90WA	154	Exit 154 - Adams Rd		
90WA	161(EBO)	**Rest Area**		
90WA	162(WBO)	**Rest Area**		
90WA	164	Exit 164 - Dodson Rd	RV	
90WA	169	Exit 169 - Hiawatha Rd		
90WA	174	Exit 174 - Mae Valley	GRV	
90WA	175(WBO)	Exit 175 - Waestshore Dr		
90WA	176	Exit 176 - Moses Lake	ALL	Motel 6 (509.7660250)
90WA	179	Exit 179 - Moses Lake	GFLRV	Comfort Suites (509.765.3731) Holiday Inn (509.766.2000)
90WA	182	Exit 182 - O Rd		
90WA	184	Exit 184 - Q Rd		
90WA	188	Exit 188 - Warren		
90WA	196	Exit 196 - Deal Rd		
90WA	199	**Rest Area**		
90WA	206	Exit 206 - Odessa		
90WA	215	Exit 215 - Paha		
90WA	220	Exit 220 - Ritzville	ALL	
90WA	221	Exit 221 - Ritzville	GFLRV	
90WA	226	Exit 226 - Schoessler Rd		
90WA	231	Exit 231 - Tokio	G	
90WA	242	**Rest Area**		
90WA	245	Exit 245 - Sprague	GFLRV	
90WA	254	Exit 254 - Fishtrap	RV	
90WA	257	Exit 257 - Tyler	RV	
90WA	264	Exit 264 - Salnave Rd	RV	

State	Mile Marker	Name	Serv	Featured Hotels
90WA	270	Exit 270 - Cheney	GLRV	Holiday Inn (509.235.1100)
90WA	272	Exit 272 - Medical Lake	GFLRV	
90WA	276	Exit 276 - Geiger Blvd	GFLRV	
90WA	277	Exit 277A - Grand Coulee Dam	L	Hampton Inn (509.747.1100) Econo Lodge (509.747.2021)
90WA	277	Exit 277B - Grand Coulee Dam	L	
90WA	279	Exit 279 - Pullman		
90WA	280	Exit 280B - Lincoln St	GFL	
90WA	280	Exit 280A - downtown	ALL	
90WA	281	Exit 281 - Colville	ALL	Courtyard (509.456.7600) Fairfield Inn (509.747.9131) Quality Inn (509.838.6101) Holiday Inn (509.328.8505)
90WA	282	Exit 282B - 2nd Ave	GL	Comfort Inn (509.535.9000)
90WA	282	Exit 282A - Trent Ave	GL	
90WA	283	Exit 283B - Freya St	GF	
90WA	283	Exit 283A - Altamont St	G	
90WA	284(EBO)	Exit 284 - Havana St	F	
90WA	285	Exit 285 - Sprague Ave	ALL	
90WA	286	Exit 286 - Broadway Ave	GFL	
90WA	287	Exit 287 - Argonne Rd	ALL	Motel 6 (509.926.5399) Quality Inn (509.928.5218) Holiday Inn (509.927.7100)
90WA	289	Exit 289 - Pines Rd	ALL	
90WA	291	Exit 291B - Sullivan Rd	ALL	Residence Inn (509.892.9300) Hampton Inn (509.928.6900)
90WA	291	Exit 291A - Evergreen Rd	GF+	
90WA	293	Exit 293 - Barker Rd		
90WA	294(WBO)	Exit 294 - Sprague Ave	+	
90WA	296	Exit 296 - Otis Orchards	ALL	
90WA	299	**Rest Area**		

IDAHO - INTERSTATE 90

State	Mile Marker	Name	Serv	Featured Hotels
90ID	2	Exit 2 - Pleasant View Rd	ALL	Sleep Inn (208.777.9394)
90ID	5	Exit 5 - Spokane St	ALL	
90ID	6	Exit 6 - Seltice Way	GF+	
90ID	7	Exit 7 - Rathdrum	ALL	Comfort Inn (208.773.8900)
90ID	8	**Rest Area**		
90ID	11	Exit 11 - Northwest Blvd	GFLRV	Hampton Inn (208.769.7900) Holiday Inn (208.667.3100)
90ID	12	Exit 12 - Sandpoint	ALL	Motel 6 ((208) 664-6600) Holiday Inn (208.772.7900)
90ID	13	Exit 13 - 4th St	ALL	Comfort Inn (208.664.1649)

State	Mile Marker	Name	Serv	Featured Hotels
90ID	14	Exit 14 - 15th St	G+	
90ID	15	Exit 15 - Sherman Ave	ALL	
90ID	17	Exit 17 - Mullan Trail Rd		
90ID	22	Exit 22 - St Maries	RV	
90ID	34	Exit 34 - St Maries	GF	
90ID	39	Exit 39 - Cataldo Mission		
90ID	40	Exit 40 - Cataldo	FRV	
90ID	43	Exit 43 - Kingston	GFLRV	
90ID	45	Exit 45 - Pinehurst	GRV+	
90ID	48	Exit 48 - Smelterville	GF+	
90ID	49	Exit 49 - Bunker Ave	GFL	
90ID	50(EBO)	Exit 50 - Hill St	ALL	
90ID	51	Exit 51 - Division St	ALL	
90ID	54	Exit 54 - Big Creek		
90ID	57	Exit 57 - Osburn	GRV	
90ID	60	Exit 60 - Silverton	LRV	
90ID	61	Exit 61 - Wallace	ALL	
90ID	62	Exit 62 - Wallace	ALL	
90ID	64	Exit 64 - Golconda District		
90ID	65	Exit 65 - Compressor District		
90ID	66(EBO)	Exit 66 - Gold Creek		
90ID	67	Exit 67 - Morning District		
90ID	68	Exit 68 - Mullan		
90ID	69	Exit 69 - Mullan	GL	
90ID	72(EBO)	Observation Area		
90ID	73(WBO)	Observation Area		

MONTANA - INTERSTATE 90

State	Mile Marker	Name	Serv	Featured Hotels
90MT	4	**Rest Area**		
90MT	5	Exit 5 - Taft Area		
90MT	10	Exit 10 - Saltese	FL	
90MT	16	Exit 16 - Haugan	GL	
90MT	18	Exit 18 - DeBorgia	F	
90MT	22	Exit 22 - Camels Hump Rd	RV	
90MT	25	Exit 25 - Drexel		
90MT	26(EBO)	Exit 26 - Ward Creek Rd		
90MT	30	Exit 30 - Two Mile Rd		
90MT	33	Exit 33 - St Regis	GFLRV	
90MT	37	Exit 37 - Sloway Area		
90MT	43	Exit 43 - Dry Creek Rd	RV	
90MT	47	Exit 47 - Superior	ALL	
90MT	55	Exit 55 - Lozeau		

90MT	58	**Rest Area**		
90MT	61	Exit 61 - Tarkio		
90MT	66	Exit 66 - Fish Creek Rd		
90MT	70	Exit 70 - Cyr		
90MT	72(EBO)	Parking Area		
90MT	73(WBO)	Parking Area		
90MT	75	Exit 75 - Alberton	LRV	
90MT	77	Exit 77 - Petty Creek Rd	GFL	
90MT	82	Exit 82 - Nine Mile Rd	F	
90MT	85	Exit 85 - Huson	G	
90MT	89	Exit 89 - Frenchtown	GF+	
90MT	96	Exit 96 - Kalispell	GLRV	
90MT	99	Exit 99 - Airway Blvd	GL	
90MT	101	Exit 101 - Reserve St	ALL	Hilton Garden Inn (406.532.5300) Motel 6 (406.549.6665) Hampton Inn (406.549.1800) Econo Lodge (406.542.7550) Comfort Inn (406.542.0888) Staybridge Suites (406.830.3900)
90MT	104	Exit 104 - Orange St	ALL	
90MT	105	Exit 105 - Missoula	ALL	Motel 6 (406.549.2387) Doubletree (406.728.3100) Holiday Inn (406.549.7600)
90MT	107	Exit 107 - E Missoula	GFL	
90MT	109	Exit 109 - Bonner	GF	
90MT	113	Exit 113 - Turah	GRV	
90MT	120	Exit 120 - Clinton	GF+	
90MT	126	Exit 126 - Rock Creek Rd	L	
90MT	128	Parking Area		
90MT	130	Exit 130 - Beavertail Rd	RV	
90MT	138	Exit 138 - Bearmouth Area	RV	
90MT	143	**Rest Area**		
90MT	153(EBO)	Exit 153 - MT 1	RV	
90MT	154	Exit 154 - Drummond	GFLRV	
90MT	162	Exit 162 - Jens		
90MT	166	Exit 166 - Gold Creek	RV	
90MT	168	**Rest Area**		
90MT	174(EBO)	Exit 174 - US 12 E	F	
90MT	175	Exit 175 - Garrison	RV	
90MT	179	Exit 179 - Beck Hill Rd		
90MT	184	Exit 184 - Deer Lodge	ALL	
90MT	187	Exit 187 - Deer Lodge	FLRV+	
90MT	195	Exit 195 - Racetrack		
90MT	197	Exit 197 - Galen		
90MT	201	Exit 201 - Warm Springs		

90MT	208	Exit 208 - Oppurtunity	GFLRV	
90MT	210(WBO)	Parking Area		
90MT	211	Exit 211 - Gregson	FLRV	
90MT	216	Exit 216 - Ramsay		
90MT	219	Exit 219 - I-15 S		
90MT	227	Exit 227 - Helena		
90MT	228	Exit 228 - Continental Dr	G+	
90MT	233	Exit 233 - Homestake		
90MT	237(EBO)	Parking Area		
90MT	241	Exit 241 - Pipestone		
90MT	249	Exit 249 - Whitehall	GFLRV	
90MT	256	Exit 256 - Cardwell	GRV	
90MT	267	Exit 267 - Milligan Canyon Rd		
90MT	274	Exit 274 - Helena	GFRV	
90MT	278	Exit 278 - Three Forks	GLRV	
90MT	283	Exit 283 - Logan		
90MT	288	Exit 288 - Manhattan	GRV	
90MT	298	Exit 298 - Belgrade	ALL	Holiday Inn Express (406.388.0800)
90MT	305	Exit 305 - N 19th Ave	ALL	Hilton Garden Inn (406.582.9900) Homewood Suites (406.587.8180)
90MT	306	Exit 306 - Bozeman	ALL	Hampton Inn (406.522.8000) Comfort Inn (406.587.2322) Holiday Inn (406.587.4561)
90MT	309	Exit 309 - Main St	ALL	
90MT	313	Exit 313 - Bear Canyon Rd	RV	
90MT	316	Exit 316 - Trail Creek Rd		
90MT	319	Exit 319 - Jackson Creek Rd		
90MT	330	Exit 330 - Livingston	GL	
90MT	333	Exit 333 - Livingston	ALL	Comfort Inn (406.222.4400) Quality Inn (406.222.0555)
90MT	337	Exit 337 - Livingston		
90MT	340	Exit 340 - White Sulphur Springs		
90MT	343	Exit 343 - Mission Creek Rd		
90MT	354	Exit 354 - Springdale		
90MT	362	Exit 362 - De Hart		
90MT	367	Exit 367 - Big Timber	GFLRV	
90MT	370	Exit 370 - Big Timber	GFLRV	
90MT	377	Exit 377 - Greycliff	RV	
90MT	381	**Rest Area**		
90MT	384	Exit 384 - Bridger Creek Rd		
90MT	392	Exit 392 - Reed Point	GRV	
90MT	400	Exit 400 - Springtime Rd		
90MT	408	Exit 408 - Columbus	ALL	
90MT	419	**Rest Area**		

State	Mile Marker	Name	Serv	Featured Hotels
90MT	426	Exit 426 - Park City	ALL	
90MT	433(EBO)	Exit 433 - Lp 90		
90MT	434	Exit 434 - Red Lodge	ALL	
90MT	437	Exit 437 - E Laurel	G	
90MT	443	Exit 443 - Zoo Dr	GFL	Hampton Inn (406.656.7511)
90MT	446	Exit 446 - King Ave	ALL	Motel 6 ((406) 252-0093) Quality Inn (406.652.1320) Comfort Inn (406.652.5200) Holiday Inn (406.248.7701)
90MT	447	Exit 447 - S Billings Blvd	GFLRV	Hampton Inn (406.248.4949) Sleep Inn (406.254.0013)
90MT	450	Exit 450 - 27th St	GFLRV	Holiday Inn (406.252.7400)
90MT	452	Exit 452 - Billings	ALL	
90MT	455	Exit 455 - Johnson Lane	GFL	Holiday Inn (406.259.8600)
90MT	456	Exit 456 - I-94 E		
90MT	462	Exit 462 - Pryor Creek Rd		
90MT	469	Exit 469 - Arrow Creek Rd	F	
90MT	477	**Rest Area**		
90MT	478	Exit 478 - fly Creek Rd		
90MT	484	Exit 484 - Toluca		
90MT	495	Exit 495 - Hardin	GFLRV	
90MT	497	Exit 497 - 3rd St	L+	
90MT	503	Exit 503 - Dunmore		
90MT	509	Exit 509 - Crow Agency	G	
90MT	510	Exit 510 - US 212 E	GFRV+	
90MT	514	Exit 514 - Garryowen	GRV	
90MT	530	Exit 530 - Lodge Grass	GFL	
90MT	544	Exit 544 - Wyola		
90MT	549	Exit 549 - Aberdeen		

WYOMING - INTERSTATE 90

State	Mile Marker	Name	Serv	Featured Hotels
90WY	1	Exit 1 - Parkman		
90WY	9	Exit 9 - Ranchester	GLRV	
90WY	14	Exit 14 - Acme Rd		
90WY	16	Exit 16 - Decker		
90WY	20	Exit 20 - Main St	ALL	
90WY	23	Exit 23 - 5th St	GFLRV	
90WY	25	Exit 25 - Sheridan	ALL	Holiday Inn (307.672.8931) Candlewood Suites (307.675.2100)
90WY	31(EBO)	Parking Area		
90WY	33	Exit 33 - Meade Creek Rd		
90WY	37	Exit 37 - Prairie Dog Creek Rd		
90WY	39(WBO)	Observation Area		

90WY	44	Exit 44 - Piney Creek Rd	RV	
90WY	47	Exit 47 - Shell Creek Rd		
90WY	51	Exit 51 - Lake DeSmet	RV	
90WY	53	Exit 53 - Rock Creek		
90WY	56	Exit 56B - I-25		
90WY	56	Exit 56A - Buffalo		
90WY	58	Exit 58 - Ucross	ALL	Holiday Inn (307.684.9900)
90WY	60	Parking Area		
90WY	65	Exit 65 - Red Hills Rd		
90WY	68	Parking Area		
90WY	69	Exit 69 - Dry Creek Rd		
90WY	73	Exit 73 - Crazy Woman Creek Rd		
90WY	77	Exit 77 - Schoonover Rd		
90WY	82	Exit 82 - Indian Creek Rd		
90WY	88	Exit 88 - Powder River Rd	G	
90WY	91	Exit 91 - Dead Horse Creek Rd		
90WY	102	Exit 102 - Barber Creek Rd		
90WY	106	Exit 106 - Kingsbury Rd		
90WY	113	Exit 113 - Wild Horse Creek Rd		
90WY	116	Exit 116 - Force Rd		
90WY	124	Exit 124 - Gillette	ALL	Hampton Inn (307.686.2000) Motel 6 (307.686.8600)
90WY	126	Exit 126 - Gillette	ALL	Fairfield Inn (307.682.1717) Holiday Inn (307.686.9576)
90WY	128	Exit 128 - Gillette	GFLRV	
90WY	129	Exit 129 - Graner Lake Rd	RV+	
90WY	132	Exit 132 - Wyodak Rd		
90WY	138	Parking Area		
90WY	141	Exit 141 - Rozet		
90WY	153	**Rest Area**		
90WY	154	Exit 154 - US 14	GFL	
90WY	160	Exit 160 - Wind Creek Rd		
90WY	163	Parking Area		
90WY	165	Exit 165 - Pine Ridge Rd		
90WY	171(EBO)	Parking Area		
90WY	172	Exit 172 - Inyan Kara Rd		
90WY	177	Parking Area		
90WY	178	Exit 178 - Coal Divide Rd		
90WY	185	Exit 185 - Sundance	GFLRV	
90WY	187	Exit 187 - Sundance	ALL	
90WY	189	Exit 189 - Sundance	GRV	
90WY	191	Exit 191 - Moskee Rd		
90WY	199	Exit 199 - Aladdin		
90WY	205	Exit 205 - Beulah	GFLRV	

SOUTH DAKOTA - INTERSTATE 90

State	Mile Marker	Name	Serv	Featured Hotels
90SD	1(EBO)	**Rest Area**		
90SD	8	Exit 8 - McGuigan Rd	RV	
90SD	10	Exit 10 - Belle Fourche	FLRV	Motel 6 (605.892.6663)
90SD	12	Exit 12 - Jackson Blvd	GF	
90SD	14	Exit 14 - Spearfish Canyon	ALL	Fairfield Inn (605.642.3500) Comfort Suites (605.642.3003) Quality Inn (605.642.2337) Holiday Inn (605.642.4683)
90SD	17	Exit 17 - Deadwood	FLRV	
90SD	23	Exit 23 - Belle Fourche	GFL	
90SD	30	Exit 30 - Deadwood	ALL	
90SD	32	Exit 32 - Jct Ave	ALL	
90SD	34	Exit 34 - verifica..	RV	
90SD	37	Exit 37 - Pleasant Valley Rd	RV	
90SD	40	Exit 40 - Tilford	RV	
90SD	42	**Rest Area**		
90SD	44	Exit 44 - Bethlehem Rd		
90SD	46	Exit 46 - Piedmont Rd	G	
90SD	48	Exit 48 - Stagebarn Canyon Rd	ALL	
90SD	52	Exit 52 - Peaceful Pines Rd	FRV	
90SD	55	Exit 55 - Deadwood Ave	GF	
90SD	57	Exit 57 - I-90	ALL	
90SD	58	Exit 58 - Haines Ave	ALL	Holiday Inn (605.348.4000)
90SD	59	Exit 59 - La Crosse St	ALL	Motel 6 ((605) 343-3687) Hampton Inn (605.348.1911) Quality Inn (605.342.3322) Econo Lodge (605.342.6400) Comfort Inn (605.348.2221) Holiday Inn (605.355.9090)
90SD	60	Exit 60 - Mt Rushmore	+	
90SD	61	Exit 61 - Elk Vale Rd	ALL	Fairfield Inn (605.718.9600) Comfort Suites (605.791.2345) Sleep Inn (605.791.5678)
90SD	63(EBO)	Exit 63 - Box Elder		
90SD	67	Exit 67 - Box Elder	G	
90SD	69	Parking Area		
90SD	78	Exit 78 - 161st Ave	GRV	
90SD	84	Exit 84 - 167th Ave		
90SD	88(EBO)	Exit 88 - 171at Ave		
90SD	90	Exit 90 - 173rd Ave		
90SD	98	Exit 98 - Wasta	GLRV	
90SD	100	**Rest Area**		

90SD	101	Exit 101 - Jensen Rd		
90SD	107	Exit 107 - Cedar Butte Rd		
90SD	109	Exit 109 - W 4th Ave		
90SD	110	Exit 110 - Wall	ALL	Motel 6 (605.279.2133) Econo Lodge (605.279.2121)
90SD	112	Exit 112 - Philip		
90SD	116	Exit 116 - 239th St		
90SD	121	Exit 121 - Bigfoot		
90SD	129(EBO)	Observation Area		
90SD	131	Exit 131 - SD 240	GLRV	
90SD	138(WBO)	Observation Area		
90SD	143	Exit 143 - Philip		
90SD	150	Exit 150 - Kadoka	GLRV	
90SD	152	Exit 152 - Kadoka	GRV	
90SD	163	Exit 163 - Belvidere		
90SD	165(EBO)	**Rest Area**		
90SD	167(WBO)	**Rest Area**		
90SD	170	Exit 170 - Midland	GRV	
90SD	172	Exit 172 - Cedar Butte		
90SD	183	Exit 183 - Okaton	G	
90SD	188	Parking Area		
90SD	191	Exit 191 - Murdo		
90SD	192	Exit 192 - Murdo	GFLRV	
90SD	194	Parking Area		
90SD	201	Exit 201 - Draper	G	
90SD	212	Exit 212 - Pierre	GF	
90SD	214	Exit 214 - Vivian		
90SD	218(EBO)	**Rest Area**		
90SD	221(WBO)	**Rest Area**		
90SD	225	Exit 225 - Presho		
90SD	226	Exit 226 - Presho		
90SD	235	Exit 235 - Kennebec	GFLRV	
90SD	241	Exit 241 - Lyman		
90SD	248	Exit 248 - Reliance	G	
90SD	251	Exit 251 - Winner		
90SD	260	Exit 260 - Oacoma	GL	Holiday Inn Express (605.735.5593)
90SD	263	Exit 263 - Chamberlain	GFL	
90SD	264	**Rest Area**		
90SD	265	Exit 265 - Chamberlain	GLRV	
90SD	272	Exit 272 - Pukwana	GFL	
90SD	284	Exit 284 - Kimball	GLRV	
90SD	289	Exit 289 - Platte		
90SD	293	Parking Area		
90SD	296	Exit 296 - White lake	GLRV	

State	Mile Marker	Name	Serv	Featured Hotels
90SD	301	**Rest Area**		
90SD	308	Exit 308 - Plankinton	GFLRV	
90SD	310	Exit 310 - Stickney	G	
90SD	319	Exit 319 - Mt Vernon	G	
90SD	325	Exit 325 - Betts Rd	RV	
90SD	330	Exit 330 - Mitchell	ALL	Motel 6 (605.996.0530) Econo Lodge (605.996.6647)
90SD	332	Exit 332 - Parkston	ALL	Quality Inn (605.996.1333) Comfort Inn (605.990.2400) Holiday Inn (57301)
90SD	335	Exit 335 - Riverside Rd	RV	
90SD	337	Parking Area		
90SD	344	Exit 344 - Fulton	GF	
90SD	350	Exit 350 - Emery		
90SD	353	Exit 353 - Spencer	G	
90SD	357	Exit 357 - Bridgewater		
90SD	363	**Rest Area**		
90SD	364	Exit 364 - Yankton	GLRV	
90SD	368	Exit 368 - Canistota	L	
90SD	374	Exit 374 - Montrose	RV	
90SD	379	Exit 379 - Humboldt	G	
90SD	387	Exit 387 - Hartford	GF	
90SD	390	Exit 390 - Hartford	GRV	
90SD	396	Exit 396A - I-29		
90SD	396	Exit 396B - I-29		
90SD	399	Exit 399 - Cliff Ave	GFLRV	
90SD	400	Exit 400 - I-229 S	L	Holiday Inn (605.339.2000)
90SD	402	Exit 402 - EROS Data Ctr	RV	
90SD	406	Exit 406 - Brandon	GFL	Comfort Inn (605.582.5777) Holiday Inn (605.582.2901)
90SD	410	Exit 410 - Valley Springs	GF	
90SD	412	**Rest Area**		

MINNESOTA - INTERSTATE 90

State	Mile Marker	Name	Serv	Featured Hotels
90MN	1(EBO)	**Rest Area**		
90MN	1	Exit 1 - Jasper		
90MN	3(EBO)	Exit 3 - Beaver Creek		
90MN	5	Exit 5 - Beaver Creek	G	
90MN	12	Exit 12 - Luverne	ALL	Comfort Inn (507.283.9488)
90MN	18	Exit 18 - Kanaranzi	RV	
90MN	24(EBO)	**Rest Area**		
90MN	25(WBO)	**Rest Area**		
90MN	26	Exit 26 - Adrian	GFRV	

90MN	33	Exit 33 - Wilmont		
90MN	42	Exit 42 - Reading	L	
90MN	43	Exit 43 - Worthington	ALL	Holiday Inn (507.372.2333)
90MN	45	Exit 45 - Worthington	GRV	
90MN	47(EBO)	Exit 47 - rd 3		
90MN	50	Exit 50 - Brewster	RV	
90MN	57	Exit 57 - Spafford		
90MN	64	Exit 64 - Lakefield	GFRV	
90MN	69(EBO)	**Rest Area**		
90MN	72(WBO)	**Rest Area**		
90MN	73	Exit 73 - Jackson	ALL	
90MN	80	Exit 80 - Alpha		
90MN	87	Exit 87 - Sherburn	GRV	
90MN	93	Exit 93 - rd 27	GRV	
90MN	99	Exit 99 - Fairmont		
90MN	102	Exit 102 - Madella	ALL	Hampton Inn (507.235.2626) Holiday Inn (507.238.4771)
90MN	107	Exit 107 - East Chain	RV	
90MN	113	Exit 113 - Guckeen		
90MN	119	**Rest Area**		
90MN	119	Exit 119 - Winnebago	ALL	
90MN	128	Exit 128 - Frost		
90MN	134	Exit 134 - Bricelyn		
90MN	138	Exit 138 - Wells	RV	
90MN	146	Exit 146 - Wells	G	
90MN	154	Exit 154 - Manchester	GL	
90MN	157	Exit 157 - Albert Lea	FL+	
90MN	159	Exit 159A - I-35		
90MN	159	Exit 159B - I-35		
90MN	161(EBO)	**Rest Area**		
90MN	163	Exit 163 - Hayward	GFRV	
90MN	166	Exit 166 - Oakland Rd	RV	
90MN	171(WBO)	**Rest Area**		
90MN	175	Exit 175 - rd 46	GFLRV	
90MN	177	Exit 177 - Owatonna	ALL	
90MN	178	Exit 178B - 6th St NE		
90MN	178	Exit 178A - 4th St NW	ALL	
90MN	179	Exit 179 - 11th Dr NE	G	
90MN	180	Exit 180A - 21st St NE	GL	
90MN	180	Exit 180B - 21st St NE	GL	
90MN	181	Exit 181 - 28th St NE		
90MN	183	Exit 183 - Rose Creek	G	
90MN	187	Exit 187 - rd 20	RV	
90MN	189	Exit 189 - Elkton		

State	Mile Marker	Name	Serv	Featured Hotels
90MN	193	Exit 193 - Dexter	GL	
90MN	202(EBO)	**Rest Area**		
90MN	205	Exit 205 - rd 6		
90MN	209	Exit 209A - Rochester	GFL	
90MN	209	Exit 209B - Rochester	GFL	
90MN	218	Exit 218 - Rochester	GFLRV	
90MN	222(WBO)	**Rest Area**		
90MN	224	Exit 224 - Eyota	GF	
90MN	229	Exit 229 - Dover		
90MN	233	Exit 233 - Charfield	GF+	
90MN	242	Exit 242 - Lewiston		
90MN	244(EBO)	**Rest Area**		
90MN	249	Exit 249 - Rushford		
90MN	252	Exit 252 - Winona	FL	
90MN	257	Exit 257 - Houston	GRV	
90MN	266	Exit 266 - Nodine	GRV	
90MN	269(WBO)	Exit 269 - Winona	RV	
90MN	270	Exit 270 - Dakota		
90MN	272	Exit 272A - Dresbach		
90MN	272	Exit 272B - Dresbach		
90MN	275(NBO)	**Rest Area**		

WISCONSIN - INTERSTATE 90

State	Mile Marker	Name	Serv	Featured Hotels
90WI	1(EBO)	**Rest Area**		
90WI	2	Exit 2 - French Island	GL	
90WI	3	Exit 3 - La Crosse	ALL	Econo Lodge (608.781.0200)
90WI	4	Exit 4 - La Crosse	ALL	Comfort Inn (608.781.7500) Holiday Inn (608.783.6555)
90WI	5	Exit 5 - La Crosse	ALL	Hampton Inn (608.779.5000)
90WI	12	Exit 12 - W Salem	GLRV	
90WI	15	Exit 15 - Bangor	G	
90WI	20(EBO)	**Rest Area**		
90WI	22(WBO)	**Rest Area**		
90WI	25	Exit 25 - Sparta	ALL	
90WI	28	Exit 28 - Sparta	GL	
90WI	41	Exit 41 - Tomah	GFL	
90WI	43	Exit 43 - Tomah	GFL	
90WI	45	Exit 45 - St Paul		
90WI	48	Exit 48 - Oakdale	GRV+	
90WI	55	Exit 55 - Camp Douglas	GFLRV	
90WI	61	Exit 61 - New Libson	ALL	
90WI	69	Exit 69 - Mauston	ALL	

90WI	74(EBO)	Rest Area		
90WI	76(WBO)	Rest Area		
90WI	79	Exit 79 - Lyndon Sta	G	
90WI	85	Exit 85 - Wiscounsin Dells	GFLRV	
90WI	87	Exit 87 - Wiscounsin Dells	GFLRV	Comfort Inn (608.253.3711)
90WI	89	Exit 89 - Lake Delton	ALL	Econo Lodge (608.253.4343)
90WI	92	Exit 92 - Baraboo	GFLRV	Hilton Garden Inn (608.253.1100) Holiday Inn (608.253.3000)
90WI	106	Exit 106 - Portage	GRV	
90WI	108	Exit 108A - Portage	GL	Comfort Suites (608.745.4717)
90WI	108	Exit 108B - Portage	GL	
90WI	113	Rest Area		
90WI	115	Exit 115 - Poynette	GFRV	
90WI	119	Exit 119 - Arlington	GFL	
90WI	126	Exit 126 - De Forest	GFLRV	Comfort Inn (608.846.9100) Holiday Inn (608.846.8686)
90WI	131	Exit 131 - Waunakee	GFL	
90WI	132	Exit 132 - Madison	GRV+	
90WI	135	Exit 135B - Madison	GFL	
90WI	135	Exit 135C - Madison	GFL	Staybridge Suites (608.241.2300)
90WI	135	Exit 135A - Madison	ALL	Hampton Inn (608.244.9400) Comfort Inn (608.244.6265) Crowne Plaza (608.244.4703)
90WI	138	Exit 138A - Milwaukee		
90WI	138	Exit 138B - Madison		
90WI	142	Exit 142A - Madison	GFL	Holiday Inn (608.255.7400)
90WI	142	Exit 142B - Madison	GFL	
90WI	147	Exit 147 - Cottage Grove	G	
90WI	156	Exit 156 - Stoughton	L	
90WI	160	Exit 160 - Deerfield	GFRV+	
90WI	163	Exit 163 - Edgerton	GFL	
90WI	168(EBO)	Rest Area		
90WI	171	Exit 171B - Janesville	ALL	
90WI	171	Exit 171C - Janesville	ALL	Holiday Inn (608.756.3100)
90WI	171	Exit 171A - WI 26	ALL	Hampton Inn (608.754.4900) Econo Lodge (608.754.0251)
90WI	175	Exit 175A - Janesville	GFL	
90WI	175	Exit 175B - Janesville	GFL	
90WI	177	Exit 177 - Janesville	GF	
90WI	183	Exit 183 - Shopiere Rd	GRV+	
90WI	185	Exit 185B - Milwaukee		
90WI	185	Exit 185A - Beloit	ALL	Fairfield Inn (608.365.2200) Comfort Inn (608.362.2666) Econo Lodge (608.365.8680) Holiday Inn (608.365.6000)

State	Mile Marker	Name	Serv	Featured Hotels
90WI	187(WBO)	**Rest Area**		

State	Mile Marker	Name	Serv	Featured Hotels
		ILLINOIS - INTERSTATE 90		
90IL	0	Exit 0 - River Rd Plaza	FL	Marriott (847.696.4400) Courtyard (847.824.7000)
90IL	1	Exit 1 - 106th St	GF+	
90IL	2(EBO)	**Rest Area**		
90IL	2(WBO)	Exit 2 - Lee St	FL	
90IL	3(WBO)	Exit 3 - 87th St		
90IL	3	Exit 3 - Rockton Rd	G	
90IL	4	Exit 4 - 79th St		
90IL	5	**Service/Travel Plaza**	GF	
90IL	5(WBO)	Exit 5 - 73rd St	L	Marriott (312.836.0100)
90IL	6(WBO)	Exit 6 - State St	G	
90IL	7	Exit 7 - I-94 N	GL	Motel 6 ((847) 806-1230) Courtyard (847.437.3344)
90IL	11	Exit 11 - I-290	FL+	
90IL	13(WBO)	Exit 13 - Roselle Rd	ALL	
90IL	16(WBO)	Exit 16 - Barrington Rd	GFL	Hilton Garden Inn (847.277.7889)
90IL	19	Exit 19 - IL 59	FL+	Marriott (847.645.9500)
90IL	21(WBO)	Exit 21 - Beverly Rd		
90IL	22	Exit 22 - Il 25	ALL	
90IL	24	Exit 24 - IL 31 N	GFL	TownePlace Suites (847.608.6320) Courtyard (847.429.0300)
90IL	27	Exit 27 - Randall Rd	GFL	
90IL	32	Exit 32 - Woodstock	+	
90IL	37	Exit 37 - Marengo	ALL	
90IL	53	Exit 53 - Genoa Rd	ALL	Embassy Suites (847.397.1313)
90IL	55	**Service/Travel Plaza**	GF	
90IL	61	Exit 61 - Rockford		
90IL	63	Exit 63 - State St	ALL	Fairfield Inn (815.398.7400) Courtyard (815.397.6222) Residence Inn (815.227.0013) Hilton Garden Inn (815.229.3322) Hampton Inn (815.229.0404)
90IL	66	Exit 66 - E Riverside Blvd	ALL	
90IL	70	Exit 70 - Il 173		
90IL	79	Exit 79A - Cumerland Ave	ALL	Renaissance (773.380.9600) Motel 6 (847.671.4282) Holiday Inn (773.693.5800)
90IL	79	Exit 79B - Cumerland Ave	ALL	SpringHill Suites (773.867.0000)
90IL	80(WBO)	Exit 80 - Canfield Rd	+	
90IL	81(WBO)	Exit 81B - Sayre Ave		

State	Mile Marker	Name	Serv	Featured Hotels
90IL	81	Exit 81A - Harlem Ave	G	
90IL	82	Exit 82C - Austin Ave		
90IL	82(WBO)	Exit 82B - Byrn-Mawr		
90IL	82	Exit 82A - Nagle Ave		
90IL	83(WBO)	Exit 83A - Foster Ave	GF+	
90IL	83(WBO)	Exit 83B - Foster Ave	GF+	
90IL	84	Exit 84 - I-94	G	

OHIO - INTERSTATE 90

State	Mile Marker	Name	Serv	Featured Hotels
90OH	20	Exit 20 - US 20	F+	
90OH	25	Exit 25 - Burlington		
90OH	34	Exit 34 - Wauseon	ALL	Holiday Inn (419.335.1177)
90OH	39	Exit 39 - Delta	GF	
90OH	49	**Service/Travel Plaza**	GF	
90OH	52	Exit 52 - Toledo	L+	
90OH	59	Exit 59 - Maumee	ALL	Courtyard (419.897.2255) Holiday Inn (419.482.7777)
90OH	64	Exit 64 - I-75 N		
90OH	71	Exit 71 - I-280	GFL	
90OH	77(WBO)	**Service/Travel Plaza**	GF	
90OH	81	Exit 81 - Elmore		
90OH	91	Exit 91 - Fremont	GFL	
90OH	100(EBO)	**Service/Travel Plaza**	GF	
90OH	110	Exit 110 - OH4		
90OH	118	Exit 118 - Norwalk	ALL	
90OH	135	Exit 135 - Baumhart Rd		
90OH	139(WBO)	**Service/Travel Plaza**	GF	
90OH	142(EBO)	Exit 142 - I-90		
90OH	143(WBO)	Exit 143 - I-90		
90OH	144	Exit 144 - Sandusky	GF	
90OH	145	Exit 145 - Lorain	ALL	
90OH	148	Exit 148 - Sheffield	GF+	
90OH	151	Exit 151 - Avon	ALL	Fairfield Inn (440.934.7445)
90OH	153	Exit 153 - Avon Lake	GF+	
90OH	156	Exit 156 - Crocker Rd	ALL	Holiday Inn (44145)
90OH	159	Exit 159 - Columbia Rd	GFL	Courtyard (440.871.3756) TownePlace (440.892.4275)
90OH	160(WBO)	Exit 160 - Clague Rd		
90OH	161	Exit 161 - Detroit Rd		
90OH	162(WBO)	Exit 162 - Hilliard Blvd	G	
90OH	164	Exit 164 - McKinley Ave		
90OH	165	Exit 165 - W 140th St		

90OH	166	Exit 166 - W 117th St	GF+	
90OH	167	Exit 167A - West Blvd	G+	
90OH	167	Exit 167B - West Blvd	G+	
90OH	169	Exit 169 - W 44th St		
90OH	170	Exit 170B - I-71 S		
90OH	170	Exit 170C - I-71 S		
90OH	170	Exit 170A - W 25th St	G	
90OH	171	Exit 171A - Broadway St	L	
90OH	171	Exit 171B - Broadway St	L	
90OH	172	Exit 172D - Carnegie Ave	F	
90OH	172	Exit 172B - E 9th St	L	Embassy Suites (216.523.8000) Hampton Inn (216.241.6600)
90OH	172	Exit 172C - E 9th St		
90OH	172	Exit 172A - I-77 S		
90OH	173	Exit 173C - Superior Ave	G	
90OH	173	Exit 173B - Chester Ave	G	
90OH	173(WBO)	Exit 173A - Prospect Ave		
90OH	174	Exit 174B - Lakewood		
90OH	174	Exit 174A - Lakeside Ave		
90OH	175	Exit 175 - E 55th St		
90OH	176	Exit 176 - E 72nd St		
90OH	177	Exit 177 - University Circle		
90OH	178	Exit 178 - Eddy Rd		
90OH	179	Exit 179 - Lake Shore Blvd		
90OH	180	Exit 180A - E 140th St		
90OH	180	Exit 180B - E 140th St		
90OH	181	Exit 181A - E 156th St	G	
90OH	181	Exit 181B - E 156th St	G	
90OH	182	Exit 182A - 185 St	GF	
90OH	182	Exit 182B - 185 St	GF	
90OH	183	Exit 183 - E 222nd St	G	
90OH	184	Exit 184B - E 260th St	G+	
90OH	184	Exit 184A - Babbitt Rd		
90OH	185	Exit 185 - Painesville		
90OH	186	Exit 186 - Euclid Ave	ALL	
90OH	187	Exit 187 - Bishop Rd	ALL	
90OH	188	Exit 188 - I-271 S		
90OH	189	Exit 189 - Willoughby	ALL	Courtyard (440.530.1100) Motel 6 (440.975.9922)
90OH	190(WBO)	Exit 190 - I-270		
90OH	193	Exit 193 - Mentor	GFL	
90OH	195	Exit 195 - Center St	GFL	
90OH	198	**Rest Area**		
90OH	200	Exit 200 - Painesville	ALL	

State	Mile Marker	Name	Serv	Featured Hotels
90OH	205	Exit 205 - Vrooman Rd	GF	
90OH	212	Exit 212 - Thompson	GFRV	
90OH	218	Exit 218 - Geneva	GFLRV	
90OH	223	Exit 223 - Ashtabula	GFLRV	Hampton Inn (440.275.2000) Sleep Inn (440.275.6800) Holiday Inn Express (440.275.2020)
90OH	228	Exit 228 - Ashtabula		
90OH	235	Exit 235 - Youngstown	ALL	
90OH	241	Exit 241 - Andover	FLRV	
90OH	242(WBO)	**Rest Area**		

PENNSYLVANIA - INTERSTATE 90

State	Mile Marker	Name	Serv	Featured Hotels
90PA	2(EBO)	**Rest Area**		
90PA	3	Exit 3 - Cherry Hill	GL	
90PA	6	Exit 6 - Albion	GL	
90PA	9	Exit 9 - Girard	L	
90PA	16	Exit 16 - Fairview	RV	
90PA	18	Exit 18 - Sterrettania	GFLRV	Quality Inn (814.838.7647)
90PA	22	Exit 22A - I-79		
90PA	22	Exit 22B - I-79		
90PA	24	Exit 24 - Peach St	ALL	Residence Inn (814.864.2500) Courtyard (814.860.8300) Holiday Inn Express (814.217.1100)
90PA	27	Exit 27 - State St	ALL	
90PA	29	Exit 29 - Hammett	GFL	
90PA	32	Exit 32 - Wesleyville	GRV	
90PA	35	Exit 35 - Harborcreek	GFL	
90PA	37	Exit 37 - I-86		
90PA	41	Exit 41 - North East	GLRV	Holdiay Inn (814.725.4400)
90PA	45	Exit 45 - State Line	GFL	
90PA	46(WBO)	**Rest Area**		

NEW YORK - INTERSTATE 90

State	Mile Marker	Name	Serv	Featured Hotels
90NY	0	Exit 0 - Austerlitz	GFLRV	
90NY	1	Exit 1 - I-87 N	L	Hilton Garden Inn (518.453.1300) TownePlace (518.860.1500)
90NY	2	Exit 2 - Fuller Rd	GFL	TownePlace Suites (518.435.1900) Fairfield Inn (518.435.1800) Courtyard (518.435.1600) Comfort Inn (315.453.0045)
90NY	3	Exit 3 - State office		
90NY	4	Exit 4 - Slingerlands	L	Clarion Hotel (315.457.8700)

90NY	5	Exit 5A - Corporate Woods Blvd		
90NY	5	Exit 5 - Evererr Rd	ALL	Motel 6 (518.438.7447)
90NY	6	Exit 6A - I-787		
90NY	6	Exit 6 - Northern Blvd	GFL	
90NY	7(EBO)	Exit 7 - Washington Ave		
90NY	8	Exit 8 - Defreestville		
90NY	9	Exit 9 - Troy	ALL	Holiday Inn (518.286.1011)
90NY	10	Exit 10 - Miller Rd	GFL	
90NY	11	Exit 11 - E Greenbush	ALL	
90NY	12	Exit 12 - Hudson	GFL	
90NY	18(WBO)	**Rest Area**		
90NY	24	Exit 24 - I-87		
90NY	25	Exit 25 - I-890		
90NY	25	Exit 25A - I-88		
90NY	26	Exit 26 - I-890		
90NY	27	Exit 27 - Amsterdam	GLRV	
90NY	28	Exit 28 - Fonda	ALL	Econo Lodge (518.853.4511)
90NY	29	Exit 29 - Canajoharie	GF+	
90NY	29	Exit 29A - Little Falls	L	
90NY	30	Exit 30 - Mohawk	ALL	
90NY	31	Exit 31 - Utica	ALL	Hampton Inn (315.733.1200)
90NY	32	Exit 32 - Westmoreland	L	
90NY	33	Exit 33 - Vernon Downs	ALL	Fairfield Inn (315.3631828)
90NY	34	Exit 34 - Canastota	GFLRV	
90NY	34	Exit 34A - I-481		
90NY	35	Exit 35 - Syracuse	ALL	Courtyard (315.432.0300) Residence Inn (315.432.4488) Hampton Inn (315.463.6443) Embassy Suites (315.446.3200) Comfort Inn (315.437.0222) Holiday Inn (315.437.2761) Candlewood Suites (315.432.1684)
90NY	36	Exit 36 - I-81	L	Quality Inn (315.451.6000)
90NY	37	Exit 37 - 7th	ALL	Holiday Inn (315.457.1122)
90NY	38	Exit 38 - Liverpool	ALL	
90NY	39	Exit 39 - I-690	LRV	
90NY	40	Exit 40 - Owasco Lake	ALL	
90NY	41	Exit 41 - Cayuga Lake	ALL	Holiday Inn (315.539.5011)
90NY	42	Exit 42 - Geneva	ALL	Motel 6 (315.789.4050)
90NY	43	Exit 43 - Palmyra	GFL	
90NY	44	Exit 44 - Victor	ALL	
90NY	45	Exit 45 - I-490	ALL	Holiday Inn Express (585.672.2100)
90NY	46	Exit 46 - I-390	GFL	Fairfield Inn (585.334.3350)
90NY	47	Exit 47 - I-490c		

90NY	48	Exit 48 - Batavia	ALL	Hampton Inn (585.815.0475) Comfort Inn (585.344.9999) Quality Inn (585.344.7000) Holiday Inn (585.344.2100)
90NY	48	Exit 48A - Pembroke	GFLRV	
90NY	49	Exit 49 - Depew	ALL	Motel 6 (716.626.1500) Holiday Inn (716.810.7829)
90NY	50	Exit 50 - I-290	L	Hampton Inn (716.632.0900)
90NY	50(EBO)	Exit 50A - Cleveland Dr		
90NY	51	Exit 51 - Buffalo	L	Homewood Suites (716.685.0700) Hilton Garden Inn (716.565.0040) Sleep Inn (716.626.4000) Holiday Inn (716.631.8700) Holiday Inn (716.634.6969)
90NY	52	Exit 52 - Walden Ave	ALL	Residence Inn (716.892.5410) Hampton Inn (716.894.8000)
90NY	52	Exit 52A - William St		
90NY	53	Exit 53 - I-190	L	Comfort Inn (716.896.2800) Holiday Inn Express (716.896.2900)
90NY	54	Exit 54 - W Seneca		
90NY	55	Exit 55 - Ridge Rd	ALL	Hampton Inn (716.824.2030) StayBridge (716.939.3100)
90NY	56	Exit 56 - Mile Strip Rd	ALL	Econo Lodge (716.825.7530)
90NY	57	Exit 57 - Hamburg	ALL	Comfort Inn (716.648.2922) Holiday Inn (716.648.9200)
90NY	57	Exit 57A - Angola	GL	Quality Inn (716.649.0500)
90NY	58	Exit 58 - Silver Creek	GF	
90NY	59	Exit 59 - Fredonia	ALL	
90NY	60	Exit 60 - Westfield	GLRV	
90NY	61	Exit 61 - Shortman Rd	RV	
90NY	153(EBO)	**Service/Travel Plaza**	GF	
90NY	168(WBO)	**Service/Travel Plaza**	GF	
90NY	172(EBO)	**Service/Travel Plaza**	GF	
90NY	184	Parking Area		
90NY	210	**Service/Travel Plaza**	GF	
90NY	227(WBO)	**Service/Travel Plaza**	GF	
90NY	236	Exit 236 - I-790		
90NY	244(EBO)	**Service/Travel Plaza**	GF	
90NY	250(EBO)	Parking Area		
90NY	256(WBO)	Parking Area		
90NY	266(WBO)	**Service/Travel Plaza**	GF	
90NY	280(EBO)	**Service/Travel Plaza**	GF	
90NY	292(WBO)	**Service/Travel Plaza**	GF	
90NY	310(EBO)	**Service/Travel Plaza**	GF	
90NY	318(WBO)	Parking Area		
90NY	324(WBO)	**Service/Travel Plaza**	GF	

State	Mile Marker	Name	Serv	Featured Hotels
90NY	337(EBO)	**Service/Travel Plaza**	GF	
90NY	350(WBO)	**Service/Travel Plaza**	GF	
90NY	353(EBO)	Parking Area		
90NY	366(EBO)	**Service/Travel Plaza**	GF	
90NY	376(WBO)	**Service/Travel Plaza**	GF	
90NY	397(EBO)	**Service/Travel Plaza**	GF	
90NY	412(WBO)	**Service/Travel Plaza**	GF	
90NY	442	Parking Area		
90NY	447	**Service/Travel Plaza**	GF	

MASSACHUSETTS - INTERSTATE 90

State	Mile Marker	Name	Serv	Featured Hotels
90MA	1	Exit 1 - W Stockbridge	L	
90MA	2	Exit 2 - Lee	ALL	
90MA	3	Exit 3 - Westfield	ALL	Econo Lodge (413.568.2821) Holiday Inn (413.564.6900)
90MA	4	Exit 4 - I-91	ALL	Homewood Suites (413.532.3100) Candlewood Suites (413.739.1122)
90MA	5	Exit 5 - Chicopee	ALL	
90MA	6	Exit 6 - I-291	GFL	Econo Lodge (413.592.9101)
90MA	7	Exit 7 - Ludlow	ALL	Comfort Inn (413.589.9300)
90MA	8	**Service/Travel Plaza**	GF	
90MA	8	Exit 8 - Palmer	GF+	
90MA	9	Exit 9 - I-84		
90MA	10	Exit 10A - MA 146		
90MA	10	Exit 10 - I-395 S	ALL	Fairfield Inn (508.832.9500) Hampton Inn (774.221.0055) Comfort Inn (508.832.8300)
90MA	11	Exit 11A - I-495		
90MA	11	Exit 11 - Millbury		
90MA	12	Parking Area		
90MA	12	Exit 12 - Framington	GFL	Residence Inn (508.370.0001) Motel 6 (508.620.0500) Econo Lodge (508.879.1510)
90MA	13	Exit 13 - Natick	ALL	Courtyard (508.655.6100) Hampton Inn (508.653.5000) Crowne Plaza (508.8800)
90MA	14	Exit 14 - Weston		
90MA	15	Exit 15 - I-95	L	Marriott (617.969.1000)
90MA	16	Exit 16 - W Newton	G	
90MA	17	Exit 17 - Centre St	L	Crowne Plaza (617.969.3010)
90MA	19(EBO)	Exit 19 - MA Ave	FL	
90MA	20	Exit 20 - Alston	GL	Courtyard (617.492.7777)
90MA	22	Exit 22 - Presidential Ctr		

State	Mile Marker	Name	Serv	Featured Hotels
90MA	24	Exit 24 - I-93	L	Residence (781.278.9595)
90MA	25	Exit 25 - I-93	L	Renaissance (617.338.4111)
90MA	29	**Service/Travel Plaza**	GF	
90MA	55(EBO)	**Service/Travel Plaza**	GF	
90MA	56(WBO)	**Service/Travel Plaza**	GF	
90MA	80(EBO)	**Service/Travel Plaza**	GF	
90MA	84(WBO)	**Service/Travel Plaza**	GF	
90MA	105(EBO)	**Service/Travel Plaza**	GF	
90MA	114(WBO)	**Service/Travel Plaza**	GF	
90MA	117(EBO)	**Service/Travel Plaza**	GF	

VERMONT - INTERSTATE 91

State	Mile Marker	Name	Serv	Featured Hotels
91VT	5	Exit 5 - Bellows Falls	GFL	
91VT	6	Exit 6 - Bellows Falls	GFL	
91VT	7	Exit 7 - Springfield	GLRV	
91VT	8	Exit 8 - Ascutney	GFL	
91VT	9	Exit 9 - Hartland	G	
91VT	10	Exit 10 - I-89 N		
91VT	11	Exit 11 - White River Jct	GFL	Hampton Inn (802.296.2800) Comfort Inn (802.295.3051)
91VT	12	Exit 12 - White River Jct	G	
91VT	13	Exit 13 - Hanover	RV	
91VT	14	Exit 14 - Thetford	FRV	
91VT	15	Exit 15 - Fairlee	GFRV	
91VT	16	Exit 16 - Bradford	ALL	
91VT	17	Exit 17 - Wells River	GFRV	
91VT	18	Exit 18 - Barnet	RV	
91VT	19	Exit 19 - I-93 S		
91VT	20	Exit 20 - St Johnsbury	ALL	
91VT	21	Exit 21 - St Johnsbury		
91VT	22	Exit 22 - St Johnsbury	GF+	
91VT	23	Exit 23 - Lyndonville	ALL	
91VT	24	Parking Area		
91VT	24	Exit 24 - Wheelock	GFL	
91VT	25	Exit 25 - Barton	GFRV+	
91VT	26	Exit 26 - Orleans	GFRV+	
91VT	27	Exit 27 - Newport	RV	
91VT	28	Exit 28 - Derby Ctr	ALL	
91VT	29	Exit 29 - Derby Line	G	
91VT	39	Parking Area		
91VT	68	**Rest Area**		
91VT	100(NBO)	**Rest Area**		

State	Mile Marker	Name	Serv	Featured Hotels
91VT	114(NBO)	**Rest Area**		
91VT	115(SBO)	**Rest Area**		
91VT	122(NBO)	Observation Area		
91VT	141(SBO)	**Rest Area**		
91VT	143(NBO)	Observation Area		
91VT	154(NBO)	Parking Area		
91VT	167(NBO)	Parking Area		
91VT	176(SBO)	**Rest Area**		

MASSACHUSETTS - INTERSTATE 91

State	Mile Marker	Name	Serv	Featured Hotels
91MA	1(SBO)	Exit 1 - US 5 S		
91MA	2	Exit 2 - E Longmeadow	F	
91MA	3	Exit 3 - Columbus Ave	G	
91MA	4	Exit 4 - Braod St	FL	Clarion Hotel (413.586.1211)
91MA	5	Exit 5 - Broad St	GFL	
91MA	6(NBO)	Exit 6 - Springfield Ctr	G	
91MA	7(SBO)	Exit 7 - Columbus Ave	GL	
91MA	8	Exit 8 - I-291	FL	
91MA	9	Exit 9 - US 20 W	F	
91MA	10(NBO)	Exit 10 - Main St	G	
91MA	11(SBO)	Exit 11 - Burney Ave	G	
91MA	12	Exit 12 - I-391 N		
91MA	13	Exit 13A - W Springfield	ALL	Comfort Inn (413.736.5000)
91MA	13	Exit 13B - W Springfield	ALL	Hampton Inn (413.732.1300) Clarion Hotel (413.781.8750) Quality Inn (413.739.7261) Econo Lodge (413.734.8278)
91MA	14	Exit 14 - I-90	L	Hampton Inn (413.593.1500) Quality Inn (413.592.6171)
91MA	15	Exit 15 - Ingleside	ALL	Holiday Inn (413.534.3311)
91MA	16	Exit 16 - Holyoke	GF	
91MA	17	Exit 17A - S Hadley	ALL	
91MA	17	Exit 17B - S Hadley	ALL	
91MA	18	Exit 18 - Northampton	GFL	Quality Inn (413.586.1500)
91MA	19	Exit 19 - Amherst	GFL	Hampton Inn (413.586.4851)
91MA	20(SBO)	Exit 20 - Northhampton	GF+	
91MA	21	Exit 21 - Hatfield	GFL	
91MA	22(NBO)	Exit 22 - N Hatfield		
91MA	23(SBO)	Exit 23 - US 5	LRV	
91MA	24	Exit 24 - Deerfield	GFL	
91MA	25	Exit 25 - Deerfield	GFL	
91MA	26	Exit 26 - Greenfield	ALL	Quality Inn (413.774.2211)

State	Mile Marker	Name	Serv	Featured Hotels
91MA	27	Exit 27 - Greenfield	GF+	
91MA	28	Exit 28 - Bernardston	GFLRV	
91MA	34(NBO)	Parking Area		
91MA	54	Parking Area		

CONNECTICUT - INTERSTATE 91

State	Mile Marker	Name	Serv	Featured Hotels
91CT	1	Exit 1 - New Haven		
91CT	2	Exit 2 - Hamilton St		
91CT	3	Exit 3 - Trumbull St		
91CT	4(SBO)	Exit 4 - State St		
91CT	5(NBO)	Exit 5 - State St	F	
91CT	6	Exit 6 - Willow St	G	
91CT	7(SBO)	Exit 7 - Ferry St	G	
91CT	8	Exit 8 - Middletown Ave	ALL	
91CT	9	Exit 9 - Montowese Ave	GF+	
91CT	10	Exit 10 - Cheshire		
91CT	11(NBO)	Exit 11 - North Haven		
91CT	12	Exit 12 - Washington Ave	ALL	
91CT	13	Exit 13 - Wallingford		
91CT	14	Exit 14 - Woodhouse Ave		
91CT	15(SBO)	**Rest Area**		
91CT	15	Exit 15 - Durham	L	Homewood Suites (203.284.2600) Courtyard (203.284.9400)
91CT	16	Exit 16 - E Main St	GFL	Hampton Inn (203.235.5154) Comfort Inn (203.440.9600)
91CT	17	Exit 17 - I-691	GFL	
91CT	18	Exit 18 - I-691 W		
91CT	19(SBO)	Exit 19 - Baldwin Ave		
91CT	20	Exit 20 - Country Club Rd		
91CT	21	Exit 21 - Berlin	ALL	Courtyard (860.635.1001)
91CT	22(NBO)	**Rest Area**		
91CT	22	Exit 22 - New Britain		
91CT	23	Exit 23 - West St	ALL	Hartford (860.257.6000) Residence (860.257.7500)
91CT	24	Exit 24 - Rocky Hill	ALL	Motel 6 ((860) 563-5900) Hampton Inn (860.563.7877)
91CT	25	Exit 25 - Glastonbury	L	Homewood Suites (860.652.8111)
91CT	26	Exit 26 - Marsh St		
91CT	27	Exit 27 - Brainerd Rd	GFL	
91CT	28	Exit 28 - US 5	F	
91CT	29	Exit 29B - I-84 E		
91CT	29	Exit 29A - US 5 N	L	Hartford (860.249.8000)

State	Mile Marker	Name	Serv	Featured Hotels
91CT	32	Exit 32B - Trumbull St	L	
91CT	32	Exit 32A - I-84 W		
91CT	33	Exit 33 - Jennings Rd	GFL	
91CT	34	Exit 34 - Windsor Ave	GL	
91CT	35	Exit 35B - Bloomfield	GF	
91CT	35	Exit 35A - I-291 E		
91CT	36	Exit 36 - Park Ave		
91CT	37	Exit 37 - Bloomfield Ave	GFL	
91CT	38	Exit 38 - Poquonock	ALL	
91CT	39	Exit 39 - Kennedy Rd	GF+	
91CT	40	Exit 40 - CT 20	L	Motel 6 ((860) 292-6200) Hampton Inn (860.683.1118)
91CT	41	Exit 41 - Center St	FL	
91CT	42	Exit 42 - Windsor Locks		
91CT	44	Exit 44 - E Windsor	GFL	
91CT	45	Exit 45 - Warehouse Point	ALL	Clarion Hotel (860.623.9411) Comfort Inn (860.254.5383)
91CT	46	Exit 46 - King St	GFL	
91CT	47	Exit 47 - Hazardville	ALL	Hampton Inn (860.741.3111)
91CT	48	Exit 48 - Elm St	GF+	
91CT	49	Exit 49 - Longmeadow	ALL	

NEW HAMPSHIRE - INTERSTATE 93

State	Mile Marker	Name	Serv	Featured Hotels
93NH	1(NBO)	**Rest Area**		
93NH	2	Exit 2 - Salem	FL	
93NH	3	Exit 3 - Windham	GF+	
93NH	4	Exit 4 - Derry	GF+	
93NH	5	Exit 5 - N Londonderry	GFL	Sleep Inn (603.425.2110)
93NH	6	Exit 6 - Hanover St	GF	
93NH	7	Exit 7 - Portsmouth		
93NH	8	Exit 8 - Wellington Rd		
93NH	9	Exit 9 - Manchester	GF	
93NH	10	Exit 10 - Hooksett	GF+	
93NH	11	Exit 11 - Hooksett	G	
93NH	12	Exit 12 - S Main	GFL	
93NH	13	Exit 13 - Manchester St	ALL	Comfort Inn (603.226.4100)
93NH	14	Exit 14 - Loudon Rd	ALL	
93NH	15	Exit 15 - N Main St	GFL	
93NH	16	Exit 16 - E Concord	G	
93NH	17	Exit 17 - Boscawen	G	
93NH	18	Exit 18 - Canterbury	G	
93NH	19	Exit 19 - Franklin	G	

State	Mile Marker	Name	Serv	Featured Hotels
93NH	20	Exit 20 - Tilton	ALL	Hampton Inn (603.286.3400)
93NH	22	Exit 22 - Sanbornton	GF	
93NH	23	Exit 23 - Mt Washington Valley	GFRV+	
93NH	24	Exit 24 - Ashland	ALL	Comfort Inn (603.968.7668)
93NH	25	Exit 25 - Plymouth	GF	
93NH	26	Exit 26 - Tenney Mtn Hwy	FL	
93NH	27	Exit 27 - Blair Rd	FL	
93NH	28	Exit 28 - Campton	GFRV	
93NH	29	Exit 29 - Thornton	LRV	
93NH	30	Exit 30 - Woodstock	FLRV	
93NH	31	**Rest Area**		
93NH	31	Exit 31 - Tripoli Rd	RV	
93NH	32	Exit 32 - Loon Mtn Rd	GFL	
93NH	33	Exit 33 - N Woodstock	ALL	Econo Lodge (603.745.3661)
93NH	34	Exit 34C - NH 18		
93NH	34	Exit 34B - Cannon Mtn Tramway	RV	
93NH	34	Exit 34A - US 3	RV	
93NH	35	Exit 35 - Twin Mtn Lake		
93NH	36	Exit 36 - S Franconia	FL	
93NH	37(NBO)	Exit 37 - Franconia	FL	
93NH	38	Exit 38 - Sugar Hill	GFLRV	
93NH	39(SBO)	Exit 39 - N Franconia	L	
93NH	40	Exit 40 - Bethlehem	L	
93NH	41	Exit 41 - Littleton	ALL	
93NH	42	Exit 42 - Littleton	ALL	Hampton Inn (603.444.0025)
93NH	43(SBO)	Exit 43 - Littleton		
93NH	44	**Rest Area**		
93NH	61(SBO)	**Rest Area**		

MASSACHUSETTS - INTERSTATE 93

State	Mile Marker	Name	Serv	Featured Hotels
93MA	1	Exit 1 - I-95 N	L	Renaissance (508.543.5500)
93MA	2	Exit 2A - Stoughton	GF	
93MA	2	Exit 2B - Stoughton	GF	
93MA	3	Exit 3 - Ponkapoag Trail		
93MA	4	Exit 4 - Brockton		
93MA	5	Exit 5A - Randolph	GFL	
93MA	5	Exit 5B - Randolph	GFL	
93MA	6	Exit 6 - Holbrook	GFL	
93MA	7	Exit 7 - Cape Cod	L	
93MA	8	Exit 8 - Brook Pkwy	G	
93MA	9	Exit 9 - Adams St	G	
93MA	10(SBO)	Exit 10 - Squantum Ave		

93MA	11	Exit 11A - Granite Ave	F	
93MA	11	Exit 11B - Granite Ave	F	
93MA	12(SBO)	Exit 12 - Quincy	ALL	
93MA	13	Exit 13 - Freeport St	GF	
93MA	14	Exit 14 - Morissey Blvd	ALL	
93MA	15	Exit 15 - Columbia Rd	GL	
93MA	16	Exit 16 - S Hampton St	GFL	
93MA	17(NBO)	Exit 17 - E Berkeley		
93MA	18	Exit 18 - Mass Ave	L	Hampton Inn (617.445.6400) Holiday Inn Express (617.288.3030)
93MA	19(SBO)	Exit 19 - Albany St	G	
93MA	20	Exit 20 - I-90 W		
93MA	21	Exit 21 - Kneeland St		
93MA	22	Exit 22 - Atlantic Ave		
93MA	23	Exit 23 - High St	L	InterContinental (617.747.1000)
93MA	24	Exit 24 - Callahan Tunnel	L	Hilton (617.556.0006)
93MA	25	Exit 25 - Haymarket Sq		
93MA	26	Exit 26 - Storrow Dr		
93MA	27(NBO)	Exit 27 - US 1 N		
93MA	28	Exit 28 - Sullivans Square	L	Holiday Inn (617.628.1000)
93MA	29	Exit 29 - Somerville	ALL	
93MA	30	Exit 30 - Mystic Ave	GF+	
93MA	31	Exit 31 - Revere	ALL	
93MA	32	Exit 32 - Salem Ave	L	
93MA	33	Exit 33 - Fellsway West		
93MA	34	Exit 34 - Stoneham	GF	
93MA	35	Exit 35 - Winchester Highlands		
93MA	36	Exit 36 - Montvale Ave	GFL	Fairfield Inn (781.938.7575)
93MA	37	Exit 37C - Commerce Way	FL	Residence (781.376.4000)
93MA	37	Exit 37A - I-95		
93MA	37	Exit 37B - I-95		
93MA	38	Exit 38 - Reading	GF	
93MA	39	Exit 39 - Concord St		
93MA	40	Exit 40 - Wilmington		
93MA	41	Exit 41 - Andover		
93MA	43	Exit 43 - Dascomb Rd	L	Fairfield Inn (978.640.0700)
93MA	44	Exit 44A - I-495		
93MA	44	Exit 44B - I-495		
93MA	45	Exit 45 - Andover St	GFL	Courtyard (978.794.0700) SpringHill (978.688.8200) Courtyard (978.777.8630)
93MA	46	Exit 46 - Lawrence	GF	
93MA	47	Exit 47 - Pelham St	GFL	
93MA	48	Exit 48 - Methuen		

VERMONT - INTERSTATE 93

State	Mile Marker	Name	Serv	Featured Hotels
93VT	1(NBO)	**Rest Area**		
93VT	1	Exit 1 - St Johnsbury	GFLRV	
93VT	2	Exit 2 - I-91		

MONTANA - INTERSTATE 94

State	Mile Marker	Name	Serv	Featured Hotels
94MT	0	Exit 0 - I-90		
94MT	6	Exit 6 - Huntley	GF	
94MT	14	Exit 14 - Ballentine	F	
94MT	23	Exit 23 - Pompeys Pillar		
94MT	36	Exit 36 - Frontage Rd		
94MT	38(EBO)	**Rest Area**		
94MT	41(WBO)	**Rest Area**		
94MT	47	Exit 47 - Custer	GF+	
94MT	49	Exit 49 - Hardin	FRV	
94MT	53	Exit 53 - Bighorn		
94MT	63	Exit 63 - ranch access		
94MT	65	**Rest Area**		
94MT	67	Exit 67 - Hysham	GFL	
94MT	72	Exit 72 - Sarpy Creek Rd		
94MT	82	Exit 82 - Reservation Creek Rd		
94MT	87	Exit 87 - Colstrip		
94MT	93	Exit 93 - Forsyth	ALL	
94MT	95	Exit 95 - Forsyth	ALL	
94MT	103	Exit 103 - Rosebud Creek Rd	F	
94MT	106	Exit 106 - Butte Creek Rd	F	
94MT	113(WBO)	**Rest Area**		
94MT	114(EBO)	**Rest Area**		
94MT	117	Exit 117 - Hathaway		
94MT	126	Exit 126 - Moon Creek Rd		
94MT	128	Exit 128 - local access		
94MT	135	Exit 135 - Miles City	RV	
94MT	138	Exit 138 - Miles City	ALL	Motel 6 (406.232.7040) Econo Lodge (406.232.8880) Holiday Inn Express (406.234.1000)
94MT	141	Exit 141 - Miles City	RV	
94MT	148	Exit 148 - Valley access		
94MT	159	Exit 159 - Diamond Ring		
94MT	169	Exit 169 - Powder River Rd		

State	Mile Marker	Name	Serv	Featured Hotels
94MT	176	Exit 176 - Terry	GFLRV	
94MT	185	Exit 185 - Fallon		
94MT	192	Exit 192 - Bad Route Rd	RV	
94MT	198	Exit 198 - Cracker Box Rd		
94MT	204	Exit 204 - Whoopup Creek Rd		
94MT	206	Exit 206 - Pleasant View Rd		
94MT	210	Exit 210 - W Glendive	G	
94MT	211(WBO)	Exit 211 - Circle		
94MT	213	Exit 213 - Sidney	ALL	
94MT	215	Exit 215 - Glendive	ALL	
94MT	224	Exit 224 - Griffith Creek		
94MT	231	Exit 231 - Hodges Rd		
94MT	236	Exit 236 - ranch access		
94MT	241(EBO)	Exit 241 - Wibaux		
94MT	242(WBO)	Exit 242 - Wibaux	GFLRV	
94MT	248	Exit 248 - Carlyle Rd		

NORTH DAKOTA - INTERSTATE 94

State	Mile Marker	Name	Serv	Featured Hotels
94ND	1	Exit 1 - Beach	GL	
94ND	7	Exit 7 - Home on the Range		
94ND	10	Exit 10 - Sentinel Butte	G	
94ND	18	Exit 18 - Buffalo Gap	FLRV	
94ND	22(EBO)	Observation Area		
94ND	23(WBO)	Exit 23 - West River Rd		
94ND	24	Exit 24 - Medora		
94ND	27(WBO)	Exit 27 - Historic Medora		
94ND	32	**Rest Area**		
94ND	36	Exit 36 - Fryburg		
94ND	42	Exit 42 - Grassy Butte	GFL	
94ND	51	Exit 51 - South Heart		
94ND	59	Exit 59 - Dickinson	RV	
94ND	61	Exit 61 - Dickinson	ALL	Comfort Inn (701.264.7300) Quality Inn (701.225.9510) Holiday Inn (701.456.8000)
94ND	64	Exit 64 - Dickinson	GF	
94ND	72	Exit 72 - Enchanted Hwy		
94ND	78	Exit 78 - Taylor		
94ND	84	Exit 84 - Richardton	G	
94ND	90	Exit 90 - unknown		
94ND	97	Exit 97 - Hebron	GFL	
94ND	102	Exit 102 - Hebron	GFLRV	
94ND	108	Exit 108 - Glen Ullin	GFLRV	

94ND	110	Exit 110 - Glen Ullin		
94ND	113	Exit 113 - unknown		
94ND	117	Exit 117 - unknown		
94ND	119	**Rest Area**		
94ND	120	Exit 120 - unknown		
94ND	123	Exit 123 - Almont		
94ND	127	Exit 127 - New Salem	ALL	
94ND	134	Exit 134 - Judson		
94ND	135(WBO)	Observation Area		
94ND	140	Exit 140 - Crown Butte		
94ND	147	Exit 147 - Mandan	G	
94ND	152(EBO)	Observation Area		
94ND	152	Exit 152 - Sunset Dr	GL	
94ND	153	Exit 153 - Mandan Dr	GFL	
94ND	155	Exit 155 - Mandan		
94ND	156	Exit 156 - I-194		
94ND	157	Exit 157 - Divide Ave	GF+	
94ND	159	Exit 159 - Bismarck	ALL	Motel 6 ((701) 255-6878) Fairfield Inn (701.223.9077) Hampton Inn (701.751.3100) Comfort Suites (701.223.4009) Comfort Inn (701.223.1911) Holiday Inn (701.221.0850)
94ND	161	Exit 161 - Bismarck Expswy	GFL	
94ND	168	**Rest Area**		
94ND	170	Exit 170 - Menoken	RV	
94ND	176	Exit 176 - McKenzie		
94ND	182	Exit 182 - Wing	GFL	
94ND	190	Exit 190 - Driscoll	F	
94ND	195	Exit 195 - unknown		
94ND	200	Exit 200 - Tuttle	GFL	
94ND	205	Exit 205 - Robinson		
94ND	208	Exit 208 - Dawson	GFRV	
94ND	214	Exit 214 - Tappen	GF	
94ND	217	Exit 217 - Pettibone		
94ND	221(EBO)	**Rest Area**		
94ND	221	Exit 221 - Crystal Springs		
94ND	224(WBO)	**Rest Area**		
94ND	228	Exit 228 - Streeter		
94ND	230	Exit 230 - Medina	GFRV	
94ND	233	Exit 233 - unknown		
94ND	238	Exit 238 - Gackle		
94ND	242	Exit 242 - Windsor	G	
94ND	245	Exit 245 - unknown		

94ND	248	Exit 248 - unknown		
94ND	251	Exit 251 - Eldridge		
94ND	254	**Rest Area**		
94ND	256	Exit 256 - US 52 W	RV	
94ND	257(EBO)	Exit 257 - Jamestown		
94ND	258	Exit 258 - Jamestown	ALL	Comfort Inn (701.252.7125) Quality Inn (701.252.3611) Holiday Inn (701.251.2131)
94ND	260	Exit 260 - Jamestown	GLRV	
94ND	262	Exit 262 - Bloom		
94ND	269	Exit 269 - Spiritwood		
94ND	272	Exit 272 - Urbana		
94ND	276	Exit 276 - Eckelson	GRV	
94ND	281	Exit 281 - Litchville	GFL	
94ND	283	Exit 283 - Rogers		
94ND	288	Exit 288 - Oakes		
94ND	290	Exit 290 - valley City	GF	
94ND	292	Exit 292 - Valley City	GFLRV	
94ND	294	Exit 294 - Kathryn	RV	
94ND	296	Exit 296 - unknown		
94ND	298	Exit 298 - unknown		
94ND	302	Exit 302 - Fingal	F	
94ND	304	**Rest Area**		
94ND	307	Exit 307 - Tower City	GFLRV	
94ND	310	Exit 310 - unknown		
94ND	314	Exit 314 - Alice	GF	
94ND	317	Exit 317 - Ayr		
94ND	320	Exit 320 - Embden		
94ND	322	Exit 322 - Absaraka		
94ND	324	Exit 324 - Wheatland		
94ND	328	Exit 328 - Lynchburg		
94ND	331	Exit 331 - Leonard	GFLRV	
94ND	338	Exit 338 - Mapleton	G	
94ND	340	Exit 340 - Kindred		
94ND	342	Exit 342 - unknown		
94ND	343	Exit 343 - W Fargo	GFL	
94ND	346	Exit 346A - Horace	G	
94ND	346	Exit 346B - Horace	G	
94ND	348	Exit 348 - 45th St	ALL	Hilton Garden Inn (701.499.6000) Sleep Inn (701.281.8240) Staybridge Suites (701.281.4900)
94ND	349	Exit 349A - I-29		
94ND	349	Exit 349B - I-29		
94ND	350	Exit 350 - 25th St	GF	

State	Mile Marker	Name	Serv	Featured Hotels
94ND	351	Exit 351 - Fargo	GFL	

MINNESOTA - INTERSTATE 94

State	Mile Marker	Name	Serv	Featured Hotels
94MN	1(EBO)	Exit 1B - Moorhead		
94MN	1	Exit 1A - Morrhead	ALL	Courtyard (218.284.1000)
94MN	2(EBO)	**Rest Area**		
94MN	2	Exit 2 - Moorhead	GFLRV	
94MN	6	Exit 6 - Dilworth		
94MN	15	Exit 15 - Downer		
94MN	22	Exit 22 - Barnesville	GFL	
94MN	24	Exit 24 - Barnesville	GFL	
94MN	28	Exit 28 - Hemlock Lane	GFL	Courtyard (763.425.5355) Holiday Inn (763.425.3800) Staybridge (763.494.8856)
94MN	29	Exit 29A - Hopkins		
94MN	29	Exit 29B - Hopkins		
94MN	30	Exit 30 - Boone Ave	L+	
94MN	31	Exit 31 - Lakeland Ave	GFL	
94MN	32	Exit 32 - Pelican Rapids		
94MN	33	Exit 33 - Brooklyn Blvd	GF+	
94MN	34	Exit 34 - Shingle Creek Pkwy	FL+	Motel 6 (763.560.9789) Embassy Suites (763.560.2700) Crowne Plaza (763.566.8000)
94MN	38	Exit 38 - Rothsay	GL	
94MN	50	Exit 50 - Fergus Falls		
94MN	54	Exit 54 - Lincoln Ave	ALL	Comfort Inn (218.736.5787)
94MN	55	Exit 55 - Wendell		
94MN	57	Exit 57 - Fergus Falls		
94MN	60(EBO)	**Rest Area**		
94MN	61	Exit 61 - Elbow Lake	GRV	
94MN	67	Exit 67 - Dalton	RV	
94MN	69(WBO)	**Rest Area**		
94MN	77	Exit 77 - Barrett	GFRV	
94MN	82	Exit 82 - Erdahl	GFRV	
94MN	90	Exit 90 - Brandon	GFLRV	
94MN	97	Exit 97 - Lowry		
94MN	99(EBO)	**Rest Area**		
94MN	100	Exit 100 - MN 27	LRV	
94MN	103	Exit 103 - Glenwood	ALL	Holiday Inn (320.763.6577)
94MN	105(WBO)	**Rest Area**		
94MN	114	Exit 114 - Westport	GFL	
94MN	119	Exit 119 - West Union		

94MN	124(EBO)	Exit 124 - Sinclair Lewis Ave		
94MN	127	Exit 127 - Sauk Centre	ALL	
94MN	131	Exit 131 - Paynesville		
94MN	135	Exit 135 - Melrose	GF+	
94MN	137	Exit 137 - New Munich		
94MN	140	Exit 140 - Freeport	GF	
94MN	147	Exit 147 - Albany	ALL	
94MN	152	**Rest Area**		
94MN	153	Exit 153 - Avon	ALL	
94MN	156	Exit 156 - St Joseph		
94MN	158	Exit 158 - St Cloud		
94MN	160	Exit 160 - Cold Spring	GL	
94MN	164	Exit 164 - St Cloud	GFL	
94MN	167	Exit 167A - St Cloud	ALL	
94MN	167	Exit 167B - St Cloud	ALL	Holiday Inn (320.253.9000)
94MN	171	Exit 171 - St Augusta	GFL	Holiday Inn (320.240.8000)
94MN	173	Exit 173 - Opportunity Dr	RV	
94MN	178(WBO)	**Rest Area**		
94MN	178	Exit 178 - Annadale	ALL	
94MN	183	Exit 183 - Silver Creek	GRV	
94MN	187(EBO)	**Rest Area**		
94MN	193	Exit 193 - Buffalo	ALL	
94MN	195	Exit 195 - Monticello	GF	
94MN	201(EBO)	Exit 201 - Albertville	ALL	
94MN	202	Exit 202 - Albertville		
94MN	205	Exit 205 - St Michael	G	
94MN	207	Exit 207 - Elk River	ALL	Hampton Inn (763.425.0044) Sleep Inn (763.428.3000)
94MN	213	Exit 213 - 95th Ave N	GFRV+	
94MN	214(EBO)	**Rest Area**		
94MN	215	Exit 215 - Weaver Lake Rd	GF+	
94MN	216	Exit 216 - I-94 W		
94MN	225	Exit 225 - I-694 E		
94MN	226	Exit 226 - 53rd Ave N		
94MN	228	Exit 228 - Dowling Ave N		
94MN	229	Exit 229 - W Broadway	GF+	
94MN	230	Exit 230 - 4th St		
94MN	231	Exit 231B - Hennepin Ave		
94MN	231	Exit 231A - I-394		
94MN	233	Exit 233B - I-35W N		
94MN	233(WBO)	Exit 233A - 11th St		
94MN	234	Exit 234C - Cedar Ave		
94MN	234	Exit 234A - Hiawatha Ave	L	
94MN	234	Exit 234B - Hiawatha Ave	L	

State	Mile Marker	Name	Serv	Featured Hotels
94MN	235	Exit 235B - Huron Blvd		
94MN	235	Exit 235A - Riverside Ave	GF	
94MN	236	Exit 236 - University Ave		
94MN	237	Exit 237 - Cretin Ave		
94MN	238	Exit 238 - Snelling Ave	FL+	
94MN	239	Exit 239A - Lexington Pkwy	GF+	
94MN	239	Exit 239B - Lexington Pkwy	GF+	
94MN	240	Exit 240 - Dale Ave		
94MN	241(WBO)	Exit 241C - I-35E S		
94MN	241	Exit 241B - 10th St		
94MN	241	Exit 241A - 12th St	GL	Hilton Garden Inn (651.291.8800)
94MN	242	Exit 242D - 6th St	GF	
94MN	242	Exit 242C - 7th St	G	
94MN	242(EBO)	Exit 242A - I-35E N		
94MN	242(EBO)	Exit 242B - I-35E N		
94MN	243	Exit 243 - Mounds Blvd		
94MN	244	Exit 244 - Mounds		
94MN	245	Exit 245 - White Bear Ave	ALL	
94MN	246	Exit 246B - McKnight Ave		
94MN	246	Exit 246C - McKnight Ave	L	Holiday Inn (651.731.2220)
94MN	246(EBO)	Exit 246A - Ruth St	F+	
94MN	247	Exit 247 - Century Ave	GFL	
94MN	249	Exit 249 - I-694 N		
94MN	250	Exit 250 - Radio Dr	ALL	
94MN	251	Exit 251 - Keats Ave	ALL	Holiday Inn (651.702.0200)
94MN	253	Exit 253 - Manning Ave		
94MN	257(WBO)	**Rest Area**		
94MN	258	Exit 258 - Stillwater	F	

WISCONSIN - INTERSTATE 94

State	Mile Marker	Name	Serv	Featured Hotels
94WI	1	Exit 1 - Hudson	GF	
94WI	2	Exit 2 - Carmichael Rd	ALL	Fairfield Inn (715.386.6688) Quality Inn (715.386.6355) Holiday Inn (715.386.6200)
94WI	3	Exit 3 - River Falls		
94WI	4	Exit 4 - Somerset	GFL	
94WI	10	Exit 10 - Roberts		
94WI	16	Exit 16 - Hammond		
94WI	19	Exit 19 - Baldwin	GFL	
94WI	24	Exit 24 - Baldwin	GFLRV	
94WI	28	Exit 28 - Wilson	GRV	
94WI	32	Exit 32 - Knapp		

94WI	41	Exit 41 - Menomonie	ALL	Motel 6 (715.235.6901) Econo Lodge (715.235.9651)
94WI	43	**Rest Area**		
94WI	45	Exit 45 - Menomonie	GFL	Quality Inn (715.233.1500)
94WI	52	Exit 52 - Elk Mound	G	
94WI	59	Exit 59 - Eau Claire	GFL	
94WI	65	Exit 65 - Eau Claire	ALL	Comfort Inn (715.833.9798) Holiday Inn (715.835.2211)
94WI	68	Exit 68 - Eleva	GFL	Econo Lodge (715.833.8818)
94WI	70	Exit 70 - Eau Claire	ALL	
94WI	81	Exit 81 - Foster	GF	
94WI	88	Exit 88 - Osseo	GFLRV	
94WI	98	Exit 98 - Northfield	GF	
94WI	105	Exit 105 - Hixton	GLRV	
94WI	115	Exit 115 - Black River Falls	GF	
94WI	116	Exit 116 - WI 54	ALL	Comfort Inn (715.284.0888)
94WI	123	**Rest Area**		
94WI	128	Exit 128 - Millston	GRV	
94WI	135	Exit 135 - Warrens	GFLRV	Courtyard (608.661.8100) Fairfield Inn (608.661.2700)
94WI	143	Exit 143 - Tomah	ALL	Econo Lodge (608.372.9100) Comfort Inn (608.372.6600) Holiday Inn (608.372.3211)
94WI	147	Exit 147 - I-90 W		
94WI	240	Exit 240 - I-90 E		
94WI	244	Exit 244 - Sun Prairie	GF	
94WI	250	Exit 250 - Deerfield		
94WI	259	Exit 259 - Lake Mills	GFLRV	
94WI	261(EBO)	**Rest Area**		
94WI	264(WBO)	**Rest Area**		
94WI	267	Exit 267 - Johnson Creek	ALL	
94WI	275	Exit 275 - Ixonia	GRV	
94WI	277(EBO)	Exit 277 - Willow Glen Rd		
94WI	282	Exit 282 - Dousman	ALL	Hilton Garden Inn (262.200.2222) Holiday Inn (262.200.2900)
94WI	283(WBO)	Exit 283 - Sawyer Rd		
94WI	285	Exit 285 - Delafield	GL	
94WI	287	Exit 287 - Hartland	ALL	Holiday Inn Express (262.646.7077)
94WI	290	Exit 290 - rd SS		
94WI	291	Exit 291 - rd G	L	
94WI	293(WBO)	Exit 293C - Pewaukee		
94WI	293	Exit 293A - Wausheka	ALL	
94WI	293	Exit 293B - Wausheka	ALL	
94WI	294	Exit 294 - Waukesha	GFL	
94WI	295	Exit 295 - Waukesha	GFL	Marriott (262.574.0888)

94WI	297	Exit 297 - Blue Mound Rd	ALL	Motel 6 ((262) 786-7337) Hampton Inn (262.796.1500)
94WI	301	Exit 301A - Moorland Rd	ALL	Residence Inn (262.782.5990)
94WI	301	Exit 301B - Moorland Rd	ALL	Courtyard (262.821.1800)
94WI	304	Exit 304A - WI 100	GFL	
94WI	304	Exit 304B - WI 100	GFL	
94WI	305	Exit 305B - Fond du Lac		
94WI	305	Exit 305A - I-894 S		
94WI	306	Exit 306 - 84th St		
94WI	307	Exit 307B - Hawley Rd		
94WI	307	Exit 307A - 68th St		
94WI	308	Exit 308B - US 41		
94WI	308	Exit 308C - US 41		
94WI	308	Exit 308A - VA Ctr		
94WI	309	Exit 309B - 26th St		
94WI	309	Exit 309A - 35th St	G	
94WI	310(EBO)	Exit 310A - 13th St		
94WI	310	Exit 310B - I-43 N		
94WI	310	Exit 310C - I-794 E		
94WI	311	Exit 311 - National Ave		
94WI	312	Exit 312A - Becher St	G	
94WI	312	Exit 312B - Becher St	G	
94WI	314	Exit 314B - Howard Ave		
94WI	314	Exit 314A - Holt Ave	GF+	
94WI	316	Exit 316 - I-43 S	L	Holiday Inn (414.482.4444) Crowne Plaza (414.475.9500)
94WI	317	Exit 317 - Layton Ave	GFL	
94WI	318	Exit 318 - WI 119	L	Motel 6 ((414) 482-4414)
94WI	319	Exit 319 - College Ave	GFL	Hampton Inn (414.762.4240) Holiday Inn (414.563.4000) Candlewood (414.570.9999) Crowne Plaza (414.764.5300)
94WI	320	Exit 320 - Rawson Ave	GFL	
94WI	322	Exit 322 - Ryan Rd	GF+	
94WI	325(WBO)	Exit 325 - US 41 N	L	Staybridge (414.761.3800)
94WI	326	Exit 326 - 7 Mile Rd	G	
94WI	327	Exit 327 - rd G		
94WI	329	Exit 329 - Thompsonville	G	
94WI	333	Exit 333 - Waterford	GFL	Holiday Inn (262.884.0200)
94WI	335	Exit 335 - Burlington		
94WI	337	Exit 337 - County Line Rd	F	
94WI	339	Exit 339 - rd E	G	
94WI	340	Exit 340 - Kenosha	GFL	
94WI	342	Exit 342 - Kenosha		

State	Mile Marker	Name	Serv	Featured Hotels
94WI	344	Exit 344 - Lake Geneva	GFL	Holiday Inn Express (262.942.6000) Candlewood (262.842.5000)
94WI	345	Exit 345 - rd C	G	
94WI	347	Exit 347 - Lakeview Pkwy	ALL	

ILLINOIS - INTERSTATE 94

State	Mile Marker	Name	Serv	Featured Hotels
94IL	1	Exit 1B - Waukegan		
94IL	1	Exit 1A - Russell Rd	G	
94IL	29	Exit 29 - Waukegan		
94IL	30(WBO)	Exit 30A - Dundee Rd	GFL	
94IL	30(WBO)	Exit 30B - Dundee Rd	GFL	
94IL	31	Exit 31 - E Tower Rd		
94IL	33	Exit 33A - Willow Rd	GF+	
94IL	33	Exit 33B - Willow Rd	GF+	
94IL	34	Exit 34B - E Lake Ave	GF	
94IL	34	Exit 34C - E Lake Ave	GF	
94IL	34(EBO)	Exit 34A - Skokie Rd		
94IL	35	Exit 35 - Old Orchard Rd	GFL	Doubletree (847.679.7000) Hampton Inn (847.583.1111)
94IL	37	Exit 37A - Dempster St		
94IL	37	Exit 37B - Dempster St		
94IL	39	Exit 39A - Touhy Ave	ALL	Holiday Inn (847.679.8900)
94IL	39	Exit 39B - Touhy Ave	ALL	
94IL	41	Exit 41C - Cicero		
94IL	41	Exit 41A - Peterson Ave	+	
94IL	41	Exit 41B - Peterson Ave	+	
94IL	42(WBO)	Exit 42 - W Foster Ave	G	
94IL	43	Exit 43C - Montrose Ave		
94IL	43	Exit 43B - I-90 W		
94IL	43	Exit 43A - Wilson Ave		
94IL	44	Exit 44B - Pulaski Ave	G	
94IL	44	Exit 44A - Keeler Ave	G	
94IL	45	Exit 45C - Belmont Ave	F	
94IL	45	Exit 45B - Kimball Ave	GF+	
94IL	45(EBO)	Exit 45A - Addison St		
94IL	46	Exit 46A - Diversey Ave	GF	
94IL	46	Exit 46B - Diversey Ave	GF	
94IL	47	Exit 47B - Damen Ave	G	
94IL	47	Exit 47C - Damen Ave	G	
94IL	47	Exit 47A - Western Ave	GF+	
94IL	48	Exit 48B - North Ave	G	
94IL	48	Exit 48A - Armitage Ave	G	

94IL	49	Exit 49A - Augusta Blvd	GF	
94IL	49	Exit 49B - Augusta Blvd	GF	
94IL	50	Exit 50B - E Ohio St	GL	Hilton (312.664.1100) Embassy Suites (312.943.3800) Holiday Inn (312.944.4100)
94IL	50	Exit 50A - Ogden Ave	L	Embassy Suites (312.836.5900)
94IL	50	Exit 50 - Waukegan Rd	ALL	
94IL	51	Exit 51 - I-290 W		
94IL	51	Exit 51F - W Adams St		
94IL	51(EBO)	Exit 51E - Monroe St	L	
94IL	51(EBO)	Exit 51D - Madison St	L	
94IL	51	Exit 51C - E Washington Blvd		
94IL	51	Exit 51B - W Randolph St		
94IL	51(WBO)	Exit 51A - Lake St		
94IL	52	Exit 52C - 18th St	+	
94IL	52	Exit 52B - Roosevelt Rd	G	
94IL	52	Exit 52A - Taylor St	G	
94IL	53	Exit 53C - I-55		
94IL	53	Exit 53B - I-55		
94IL	53	Exit 53 - I-294 S	FL	
94IL	54	Exit 54 - 31st St		
94IL	54(NBO)	Exit 54 - Deerfield Rd	GL	
94IL	55	Exit 55B - Pershing Rd		
94IL	55	Exit 55A - 35th St		
94IL	56(EBO)	Exit 56B - 47th St		
94IL	56	Exit 56A - 43rd St	G	
94IL	56	Exit 56 - Half Day Rd	L	Marriott (847.634.0100) Courtyard (847.634.9555) SpringHill Suites (847.793.7500)
94IL	57	Exit 57B - Garfield Blvd	GF+	
94IL	57	Exit 57A - 51st St	F	
94IL	58(EBO)	Exit 58B - 63rd St	G	
94IL	58	Exit 58A - I-94	G	
94IL	59	Exit 59C - 71st St	GF	
94IL	59	Exit 59A - I-90 E		
94IL	59	Exit 59 - Town Line Rd	L	Residence Inn (847.615.2701)
94IL	60	**Service/Travel Plaza**	GF	
94IL	60	Exit 60C - 79th St	GF	
94IL	60	Exit 60B - 76th St	GF	
94IL	60(EBO)	Exit 60A - 75th St	GF+	
94IL	61	Exit 61B - 87th St	GF+	
94IL	61(EBO)	Exit 61A - 83rd St	GF	
94IL	62	Exit 62 - unknown	GF	
94IL	63	Exit 63 - I-57 S		

State	Mile Marker	Name	Serv	Featured Hotels
94IL	64	Exit 64 - Buckley Rd	L	Courtyard (847.689.8000)
94IL	65	Exit 65 - 103rd Ave		
94IL	66	Exit 66B - 115th St	F	
94IL	66	Exit 66A - 111th Ave	G	
94IL	67	Exit 67 - Belvidere Rd	L	SpringHill Suites (847.688.9800)
94IL	68	Exit 68A - 130th St		
94IL	68	Exit 68B - 130th St		
94IL	68(EBO)	Exit 68 - Milwaukee Ave		
94IL	69(EBO)	Exit 69 - Beaubien Woods		
94IL	70	Exit 70A - Dolton		
94IL	70	Exit 70B - Dolton		
94IL	70	Exit 70 - Grand Ave	ALL	
94IL	71	Exit 71A - Sibley Blvd	ALL	
94IL	71	Exit 71B - Sibley Blvd	ALL	
94IL	73	Exit 73A - 159th St	ALL	
94IL	73	Exit 73B - 159th St	ALL	
94IL	74	Exit 74B - I-80		
94IL	74	Exit 74A - Danville		
94IL	76(NBO)	Exit 76 - Rosecrans Ave		
94IL	161	Exit 161 - Torrence Ave	ALL	Holiday Inn (708.418.1188)

INDIANA - INTERSTATE 94

State	Mile Marker	Name	Serv	Featured Hotels
94IN	1	Exit 1 - Calumet Ave	GF+	
94IN	2	Exit 2 - Indianapolis Blvd	ALL	
94IN	3	Exit 3 - Kennedy Ave	ALL	Fairfield Inn (219.845.6950) Residence Inn (219.844.8440)
94IN	5	Exit 5 - Cline Ave	GFL	
94IN	6	Exit 6 - Burr St	GF	
94IN	9	Exit 9 - Grant Street	GF+	
94IN	10	Exit 10A - Broadway	GF	
94IN	10	Exit 10B - Broadway	GF	
94IN	11(EBO)	Exit 11 - I-65 S		
94IN	12	Exit 12B - I-65 N		
94IN	12(WBO)	Exit 12A - I-65S		
94IN	13(EBO)	Exit 13 - Central Ave		
94IN	15	Exit 15B - US 6W	GF	
94IN	15	Exit 15A - US 6E	GF	
94IN	16	Exit 16 - I-80/90		
94IN	19	Exit 19 - Port of IN	GFL	Hampton Inn (219.764.1919) Holiday Inn Express (219.762.7777)
94IN	22	Exit 22A - Burns Harbor	G	
94IN	22	Exit 22B - Burns Harbor	GL	Comfort Inn (219.787.1400)

State	Mile Marker	Name	Serv	Featured Hotels
94IN	26	Exit 26A - Chesterton	ALL	Econo Lodge (219.929.4416)
94IN	26	Exit 26B - Chesterton	ALL	
94IN	34	Exit 34A - Michigan City	ALL	
94IN	34	Exit 34B - Michigan City	ALL	
94IN	40	Exit 40A - Michigan City	GF	
94IN	40	Exit 40B - Michigan City	GF	
94IN	43(WBO)	**Rest Area**		

MICHIGAN - INTERSTATE 94

State	Mile Marker	Name	Serv	Featured Hotels
94MI	1(EBO)	**Rest Area**		
94MI	1	Exit 1 - Grand Beach	GFL	Holiday Inn (269.469.1400)
94MI	4	Exit 4A - Three Oaks	F	
94MI	4	Exit 4B - Three Oaks	F	
94MI	6	Exit 6 - Lakeside	RV	
94MI	12	Exit 12 - Sawyer	GFL	
94MI	16	Exit 16 - Bridgman	GFL	
94MI	22	Exit 22 - John Beers Rd	GF	
94MI	23	Exit 23 - Red Arrow Hwy	GFL	Hampton Inn (269.429.2700) Comfort Suites (269.428.4888) Holiday Inn (269.982.0004) Candlewood Suites (269.428.4400)
94MI	27	Exit 27 - Niles Ave	GF	
94MI	28	Exit 28 - Scottdale Rd	ALL	
94MI	29	Exit 29 - Pipestone Rd	ALL	Courtyard (269.925.3000) Motel 6 (269.925.5100) Holiday Inn (269.927.4599)
94MI	30	Exit 30 - Napier Ave - South 31- Niles	GF	
94MI	33	Exit 33 - Benton Harbor		
94MI	34	Exit 34 - North 31 - I-196 - South Haven- ..		
94MI	35(EBO)	**Rest Area**		
94MI	36(EBO)	**Rest Area**		
94MI	39	Exit 39 - Millburg	GF	
94MI	41	**Rest Area**		
94MI	41	Exit 41 - Niles	GFLRV	Holiday Inn (269.463.7946)
94MI	42(WBO)	**Rest Area**		
94MI	46	Exit 46 - Hartford	GF	
94MI	52	Exit 52 - Lawerence	F	
94MI	56	Exit 56 - Decatur - Dowagiac	G	
94MI	60	Exit 60 - Lawton	GL	Econo Lodge (269.657.2578) Comfort Inn (269.655.0303)
94MI	66	Exit 66 - Mattawan	GF+	
94MI	72	Exit 72 - 9th St - Oshtemo	GFL	Fairfield Inn (269.353.6400) TownePlace Suites (269.353.9900)

94MI	74	Exit 74A - Kalamazoo		
94MI	74	Exit 74B - Kalamazoo		
94MI	75	Exit 75 - Oakland Dr		
94MI	76	Exit 76A - Westnedge Ave	ALL	
94MI	76	Exit 76B - Westnedge Ave	ALL	
94MI	78	Exit 78 - Kilgore Rd - Portage Rd	GL	Residence Inn (269.349.0855) Hampton Inn (269.344.7774)
94MI	80	Exit 80 - Cork St - Sprinkle Rd	GFL	Fairfield Inn (269.344.8300) Motel 6 (269.344.9255) Clarion Hotel (269.385.3922) Econo Lodge (269.388.3551) Quality Inn (269.381.7000) Holiday Inn (269.373.0770) Candlewood Suites (269.270.3203)
94MI	81(WBO)	Exit 81 - Kalamazoo		
94MI	85	**Rest Area**		
94MI	85(WBO)	**Rest Area**		
94MI	85	Exit 85 - 35th St.	G+	
94MI	88	Exit 88 - Galesburg		
94MI	92	Exit 92 - Route 33	G	
94MI	95	Exit 95 - Helmer Rd	GF	
94MI	96(EBO)	**Rest Area**		
94MI	97	Exit 97 - Capitol Ave	GFL	Fairfield Inn (269.979.8000) Hampton Inn (269.979.5577) Motel 6 (269.979.1141) Comfort Inn (269.965.3201)
94MI	98	Exit 98A - Strugis - 66 South	GFL	Holiday Inn (269.979.0500)
94MI	98	Exit 98B - Battle Creek	G	
94MI	100	Exit 100 - Beadle Lake Rd	GF	
94MI	103	Exit 103 - Route 96		
94MI	103(WBO)	Exit 103 - Battle Creek		
94MI	104	Exit 104 - 11 Mile Rd	GL	
94MI	108	Exit 108 - I-69 Lansing		
94MI	110	Exit 110 - Old 27	GFL	Hampton Inn (269.789.0131) Holiday Inn Express (269.789.9301)
94MI	112	Exit 112 - Marshall	G	
94MI	113	**Rest Area**		
94MI	113(WBO)	**Rest Area**		
94MI	115	Exit 115 - 22.5 Mile Rd	G	
94MI	119	Exit 119 - 26 Mile Rd		
94MI	121	Exit 121 - 28 Mile Rd	ALL	
94MI	124	Exit 124 - Albion - Springport/Eaton Rapids		
94MI	127	Exit 127 - Concord Rd		
94MI	128	Exit 128 - Michigan Ave	GF	
94MI	130	Exit 130 - Parma	G	
94MI	133	Exit 133 - Dearing Rd		

94MI	135(EBO)	**Rest Area**		
94MI	136	Exit 136 - Route 60		
94MI	137	Exit 137 - Airport Rd	ALL	Holiday Inn (517.788.6400)
94MI	138	Exit 138 - Route 127 Lansing	GFL	Motel 6 ((517) 789-7186) Courtyard (517.482.0500)
94MI	139	Exit 139 - 106 St - Cooper St.	G+	
94MI	141	Exit 141 - Elm Rd.	L	
94MI	142	Exit 142 - US127 south - Hudson		
94MI	144	Exit 144 - Business route I94 jackson		
94MI	144(WBO)	Exit 144 - Jackson		
94MI	145	Exit 145 - Sargent Rd	GFL	
94MI	147	Exit 147 - Race Rd	LRV	
94MI	149(WBO)	**Rest Area**		
94MI	150	Exit 150 - Grass Lake	GRV	
94MI	153	Exit 153 - Clear Lake Rd	G	
94MI	156	Exit 156 - Kalmbach Rd		
94MI	157	Exit 157 - Pierce Rd - Old US 12		
94MI	159	Exit 159 - Chelsea	ALL	Holiday Inn Express (734.433.1600)
94MI	161(EBO)	**Rest Area**		
94MI	162	Exit 162 - Jackson Rd - Old US 12	GL	Courtyard (248.380.1234)
94MI	167	Exit 167 - Baker Rd	GF	
94MI	169	Exit 169 - Zeeb Rd	GF	
94MI	171(EBO)	Exit 171 - Ann Arbor		
94MI	172	Exit 172 - Jackson Ave	ALL	
94MI	175	Exit 175 - Ann Arbor-Saline Rd	GFL	Candlewood Suites (734.663.2818)
94MI	177	Exit 177 - State St	GFL	Motel 6 (734.665.9900) Fairfield Inn (734.995.5200) Courtyard (734.995.5900) Residence (734.996.5666) Holiday Inn Express (734.761.2929) Holiday Inn (734.213.1900)
94MI	180	Exit 180A - Toledo		
94MI	180	Exit 180B - Toledo		
94MI	181	Exit 181A - Michigan Ave	GF+	
94MI	181	Exit 181B - Michigan Ave	GF+	
94MI	183	Exit 183 - Huron St	GFL	
94MI	185(EBO)	Exit 185 - Michigan Ave		
94MI	187	Exit 187 - Rawsonville Rd	GFRV+	
94MI	189(WBO)	**Rest Area**		
94MI	190	Exit 190 - Belleville Rd	ALL	
94MI	192	Exit 192 - Haggerty Rd	GF	
94MI	194	Exit 194A - I-275		
94MI	194	Exit 194B - I-275		
94MI	196	Exit 196 - Wayne Rd	GF	
94MI	197	Exit 197 - Vining Rd		

94MI	198	Exit 198 - Merriman Rd	FL	
94MI	199	Exit 199 - Middle Belt Rd	GFL	
94MI	200	Exit 200 - Ecorse Rd	GF	
94MI	202	Exit 202A - Telegraph Rd	ALL	
94MI	202	Exit 202B - Telegraph Rd	ALL	Hampton Inn (248.356.5500)
94MI	204	Exit 204A - Southfield Fwy	GF+	
94MI	204	Exit 204B - Southfield Fwy	GF+	
94MI	206	Exit 206 - Oakwood Blvd	ALL	
94MI	208	Exit 208 - Greenfield Rd	G+	
94MI	209(WBO)	Exit 209 - Rotunda Dr		
94MI	210	Exit 210 - Michigan Ave	GF	
94MI	211(WBO)	Exit 211B - Cecil Ave		
94MI	211	Exit 211A - Lonyo Rd		
94MI	212(EBO)	Exit 212B - Warren Ave		
94MI	212	Exit 212A - Livernois Ave	G	
94MI	213	Exit 213B - I-96 W		
94MI	213	Exit 213A - W Grand		
94MI	214	Exit 214B - Trumball Ave		
94MI	214(WBO)	Exit 214A - Grand River Ave		
94MI	215	Exit 215C - Woodward Ave		
94MI	215	Exit 215B - Lodge Fwy		
94MI	215	Exit 215A - MI 10 S		
94MI	216(EBO)	Exit 216B - Russell St		
94MI	216	Exit 216A - I-75		
94MI	217	Exit 217B - Mt Elliott Ave	GF	
94MI	217	Exit 217A - E Grand Blvd	G	
94MI	218	Exit 218 - Van Dyke Ave	G	
94MI	219	Exit 219 - Gratiot Ave	GF	
94MI	220	Exit 220B - Conner Ave	G	
94MI	220	Exit 220A - French Rd	G	
94MI	222(EBO)	Exit 222B - Harper Ave	+	
94MI	222	Exit 222A - Chalmers Ave	GF	
94MI	223	Exit 223 - Cadieux Rd	GF	
94MI	224	Exit 224B - Allard Ave		
94MI	224	Exit 224A - Moross Rd	G+	
94MI	225	Exit 225 - Vernier Rd	GF+	
94MI	227	Exit 227 - 9 Mile Rd	ALL	
94MI	228	Exit 228 - 10 Mile Rd	GF	
94MI	229	Exit 229 - I-696 W	G+	
94MI	230	Exit 230 - 12 Mile Rd	GF+	
94MI	231(EBO)	Exit 231 - Gratiot Ave	ALL	
94MI	232(WBO)	Exit 232 - Little Mack Ave	ALL	
94MI	234	Exit 234A - Harper Rd	GF	

94MI	234	Exit 234B - Harper Rd	GF	
94MI	235(WBO)	Exit 235 - Shook Rd		
94MI	236	Exit 236 - Metro Pkwy	F+	
94MI	237	Exit 237 - N River Rd	GFL	
94MI	240	Exit 240 - MI 59	ALL	
94MI	241	Exit 241 - 21 Mile Rd	GF+	
94MI	243	Exit 243 - Utica	ALL	
94MI	247	Exit 247 - New Haven		
94MI	248	Exit 248 - 26 Mile Rd	GF	
94MI	251(WBO)	**Rest Area**		
94MI	255(EBO)	**Rest Area**		
94MI	257	Exit 257 - St Clair	G	
94MI	262	Exit 262 - Wadhams Rd	GRV	
94MI	266	Exit 266 - Gratiot Rd	ALL	
94MI	269	Exit 269 - Dove St	GL	
94MI	271(EBO)	Exit 271 - Lp I-69	GF+	
94MI	274	Exit 274 - Water St	GFLRV	Fairfield Inn (810.982.8500) Hampton Inn (810.966.9000) Comfort Inn (810.982.5500)
94MI	275	Exit 275 - I-69/I-94	GFL	

MAINE - INTERSTATE 95

State	Mile Marker	Name	Serv	Featured Hotels
SL	0	Maine State Line		
95ME	1(NBO)	Exit 1 - Dennette Rd	FL	Days Inn (207-439-2000)
95ME	2	Exit 2 - US-1	FL	Rodeway Inn (207-439-5555)
95ME	3(NBO)	Exit 3 - Kittery	GFL	
95ME	4(NBO)	**Rest Area**		
95ME	7	Exit 7 - York	GFL	
95ME	19	Exit 19 - Wells	GFL	Sea Mist Resort Mo.. ((207) 646-6044)
95ME	25	Exit 25 - Kennebunk	GFL	Turnpike Motel ((207) 985-4404)
95ME	32	Exit 32 - Biddeford	GFL	Comfort Suites (207-294-6464)
95ME	36	Exit 36 - Saco	GFL	Holiday Inn ((207) 286-9600)
95ME	42	Exit 42 - Scarborough	GFL	Extended Stay Amer.. (207- 883-0554) Residence (207.883.0400) TownePlace (207.883.6800)
95ME	44	Exit 44 - I-295	L	Clarion Hotel ((207) 777-5611)
95ME	45	Exit 45 - Maine Mall Rd	GFL	Days Inn (207-772-3450) Fairfield Inn (207.883.0300)
95ME	46	Exit 46 - Jetport	GFL	Comfort Inn ((207) 775-0409)
95ME	47	Exit 47 - Rand Rd	L	Econo Lodge Inn (207-363-8903)
95ME	48	Exit 48 - Riverside Rd	GFL	Motel 6 ((207) 775-0111)
95ME	52	Exit 52 - Lewiston		
95ME	53	Exit 53 - Portland	F	

95ME	56(SBO)	**Service/Travel Plaza**	GF	
95ME	57(NBO)	**Service/Travel Plaza**	GF	
95ME	63	Exit 63 - Gray	GF	
95ME	75	Exit 75 - Auburn	FL	Auburn Inn ((207) 783-1454)
95ME	80	Exit 80 - Lewiston	GFL	Super 8 Motel ((207) 784-8882) Motel 6 (207.782.6558)
95ME	86	Exit 86 - Sabattus		
95ME	94(NBO)	Exit 94 - verifica..	F	
95ME	102(NBO)	Exit 102 - West Gardiner	F	
95ME	103	Exit 103 - West Gardiner		
95ME	109(SBO)	Exit 109B - Augusta	GFL	
95ME	109(SBO)	Exit 109A - Augusta	GFL	
95ME	109(NBO)	Exit 109 - Augusta	GFL	Quality Inn & Suites ((207) 662-3776) Motel 6 (207.622.0000)
95ME	112(SBO)	Exit 112 - Augusta		
95ME	112(NBO)	Exit 112A - South Augusta	GFL	Holiday Inn ((207) 622-4751)
95ME	112(NBO)	Exit 112B - North Augusta	GFL	Comfort Inn Civic .. ((207) 629-1000) Fairfield Inn (207.623.2200)
95ME	113(NBO)	**Rest Area**		
95ME	117(SBO)	**Rest Area**		
95ME	120	Exit 120 - Sidney		
95ME	127	Exit 127 - Oakland	GFL	Econo Lodge (207-872-5577)
95ME	130	Exit 130 - Waterville	GFL	
95ME	133	Exit 133 - Fairfield	GFL	
95ME	138	Exit 138 - Clinton	GFL	
95ME	145	**Rest Area**		
95ME	150	Exit 150 - Somerset Ave	GFL	Pittsfield Motor Inn ((207) 487-3341)
95ME	157	Exit 157 - Palmyra/Newport	GFL	
95ME	159(SBO)	Exit 159 - Ridge Rd	FL	
95ME	161	Exit 161 - Plymouth		
95ME	167	Exit 167 - Etna		
95ME	174	Exit 174 - Carmel	L	
95ME	178	**Rest Area**		
95ME	180	Exit 180 - Cold Brook Rd	L	Lafayette Hotels ((207) 862-3737)
95ME	182	Exit 182A - Bangor	GFL	Holiday Inn (207-947-0101)
95ME	182	Exit 182B - Herman	GFL	Howard Johnson (207.942.5251) Motel 6 (207.947.6921)
95ME	183	Exit 183 - Hammond St	GFL	Charles Inn (207-992-2820) Days Inn (207-942-8272)
95ME	184	Exit 184 - Union St	ALL	Four Points by She.. 207-947-6767)
95ME	185	Exit 185 - Broadway	GFL	Courtyard Marriott (207-262-0070)
95ME	186	Exit 186 - Stillwater Ave	GFL	Hampton Inn (207-990-4400)
95ME	187	Exit 187 - Hogan Rd	GFL	Comfort Inn (207-942-7800)
95ME	191	Exit 191 - Kelly Rd	L	University Inn Aca.. (207-866-4921)

State	Mile Marker	Name	Serv	Featured Hotels
95ME	193	Exit 193 - Stillwater Ave	GL	
95ME	197	Exit 197 - Old Town		
95ME	199(NBO)	Exit 199 - Lagrange		
95ME	217	Exit 217 - Howland/Enfield	F	
95ME	227	Exit 227 - Lincoln		
95ME	243	**Rest Area**		
95ME	244	Exit 244 - Medway/Millinocket	L	Gateway Inn (207-746-1000)
95ME	252(NBO)	Observation Area	L	Gateway Inn (207-746-1000)
95ME	259(NBO)	Exit 259 - Benedicta		
95ME	264	Exit 264 - Sherman	G	
95ME	276	Exit 276 - Island Falls		
95ME	286	Exit 286 - Oakfield		
95ME	291	Exit 291 - Smyma		
95ME	302	Exit 302 - Houlton	GFL	Shiretown Motor Inn (207- 532-9421)
SL	305	U.S. / Canadian border		

NEW HAMPSHIRE - INTERSTATE 95

State	Mile Marker	Name	Serv	Featured Hotels
SL	0	New Hampshire State Line		
95NH	1(NBO)	**Rest Area**		
95NH	1	Exit 1 - Seabrook	GFL	Parkview Inn ((603) 898-5632)
95NH	5	Exit 2 - Exeter	FL	Holiday Inn (603- 431-8000) Fairfield Inn (603.436.6363)
95NH	11(NBO)	Exit 3 - Greenland	G+	
95NH	12(SBO)	Exit 3A - Bus Terminal	G+	
95NH	12(SBO)	Exit 3B - Greenland	G+	
95NH	13(NBO)	Exit 4 - N.H. Lakes	GFL	
95NH	14	Exit 5 - Portsmouth/Newington	GFL	Comfort Inn (603-433-3338)
95NH	15(NBO)	Exit 6 - Woodbury Ave	GFL	
95NH	16	Exit 7 - Market St	ALL	
SL	16	New Hampshire State Line		

MASSACHUSETTS - INTERSTATE 95

State	Mile Marker	Name	Serv	Featured Hotels
SL	0	Massachusetts State Line		
95MA	1(SBO)	Exit 2 - Broadway	GFL	Boston (617.472.1000) Courtyard (617.734.1393)
95MA	1	Exit 2A - Pawtucket/Newport Ave	GFL	Days Inn ((508) 761-4825)
95MA	1	Exit 2B - S.Attleboro		
95MA	3	Exit 3 - View Area		
95MA	4	Exit 3 - Attleboro	L+	Holiday Inn Express (508-643-9900)
95MA	4	Exit 3A - Attleboro	+	

95MA	4	Exit 3B - S.Attleboro	+	
95MA	5	Exit 4 - Woonsocket	+	
95MA	7	Exit 5 - N.Attleboro	GFL	Courtyard (508.543.5222)
95MA	10	**Rest Area**		
95MA	11	Exit 6A - Cape Cod	L	Courtyard by Marri.. (781-762-4700)
95MA	11	Exit 6B - Worcester	L	Courtyard By Marriot ((781) 255-9930) Four Points by She.. (781-769-7900)
95MA	13	Exit 7A - Mansfield	GFLRV	Residence Inn Foxb.. (508-698-2800)
95MA	13	Exit 7B - Foxboro	GF	
95MA	16	Exit 8 - Sharon/Foxboro	F	
95MA	19	Exit 9 - U.S.1	FLRV	
95MA	22(SBO)	Exit 10 - Coney St	GFL	Hotel Indigo (617.969.5300)
95MA	23	Exit 11A - Canton		
95MA	23	Exit 11B - Norwood	GFL	
95MA	26(NBO)	Exit 12 - Boston	L	Homestead Suites (781-890-1333) Boston (617.494.6600)
95MA	27	Exit 13 - University Ave	+	
95MA	28(SBO)	**Rest Area**		
95MA	29	Exit 14 - East St		
95MA	30	Exit 15A - Dedham	GF	
95MA	30	Exit 15B - Norwood	GF	
95MA	32	Exit 16A - Dedham	GL	Staybridge Suites (781- 221-2233)
95MA	32	Exit 16B - Westwood	L+	Hilton Garden Inn (781-272-8800)
95MA	34(SBO)	**Rest Area**		
95MA	34	Exit 17 - Needham	L+	Holiday Inn (781-935-8760)
95MA	35	Exit 18 - Great Plain Ave	L	Extended Stay Deluxe (781- 938-3737)
95MA	36	Exit 19A - Highland Ave	FL	
95MA	36	Exit 19B - Highland Ave		
95MA	37	Exit 20A - Brookline	L	Hilton (781-932-0999)
95MA	37	Exit 20B - Framingham		
95MA	38(SBO)	**Service/Travel Plaza**	GF	
95MA	38(NBO)	Exit 21 - Newton		
95MA	38(SBO)	Exit 21A - Waban	L	Courtyard by Marri.. (781-938-9001)
95MA	38(SBO)	Exit 21B - Grove St	L	Red Roof (781-935-7110)
95MA	39(NBO)	Exit 22 - Grove St	L	Best Western ((781) 245-6100)
95MA	40(NBO)	**Rest Area**		
95MA	41	Exit 24 - Newton		
95MA	42	Exit 25 - Mass Turnpike		
95MA	43	Exit 26 - Waltham	L	Springhill Suites (978-535-5000)
95MA	44	Exit 27A - Totten Pond Rd		
95MA	44	Exit 27B - Wyman St		
95MA	45	Exit 28A - Belmont		
95MA	45	Exit 28B - Lincoln		
95MA	46	Exit 29A - Arlington		

95MA	46	Exit 29B - Acton		
95MA	47(NBO)	**Service/Travel Plaza**	GF	
95MA	48	Exit 31A - Lexington	GF	
95MA	48	Exit 31B - Bedford	ALL	Fireside Bed and B.. (781-862-2053)
95MA	50	Exit 32A - Middlesex	F	
95MA	50	Exit 32B - Burlington	F	
95MA	52	Exit 33A - Winchester		
95MA	52	Exit 33B - Burlington		
95MA	53	Exit 34 - Winn St		
95MA	54	Exit 35 - Woburn		
95MA	55	Exit 36 - Redding	FL+	Hampton Inn Boston (781-935-7666)
95MA	56	Exit 37A - I-93 North		
95MA	56	Exit 37B - I-93 South		
95MA	57	Exit 38A - Stoneham		
95MA	57	Exit 38B - Reading		
95MA	59	Exit 39 - Wakefield	ALL	
95MA	60	Exit 40 - Wilmington	FL	
95MA	62	Exit 41 - Main St		
95MA	64	Exit 42 - Salem St		
95MA	66	Exit 43 - Walnut St		
95MA	67	Exit 44A - US 1 / Boston		
95MA	67	Exit 44B - US 1 / Danvers		
95MA	68(SBO)	Exit 46 - US 1 / Boston	ALL	
95MA	69(NBO)	Exit 47A - Peabody	F	
95MA	69(NBO)	Exit 47B - Middleton		
95MA	70	Exit 48 - Centre St		
95MA	71(NBO)	Exit 49 - Danvers		
95MA	72	Exit 50 - Topsfield		
95MA	74	Exit 51 - Endicott Rd		
95MA	75	Exit 52 - Topsfield Rd		
95MA	77	Exit 53 - Topsfield		
95MA	77	Exit 53B - Georgetown		
95MA	79	Exit 54A - Rowley		
95MA	79	Exit 54B - Georgetown		
95MA	82	Exit 55 - Central St		
95MA	84	Exit 56 - Scotland Rd		
95MA	87	Exit 57 - West Newbury	ALL	
95MA	88	Exit 58 - Salisbury	L	Michaels Oceanfron.. (978-499-0260)
95MA	88	Exit 58B - Amesbury	F	
95MA	89(SBO)	Exit 59 - I-495 / Worcester		
95MA	90(SBO)	**Rest Area**		
95MA	90	Exit 60 - Salisbury		
SL	92	Massachusetts State Line		

RHODE ISLAND - INTERSTATE 95

State	Mile Marker	Name	Serv	Featured Hotels
SL	0	Rhode Island State Line		
95RI	1	Exit 1 - Hopkinton	RV+	
95RI	4	Exit 2 - Alton		
95RI	6(NBO)	**Rest Area**		
95RI	7	Exit 3A - Kingston	GF	
95RI	7	Exit 3B - Wyoming/Hope Valley	GFL	Stagecoach House Inn (401-539-9600)
95RI	9(NBO)	Exit 4 - Arcadia		
95RI	10	**Rest Area**		
95RI	14	Exit 5A - Nikingstown/Exeter	ALL	La Quinta Inn (401- 941-6600)
95RI	14	Exit 5B - Foster/West Greenwich	ALL	Sheraton (401-738-4000)
95RI	18	Exit 6 - West Greenwich	GL	
95RI	20	Exit 6A - Hopkins Hill Rd		
95RI	21	Exit 7 - Coventry	ALL	
95RI	24	Exit 8A - Nikingstown/Quaker Lane	F	
95RI	24	Exit 8B - W. Warwick/Quaker Lane	ALL	Comfort Suites (402-826-1800)
95RI	25(SBO)	Exit 9 - North Kingstown	L	Comfort Inn (401-723-6700)
95RI	27	Exit 10A - Warwick	F	
95RI	27	Exit 10B - West Warwick	+	
95RI	28(NBO)	Exit 11 - Woonsocket/I-295 North		
95RI	28	Exit 11A - Warwick	GFL	
95RI	28(SBO)	Exit 11B - I-295 North		
95RI	30	Exit 13 - verifica..	F	
95RI	31	Exit 14A - Warwick		
95RI	31	Exit 14B - Warwick	F	
95RI	32(SBO)	Exit 15 - Jefferson Blvd		
95RI	34(SBO)	Exit 17 - Elmwood Ave		
95RI	35	Exit 18 - Thurbers	F+	
95RI	36(SBO)	Exit 19 - Eddy St	+	
95RI	37	Exit 20 - East Providence		
95RI	38	Exit 22A - Downtown		
95RI	38	Exit 22B - Hartford		
95RI	38	Exit 22C - Providence Place		
95RI	39	Exit 24 - Woonsocket/Charles St	F+	
95RI	40	Exit 25 - Smithfield Ave	+	
95RI	40(NBO)	Exit 26 - Lonsdale Ave		
95RI	41	Exit 27 - North Providence	F+	
95RI	41(NBO)	Exit 28 - School St		
95RI	42	Exit 29 - Broadway/Downtown		
SL	42	Rhode Island State Line		

CONNECTICUT - INTERSTATE 95

State	Mile Marker	Name	Serv	Featured Hotels
SL	0	Connecticut State Line		
95CT	1	Exit 2 - Delavan Ave		
95CT	3	Exit 3 - Arch St	G+	
95CT	4	Exit 4 - Indian Field Rd	L	The Delamar Greenw.. (203-661-9800)
95CT	6	Exit 5 - DLD Greenwich	GFL	Super 8 (203-324-8887)
95CT	7	Exit 6 - Harvard Ave/West Ave	ALL	Hilton (203-967-2222)
95CT	8	Exit 8 - Atlantic St/Elm St	L	Amsterdam Hotel (203-327-4300) Sheraton Stamford .. (203-359-1300) Courtyard (203.358.8822) Stamford (203.357.9555)
95CT	9(SBO)	**Service/Travel Plaza**	GF	
95CT	9	Exit 9 - Glenbrook	GFL	
95CT	10	Exit 10 - Noroton	ALL	
95CT	11	Exit 11 - Darien	ALL	Howard Johnson Inn ((203) 655-3933)
95CT	12(NBO)	**Service/Travel Plaza**	GF	
95CT	12	Exit 12 - verifica..	L	Doubletree Hotel (203-853-3477)
95CT	13	Exit 13 - Post Rd	GFL	
95CT	15	Exit 14 - S. Norwalk/Connecticut Ave	ALL	Fairfield Inn (203.284.0001)
95CT	16	Exit 15 - Norwalk	L	Econo Lodge (203-847-5827)
95CT	17	Exit 16 - East Norwalk	ALL	The Inn At Nationa.. (203-221-1351)
95CT	18	Exit 17 - Westport	FL+	The Westport Inn (203-259-5236)
95CT	21	Exit 18 - Sherwood Island	+	
95CT	23	Exit 19 - Southport	L+	Best Western (203- 659-2200)
95CT	24	Exit 21 - Round Hill Rd	L	Comfort Inn (860.563.2311)
95CT	25	**Service/Travel Plaza**	GF	
95CT	25(SBO)	Exit 22 - N. Benson	F	
95CT	26	Exit 23 - Kings Hwy		
95CT	27	Exit 24A - Black Rock TP	GFL	
95CT	28	Exit 25 - State St/Fairfield Ave	GF	
95CT	29	Exit 27 - LaFayette Blvd	+	
95CT	30	Exit 28 - East Main St	L	Ramada Inn ((203) 375-8866) Comfort Suites (203-375-9528)
95CT	31	Exit 30 - Lordship Blvd/Surf Ave	ALL	
95CT	32(NBO)	Exit 31 - Honeyspot Rd		
95CT	33	Exit 32 - W. Broad St	ALL	Springhill Suites (203-283-0200)
95CT	34(NBO)	Exit 33 - Devon	GFL	Red Roof Inn (203-877-6060)
95CT	35	Exit 34 - Milford	ALL	Fairfield Inn (203.877.8588)
95CT	36	Exit 35 - Bic Drive	GFL	
95CT	37	Exit 36 - Plains Rd	GFL	Hampton Inn (203-874-4400)
95CT	38(NBO)	Exit 37 - High St	GFL	Howard Johnson (203-878-4611)
95CT	39	Exit 38 - Wilbur Cross Pkwy		

95CT	40	Exit 39A - US-1 South	GFL	
95CT	40	Exit 39B - US-1 North	GFL	
95CT	41	**Service/Travel Plaza**	GF	
95CT	41	Exit 40 - Woodmont Rd	GFL	Courtyard by Marri.. (203- 799-2200)
95CT	42	Exit 41 - Marsh Hill Rd	GFL	
95CT	44	Exit 42 - Saw Mill Rd	GFL	Econo Lodge ((203) 934-6661)
95CT	45	Exit 43 - Downtown/First Ave	GFL	Premiere Hotel And.. (203-777-5337)
95CT	46	Exit 45 - Kimberly Ave/Boulevard	L	La Quinta Inn (203-562-1111)
95CT	47	Exit 46 - Long Wharf Dr	L	Omni New Haven Hot.. (203-772-6664)
95CT	49(NBO)	Exit 49 - Stiles St		
95CT	50	Exit 51 - Frontage Rd	GF+	
95CT	50(SBO)	Exit 52 - East Haven		
95CT	52	**Service/Travel Plaza**	GF	
95CT	52(NBO)	Exit 52 - Short Beach	GF	
95CT	53	Exit 54 - Branford	GF	
95CT	55	Exit 55 - E. Main St	ALL	Motel 6 (203.483.5828)
95CT	56	Exit 56 - Stony Creek	ALL	
95CT	59	Exit 57 - US-1	+	
95CT	60	Exit 58 - Guilford	ALL	
95CT	61	Exit 59 - Goose Lane	ALL	Comfort Inn (203-453-5600)
95CT	64(SBO)	Exit 60 - Mungertown	FL	
95CT	65	**Service/Travel Plaza**	GF	
95CT	65	Exit 61 - Madison	ALL	
95CT	66	Exit 62 - Hammonaset	RV	
95CT	69	Exit 63 - Clinton	GF	
95CT	71	Exit 64 - Horse Hill Rd	F	
95CT	73	Exit 65 - West Brook	ALL	
95CT	74(NBO)	**Rest Area**		
95CT	74	Exit 66 - Spencer Rd	ALL	Motel 6 ((860) 739-6991)
95CT	76	Exit 67 - Old Saybrook Rd/Elm St	GF	
95CT	77(SBO)	Exit 68 - Old Saybrook	GFL	Liberty Inn (860-388-1777)
95CT	78	Exit 69 - Essex		
95CT	79	Exit 70 - Old Lyme	GFL	
95CT	84	Exit 71 - River Rd	FL	
95CT	86	Exit 73 - Society Rd		
95CT	87	Exit 74 - Niantic	ALL	
95CT	88	Exit 75 - Waterford	ALL	
95CT	88(SBO)	Exit 80 - Old Mill Rd		
95CT	90	Exit 81 - Cross Rd	FL	Days Inn ((860) 572-0574) Residence (860.536.5150)
95CT	92	Exit 82 - Broad St	ALL	Cedar Park Inn ((860) 599-3959)
95CT	92(NBO)	Exit 82A - Frontage Rd	GFL	Red Roof Inn (860-444-0001)
95CT	94	Exit 83 - Norwich/New London	ALL	

State	Mile Marker	Name	Serv	Featured Hotels
95CT	94(SBO)	Exit 84S - New London	ALL	
95CT	95(NBO)	Exit 85 - Thames St		
95CT	96	Exit 86 - Gales Ferry	GFL	
95CT	97	Exit 87 - Sharp Hwy	+	
95CT	98	Exit 88 - Groton	GF	
95CT	100	Exit 89 - Allyn St	RV	
95CT	101	Observation Area		
95CT	102	Exit 90 - Mystic	ALL	
95CT	104	Exit 91 - Stonington	+	
95CT	108(NBO)	Exit 92 - N. Stonington	ALL	
95CT	109(SBO)	**Rest Area**		
95CT	109(SBO)	Exit 92 - Pawcatuck	ALL	
95CT	111	Exit 93 - Clark Falls	GFLRV	
SL	112	Connecticut State Line		

NEW YORK - INTERSTATE 95

State	Mile Marker	Name	Serv	Featured Hotels
SL	0	New York State Line		
95NY	1	Exit 1 - Henry Hudson Pkwy	L	Hilton Garden Inn (212.581.7000)
95NY	1	Exit 1C - I-87		
95NY	2	Exit 2A - Jerome Ave	ALL	
95NY	2(NBO)	Exit 2B - Webster Ave	ALL	
95NY	3(SBO)	Exit 3 - 3rd Ave	ALL	
95NY	4(NBO)	Exit 4A - I-895		
95NY	4	Exit 4B - Rosedale Ave	GF+	
95NY	5	Exit 5A - Westchester Ave	GF+	
95NY	5(NBO)	Exit 5B - Castle Hill Ave	GF+	
95NY	6	Exit 10 - I-678		
95NY	7(SBO)	Exit 7A - Hutchison River Pkwy	GF+	
95NY	7(SBO)	Exit 7B - E. Tremont Ave		
95NY	7(NBO)	Exit 7C - Country Club Rd		
95NY	8	Exit 8A - Westchester Ave	GF+	
95NY	8	Exit 8B - Orchard Beach	GF+	
95NY	8(NBO)	Exit 8C - Pelham Pkwy		
95NY	9	Exit 9 - Hutchison Pkwy		
95NY	10	Exit 10 - Gun Hill Rd	F	
95NY	11	Exit 11 - Bartow Ave	GF	
95NY	12	Exit 12 - Baychester Ave	GF	
95NY	13	Exit 13 - Conner St	GFL	Econo Lodge (718-862-2000)
95NY	14(SBO)	Exit 14 - Hutchinson River Pwy	GFL	New (212.385.4900)
95NY	15	Exit 15 - New Rochelle	GFL	
95NY	16	Exit 16 - North Ave	ALL	Residence Inn New .. (914-636-7888) Hilton Garden Inn (212.564.2181)

State	Mile Marker	Name	Serv	Featured Hotels
95NY	17(NBO)	Exit 17 - Chatsworth Ave	GFL	
95NY	18	Exit 18A - Fenimore Rd		
95NY	18	Exit 18B - Mamaroneck Ave		
95NY	19	Exit 19 - Playland Pkwy	GF	
95NY	20(NBO)	Exit 20 - US-1	GFL	
95NY	21	Exit 21 - I-287	GFL	
95NY	22(NBO)	Exit 22 - Midland Ave	GFL	
SL	24	New York State Line		

NEW JERSEY - INTERSTATE 95

State	Mile Marker	Name	Serv	Featured Hotels
SL	0	New Jersey State Line		
95NJ	1	Exit 1 - Trenton	F	
95NJ	2	Exit 2 - W. Trenton	GF+	
95NJ	3	Exit 3 - Scotch Rd	+	
95NJ	4	Exit 4 - Ewing	GFL	Fairfield Inn (856.642.0600)
95NJ	7	Exit 7A - Trenton		
95NJ	7	Exit 7B - Lawrenceville	GF	
95NJ	8(NBO)	Exit 8A - Princeton Pike	GFL	Residence (609.395.9447)
95NJ	8	Exit 8B - Princeton Pike	GF	
I-295 NJ	9	Exit 67 - New Brunswick	GFL	
I-295 NJ	11	Exit 65A - Sloan Ave	GF	
I-295 NJ	11	Exit 65B - Sloan Ave	GF	
I-295 NJ	12(NBO)	Exit 64 - Mercerville	GF	
I-295 NJ	13	Exit 63 - Trenton	F	
I-295 NJ	13(SBO)	Exit 63A - RT-33	F	
I-295 NJ	13(SBO)	Exit 63B - RT-33	F	
I-295 NJ	14	Exit 62 - Olden Ave	GF	
I-295 NJ	15	Exit 61A - Arena Dr	GF+	
I-295 NJ	16	Exit 60A - JCT I-195/I-295		
I-295 NJ	16	Exit 60B - JCT I-195/I-295		
I-195 NJ	17(NBO)	Exit 1A - Bordentown	F+	

I-195 NJ	17(NBO)	Exit 1B - White Horse	F+	
I-195 NJ	18	Exit 2 - S Broad St	GF	
I-195 NJ	19	Exit 3A - Yardville		
I-195 NJ	19	Exit 3B - Hamilton Sq	F	
I-195 NJ	21(NBO)	Exit 5A - Bordentown		
I-195 NJ	21	Exit 5B - New Brunswick	F	
95NJ	22	Exit 6 - JCT I-195/NJ Turnpike Exit 7A		
95NJ	30	Exit 8 - Highstown	GFL	
95NJ	36	Exit 8A - Jamesburg	GFL	TownePlace (856.778.8221) Courtyard (856.273.4400)
95NJ	41(NBO)	**Service/Travel Plaza**	GF	
95NJ	45	Exit 9 - New Brunswick	GFL	Howard Johnson Exp.. (732-828-8000)
95NJ	50	Exit 10 - Metuchen	GFL	
95NJ	53	Exit 11 - Garden State Pkwy	GF	
95NJ	55	**Service/Travel Plaza**	GF	
95NJ	58	Exit 12 - Carteret	GFL	
95NJ	62	Exit 13 - Elizabeth	ALL	
95NJ	64	Exit 13A - Newark Airport	ALL	Courtyard (201.529.5200)
95NJ	67	Exit 14 - Newark Airport	ALL	
95NJ	67	Exit 14A - Bayonne		
95NJ	67	Exit 14B - Jersey City		
95NJ	67	Exit 14C - Holland Tunnel		
95NJ	69(NBO)	Exit 15E - Newark	ALL	
95NJ	71(SBO)	Exit 15W - Newark	ALL	
95NJ	74(SBO)	**Service/Travel Plaza**	GF	
95NJ	75(SBO)	Exit 17W - Sports Complex		
95NJ	75(NBO)	Exit 16E - Lincoln Tunnel	GFL	
95NJ	75	Exit 17 - Lincoln Tunnel	GFL	
95NJ	76(NBO)	Exit 18E - George Washington Bridge		
95NJ	76(SBO)	Exit 18W - George Washington Bridge	GL	Hampton Inn Ridgef.. (201-641-2900)
95NJ	78	**Service/Travel Plaza**	GF	
95NJ	78	Exit 68 - Challenger Rd	GFL	The Capri Inn (201 440 4500) Hampton Inn Ridgef.. (201-641-2900)
95NJ	80	Exit 70 - Leonia		
95NJ	80(NBO)	Exit 70A - Leonia	GFL	
95NJ	80(NBO)	Exit 70B - Teaneck		
95NJ	81(NBO)	Exit 71 - Leonia	+	
95NJ	82(NBO)	Exit 72 - Fort Lee	GF+	
95NJ	82(SBO)	Exit 72A - RT-4	GFL	

State	Mile Marker	Name	Serv	Featured Hotels
95NJ	83	Exit 73 - RT-67	GFL	
95NJ	84(SBO)	Exit 74 - Palisades Pkwy	FL	
SL	85	New Jersey State Line		

PENNSYLVANIA - INTERSTATE 95

State	Mile Marker	Name	Serv	Featured Hotels
SL	0	PA State Line		
95PA	1(NBO)	**Rest Area**		
95PA	1	Exit 1 - Chichester Ave	G	
95PA	2	Exit 2 - Market St	GF	
95PA	3(NBO)	Exit 3 - Highland Ave	GL	Residence (610.594.9705)
95PA	3(SBO)	Exit 3A - West Chester		
95PA	3(SBO)	Exit 3B - Highland Ave	G	
95PA	4	Exit 4 - Commodore Barry Bridge	L	Days Inn (610-876-7211)
95PA	5(NBO)	Exit 5 - Kerlin St	FL+	Best Western (610- 872-8100)
95PA	6	Exit 6 - Edgemont Ave	+	
95PA	7	Exit 7 - Plymouth Meeting	L	Red Roof (610-521-5090) Courtyard (610.687.6700)
95PA	8	Exit 8 - Ridley Park	FL+	Quality Hotel (610- 521-2400)
95PA	9	Exit 9A - Essington	ALL	Comfort Inn Philad.. (610-521-9800) Ramada (610-521-9600) Motel 6 (610.521.6650)
95PA	9	Exit 9B - Prospect Park	L	Econo Lodge (610- 521-3900)
95PA	10(NBO)	Exit 10 - Bartram Ave	ALL	Renaissance Philad.. (610-521-5900)
95PA	12(NBO)	Exit 12 - Philadelphia Airport	L+	
95PA	12(SBO)	Exit 12A - Philadelphia Airport	L+	
95PA	12(SBO)	Exit 12B - Cargo City	L+	
95PA	13	Exit 13 - Valley Forge	L	Embassy Suites (215-365-4500)
95PA	14(SBO)	Exit 14 - Essington Ave		
95PA	15(SBO)	Exit 15 - Enterprise Ave		
95PA	17	Exit 17 - Broad St	L+	Holiday Inn (215-755-9500) Doubletree (215.893.1600)
95PA	19	Exit 19 - Walt Whitman Bridge	GF+	
95PA	20	Exit 20 - Columbus Boulevard	ALL	Hyatt Regency Penn.. (215-928-1234)
95PA	22	Exit 22 - Central Phillladelphia	ALL	Comfort Inn (215-627-7900) Hilton Garden Inn (215.923.0100)
95PA	23	Exit 23 - Girard Ave	GF+	
95PA	25	Exit 25 - Allegheny Ave	GF+	
95PA	26	Exit 26 - Betsy Ross Bridge		
95PA	27	Exit 27 - Bridge St	G+	
95PA	30	Exit 30 - Cottman Ave	ALL	
95PA	32	Exit 32 - Academy Rd	GF+	
95PA	35	Exit 35 - Woodhaven Rd	ALL	Hampton Inn (215-245-5222)
95PA	36	Exit 36 - Cornwells Heights		

State	Mile Marker	Name	Serv	Featured Hotels
95PA	37	Exit 37 - Street Rd	GL	
95PA	40	Exit 40 - Bristol	+	
95PA	44	Exit 44 - Penndel	ALL	Sheraton (215-547-4100)
95PA	46	Exit 46A - Morrisville	ALL	Holiday Inn Express (215-757-4500)
95PA	46	Exit 46B - Langhorne	L	Red Roof Inn (215-750-6200)
95PA	49	Exit 49 - Newtown	FL	Hampton Inn (215-860-1700)
95PA	51(SBO)	**Rest Area**		
95PA	51(SBO)	**Service/Travel Plaza**	GF	
95PA	51(NBO)	Exit 51 - New Hope		
95PA	51(SBO)	Exit 51A - Yardley		
95PA	51(SBO)	Exit 51B - New Hope		
SL	51	PA State Line		

DELAWARE - INTERSTATE 95

State	Mile Marker	Name	Serv	Featured Hotels
SL	0	Delaware State Line		
95DE	2(NBO)	Exit 1 - Newark	GFL	Embassy Suites New.. (302-302-0000) Howard Johnson (302 368-8521) Quality Inn Univer.. (302-368-8715)
95DE	2(SBO)	Exit 1B - Newark	GFL	Quality Inn Univer.. (302-368-8715) Embassy Suites New.. (302-368-8000) Howard Johnson (302 368-8521)
95DE	2(SBO)	Exit 1A - Middletown	GFL	
95DE	3	**Service/Travel Plaza**	GF	
95DE	7(SBO)	**Rest Area**		
95DE	7(NBO)	Exit 3 - Dover	GFL	
95DE	7(NBO)	Exit 3A - Dover	GFL	Courtyard (302.429.7600)
95DE	7	Exit 3B - Newark	GFL	
95DE	8	Exit 4A - Christina		
95DE	8	Exit 4B - Churchmns	GFL	Days Inn (368-302-2400)
95DE	11	Exit 5A - Airport		
95DE	11	Exit 5B - Newport	GFL	
95DE	15	Exit 6 - M.L. King Blvd	GF+	
95DE	16(NBO)	Exit 7 - Delaware Ave	GFL	Sheraton Suites Wi.. (302-654-8300)
95DE	16(SBO)	Exit 7A - Delaware Ave	ALL	
95DE	16(SBO)	Exit 7B - Delaware Ave	ALL	Sheraton Suites Wi.. (302-654-8300)
95DE	17(NBO)	Exit 8 - Concord Pk	GFL	
95DE	17(SBO)	Exit 8A - Concord Pk	F	
95DE	17(SBO)	Exit 8B - Concord Pk	GFL	Brandywine Valley .. (302.656.9436)
95DE	19	Exit 9 - Marsh Rd	F+	
95DE	21(NBO)	Exit 10 - Harvey Rd	GFL	
95DE	23	Exit 11 - Naamans Rd	GFL	
SL	23	Delaware State Line		

MARYLAND - INTERSTATE 95

State	Mile Marker	Name	Serv	Featured Hotels
SL	0	Maryland State Line		
95MD	2	Exit 2A - Indian Head	L	Aloft Washington N.. (301-749-9000)
95MD	2(NBO)	Exit 2B - Indian Head	L	Hampton Inn (301-567-3531)
95MD	3	Exit 3A - Indian Head Hwy	ALL	
95MD	3	Exit 3B - Indian Head Hwy	ALL	
95MD	4	Exit 4A - St Barnabas Rd West	ALL	Comfort Inn (301-839-0001)
95MD	4	Exit 4B - St Barnabas Rd	ALL	Red Roof (301-567-8030)
95MD	7	Exit 7A - Branch Ave	GFL	Holiday Inn Express (301-423-2323)
95MD	7	Exit 7B - Branch Ave	GFL	Country Inn (800-596-2375)
95MD	9	Exit 9 - Suitland	GFL	Quality Inn (301- 420-2800)
95MD	11	Exit 11A - Pennsylvania Ave	G	
95MD	11	Exit 11B - Pennsylvania Ave	GL	Super 8 (301-702-0099)
95MD	13	Exit 13 - Capitol Heights	GL	Country Inn (800-596-2375)
95MD	15	Exit 15A - Central Ave	L	Comfort Inn (301-336-8900)
95MD	15	Exit 15B - Central Ave	GFL	Motel 6 ((301) 499-0800)
95MD	17	Exit 17A - Landover Rd	FL	
95MD	17	Exit 17B - Landover Rd	FL	Holiday Inn (301-636-6090)
95MD	19	Exit 19A - Annapolis	L	Courtyard by Marri.. (301-577-3373)
95MD	19	Exit 19B - Washington	FL	Best Western (301-459-1000)
95MD	20	Exit 20A - Annapolis Rd	GFL	Days Inn (301-459-6600)
95MD	20	Exit 20B - Annapolis Rd	GFL	Red Roof Inn (301- 731-8830)
95MD	22	Exit 22A - Baltimore	ALL	Holiday Inn (301- 982-7000)
95MD	22	Exit 22B - Washington	L	Hilton Garden Inn (301-474-7400)
95MD	23	Exit 23 - Kenilworth Ave	ALL	Marriott (301-441-3700)
95MD	24(SBO)	Exit 24 - Greenbelt Station		
95MD	25	Exit 25 - Baltimore Ave	GFL	Hampton Inn (301-345-2200)
95MD	25(SBO)	Exit 25A - College Park	GFL	
95MD	25(SBO)	Exit 25B - Baltimore Ave	GFL	
95MD	29	Exit 29A - Beltsville	F	
95MD	29	Exit 29B - Calverton	GFL	
95MD	33	Exit 33A - Laurel	GFL	Comfort Suites Lau.. (301-206-2600) Fairfield Inn (301.498.8900)
95MD	33	Exit 33B - Burtonsville	GFL	Holiday Inn (301-776)
95MD	35	Exit 35A - Laurel	GFL	Days Inn (301-725-0769)
95MD	35	Exit 35B - Scaggsville	L	Super 8 (301- 498-7750)
95MD	36	**Rest Area**		
95MD	38	Exit 38A - Fort Meade	L	Courtyard by Marri.. (301-498-8400)
95MD	38	Exit 38B - Columbia	+	
95MD	41	Exit 41A - Ellicott City	ALL	Fairfield Inn Colu.. (410-799-1500)
95MD	41	Exit 41B - Columbia	GFL	Holiday Inn (410- 799-7500)
95MD	43	Exit 43A - Glen Burnie	L	Best Western (410- 796-3300)

95MD	43	Exit 43B - Ellicott City	L	Homewood Suites (410-872-9200)
95MD	46(NBO)	Exit 46 - Harbor Tunnel/I-895	L	The Westin (443-577-2300)
95MD	47	Exit 47A - BWI Airport		
95MD	47	Exit 47B - Catonsville		
95MD	49	Exit 49A - Glen Burnie	L	Quality Inn (410- 646-1700)
95MD	49	Exit 49B - Towson		
95MD	50	Exit 50A - S. Washington Blvd		
95MD	50	Exit 50B - Wilkins Ave	ALL	
95MD	52	Exit 52 - Russell St	ALL	Holiday Inn Express (410- 727-1818)
95MD	53	Exit 53 - Downtown	GFL	Hampton Inn (410- 685-5000) Hilton Garden Inn (410.234.0065) Hampton Inn (410.539.7888) Renaissance (410.547.1200) Baltimore (410.962.0202) Quality Inn (410.637.3600) Comfort Inn (410.576.1200)
95MD	54	Exit 54 - Hanover St	FL+	Sheraton Inner Har.. (410-962-8300)
95MD	55	Exit 55 - Key Hwy	ALL	Marriott (410-385-3000)
95MD	56	Exit 56 - Keith Ave	GFL	Best Western (410- 633-9500)
95MD	57	Exit 57 - Boston St	ALL	
95MD	58(NBO)	Exit 58 - Dundalk Ave	G+	
95MD	59	Exit 59 - Eastern Ave	F+	
95MD	60(NBO)	Exit 60 - Moravia Blvd		
95MD	61(NBO)	Exit 61 - Pulaski Hwy	GFL	
95MD	62(SBO)	Exit 62 - I-895		
95MD	64	Exit 64A - Essex	L	La Quinta Inn (410-574-8100)
95MD	64	Exit 64B - Towson	L	Country Inn (800-596-2375)
95MD	67	Exit 67A - White Marsh Blvd	L	Residence Inn (410-933-9554)
95MD	67	Exit 67B - White Marsh Blvd	GFL	Hilton Garden Inn (410-427-0600)
95MD	74	Exit 74 - Joppatowne	ALL	Super 8 (410-676-2700)
95MD	77	Exit 77A - Edgewood	GFL	Motel Edgewood (410-676-4466)
95MD	77	Exit 77B - Bel Air	ALL	Ramada (410-679-0770)
95MD	80	Exit 80 - Riverside	GFL	Country Inn (800-596-2375) SpringHill (410.297.4970)
95MD	82	**Service/Travel Plaza**	GF	
95MD	85	Exit 85 - Aberdeen	GFL	Super 8 Motel-Aber.. (410-272-5420)
95MD	89	Exit 89 - Havre De Grace	GFL	
95MD	93	Exit 93 - Perryville	FL	Ramada Inn (410-642-2866)
95MD	97	**Service/Travel Plaza**	GF	
95MD	100(NBO)	Exit 100 - Rising Sun	FL	Best Western (410- 287-5450)
95MD	100(SBO)	Exit 100A - North East	G	
95MD	100(SBO)	Exit 100B - Rising Sun	L	
95MD	109	Exit 109A - Elkton	GFL	Motel 6 ((410) 392-5020)
95MD	109	Exit 109B - Newark	GFL	Hawthorn Suites (410-620-9494)
SL	110	Maryland State Line		

VIRGINIA - INTERSTATE 95

State	Mile Marker	Name	Serv	Featured Hotels
SL	0	Virginia State Line		
95VA	1(NBO)	**Rest Area**		
95VA	4	Exit 4 - Skippers	GLRV	Days Inn Richmond (804-745-7100) Econo Lodge South (804-862-2717)
95VA	8	Exit 8 - Emporia	GFL	Super 8 (434-348-3282)
95VA	11	Exit 11A - Emporia	ALL	
95VA	11	Exit 11B - South Hill	L	Days Inn (434-634-9481) Holiday Inn Express (434-336-9999) Days Inn (434-634-9481)
95VA	12(NBO)	Exit 12 - US-301	GFL	Knights Inn (434-535-8535)
95VA	13	Exit 13 - VA-614	GFL	
95VA	17	Exit 17 - US-301		
95VA	20	Exit 20 - Jarratt		
95VA	24	Exit 24 - Owens		
95VA	31	Exit 31 - Stony Creek	FL	Sleep Inn (434-246-5100)
95VA	33	Exit 33 - VA-602	FL	Hampton Inn (434-246-5500)
95VA	36(NBO)	**Rest Area**		
95VA	37	Exit 37 - Carson	GL	Econo Lodge (804- 862-2717) Hampton Inn (804.559.0559)
95VA	41	Exit 41 - Courtland		
95VA	45	Exit 45 - US-301	GL	Quality Inn (804- 732-2900)
95VA	46	Exit 46 - I-295	L	Holiday Inn Express (804-518-1800)
95VA	47	Exit 47 - Rivers Rd	FL	Country Inn (804-861-4355)
95VA	48	Exit 48A - Wagner Rd East	GFL	
95VA	48	Exit 48B - Wagner Rd West	GFL	Super 8 (804-732-6020)
95VA	50(NBO)	Exit 50A - County Dr	GFL	Knights Inn (804-722-1103) Econo Lodge (804.861.8400)
95VA	50(NBO)	Exit 50B - Winfield Rd	L	
95VA	50(NBO)	Exit 50C - Crater Rd	L	Ramada (804-733-0000)
95VA	50(SBO)	Exit 50 - Crater Rd	L	
95VA	50(NBO)	Exit 50D - Downtown	L	Travelodge Petersb.. (804-732-7836)
95VA	51	Exit 51 - South Hill		
95VA	52	Exit 52 - Bank St	ALL	Travelodge Petersb.. (804-732-7836)
95VA	53	Exit 53 - Southpark Blvd	FL	Comfort Suites (804-520-8900) Hilton Garden Inn (804.520.0600) Hampton Inn (804.520.7333) Holiday Inn (804.520.5880)
95VA	54	Exit 54 - Temple Ave	FL	Hampton Inn Peters.. (804-452-1000)
95VA	58(NBO)	Exit 58 - Walthall	ALL	Candlewood Suites (804-526-0111)
95VA	58(SBO)	Exit 58A - Hopewell	GFL	
95VA	58(SBO)	Exit 58B - Chester	GFL	

95VA	61	Exit 61A - W Hundred Rd	GF	
95VA	61	Exit 61B - W Hundred Rd	GF	
95VA	62	Exit 62 - Chesterfield	L	Super 8 (804-748-0050)
95VA	64	Exit 64 - Wills Rd	GFL	Sleep Inn (804-275-8800)
95VA	67	Exit 67 - Chippenhan Pkwy	L	Red Roof Inn (804-271-7240)
95VA	67(NBO)	Exit 67A - US-895	L	Hampton Inn (804-271-2280)
95VA	69	Exit 69 - Bells Rd	L	Holiday Inn (804.592.2900) Candlewood Suites (804.271.0016)
95VA	73	Exit 73 - Maury St	GFL	The Berkeley Hotel (804-780-1300)
95VA	74	Exit 74A - Downtown	FL+	Omni Richmond Hotel (804-344-7000)
95VA	74(SBO)	Exit 74B - Franklin St	ALL	
95VA	74(NBO)	Exit 74C - Broad St	FL+	Commonwealth Park .. (804-343-7300)
95VA	75	Exit 75 - 7th St	L	Marriott (804-643-3400)
95VA	76	Exit 76A - Chamberlayne Ave	L+	Doubletree (804-644-9871)
95VA	78	Exit 78 - Boulevard	GFL	Comfort Inn (804-359-4061) Holiday Inn (804.359.9441)
95VA	79	Exit 79 - Powhite Pkwy	L	Travelodge (804-525-7200)
95VA	80(NBO)	Exit 80 - Hermitage Rd	F	
95VA	82	Exit 82 - Chamberlayne Ave	GL	Econo Lodge (804-262-7070)
95VA	83	Exit 83A - Parham Rd East	L	Sleep Inn (804-515-7800)
95VA	83	Exit 83B - Parham Rd	GFL	Howard Johnson (804-261-0188)
95VA	84	Exit 84A - Norfolk	L	Wyndham (877-999-3223)
95VA	84	Exit 84B - Charlottesville	L	Springhill Suites (804-266-9403) Hampton Inn (804.747.7777)
95VA	86	Exit 86 - Elmont	GFL	Candlewood Suites (804-262-2240) Hampton Inn (804.261.2266)
95VA	89	Exit 89 - Lewistown Rd	GL	
95VA	92	Exit 92A - Hanover		
95VA	92	Exit 92B - Ashland	ALL	Quality Inn & Suites (804-798-4231)
95VA	92(SBO)	Exit 92 - Ashland	ALL	Quality Inn & Suites (804-798-4231)
95VA	98	Exit 98 - Doswell	L	Best Western Kings.. (804-876-3321) Econo Lodge (804-876-3712)
95VA	104	Exit 104 - Carmel Church	GFL	Super 8 (804-448-2608)
95VA	107	Exit 107 - verifica..		
95VA	110	Exit 110 - Ladysmith	GF	
95VA	118	Exit 118 - Thornburg	GFL	Quality Inn (540) 582-1097
95VA	126(NBO)	Exit 126A - Fredricksburg	GFL	Towneplace Suites (540-891-0775)
95VA	126(NBO)	Exit 126B - Massaponax	FL	Hampton Inn (540-898-5000)
95VA	126(SBO)	Exit 126 - Massaponax		
95VA	130	Exit 130A - Fredricksburg	GFL	
95VA	130	Exit 130B - Culpeper	GFL	
95VA	131(SBO)	**Rest Area**		
95VA	133(NBO)	Exit 133 - Warrenton	GFL	Howard Johnson (540-371-6000)
95VA	133(SBO)	Exit 133A - Falmouth	GFL	Motel 6 ((540) 371-5443)

State	Mile Marker	Name	Serv	Featured Hotels
95VA	133(SBO)	Exit 133B - Warrenton	GFL	
95VA	140	Exit 140 - Stafford	GF	
95VA	143	Exit 143A - Aquia	GFL	
95VA	143	Exit 143B - Garrisonville	GFL	
95VA	148	Exit 148 - Quantico	GFL	
95VA	150(NBO)	Exit 150 - Triangle	GFL	
95VA	150(SBO)	Exit 150A - Triangle	GFL	
95VA	150(SBO)	Exit 150B - Prince William Forest Park		
95VA	152	Exit 152 - Dumfries	ALL	Sleep Inn (703-445-0900)
95VA	152(SBO)	Exit 152A - Dumfries		
95VA	152(NBO)	Exit 152B - Manassas	GFL	
95VA	153	**Rest Area**		
95VA	155	**Rest Area**		
95VA	156	Exit 156 - Dale City	ALL	Best Western (703-494-4433)
95VA	158	Exit 158 - Prince William Pkwy	GFL	Residence Inn (703- 490-4020)
95VA	158(SBO)	Exit 158A - Prince William Pkwy	GFL	
95VA	158	Exit 158B - Prince William Pkwy	GFL	Country Inn (800-596-2375)
95VA	160	Exit 160 - Occoquan	ALL	Hampton Inn (703- 490-2300)
95VA	160(NBO)	Exit 160A - Occoquan		
95VA	161(NBO)	Exit 161B - US-1	ALL	
95VA	163	Exit 163 - Lorton	L	Econo Lodge Mt. Ve.. (703-780-0300)
95VA	166	Exit 166A - Newington	GF	
95VA	166(NBO)	Exit 166B - Blacklick Rd	GF	
95VA	167(SBO)	Exit 167 - Blacklick Rd	GF	
95VA	169	Exit 169A - Springfield	GFL	
95VA	169	Exit 169B - Franconia Rd	GFL	Holiday Inn Express (703-644-5555)
95VA	169(SBO)	Exit 169 - Springfield		
95VA	173	Exit 173 - Van Dorn St	L	Comfort Inn (703-922-9200)
95VA	174	Exit 174 - Eisenhower Ave	FL+	Courtyard by Marri.. (703-329-2323)
95VA	176	Exit 176A - Telegraph Rd	ALL	
95VA	176	Exit 176B - Telegraph Rd	L	Holiday Inn (703- 960-3400)
95VA	177	Exit 177A - Ft Belvoir	ALL	Hampton Inn (703-329-1400)
95VA	177	Exit 177B - Alexandria	GF	
SL	179	Virginia State Line		

NORTH CAROLINA - INTERSTATE 95

State	Mile Marker	Name	Serv	Featured Hotels
SL	0	North Carolina State Line		
95NC	1	Exit 1 - US-301	L	Super 8 (910-422-3377)
95NC	2	Exit 2 - Rowland		
95NC	5	**Rest Area**		
95NC	7	Exit 7 - McDonald		
95NC	10	Exit 10 - South Fairmont		

95NC	14	Exit 14 - Maxton	L	
95NC	17	Exit 17 - Lumberton	GFL	Southern Inn (877- 747-8713)
95NC	19	Exit 19 - Carthage Rd	L	Motel 6 ((910) 738-2410)
95NC	20	Exit 20 - Lumberton	GFL	Quality Inn & Suites (910-738-8282) Ramada Inn (910- 738-8261) Fairfield Inn (910.739.8444)
95NC	22	Exit 22 - US-301	GFL	Hampton Inn Lumber.. (910-238-3332)
95NC	25	Exit 25 - US-301		
95NC	31	Exit 31 - St Pauls	GFL	Days Inn (910-865-1111)
95NC	33	Exit 33 - Parkton		
95NC	40	Exit 40 - Fayetteville	L	Hampton Inn (910-487-4006)
95NC	41	Exit 41 - Hope Mills		
95NC	46	Exit 46A - Elizabethtown		
95NC	46	Exit 46B - Fayetteville		
95NC	49	Exit 49 - Fayetteville	GFL	Fairfield Inn Faye.. (901-433-2666) Motel 6 ((910) 485-8122)
95NC	52	Exit 52 - Clinton		
95NC	52(SBO)	Exit 52A - Clinton		
95NC	55	Exit 55 - Murphy Rd	L	
95NC	56(SBO)	Exit 56 - Fayetteville		
95NC	58	Exit 58 - Newton Grove	GL	
95NC	61	Exit 61 - Wade	L	
95NC	65	Exit 65 - Godwin		
95NC	70	Exit 70 - SR-1811		
95NC	71	Exit 71 - Long Branch Rd	L	Comfort Inn (910-891-2511)
95NC	72	Exit 72 - Pope Rd	GFL	Jameson Inn (910-891-5758)
95NC	73	Exit 73 - Dunn	GFL	Econo Lodge (910-892-1293) Hampton Inn (910-892-4333)
95NC	77	Exit 77 - Hodges Chapel Rd		
95NC	79	Exit 79 - Benson	GFL	Days Inn (919-894-2031)
95NC	81	Exit 81 - Raleigh/Wilmington		
95NC	81(SBO)	Exit 81A - Raleigh		
95NC	81(SBO)	Exit 81B - Wilmington		
95NC	87	Exit 87 - Four Oaks	GF	
95NC	90	Exit 90 - Newton Grove	GL	
95NC	93	Exit 93 - Smithfield	ALL	Super 8 (919-989-8988)
95NC	95	Exit 95 - Goldsboro	GFL	
95NC	97	Exit 97 - Selma	GFL	
95NC	98	Exit 98 - Selma	L	Masters Inn (919- 965-3771)
95NC	99	**Rest Area**		
95NC	101	Exit 101 - Pittman Rd		
95NC	102	Exit 102 - Micro		
95NC	105	Exit 105 - Bagley Rd	L	Super 8 (919-284-3800)
95NC	106	Exit 106 - Truck Stop Rd	L	Econo Lodge (919-284-1000)

State	Mile Marker	Name	Serv	Featured Hotels
95NC	107	Exit 107 - Kenly	GL	
95NC	116	Exit 116 - Wilson	G	
95NC	119	Exit 119A - US-117 South	L	Sleep Inn (252-234-2900)
95NC	119	Exit 119B - Raleigh		
95NC	121	Exit 121 - Alternate US-264	GFL	Holiday Inn (252-234-7900)
95NC	127	Exit 127 - Airport		
95NC	138	Exit 138 - Tarboro	L	
95NC	141	Exit 141 - Red Oak		
95NC	142	**Rest Area**		
95NC	145	Exit 145 - Gold Rock	GFL	Comfort Inn (252-972-9426)
95NC	150	Exit 150 - Whitakers		
95NC	154	Exit 154 - Enfield	L	
95NC	160	Exit 160 - NC-561	G	
95NC	168	Exit 168 - Halifax		
95NC	171	Exit 171 - Roanoke	L	
95NC	173	Exit 173 - Roanoke Rapids	GFL	
95NC	176	Exit 176 - Gaston		
95NC	180	Exit 180 - NC-48		
95NC	181(SBO)	**Rest Area**		
SL	182	North Carolina State Line		

SOUTH CAROLINA - INTERSTATE 95

State	Mile Marker	Name	Serv	Featured Hotels
SL	0	South Carolina State Line		
95SC	4(NBO)	**Rest Area**		
95SC	5	Exit 5 - Hardeeville	L	Hardeeville-Days Inn (844-784-228) Ramada Inn (843-669-4241)
95SC	8	Exit 8 - Beaufort	L	Holiday Inn Express (843-784-2800) Motel 6 (843.784.3192)
95SC	18	Exit 18 - US-17	L	Quality Inn (843- 726-6213)
95SC	21	Exit 21 - Ridgeland	GFL	Comfort Inn (843-726-2121)
95SC	22	Exit 22 - Ridgeland	L	Days Inn (843-726-5553)
95SC	28	Exit 28 - Coosawhatchie		
95SC	33	Exit 33 - Charleston	L	Best Western (843-726-8101)
95SC	38	Exit 38 - Yemassee		
95SC	42	Exit 42 - Orangeburg		
95SC	47	**Rest Area**		
95SC	53	Exit 53 - Walterboro	GFL	Comfort Inn (843-538-5911)
95SC	74	**Rest Area**		
95SC	77	Exit 77 - St George	GFL	St. George Days Inn (843-566-4027)
95SC	82	Exit 82 - Harleyville	GL	Peach Tree Inn (843- 636-9393)
95SC	86	Exit 86A - Charleston		
95SC	86	Exit 86B - Columbia		

State	Mile Marker	Name	Serv	Featured Hotels
95SC	90	Exit 90 - Holly Hill		
95SC	93	Exit 93 - Santee		
95SC	97(SBO)	Exit 97 - Orangeburg		
95SC	98	Exit 98 - Eutanville	GFL	Hampton Inn Santee (803-584-2444)
95SC	99	**Rest Area**		
95SC	102	Exit 102 - Road 400		
95SC	108	Exit 108 - Road 102	GFL	Days Inn (803-485-2865)
95SC	115	Exit 115 - Manning	L	M Star Hotel (877- 747-8713)
95SC	119	Exit 119 - Manning	FL	Super 8 (803-473-4646)
95SC	122	Exit 122 - Alcolu		
95SC	132	Exit 132 - Sardinia		
95SC	135	Exit 135 - Turbeville		
95SC	139	**Rest Area**		
95SC	141	Exit 141 - Shiloh		
95SC	146	Exit 146 - Olanta		
95SC	150	Exit 150 - Sardis	L	Econo Lodge (843-346-9696)
95SC	153	Exit 153 - Honda Way		
95SC	157	Exit 157 - Florence	GFL	Travelodge Florenc.. (843-673-7070) Days Inn (843-665-8550)
95SC	160	Exit 160A - Florence	GFL	Quality Inn & Suites (843-664-2400)
95SC	160	Exit 160B - Columbia	L	Holiday Inn (843- 432-1500)
95SC	164	Exit 164 - Florence	GFL	Suburban Extended .. (843-665-2575) Motel 6 (843.667.6100)
95SC	169	Exit 169 - TV Rd	GL	Americas Best Valu.. (843- 669-1715)
95SC	170	Exit 170 - Marion	G	
95SC	171	**Rest Area**		
95SC	181	Exit 181 - Marion	GL	Best Western Execu.. (843-752-5060)
95SC	190	Exit 190 - Dillion		
95SC	193	Exit 193 - Dillion	GFL	Knights Inn (843-774-6041)
95SC	195(SBO)	**Rest Area**		
SL	199	South Carolina State Line		

GEORGIA - INTERSTATE 95

State	Mile Marker	Name	Serv	Featured Hotels
SL	0	Georgia State Line		
95GA	1	Exit 1 - St Marys Rd	L	La Quinta Inn (912-882-8010) Residence (912.233.9996) Savannah (912.233.7722)
95GA	3	Exit 3 - Kingsland	GFL	Days Inn (912-576-7958) Fairfield Inn (912.576.1010)
95GA	6	Exit 6 - Laurel Island Pkwy	L	Super 8 (912-729-6888)
95GA	7	Exit 7 - Harrietts Bluff Rd	L	
95GA	14	Exit 14 - Spur		
95GA	26	Exit 26 - Dover Bluff Rd		

State	Mile Marker	Name	Serv	Featured Hotels
95GA	29	Exit 29 - Georgia Pkwy	GFL	Super 8 Motel - Br.. (922-265-0008)
95GA	36	Exit 36A - SR-27	GFL	Hampton Inn (912- 261-0002)
95GA	36	Exit 36B - US-341	L	SUPER 8 MOTEL (912-264-8800)
95GA	38	Exit 38 - Veterans Memorial Pkwy	L	Holiday Inn (912- 264-3300) Fairfield Inn (912.264.2060) Courtyard (912.265.2644)
95GA	42	Exit 42 - Grant Ferry Rd		
95GA	49	Exit 49 - Briardam Rd	L	Hampton Inn (912-437-5558)
95GA	58	Exit 58 - Wiregrass Trail	L	Days Inn (912-832-4411)
95GA	67	Exit 67 - Ocean Hwy	L	
95GA	76	Exit 76 - Sunbury Rd	GL	
95GA	87	Exit 87 - Ocean Hwy	L	Motel 6 ((912) 756-3543)
95GA	90	Exit 90 - Clyde Rd	GL	Comfort Suites (912- 756-6668)
95GA	94	Exit 94 - Bacon Hwy	GFL	SpringHill Suites (912-629-7777) Fairfield Inn (912.925.5050)
95GA	99	Exit 99A - I-16	L	Hilton Garden Inn (912.721.5000) Hampton Inn (912.231.9700) Doubletree (912.790.7000) Hilton (912.232.9000) The (912.721.3800) Mansion (912.238.5158) Comfort Suites (912.629.2001)
95GA	99	Exit 99B - James Gill Hwy		
95GA	102	Exit 102 - Louisville Hwy	GFL	Holiday Inn (912-330-5100)
95GA	104	Exit 104 - Airways Ave	L	Candlewood Suites (912-966-9644) TownePlace (912.629.7775) Fairfield Inn (912.965.9777)
95GA	106	Exit 106 - Jimmy DeLoach Pkwy	L	Hawthorn Suites (912-966-0020)
95GA	109	Exit 109 - Augusta Rd	L	Country Inn (800-596-2375)
SL	112	Georgia State Line		

FLORIDA - INTERSTATE 95					
State	Mile Marker	Name	Serv	Featured Hotels
95FL	0	Exit 0 - I-95 contines as US 1 to FL Keys	FL	Comfort Suites Wor.. (877-940-9501) Best Western South.. (305 667 6664)
SL	0	Florida start/end I-95		
95FL	1	Exit 1B - SW 8th St./SW 7th St.	GFL	Courtyard by Marri.. (561-640-9000)
95FL	1(SBO)	Exit 1A - Rickenbacker Causeway	FL	
95FL	2	Exit 2D - I-395	FL	European Guesthouse (305.673.6665)
95FL	2(SBO)	Exit 2C - Miami Ave.	FL	RIVER PARK HOTEL &.. (888 473-4276)
95FL	2(NBO)	Exit 2B - NW 2nd St.		
95FL	2	Exit 2A - US 1	FL	JW (305.329.3500) Courtyard (305.374.3000) RIVER PARK HOTEL &.. (888 473-4276)
95FL	3(SBO)	Exit 3B - NW 8th St.	GFL	

95FL	3	Exit 3A - SR 836 West	GFL	Red Roof Inn ((305) 871-3933)
95FL	4(NBO)	Exit 4B - I-195 and SR 112	GFL	Extended Stay Amer.. (305-856-3700)
95FL	4(NBO)	Exit 4A - I-195	L	Midtown Inn (305- 573-7700)
95FL	4(SBO)	Exit 4 - I-195 and SR 112	GF	
95FL	6(SBO)	Exit 6B - NW 69th St.	GFL	
95FL	6	Exit 6A - SR 944 (NW 62nd St./NW 54th St.)	GFL	Motel Blu (305-757-8451)
95FL	7	Exit 7 - SR 934 (NW 79th St./NW 81st St.)	GF	
95FL	8	Exit 8B - SR 932 (NW 103rd St.)	GF	
95FL	8	Exit 8A - NW 95th St.	GF	
95FL	9(NBO)	Exit 9 - SR 924 (NW 119th St.)	GF	
95FL	10	Exit 10B - SR 916 (Opa Locka Blvd.)	GFL	
95FL	10	Exit 10A - NW 125th St.	GFL	
95FL	11(NBO)	Exit 11 - NW 151st St.	GF	
95FL	12(SBO)	Exit 12 - US 441 (SR 826/Florida Turnpike/..	GFL	
95FL	12(NBO)	Exit 12C - US 441	GFL	
95FL	12(NBO)	Exit 12B - SR 826 East	F	
95FL	12(NBO)	Exit 12A - SR 826 West/Florida Turnpike		
95FL	14	Exit 14 - SR 860 (Miami Gardens Dr.)	GFL	
95FL	16	Exit 16 - Ives Dairy Rd.	GFL	Best Western (954- 456-8333)
95FL	18	Exit 18 - SR 858 (Hallandale Beach Blvd.)	GFL	
95FL	19	Exit 19 - SR 824 (Pembroke Rd.)	F	
95FL	20	Exit 20 - SR 820 (Hollywood Blvd.)	GFL	Quality Inn & Suites (877-981-1800)
95FL	21	Exit 21 - SR 822 (Sheridan St.)	GFL	
95FL	22	Exit 22 - SR 848 (Stirling Rd.)	FL	Motel 6 ((954) 921-5505)
95FL	23	Exit 23 - SR 818 (Griffin Rd.)	GFL	Hilton (954-920-3300)
95FL	24(NBO)	Exit 24 - I-595 East	L	Ramada (800-509-9854)
95FL	25	Exit 25 - SR 84 (SW 24th St.)	L	Ramada Inn (854-584-4000) Rodeway Inn & Suites (877-792-8181) Motel 6 ((954) 760-7999)
95FL	26	Exit 26D - SR 736 (Davie Blvd.)	GFL	Hyatt Place (954 922 0436)
95FL	26(SBO)	Exit 26C - I-595 West	GFL	
95FL	26(SBO)	Exit 26 - I-595 East	GFL	
95FL	27	Exit 27 - SR 842 (Broward Blvd.)	GFL	
95FL	29(NBO)	Exit 29B - SR 838 (Sunrise Blvd.) West	GFL	Days Inn (954-463-2500)
95FL	29(NBO)	Exit 29A - SR 838 (Sunrise Blvd.) East	GFL	Hampton Inn (954-924-2700)
95FL	29(SBO)	Exit 29 - SR 838 (Sunrise Blvd.)		
95FL	31(NBO)	Exit 31B - SR 816 (Oakland Park Blvd.) West	GFL	Days Inn (954-484-9290)
95FL	31(NBO)	Exit 31A - SR 816 (Oakland Park Blvd.) East	GFL	El Palacio Hotel (954-776-4880)
95FL	31(SBO)	Exit 31 - SR 816 (Oakland Park Blvd.)		
95FL	32	Exit 32 - SR 870 (Commercial Blvd.)	GFL	Red Roof Inn ((954) 776-6333) TownePlace 954.484.2214
95FL	33(NBO)	Exit 33B - SR 840 (Cypress Creek Rd.) West	GFL	Marriott (954-771-0440) Courtyard (954.772.7770)
95FL	33(NBO)	Exit 33A - SR 840 (Cypress Creek Rd.) East	GFL	The Westin Hotel (954-772-1331)

95FL	33(SBO)	Exit 33 - SR 840 (Cypress Creek Rd.)		
95FL	36(SBO)	Exit 36B - SR 814 (Atlantic Blvd.) West	GFL	
95FL	36(SBO)	Exit 36A - SR 814 (Atlantic Blvd.) East	GFL	
95FL	36(NBO)	Exit 36 - SR 814 (Atlantic Blvd.)	L	
95FL	38(SBO)	Exit 38B - Copans Rd. West		
95FL	38(SBO)	Exit 38A - Copans Rd. East		
95FL	38(NBO)	Exit 38 - Copans Rd.	L	Extended Stay Amer.. (954-783-1050)
95FL	39	Exit 39 - SR 834 (Sample Rd.)	GFL	Days Inn (954-943-9866)
95FL	41	Exit 41 - SR 869 (SW 10th St.)	FL	Comfort Suites (954-570-7887)
95FL	42	Exit 42B - SR 810 (Hillsboro Blvd.) West	GFL	
95FL	42(NBO)	Exit 42A - SR 810 (Hillsboro Blvd.) East	GFL	
95FL	44	Exit 44 - CR 798 (Palmetto Park Rd.)	GFL	Boca (561.392.4600)
95FL	45	Exit 45 - SR 808 (Glades Rd.)	GFL	Courtyard Boca Raton (561-270-7070) Courtyard (561.640.9000)
95FL	48(NBO)	Exit 48B - SR 794 (Yamato Rd.) West	GFL	
95FL	48(NBO)	Exit 48A - SR 794 (Yamato Rd.) East	GFL	Embassy Suites Hotel (561-994-8200)
95FL	48(SBO)	Exit 48 - SR 794 (Yamato Rd.)	L	Embassy Suites Boc.. (561-994-8200)
95FL	50	Exit 50 - Congress Ave.	FL	Hilton Garden Inn (561-988-6110)
95FL	51	Exit 51 - CR 782 (Linton Blvd.)	GFL	Residence Inn (561- 994-3222)
95FL	52(SBO)	Exit 52B - SR 806 (Atlantic Ave.) West	GFL	
95FL	52(SBO)	Exit 52A - SR 806 (Atlantic Ave.) East	GFL	
95FL	52(NBO)	Exit 52 - SR 806 (Atlantic Ave.)	GFL	Sundy House (561-272-5678)
95FL	56	Exit 56 - Woolbright Rd.	GFL	Holiday Inn Express (561-734-9100)
95FL	57	Exit 57 - SR 804 (Boynton Beach Blvd.)	GFL	
95FL	59	Exit 59 - Gateway Blvd./NW 22nd Ave.	G	
95FL	60	Exit 60 - Hypoluxo Rd.	GFL	Super 8 (561-585-3970)
95FL	61	Exit 61 - CR 812 (Lantana Rd.)	GFL	Motel 6 ((561) 585-5833)
95FL	63	Exit 63 - 6th Ave. South	L	New Sun Gate Motel (561-588-8110)
95FL	64	Exit 64 - 10th Ave. North	L	Four Seasons Resort (561-582-2800)
95FL	66	Exit 66 - SR 882 (Forest Hill Blvd.)	GFL	Economy Inn (877-747-8713)
95FL	68	Exit 68 - US 98 (Southern Blvd.)	GL	Hilton (561-684-9400)
95FL	69	Exit 69 - Belvedere Rd.	GFL	Hampton Inn West P.. (561-477-7333) Crowne Plaza Hotel (561-689-6400) Motel 6 (561.640.3335)
95FL	70	Exit 70B - SR 704 (Okeechobee Blvd.) West	GFL	Doubletree (561-689-6888)
95FL	70	Exit 70A - SR 704 (Okeechobee Blvd.) East	GFL	West Palm Beach Ma.. (561-883-1234)
95FL	71	Exit 71 - Palm Beach Lakes Blvd.	GFL	
95FL	74	Exit 74 - CR 702 (45th St.)	GFL	Residence Inn West.. (561-687-4747) SpringHill (561.689.6814)
95FL	76	Exit 76 - SR 708 (Blue Heron Blvd.)	GFL	Super 8 (561-848-1188)
95FL	77	Exit 77 - CR 850 (Northlake Blvd.)	GFL	Inn of America (561-626-4918)
95FL	79	Exit 79B - SR 786 (PGA Blvd.) West	GFL	Doubletree (561-622-2260)
95FL	79	Exit 79A - SR 786 (PGA Blvd.) East	GFL	Embassy Suites (561-622-1000) Palm (561.622.8888)

95FL	79(SBO)	Exit 79C - Military Trail South		
95FL	83	Exit 83 - Donald Ross Rd.	L	Homewood Suites (561-622-7799)
95FL	87	Exit 87A - SR 706 (Indiantown Rd.) East	GFL	Comfort Inn (561- 745-7997)
95FL	87	Exit 87B - SR 706 (Indiantown Rd.) West	GFL	Fairfield Inn (561-748-5252)
95FL	96	Exit 96 - CR 708		
95FL	101	Exit 101 - SR 76 (Kanner Hwy.)	GFL	Holiday Inn Express (772-287-2522)
95FL	102	Exit 102 - CR 713 (High Meadows Rd.)	L	Courtyard (772- 781-3344)
95FL	106(NBO)	**Rest Area**		
95FL	107(SBO)	**Rest Area**		
95FL	110	Exit 110 - SR 714 (Martin Hwy.)		
95FL	118	Exit 118 - Gatlin Blvd.	GF	
95FL	121	Exit 121 - St. Lucie West Blvd.	GFL	Springhill Suites (772-871-2929) Residence (772.344.7814)
95FL	126	Exit 126 - CR 712 (Midway Rd.)		
95FL	129	Exit 129 - SR 70 (Okeechobee Rd.)	GFL	Motel 6 (772.461.9937)
95FL	131	Exit 131A - SR 68 (Orange Ave.) East	F	
95FL	131	Exit 131B - SR 68 (Orange Ave.) West		
95FL	133	**Rest Area**		
95FL	138	Exit 138 - SR 614 (Indrio Rd.)		
95FL	147	Exit 147 - SR 60 (Osceola Blvd.)	GFL	Holiday Inn Express (772- 567-2500)
95FL	156	Exit 156 - CR 512 (Fellsmere Rd.)	GF	
95FL	168(NBO)	**Rest Area**		
95FL	169(SBO)	**Rest Area**		
95FL	173	Exit 173 - SR 514	GFL	Comfort Suites (321-369-1234) Motel 6 (321.951.8222)
95FL	176	Exit 176 - CR 516 (Palm Bay Rd.)	GFL	Jameson Inn (321- 725-2952)
95FL	180	Exit 180 - US 192	GFL	Americas Best Valu.. (321-768-8439) Courtyard (321.724.6400)
95FL	183	Exit 183 - SR 518	GF	
95FL	191	Exit 191 - CR 509 (Wickham Rd.)	GFL	Hampton Inn (321-255-6868)
95FL	195	Exit 195 - SR 519	GFL	
95FL	201	Exit 201 - SR 520	GFL	Best Western (321-632-1065) Motel 6 (321.632.5721)
95FL	202	Exit 202 - SR 524	GL	Ramada Inn (321-631-1210)
95FL	205	Exit 205 - SR 528 (BeachLine Exwy.) East		
95FL	208	Exit 208 - Port St. John Rd.		
95FL	212	Exit 212 - SR 407		
95FL	215	Exit 215 - SR 50	GFL	Ramada Kennedy Spa.. (321-269-5555)
95FL	220	Exit 220 - SR 406	GFL	Super 8 Titusville.. (321-269-9310)
95FL	223	Exit 223 - SR 46	FL	
95FL	225(NBO)	**Rest Area**		
95FL	227(SBO)	**Rest Area**		
95FL	231	Exit 231 - CR 5A	L	
95FL	244	Exit 244 - SR 442	G	

95FL	249(NBO)	Exit 249 - SR 44	G	
95FL	249(SBO)	Exit 249A - SR 44 East		
95FL	249(SBO)	Exit 249B - SR 44 West		
95FL	256	Exit 256 - SR 421	GFL	
95FL	260	Exit 260A - SR 400 East	GL	Days Inn (86-255-0541)
95FL	260	Exit 260B - I-4 West	GL	Super 8 (800-800-8000)
95FL	261(NBO)	Exit 261 - US 92	L	La Quinta Inn (386-255-7412)
95FL	261(SBO)	Exit 261A - US 92 East	GFL	
95FL	261(SBO)	Exit 261B - US 92 West	GFL	
95FL	265	Exit 265 - LPGA Blvd.	L	Holiday Inn (386- 236-0200)
95FL	268	Exit 268 - SR 40	GFL	Sleep Inn (386-673-6060)
95FL	273	Exit 273 - US 1	GFL	Quality Inn (386- 615-1280)
95FL	278	Exit 278 - Old Dixie Hwy.		
95FL	284	Exit 284 - SR 100	GFL	Holiday Inn Express (386-439-3939)
95FL	286	**Rest Area**		
95FL	289	Exit 289 - Palm Coast Pkwy.	GFL	Microtel Inn (800- 771-7171) Fairfield Inn (386.445.3450)
95FL	298	Exit 298 - US 1	GF	
95FL	302(NBO)	**Rest Area**		
95FL	303(SBO)	**Rest Area**		
95FL	305	Exit 305 - SR 206	G	
95FL	311	Exit 311 - SR 207	GFL	Quality Inn (904-829-3435)
95FL	318	Exit 318 - SR 16	GFL	Best Western (904- 829-1999) Courtyard (904.826.4068) Fairfield Inn (904.810.9892)
95FL	323	Exit 323 - International Golf Pkwy.	L	World (904.940.8000)
95FL	329	Exit 329 - CR 210	GFL	
95FL	331	**Rest Area**		
95FL	337	Exit 337 - I-295 North	L	Hampton Suites (904-268-6264)
95FL	339	Exit 339 - US 1 (Phillips Hwy.)	GFL	
95FL	340(NBO)	Exit 340 - SR 115 (Southside Blvd.)	L	Residence Inn (904-733-8088)
95FL	341	Exit 341 - SR 152 (Baymeadows Rd.)	GFL	La Quinta Inn (904-731-9940) Motel 6 (904.731.8400)
95FL	344	Exit 344 - SR 202 (J. Turner Butler Blvd.)	GFL	Red Roof Inn ((904) 296-1006) Residence (904.996.8900) SpringHill (904.997.6650)
95FL	345(NBO)	Exit 345 - Bowden Rd. to SR 109/University ..	GL	Days Inn (904-733-3890)
95FL	346(SBO)	Exit 346A - SR 109 (University Blvd.) East	GFL	
95FL	346(SBO)	Exit 346B - SR 109 (University Blvd.) West	GFL	
95FL	347	Exit 347 - Alt. US 1 (SR 126/Emerson St.)	GFL	Super 8 (904-396-4090)
95FL	348(SBO)	Exit 348 - US 1 (Phillips Hwy.)	FL	
95FL	349(SBO)	Exit 349 - US 90 East	L	
95FL	350(NBO)	Exit 350A - US 1 (Prudential Dr.)	L	Hampton Inn (904-396-7770)
95FL	350(SBO)	Exit 350B - SR 13 (San Marco Blvd.)		
95FL	351(NBO)	Exit 351A - Park St.	L	Crowne Plaza River.. (904-398-8800)

95FL	351(NBO)	Exit 351B - I-10 West	GFL	Omni Jacksonville .. (904-355-6664)
95FL	351(SBO)	Exit 351C - Margaret St.		
95FL	351(SBO)	Exit 351D - Stockton St.		
95FL	352(NBO)	Exit 352A - Myrtle Ave.	GFL	Hyatt Regency (904-588-1234)
95FL	352(NBO)	Exit 352B - Forsyth St.	GFL	Wyndham (904- 396-5100)
95FL	352(NBO)	Exit 352C - Monroe St.	GFL	Hilton (904-396-6111)
95FL	353	Exit 353A - Church St./Myrtle Ave./Forsyth St.	GFL	
95FL	353	Exit 353B - US 90 Alt. (Union St.)	GFL	
95FL	353	Exit 353C - US 23 (Kings Rd.)	GFL	
95FL	353	Exit 353D - SR 114 (8th St.)	GFL	
95FL	354	Exit 354A - US 1 South/MLK Jr. Pkwy. East	GFL	
95FL	354	Exit 354B - US 1 North/MLK Jr. Pkwy. West	GFL	
95FL	355	Exit 355 - SR 122 (Golfair Blvd.)	GFL	
95FL	356(SBO)	Exit 356 - SR 117 (Norwood Ave.)/SR 115 (Le..	GFL	
95FL	356(NBO)	Exit 356A - SR 117 (Norwood Ave.)		
95FL	356(NBO)	Exit 356B - SR 115 (Lem Turner Rd.)		
95FL	357	Exit 357 - SR 111 (Edgewood Ave.)	GFL	
95FL	358	Exit 358A - SR 105 (Zoo Pkwy/Heckscher Dr.)	GFL	
95FL	358	Exit 358B - Broward Rd.	GFL	
95FL	360	Exit 360 - "SR 104 (Dunn Ave., Busch Dr.)	GFL	Americas Best Valu.. (904-751-3888) Motel 6 ((904) 757-8600)
95FL	362	Exit 362A - SR 9A	L	Hyatt Place (904- 741-4184) Courtyard (904.247.6782)
95FL	362	Exit 362B - I-295	L	Hilton Garden Inn (904-421-2700)
95FL	363(NBO)	Exit 363A - Duval Rd. East	GFL	
95FL	363(NBO)	Exit 363B - Duval Rd. West (Jacksonville Int..	F	
95FL	363(SBO)	Exit 363 - Duval Rd. (Jacksonville Internat..	L	Red Roof Inn ((904) 741-4488) Fairfield Inn (904.741.3500) Courtyard (904.741.1122)
95FL	366	Exit 366 - Pecan Park Rd.	GFL	
95FL	373	Exit 373 - SR 200/SR A1A	L	Holiday Inn Express (904- 849-0200)
95FL	376(NBO)	**Rest Area**		
95FL	378(SBO)	**Rest Area**		
95FL	380	Exit 380 - US 17		
SL	382	Florida State Line		

MICHIGAN - INTERSTATE 96

State	Mile Marker	Name	Serv	Featured Hotels
96MI	1(EBO)	Exit 1C - Hile Rd		
96MI	1	Exit 1A - Ludington	ALL	Fairfield Inn (231.799.0100)
96MI	1	Exit 1B - Ludington	ALL	
96MI	4	Exit 4 - Airline Rd	GF	
96MI	5(WBO)	Exit 5 - Fruitport		

96MI	8(WBO)	**Rest Area**		
96MI	9	Exit 9 - Grand Haven	G	
96MI	10	Exit 10 - Nunica	GFRV	
96MI	16	Exit 16 - Eastmanville	GFLRV	
96MI	19	Exit 19 - Lamont	F	
96MI	23	Exit 23 - Marne	F+	
96MI	24(EBO)	Exit 24 - 8th Ave	GL	
96MI	25(EBO)	**Rest Area**		
96MI	25(WBO)	Exit 25 - 8th Ave	GL	
96MI	26	Exit 26 - Fruit Ridge Ave	G	
96MI	28	Exit 28 - Walker Ave	GFL	Quality Inn (616.791.8500)
96MI	30	Exit 30 - Alpine Ave	ALL	Motel 6 ((616) 784-9375)
96MI	30	Exit 30A - Alpine Ave	ALL	
96MI	30	Exit 30B - Alpine Ave	ALL	Hampton Inn (616.647.1000) SpringHill (616.785.1600)
96MI	31	Exit 31A - Cadillac	GF	
96MI	31	Exit 31B - Cadillac	GF	
96MI	33	Exit 33 - Plainfield Ave	ALL	
96MI	36	Exit 36 - Leonard St	F	
96MI	37(WBO)	Exit 37 - I-196		
96MI	38	Exit 38 - E Beltline Ave	GFLRV	
96MI	39	Exit 39 - Flint		
96MI	40	Exit 40A - Cascade Rd	GF+	
96MI	40	Exit 40B - Cascade Rd	GF+	
96MI	43	Exit 43 - 28th St	ALL	Motel 6 ((616) 957-3511)
96MI	43	Exit 43A - 28th St	ALL	Homewood Suites (616.285.7100) Hilton (616.957.0100) Hampton Inn (616.575.9144) SpringHill (616.464.1130) Quality Inn (616.956.8080) Clarion Hotel (616.956.9304)
96MI	43	Exit 43B - 28th St	ALL	Econo Lodge (616.940.1777)
96MI	44	Exit 44 - 36 St		
96MI	46	Exit 46 - rd 6		
96MI	52	Exit 52 - Lowell	GRV	
96MI	59	Exit 59 - Clarksville		
96MI	63(EBO)	**Rest Area**		
96MI	64	Exit 64 - Lake Odessa		
96MI	67	Exit 67 - Ionia	ALL	
96MI	73	Exit 73 - Grand River Ave		
96MI	76	Exit 76 - Kent St		
96MI	77	Exit 77 - Grand River Ave	ALL	
96MI	79(WBO)	**Rest Area**		
96MI	84	Exit 84 - Eagle		
96MI	86	Exit 86 - Wright Rd	G	

96MI	87(EBO)	Rest Area		
96MI	89	Exit 89 - I-69 N		
96MI	90	Exit 90 - Grand River Ave		
96MI	91	Exit 91 - I-69 N	G	
96MI	93	Exit 93 - Saginaw Hwy	ALL	Motel 6 ((517) 321-1444)
96MI	93	Exit 93A - Saginaw Hwy	ALL	SpringHill (517.627.0002)
96MI	93	Exit 93B - Saginaw Hwy	ALL	Quality Inn (517.886.0600)
96MI	95	Exit 95 - I-496		
96MI	97	Exit 97 - I-69		
96MI	98	Exit 98A - Lansing Rd	GFL	
96MI	98	Exit 98B - Lansing Rd	GFL	Comfort Inn (517.721.0000)
96MI	101	Exit 101 - MLK Blvd	GF	
96MI	104	Exit 104 - Cedar St	ALL	
96MI	106	Exit 106A - I-496		
96MI	106	Exit 106B - I-496		
96MI	110	Exit 110 - Okemos	GFL	Hampton Inn (517.349.6100) Comfort Inn (517.347.6690)
96MI	111(WBO)	Rest Area		
96MI	117	Exit 117 - Dansville	GF	
96MI	122	Exit 122 - Webberville	GF	
96MI	129	Exit 129 - Fowlerville Rd	GFL	
96MI	133	Exit 133 - Highland Rd	ALL	
96MI	135(EBO)	Rest Area		
96MI	137	Exit 137 - Pinckney	GFL	
96MI	141	Exit 141 - Howell	GFL	
96MI	145	Exit 145 - Grand River Ave	ALL	Homewood Suites (810.225.0200)
96MI	147	Exit 147 - Spencer Rd	G	
96MI	148	Exit 148A - US 23		
96MI	148	Exit 148B - US 23		
96MI	150	Exit 150 - Pleasant Valley Rd		
96MI	151	Exit 151 - Kensington Rd	FL	
96MI	153	Exit 153 - Kent Lake Rd	G	
96MI	155	Exit 155A - Milford	GF+	
96MI	155	Exit 155B - Milford	GF+	
96MI	159	Exit 159 - Wixom Rd	GFL	Comfort Suites (248.504.5080)
96MI	160	Exit 160 - Beck Rd	F+	
96MI	161(EBO)	Rest Area		
96MI	162	Exit 162 - Novi Rd	ALL	Doubletree (248.344.8800) Crowne Plaza (248.348.5000)
96MI	163(EBO)	Exit 163 - I-696		
96MI	165	Exit 165 - I-696	L	Motel 6 (248.471.0590)
96MI	167	Exit 167 - 8 Mile Rd	ALL	Holiday Inn (248.675.1020)
96MI	169	Exit 169A - 7 Mile Rd	FL	
96MI	169	Exit 169B - 7 Mile Rd	FL	

State	Mile Marker	Name	Serv	Featured Hotels
96MI	170	Exit 170 - 6 Mile Rd	ALL	
96MI	173	Exit 173B - Levan Rd		
96MI	173	Exit 173A - Newburgh Rd		
96MI	174	Exit 174 - Farmington Rd	GF	
96MI	175	Exit 175 - Merriman Rd	GF	
96MI	176	Exit 176 - Middlebelt Rd	FL+	
96MI	177	Exit 177 - Inkster Rd	GFL	
96MI	178	Exit 178 - Beech Daly Rd	G	
96MI	179	Exit 179 - Telegraph Rd	GF	
96MI	180	Exit 180 - Outer Dr	G	
96MI	182	Exit 182 - Evergreen Rd		
96MI	183	Exit 183 - Southfield Fwy		
96MI	184	Exit 184 - Greenfield Rd		
96MI	185	Exit 185 - Schaefer hwy	GF	
96MI	186	Exit 186B - Davison Ave		
96MI	186	Exit 186A - Wyoming Ave		
96MI	187(EBO)	Exit 187 - Grand River Ave		
96MI	188	Exit 188B - Joy Rd	F	
96MI	188	Exit 188A - Livernois	GF	
96MI	189	Exit 189 - W Grand Blvd	G	
96MI	190	Exit 190B - Warren Ave	G	
96MI	190	Exit 190A - I-94 E		
96MI	191	Exit 191 - I-75		

MARYLAND - INTERSTATE 97

State	Mile Marker	Name	Serv	Featured Hotels
97MD	5	Exit 5 - Crownsville		
97MD	7	Exit 7 - Bowie		
97MD	10	Exit 10A - Benfield Blvd	GFLRV	
97MD	10	Exit 10B - Benfield Blvd	GFLRV	
97MD	12	Exit 12 - New Cut Rd	GF+	
97MD	13	Exit 13A - Quaterfield Rd	GF+	
97MD	13	Exit 13B - Quaterfield Rd	GF+	
97MD	14	Exit 14A - Ellicott City		
97MD	14	Exit 14B - Ellicott City		
97MD	15	Exit 15A - Dorsey Rd	GF	
97MD	15	Exit 15B - Dorsey Rd	GF	
97MD	16	Exit 16 - Fernadale	GF+	
97MD	17	Exit 17 - I-695		

PENNSYLVANIA - INTERSTATE 99

State	Mile Marker	Name	Serv	Featured Hotels
99PA	1	Exit 1 - I-70/76	GFL	
99PA	3	Exit 3 - Johnstown		
99PA	7	Exit 7 - Osterburg	GF	
99PA	10	Exit 10 - Imler	GF	
99PA	15	Exit 15 - Clysburg	F	
99PA	23	Exit 23 - Roaring Spring	GF+	
99PA	28	Exit 28 - Ebensburg		
99PA	31	Exit 31 - Plank Rd	ALL	Motel 6 (814.946.7601)
99PA	32	Exit 32 - Frankstown Rd	ALL	
99PA	33	Exit 33 - 17th St	GF	
99PA	39	Exit 39 - Pinecroft		
99PA	41	Exit 41 - Bellwood	G	
99PA	45	Exit 45 - Tipton	F	
99PA	48	Exit 48 - Tyrone	GF	
99PA	52	Exit 52 - PA350	G	
99PA	61	Exit 61 - Port Matilda	GFL	
99PA	67	Exit 67 - PA 322	G	

Glossary of Acronyms

EBO	EastBound Only
NBO	NorthBound Only
SBO	SouthBound Only
WBO	WestBound Only
G	Gas
F	Food
L	Lodging
RV	Campground/RV
+	Miscellaneous services
ALL	GFL+

www.ingramcontent.com/pod-product-compliance
Lightning Source LLC
Chambersburg PA
CBHW080454110426
42742CB00017B/2884